Organizational Behavior

조직행위론 제5판

박상언 · 정범구 · 김주엽 · 송계충 공저

經文社

제5판 머리말

로마가 한 때 대제국을 건설할 수 있었던 이유에 대해서는 이미 내노라할만한 역사학자와 많은 지식인들이 나름의 진단과 원인을 제시한 바 있다. 그 중에서 로마의 역사에 대해 거의 독학으로 연구하다시피 했던 것으로 알려진 시오노 나나미(Shiono Nanami)는 자신의 저서 [로마인 이야기]를 통해 남다른 해석을 내놓은 바 있다. 그녀에 의하면, “지성에서는 그리스인보다 못하고, 체력에서는 켈트족이나 게르만족보다 한 수 아래였으며, 기술력에서는 에트루리아인보다 못하고, 경제력에서는 카르타고인보다 뒤떨어졌던 로마인들이”, B.C. 753년 로마의 작은 언덕에서 나라를 세운 뒤, B.C. 270년 경에는 이탈리아 반도를 통일하고, A.D. 2세기 초에는 마침내 지중해 일대를 에워싸는 대제국을 건설하여 Pax Romana의 기치를 내걸 수 있었던 가장 중요한 이유는, 흔히 회자되듯이 로마의 도로도 아니요, 군사력이나 위계적인 지휘체계도 아닌, 바로 로마의 ‘다양성과 개방성을 존중했던 조직원리’ 때문이라는 것이다.

사실 초기 융성과정에 있었던 로마는 집정관, 원로원, 그리고 민회라는 제도를 통해 상호견제와 개방성을 존중하는 정치체제를 갖고 있었다. 또 다신교의 영향으로 타민족의 종교에 대해서도 매우 관대했던 것은 물론, 적국 출신도 일정 기간 로마에 거주하면 시민권을 부여하는 등 적국의 패장까지도 적극 포용하는 다양성과 개방성을 보여주었다. 이처럼 로마인 스스로가 갖지 못한 역량이나 자원을 외부로부터 흡수하여 보완할 수 있게끔 만들어 준, ‘다양성과 개방성의 가치를 존중하는 조직원리’가 바로 초기 로마 융성의 중요한 이유라는 것이다. 물론 주지하듯이, 그 대단한 로마도 결국엔 쇠퇴의 길을 걷게 되었지만, 그 이유는 바로 이 초기 로마의 융성 기반이 되었던 조직원리가 여러 가지 이유로 점차 쇠퇴해 갔기 때문이라고 볼 수 있다.

이렇듯, 조직원리는 한 집단이나 조직, 심지어 국가의 역량이나 경쟁력을 좌우할 수 있는 중요한 한 요소가 된다. 그래서 조직행위론(Organizational Behavior) 분야에서도 다양한 사람들이 가진 다양한 특성이나 역량을 어떻게 이해하고, 조합하여, 개개인의 역량 수준을 뛰어넘는 긍정적인 시너지를 창출해 갈 수 있을 것인지를 오랫동안 고민해 왔다. 이 책 역시 그러한 취지에서, 그간 이루어져 왔던 조직구성원의 행동과 태도, 그리고 집단 및 조직 수준의 구조와 역학을 이해하는데 필수적인 여러 개념과 이론들을 소개해 왔다.

2003년 이 책의 초판이 처음 세상에 나온 지 어언 20년 가까운 시간이 흘렀다. 그간 네 차례에 걸쳐, 그동안 새롭게 이루어진 조직행위론 분야의 여러 논의들을 반영하면서 꾸준히 개정되어 왔지만, 돌이켜 보면 그게 다 이 책을 아껴 주신 학생, 실무가 여러분 등 많은 독자 분들의 호응과 사랑이 있었기에 가능한 일이었다. 책을 개정해 나가는 과정에서도 집필진의 역량과 관점의 다양성을 보완하기 위한 개방적인 시도도 있었다. 무엇보다 개정3판부터는 기존의 집필진에 더해 새로운 집필진이 가세함으로써, 조직행위론 분야의 최근 이슈들에 대해 좀 더 신속하고 다양한 반영이 가능해졌다.

협업과 팀 리더십의 중요성과 위력을 실감하는데 있어서는 이번 제5판의 개정도 마찬가지였다. 혼자서는 훨씬 더 많은 시간이 소요되었을 것이지만, 4분의 저자들이 힘을 합침으로써 짧은 시간 내 많은 보완과 수정이 이루어질 수 있었다. 특히 이번 제5판에서는 거의 모든 장(章)들에 대해 좀 더 독자 친화적인 읽기가 가능하도록 문장의 수정이 이루어졌다. 뿐만 아니라, 내용에 있어서도 많은 새로운 보완이 이루어졌다. 그렇지만 아직도 충분히 만족스럽지 않은 부분이 많다. 늘 그렇듯이, 이번의 개정이 곧 완성과 끝을 의미하는 것은 아닐 터, 아쉬운 부분에 대해서는 또 다음의 개정을 약속드린다. 언제나 그렇듯, 이 책에 대해 아낌없는 지원과 관리를 해 주시는 경문사 한현주 사장님과 김재홍 이사님을 비롯한 관계자 여러분들께도 각별한 감사를 표해 드린다.

2020년 2월

저자 일동 드림

제4판 머리말

3판이 나오고 어느 덧 5년의 세월이 흘렀다. 대학에서 저자들이 강의를 하면서 수정하고 보완되어야 할 부분들에 대해 계속 논의해 왔지만 모두 학내외적 활동들이 바쁘다는 핑계와 게으름 탓에 수정작업을 완료하지 못해 항상 독자들에게 미안한 마음을 간직하고 지내왔음을 고백하지 않을 수 없다.

제4판에서는 기본적으로 전체적인 체계는 유지하면서 여러 부분에서 새롭게 연구되고 있는 내용들이 추가되고, 독자들의 이해를 돕기 위해 추가적인 설명이 필요한 내용들을 보완하였다. 주요 수정내용들을 설명하면 다음과 같다.

제1장에서는 조직연구에서 가장 기본이 되는 주요개념인 조직의 성과, 조직효과성, 그리고 조직효율성에 대한 설명을 체계적으로 수정하였다.

제3장에서는 최근 조직연구에서 그 중요성이 더욱 증가하고 있는 정서에 대한 내용을 수정 보완하였다. 특히 새로운 연구주제로 대두되고 있는 감정감염에 대한 내용을 새롭게 추가하였다. 그리고 태도와 조직성과와의 관련성에 대한 설명이 보완되었다.

제4장에서는 성격의 분류와 설명을 보다 이해하기 쉽도록 수정하였다.

제5장에서는 논리적 귀인과정에 대해 독자들이 보다 이해하기 쉽도록 간명하게 설명하였다.

제6장에서는 인지평가이론에 대한 설명을 보완하여 동기부여에 대한 이해를 확대하였다.

제11장에서는 의사결정과 관련하여 집단지성을 발휘할 수 있는 집단의사결정의 요건 부분이 새롭게 추가되었다.

제13장에서는 윤리적 리더십에 대한 설명이 보완되었고 새롭게 진정성 리더십이 추가 되었다.

제15장에서는 홉스테드의 조직문화연구결과에 대한 핵심적 내용을 새롭게 정리하여 설명하였다.

그리고 거의 모든 장에서 어색한 문장표현을 수정하였고 오류의 정정이 이루어졌다. 더 늦기 전에 제3판을 보완하여 제4판을 내야한다는 책임감에 아쉽고 부족하지만 원고를 마무리 할 수밖에 없었다는 점을 말씀드리지 않을 수 없다.

기업을 둘러싸고 있는 환경의 급격한 변화, 4차 산업혁명으로 표현되는 산업구조와 생활패턴의 변화, 조직의 고용방식과 관리방식의 변화 등이 다차원적으로 급격하게 이루어지고 있는 상황에서 '사람'의 중요성이 더욱 강조되는 시대로 진입하고 있다. 신뢰와 몰입, 협력과 공유를 실천할 수 있는 자질과 역량을 갖춘 인재의 필요성이 부각되고 있다. 조직에서 사람들의 행동에 대한 이해, 사람들 간의 관계에 대한 이해, 환경 속에서 조직자체의 행동에 대한 이해의 중요성이 더욱 부각될 것으로 전망된다.

이러한 부분들을 감안한 전면적인 개정판을 가까운 장래에 출판할 것을 약속드리면서 거듭 제4판의 늦은 출간에 대해 양해의 말씀을 드린다.

제4판을 내면서 많은 사람들의 도움을 받았다. 동료 교수님들의 귀중한 말씀들로부터 큰 힘을 얻었고 한헌주 사장님과 김재홍 이사님을 비롯한 경문사 임직원 여러분들의 지원과 도움으로 개정작업을 마무리 할 수 있었다. 그리고 무엇보다도 강의실에서 수업을 들은 학생들로부터의 질문과 피드백이 개정작업에 큰 도움이 되었다. 모든 분들에게 다시 한번 감사의 말씀을 드린다.

그 어느 해 보다 무더웠던 2017년 8월

저자 일동 드림

제3판 머리말

개정판이 나오고 나서 2년이 지났다. 게으른 탓에 시간에 쫓기면서 개정 2판을 냈고, 당연히 지은이들 사이에도 결과물에 대한 아쉬움이 컸다. 그래서 시간이 허락하는 대로 가능하면 빨리 다음 판을 내자는 약속을 했다. 이제, 적어도 그 약속만큼은 지킨 셈이 되었다.

자신의 이름이 들어간 출판물을 낸다는 것은 언제나 부끄러움을 안겨주는 일이다. 그래서 모든 저자들에게 마감일을 지키는 것이 그렇게 어려운 일이 되고 마는 것이리라. 그래서인지, 2년 만에 새로운 판을 내면서 상당한 노력을 기울였음에도, 아직도 부족한 곳만 눈에 띈다. 미비한 부분은 또 다음 판을 약속할 수밖에 없게 되었다.

제3판도 2판과 마찬가지로 많은 부분에서 개정이 이루어졌다. 우선, 대부분의 장을 새롭게 다시 쓰거나 내용을 대폭적으로 가감했다. 각 장의 앞머리에 간단한 이야깃거리나 에피소드를 수록하여 본 내용을 접하기 전에 입맛을 내고자 하였고, 본 내용에도 현실성과 유효성을 두루 함축하고 있는 사례나 이야기들을 되도록 풍부하게 싣고자 노력했다.

그러한 의도의 일환으로, 미국에서 HP와 IBM의 중역으로 일했고 국내에서는 하이닉스 회장을 거쳐, 현재 매그나칩 회장으로 계시는 박상호 회장의 글도 몇 개 실었다. 박 회장이 매그나칩 직원들의 리더십 배양에 도움을 주고자 자신의 경험과 생각을 '리더십 노트'라는 이름으로 배포한 글들 중에서 추린 것인데, 생생한 현장 경험과 지혜가 녹아있어 꼭 읽어보기를 권한다.

제3판을 내면서 다시금 많은 사람들의 덕을 입었다. 주위 선배와 동료 교수들의 은혜야 말할 것도 없고, 경문사의 한헌주 사장과 김재홍·박미선 두 분 차장에게도 큰 도움을 받았다. 귀한 글을 선선히 이 책에 쓸 수 있도록 내주신 박 회장께도 심심한 감사의 말씀을 드린다. 일일이 거명할 수는 없지만, 책의 초안부터 마감까지 갖가지 잔일과, 가끔은 지은이들의 짜증까지 받아주어야 했던 조교들에게도 미안한 마음과 고마움을 전한다.

부족함이 많은 책이지만 분에 넘치는 격려와 도움을 주신 독자들에게는 무슨 말씀을 드릴 수 있겠는가? 가능하면 빨리, 좀 더 나은 내용으로 다시 찾아뵙겠다는 염치없는 약속을 드릴 수밖에 …….

2012년 1월
저자들 씀

개정판 머리말

이 책의 초판이 발간되고 나서 벌써 7년이 지났다. 당시에는 시의적절했을 법한 겉표지에 환호작약하는 히딩크와 그를 에워싸고 기뻐하는 태극 전사들의 모습이 선명하고, 그 뒤로 전국을 뒤덮었던 붉은 악마의 물결과 두셋만 모여도 외쳐대던 "대한민국"의 함성이 들리는 듯 아련하다. 그 후로 또 한 번의 월드컵이 지나고 올 해 다시 남아공에서 월드컵이 열린다. 그러고 보니, 이제는 이 책도 옷을 갈아입을 때가 되었다. 아니, 솔직히 많이 늦었다.

물론, 조직행위론이라는 학문이 기초학문적 성격이 강해서 책의 내용이 크게 뒤바뀔 까닭이 없을 수도 있겠다. 그렇다고 하더라도, 7년이란 시간이 짧지 않은 세월이고, 조직이란 환경의 변화에 맞대어 생존을 도모하는 개방시스템이기 때문에 적절하게 때맞추어 그러한 변화를 담아내는 것 또한 필요한 일일 것이다. 사실 조직행위론의 내용도 그동안 많이 변해 왔고 앞으로도 변할 것이다.

개정판의 필요성을 행동으로 옮기기로 한 것이 지난 가을이었다. 원래 충남대 교수 두 명의 작업으로 만들어진 초판의 개정에 지리적으로나 학문적으로 가까운 충북대 교수 두 명의 새로운 필진이 가담하였다. 몇 차례 모여서 이야기를 나누어본 결과, 독자들이 좀 더 편안하게 다가설 수 있는 내용으로의 전환이 필요하겠다는 점과 함께, 새롭게 다루어야 할 내용들에 대해서 어느 정도의 합의에 도달할 수 있었다. 각자가 집필한 부분을 나누고 개정 작업에 들어갔지만, 넷이서 공동작업을 한다는 것이 얼마나 힘든 일인지를 새삼 느끼는 시간이 계속되었다. 학기말에다 연말이 겹치면서 끊이지 않고 이어지는 여러 가지 처리할 일들과 학교와 학회 행사들로 인해서 개정작업은 늦어졌고, 집필하면서 필연적으로 따르게 되는 크고 작은 이견들 때문에 책의 일관성 문제가 대두되기도 하였다.

하지만 초판에서 처음 시도했던 조직행위 이론의 실생활에서의 응용사례 소개부분을 그대로 유지하고 최근 사례들로 대폭 교체하였으며 학부 2학년 또는 3학년 수준에서는 너무 어려운 이론 소개는 빼거나 쉽게 풀어 쓰고, 새로운 분야인 감정지능, 긍정적 조직행위론, GLOBE 모형 등을 새로 소개하였다. 또한, 리더십, 스트레스, 조직변화와 조직문화 부분 등을 크게 보강을 하고 조직행위론 연구의 초석이 되는 다양한 변수들을 측정하는 표준설문지의 소개는 그대로 유지하였다. 그러나 초판에서 처음 시도하였던 외국 논문만이 아닌 우리 나라 학회저널에 실린 논문들을 기반으로 한 한국적 이론전개나 응용사례는 그리 크게 보충하지를 못하였다는 아쉬움이 남는다.

새로운 책을 쓰거나 또는 번역하면서 항상 느끼는 것이지만, 알고 있는 것들을 나름대로 정리하여 본다는 것은 자신의 모자람을 다시금 확인하는 절차에 다름이 아니다. 머릿속에서 이렇게 쓰면 되겠다 싶다가도 그게 글로 나타나는 것을 보면 엉뚱하여 당황스럽고, 또 계속적으로 자신의 부족함 때문에 새롭게 지난 자료나 책을 뒤적이면서 날밤을 새우게 된다. 그러니까 사실 책을 쓴다는 것은 결국 지은이들이 자신의 모자람을 확인하면서 다시 학생으로 돌아가 공부하는 과정이겠다.

아무튼 조직행위론을 공부하는 학생들이나 실무가들에게 이번 개정판이 보다 나은 나침반이 되기를 기원해 본다. 다만 초판에 이어 다시 설익은 모습으로 내놓는 것 같아 아쉽고 부끄럽지만, 모두 저자들의 책임이며 독자들의 질책을 받아 다음 3판에서는 좀 더 나아진 개정판을 내놓을 것을 다짐해 본다.

또한 이 개정판을 완성하기까지 밤낮을 매진하면서 묵묵히 교정을 보아준 충남대학교 대학원 경영학과 박사과정 주지훈 선생과 강재열 선생에게 큰 빚을 졌다. 그리고 이 개정판의 최신 사례작성에 참여한 충남대학교 경영경제연구소 성을현 박사, 한국선급 이상석 박사, 한국수자원공사의 김현석 박사에게도 고마움을 표한다.

마지막으로 늦어지는 개정판 원고를 기다려주고 힘든 출판과정을 잘 마무리해 준 경문사 한헌주 사장과 관계자 여러분들께도 무한한 감사의 마음을 전한다.

2010년 백호해 2월
저자들 씀

초판 머리말

오늘날 대부분의 사람들은 하나 이상의 조직에 참여하고 거기서 생활의 기반을 마련하고 삶의 기쁨을 얻는다. 그러므로 사람들이 조직에 참여하는 이유는 무엇이고 거기서 무엇을 얻으며, 개인과 조직의 바람직한 관계는 어떠한가에 대한 이해는 모든 사람들에게 중요하다. 이러한 이해를 위해 경영학분야에서 발전된 분야가 조직행위론이다.

조직행위론은 조직 내의 인간의 태도와 행동의 연구를 통하여 개인적 및 집단적 업적, 그리고 조직 전체로서의 유효성을 설명하고 예측하는 이론을 연구하는 학문영역으로서 1970년대 초에 새로이 생성된 경영학의 기초이론 과목이라고 볼 수 있다.

그동안 우리나라에서도 많은 조직행위론 교재들이 출판되었지만 조직행위론은 인간의 행동을 다루고, 더욱이 이론을 다루는 학문영역이기에 때로는 생소한 용어와 난해한 모형이 제시되어 이해하기 어려웠던 경우가 많았다. 따라서 이 책에서는 가능한 한 우리 주위에서 일어나고 있는 실제적인 사례를 많이 인용함으로써 처음 배우는 독자라도 쉽게 이해할 수 있도록 구성되었다.

이 책은 또한 각 주제별로 개인이 스스로 자신에 대하여 평가측정할 수 있는 설문측정도구들을 제시함으로써 학습에 대한 흥미와 관심을 높이도록 구성하였다. 그리고 복잡계 이론, 경합가치 조직유효성이론, 조직공정성이론, 협상이론, 신뢰이론 등 새로운 연구동향들에 대해서도 소개하였다.

이 책은 크게 4부, 즉 조직행위론 입문, 개인행위수준, 집단행위수준, 조직전체 수준으로 구성되어 있다.

제1부 조직행위론 입문에서는 조직에 대한 이해, 조직행위론의 역사적 배경, 분석수준과 관련분야, 조직유효성과 연구방법론에 대하여 다루었다.

제2부 개인행위수준에서는 가치관, 태도, 행동, 지각, 성격, 능력, 동기부여, 학습과 행위변화, 스트레스, 개인행위와 업적 등에 대해 설명하였다.

제3부 집단행위수준에서는 집단행위의 이해, 팀조직, 의사소통, 의사결정, 갈등과 협상,리더십과 신뢰 등 집단수준에서 발생하는 행위들에 대한 주제들을 다루었다.

제4부 조직전체수준에서는 직무설계와 조직설계의 이론과 방법, 조직행위 이론의 응용으로서의 조직개발과 인적자원관리에 대해 다루었다.

1990년대 들어 관심의 대상이 된 조직행위론의 주제를 하나 들자면 학습조직(learning organization) 이론을 들 수 있겠다. 이 이론에 따르면 학습조직에서는 조직구성원들이 학습할 수 있도록 모든 기회와 자원을 제공하며, 학습결과에 따라 끊임없이 변화하는 내외부 환경을 조직 스스로 인식하고 습득된 지식을 바탕으로 내부개혁을 추진해 나가게 된다.

이 책을 충분히 소화한 독자는 모두 어떤 학습조직에 들어가든 이 책에 근거한 이론과 실무를 겸비한 「변화의 담당자」가 되었으면 하는 것이 이 책을 집필한 저자들의 소망이다.

현실 세계에서의 조직의 관리상의 문제점들이 조직이론을 통해 설명되고 그 해결책이 제시될 수 있다면 이 책은 그 목적을 다한다고 볼 수 있다. 이론 없는 실무는 모래위에 쌓아진 성과 같아서 환경이 변하면 언제 무너질지 모른다. 반대로 실무에의 적용이 없는 이론 또한 공허한 외침일 것이기 때문이다.

이 책이 대학교재로 이번에 출판되게 된 것은 참으로 오랜 기간이 걸려 이루어졌다. 그동안 조직행위론 자습서로서 저자들의 대학 수강생들을 위해 여러 차례 수정되어 사용되어 오다가 이제서야 감히 용기를 내어 여러 가지 부족한 부분을 보완하여 출간하게 되었다. 하지만 이 책에는 아직도 많은 하자와 여러 가지 미흡한 부분이 있을 것이다. 이러한 점들은 모두 저자들의 책임이며 여러분들의 질책과 도움을 받아 앞으로 보완해 개정해 나가도록 할 계획이다.

이 책을 집필하고 출판하게 되기까지에는 여러 사람들의 도움을 받았다. 이번 출판 이전의 조직행위론 자습서 단계에서부터 교재로 사용하면서 내용정리에 많은 도움을 준 안상윤 박사, 성을현 박사, 양인숙 박사, 김교훈 선생, 김경재 선생, 이상석 선생에게 이 자리를 빌어 심심한 고마움을 표하며 학문적으로 큰 성취가 있기를 바라마지 않는다.

끝으로 이 책이 출판되기까지 여러 가지 지원을 아끼지 않은 경문사 사장님과 관계자 여러분들께도 감사의 뜻을 표한다.

봄기운이 피어오르는 2003년 2월에
송계충 · 정범구 드림

차 례

5판 머리말 iii

제 1 부 조직행위론 입문

Chapter 01 조직과 조직행위론 5

1. 조직과 조직성과 ······ 6
   1.1 조직의 개념과 성격 / 6
   1.2 조직의 위치와 조직행위론의 범위 / 8
2. 조직행위론의 학문적 성격과 인접 분야 ······ 10
   2.1 조직행위론의 학문적 특징 / 10
   2.2 조직행위론의 인접 학문분야 / 12
3. 조직의 성과 ······ 13
   3.1 조직성과의 두 차원: 조직유효성과 조직효율성 / 15
   3.2 조직행위론에서 많이 연구되는 조직유효성 개념들 / 16
4. 조직행위론의 역사적 배경 ······ 20
   4.1 전통적 경영이론 / 21
   4.2 호손공장실험 / 24
   4.3 인간관계론의 태동 / 26
5. 개방시스템(Open System) 관점 ······ 26
   5.1 개방시스템의 특성 / 27
   5.2 상황적합이론 / 28
   5.3 폐쇄시스템과의 차이점 / 30
   5.4 개방시스템 관점에 대한 비판 / 30
6. 조직을 보는 현대적 관점 ······ 31
   6.1 조직문화 관점 / 32
   6.2 학습조직 관점 / 33
   6.3 복잡성이론 / 36

Chapter 02 조직행위론의 연구방법 45

1. 이 론(theory) ······ 47
   1.1 개념과 구성개념(concept and construct) / 48
   1.2 변수(variables) / 49
   1.3 진술(statements) / 50
   1.4 형식(formats) / 50
2. 연구의 과학적 방법 ······ 54

Contents

2.1 가설의 설정과 검증 / 56
2.2 측정수단의 신뢰성과 타당성 / 56
2.3 연구설계의 내적 타당성 / 57
2.4 연구결과의 외적 타당성 / 58
3. 연구설계의 전략 59
4. 조직행위 연구에서의 윤리문제 61
4.1 연구참여자에 대한 윤리적 대우 / 62
4.2 연구 전문직 윤리의 준수 / 63

제 2 부 개인행위의 수준

Chapter 03 가치관, 태도 및 정서 71
1. 가치관 72
1.1 가치관의 정의 / 72
1.2 가치관의 중요성 / 73
1.3 가치관의 유형 / 74
1.4 가치관과 문화 / 78
2. 태 도 80
2.1 태도의 정의 / 81
2.2 태도의 종류 / 82
2.3 태도와 행위와의 관계 / 85
2.4 인지의 부조화 / 87
2.5 태도와 가치관 / 89
2.6 직무 및 조직 관련 태도의 유형 / 90
2.7 태도가 조직성과에 중요한 이유 / 102
3. 정서 104
3.1 정서, 감정 및 무드 / 106
3.2 정서성 / 107
3.3 긍정적 정서 / 109
3.4 감정노동 / 112
3.5 감성지능 / 115
3.6 감정 감염(Emotional Contagion) / 117

차 례

Chapter 04 성격과 역량 125

1. 성 격 ········ 126
1.1 성격의 형성 – 유전 또는 상황 / 127
1.2 성격의 분류: 다양한 성격관련 개념과 성격 유형론 / 128
1.3 성격 구조 / 141
2. 역 량 ········ 149
2.1 능력 / 150
2.2 다중지능 / 151
2.3 핵심 역량 / 152
2.4 조직에서의 관리자의 기술 / 153

Chapter 05 지각과 귀인과정 157

1. 지각과정 ········ 158
1.1 주의집중 / 159
1.2 조직화 과정 / 160
1.3 해석 및 반응 / 162
2. 대인 지각 ········ 164
2.1 스테레오타이프 / 164
2.2 자기실현적 예언 / 165
2.3 후광효과 / 166
2.4 그 외 대인지각과정에서 나타나는 효과들 / 167
3. 귀인과정 ········ 170
3.1 켈리(Kelly)의 논리적 귀인과정이론 / 170
3.2 귀인과정의 오류 / 172
4. 지각과 귀인과정의 관리적 함의 ········ 174
4.1 면접과 성과평가 / 174
4.2 인상관리 / 175

Chapter 06 동기부여 179

1. 내용이론 ········ 181
1.1 욕구단계이론 / 181
1.2 ERG 이론 / 186
1.3 성취·친교·권력 욕구이론 / 187
1.4 2 요인이론 / 191

2. 과정이론 ········ 196
2.1 기대이론 / 196
2.2 형평이론 / 201
2.3 목표설정이론 / 203
2.4 인지평가이론 / 205
2.5 조직공정성 이론 / 206

Chapter 07 학습과 행위수정 221
1. 학 습 ········ 222
1.1 고전적 조건화 / 223
1.2 작동적 조건화 / 224
1.3 인지적 학습 / 226
1.4 사회적 학습 / 228
1.5 학습의 전이 / 229
2. 행위형성: 행위의 변화 ········ 229
2.1 강화 / 230
2.2 처벌과 소거 / 232
2.3 효과적인 처벌방법 / 234
2.4 강화의 일정계획 / 236
3. 조직행위의 수정 ········ 239

Chapter 08 스트레스 관리 243
1. 스트레스란 무엇인가? ········ 244
1.1 스트레스의 정의 / 244
1.2 스트레스의 심각성 / 245
1.3 스트레스의 진행단계 / 246
2. 스트레스의 원인과 결과 ········ 248
2.1 스트레스의 원인 / 248
2.2 스트레스의 결과 / 251
2.3 스트레스의 조절변수 / 253
3. 스트레스 관리 ········ 256
3.1 개인 차원의 스트레스 관리방안 / 258
3.2 관리자 리더십 차원의 스트레스 관리방안 / 261
3.3 조직 차원의 스트레스 관리방안 / 261

차 례

제 3 부 집단행위의 수준

Chapter 09

집단행위와 팀 관리 269

1. 집단의 의미와 종류 ········ 270
2. 집단의 형성과 발전단계 ········ 271
   - 2.1 집단형성 이유 / 271
   - 2.2 집단의 발달과정 / 273
3. 집단의 속성 ········ 275
   - 3.1 역할(Role) / 275
   - 3.2 규범(Norm) / 278
   - 3.3 지위 / 283
   - 3.4 집단응집력(group cohesiveness) / 285
   - 3.5 집단 규모 / 287
4. 집단 과정 ········ 288
   - 4.1 책임분산(diffusion of responsibility) / 289
   - 4.2 사회적 촉진(social facilitation) / 290
   - 4.3 사회적 태만(social loafing) / 291
5. 효과적인 팀 관리 ········ 292
   - 5.1 팀의 의의와 발달 배경 / 292
   - 5.2 팀의 종류 / 293
   - 5.3 효과적인 팀의 구축 / 296

Chapter 10

커뮤니케이션 305

1. 커뮤니케이션의 과정 ········ 307
2. 커뮤니케이션의 방법 ········ 308
   - 2.1 언어적 커뮤니케이션 / 309
   - 2.2 비언어적 커뮤니케이션 / 311
3. 커뮤니케이션 네트워크 ········ 313
   - 3.1 커뮤니케이션 네트워크의 유형 / 313
   - 3.2 커뮤니케이션 네트워크의 효과성 / 314
   - 3.3 비공식집단의 커뮤니케이션 / 315
4. 커뮤니케이션의 장애요인 ········ 316
   - 4.1 여 과 / 316
   - 4.2 선택적 지각 / 316

4.3 정 서 / 317
4.4 어의상의 문제 / 317
4.5 비언어적 단서 / 317
5. 효과적인 커뮤니케이션 관리 318
5.1 사후검토와 피드백의 활용 / 318
5.2 언어의 단순화 / 318
5.3 적극적인 경청 / 318
5.4 감정의 억제 / 319
5.5 죠하리 창 / 319
6. 조직 내 관계 네트워크와 커뮤니케이션 320
6.1 조직 내 관계 네트워크 분석 / 321
6.2 조직 내 관계 네트워크의 주요 인물 유형 / 321
7. 공간 요소와 커뮤니케이션 326
7.1 구성원들 간 물리적 거리와 커뮤니케이션 / 327
7.2 시야 확보성과 커뮤니케이션 / 329

Chapter 11 의사결정 337
1. 의사결정의 과정과 주요 모형 338
1.1 합리적 의사결정모형 / 338
1.2 관리적 의사결정모형 / 341
1.3 의사결정의 쓰레기통모형 / 343
2. 합리적 의사결정을 방해하는 개인 차원의 여러 요인들 345
3. 집단의사결정과 집단지성 349
3.1 집단의사결정의 장/단점 / 349
3.2 집단의사결정의 주요 특징과 문제점 / 350
3.3 집단지성이 발현되는 집단의사결정의 요건 / 356
4. 효과적인 집단의사결정 기법 360
4.1 브레인스토밍 / 361
4.2 명목집단법 / 362
4.3 델파이법 / 362

차 례

Chapter 12

갈등과 협상 369

1. 갈등에 관한 기초개념 ········ 370
   1.1 갈등의 정의 / 370
   1.2 갈등현상의 기본 모형 / 370
   1.3 갈등의 조건 / 373
   1.4 갈등의 기능과 역기능 / 374
   1.5 갈등의 과정 / 374
2. 개인적 갈등 ········ 376
   2.1 좌절갈등 / 376
   2.2 목표갈등 / 377
   2.3 역할갈등 / 379
3. 개인 간 갈등 ········ 380
   3.1 개인 간 갈등의 성격 / 380
   3.2 개인 간 갈등의 해소방안 / 382
4. 집단 간 갈등 ········ 386
   4.1 집단 간 갈등의 성격 / 386
   4.2 집단 간 갈등의 해소방안 / 388
5. 협　상 ········ 390
   5.1 협상의 성격 / 390

Chapter 13

리더십과 신뢰 411

1. 리더의 영향력의 원천 ········ 412
   1.1 보상적 권력(compensatory power) / 412
   1.2 강압적 권력(coercive power) / 413
   1.3 합법적 권력(legitimate power) / 413
   1.4 전문적 권력(expert power) / 413
   1.5 준거적 권력(referent power) / 413
2. 전통적 리더십 이론 ········ 415
   2.1 리더십에 대한 보편적 접근법 / 415
   2.2 리더십에 대한 상황적합접근법 / 419
3. 최근의 리더십 이론 ········ 429
   3.1 수직쌍 연결이론 / 429
   3.2 카리스마적 리더십 / 431
   3.3 변혁적 리더십 / 432
   3.4 셀프리더십 / 432

3.5 서번트 리더십 / 433
3.6 윤리적 리더십 / 434
3.7 진정성 리더십 / 437
3.8 팀 리더십 / 438
3.9 GLOBE 모형 / 442
4. 신 뢰 450
4.1 신뢰의 의의와 특성 / 450
4.2 신뢰의 형성과정 / 452
4.3 신뢰구축의 필수적 요소 / 453
4.4 신뢰를 기반으로 하는 조직창출 / 454

제 4 부 조직 전체의 수준

Chapter 14 조직구조와 직무설계 461
1. 직무설계의 개념과 의의 462
2. 직무설계의 대안적 방법 463
2.1 직무순환 / 463
2.2 직무확대 / 464
2.3 직무충실화 / 464
3. 직무특성모형 465
3.1 핵심직무특성 / 466
3.2 중요 심리상태 / 467
3.3 작업 및 개인적 결과 / 468
3.4 직무특성모형에서의 조절변수 / 468
3.5 핵심직무특성을 증가시키는 방법 / 469
4. 조직구조설계를 위한 고려요인 469
4.1 복잡성 / 470
4.2 공식화 / 473
4.3 집권화 / 473
5. 조직구조설계의 전통적 관점과 상황적합적 관점 474
5.1 조직구조설계의 전통적 관점 / 475
5.2 조직구조설계의 상황적합적 관점 / 477

6. 조직구조의 일반적 형태 ········ 480
6.1 기능별 조직구조 / 480
6.2 사업부제 조직구조 / 481
6.3 혼합형 조직구조 / 484
6.4 매트릭스 조직구조 / 485
7. 민쯔버그의 조직유형론 ········ 488
7.1 단순구조 / 490
7.2 기계적 관료제 / 490
7.3 전문적 관료제 / 491
7.4 사업부제 / 491
7.5 애드호크라시 / 492

Chapter 15 조직문화 495
1. 조직문화란 무엇인가? ········ 497
1.1 조직문화의 연구배경 / 497
1.2 문화의 개념 / 499
1.3 조직문화 / 501
1.4 조직문화의 기능 / 504
1.5 조직문화의 종류 / 506
2. 조직문화는 어떻게 형성되고 유지되는가? ········ 508
2.1 조직문화의 형성 / 508
2.2 조직문화의 학습과 유지 / 509
2.3 조직문화의 변화 / 515
3. 조직문화의 해석 ········ 518
4. 조직문화와 관련된 기타 이슈들 ········ 520
4.1 조직문화의 유형과 조직성과 / 520
4.2 조직문화와 합병 / 520
4.3 조직문화와 국가문화 / 522

Contents

Chapter 16

변화와 학습조직 535

1. 조직성장과 조직변화: 조직수명주기모형 ········· 536
   1.1 창업단계(entrepreneurial stage) / 536
   1.2 집단공동체단계(collectivity stage) / 538
   1.3 공식화단계(formalization stage) / 538
   1.4 정교화단계(elaboration stage) / 539
2. 조직변화의 압력요인과 저항요인 ········· 541
   2.1 조직변화의 압력요인 / 541
   2.2 조직변화의 저항요인 / 542
3. 조직변화의 접근방법과 대상 ········· 543
   3.1 조직변화의 접근방법: 점진적 변화와 급진적 변화 / 543
   3.2 조직변화의 주요 내용과 대상 / 545
4. 조직구성원에 대한 변화기법: 조직개발 ········· 546
   4.1 조직개발의 개념 / 546
   4.2 조직개발의 과정 / 546
   4.3 조직개발의 기법 / 548
5. 업무 프로세스에 대한 혁신기법: 리엔지니어링 ········· 554
6. 학습조직과 지식창조 조직으로의 변화 ········· 557
   6.1 지식창조와 조직변화 / 557
   6.2 지식의 두 가지 유형: 명시적 지식과 암묵적 지식 / 558
   6.3 지식변환의 4가지 경로 / 560
   6.4 지식창조기업의 조직관리 / 564

제 1 부

조직행위론 입문

제1장 조직과 조직행위론

제2장 조직행위론의 연구방법

요즈음에는 사람들 대부분이 태어나면서부터 병원이라는 조직의 도움을 받아 생명을 얻고, 죽어서는 장례회사의 도움을 받아 세상을 하직한다. 탁아소, 유치원에서 시작해서 초등학교, 중학교, 고등학교, 대학교로 이어지는 정규 교육도 교육기관이라는 조직을 통해서 받게 되며, 그 후의 직장생활은 물론, 생을 살아가면서 주위 사람들과 맺게 되는 갖가지 모임들이 공식, 비공식적 조직이라는 형태로 이루어진다. 다시 말하면, 우리가 인식하던 하지 않던 간에 조직은 우리들 매일의 삶에 항상 직·간접적으로 중요한 영향력을 행사하고 있는 것이다.

이렇게 우리들 삶의 전반을 지배하고 있는 조직들이 어떻게 구축되고 운영되느냐에 따라, 그 구성원들 각자의 태도와 행동, 그들이 수행하는 역할이나 업무의 내용, 그것들의 효과적 수행방법이 정해지고, 그들이 속한 조직들의 효과적인 목표 달성에 다양한 긍정적, 부정적인 영향을 받게 된다. 뿐만 아니라, 그 조직들이 속한 사회, 국가, 때로는 현재 상호 밀접하게 연결되어 있는 세계와도 크던 작던 상호간에 영향을 주고받고 있다.

2019년 12월 9일에 우리나라 재계의 큰 별 하나가 떨어졌다. 샐러리맨 신화의 원조로 불리던 김우중 전 대우그룹 회장이 별세했다. 김우중회장이 대학을 졸업하고 친척이 운영하는 무역회사에서 바이어로 근무하다 독립해 자본금 500만원으로 대우실업이라는 회사를 차린 것이 1967년이었다. 열 평 남짓의 사무실과 직원 5명으로 창업한 대우실업은 창업 이후로 그 유명한 "세상은 넓고 할 일은 많다"는 기치 아래 세계경영을 지향하면서, 창사 15년만인 1982년에는 자산규모 국내 4위로 올라가는 가파른 성장세를 이어갔다.

이러한 성장 지향 전략은 1990년대 동유럽이 경제적으로 어려워지는 시기에 절정에 달하면서 세계경영의 기치 아래 폴란드, 헝가리, 루마니아, 우즈베키스탄 등지에서 자동차공장을 인수하거나 설립하면서 성장을 거듭하여 그 절정기에는 396개 현지법인을 포함, 해외 네트워크가 589곳에 달하기도 했다. 재계 순위는 삼성과 LG보다 높은 2위까지 치고 올라갔으며, 임직원은 국내 10만5,000여 명, 해외 22만 명에 달했다.

이렇게 승승장구하던 ㈜대우는 결정적으로 1997년 IMF 구제금융사태가 발생하면서 은행 차입을 통해 성장을 추구하는 경영 스타일에 제동이 걸렸다. 게다가 그 때까지 성장의 원동력이 되어주었던 김우중 1인 독점 시스템 및 학연 중심 인사 시스템 등 '정실주의'와 군정 시절부터 이어져오던 역대 정부와의 유착으로 인해 1993년 율곡비리, 1994년 전 한전 사장 뇌물수수 사건, 1995년 노태우 비자금 사건 등으로 법정에 서게 되면서, ㈜대우는 몰락을 길을 걷게 되었다. 한 때 몽골왕국으로까지 불리던 대우그룹은 결국 1999년 8월 26일, 어음 만기 사태를 이기지 못하고 워크아웃을 신청했다. 부도 후에도 2000년에 북미와 유럽에서 최대 실적을 거두며 좋은 수익을 거두었던 대우자동차마저도 2002년에 청산되었다. 그룹 해체 이후에 그 많던 임직원들은 과거의 영광을 뒤로 한 채 가뜩이나 상황이 좋지않던 냉혹한 취직시장에 뛰어들 수밖에 없었다.

김우중 회장 자신도 그룹 해체 이후 분식회계를 통한 사기대출 혐의로 수사가 진행되면서 베트남으로 장기 도피하였다가 2005년 귀국했다. 귀국 후 2006년에 징역 8년 6개월, 벌금 1,000만 원, 추징금 17조 9,253억 원의 형을 구형받고 영어의 몸이 되었다가 2007년 말 노무현 대통령의 특사로 사면되었다. 그 후에 주로 베트남 등에서 머물면서 동남아 인재양성 프로젝트인 '글로벌 청년 사업가(GYBM. Global Young Business Manager)' 프로그램에 주력해오던 김회장은 암으로 인한 건강악화로 귀국하여 투병생활을 하다가 2019년 12월 9일 오후 11시 50분경 숙환으로 사망했다. 83세 생일을 열흘 앞둔 날이었다.

그런가 하면, ㈜대우처럼 빠른 시간 안에 폭발적인 성장세를 보이면서 현재까지도 그 성장세를 멈추지 않는 회사가 있다. 인크루트와 알바콜이 실시한 '2019 대학생이 꼽은 가장 일하고 싶은 기업' 설문조사에서 네이버 국내포털 사이트가 121개 기업 중 7.4%의 득표율로 1위를 차지했다. 2015년, 2016년 2년 연속 1위에 올랐던 네이버로서는 세 번째 영광이다. 응답한 대학생들이 네이버를 선택한 가장 큰 이유로 꼽은 것은 '성장, 개발 가능성과 비전(24.2%)'이었다. 2위에는 1위와 0.2% 격차로 'CJ E&M(7.2%)'이 올랐으며, 2004년 조사 시작 이래 10년 연속 1위라는 대 기록을 세웠던 '삼성전자(6.2%)'는 지난해 공동 3위에 이어 올해 역시 3위에 머물렀다.

네이버(Naver)는 1997년 2월 26일 이해진, 권혁일, 김보경, 구창진, 오승환, 최재영, 강석호 등 일곱 명이 삼성SDS의 사내 벤처 '웹글라이더'로 시작해서, 1998년 1월에 본사로부터 분사해 네이버컴 주식회사로 창업한 인터넷 포털사이트다. 네이버라는 회사명은 '항해하다'라는 뜻의 Navigate와 '－하는 사람'의 접미사 -er이 만나 탄생한 이름으로, '정보의 바다라고 일컫는 인터넷을 항해하는 사람'을 의미한다고 한다.

네이버컴은 2000년 자회사인 한게임과 합병하여 NHN이 된 후에 인터넷과 게임사업 각각의 영역에 집중하고 사업 속도를 높이기 위해 2013년 8월 네이버와 한게임의 사업을 분할했다. 13년 만에 ㈜네이버로 다시 옛이름을 되찾은 네이버는 글로벌 사업에 더욱 주력하면서, 최근 들어 폭발적인 성장세를 이어가고 있다. 짧은 시간에 대한민국 시장 점유율 1위의 포털사치트로 성장한 ㈜네이버는 2019년 8월 기준 대한민국 내 검색 점유율 58.8%로 압도적인 1위를 기록하고 있는 중이다. 2013년에는 강원도 춘천시에 국내 인터넷기업 중 처음으로 자체 데이터 센터 '각'을 준공하기도 하는 등, 현재 지금도 가파른 성장을 멈추지 않고 있다.

결국 기업의 경쟁우위의 열쇠는 구성원들과 최고경영자들의 헌신, 창조성, 응집력, 상호신뢰, 그리고 리더십에서 나온 것으로 볼 수 있듯이, 사람 없는 조직은 상상할 수 없고, 조직 성공의 열쇠는 사람들의 행동에 있다고 해도 과언이 아니다. 다시 말하면 조직에서 일을 수행하는 사람들의 행동적 측면이 조직유효성의 기본 요소가 된다.

조직행동, 또는 조직행위론(organizational behavior: OB)이라는 학문은 조직을 둘러싸고 발생하는 인간 행동 연구가 개인 수준, 집단 수준, 그리고 조직전체 수준에서 다루어진다. 그런 이유로, 조직행위론은 조직의 운영과 성과를 이해하는 데 필요한 인간 행동에 대한 일반적 개념과 이론을 개발하고 그 응용방법을 연구하는 데 목적이 있다고 할 수 있겠다.

이 책의 제1부에서는 조직에 대한 학습자의 기본 이해를 돕기 위해 제1장에서 조직의 성격, 조직유효성, 조직행위론의 범위, 조직행위론의 역사적 배경, 조직을 보는 현대적 관점, 그리고 제2장에서는 조직행위론의 연구방법론을 다룬다.

chapter 1

조직과 조직행위론

상식과 과학의 차이: 아래 진술 중에서 몇 개나 옳은 진술인가?

1) 하는 일에 만족하면 그 일의 성과도 높아진다.
2) 성격은 타고나는 것이기 때문에 변경하기 어렵다.
3) 실제로 남학생과 여학생의 평균 수학점수를 비교하면 항상 남학생의 수학점수가 높다. 이는 결국 남자가 여자에 비해 논리적인 면에서는 더 우수하다는 증거다.
4) 사고가 발생했을 때, 그 사고를 목격한 사람이 많을수록 도움을 받을 확률도 높다.
5) 집단의 구성원이 많아질수록, 그 집단은 더 민주화된다.
6) 의사결정은 가능하면 냉정한 상태에서 내려져야 더 나은 결정을 할 수 있다.
7) 갈등은 조직에 해가 되므로, 초기에 신속하게 관리해서 해소하는 게 좋다.
8) 단결되어 있는 집단일수록 그 성과도 높다.
9) 강한 조직문화를 가진 조직이 성과도 높다.

* 위 모두는 틀린 진술이다.

어떤 배움이든지 그것이 하나의 학문으로 자리하기 위해서는 다른 학문분야와 구별되는 자기 나름의 연구대상을 필요로 한다. 생물학은 생물들을 연구대상으로 삼고 있고, 사회학은 인간의 사회적 공동생활을 연구대상으로 한다. 경제학은 인간의 경제활동을 연구대상으로 하고, 유전공학은 생물의 유전자를 연구대상으로 삼아 그것을 인공적으로 가공하여 인간에게 도움이 되는 물질을 대량으로 값싸게 얻고자 한다.

조직행위론(organizational behavior) 또는 조직행동은 조직을 둘러싸고 일어나는 인간행동을 연구대상으로 하여 이를 체계적이고 과학적인 방법으로 연구하고자 하는 사회과학의 한 분야이다. 뿐만 아니라, 이렇게 얻어진 인간행동에 대한 지식체계를 조직의 구성원과 경영자들로 하여금 실제 조직현장에 활용하도록 함으로써, 자신의 경력과 조직을 더 효과적으로 관리할 수 있도록 실질적인 도움을 주고자 하는 실천학문이기도 하다.

무엇인가를 배울 때, 그것이 나에게 무슨 도움이 될 것인지를 꼼꼼히 따져보는 일은 중요하다. 우리가 얻고자 하는 것이 무엇인지를 알면, 거기에 대해서 훨씬 더 흥미를 느끼고 배움에 더 집중할 수 있기 때문이다. 이 장에서는 조직행위론이라는 학문을 좀 더 자세히 소개하면서, 이 학문의 주요 특징과 그 개략적인 발전과정에 대해 간략히 설명해 보고자 한다. 독자 여러분은 이 장을 읽으면서 조직행위론이란 학문이 과연 자신에게 도움이 되는 학문인지, 도움이 된다면 어떤 도움을 받을 수 있는지에 대해 곰곰이 따져볼 필요가 있다.

1 조직과 조직성과

1.1 조직의 개념과 성격

우선 조직행위론이라는 학문이 어떤 것인지 살펴보기에 앞서 조직행위가 일어나는 마당인 조직이라는 실체에 대해서 생각해보기로 한다.[1)]

조직은 둘 이상의 사람들로 구성된 사회시스템이다. 그렇다고 모든 사회시스템이 조직은 아니다. 우리 주위에는 다양한 인간군집, 또는 사회시스템이 존재하지만, 조직을 다른 사람들의 모임이나 사회시스템과 구별짓는 특징으로 가장 많이 언급되는 것이 공통목표의 존재 여부다. 우리가 조직이라고 부르는 사람들의 모임은 그 모임을 이루는 구성원들이 완전하게는 아니더라도 대부분이 공통적으로 인정하고 수용하는 목표를 가지고 있다.

그러나 이 조건만으로 조직이라고 부르는 사회시스템을 정의하기에는 부족하다. 조직이라고 불리기 위해서는 구성원들이 조직의 목표달성과 직·간접적으로 연관되는 일들을 나누어 맡는 분업이 이루어지고, 그러한 분업들 사이의 조정과 통합을 가능하게 하는 조정·통제시스템이 체계적으로 갖추어져 있어야 한다.

조직이 되기 위한 또 다른 조건은 인위성과 지속성이다. 조직이란 특정한 목표를 달성하기 위해서 인위적으로 고안된 사회시스템이며, 구성원의 일부가 바뀐다고 하더라도 조직 나름의 기본적인 성격은 큰 변화 없이 유지되는 지속성을 그 특징으로 한다. 따라서 가족과 같이 구성원의 자유의지와 상관없이 혈연관계에 의해서 소속이 정해지는 자연적인 사회시스템은 설사 그것이 목표와 함께 그것을 달성하기 위한 조정 및 통합 메커니즘을 갖추었다고 하더라도 조직이라고 보지 않는다. 구성원이 바뀌면 성격이 크게 바뀌거나 존속 자체가 어려운 친목모임과 같은 경우도 조직이라고 보기가 어렵다.

마지막으로 조직의 안과 밖을 경계짓는 경계선의 존재다. 조직은 이 가상의 경계선을 기준으로 하여, 그 안에 들어오는 사람을 조직원, 그 경계 밖에 있는 사람을 타인으로 구분한다. 또한 조직은 이 경계선 밖을 환경이라고 지칭하고 생존을 위해서 환경과 성공적인 관계를 맺기 위해서 노력한다. 조직의 생존은 조직의 내부 뿐만 아니라, 조직 외부인 환경의 효과적인 관리에 달려있다.

이렇게 조직을 정의하고 주위를 둘러보면, 우리가 얼마나 조직과 밀접한 관계를 가지면서 살아가고 있는지 갑자기 깨닫게 된다. 사실 우리의 삶은 수많은 조직들에 둘러싸여 있다. 삶과 죽음의 여정 속에서 우리는 유치원에서 대학에 이르기까지 여러 조직을 통하여 교육을 받고, 직장이라는 조직을 통하여 생활을 꾸려간다. 동호회에도 가입하여 활동해보기도 하고 때로는 여행사를 통하여 삶의 윤택함을 찾아 떠나기도 한다. 지난 250여 년 동안 산업사회가 건설해놓은 조직사회 속에서 우리는 조직인간으로서의 삶에 익숙해져 있는 것이다.

조직행위론은 이렇게 우리들을 에워싸고 우리의 삶에 영향을 미치고 있는 조직이라는 마당을 중심으로 일어나고 있는 인간행동에 주목하고, 체계적이고 과학적인 방법을 통하여 이에 대한 일반이론들을 발견하고자 한다. 조직경영자들은 조직행위론을 통하여 그러한 이론체계들이 제공하는 인간행동에 대한 지식을 습득함으로써, 조직구성원에 대한 이해와 행위에 대한 예측력을 높일 수 있을 것이고, 이를 바탕으로 조직을 보다 효과적으로 관리할 수 있는 역량을 키울 수 있다(그림 1-1 참조).

그림 1-1 조직행위론의 이론과 실제

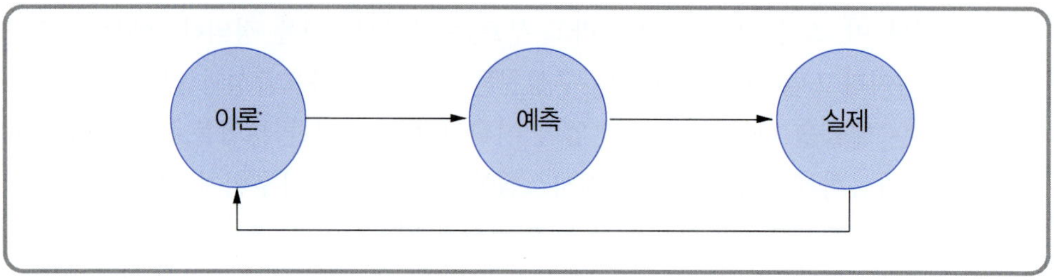

읽을거리 1-1

본서의 저자들은 두 대학에서 두 명씩, 교수로 재직했거나 현재 재직하고 있는 교수로 구성되어 있다. 이들은 모두 골프를 운동으로 즐기고 있어서, 종종 모여서 골프를 치고 끝난 다음에 식사 모임을 가지고 있다. 그러는 동안 친목을 도모하는 한편, 본서의 집필 방향에 대해서 의견을 교환하기도 한다.

이 모임은 서로가 상호교류를 하고 있는 인위적인 인간시스템이고, 친목도모와 교과서 집필 방향 논의라는 뚜렷한 목표도 있다. 돌아가면서 맡기는 하지만, 경기 시간을 잡아 라운딩 부킹을 하고 식당을 잡는 일 등이 자연스럽게 분업화되어 있다. 의견이 다를 경우에는 의견을 조정하는 조정시스템도 잘 작동하고 있다. 물론 이 모임을 정의하는 경계도 분명하다. 그러나 이 모임은 지속성이라는 점에서 조직으로 부르기에는 합당하지 않다. 네 명 중에 한 명이라도 빠질 경우, 그를 다른 사람으로 대체할 수 없는 것이다. 만약 대체가 가능하다고 하더라도, 이 모임의 정체성은 심각한 변화를 겪을 수밖에 없을 것이다.*

1.2 조직의 위치와 조직행위론의 범위

조직행위론에서 다루는 인간행동의 범위가 어디까지인지 살펴보려면 사회과학에서 조직행위론이 어디에 위치하고 있는지를 살펴보는 것이 도움이 된다.

사회과학은 근본적으로 사람의 행동과 그들의 행동에서 비롯되는 사회현상을 연구하는 과학이다. 그리고 인간을 연구하는 주된 마당이 무엇인지, 그 분석수준에 따라 심리학, 사회심리학, 사회학, 문화인류학, 역사학 등으로 나뉘고, 인간행동 중에서 특히 어떤 부분에 관심을 가지고 있는지에 따라 철학, 경제학, 정치학, 언론학 등으로 나뉘기도 한다.(그림 1-2)

---

* 한 대학교수팀이 상대팀과의 게임에서 한 번도 이긴 적이 없기 때문에 승률에 대해서 얘기하는 것은 의미가 없겠다.

그림 1-2 분석 수준에 따른 사회과학 분류

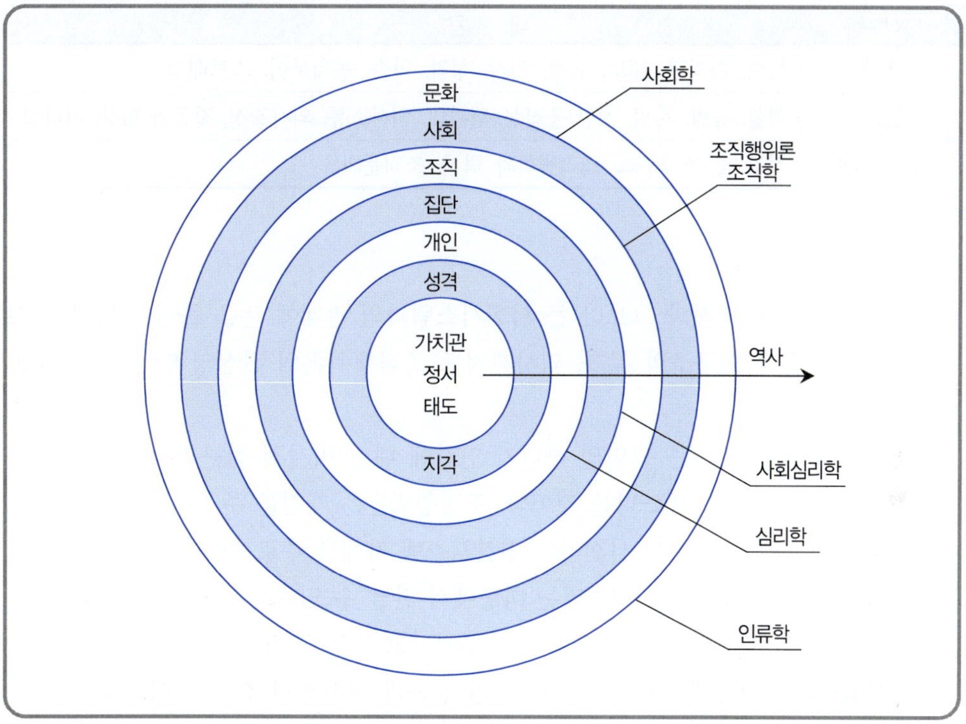

자료: 오세철(1982). 조직행동: 인간·조직의 이론과 실제 『박영사』 12쪽 수정게재

심리학은 분석수준을 개인으로 삼고, 개인의 행동과 관련이 있는 것들이 어떤 것들이고 그들과 어떻게 관련을 맺고 있는지에 관심을 가진다. 예로서, 심리학은 개인의 가치관이나 태도, 감정, 지각과정 등이 개인의 행동과 어떻게 맺어져 있는지에 주목한다. 사회심리학은 개인과 개인들이 모여서 이루는 관계에 주목하면서, 그러한 관계들이 인간의 행동에 어떻게 영향을 미치는지에 대해서 관심을 가진다. 사화과학의 모태인 사회학은 인간이 집단을 이루면서 나타나는 계층이나 제도, 기술, 이념 등과 인간행동의 관계에 관심을 가지며, 한 사회가 시간이 지나면서 만들어내는 문화와 인간행동의 관계는 인류학의 몫이다.

조직행위론의 연구마당은 조직이다. 따라서 마땅히 조직의 전략이나 구조, 기술, 또는 개인이 조직에서 수행하는 직무의 성격 등이 조직구성원들의 행동과 주고받는 영향력에 대해서 관심을 가진다. 뿐만 아니라 조직은 여러 개의 집단으로 형성되어 있기 때문에, 그러한 집단과 개인행동과의 관계에도 흥미를 가지며, 개인수준에서 일어나는 인간행동에 대한 연구도 당연히 조직행위론의 관심 대상이다. 아울러 초기에 조직만으로 한정되었던 조직행위론의 연구 마당은 그 후 연구

표 1-1 조직행위론의 주제들

분석수준	내 용
개인	능력, 가치관, 태도, 감정, 지각, 성격, 학습, 동기부여, 스트레스
집단	역할, 규범, 지위, 집단 응집성, 팀관리, 의사소통, 의사결정, 갈등과 협상, 리더십
조직 전체	직무 및 조직구조, 조직변화와 혁신, 조직문화

가 진행되면서, 조직과 그보다 큰 사회시스템과의 관계에 눈을 돌리게 되었고, 그 결과 지금은 사회구조와 문화, 역사까지도 조직행위론의 관심영역으로 포함하고 있다.

사회과학의 가장 큰 고민의 하나가 인간에 대한 미시적 접근과 거시적 접근을 어떻게 접목시킬 수 있느냐는 것이다. 조직행위론은 개인을 주 연구대상으로 하는 미시적 접근의 심리학과, 사회라는 인간시스템 자체를 주로 연구대상으로 하는 거시적 접근의 사회학이, 조직이라는 마당에서 만날 수 있다는 가능성을 제공해준다. 즉, 우리는 구체적인 인간의 행동이 이루어지고 있는 조직에서 조직행위론이라는 학문을 통해, 인간행동에 대한 미시적인 접근과 거시적인 접근에 대한 안목을 동시에 기를 수 있을 것이다. 그렇게 함으로써 우리 자신에 대한 이해도 좀 더 풍부해지고 깊어질 것으로 기대한다.

위의 <표 1-1>은 조직행위론에서 다루는 주제들을 조직행위론에서 전통적으로 취하고 있는 분석수준인 개인, 집단, 조직의 수준에서 간략하게 정리한 것이다.

2 조직행위론의 학문적 성격과 인접 분야

2.1 조직행위론의 학문적 특징

조직행위론은 조직내 인간행동에 대한 이해와 설명, 그리고 예측에 목적을 둔 학문이다. 앞서 지적한 바 있듯이, 조직행위론에서는 조직내 인간행동을 편의상 개인, 집단, 그리고 조직 수준에서 주로 접근하고 연구한다. 이처럼 다양한 수준에서 인간행동을 연구하기 때문에, 조직행위론은 다음과 같은 특징을 갖는다.

첫째, 조직행위론은 학제적(interdisciplinary) 성격이 강하다. 조직행위론은 조직

내 인간행동을 이해하고 설명하기 위해, 심리학, 사회학, 문화인류학, 경제학 등 다양한 인접 사회과학 이론들을 활용하기 때문에 다학문적이고 학제적인 성격을 가질 수밖에 없다. 즉 사람들의 개인 수준 행동을 이해함에 있어서는 심리학을, 또 집단 수준의 행동은 사회심리학과 사회학을, 그리고 조직 수준의 행동은 사회학과 문화인류학, 경제학과 정치학 등 다양한 인접 사회과학 이론들을 배경이론으로 활용한다. 그렇기 때문에, 조직행위론은 인간행동을 이해하는데 도움을 주는 다양한 행동과학(behavioral science) 이론들을 종합적으로 활용하는 학제적이고 융합적인 특징을 가지고 있다.

둘째, 조직행위론은 궁극적으로 조직성과의 향상을 목적으로 하는 응용학문으로서의 성격을 갖는다. 개인 수준의 인간행동을 이해하기 위해 심리학 이론을, 그리고 집단 수준의 행동을 이해하기 위해서는 사회심리학이나 미시 사회학이론들을 활용하지만, 조직행위론은 경영학의 한 분야이기 때문에, 인간행동을 단순히 이해하거나 설명하는데 그치지 않고, 이를 경영관리적 맥락에서 예측하고 응용하는 것을 그 목적으로 한다. 따라서 조직행위론은 인접 순수 사회과학들과는 달리, 응용지향적이고 성과지향적인 실천학문으로서의 성격을 갖는다.

셋째, 조직행위론은 인본주의적인 가치를 중시하는 규범적 성격이 강한 특징이 있다. 조직행위론은 경영학의 한 분야이기 때문에, 앞서 설명한데로 개인, 집단, 조직 수준의 다양한 성과를 지향한다. 그렇지만 조직행위론은 조직내 인간의 행동에 연구의 초점을 두는 분야이기 때문에, 단순히 효율성 차원의 성과만이 아니라 효과성 차원의 성과에 관심이 많다. 따라서 조직행위론은 경제적 성과나 혹은 경쟁우위를 추구하더라도 개인, 집단, 그리고 조직 수준에서 '사람을 통한' 경제적 성과, 또 '사람을 통한' 경쟁우위 확보 방안에 더 큰 관심이 두어진다. 또 비단 경제적 차원의 성과만이 아니라, 개인의 직무만족이나 심리적 안녕(well-being), 그리고 삶의 질 향상 등 심리적 차원의 성과 증진은 물론, 팀워크나 팀 구성의 다양성을 통한 팀 성과 제고 방안, 또 조직의 사회적 책임 등을 증진해 가기 위한 방안 등에 많은 관심을 갖는 분야이다.

넷째, 조직행위론은 문제해결 방안을 모색함에 있어서 보편적인 관점은 물론, 상황적합적인 관점(contingent perspective)을 중시하는 특징이 있다. 개인 및 집단, 그리고 조직 수준에서 직면하는 다양한 경영관리 문제들에 대해, 조직행위론은 어떠한 상황에서도 적용가능한 보편적인 성격의 해법을 모색하기도 한다. 그렇지만 한 상황에서 효과적이었던 대안이, 그와는 성격이 다른 상황에서도 늘 효과적일 수 없다. 이를테면, 일상적인 과업을 반복적으로 수행하는 경우와, 전례없는 창의적인 문제해결을 시도해야 하는 경우에, 사람들을 동기부여시키는 방안이 동일할 수만은 없는 것이다. 그래서 조직행위론은 '특정한 경영관리 상황에 적합한 대안'을 강구하는 상황적합적(contingent) 문제해결 방법을 많이 추구한다.

사실, 전통적인 경영이론들은 모든 상황에 적용 가능한 유일 최선의 해결 방법(one best way)을 주로 강구하려 해 왔다. 그렇지만, 현대 기업경영 상황에 영향을 미치는 요인들은 워낙 다양하고, 또 예전과 다르게 경영과정에서 직면하는 상황의 복잡성과 불확실성은 매우 커졌다. 따라서 조직행위론은 저마다의 조직 상황에 가장 적합한 문제해결 방안은 다양할 수 있다는 전제 하에, 개별 상황에 적합한 유연한 해결책을 모색하는 상황적합적 접근을 많이 채택하는 경향이 있다.

2.2 조직행위론의 인접 학문분야

광의의 조직행위론은 <표 1-1>에 나오는 내용을 전부 포함한다. 그렇지만 조직행위론도 모든 학문분야가 그렇듯이 다시 미시적 접근과 거시적 접근으로 나누고, 미시적 접근을 협의의 조직행위론, 거시적 접근을 조직구조론, 조직이론 또는 조직론(Organization Theory: OT)이라고 지칭한다.

조직행위를 제대로 이해하기 위해서는 조직특성 그 자체뿐만 아니라 조직 외부의 환경과 조직을 구성하고 있는 집단이나 부서도 연구하지 않으면 안 된다. 조직이론은 사람들의 집합체인 부서와 조직, 그리고 조직수준에서의 구조와 행동에 주목한다. 조직을 이루는 것은 사람이지만, 조직이론의 직접적인 분석대상은 사람이 아닌 것이다. 대신에 조직이론은 일반구성원보다는 최고 및 중간 경영자를 대상으로 하여, 이들로 하여금 조직과 환경과의 관계에 주목하도록 하고, 조직의 목표 및 전략의 수립과 이를 추진할 조직구조를 설계하고 실천에 옮기는 데 도움을 주고자 한다.

인적자원관리(Human Resource Management: HRM)는 인적자원의 효율적 활용을 위해서 조직 내 개인에 관계되는 정책, 절차, 방법, 프로그램 등을 개발하고 이를 응용, 평가하는 학문이다. 이 학문분야는 전통적으로 인사관리(Personnel Management)라고 불려왔으나, 최근에는 인간을 하나의 자원으로 보고 이에 대한 투자와 개발이라는 측면을 강조하는 의미에서 인적자원관리로 바뀌어 불리고 있다. 그에 따라 조직행위론에서 연구개발된 인간행동에 관한 이론들이 인적자원관리에 기름진 텃밭을 제공하고 있다.

조직이론의 응용적 측면을 다루는 학문으로 조직개발(organizational development: OD)이 있다. 조직개발은 조직의 유효성을 증대시키기 위하여 최고경영자에 의해 주도되는 조직전체 수준의 계획적인 변화노력에 대한 조언과 실천을 돕고자 마련

그림 1-3 조직행위론, 인적자원관리, 조직개발의 관계

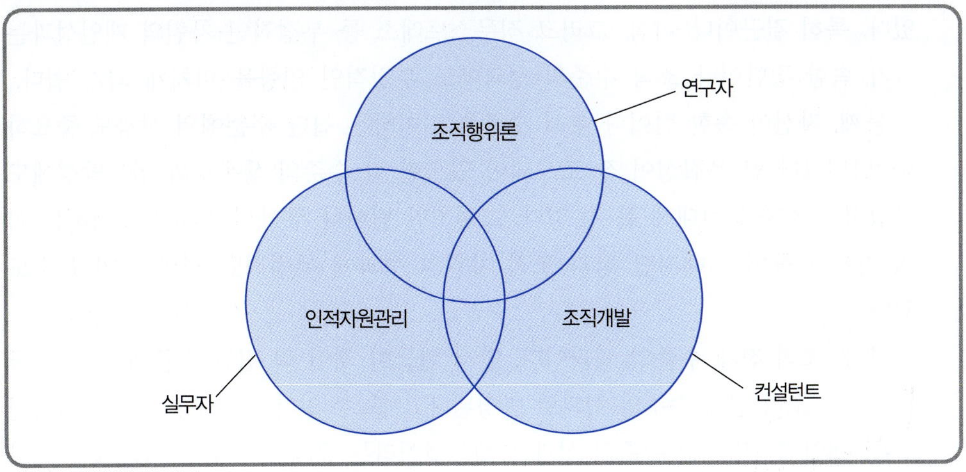

된 분야이다. 원래 학자들 주도로 집단역학(group dynamics)과 조직변화이론에서 얻은 지식들을 조직현장에 적용하는 응용학문으로 시작했으나, 조직현장에서의 변환노력들에 따른 풍부한 실무경험들과 자료들이 쌓여가면서 지금은 경영컨설턴트들에게 중요한 지식창고와 의견교환 창구로서의 역할을 담당하고 있다.

3 조직의 성과

사람들이 조직을 결성하고 운영해 가는 이유는, 조직을 구성하는 다양한 사람들의 집합적인 협업을 통해 한 개인이 이루기 어려운 여러 가지 과업을 효과적으로 달성해 갈 수 있기 때문이다. 즉 조직은 개인을 뛰어넘는 여러 가지 성과를 달성 가능하게 만들어 주기 때문인 것이다. 이렇듯, 사람들이 조직에 참여하면서, 조직을 통해 달성하고자 기대하는 다양한 차원의 성과는 다음과 같다.

첫째, 조직에 참여하는 구성원 개인 수준의 성과를 생각해 볼 수 있다. 개인은 조직내 다양한 역할행동 수행을 통해 업무생산성을 높여 자신이 속한 집단(부서 또는 팀)의 성과는 물론, 나아가 조직 차원의 성과 향상에 기여할 수 있다. 또한 그 과정에서 개인적으로 직무만족이나 조직몰입과 같은 긍정적인 직무태도를 키워 가질 수 있다. 뿐만 아니라, 다양한 직무경험을 통해 개인의 성장과 발전, 번영감

(thriving)을 느낄 수도 있고, 반대로 결근과 이직, 각종 직무스트레스를 경험할 수도 있다. 특히 결근이나 이직, 그리고 직무스트레스 등 부정적인 차원의 개인성과는 그가 속한 집단이나 조직 수준의 성과에도 부정적인 영향을 미치게 되기 쉽다.

둘째, 자신이 속한 팀이나 부서 수준을 의미하는 집단 수준에의 성과도 중요하다. 팀워크나 팀 응집성이 잘 조성되어 있으면 팀 수준의 생산성과 업무달성에도 긍정적인 영향을 기대해 볼 수 있다. 그렇지만 팀이나 부서 수준에서 발생하는 여러 가지 갈등이 심해지면 팀과 조직 차원의 성과에 부정적인 영향을 미칠 수도 있다.

셋째, 조직 전체 수준의 성과이다. 앞서 언급한 개인 및 집단 수준의 성과는 궁극적으로 조직 전체 수준의 성과로 반영된다고 볼 수 있다. 즉 해당 조직이 기업일 경우, 개인 및 집 단 수준의 성과는 생산성이라는 운영적 차원의 성과에 반영될 것이고, 이는 궁극적으로 수익성이나 기업가치 혹은 성장률로 흔히 측정되는 재무적 차원의 성과로 집계된다. 그 외에도 기업은 시장에서 많은 경쟁기업들을 상대해야 하기 때문에, 해당 기업만의 독보적인 핵심역량이나 경쟁우위에 기반한 경쟁력을 갖추어야 한다. 또 현재 시점에서의 경쟁력만이 아닌, 미래의 경쟁력을 지속적으로 확보해 가기 위해서는 지속적인 제품 및 기술혁신 능력은 물론, 이를 뒷받침하는 조직의 변화관리 능력도 갖추고 있어야 한다.

이처럼, 조직이 추구하는 성과는 기본적으로 개인, 집단, 조직 수준에서 파악해 볼 수 있다(그림 1-4 참조). 그렇지만 최근에는 조직의 지속가능한 성장을 위한 차원에서 또 다른 차원의 성과도 중요하게 간주되고 있다. 즉 기업이 단기적이고 재무적인 차원의 성과만을 중요시할 것이 아니라 장기적으로 지속가능한 성장을 구가하기 위해서는, 기업 역시 사회시민(corporate citizen)의 일원임을 자각하고, 해당 기업이 소재한 사회와 지역에 대해 좀 더 책임있는 활동을 수행해야 한다는 점이 강조되고 있다. 이러한 취지에서, 최근에는 기업의 사회적 책임(corporate social responsibility, CSR) 역시 기업이 추구해야 하는 성과 차원의 하나로 간주되는 경향이 크다.

또한 그러한 사회적 책임을 수행하는 방식에 있어서도, 단순히 일회적이고 시혜적인 자선이나 행사에 그칠 것이 아니라, 사회에 대한 의미 있는 가치 창조활동과 해당 기업의 수익성이 함께 추구되는 비즈니스 모델을 창출하여 좀 더 지속가능한 방식으로 기업의 사회적 책임을 수행해 가는 '공유가치창출'(creating shared value, CSV) 방식이 강조되고 있다.[2)]

그림 1-4 다양한 수준의 조직성과

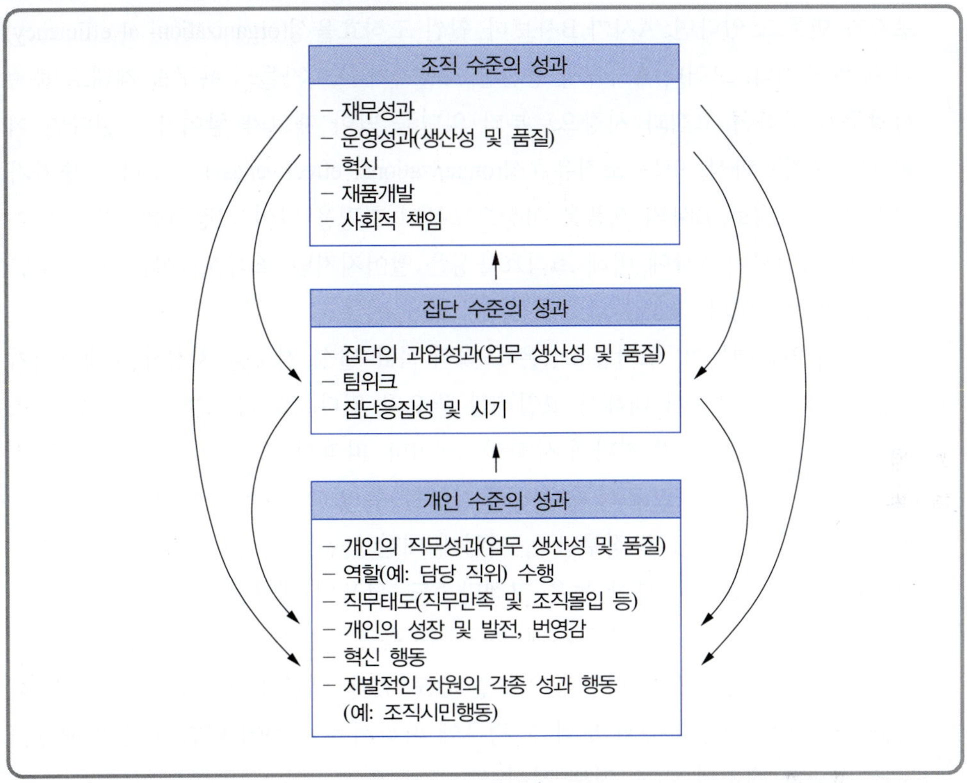

3.1 조직성과의 두 차원: 조직유효성과 조직효율성

우리는 흔히들 효율적(efficient)이라는 말과 효과적(effective)이라는 용어를 혼용하여 쓴다. 그러나 이 두 용어는 엄연히 다른 개념이다. 효율성은 투입 대비 산출의 개념이고, 효과성은 목표의 달성 정도를 지칭하는 개념이다. 예를 들어, 어느 기술자가 다른 기술자들이 8시간 걸리는 일을 6시간 만에 끝낸다면 그 기술자는 일을 효율적으로 하는 기술자인 것이고, 어떤 신약이 이전까지 불치병이던 질병의 증상을 획기적으로 개선해준다면, 그 약은 기존 약들에 비해 효과적인 약이 되는 것이다. 따라서 이 두 개념은 독립적이며, 따라서 효과성은 크지만 효율성이 낮을 수도 있고, 효과성과 효율성이 둘 다 낮을 수도, 또는 높을 수도 있는 것이다.

이 두 개념은 집단이나 조직의 수준으로 확대해서 적용할 수 있다. 즉, A 조직이 효율적이긴 하지만 효과적이진 못하다든지, B 조직은 효율성은 떨어지지만, 보다 효과적인 조직이라고 말할 수 있는 것이다. 예컨대, A사의 공장에서는 870대의 차를 생산하기 위해 2,423명(차 한 대당 2.8명)의 근로자를 쓰고 있는데 반해, 같은 시에 위치한 B사의 공장에서는 하루 750대의 차를 5,400명(차 한 대당 7.2명)의 근로자가 만들고 있다면, A사가 B사보다 훨씬 조직효율성(organization- al efficiency)이 높은 것이다. 그러나 A사에서 생산한 자동차가 소비자들의 욕구를 제대로 충족시켜주지 못하여 고객과 시장으로부터 외면을 받아 재고가 쌓여가고 있다면 이 회사의 조직효과성, 또는 조직유효성(organizational effectiveness)은 낮다는 평가가 내려진다. 반대로, B사의 제품은 시장으로부터 호평을 받아 시장점유율을 높여가고 있다면, B사는 A사에 비해 조직효율성은 떨어지지만 조직효과성은 높다고 말할 수 있는 것이다.

앞에서 언급했듯이, 조직유효성은 조직의 목표 달성 정도를 지칭하는 개념이기 때문에, 조직의 목표에 대해서 고찰해볼 필요가 있다. 조직은 인간과 기술, 구조 등이 어우러져 만들어진 하나의 사회시스템이다. 따라서 조직이 추구하는 목표 역시 개인과 집단, 그리고 조직 수준에서 다양할 수 있다. 예를 들어 간단하게만 살펴보아도, 직원들의 높은 직무만족, 기업에 대한 높은 충성심(즉 조직몰입), 좋은 제품과 서비스 창출을 통한 높은 고객만족도, 고율의 배당금 지급, 사회에 대한 책임, 지속가능성 등 조직이 동시에 추구하는 목표는 매우 다양하다. 그리고 이들 목표들은 종종 상호 간에 마찰을 일으킬 수도 있다. 예를 들어, 기업의 사회적 책임을 다하고자 하는 활동과 노력은, 경우에 따라서는 주주에 대한 고율의 배당금 지급 정책과 배치될 수도 있는 것이다.

따라서 조직의 유효성을 제대로 평가하려면 이들 복수의 경영 목표들을 종합적으로 고려해야 할 것이고, 또 이들 목표의 중요도가 고려되어야 한다. 그런데 현실적으로는 그 목표의 중요도라는 것이 누가 평가하는지, 분석수준이 무엇인지, 또는 기업이 처한 상황에 어떠한지에 따라 달라질 수밖에 없다는 근본적인 문제가 따른다. 뿐만 아니라, 현실적으로 기업을 경영해 가는 과정에서는, 이를테면 단기성과와 장기성과, 구성원 개인 수준의 목표와 조직 수준의 목표, 혁신성과 효율성을 추구해 가고자 하는 노력과 선택 등에 있어서 상충된 요구들이 불거지고 서로 갈등하는 관계가 대두되기 쉽다. 따라서 조직의 경영자에게는 이러한 목표의 상충성에 대해서도 깊은 혜안과 경험을 바탕으로 지혜로운 판단과 결정을 내려야 하는 책무가 주어지게 된다.

3.2 조직행위론에서 많이 연구되는 조직유효성 개념들

조직행위론에서는 조직을 구성하는 개인, 집단, 그리고 조직 전체 수준의 목표를 모두 고려한다. 그렇지만 그러한 목표 달성에 기여하는 개인과 집단 수준의 행동이 어떠한 이유와 양상으로 발생, 전개되는지에 대해 큰 관심을 갖고 있다. 따라서 비단 효율성 개념만이 아니라 효과성 개념에 기초하여, 조직유효성을 대리한다고 볼 수 있는 다음과 같은 개념들을 주로 연구해 왔다. 여기서는 그 가운데 일부만을 간단히 소개해 보기로 한다.

(1) 직무성과

직무성과(job performance)는 개인행동이 조직의 목표달성에 얼마나 공헌하는가에 대해 측정해 놓은 것으로, 조직행위론 연구자들에게서 가장 확실한 유효성의 기준으로 인정을 받고 있다. 따라서 높은 직무성과는 조직행위론에서 바람직한 행위로 여겨지며, 조직행위론은 일반적으로 개인의 직무성과가 높으면 조직의 유효성도 높다고 가정한다.

직무성과가 조직유효성을 측정하는 대표적인 기준으로 인정받고 있다고 하더라도 실제로 이를 측정하고 평가하는 데에는 여러 가지 어려움이 따른다. 영업사원처럼 개인의 직무성과를 정확하게 양으로 측정할 수 있는 업무라면 문제가 없겠으나, 많은 직무가 그렇지 못하다는 데에 그 근본적인 이유가 있다. 여기로부터 다시금 무엇을 성과평가의 기준으로 삼을 것인가에 대한 문제가 따른다.

무엇을 성과기준으로 삼을 것인가에 대해서 학자들은 대개 세 가지를 제시하고 있다. 성과를 산출하기 위한 투입물, 성과를 산출하는 과정에서 요구되는 행위, 그리고 성과의 산출물이 그것이다.[3] 성과를 산출하기 위한 투입으로는 직무를 수행하기 위한 자질이나 성격, 기술 등이 포함되고, 성과를 산출하는 과정에서 요구되는 행위로는 일에 기울이는 노력이나 성실함, 의사소통행위 등, 직무를 수행함에 있어 특별히 중요하게 요구되는 행위들이 포함된다. 끝으로, 성과의 산출물로는 작업량, 작업의 질, 효율성, 납품 정확성, 고객만족 등을 예로 들 수 있을 것이다. 지금까지 조직행위 연구에서 자주 사용되어온 직무성과의 준거치는 다음과 같이 다양한 것들이 있다.[4]

① 직무특유의 과업 숙련도 및 생산성(효율성)
② 의사소통의 숙련도
③ 직무에 기울이는 노력의 정도
④ 규율 준수
⑤ 동료 및 팀에 대한 지원(동료와의 관계)
⑥ 감독 및 리더십
⑦ 전반적인 관리책임 완수 정도

(2) 철수행위

철수행위(Withdrawal Behavior)도 많은 연구자들에 의해서 조직유효성 기준으로 받아들여져 실제 연구에서 다양하게 활용되었다. 일반적으로 조직원들의 철수행위가 낮은 조직이 높은 조직보다 조직유효성이 높다고 평가한다.

철수행위란 개인이 조직으로부터 떨어져나가는 행위로, 심리적 철수행위와 신체적 철수행위의 두 가지로 구분되는데[5], 심리적 철수행위(psychological withdrawal)에는 시간낭비, 백일몽, 조직적 태만 행위 등이 포함되고, 신체적 철수행위(physical withdrawal)에는 지각(lateness), 결근(absenteeism), 이직(turnover) 행위 등이 포함된다. 그 중에서도 특히 이직행위는 조직의 정상적 활동을 중단시키는 한편으로, 대체인원을 모집·선발하고 훈련하는 비용 또한 유발하기 때문에, 경영자들에게 중요한 관심사가 되고 있어서 많은 연구들이 채택해 온 유효성 평가기준이다. 이직행위에는 업무업적이 극히 낮거나 나쁜 습관을 가진 사람이 이직을 하는 기능적 이직(functional turnover)과 직무업적이 우수한 인력이 더 좋은 조건을 찾아 떠나는 역기능적 이직(dysfunctional turnover)이 있는데, 최근처럼 우수한 인재의 확보가 기업의 핵심적인 경쟁우위가 되는 상황에서는 역기능적 이직행위가 가지는 의미는 대단히 크다고 하겠다.

(3) 조직시민행동

최근 들어서 부쩍 조직유효성의 기준으로 관심을 받고 있는 것이 조직시민행동이다. 조직시민행동(organizational citizenship behavior: OCB)이란 조직에서 공식적으로 수행하도록 부과된 직무는 아니지만, 조직이 효과적으로 기능하도록 촉진하는 조직원의 행위를 말한다.[6] 따라서 조직으로부터의 공식적 보상이 주어지지 않으며, 반대로 그러한 행동을 나타내 보이지 않는다고 해서 처벌을 받는 것도 아니다.

이러한 조직시민행동에는 조직 내에서 다른 사람을 돕는 행동, 다른 사람의 말에 귀를 기울이는 행동, 다른 사람을 위험으로부터 구하는 행동, 그리고 협동심을 앙양하고 인간관계를 강화하는 행동 등이 포함된다.[7] 구체적인 예를 들면 다른 사람들을 회의에서 발언하도록 고무시키고, 신입직원을 주어진 책임 이상으로 잘 지도하며, 동료들의 개인적 또는 직무상의 문제에 대해 조언을 해주는 행동들을 들 수 있다.

이러한 조직시민행동의 개념에 대하여는 아직 연구자들마다 다양한 조작적 정의를 내리고 있다. 조직행동에 대한 측정은 초기에는 ① 이타성(altruism)과 ② 일반화된 순응(generalized compliance)의 두 차원으로 구성된 측정수단을 통해서 이루어졌으나[8], 그 후로 ① 이타성(altruism), ② 양심성(conscientiousness), ③ 예의성

(courtesy), ④ 시민정신(civic virtue), ⑤ 스포츠맨십(sportsmanship)의 5개 차원[9], 그리고 최근에는 ① 충성심(loyalty), ② 복종심(obedience), ③사회적 참여도(social participation), ④ 변화주도적 참여(advocacy participation), ⑤ 기능적 참여(functional participation)의 5개 차원[10]으로 구성된 측정수단이 개발되어 있다.

(4) 직무만족과 조직몰입

앞의 세 가지 행위 측면의 유효성기준 외에도 조직행위론에서는 조직관련 태도인 직무만족(Job Satisfaction)과 조직몰입도(Organizational Commitment) 등 두 가지가 많은 연구에서 조직유효성의 기준으로 채택되어 사용되어 왔다. 직무만족은 개인이 자신의 직무에 대해서 만족하는 정도를 나타내는 평가적 태도이고, 조직몰입은 개인이 자신과 자신이 속한 조직과 얼마만큼의 동일시 감정을 느끼는지의 정도를 말해주는 개념이다. 유효성의 기준으로서의 실질적인 타당성보다는 설문지를 통해서 간단하게 측정될 수 있다는 편의성 때문에 널리 사용되었고, 특히 직무만족과 생산성과의 관계 규명은 오랫동안 조직행위론의 단골 메뉴였다.

(5) 창의성

사회의 부를 창출하는 요소가 토지에서 자본으로, 그리고 지식과 정보로 바뀌어 오면서, 기업의 가치창출 요소도 그에 맞추어 변하여 왔다. 국가의 경계가 사라져 가는 글로벌라이제이션 시대를 맞아 기업들은 경쟁사와의 극심한 경쟁을 피할 수 없고, 그런 경쟁 틈바구니 속에서 경쟁사들과의 차별성을 통해 자신들의 고객을 확보할 수 있어야만 기업의 생존을 담보받을 수 있을 것이다. 이러한 시대적 상황이 창의성(creativity)을 조직유효성을 판단하는 핵심 기준치의 하나로 삼도록 만들고 있다.

경쟁사들과의 차별성은 창의성에 의해서 가능해진다. 창의성이란 사회적으로 인정을 받는 공헌을 가능하게 하는 새로운 제품이나 서비스, 아이디어 등을 개발하는 것을 의미한다.[11] 개인의 창의성이 곧바로 조직의 창의성으로 이어지는 것은 아니지만, 조직의 창의성의 필수조건이 개인의 창의성임은 분명한 사실이다. 이러한 이유로, 최근의 조직학자들은 조직구성원들의 창의성이 높은 조직을 유효성이 높은 조직으로 삼으려고 한다. 창의성을 측정하는 척도도 개발되어 있지만, 특허권의 수나, 특허의 질과 같은 객관적인 측정치도 많이 사용된다.

(6) 반생산적인 작업행위들

대부분의 연구자들이 성과나 직무만족, 조직몰입 등과 같은 긍정적인 태도에 주목하는 데 반하여 일부 학자들은 반생산적인 작업행위를 조직유효성과 연결하여 연구하고 있다. 반생산적인 작업행위(Counterproductive Work Behaviors)는 직접적으로 조직의 기능이나 재산상에 악영향을 미쳐 조직에 해를 끼칠 수 있거나, 혹은 조직원들에게 상해를 입혀서 그들의 유효성을 감소시키는 쪽으로 행해지는 자발적인 행위를 의미한다. 최근에 학자들은 이러한 작업행위들로 타인에 대한 매도(모욕이나 욕설 등), 위협, 작업 회피, 사보타주 (틀리게 작업하기), 공개적 행위(절도행위) 등, 다섯 가지 유형으로 구분하기도 한다.[12)]

이런 반생산적인 작업행위들은 작업환경에 직접적인 해를 끼칠 뿐만 아니라, 심각한 재무적 손실을 초래할 수도 있다. 반생산적 작업행위는 조직구성원들의 불안감과 불만족을 야기시키고, 이러한 조직구성원들의 불만족은 여러 가지 부정적인 행동으로 이어질 수 있기 때문에, 반생산적인 작업행위들도 조직유효성의 준거치로서 관심을 받을 가치가 충분하다고 생각되지만, 아쉽게도 국내에서는 이를 조직유효성의 판단기준으로 활용한 연구를 찾아보기 힘들다.

결론적으로 말해서 조직행위론에서는 조직구성원들의 직무만족도와 조직몰입도가 높은 조직, 직무성과가 높은 조직, 결근이나 이직 등, 철수행위가 낮은 조직, 조직시민행동이 활발하게 이루어지는 조직, 창의성이 높은 조직, 그리고 마지막으로 반생산적 작업행위가 낮은 수준으로 나타나는 조직을 유효성이 높은 조직으로 상정한다. 따라서 이 책을 접하면서 항상 물어보아야 할 질문은 어떻게 하면, 직무만족과 조직몰입을 높이고, 결근과 이직의도를 낮출 수 있는지, 어떻게 하면 조직구성원들로 하여금 조직을 위하여 열심히 일하고, 자발적인 도움행위를 하도록 이끌 수 있는지, 개인과 조직의 창의성을 높일 수 있는지, 어떤 방식으로 반생산적인 작업행위를 낮출 수 있는지 등과 같은 것들이 될 것이다.

표준설문지 1-1 조직시민행동(organizational citizenship behavior)

다음 설문을 주의 깊게 읽고 귀하의 공식적 직무 외 행동과 관련하여 귀하를 가장 잘 나타내는 곳에 V 표시를 하시오.

	전혀 아니다	아니다	중간이다	그렇다	매우 그렇다
1. 외부인에게 우리 조직을 호의적으로 대표한다.	☐	☐	☐	☐	☐
2. 근무 중에 시간낭비는 거의 하지 않는다.	☐	☐	☐	☐	☐

문항					
3. 직무상 요구되는 작업관련 회의 외에는 참석하지 않는다.*	☐	☐	☐	☐	☐
4. 동료들에게 창조적 제안을 자주 해준다.	☐	☐	☐	☐	☐
5. 업적 향상을 위한 추가적 훈련을 추구하지 않고 있다.*	☐	☐	☐	☐	☐
6. 외부위협이 있을 때, 우리 조직을 방어하려고 노력하지 않는다.*	☐	☐	☐	☐	☐
7. 언제나 가능한 한 최대 생산량을 만들어 낸다.	☐	☐	☐	☐	☐
8. 신규 프로젝트나 개선에 대한 아이디어를 폭넓게 공유한다.	☐	☐	☐	☐	☐
9. 조직에서 옳고 그름을 평가하기 위한 전문적 판단을 제공한다.	☐	☐	☐	☐	☐
10. 업무상 추가적 의무나 책임을 피한다.*	☐	☐	☐	☐	☐
11. 외부인에게 우리 조직을 일하기 좋은 직장으로 말하지 않는다.*	☐	☐	☐	☐	☐
12. 항상 정시에 일하러 나온다.	☐	☐	☐	☐	☐
13. 우리 조직의 제품과 서비스에 대해 늘 알려고 하며 다른 사람들에게 알려준다.	☐	☐	☐	☐	☐
14. 경영자들이 최신의 지식과 능력을 갖추도록 부추긴다.	☐	☐	☐	☐	☐
15. 요구되는 그 이상의 일은 하지 않는다.*	☐	☐	☐	☐	☐
16. 종업원들이 우리 조직을 비판할 때 조직을 방어하지 않는다.*	☐	☐	☐	☐	☐
17. 어떤 상황에서도 최고 품질의 일을 하고 있다.	☐	☐	☐	☐	☐
18. 일하면서도 개인적 용모를 매력적이고 적절하게 유지한다.	☐	☐	☐	☐	☐
19. 다른 사람들이 회의에서 발언하도록 부추긴다.	☐	☐	☐	☐	☐
20. 필요한 경우에는 초과근무를 자원한다.	☐	☐	☐	☐	☐
21. 우리 조직의 제품과 서비스를 적극적으로 홍보한다.	☐	☐	☐	☐	☐
22. 조직이 설정한 모든 마감기일을 지키지는 않는다.*	☐	☐	☐	☐	☐
23. 우리 조직에 도움이 되는 외부집단에 관여하고 있지 않다.*	☐	☐	☐	☐	☐
24. 동료들이 자신들을 돌아볼 수 있도록 돕는다.	☐	☐	☐	☐	☐
25. 프로젝트 수행에 있어 다른 사람들과 협력하는 데 문제가 있다.*	☐	☐	☐	☐	☐
26. 경쟁조직에서 보수를 더 준다면 직장을 옮기겠다.*	☐	☐	☐	☐	☐
27. 일하러 갈 때는 정신적으로나 실제적으로 일할 준비가 되어있다.	☐	☐	☐	☐	☐
28. 도움이 되는 의견이 어디에 있는지를 잘 알려고 노력한다.	☐	☐	☐	☐	☐
29. 동료들이 우리 조직에 돈을 투자하도록 독려하지 않겠다.*	☐	☐	☐	☐	☐
30. 업무규칙과 지시사항에 최고의 주위를 기울여 따른다.	☐	☐	☐	☐	☐
31. 상사들이 보다 높은 수준의 업무를 수행하도록 독려하지 않는다.*	☐	☐	☐	☐	☐
32. 때때로 조직의 자원을 낭비한다.*	☐	☐	☐	☐	☐
33. 업무구역을 깨끗하고 말끔하게 정돈한다.	☐	☐	☐	☐	☐
34. 때로는 합당한 이유 없이 결근한다.*	☐	☐	☐	☐	☐

<자료원> L. Van Dyne, J. Graham & R. Dienesch, 1994. Organizational Citizenship Behavior: Consruct Redefinition, Operationalization, and Validation. Academy of Management Journal. 38. pp. 765-802

– 원래의 설문은 7점 척도로 되어 있으며, 종업원 자기평가와 감독자 평가의 두 방법을 사용했다.
– * 표시: 역 코딩 항목
– 차원별 항목 구분 : ① 충성 차원 – 1, 6, 11, 16, 21, 26, 29 (7개 항목)
② 복종 차원 – 2, 7, 12, 17, 22, 27, 30, 32, 33, 34 (10개 항목)
③ 사회적 참여 차원 – 3, 8, 13, 18, 23 (5개 항목)
④ 변화주도적 참여 차원 – 4, 9, 14, 19, 24, 28, 31 (7개 항목)
⑤ 기능적 참여 차원 – 5, 10, 15, 20, 25 (5개 항목)

4 조직행위론의 역사적 배경

누가 어떤 사람인지 잘 알지 못할 때, 그 사람이 어떤 일을 하고 있는지를 알아보면 그 사람에 대해 대체적인 판단을 할 수 있게 된다. 마찬 가지로 어떤 학문에 대한 이해를 높이는 방법의 하나가 그 학문분야에 속한 연구자들이 과거에 무엇을 연구했는지, 지금은 무엇을 연구하고 있고 앞으로는 어떤 것을 연구하려고 하는지를 알아보는 것이다. 이 절에서는 조직행위론이 역사적으로 어떤 전개과정을 거쳐 지금의 모습으로 변해왔는지를 살펴봄으로써, 조직행동론이라는 학문에 대한 이해를 돕고자 한다.

4.1 전통적 경영이론

조직행위론의 역사는 경영의 행동적 측면이 가지는 중요성을 인식했던 다음 세 사람의 선구자에게로 거슬러 올라갈 수 있다. 그들은 관리(management)란 경영자가 조직 내의 사람들을 다루는 것이라는 전통적 경영이론의 연장선상에서 조직행위론의 영역을 넓혀가는 데 큰 공헌을 하였다.

(1) 테일러(Frederick Winslow Taylor : 1856~1915)의 과학적 관리론[13)]

테일러의 과학적 관리(scientific management)운동은 테일러 자신이 신봉한 프로테스탄트 윤리(Protestant ethic)에 의해 크게 영향을 받았으며, 그 결과 근로가치, 경제적 합리성, 개인주의, 그리고 개인의 사회적 역할이 강조되었다.

테일러는 작업자의 과업(task)은 과학적으로 분석될 수 있는 것으로 보았으며, 작업자의 업무에 대해 구체적 지침을 제공하는 것이 경영자의 책임이라고 여겼다.

이런 생각이 후에 논리적으로 발전되어 ① 작업자들이 자신에게 할당된 과업을 효율적으로 수행하도록 최선의 업무수행방법을 개발하고, ② 시간과 동작연구(time & motion study)를 통하여 이 방법을 표준화하며, ③ 구체적 과업을 수행하는 데 최적임자를 선발하고, ④ 가장 효율적 방법으로 작업자들을 훈련시켜 나갔다. 그 외에도 기획과 작업의 분리 등을 통해 공장내부의 능률과 생산량을 높이는 데 주안점을 두었다.

테일러는 작업자들은 기본적으로 무심하고, 신뢰할 수 없기 때문에, 엄격한 통제가 필요한 존재로 보았다. 또한 작업자들은 경영자와는 달리 경제적, 이기적 동기에 의해 움직이기 때문에, 높은 생산성을 올리기 위해서는 물질적인 보상을 동기부여 수단으로 사용할 것을 주장하였다. 이를 위해서 과학적인 방법에 의해서 정해진 하루에 할 수 있는 작업의 양, 즉 과업(task)을 기준으로 과업달성 시에는 고임률을, 과업 미달성 시에는 저임률을 적용하는 차별성과급제의 실시를 제안하기도 하였다.

이러한 테일러의 과학적 관리법에 대하여 당시의 비판가들은 작업자를 기계설비에 준하여 취급한다고 비판하였다. 그렇지만 과학적 관리운동의 주된 목표인 공장 내의 작업능률을 증대시키는 데 성공하였기에 당시의 모든 저항을 이겨낼 수 있었고, 그 뒤로도 이러한 생각은 상당기간 경영학의 큰 흐름으로 자리하였다.

(2) 파욜(Henri Fayol : 1841~1925)의 관리론적 경영이론[14)]

테일러의 과학적 관리는 공장내부 수준의 능률향상에 관심을 둔 반면에, 파욜의 관리론적 경영이론(administrative management theory)에서는 관리의 순환(management cycle)과정인 계획, 조직, 지휘, 조정, 통제를 통한 기업조직 전체 수준의 관리라는 문제에 주안점을 두고, ① 분업, ② 권한과 책임, ③ 규칙준수, ④ 명령일원화, ⑤ 집단지휘의 일원화, ⑥ 개인이익의 공동이익에의 종속, ⑦ 공정한 보수, ⑧ 적정수준의 집권화, ⑨ 권한계열의 계층연쇄, ⑩ 질서, ⑪ 형평성, ⑫ 고용안정, ⑬ 자율, ⑭ 팀 정신 등을 포함하는 관리의 일반원칙 14가지를 제시한 바 있다.

파욜의 관리론적 경영이론은 공식적 조직구조와 관리의 일반원칙들을 만들어 나가는 데 초점을 맞추었기 때문에 그 일반원칙의 타당도와 보편적 적용가능성에 대한 비판이 많이 제기되었다. 또한 14가지 원칙이 심리적, 사회적 요인들을 무시하고 있다는 비판도 있었다. 그렇지만 14가지 원칙 중 상당수가 조직설계에서 한 세기 가까운 시간이 흐른 지금도 유효하게 적용되고 있을 만큼 경영에 관한 깊은 통찰력을 제공하고 있다.

(3) 베버(Max Weber : 1864~1920)의 관료제론[15)]

베버는 독일에서 정부조직을 연구한 사회학자로서 거대한 조직을 합리적이고 능률적으로 운영하기 위한 이상적 관료제(bureaucracy)의 특성으로 ① 문서에 의한 공식적 규칙과 규제, ② 개인적 연고가 배제된 객관적 기준에 의한 작업관계, ③ 전문능력 습득자에 의한 분업, ④ 권한수준에 따른 직위의 계층구조, ⑤ 계층상의 직위에 의한 의사결정 권한구조, ⑥ 평생고용 약속, ⑦ 최고 효율 달성을 위한 합리성 등을 들고 있다.

비록 과학적 관리운동을 일으킨 테일러와 동시대를 살았지만 베버는 단일조직의 관리뿐만 아니라 광범위한 경제적, 정치적 사회구조에도 관심을 가지고 있었다. 그러므로 그는 관료제론을 전반적 사회이론으로서 제시하였고, 이를 기업뿐만 아니라 정부나 군대와 같은 다양한 형태의 복합조직에 효과적으로 사용될 수 있는 일반관리제도로 보았다.

그의 관료제는 당시에 독일 사회에 만연했던 연고주의, 정치적 정실주의, 의사결정의 변덕을 방지할 목적으로 강력한 비인격화(depersonalization)를 내용으로 하고 있다. 즉, 조직원들 사이의 관계는 공식적인 일 사이의 관계로, 감정적인 인간 사이의 관계는 배제해야 한다는 것이다. 그 결과 현재 관료주의 병폐로 많이 지적되고 있는 과도한 형식주의(red tape)와 그에 따르는 비효율성을 낳게 되었지만, 관료제의 원래 목적은 조직의 효율성을 최대로 끌어올릴 수 있는 이상형(ideal type)으로서 제시되었던 것이다.

(4) 전통적 경영이론에 대한 평가

초기 세 사람의 연구 외에도 전통적 경제이론에서는 '이상적 경쟁모형'의 가치체계를 제시하였고 이 모형은 그 당시의 경영사상과 행동에 강한 영향을 미쳤으며, 또한 사회에서의 기업활동에 대한 이론적 근거를 제공하였다.

전통적 경제이론과 전통적 경영이론은 중요한 공통점을 가지고 있는데, 이는 기업가의 역할과 인간 동기부여에 대한 가정에 대한 것이다. 즉, 이 두 이론의 명제는 기업가나 경영자는 사유재산권의 기반 위에서 권한을 행사할 합법적 권리를 갖는다는 것이다. 그래서 종업원들은 명령에 따를 의무가 있으며, 경영 엘리트들에 의해 지휘되고 통제되어야 한다고 여긴다. 또한 종업원들은 경제적 인센티브에 의해 동기부여되는 존재로 보고, 경제적 수단을 종업원을 통제하고 관리하는 도구로 적극 활용할 것을 제안했다.

전통적 경영이론에 대한 비판을 한마디로 종합해 보면, 구조화와 사람에 대한 통제를 통해 효율성을 증대시키는 것만 강조함으로써 조직을 좁은 관점에서 보았다는 것이다. 다른 말로 표현하면, 전통적 경영이론에서는 조직을 상대적으로 폐쇄시스템(closed system)의 견해에서 보았으며, 그렇게 함으로써 조직에 미치는 환경적 영향요인을 고려하지 못했을 뿐만 아니라, 중요한 내부적 측면의 많은 부분을 간과하는 기계적 시각을 가지고 있었다는 것이다.

또한 전통적 경영이론이 바탕으로 하고 있는 인간행동에 대한 비현실적인 가정도 비판의 도마에 올랐으며, 따라서 개발된 경영의 보편원칙도 현실성을 결여하고 있고, 상호 모순적이라는 비판을 면치 못했다.

그러나 조직의 구조적 측면에서 효율성, 계층구조, 전문화, 계획과 통제의 관리기능을 지나치게 강조함으로써, 조직 내의 인간의 역할에 대해서 무지했던 바로 이 문제점이 오히려 조직 내 인간에게 지나칠 정도의 관심을 부여했던 인간관계론을 잉태하는 씨앗으로 작용하였다.

4.2 호손공장실험

전통적 경영이론과는 달리 조직 내 인간에게 관심을 기울인 인간관계론은 1924년부터 8년 동안 이어졌던 호손공장실험(Hawthorne Work Experiment)으로 태동하였다. 호손공장실험이란 1924년부터 1932년 사이에 미국 시카고 근교의 웨스턴 일렉트릭사의 호손공장(The Hawthorne Work)에서 총 4차에 걸쳐서 이루어졌던 생산성제고와 관련된 실험을 말한다.[16)]

(1) 1차 실험 : 조명도 실험(1924~1927)

호손공장의 자체 연구진들은 조명도실험이라 불리는 전형적 과학적 관리 연구인 1차 실험에서 실험대상 종업원들을 실험집단(experimental group)과 통제집단(control group)으로 나누고, 통제집단에게는 조명의 밝기에 아무런 변화를 주지 않은 반면, 실험집단에게는 조명의 밝기를 바꾸면서 조명도의 변화가 생산성에 어떤 영향을 주는지 관찰하였다. 실험 전의 예상은 조도가 높은 실험집단의 생산성은 오르고, 낮은 실험집단의 생산성은 떨어질 것이며, 조도 변화가 없는 통제집단의 생산성은 현상유지될 것이라는 것이었다. 그러나 실험결과는 실험집단과 통제집단 모두에서 생산성이 향상되는 것으로 나타났다. 더 결정적인 문제점은 후에 조명도를 낮추었는데도 생산성이 떨어지지 않았다는 것이다.

(2) 2차 실험 : 계전기 조립실험

이 1차 조명도 실험의 결과는 생산성의 변화에 영향을 미치는 요인으로 조명 이외의 무엇인가 복합적 인간변수로서의 주관적 감정이나 태도의 변수가 있을 것이라는 추론을 가능하게 만들었다. 이 수수께끼를 풀기 위해 메이요(Elton Mayo; 1880~1949)를 중심으로 한 미국 하버드대학 연구진들이 호손공장에 초청되었다.

메이요 팀에 의한 첫 번째 연구인 호손공장의 2차 실험에서는 6명의 여자 종업원에 의한 전화용 계전기 조립작업에서 조도 대신 구체적 작업조건에 대해 1차 실험과 동일한 방법으로 실험을 하였다. 이 실험은 휴식, 작업시간, 주간 작업일수, 신체검사, 간식 등의 작업조건을 13단계로 바꾸어 나갔다.

이렇게 진행된 실험의 결과도 1차 조명실험과 거의 다른 것이 없었는데, 각 실험단계마다 그전보다 더 높은 생산성이 관찰되었고, 더구나 처음의 상태로 다시 환원(휴식과 간식의 폐지 등)되었을 때도 생산성은 계속 향상되고 있었다.

(3) 3차 실험 : 면접실험

이후 연구진들은 3차 실험의 일환으로 연인원 2만여 명에 달하는 종업원을 대상으로 한 선택응답설문(question & answer)에 의한 면접과 자유응답설문(open-ended question)에 의한 면접을 통해 1, 2차 실험결과의 원인을 규명하고자 하였다.

면접을 통해 알게 된 사실은 실험참가자들이 실험기간 동안 자신들의 가슴 속에 담겨져 있던 것을 털어놓을 수 있는 기회가 주어졌으며, 자신들이 제안한 의견들이 회사에 의해 수용되면서 종업원들의 만족감이 높아져 이것이 생산성의 제고로 이어졌다는 것이었다.

뿐만 아니라, 실험참가자들은 그들이 연구대상이 되고 있다는 것을 알고 자신들이 회사를 위해 중요한 존재로 인식되고 있다는 인정감을 느꼈고, 그 인정감이 생산성을 상승시키는 요인으로 작용했다는 사실도 알게 되었다. 이로써 작업자는 기계적인 인간이 아니라 감정과 이성을 함께 가지고 있는 완전한 인간(全人)으로 인정받게 된다.

(4) 4차 실험 : 관찰실험

특히, 마지막 4차 관찰실험(bank wiring observation experiment)에서는 배선공 용접공 그리고 검사공으로 구성된 총 14명의 작업집단을 1년 반에 걸쳐서 집중 관찰하였다. 실험 결과, 작업집단이 높은 임금을 받기 위해서 회사가 요구하는 공식적인 높은 생산성 목표에 추종하는 동료(rate-buster)를 사회적으로 추방하는 집단규범이 만들어졌고, 결과적으로 종업원들의 생산성을 감소시키는 비공식적 제약을 가하고 있음을 발견하였다. 이러한 집단규범이 생기게 된 원인은 생산성이 높아지면 표준작업량이 높아지면서 임률이 떨어지고 누군가 해고될 것이라는 관리층에 대한 불신인 것으로 파악되었다

호손실험은 오늘날의 엄격한 연구방법론상의 기준을 적용해 볼 때, 무작위 표본추출(random sampling)을 사용하지 않은 실험참가자 문제, 인위적 실험 장소와 실제 공장과의 동질성 문제, 남녀 참가자 사이의 차이에 대한 통제가 되지 않은 문제, 그리고 소위 호손효과(hawthorne effect) 등과 같은 많은 문제점들을 가지고 있다. 그러나 호손실험은 작업환경에서 인간의 행동을 완전히 이해하기 위해서는 과학적 관리 등의 초기 견해에서 간과되었던 인간행위의 복합적 측면, 즉 사회적·심리적 측면에 대한 연구가 더해져야 한다는 사실을 일깨워준 공헌이 크다.

4.3 인간관계론의 태동

호손공장 실험이 경영학 발전에 남긴 영향력은 대단했다. 호손공장 실험의 연구결과는 생산성의 향상을 위해서는 임금이나 작업환경 등 작업조건뿐만 아니라 조직을 이루고 있는 구성원의 생각과 감정에도 관심을 가져야 한다는 점을 일깨워주었다. 즉, 종업원은 인간이며, 따라서 그들의 작업행위는 임금이나 작업조건과 같은 인간 외적인 요인에 의해서 영향을 받지만 동시에 내적인 감정에 의해서도 영향을 받는 존재로 인식을 하고, 이 사회심리적인 측면에 대한 더 많은 관심이 필요하다는 지적이었다.

그 후, 이 실험의 뒤를 이어 이루어진 연구들을 통해서, 상사와 동료와의 관계, 비공식 작업집단의 존재, 집단 내의 분위기 등 인간관계가 생산성에 지대한 영향을 미친다는 사실이 속속 발표되었고, 이러한 주장들을 묶어서 인간관계론(Human Relations)이라고 불리게 되었다. 인간관계론은 인간의 경제적 욕구 이외에 다양한 욕구가 있음에 주목하고, 이들 심리사회적인 욕구를 충족시키기 위해서 조직의 민주화와 참여경영이 필요함을 역설하였고, 비공식집단에 대한 연구를 통하여 조직과 인간의 바람직한 통합을 조직연구가 지향할 방향으로 지적했다.

과학적 관리법의 영향으로 조직을 효율성이 높은 기계로 만들고자 했던 기계론적 조직관은 인간관계론의 영향으로 크게 방향을 틀어서, 이전의 인간은 없고 조직만 있던 조직연구에서 조직을 구성하는 인간에 대한 조직연구로 향하게 되었다. 그러나 인간관계론은 조직과 인간을 같이 보고자 하던 처음의 의도와는 달리, 인간의 조직행위를 과도하게 인간관계로만 바라보려는 시각으로 치우치게 되면서, 과학적 관리법이 비판을 받았던 일방적 관점이라는 함정에 스스로 빠져버리는 우

를 범했다. 이 두 관점을 제대로 통합하는 일은 새로이 등장할 조직행위론이 감당해야 할 숙제였다.

5 개방시스템(Open System) 관점

앞에서 언급했듯이, 전통적 경영이론과 인간관계론 모두가 조직과 인간의 두 축에서 한 쪽으로만 치우친 문제점을 안고 있었다. 그러나 이 불균형을 교정해줄 수 있는 길은 자연과학 쪽에서 제공되었다. 즉, 시스템이라는 개념이었다.

시스템은 전체가 여러 개의 구성요소로 이루어져 있으며, 이들 구성요소들 사이에 상호관련성으로 어떤 목적이나 기능을 수행하는 것을 의미한다. 이러한 시스템의 개념을 조직에 적용하면서, 조직행위론은 전체와 부분을 한 테두리 안에서 다룰 수 있는 도구를 가지게 되었다. 조직을 구성하는 하부요소들인 구조나 기술, 인적자원들 사이의 관계에 대해서도 관심을 가지면서도 조직을 전체 입장에서도 바라보는 시각을 잃지 않는 시스템적 안목을 가지게 된 것이다.

이렇게 시스템이란 개념을 장착한 조직연구에 또 한 번의 전기를 마련해준 것이 개방시스템(Open system)이라는 개념의 도입이다. 시스템을 환경에 열려있는지, 아니면 닫혀 있는지에 따라 개방시스템과 폐쇄시스템으로 나누고, 조직을 환경에 열려 있는 개방시스템이라는 관점에서 보기 시작한 것이다.

5.1 개방시스템의 특성

조직을 보는 현대적 관점은 조직을 내부적으로는 서로 의존적인 부분들이 상호작용하고 있으면서, 동시에 이들이 밖으로 열려있어 외부환경과도 상호작용을 하는 개방시스템(open system)으로 보는 것이다.

조직의 내부 요소를 이념, 구조, 기술, 사람 등의 하부시스템으로 볼 때, 개방시스템에 근거한 조직은 [그림 1-5]와 같이 묘사할 수가 있다.[17] 조직구성원들은 조직의 이념과 목표가 지향하는 바에 따라 다른 사람들과 함께 기술을 사용하여 조직구조를 통해 주어진 과업을 수행하고 그 과정에서 조정과 통제를 받게 된다. 개방시스템 관점에서는 조직 내에서 이루어지는 이러한 하부시스템들 사이에 이루어지는 개방적인 상호작용이 조직의 효과적 기능에 필수적이다.

그림 1-5 개방시스템으로 본 조직

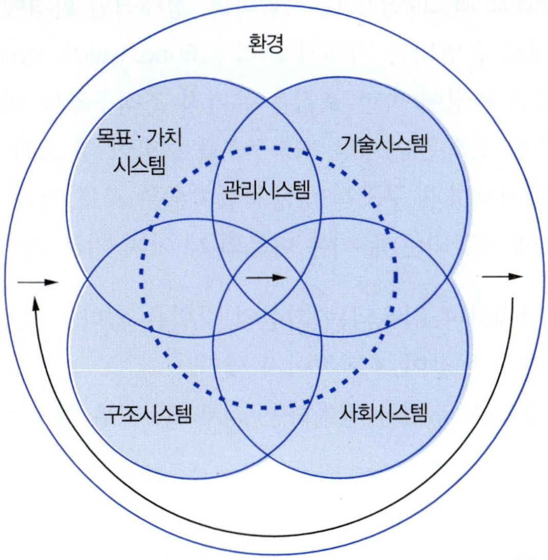

자료: Kast, F. E., & Rosenzweig, J. E.(1979). *Organization and Management: A System and Contingency Approach*, 3rd Ed. New York: McGraw-Hill, p. 19.

개방시스템 관점에서 본 조직의 두드러진 특징은 조직과 외부환경 사이의 개방적 상호작용에 주목한다는 점이다. 조직은 진공관 속에서 존재하는 것이 아니라, 그 조직을 둘러싼 사회적, 경제적, 정치적, 문화적 환경에 의해 크게 영향을 받게 된다. 개방시스템으로서의 조직은 이들 환경으로부터 원자재, 인적자원, 정보, 기술, 금융자원들을 들어와서 이들을 관리시스템을 통해 서비스로 전환한 다음, 이를 시장이라는 외부환경에 내어놓고 그로부터 피드백을 받아서 다시 필요한 여러 자원을 획득하는 과정을 되풀이한다. 이렇듯 조직은 생존하기 위해서 외부로부터 지속적으로 에너지원인 자원을 획득하여야 하고, 외부환경에 내놓은 제품과 서비스를 가능하면 효과적이고 효율적으로 필요한 자원으로 치환할 수 있어야 한다.

5.2 상황적합이론

조직을 개방시스템으로 보려는 관점은 공식조직구조, 과업, 개인, 비공식조직과 같은 조직내부 요소들 사이에 합치하는 정도가 높을수록 조직유효성이 더 높을 것이라는 합치모형(congruence model)[18] 설정의 기반이 되었고, 나아가서 환경과 조직구조와의 적합도(fitness)가 높을수록 조직유효성이 높아진다는 구조적 상황적합이론(structural contingency theory)을 위한 발판을 마련하였다. 구조적 상황적합이론에 따르면, 동태적인 환경에서는 구조가 상황에 따라 탄력적으로 운용되는 유기적 조직구조(organic structure)가 더 적합하고, 정태적인 환경에서는 잘 정비된 기계와 같이 규정대로 운영되는 기계적 조직구조(mechanistic structure)가 더 적합하기 때문에, 동태적인 환경에 속한 조직은 유기적 조직구조를 취함이 효과적이고, 정태적 환경에 속한 조직은 기계적 조직구조를 취함이 더 효과적이라고 제안한다.[19)]

이와 같은 합치모형과 구조적 상황적합이론은 모두 광의의 상황적합이론(contingency theory)에 포함되는데, 이는 다음의 세 가지 기본 가정에 기반하고 있다.[20)]

① 어느 상황에서나 적용되는 최선의 방법은 없다.
② 어떤 방법도 똑같이 효과적이지 않다.
③ 최선의 방법은 조직이 관계하는 외부 및 내부 환경의 성격에 의존한다.

읽을거리 1-2

모든 생물체를 포함하여 환경에 열려 있는 개방적 시스템은 다음과 같은 10가지 특성을 공통적으로 가지고 있다.[21)]

① 에너지의 투입(Importation of energy) : 외부환경으로부터 생존에 필요한 새로운 에너지를 공급 받는다. (예: 필요한 사람의 채용, 자금과 원재료의 조달, 유용한 아이디어의 활용)
② 전환과정(The throughput) : 개방시스템은 투입된 에너지를 전환과정을 거쳐 시스템이 필요로 하는 산출물로 만들어내는 과정을 거친다. (예: 신제품 개발, 원재료 가공, 인적자원의 교육과 훈련)
③ 산출(The output) : 전환과정의 결과물인 산출물이 환경으로 방출되어 그 유용성을 평가 받는다. 환경에 의하여 받아들여지지 않는 것들은 환경을 오염시킨다. (예: 제품, 서비스, 지식, 공해)
④ 활동의 순환(System as cycles of even- ts) : 환경으로 방출된 산출물은 시스템 활중의 순환 반복을 에너지의 원천을 제공한다. (예: 방출된 제품과 서비스를 재화와 교환하여 필요한 원재료와 노동력을 재구입)
⑤ 부정적 엔트로피(Negative entropy) : 엔트로피 과정이란 모든 시스템은 해체를 위해 달린다는 자연의 보편적 법칙을 말한다. 그러므로 시스템이 생존하기 위해서는 엔트로피를 뒤집어 놓는 부정적 엔트로피를 획득해야 한다. (예: 성장, 잉여금)
⑥ 정보투입, 부정적 피드백, 코딩 과정(Information input, negative feedback, and the coding process) : 외부환경에서 투입되는 것은 에너지뿐만 아니라 시스템의 원활한 작동에 영향을 미치는 신호정보일 수 있다. 부정적 피드백은 시스템이 균형상태로부터 일탈하고 있음을 알림으로써 이를 수정할 수 있는 기회를 제공하며, 코딩은 투입정보의 중요성을 선별하도록 해준다. (예: 환경에 대한 해석, 환경에 대한 적응)
⑦ 항상성(Homeostasis) : 엔트로피를 제거하기 위한 에너지 투입과 발생하는 엔트로피 사이의 균형이 유지되어야 한다. 즉, 들어오는 에너지 수준과 나가는 에너지 수준이 동

일해야 시스템의 원형을 유지할 수 있다. (예: 지출과 수익의 균형)

⑧ 분화(Differentiation) : 개방시스템에서는 구조적으로나 심리적으로 분화되고 정교화되는 방향으로 나아가면서 보다 전문화된 기능을 만들어낸다. (예: 구조의 정교화, 시장 세분화, 사업부제 조직)

⑨ 통합과 조정(Integration and Coordination) : 분화가 진행될수록 시스템을 통합된 기능으로 조정하는 과정이 중요해진다. (예: 갈등해소, 일정계획 수립, 수정계획)

⑩ 이인동과성(Equifinality) : 개방시스템에서는 초기 조건이 다르고 경로가 다르더라도 동일한 결과 상태에 이를 수 있는 이인동과성(異因同果性)의 특징을 가진다. 시스템에 규제적 통제가 줄어들수록 이인동과성은 늘어난다. (예: 조직의 10% 성장방안이나 직무만족 증진방법은 다양하다.)

5.3 폐쇄시스템과의 차이점

조직이 개방시스템으로서 순조롭게 기능하지 못하면 폐쇄시스템(closed system)으로 변하게 되고, 환경적응에 실패함으로써 환경으로부터 필요한 에너지를 공급받지 못해 엔트로피가 증가하게 되고, 결국은 사망에 이르게 된다.

폐쇄시스템적 관점은 원래 자연과학에서 나온 개념으로서 기계시스템에 적용될 수 있다. 사회과학과 조직이론의 초기 개념들은 대부분이 상대적으로 폐쇄시스템적 관점에 의존하고 있었는데, 이는 연구대상이 되는 시스템을 자체적으로 완비되어 있는, 따라서 환경과의 상호작용이 필요 없는 시스템(self-contained system)으로 바라보는 결정론적 시각을 견지하였다. 앞에서 설명한 전통적 경영이론도 조직의 내부운영에 관심을 집중하고, 또한 자연과학모형에서 따온 고도의 합리적 접근방법을 채택하는 폐쇄시스템의 관점을 보이고 있음을 알 수 있다.

조직을 폐쇄시스템으로 보게 되면 목표달성과 긍정적으로 관련된 변수만을 단선적 통제시스템에서 고려함으로써 확실성과 효율성만을 추구하게 된다. 반면에 조직을 개방시스템으로 보게 되면 조직의 관심을 목표달성에서 생존으로 돌리게 되고, 조직과 환경과의 상호작용을 인식함으로써 불확실성을 포용하게 되며, 유효성의 개념이 중요해진다.

그런데 조직이란 효율성을 추구하는 실체라는 사실은 분명한 것이다. 효율성을 추구하지 않는 조직은 존재할 수가 없다. 그렇다고 환경에의 적응에 실패한 조직도 존재할 수 없기는 마찬가지다. 사실, 조직이란 환경과의 지속적인 상호작용을 통하여 환경에의 적응을 도모하면서, 동시에 가능하면 적은 투입으로 많은 산출을 내고자 하는 합리성을 추구한다. 다시 말하면, 조직은 폐쇄시스템적인 측면과 개방시스템적인 측면을 동시에 가지고 있는 것이다. 결국, 조직은 내부적으로는 확실성에 기초한 효율성의 기준을 만족시켜야 하는 폐쇄시스템으로, 그리고 외부적

으로는 생존을 위해서 환경의 불확실성에 대처해야 하는 개방시스템으로 작동하고 있는 것이다.[22)]

5.4 개방시스템 관점에 대한 비판

조직을 유기체로 보는 개방시스템의 관점은, 조직의 구조적 측면을 지나치게 강조하면서 인간도 그러한 기계의 부속품처럼 보려는 전통적 경영이론과, 그 반동으로 출현하여 또 지나치게 인간의 비합리적, 또는 감정적 측면을 강조했던 인간관계론을 하나의 틀에서 통합하려는 시도로 출현했다. 그 결과 인간과 기계가 서로 밀접한 상호관련성을 맺고 있는 시스템으로 보고자 하는 사회-기술시스템의 등장으로 이어졌지만 그뿐이었다.

시간이 흐를수록 개방시스템의 관점은 그전의 경영관리에서 등한시했던 환경과 조직의 관계에 집중하면서 환경에 대한 조직의 적응문제, 또는 가능한 경우 조직에 맞도록 환경을 개선하는 문제 등에 기울어지는 모습을 보였다. 조직에서 인간의 문제가 과거 전통적 경영관리처럼 뒷전으로 밀려나게 되었던 것이다. 조직구조와 인간적 측면 중에서 조직구조가 새롭게 전면에 등장하게 되면서, 전통적 경영관리가 그랬던 것처럼 조직을 합리적인 실체로 인식하면서 합리적인 전략의 수립과, 그에 걸 맞는 조직구조의 설계와 운용 등에 주목하게 되었던 것이다.

지금까지 보아왔던 것처럼 경영관리 관점도 변증법적인 전개과정을 보여주고 있다. 인간과 조직에 초점을 두고 본다면, 전통적 경영관리의 '조직'에서 인간관계론의 '인간'으로, 그리고 그 둘의 합을 지향했던 개방시스템의 조직으로 전개되어 있던 것이다. 그렇다면 우리는 다음의 경영관리, 또는 조직행위론의 관점은 인간을 강조하는 흐름을 보일 것이라고 어림짐작해볼 수 있을 것이다. 다음에 살펴보겠지만, 그러한 우리들의 집작은 그리 크게 틀리지 않은 것 같다.

6 조직을 보는 현대적 관점

조직을 개방시스템에 비유해 보려는 관점은 그 이전까지 조직연구에서 무시되어 왔던 조직환경에 주목하도록 함으로써, 조직행위론의 학문적 성숙에 크게 이바지하였다. 조직 연구자들은 어느 상황에나 적용할 수 있는 최선의 조직이론을 찾기보다는 상황에 따라 그에 적합한 조직형태가 있을 수 있다는 생각을 하게 되었고, 그 결과 조직의 전 분야에 걸쳐서 풍부한 이론적 마당을 제공할 수 있었다. 또한 조직에 대한 시스템적 관점은 하위시스템들을 따로 떼어서 연구하는 분석적 연구 틀을 하위시스템들 사이의 연관성을 고려한 통합적인 연구 틀로 전환하도록 기여했다.

앞서 지적한 대로 이러한 공헌들에도 불구하고, 조직에 대한 개방시스템적 관점은 조직의 환경을 조직의 밖에 존재하는 객관적인 실체로 파악하고, 조직을 단지 그러한 환경에 적응해야만 생존을 담보할 수 있는 소극적인 시스템으로 보는 시각을 심어놓았다. 그러면서 조직을 구성하는 인간들도 다시 그러한 합리적 실체인 조직을 구성하는 부속품과 같은 처지로 내몰리고 말았던 것이다.

이렇게 조직을 합리적 모형으로 바라보는 관점에 대한 반동으로 나타난 것이 스코트(W. Scott)가 제시한 자연 시스템 모형이다.[23] 자연시스템 모형은 합리적 모형에서처럼 조직을 특정한 목표들을 추구하기 위해서 심사숙고해서 고안된 집합체로 보기보다는, 그보다 우선적으로 인간들이 모여 상호작용하고 있는 집합체로서 보고자 하는 관점이다. 자연시스템 모형은 조직도 다른 인간들의 집합체와 유사한 점이 많으므로, 이러한 점들이 간과되어서는 안 된다는 주장을 담고 있다. 즉, 조직이 목표지향적인 점도 하나의 특성으로 가지고 있긴 하지만, 그보다도 다른 모든 사회집단들에 의해서 공유되고 있는 특징들 또한 조직이 지니고 있음을 강조하고 있는 것이다. 이러한 시각을 보여주는 대표적인 관점이 조직을 문화로 보는 관점이다.

6.1 조직문화 관점

사회학자들 가운데는 환경을 객관적인 실체로 인식하는 것이 아니라, 한 사회의 환경은 그 대부분 그 사회를 구성하고 있는 사람들에 의해서 '사회적으로 구성되는 실체'(socially constructed reality)라고 주장하는 사람들이 있다. 이들의 인식론적 관점에 따르면, 조직의 환경도 조직구성원들의 합의에 의해서 사회적으로 구성되고 의미가 부여된다는 것이다. 스트라이크는 그것이 스트라이크라서 스트라이크가 아니라, 심판이 스트라이크라고 했기 때문에 스트라이크라는 와이크(Karl E. Weick)의 말은 바로 이러한 관점을 표현한다.[24]

이러한 딜레마를 해결해주는 것이 바로 조직을 문화로 보는 관점이다. 조직을 문화의 관점으로 보는 연구자들은 조직이 문화를 하부 시스템으로 가지는 것이 아니라, 조직 그 자체가 바로 문화라고 주장한다. 이들 가운데 대표적인 학자인 샤인(Edgar Schein)에 의하면, 조직문화란 조직이 환경에 대해 적응하고 내적으로 통합하는 데 지속적으로 부딪히는 문제들을 해결해가는 과정에서 개발된 기본가정들이며, 오랜 동안 유효한 생존방식으로 여겨져 온 것들이기 때문에 신입 조직원들에게 올바른 문제해결방식으로 학습되어지는 것이라고 정의한다.[25)]

이들 기본 가정들은 구성원들의 사고와 행동을 지배하는 공유가치가 되어서 구성원들의 태도나 행동, 가치관 형성에 영향을 미치게 되고, 조직에 필요한 것과 중요한 가치들을 판단하는 잣대로 작용한다. 따라서 같은 상황에 처해 있는 조직이라도 그 상황을 서로 다르게 인식할 수 있게 되고, 상황에 대한 대처방안도 다를 수 있는 것이다.

조직이란 용어 대신 조직화(organizing)라는 과정적 용어를 사용하여 조직이라는 실체보다는 조직을 이루어가는 과정에 주목한 와이크(Karl Weick)도 이러한 생각에 따른다. 그에 의하면, 조직화란 "의미있게 엮여있는 행동들을 사용하여 정보에 내재되어 있는 애매모호함(equivocality)를 제거해 확실한 정보로 바꾸어주는, 합의에 의해서 타당성을 인정받은 문법"[26)]이라는 것인데, 그가 여기서 말하는 "합의에 의해서 타당성을 인정받은 문법"이 바로 문화를 지칭한다. 이 주장에 따르면 결국 조직문화란 구성원들이 합의를 통해서 구성해낸 의미부여 체계인 것이며, 조직은 이 의미부여 체계를 통해 당면한 불확실성을 줄일 수 있게 된다. 불확실성을 줄이는 것이 바로 모든 관리행동의 핵심이기 때문에[27)], 조직은 조직문화를 통해서 자신의 생존을 도모할 수 있다는 것이다. 따라서 조직문화를 연구하는 이들은 조직이 문화라는 의미체계를 만들어가는 과정과 그러한 의미체계가 조직행위에 미치는 연구가 조직연구의 핵심이 되어야 함을 강조한다. 우리는 15장에서 이 관점에 대해서 좀 더 자세히 들여다볼 것이다.

6.2 학습조직 관점

1980년에 몰아쳤던 조직문화 연구는 1990년대에 들면서 학습조직에 대한 연구로 이어졌다. 일반적으로 학습(learning)은 새로운 지식이나 사물에 대한 이치를 개인적 수준에서 습득하는 과정으로 정의되나, 조직학습(organizational learning)은 대상이 개인에서 조직으로 확대되고 학습결과에 따른 조직수준의 행동변화에 중점이 두어진다. 구체적으로 조직학습은 조직이 환경변화에 적응하는 것(적응학습)뿐만 아니라 환경변화를 능동적으로 창출하는 것(창조학습)을 포함하며, 이를 위해 필요한 조직의 능력을 축적해 가는 과정에 그 초점을 두고 있다.[28)] 이러한 조직학습이 잘 이루어지는 조직을 학습조직(learning organization)이라 부른다.

그림 1-6 학습조직의 5가지 분과학의 상호관계

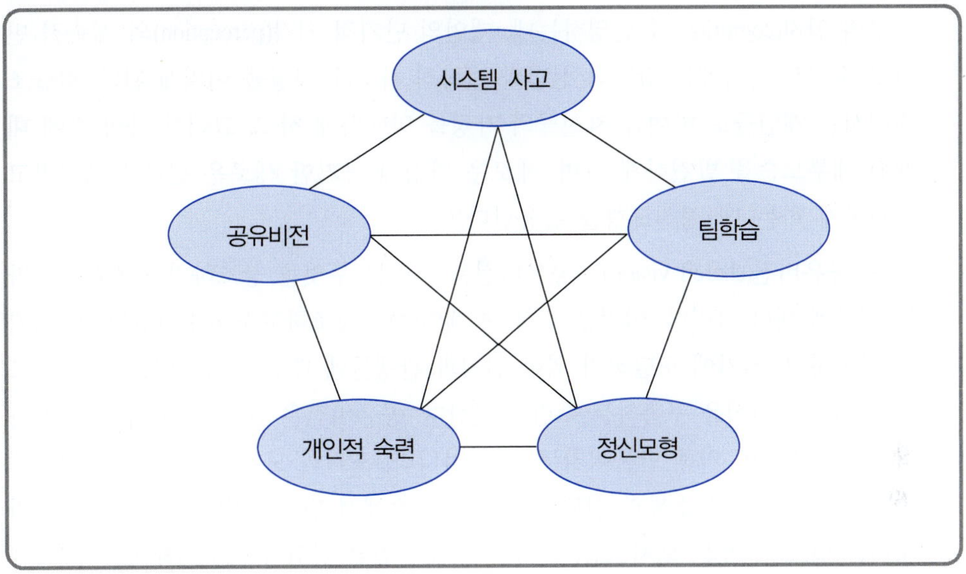

자료: 손태원 · 전상길, 2001, "An Empirical Study on Senge's Learning Organization Model," 경영학연구, 30(1), p. 141.

학습조직은 평생을 두고 연구하고 실천해야 하는 다섯 가지의 '학습분과학'(learning disciplines)에 기초하고 있다. 여기에서의 분과학(分科學)이란 실천에 옮기기 위해 반드시 배우고 익숙해져야 할 이론과 기법의 집합체를 말하는데, 이들은 [그림 1-6]에서처럼 서로 밀접하게 엮여져 있다. 학습조직의 5가지 핵심요소는 공학에서 어떤 아이디어가 발명단계에서 혁신단계로 변할 때 필수적으로 요구되는 '요소기술'(component technology)로 비유될 수 있는데, 그 구체적 이론적 기반은 다음과 같다.[29)]

① **개인적 숙련**(personal mastery) : 개인적 숙련은 개인의 능력과 자질에 바탕을 두고 있지만, 그 이상의 정신적 성장을 요구하는 정신적인 개안(開眼) 이상의 것이기도 하다. 이것은 개인적 비전을 명확히 하고 이를 지속적으로 심화·확장시키고, 힘을 집중시키며, 인내심을 기르고, 현실을 객관적으로 보도록 하는 자아완성 수련이다. 학습조직에서는 개인들의 자기효능감(self-efficacy)에 기초해서 그들을 적극적으로 임파워링(empowering)하고 동기부여함으로써 개인적 숙련을 촉진시킬 수 있다.

② **정신모형**(mental models) : 조직 내에서 개인들이 외부세계를 이해하고 행동을 취하는 방법에 영향을 미치는 뿌리 깊은 가정(假定), 일반화, 심상(心像), 또는

이미지를 밝혀내고, 철저하게 분석하는 수련이다. 정신모형은 단기와 장기의 두 종류의 인지(cognition)를 반영하는데, 개인의 단기적 지각(perception)의 계속적 변화가 쌓여서 결국에는 장기적 신념과 전략적 사고에 영향을 미치게 된다. 학습조직에서는 개인들로 하여금 자신들의 가정을 명백하게 하고, 그러한 가정 속에 내재된 내부모순을 발견하게 하며, 새로운 가정에 근거한 새로운 전략을 생각하고 실천하게 하는 데 정신모형을 활용한다.

③ **공유비전**(shared vision) : 공유비전은 우리는 무엇을 창조하기를 원하는가라는 질문에 대한 답이다. 이것은 조직 내 개인들이 창조하고자 하는 미래의 이미지를 발굴하고, 거기에 도달하기 위한 원칙과 관행들에 대한 공감확대를 통하여 조직 내에 공생의식을 구축하는 수련을 말한다. 공유비전은 한 사람의 리더나 몇 사람의 두뇌집단에 의해 만들어지는 것이 아니라, 조직의 모든 구성원들 사이의 계속적인 개방적 의사소통과 신뢰의 조직문화 속에서 만들어진다. 학습조직에서의 비전은 명료성, 열정, 의사소통, 몰입의 증대와 같은 강화작용에 의해 널리 퍼지게 된다.

④ **팀학습**(team learning) : 팀 학습은 구성원들이 진정으로 원하는 결과를 만들기 위하여 팀의 능력을 합일시키고 개발하는 과정이다. 다시 말하면, 조직 내 사람들이 개개인의 능력의 단순 합을 뛰어 넘는 지혜와 능력을 구축할 수 있도록 함께 생각하는 대화와 팀 단위 집단적 사고능력을 구축하는 수련이라 할 수 있다. 이것은 공유비전과 개인적 숙련에 기초하고 있지만 그것만으로 충분하지 않다는 것을 의미한다. 학습조직에서 팀 학습에 숙달된 탁월한 팀은 혁신적이고 조정된 행동유형을 보여준다.

⑤ **시스템 사고**(systems thinking) : 시스템 사고는 부분들의 환경과의 관계 및 부분들 간의 상호관계성을 분석하여 전체적인 패턴을 보다 명확히 하고 그것들을 효과적으로 바꿀 수 있는 지식, 도구, 개념적 틀이다. 그러므로 시스템 사고는 다른 분과학들을 통합하고 융해시켜서 서로 밀접한 이론과 실천의 결합체를 만들어 낸다. 이것은 시스템 동태역학(system dynamics)을 결정짓는 요인들과 그들간의 관계를 기술하고 이해할 수 있는 언어와 사고방법을 체득하는 수련을 통해서 얻어진다.

학습조직에서는 구성원들 모두가 지식근로자(knowledge workers)가 되며, 그들의 중요한 공헌이 지식이기 때문에 조직에서의 개인과 집단은 그들의 지식을 증대시킬 수단이 필요하고, 또한 그들의 지식을 필요로 하는 사람과 조직에 활용시킬 필요가 있다. 그러므로 학습조직에서는 지식근로자의 계속적 학습과 또한 그들 간의 상호학습이 이루어진다.

학습조직이 전통적, 권위적 통제조직과 근본적으로 다른 점은 위와 같은 확실한 다섯 가지 기본 수련을 거친다는 점이다. 그 결과 학습조직에서는 구성원들이 자신의 현실을 어떻게 만들어갈 것인가를 끊임없이 생각하게 되며, 동시에 현실을 어떻게 변화시킬 수 있는가를 추구하게 된다.

6.3 복잡성이론

복잡성이론(complexity theory)은 시스템이론의 연장선상에 자리하고 있는 새로운 패러다임으로 볼 수 있는데, 이는 무질서와 질서의 변증법적 상호작용을 통한 시스템의 창조에 주된 관심이 있다. 이 이론에서는 시스템 창조는 질서와 혼돈의 경계영역에서 이루어진다고 본다.

지금까지의 개방시스템이론이나 상황적합이론과 같은 주류조직이론에서는 조직을 경영자의 의도에 따라 정해진 목표를 달성하고, 평형을 유지하며, 조직 내외부의 힘에 의해 변화되는 기계와 같은 존재로 보아왔다. 그러나 복잡성이론은 조직을 마치 생명체처럼 스스로 더 나은 상태로 진화(進化)하나 그 결과는 예측할 수 없는 자기조직적 질서의 존재로 보고 있다. 기존의 1차원적 시스템이론에 근거한 주류조직이론과 복잡성이론의 차이를 설명하면 <표 1-2>와 같다.[30)]

표 1-2 주류조직이론과 복잡성이론의 비교

이론 / 비교요소	주류조직이론	복잡성이론
세계관	단순	복잡
조직원리	의도적 설계	자기조직화
기본 가정 및 특성	요소 – 전체 분리 선형성 단선적 인과성 평형 · 안정성 외생성 · 내생성 공학적 접근	요소 – 전체 통합 비선형성 상호 인과성 비평형 · 불안정성 자생성 생물학적 접근

(1) 자기조직화

복잡시스템에서 질서가 만들어지는 원리는 자기조직화(self-organizing)이다. 자기조직화란 어떤 시스템이 외부로부터의 강제력 없이도 구성요소 간의 복잡한 상호작용을 통해 질서를 연속적으로 만들어내는 현상을 가리킨다. 수많은 새떼가 무리를 지어 안정되게 이동하는 것이라든지, 고등지능이 없는 개미들이 고도의 규칙과 질서를 가지고 생활하는 것이 자기조직화의 예가 된다. 또한 경제활동에서의 시장(market)메커니즘도 복잡시스템의 좋은 예이다. 시스템 전체의 이익을 고려하지 않는 이기적 부분들이 자발적 질서로 진화하는 것이 전체의 이익을 위해 모든 개체활동을 통제해서 만드는 인위적 질서보다 나을 수 있는 것이다.[31)]

이와 같은 자발적인 질서가 생기는 것은 각 행위자가 독자적인 정보처리능력을 가지고 끊임없는 적응적 행위를 하기 때문으로 여겨진다. 동요의 자율적 창조(autonomous creation of fluctuation)란 조직 내 다양한 개체의 관점에서 기존 질서에 대한 의문과 기존 사물의 의미나 견해에 대한 혁신적 시각 등이 제기되는 것을 의미한다. 동요의 자율적 창조수준이 높은 조직에서는 구성원들이 다양한 창조적 사고나 혁신적 발상에 앞장서며, 미래지향적 행동을 스스로 설계해 나가게 된다.

자기초월(self-transcendence)이란 시스템 내부의 상호작용이 비선형적으로 증폭되어 기존의 정보와 지식에 의해 유지되던 안정상태의 질서가 창조적으로 파괴됨으로써, 평형상태의 경계를 넘어서는 것을 말한다. 평형상태에서는 조직문화가 개인행동에 영향을 주듯이 거시적 움직임이 미시적 움직임을 지배하지만, 비선형상태에서는 나비효과(butterfly effect)처럼 미시적 움직임이 거시적 움직임을 지배하게 된다. 자기초월 수준이 높은 조직은 성공을 거둘 때마다 그것을 부정해나가는 자기부정의 반복을 통해 초비약(quantum leap)을 실현해 나가게 된다.

초협력성(meta cooperation)이란 개별 요소의 무작위적 움직임이 전체적으로는 일정한 발현적(emergent) 패턴을 형성하고, 미시(micro)와 거시(macro)가 공진(共振)·공명(共鳴)하는 관계를 말한다. 여기에서 발현적이라는 것은 외생적 또는 내생적 요인에서가 아니라 자생적으로 생긴 질서를 말한다. 이러한 미시수준의 비결정성과 거시수준의 발현성을 혼돈 또는 카오스(chaos)라고 부른다. 초협력성이 높은 조직은 부문을 초월한 협력, 지위를 떠난 건설적 대화, 그리고 기능부서 간의 정보교류가 활발하게 된다.

목적지향성(teleonomy)이란 조직이 나가야 할 방향으로서의 핵심가치, 즉 비전의 설정과 그것에 대한 조직전체의 추구의지를 말한다. 조직은 비전을 통해 구성원들에게 필요한 사고나 행동방향을 제시하고, 구성원들의 조직에 대한 일체감을 유발함으로써 혁신을 위한 조직의 상승적 통합(synergistic integration)을 도모해 나갈 수 있다. 자기조직화 과정에서는 과정 자체가 계속 진화되어 가기 때문에 기존의 과정에 기초한 초기 목적대로 결과가 산출되지 않는다. 그러므로 조직은 새로운 비전을 계속 창출하면서 관행과 관습을 깨고 새롭고 도전적인 목적을 제시할 수 있어야 한다. 목적지향성이 높은 조직은 미래에 대한 비전과 현재의 상태를 비교해 가면서 창조적 긴장과 실험을 통해 미래 환경에 사용될 행동대안들을 개발하면서 스스로를 발전시켜 나간다.[32)]

(2) 발현적 학습

위의 자기조직화에서 설명한 것처럼 조직시스템의 형성은 개체 간의 상호작용에 의해 자생적으로 형성되기도 하지만, 조직은 또한 시간이 지남에 따라 조직행동 결과를 피드백 받고, 검토하며, 또한 경험을 반복해 감으로써 지식을 증가시키는 과정으로서의 학습활동을 수행한다.

이러한 학습은 크게 계획적 학습(planned learning)과 발현적 학습(emergent learning)으로 나누어진다. 계획적 학습이란 특정 목적을 달성하기 위해 정해진 절차와 질서를 통해 만들어지는 지식의 증가과정을 말하는데, 의도적 학습으로도 불린다. 발현적(發顯的) 학습이란 조직 내의 개체가 각자의 이해관계에 따라 타 개체의 행위와 환경자극에 반응하는 가운데, 조직전체 수준에서는 특정한 질서가 창출되고, 이러한 질서를 더 나은 질서로 발전시키는 가운데 이루어지는 지식의 증가과정을 가리키는데, 자생적 학습 또는 창발적(創發的) 학습이라고도 불린다.[33)]

계획적 학습은 계획했을 때만 간헐적으로 이루어지지만 발현적 학습은 특수한 상황에서 나타나는 학습형태가 아니라 활성화된 조직이라면 항상 나타나는 유기체적 속성으로 볼 수 있다. 그러므로 발현적 학습은 항상 계획적 학습과 동반되며, 인위적으로 분리하는 것은 불가능하다. 앞에서 설명했던 1920~30년대에 이루어졌던 호손공장에서의 인간관계 실험의 과정에서 나타났던 종업원들 간의 비공식적 집단규범, 즉 회사가 요구하는 공식적인 높은 생산성 목표에 추종하는 동료(rate-buster)를 사회적으로 추방하는 집단규범의 형성은 발현적 학습의 하나의 예가 된다. 이것은 구성원들이 시스템의 의도와는 독립적인 학습을 할 수 있다는 것을 보여준다.

또 다른 발현적 학습의 예로는 매년 명절 때마다 되풀이되는 귀성(歸省)전쟁을 생각해 볼 수 있다. 귀성전쟁은 귀성객, 교통체계, 교통운송수단, 그리고 정부당국이 관련되는 복잡적응시스템(complex adaptive system), 즉 다수의 행위자가 자율성을 갖고 상호작용하며, 학습하고, 진화하는 과정을 거치는 시스템으로 볼 수 있다. 수년 전에 귀성전쟁이 우리나라에서 본격적으로 일어나기 시작한 초기에는 귀성시스템의 행태를 전혀 예측할 수 없었으나, 최근에 들어서는 귀성일자와 전국의 도로상의 귀성객 배분이 상당히 균등하게 이루어져가고 있음을 알 수 있다. 여전히 각 도로의 사정을 정확히 예측할 수는 없지만 어느 정도의 질서는 생기고 있는

데, 이는 복잡적응시스템으로서의 학습과정을 통해 이루어진 것이다.[34)]

(3) 복잡성이론의 관리적 응용

복잡성이론에서는 기존의 시스템 상황에서 발견된 법칙은 소멸되고, 모든 지식은 그 당시만 유용한 일회성 지식에 불과하다고 본다. 그러므로 어느 시대의 특정 상황에 적합하여 성공을 거둔 경영방식이나 전략은 다른 상황에서는 쓸모가 없게 된다. 따라서 과거의 경험에 근거한 합리적 조직활동 양식을 구성원들에게 기계적으로 강요하는 지시통제방식은 각 개체들의 창조적 변화와 혁신활동을 지원하는 자율적 관리방법으로 전환되어야 한다.

이러한 자율적 관리의 우선과제는 조직구조의 슬림(slim)화, 플랫(flat)화, 소규모(small)화를 통하여 기능이나 계층의 벽을 뛰어넘는 수평적 조직구조를 구축하는 것이다. 이렇게 함으로써 조직 내에서는 공진화(co-evolution)가 일어나게 된다. 공진화란 조직이 개체와 개체, 혹은 개체와 전체가 상호작용하면서 진화해 나가는 것을 말한다. 공진화가 일어나는 조직에서는 창조적 변화와 혁신의 원천인 부서 간의 복잡한 상호작용과 구성원들의 독특한 개성이 존중된다.[35)]

한편 복잡성이론에서는 동일한 상황과 동일한 시점에 두 개 이상의 모순된 조직형태가 공존할 수 있다고 본다. 즉, 작으면서도 크고, 크면서도 작은, 그리고 집권화와 분권화가 동시에 존재하는 혼돈(chaos)상태로서의 소사장제, 분사제, 네트워킹 조직, 가상복합기능팀제 등이 그 예이다. 가상복합기능팀(virtual cross-functional team)제란 가장 혼돈스러운 조직구조로서 그때그때 필요한 업무를 완수하기 위하여 수시로 생성, 발전, 소멸하며, 그 규모나 기능도 시시각각으로 변하게 된다.

복잡성이론에 적절한 조직의 한 예로 조각조직(patches organization)이 있는데, 이 조직에서는 시스템을 전체로서 최적화시키지 않고 각자 독립적으로 최적화를 도모하는 조각부서로 분할운영하게 된다. 조각조직의 예로는 미국의 자동차회사인 GM의 포트 웨인 트럭 공장의 도장(塗裝)공정에서 이루어지고 있는 입찰(bidding)방식의 작업배분을 들 수 있다. 이 공장에서는 약 10개의 도장 모듈이 독립적인 사업자처럼 움직이며 대기 중인 트럭 차체에 도장을 하게 된다. 즉 각 모듈은 가장 적은 페인트로 가장 많은 트럭을 도장한다는 단순한 규칙 아래 경쟁입찰자로서 움직이게 되는데, 트럭의 대기상태와 각 모듈의 작업상태를 수치화하여 가장 낮은 입찰가를 제시하는 모듈에 트럭 차체가 배정된다.[36)]

일본의 소니(Sony)는 소니 뮤직 엔터테인먼트와의 소프트 및 하드 양면의 공동작전에 의해 CD 시장을 거대한 패키지 미디어로 성장시켰다. 그 후 설립된 소니 컴퓨터 엔터테인먼트는 플랫폼(platform)을 공급하여 여러 회사가 협동하면서 새로운 가치를 창조하기 위한 장(場)을 제공하였다. 즉 소프트화 시대에는 제조비용은 적게 드나 개발비용은 상당한 소프트 제품의 수명주기가 단기화되고 있기 때문에, 자사의 우위분야에 대하여는 경쟁하고, 보완분야에 대하여는 인터페이스를 오픈해서 더욱 많은 타사의 지혜가 자사제품과 결합하여 큰 가치가 생겨나게 하는 전략을 구사하였다. 소니의 이데아(出井) 사장은 이러한 소니의 경영을 복잡계 경영이라고 스스로 부르고 있다.[37)]

[후주]

1) Porter, L. W. Lawler, E. E., Hackman, J. R. (1975). *Behavior in Organizations*. New York: McGraw-Hill
2) Porter, M. & M. R. Kramer (2006), “Strategy and Society”, *Harvard Business Review*, December, pp.78-92.; Porter, M. & M. R. Kramer (2011), “Creating Shared Value”, *Harvard Business Review*, January-February, pp.62-77.
3) Daft, R. L. & Noe, R. A.(2001). *Organizational Behavior*. Orlando, FL: Harcourt. p117
4) Baird, L. (1986). *Managing Performance*. New York: John Wiley & Sons
5) Robbins, S. P., & Judge, T. A. (2007). *Organizational Behavior*, 12th Ed., Upper Saddle River, N. J.: Pearson Educations, Inc., p.745
6) Organ, D. W., & Ryan, K.(1995). A Meta-Analytic Review of Attitudinal and Dispositional Predictors of Organizational Citizenship Behavior, *Personnel Psychology*. 48., 775-802.
7) *ibid.*
8) Smith, C.A., Organ, D. W., & Near, J. P.(1983). Organizational Citizenship Behavior: Its Nature and Antecedents, *Journal of Applied Psychology*. 68. 655-663.
9) Organ, D. W.(1988). A Restatement of the Satisfaction-Performance Hypothesis, *Journal of Management*. 14. pp. 547-557.
10) Van Dyne, L., Graham, J., & Dienesch, R.(1994). Organizational Citizenship Behavior: Construct Redefinition, Measurement, and Validation, *Academy of Management Journal*. 37., 765-802.
11) Cummings, A., & Oldham, G. R.(1997) Enhancing Creativity: Managing Work Contexts for the High Potential Employee, *California Management Review*, 40, 22-38
12) McShane, S. L., & Von Glinow, M. A.(2005). *Organizational Behavior*, 3rd Ed., New York: Mc- Graw-Hill. p49
13) Taylor, F. W.(1911). *Principles of Scientific Management*. New York: Harper & Brothers.
14) Fayol, H.(1916). *Administration Industrielle et Generale*. Paris: Dunod; Fayol, H.(1949). *Industrial and General Administration*. London: Pitman & Sons, Ltd.
15) Weber, M.(1925). *Wirtschaft and Gesellschaft*. 2 vols. Tubingen, Germany: J.C.B. Mohr; Weber, M.(1947). *The Theory of Social & Economic Organization*. New York: Free Press.
16) Mayo, E.(1933). *The Human Problems of an Industrial Civilization*. New York: Macmillan; Roethlisberger, F. J. & Dickson, W. J.(1939). *Management and the Worker*. Cambridge, Mass: Harvard University Press.; 이도화·박오수(1993). “인간관 계론의 재평가: Hawthorne 실험의 재해석과 인사관리에의 공헌에 관한 고찰” 『노사관계연구(서울대 경영대)』 4, 55-72;
17) Kast, F. E., & Rosenzweig, J. E(1979). *Organization and Management: A Systems and Contingency Approach*, 3rd Ed., New York: McGraw-Hill, p. 19.
18) Nadler, D. A. & Tushman, M. L.(1977). A Congruence Model for Diagnosing Organizational Behavior. In J. R. Hackman & E. E. Lawler & L. W. Porter, *Perspectives on Behavior in Organizations*. New York: McGraw-Hill, pp. 83-100.
19) Burns, T., & Stalker, G. M.(1961). *The Management of Innovation*. London: Tavistock.20)
20) Scott, W. R.(1981). *Organizations: Rational, Natural, and Open Systems*. Englewood Cliffs, N.J.: Prentice Hall.
21) Katz, D. & Kahn, R. L.(1978). *The Social Psychology of Organizations*. 2nd Ed., New York: John Wiley & Sons. pp. 23-30.
22) Thompson, J. D.(1967). *Organization in Action: Social Science Bases of Administrative Theory*. New York: McGraw-Hill Book Co.
23) Scott, W. R.(1992). *Organizations: Rational, Natural, and Open Systems*, 3rd Ed., Englewood Cliffs, NJ: Prentice Hall.
24) Weick, E, K.(1979). *The Social Psychology of Organizing*, 2nd Ed., Reading, MA: Addison-Wesley Publishing Company. p1.
25) Schein, E. H.(1990), “Organizational culture,” *American psychologist*, 45, 109-119.
26) Weick, E, K.(1979). *The Social Psychology of Organizing*, 2nd Ed., Reading, MA: Addison-

Wesley Publishing Company. p. 3

27) Thompson, J. D.(1967). *Organization in Action : Social Science Bases of Administrative Theory*. New York: McGraw-Hill Book Co.

28) 권석균(1995). 조직학습의 이론적 조망. 『인사·조직연구』, 3. pp. 121-164.

29) Senge, P. M.(1990). *The Fifth Discipline*. New York: Doubleday; Senge, P. M. (1994). *The Fifth Discipline Fieldbook*: Strategies and Tools for Building a Learning Organization. New York: Doubleday.(번역본: 박광량·손태원 역. 1996. 학습 조직의 5가지 수련. 21세기북스); 손태원·전상길(2001). An Empirical Study on Senge's Learning Organization Model: A Taxonomic Approach, 『경영학연구』, 30. 135-158.

30) 정명호·장승권(1998). 복잡성이론과 조직학습: 자기조직적 질서와 발현적 학습의 모색. 『인사·조직연구』, 6, 37-80 ; <도표 1-5>는 19쪽에서 인용.

31) Kauffman, S.(1995). *At Home in the Universe*. New York: Oxford University Press.

32) Weick, E, K. (1979). *The Social Psychology of Organizing*, 2nd Ed., Reading, MA: Addison-Wesley Publishing Company

33) 임창희(1999). 복잡성 이론과 조직관리 실천. 『노사관계연구(서울대 경영대)』 10-50.

34) 정명호·장승권. 전게논문, pp. 62-63.

35) 임창희. 전게논문, pp. 504-505.

36) 정명호·장승권. 전게논문, pp. 70-71.

37) Kishida, T. (2000). 복잡계와 기업경영. 충남대-나고야대-오따루 상대 국제교류학술 세미나 자료집(충남대 경상대 주최), pp. 1-28.

chapter 2

조직행위론의 연구방법

최근에 한 연구가 발견한 바에 따르면, “헬리콥터 부모(자식들의 학교생활에 지속적으로 깊은 관심을 기울이면서 종종 간섭하기까지 하는 아버지나 어머니들)”를 둔 대학생들이 실제로는 부모가 머리 위로 떠돌아다니지 않는 대학생들보다 더 낮은 점수를 받는다고 한다. 그렇다면, 부모가 헬리콥터 행동에서 좀 물러서준다면, 대학생들의 학교 성적이 더 나아질 것이라는 논리가 성립하는가?

한 연구는 아이들이 우유를 더 많이 먹을수록 그 아이들의 몸무게도 늘어난다는 사실을 발견하였다. 그 연구를 보고 한 연구자는 몸무게를 조절할 필요가 있는 아이들은 우유를 덜 먹어야할 것이라고 주장하였다. 이 주장은 맞는 것인가?

* 자료원: Aronson, E. A., Wilson, T. D., and Akert, R. M.(2013). *Social Psychology*. 8th Ed., Boston, NY: Pearson. p.30

무엇인가를 알아가는 방식, 혹은 신념을 굳히는 방식에는 네 가지가 있다. 집착(tenacity), 권위, 직관, 또는 과학에 의존하는 방식이 그것이다.[1] 과학적 방식이란 우리의 신념이 우리들의 생각에 의해서 영향을 받지 않는 그런 어떤 것, 어떤 외적 영구성(permanency)에 의해서 결정되는 방식을 의미한다. 즉 과학은 "적적절한 실험이나 관찰에 의해서 얻을 수 있는 자료를 기초로 하여 주관을 넘어서 증명가능하고 개인의 의견이나 선호로부터 독립된 지식의 획득을 목적으로 하는 지식 획득 방식"[2]인 것이다.

이렇게 객관적 지식의 획득을 목적으로 하는 과학은 진실을 영원한 것이 아닌, 잠정적인 것으로 받아들이는 "과학적 태도"를 그 핵심으로 삼고 있다. 과학의 세계에서는 오래 동안 많은 사람들에 의해서 참으로 받아들여지던 진술도 새로운 '객관적' 자료에 의해서 거짓으로 판명이 되면 바로 그 순간부터 과학이라는 지식창고에서 삭제되어 버린다. 따라서 어떤 진술에 대해서 그것이 참인지 거짓인지를 판명하고 재검토하는 일은 과학이라는 지식체계를 쌓아가는 데 있어 반드시 필요로 하는 핵심적인 절차이다.

읽을거리 2-1

"과학이 나를 처음으로 배반한 때에는 1960년대 초이다. 그때 나는 브론토사우루스가 메마른 바위사막 환경에서 살았다는 것을 알게 되었다. 아릴 적 내가 본 어린이 과학책에서는 브론토사우루스가 소금기 적은 물속에 엉덩이까지 물에 담근 채 늪지의 풀줄기를 입에 물고 있었다. 그리고 티라노사우루스는 사람처럼 꼿꼿이 서서 고질라처럼 느릿느릿 킁킁거리며 걷는 것으로 그려져 있었다. 그러나 나중에 배운 바에 따르면, 티라노사우루스는 등을 수평으로 한 채 꼬리를 치켜들고 로드러너처럼 빠르게 달렸다. 과학은 인위적으로 피를 흘리는 것이 치료효과가 있으며, 비소로 우울증을 치료하고, 거위똥으로 간질을 치료할 수 있다고 믿기도 했다. 이런 사정은 오늘날에 와서도 별반 달라진 게 없다. 기저으로 대접받던 호르몬 대체요법은 말 그대로 하룻밤 사이에 재앙으로 변해 버렸다. 15년 동안 '악마의 영양소'라는 꼬리표를 달고 있던 지방은 어느 날 갑자기 그 꼬리표를 탄수화물에 넘겨주었다."

자료원: Roach, M (2005)(번역 권 루시안) 스푸크 『파라북스』 10-11쪽

과학자들은 어떤 진술이 참인지, 또는 거짓인지를 증명하고 판정을 내리기 위해서 그들 서로가 인정하는 연구방법(Research Method)이라는 절차를 사용한다. 그렇게 때문에 어느 한 학문이 과학이라는 이름으로 불리기 위해서 가장 먼저 기본으로 갖추어야 하는 것 중의 하나가 체계적으로 갖춰진 연구방법이다. 물론 조직행

위론도 조직 주위에서 일어나는 인간의 행동을 체계적이고 과학적으로 연구하는 사회과학의 한 분야로서, 연구자들이 인정하고 있는 다양한 연구방법들을 발달시키고 있다.

이 장에서는 조직행위론의 연구방법에 대해서 살펴본다. 연구방법을 배우는 목적은 독자들을 조직행위론 연구자로 만들고자 하는 데 있는 것이 아니라, 이 책에서 다루고 있는 연구내용들을 제대로 이해하고 소화해낼 수 있는 안목을 길러주기 위함에 있다. 직접 연구를 수행하는 연구자가 아니라고 하더라도, 어떤 주장을 제대로 이해하고 현실에 올바로 적용하기 위해서는 그것이 참으로 받아들일 만큼의 이론인지, 또는 그 주장이 지닌 한계는 무엇인지를 따져보는 능력이 필요할 것이기 때문이다.

1 이론(theory)

과학은 이론들의 묶음이다. 과학 안에 존재하는 모든 이해는 이론이라는 수단을 통해서 전달된다. 이론이라는 것은 '왜?'라는 물음에 답하는 방식이다.[3] 왜 이러한 일이 발생했는가? 왜 사람들은 그렇게 행동하는가? 왜 이 나라에서는 이러한 문화가 발달하게 되었는가? 왜, 이번 겨울에는 유난히 춥나? 이러한 갖가지 왜 물음에 대해서 사람들이 이해할 수 있도록 대답해주는 방식이 이론인 것이다. 조직행위론도 하나의 사회과학으로서 사람들은 조직에서 왜 그렇게 행동하고 느끼는지에 대해서 설명해주는 이론의 묶음들로 구성되어 있다.

이론이란 간단하게 말해서 '복잡한 현실을 인간의 인지적 능력이 수용할 수 있는 수준으로 단순화한 모형'[4]이다. 현실은 너무나 많은 것들이 서로 얽히고설켜 있어서 어떤 이론이라도 그러한 현실을 그대로 반영할 수도 없는 일이지만, 설사 현실을 정확하게 반영할 만큼 복잡한 이론이 가능하다고 하더라도 그 복잡성이 우리의 인지능력을 넘어선다면 쓸 데 없는 이론이 되고 만다. 따라서 이론은 충분히 단순하여 사람이 인지할 수 있는 수준이어야 하겠지만, 그렇다고 너무나 단순화되어서 현실을 설명하거나 예측할 수 없을 정도여서는 아니될 것이다. 좋은 이론만큼 실제적인 것이 없다(There is nothing so practical as a good theory)는 레윈(Kurt Lewin)의 명언도 이러한 맥락에서 이해될 수 있을 것이다.

이론이 정확하게 어떤 것인지에 대해서는 다양한 주장들이 있지만, 이론은 다음

네 가지 기본요소, 즉 ① 개념(Concepts), ② 변수(Variables), ③ 진술(Statements), ④ 형식(Formats)으로 구성되어 있다는 것에는 거의 동의하고 있다.[5] 따라서 이들 각각이 어떤 의미를 가지는지 알아보는 것이 이론을 이해하는 첫걸음이 될 것이다.

1.1 개념과 구성개념(concept and construct)

이론을 이루는 기초가 개념(concept)이다. 개념이란 구체적 현상(現象)들을 일반화함으로써 얻어지는 추상체(an abstraction formed by generalization from particulars)로 정의되는 것으로[6], 예컨대 무게(weight)는 하나의 개념이다. 무겁다거나 가볍다고 관찰되는 것들을 일반화하여 형성한 추상체가 무게인 것이다. 특정한 학습관련 행동들을 관찰학고 그러한 행동들을 하나로 묶어서 용어로 표현한 성취(achievement)나 동기부여(motivation)도 개념의 일종이다.

개념은 정의(definition)를 통해서 구축된다. 정의란 어떤 개념이 나타내는 현상에 대해 연구자들에게 알려주는 언어로 된 문장들, 논리학의 기호들, 또는 수학적인 부호 등과 같은 용어들의 체계를 말한다.[7] 예를 들어 '직무만족'이라는 용어는 그것이 '개인이 직무의 특성을 평가하고 나서 자신의 직무에 대해서 느끼는 긍정적인 느낌'[8]이라고 정의될 때에만 의미를 가지게 되는 것이다.

개념은 그 개념을 사용하는 사람들에게 동일한 뜻을 전달할 수 있어야 하지만, 종종 언어로 표현되기 때문에 그 뜻이 사용하는 사람에 의해서 다양하게 해석될 가능성이 존재한다. 따라서 뜻이 매우 한정적인 기호나 부호 등으로 정의되는 것들, 예를 들어 수학적 부호인 '+'는 그것을 사용하는 사람들 모두가 동일한 의미를 가지지만, '사랑'이나 '몰입감'처럼 언어적 표현으로 정의되는 개념은 다양한 의미로 사용될 가능성이 크다. 따라서 사랑이라는 개념이 이론의 틀 속에서 자리를 잡으려면 적어도 그것을 연구하는 사람들에게는 가능하면 동일한 의미를 가지도록 명료하게 정의될 필요가 있는 것이다.

구성개념(construct)이란 '특정의 과학적 목적을 위해 신중히, 그리고 의식적으로 고안되거나 채택된 개념(a concept having been deliberately and consciously invented or adopted for a special scientific purpose)'[9]이다. 그렇게 고안된 개념을 구성개념이라고 하는 이유는 과학자들이 자신들의 생각을 통하여 결합, 구성한 것이며, 그 같은 개념이 직접적으로 식별되거나 관찰될 수 있는 행동차원으로서는 존재하지 않기 때문이다[10].

일반적으로 구성개념은 일상에서 쓰이는 개념보다도 더 추상적으로 정의되며, 그 유용성은 그 개념을 이용하여 얼마나 좋은 이론을 구축할 수 있느냐에 달려 있다. 예를 들어 조직행위론에서 중요하게 다루어지는 형평성 또는 공정성(equity)이라는 개념은 어느 한 개인의 투입에 대한 산출의 비율이 다른 사람들의 투입 대비 산출 비율과 같은 경우에 존재하는 것으로 정의되는 구성개념으로, 이는 직접적으로 관찰될 수 있는 개념은 아니지만, 개인에게 정당하게 보수를 받고 있는지, 아니면 자신의 보수에 대해서 공정하게 느끼고 있는지 등을 조사해봄으로써 추론해볼 수 있는 것이다.[11)]

1.2 변수(variables)

변수(variable)란 연구자가 특별히 관심을 가지고 측정하고자 하는 구성개념을 말한다. 이것은 구성개념이나 요인을 설명하는 구체적인 기본개념으로, 일정한 측정단위로 계량화가 가능하여 값을 가지게 되는데 그 값이 적어도 두 개 이상이어야 한다. 구성개념은 그 추상성으로 인해 실제로 관찰이 불가능하지만, 조작적으로 정의되면(operationally defined) 관찰가능한 변수가 된다. 여기에서 조작적 정의(operational definition)란 연구자가 구성개념을 측정하고 평가하는 데 필요한 행동이나 활동을 구체화함으로써 구성개념에 의미를 부여하는 것을 말한다. 예컨대, 감정능력은 '감정지수(EQ)'로 조작적 정의를 내리고, 감정지수를 측정하는 도구를 사용하여 점수화한 다음, 이를 감정능력의 수준으로 삼는 것이다.

모든 구성개념을 변수로 만드는 것은 이론적으로 가능하지만, 실제로는 반드시 그렇지 않다. 예를 들어 프로이트(Sigmund Freud)의 억압(repression)이라는 구성개념은 수락 불가능한 아이디어를 사람의 무의식 깊숙이 집어넣는 것을 의미하는데, 겉으로 드러나는 억압의 행동적 표시가 거의 나타나지 않기 때문에 이의 측정은 거의 불가능하고, 따라서 변수로의 전환이 어렵다.

변수는 특성에 따라 분류변수(categorical variables), 측정변수(measured variables), 조작변수(manipulated variables)의 세 가지로 나누어 볼 수 있다. 분류변수란 2개 이상의 범주로 나누어지는 변수로서 성별(sex), 인종(race), 국적(nationality) 등이 그 예가 된다. 측정변수란 시험, 설문지, 또는 다른 측정도구로 대상물의 특성이 측정될 수 있는 변수를 지칭하며, 신장(height), 무게(weight), 불안감(anxiety), 권위주의(authoritarianism) 등을 그 예로 들 수 있다. 마지막으로 실험연구에서 특정 변수의 효과를 알아보기 위해서 다른 상황을 통제하고 그 변수의 값만을 임의적으로 변화시켰을 때 이를 조작변수라고 한다.

1.3 진술(statements)

위의 세 가지 용어는 연관되어 있으며 사용되는 맥락에 따라 사용법이 달라진다. 개념은 어떤 현상을 관찰하고 난 후에, 그 현상을 일반화하여 지칭할 때 쓰인다. 예를 들어, “직무에 만족하는 사람은 업무성과도 좋다”라고 할 때, 직무만족은 개념으로 쓰이고 있다. 이 직무만족이라는 개념이 특정의 과학적 목적을 위해 신중히, 그리고 의식적으로 고안되거나 채택되어 요소로 쓰이게 되면 구성개념이 되고, 구성개념이 측정되어서 값을 가지게 되면 변수가 되는 것이다.

과학이란 어떤 현상이 벌어졌는지를 기술하고, 왜 그러한 현상이 벌어졌는지를 설명한 다음, 그러한 설명에 근거하여 앞으로 어떠한 현상이 벌어지게 될 것인지를 예측하고자 하는 목적을 가진다. 그리고 이러한 과학의 목적을 가능하게 하는 것이 이론이다. 어떤 현상에 대한 이론을 가짐으로써, 우리는 그 현상의 발생이유를 설명할 수 있고, 미래에 대해서도 예측할 수 있게 되는 것이다.

어떤 현상에 대한 이론화는 발생한 현상과 관련이 있는 변수들 사이의 관계를 가상적으로 설정하여 진술하고(이러한 진술을 가설(Hypothesis)이라고 함), 그렇게 가상된 변수들 사이의 관계를 옳은 것으로 검증함으로써 가능해진다. 예를 들어, 직무만족이 높은 사람들을 관찰해보니, 일반적으로 이들의 업무성과가 높았다면, 이런 관찰을 토대로 ‘직무만족이 높으면 업무성과도 높다’는 가설을 설정할 수 있을 것이다.

1.4 형식(formats)

상기 가설을 검증하기 위해서 직무만족과 업무성과라는 구성개념을 측정도구를 이용하여 변수화한 다음 이들 사이의 관계를 구해본 결과, 두 변수 사이에 가상적으로 설정했던 관계를 찾을 수 있었다면, 우리는 직무만족이 업무성과를 이끌어낸다는 이론을 수립할 수 있을 것이고, 이렇게 증명된 이론을 근거로 직무만족을 높이면 업무성과도 높아질 것이라는 예측을 할 수 있게 되는 것이다. 그리고 이렇게 증명된 이론들은 상호간에 논리적이고 체계적인 과정을 거치면서 보다 복잡한 이론체계로서의 형식을 갖추게 된다.

변수와 변수들 사이의 관계를 좀 더 자세히 들여다보기 위해서 위의 두 가지 변수, 직무만족과 업무성과를 예로 들어서 살펴보기로 한다.

(1) 상관관계

직무만족과 업무성과 사이에 관계는 있는데, 어떤 것이 원인이고 어떤 것이 결과인지 설명할 수 없을 때, 이 두 변수 사이에는 상관관계가 있다고 한다. 직무만족이 높은 업무성과를 가져온다는 설명도 가능하지만, 높은 업무성과가 직무만족을 가져온다는 설명도 얼마든지 가능하다. 즉, 어떤 것이 원인으로 작용하고 어떤 것이 결과인지를 판단할 수 없는 상황이라면, 이런 경우에 두 변수는 서로 관계가 있다, 즉 상관관계가 있다고 말한다. 이때 두 변수 사이의 관계는 직선으로 표시한다.

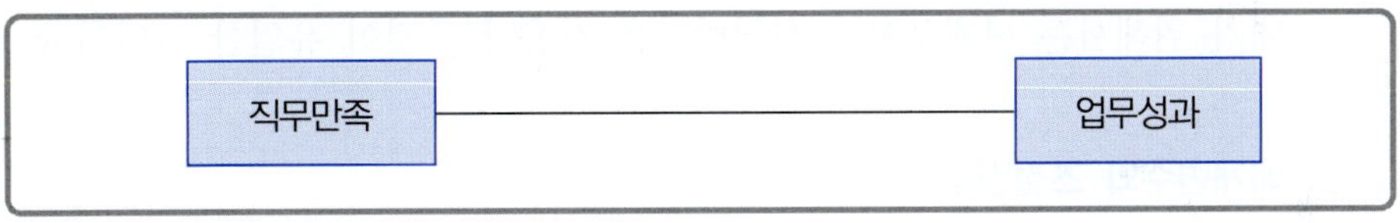

두 변수의 상관관계 여부는 상관분석이라는 통계기법을 통하여 판정할 수 있다. 두 변수가 같은 방향으로 움직이면, 즉 직무만족이 높아질 때 업무성과도 같이 높아지거나 어느 한쪽이 낮아질 때 다른 쪽도 낮아지면 상관분석을 통해 얻은 상관계수가 플러스 값을 가지며, 이런 경우에는 두 변수 사이에 정(또는 긍정적인)의 상관관계를 가진다고 한다. 그와는 달리 두 변수가 서로 반대방향으로 움직일 때는 상관계수가 마이너스 값을 가지며, 이런 경우에는 두 변수가 부(또는 부정적인)의 상관관계를 가진다고 판정한다. 한편, 특정한 유의수준에서 상관계수가 의미있는 수준의 값을 가지지 못할 때에는 두 변수 사이에 관계가 없다고 해석한다.

(2) 인과관계

두 변수 사이에 원인과 결과의 관계를 가지는 것으로 판명이 되면, 두 변수가 인과관계를 가진다고 말한다. 이때에 원인이 되는 변수를 독립변수(independent variable)라고 부르고, 결과가 되는 변수를 결과변수, 또는 종속변수(dependent variable)라고 부른다. 예를 들어 직무만족이 업무성과를 높인다고 하면, 직무만족과 업무성과는 인과관계를 가진다고 말할 수 있다. 과학이 궁극적으로 지향하는 것은 이렇게 변수들 사이의 인관관계를 밝히는 것이다. 왜냐하면 인관관계를 밝힐 수 있음으로써, 현상에 대한 더 나은 설명과 미래에 대한 더 높은 예측력을 가질 수 있기 때문이다.

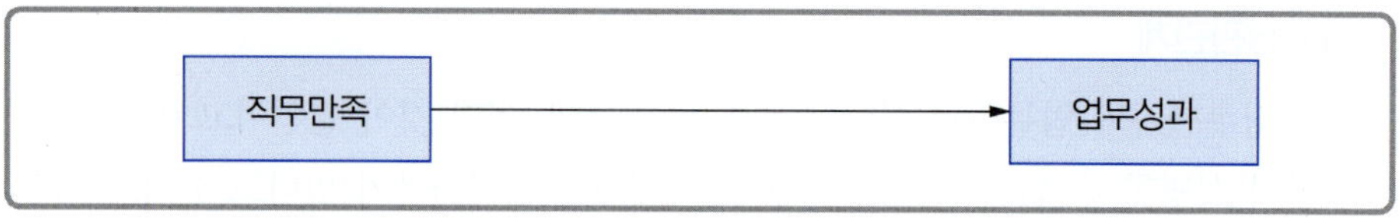

변수들 사이에 인과관계를 식별하여 말할 수 있을 때에는 화살표로 그러한 인과관계를 표시하며, 일반적으로 독립변수가 종속변수에 영향을 미친다는 표현을 사용한다. 많은 연구가 설문지를 사용하여 이루어지는데, 설문지를 이용한 조사방법(Survey Method)은 상관관계만을 알아볼 수 있을 뿐이고, 확실한 인과관계를 찾아내기 위해서는 현재로서는 실험방법을 사용하는 것이 유일한 선택이다.

(3) 매개변수와 조절변수

종종, 두 변수 사이에 다른 변수가 끼어들어 두 변수 사이의 관계에 영향을 미칠 수 있다. 직무만족이 바로 업무성과에 영향을 미치는 것이 아니라, 직무만족이 '좋은 기분(mood)'을 이끌어내고, 좋은 기분이 업무성과를 높인다고 할 때, 좋은 기분은 직무만족과 업무성과 사이에서 두 변수의 관계를 매개한다고 말하고, 이를 매개변수(intervening variable 또는 mediating variable)라고 지칭한다.

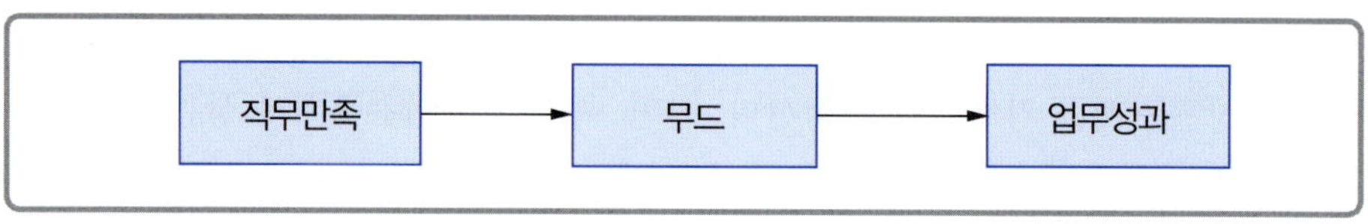

위의 예에서 무드라는 매개변수를 상정함으로써, 왜 직무만족이 업무성과를 높이는지에 대해서 보다 더 명확하고 설득력 있는 설명이 가능해진다.

다른 예를 들어 설명해보자. 어떤 연구자가 남자아이들이 여자아이들보다 수학점수가 높은 것을 발견하고, 실제 테스트점수로 이를 증명한 다음, 남자아이는 여자아이보다 수학점수가 뛰어나다고 주장했다. 이 연구자는 왜 남자아이가 여자아이보다 수학점수가 뛰어난지에 대해서는 설명해주지 못한다. 후에 선생님이 여자보다 남자가 논리적 능력이 우수하다는 선입견 때문에 수학시간에 여자아이들보다 남자아이들에게 더 많은 관심과 배려를 보였기 때문이라는 사실을 발견하고 이를 매개변수로 삼았다면, 그 연구자는 남자아이들의 수학점수가 여자아이들의 점수보다 높은 이유를 훨씬 설득력 있게 제시할 수 있게 되는 것이다.

한편, 조절변수는 그것이 체계적으로 변할 때, 다른 두 개의 변수 간의 관계에 변화를 일으키는 변수이다. 즉, 두 개의 변수들 사이의 관계가 제3의 변수의 수준에 따라 변화하는 경우에 이 제3의 변수를 조절변수(moderating variable)라고 부른다. 예컨대 직무만족과 업무성과 사이의 관계가 자동화의 수준에 따라 달라진다면 자동화의 수준이 조절변수의 역할을 하게 된다. 자동화가 낮을 때에는 직무만족이 업무성과에 긍정적인 영향을 미치지만, 자동화의 수준이 높아서 업무성과가 자동화에 의해서 주로 결정된다면 직무만족이 업무성과에 미치는 영향은 줄어들 것이다.

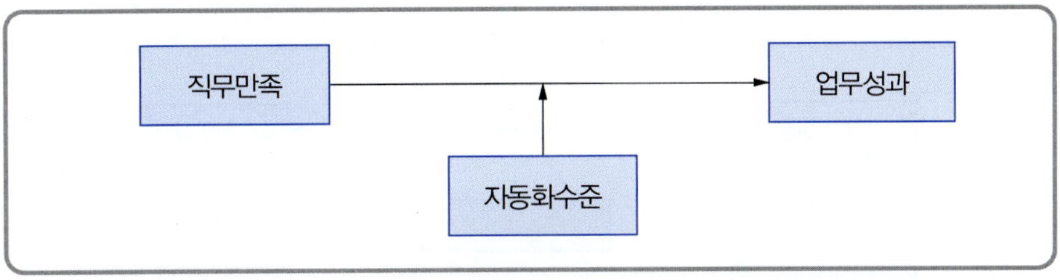

이러한 변수들 사이의 관계를 좀 더 확대하여 여러 개의 변수들을 동시에 고려하면 더 복잡한 이론을 생각해볼 수 있다. 아래의 그림은 변수 A, B, C, D, E 다섯 개의 변수를 동시에 고려한 이론이다. A는 C와 상관관계를 가지고 있지만 B와 C는 인과관계를 가지고 있다. C는 독립변수 B와 종속변수 D 사이에 매개변수로 작용하고 있으며, E는 C와 D 사이에서 조절변수로 영향을 미치고 있다. 이러한 관계들이 관찰이나 논리적인 연역에 의해서 설정되었지만 아직 검증을 거치지 않았을 때, 이러한 관계들을 가설이라고 하고, 이러한 가설들이 검증을 마치고 증명이 되었을 때, 이론으로서 인정을 받게 된다.

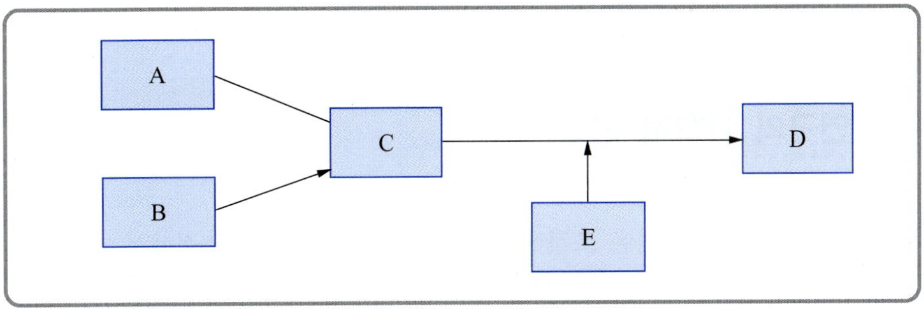

읽을거리 2-2

져지 (T. A. Judge) 등은 직무만족과 성과 사이에 다음과 같은 일곱 가지 형태의 관계가 성립할 수 있음을 주장했다.12)

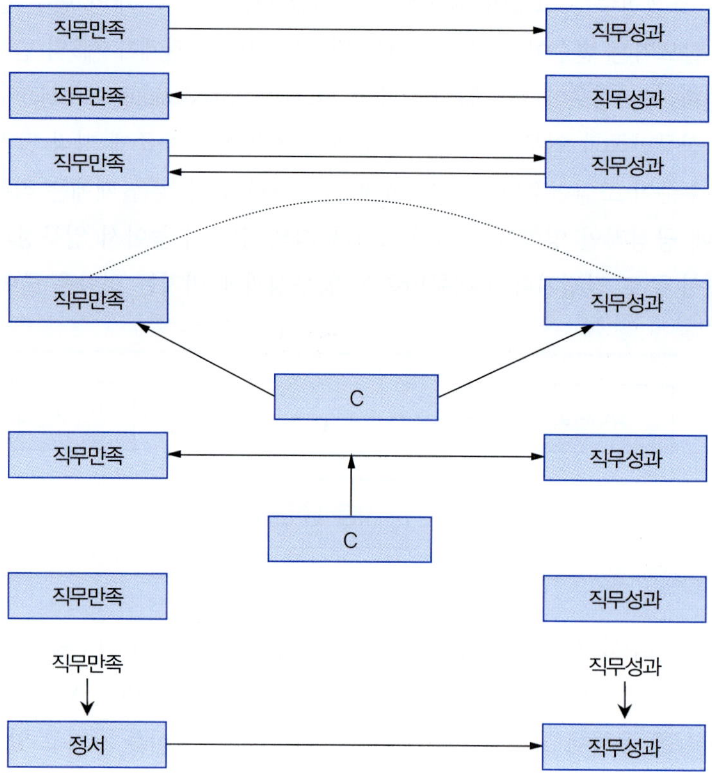

자료원: Judge, T. A., Thorensen, J. C., Bono, J. E., and Patton, G. K.(2001). *The Job Satisfaction-Performance relationship: A qualitative and Quantitative Review*. Psychological Bulletin, 127, 376-401

연구자들이 주로 연구방법으로 사용하는 설문조사법으로는 위 모형 중에서 단지 세 번째, 다섯 번째, 여서 번째 관계만을 추정하여 알아낼 수 있을 뿐이다.

2 연구의 과학적 방법

조직행위 연구자들은 조직행위에 관한 그들의 지식을 조직에서 발생한 문제에 대해서 설명하고 개선점을 제안하는 데 사용할 뿐만 아니라, 특정 조직에서 발생한 새로운 문제의 내용을 파악하고 이를 근본적으로 해결하기 위해서 사전에 잘 설계된 연구를 수행하기도 한다. 다시 말하면, 조직행위 연구자들은 과학적 방법(scientific method)을 사용하여 정상과학 연구(normal science research)에서는 조직행위에 관한 일반적 지식을 창출·축적하고, 행동연구(action research)에서는 특정 조직에서 발생한 문제를 해결하기 위한 구체적 지식을 만들어내고자 한다. 어느 쪽이 되었든, 조직 내 인간행동에 대한 진실한 모습을 탐색하기 위해서는 엄격한 연구방법론(research methodology)을 필요로 한다.

전통적으로, 자연과학이나 공학연구자들은 인간에 대한 과학적 연구에 대해서 회의적이다. 이들은 인간은 화학이나 물질 요소처럼 효과적으로 통제되거나 조작될 수 없는 존재이기 때문에, 인간행동에 관한 정밀한 과학은 가능하지 않다고 주장한다. 이러한 이유 때문에 행동과학자들과 조직행위 연구자들은 일반적으로 항상 방어적인 입장을 취하여 왔으며, 객관성을 담보할 수 있는 과학적 방법에 따라 연구를 진행하는 일을 매우 중요시해왔다.

[그림 2-1]은 일반적으로 받아들여지고 있는 과학적 방법의 모형이다. 과학적 방법은 우선 현실세계의 현상, 또는 사실을 관찰하는 것에서부터 시작한다. 사실은 객관적 방법에 의해서 얻어지는 부분적인 정보에 불과하다. 이런 부분적인 정보들을 반복하여 관찰하다 보면, 그러한 객관적인 부분들 사이에 일정한 관계를 가지고 있다는 점을 관찰하게 된다. 예를 들어 직무만족이 높은 종업원이 업무성과도 높다는 개관적인 사실을 반복된 관찰을 통해서 얻은 다음 이러한 관찰결과를 귀납적 과정을 통하여 "직무만족은 업무성과를 높인다"는 일반화된 잠정적인 진술을 형성하게 된다.

그림 2-1 과학적 방법의 모형

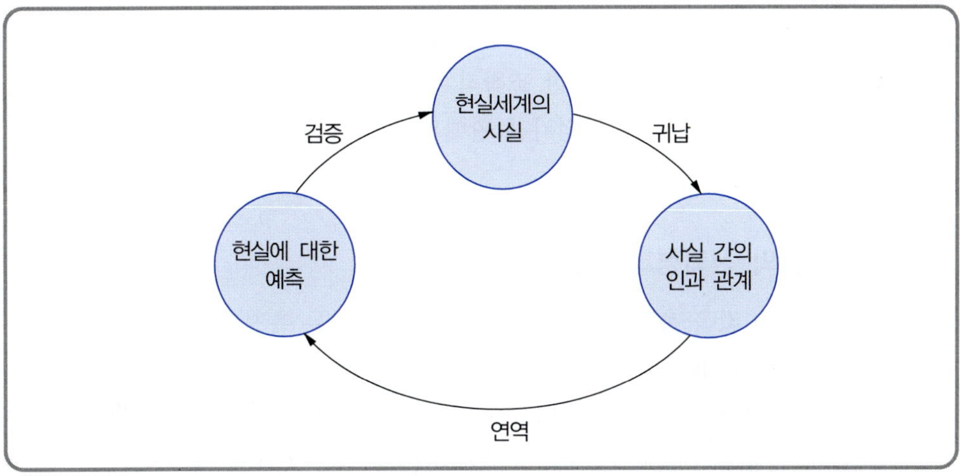

이렇게 얻어진 사실을 일반화하는 과정, 또는 기존의 이론을 토대로 하여 그로부터 좀 더 특정화된 진술을 끌어내는 과정이 연역과정이다. 즉, 직무만족이 업무성과를 높인다는 일반진술에서 '직무만족이 높으면 높을수록 업무성과도 높아질 것'이라는 특화된 진술을 얻어낼 수 있는데, 이렇게 특화된 진술을 가설(hypothesis)이라고 한다.

그러나 가설은 아직 검증이 되기 전의 예측일 뿐이다. 이 가설은 직무만족도가 서로 다른 실제 종업원을 대상으로 이들의 업무성과가 실제로 어떻게 다르게 나타나는지, 오히려 업무성과가 직무만족을 초래하는 것은 아닌지 등에 대해서 검증과정을 거치게 된다. 검증결과, 가설 "직무만족이 높으면 높을수록 업무성과도 높아진다"는 가설이 진실로 검증이 되면, 이 검증을 마친 가설은 하나의 완성된 이론으로 기존의 이론들 속에 끼게 되는 것이다.

2.1 가설의 설정과 검증

가설(hypotheses)이란 앞에서 언급한 것처럼 일반화된 사실이나 기존의 이론들을 토대로 하여 연역적 과정을 거쳐 도출이 되는, 두 개 이상의 변수(variable)들과의 관계에 대한 가정적인 설명이다. 가설은 선언적 문장이며, 이후에 검증과정을 거쳐 이론으로 인정받게 된다.

어떤 가설이 검증과정을 거치려면 변수들에 대한 조작적 정의(operational definition)가 이루어져야 한다. 조작적 정의란 개념(concept), 또는 구성개념(construct)을 경험적이고 가시적으로 측정하기 위해서 본래의 속성을 모두 표현할 수 있는 변수로 전환하는 것을 말한다.[13] 그리고 조작적 정의를 거쳐 얻은 변수는 경험적인 대상(an empirical referent)을 가지고 있어야 한다. 이 과정에서 관심을 가지고 있는 변수가 측정변수인 경우에는 측정수단(measures)이 결정된다. 예컨대, 영업사원의 업적수준이라는 구성개념에 대한 조작적 정의는 한 영업사원이 일정시간 동안에 고객을 방문한 횟수, 또는 일정기간 판매된 매출액 등이 된다.

2.2 측정수단의 신뢰성과 타당성

특정 변수의 값을 측정하기 위해서 사용하려고 하는 측정수단(measures)에 대하여는 그 타당성(validity)과 신뢰성(reliability)을 검증하는 절차가 필요하다.

측정수단의 타당성이란 원래 의도한 것을 정확하게 측정하고 있는 정도를 의미하는 용어다. 즉, 측정수단이 측정하려고 하는 변수를 제대로 측정해내고 있는가

그림 2-2 타당성과 신뢰성

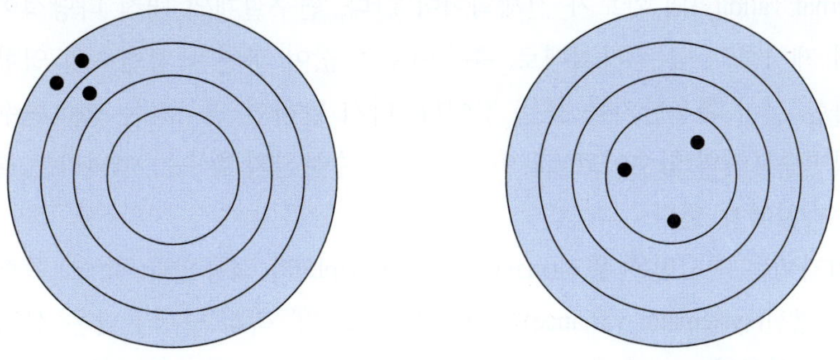

의 정도를 의미하는 용어이다. 그에 반해, 측정수단의 신뢰성이란 측정결과에 오차가 들어 있지 않은 정도, 즉 변수에 대한 체계적 정보를 반영하고 있는 정도를 나타낸다. 신뢰성이 높은 측정수단이란 무언가를 정밀하게 또는 일관성 있게 측정하고 있음을 의미한다.

보통 측정도구의 타당성과 신뢰성은 [그림 2-2]에서 표시된 탄착군으로 설명하고 있다.

바람직한 측정수단은 당연히 신뢰성과 타당성이 높은 것이다. 그러나 측정수단의 신뢰성이 높다고 해서 반드시 우리가 측정하고자 의도했던 것을 측정하는 것은 아니다. 예를 들어 실제보다 항상 5kg씩 더 나가는 저울이 있다고 가정해보자. 이 저울로 측정했을 때 실제 몸무게가 60kg인 어떤 사람의 몸무게를 5분마다 한 번씩 50번을 쟀는데 50번 모두 65kg인 것으로 나타났다. 이 경우에 그 저울은 정밀성과 일관성에 있어서 신뢰성은 높지만 항상 5kg씩 초과해서 측정하고 있기 때문에 정확한 몸무게를 측정하는 데에는 타당하지 못한 측정수단이 된다.

측정도구의 신뢰성과 타당성을 측정하는 방법들이 이미 많이 개발되어 있다. 따라서 연구자는 측정도구를 사용하여 관심을 가진 변수의 값을 측정하기에 앞서, 사용하려고 하는 측정도구가 신뢰성과 타당성을 충분히 갖추고 있는지를 검토해 보아야 한다.

2.3 연구설계의 내적 타당성

연구설계(research design)란 연구문제에 대한 해답을 얻기 위해 고안된 경험적 조사(empirical investigation)의 계획과 구조를 말하는데, 이것은 우선 내적 타당성(internal validity)의 확보가 전제되어야 한다. 연구설계의 내적 타당성이란 연구모형이 제시하고 있는 가설대로, 종속변수의 값이 과연 독립변수의 영향을 받아서 변화한 것이 확실한지를 묻는 것이다. 다시 말하면 연구자는 종속변수의 분산이 독립변수분산의 함수이고, 그 이외 다른 변수분산의 함수는 아니라는 결론을 끌어낼 수 있어야 한다.

여기에는 맥시민콘 원리(maximincon principle)가 적용된다. 즉 ① 독립변수의 체계적 분산(systematic variance)을 최대화하고, ② 측정도구의 낮은 신뢰성 등에서 오는 오차분산(error variance)을 최소화하며, ③ 종속변수에 영향을 미치는 바람직하지 않은 변수인 외생변수(extraneous variable)*를 통제해야 한다.

2.4 연구결과의 외적 타당성

연구결과는 외적 타당성(external validity)이 확보되어야 한다. 연구결과의 외적 타당성은 연구의 결과가 연구에 사용된 측정수단(measures), 연구대상(subjects), 그리고 그 연구가 진행된 연구상황(situation)에 제한되지 않고, 다른 측정수단, 연구대상이나 다른 상황에서도 보편성을 갖는지에 대한 질문과 연관되어 있다. 즉, 연구결과의 일반화 정도를 의미하는 용어이다.

연구결과의 외적 타당성은 다음과 같은 때에 확보된다.

첫째, 연구에서 사용된 변수를 측정하는데 사용된 측정수단을 바꾸어도 동일한 결과가 나올 때 외적 타당성을 확보할 수 있다. 예를 들어 직무만족에 관한 연구에서 직무만족의 측정수단을 설문지에 의해 측정하나 인터뷰에 의해 측정하나 연구결과는 동일하게 나온다면, 그 연구결과는 외적 타당성을 가지고 있다고 판단한다.

둘째, 연구대상의 일반화란 어느 연구의 연구대상에서 나타난 결과가 다른 대상에 대하여도 일반화될 수 있어야 한다는 것을 의미한다. 즉 연구대상이 어느 대학의 학생들을 모집단으로 하여 추출한 표본이라면, 그 표본으로부터 얻은 연구결과는 적어도 그 모집단 전체에 대하여 일반화될 수 있어야 한다. 또한, 그 표본의 모집단이 다른 대학의 학생 모집단과 차이가 없어 연구결과가 전체 대학생으로 일반화될 수 있다면, 그 연구는 비록 한 대학교의 일부 학생만을 표본으로 사용했지만 그 연구결과가 전체 대학생에도 적용될 수 있는, 외적 타당성이 높은 연구로 판단할 수 있다.

* 외생변수는 저해변수(nuisance variable) 또는 혼동변수(confounding variable)라고도 불린다.

셋째, 연구결과가 다양한 상황에서 재현될 수 있다면, 외적 타당성은 높아진다. 예를 들어, 실험실 상황에서 실험대상자에게 제공되는 임금수준의 차이가 그들의 노력수준에 영향을 미친다는 결과를 얻었는데, 동일한 결과가 조직의 실제 현장에서도 얻어진다면 연구결과의 외적타당성을 높아진다.

일반적으로, 연구의 내적 타당성과 외적 타당성은 역상관관계를 가진다. 즉 연구의 내적 타당성이 높으면 외적 타당성이 떨어지는 경향을 보인다. 연구의 내적 타당성을 높이기 위해서는 그만큼 그 연구목적에 적합하도록 변수들의 조작적 정의나 측정도구를 명확히 하고 외생변수를 더욱 철저하게 통제할 필요가 있게 되는데, 이러한 통제들이 연구결과의 일반화에 걸림돌로 작용할 수 있기 때문이다. 즉, 명확화와 일반화의 수준이 같이 높아지기가 힘들다는 것이다.

이러한 거래적(trade-off) 관계는 과학자들에게 근본적인 딜레마를 안겨준다.[14)] 대개의 연구가 변수들의 관계를 보다 정확하게 파악하게 해준다는 측면에서 내적 타당성을 보다 강조하는 경향을 보이지만, 연구의 목적에 따라 외적타당성을 더욱 강조하는 연구방법을 사용할 수 있을 것이다. 그러나 바람직한 연구란 이 두 가지 타당성을 모두 반영할 수 있는 것이다. 이 근본적인 딜레마를 해결한 유일한 방법은 모든 것을 하나의 연구방법에 의존해서 연구를 진행하지 않는 것이다. 동일한 연구 주제에 대해 다른 연구방법을 사용하는 반복적인 연구를 통해서만이 우리는 내적타당성과 외적타당성 모두를 극대화할 수 있을 것이고, 그렇게 함으로써 우리는 좀 더 '과학적' 진실에 다가설 수 있게 되는 것이다.

3 연구설계의 전략

어떤 현상을 연구하려고 하는 연구자는 몇 개의 서로 다른 연구설계를 같이 사용하는 전략을 사용할 수 있다. 각 연구설계에는 고유한 장단점을 가지고 있기 때문이다. 예를 들어 사례연구(case study)는 가설의 도출에는 유용하지만 가설의 검증에는 그 유용성이 제한적일 수밖에 없다. 실험실실험(laboratory experiment)은 내부적 타당성 기준에서는 이상적이지만 외부적 타당성에서는 부족함이 많다. 그러므로 어떤 현상을 연구하려는 연구자는 단일의 연구설계에 의해 1회 연구하기보다는 일련의 다중 연구설계에 의한 연구전략을 사용하여 연구를 실시하는 것이 바람직하다.

복수의 연구설계를 동시에 적용하면서 연구를 진행하면, 연구결과가 유사할 때, 그 결과의 타당성에 한층 더 신뢰를 할 수 있다. 특히, 조직행위 연구방법으로 설문조사법과 같은 계량적 연구방법과 참여자 관찰방법과 같은 질적 연구방법을 동시에 사용할 것을 적극 주장하고 있는 지크(T. Jick)는 복수의 연구방법들이 서로의 단점을 보완해줄 뿐만 아니라, 연구결과가 동일하게 나왔을 때에는 그 결론의 신뢰도에 대해서 더욱 확신할 수 있음은 물론 연구결과가 달리 나왔을 때조차도 결과에 대한 풍부한 해석의 가능성과 새로운 연구기회를 제공해줄 수 있다는 강점이 존재한다고 주장한다.[15)]

예를 들어, 구체적이고 계량적인 목표는 일반적 목표(예컨대, "최선을 다하시오." 같은 목표)보다 업적에 보다 많은 영향을 미친다는 연구는 자연적 관찰, 현장연구, 그리고 실험실실험 모두에서 입증된 바 있다. 반면에, 상관관계 분석을 이용한 현장연구에서 유효한 것으로 증명된 리더십 유형이 실험실실험에서는 그러한 결과를 얻지 못한 연구가 있다면, 연구결과에 대한 신뢰도는 떨어지겠지만, 아마도 그 불일치를 해석하는 과정에서 흥미로운 사실이나 연구기회를 찾을 수 있을지도 모른다.

그러나 모든 연구목적에 다 부합하는 하나의 최선의 연구설계는 없다. 어떤 연구설계를 사용할 것인가는 연구에서 다루어지는 문제의 성격에 의해서 결정되어야 한다. 연구자의 과거경험이나 선호도, 또는 연구자원을 먼저 고려한 후 연구전략이 선택되고, 이어 여기에 적합한 연구문제를 찾는 것은 바람직하지 못하다. 아래의 <표 2-1>에서는 각 연구설계의 형태, 장점, 그리고 단점을 요약하여 기술한다.[16)]

표 2-1 연구의 설계방법 요약표

1. 자연적 관찰(naturalistic observation)	
형 태	개인적 경험(참여적 관찰), 개인정보명세, 신문잡지, 記事的 설명, 임상사례 연구
장 점	내용성 풍부, 개인적 견해의 원천, 가설의 도출, 이론구축의 원재료
단 점	선별적 관찰과 기억, 극적인 사건에의 편향적 초점, 독특한 사건을 보다 일반화할 수 있는 것과 분리하기 어려움, 계량적 분석 불가능
2. 현장조사 연구(field survey research)	
형 태	대면 면접, 설문지
장 점	연구자로 하여금 타인의 주관적 준거틀(frame of reference)을 평가할 수 있게 해 줌, 다소의 계량분석 가능, 표준화된 양식 사용
단 점	연구대상자에 의한 각종 형태의 편견과 왜곡 때문에 생기는 그럴듯한 의사(擬似)관계 가능성

3. 객관적 지표를 사용하는 상관관계 현장연구(correlational field studies)	
형 태	기록문서 자료 사용, 연구자에 의한 개발된 측정도구로부터 얻은 측정치, 자기보고식 측정치 및 기록문서, 측정수단
장 점	모든 자료를 자기보고식으로 얻는 데에서 오는 그럴듯한 의사관계의 가능성을 감소
단 점	인과관계를 추론하기 어려움
4. 현장실험(field experiments)	
형 태	가능한 비교단위를 가지는 하나 이상의 조직단위에서의 실험자가 초래한 변화, 대응되는 비교단위가 없는 하나 이상의 조직단위에서의 일어나는 자연적 실험이 초래한 변화
장 점	자연스런 환경, 상당한 정도의 인과적 추론 가능
단 점	이러한 연구를 허용하는 경우가 원하는 만큼 흔하지 않고 대표성에 문제가 따를 수 있음. 타 요인들을 여전히 통제하면서 변화가 완전한 효과를 보도록 시간을 두고 기다리기가 어려움
5. 실험실실험(laboratory experiments)	
형 태	조직변수의 시뮬레이션(simulation)
장 점	통제, 혼돈요인의 제거, 인과관계 추론 가능
단 점	실험대상의 반응(reactivity), 윤리에 의해 제기된 한계, 특정 목적을 위한 환경의 인위성, 장기적 효과 연구에는 부적절, 외적 타당성 부족문제

4 조직행위 연구에서의 윤리문제

윤리(ethics)란 우리들의 가치관을 유지하도록 도와주는 지침이며 원칙이다. 조직행위 연구에서의 윤리적 지침은 어떤 연구목적이 가장 중요한지를 결정해 주며, 서로 갈등적 관계를 가지는 가치와 목표 사이의 조정역할을 해주기도 한다.

윤리적 지침은 해서는 안 되는 일을 말해줄 뿐만 아니라, 반드시 해야 할 적극적 책임도 지적해 준다. 예를 들어 과학자들은 연구를 통해 지식을 진보시킬 의무를 진다. 따라서 과학자들은 가능한 한 완벽한 과학적 방법을 이용하여 연구를 수행하고, 그 연구결과를 다른 과학자들에게 정확하게 알릴 책임이 있으며, 연구과정에서 연구대상자들에게 불필요한 위해(危害)를 입혀서도 아니 된다.

일반적으로 조직행위 연구자들이 연구과정에서 부딪치는 두 가지 윤리 문제는 연구대상자들에 대한 윤리적 대우문제와 연구 전문직 윤리의 준수 문제이다.[17]

4.1 연구참여자에 대한 윤리적 대우

조직행위 연구자들이 지켜야 할 첫 번째 윤리지침은 연구에 참여하는 사람들에게 위해가 가해져서는 안 된다는 원칙이다. 극단적인 인격모독이나 고통, 죄의식, 스트레스, 또는 인간상호간 신뢰의 상실과 같은 것들이 이러한 위해의 예가 된다.

연구수행과 관련하여 두 번째 윤리적 지침은 연구참여대상자의 사생활(privacy)이 존중되어야 한다는 원칙으로서, 대상자들이 자신의 사적 정보를 제공할 시간과 상황을 스스로 결정할 수 있도록 해야 한다는 것이다. 최근에 연구목적의 달성만을 생각하고, 몰래 카메라와 같은 전자감시장치를 이용하여 연구참여대상자에 대한 정보를 수집하고 있는 연구들이 사생활 존중이라는 윤리원칙을 깨는 것으로 인식되면서 논란의 대상이 되고 있다.

세 번째 지침은 연구참여대상자들로부터 고지동의(informed consent)를 얻는 일이다. 고지동의(告知同意)란 연구참여대상자들에게 연구에의 참여 여부 결정에 영향을 미칠 수 있는 모든 일을 사전에 미리 알리고 참여 여부를 선택하도록 하는 절차를 말한다. 예를 들어 연구과정에서 실험대상자가 전기충격을 받게 되어 있다면, 전기충력으로 인한 고통과 위험의 정도를 미리 알려주고 실험 참여대상자 스스로 참여 여부를 선택하도록 하면, 첫 번째 윤리원칙을 우회할 수 있다. 그러나 모든 연구가 고지동의를 얻는 일이 가능하지가 않다는 데 문제가 있다. 예를 들어, 갑작스러운 위기상황에서 사람들이 어떻게 행동하는지에 대해서 알아보고자 하는 목적을 가진 실험이 있다고 할 때, 연구자가 참여대상자들에게 갑작스러운 위기상황을 실제가 아니라 실험의 일부분이므로 놀랄 필요가 없다고 말할 수는 없는 것이다.

마지막 지침은 연구참여대상자에 대한 기만(deception)과 관련된 것이다. 기만이란 연구목적 상 연구자가 연구대상자들에게 연구목적을 속이거나, 연구 과정에 대한 적절한 정보를 주지 않는 경우에 발생한다. 앞의 예처럼, 실험실실험에서 거짓으로 위기상황을 만들고 연구대상자가 이 위기상황에 어떻게 대처하는가를 관찰하는 목적을 가진 연구라면, 연구목적을 위해서 실험실에서 위기상황이 발생한다는 사실을 알려줄 수는 없는 것이다.

연구를 수행하는 과정에서 기만은 가능하면 제거하도록 노력하되, 기만이 연구의 목적상 어쩔 수 없이 필요한 경우에는 연구자는 연구참여대상자들에게 반드시 실험완료 후 완전한 사후설명(debriefing)을 해야 한다. 즉, 연구가 끝난 후에 실제 연구목적에 대해서 설명하고 연구과정에서 일어난 개인적인 사항에 대해서는 비밀에 붙이겠으며, 분석이 끝난 후에 조사결과를 알려주겠다는 것 등을 연구대상자에게 말해 준다. 그 다음에 연구와 관련하여 질문을 받고 성실히 답변해주는 절차를 가지도록 한다.

그러나 기만으로 인한 부작용이 만만치 않은 경우도 종종 발생한다. 예를 들어 권위에 대한 복종을 연구한 밀그램(Stanley Milgram)의 연구[18)]나 집단역할이 행동에 미치는 영향을 연구한 짐바도(Philip Zimbardo)의 모의감옥 실험[19)] 등은 그것이 연구참여대상자에 미친 후유증이 사후설명만으로 치유되지 않을 만큼 심각하여, 연구가 끝난 후에도 오랫 동안 윤리적 논란의 대상이 되었다. 따라서 기만이 절대적으로 필요한 연구라고 하더라도, 연구참여대상자가 겪게될 고통이나 인간의 존엄성의 손상이 클 것으로 예상이 된다면, 그에 따르는 윤리의 문제를 어떻게 해결할 수 있을 것인지에 대해 연구자는 심각하게 고민해야 한다.

4.2 연구 전문직 윤리의 준수

전문직 종사자로서의 연구자가 지켜야 할 기본적 윤리는 연구의 객관성과 보고의 정직성이다. 과학적 연구의 본질은 사회 또는 자연 현상에 대한 진리를 탐구하기 위해 단순한 의견이 아닌 체계적 관찰에 의존한다는 것이다. 따라서 관찰자료를 연구목적에 맞도록 조작한다는 것은 정확한 관찰에 근거한 과학적 발견이라는 믿음을 무너뜨리게 된다.

또한 과학적 연구는 그 복합적 성격상, 한 사람의 연구자에 의해 완성될 수 있는 것이 아니다. 그러므로 여러 연구자들의 연구결과가 정확히 보고되고 이것이 연구자들 사이에 공유되는 것이 대단히 중요하다. 그러나 국내외를 막론하고, 객관성을 잃은 연구, 조작된 자료를 보고하는 연구, 그리고 연구보고의 중요 부분을 표절(plagiarism)한 사례가 적지 않게 보고되어지고 있다.

이는 최근의 문제만이 아니다. 고대의 가장 위대한 천문학자로 알려진 프톨레마이오스(Claudius Ptolemaios)는 그의 연구 대부분을 이집트의 알렉산드리아에 있는 도서관에서 희랍 천문학자의 관측결과를 해석해서 얻어냈음에도 자신이 직접 해변가에서 관측한 것처럼 기술하였다. 또한 유전학의 창시자인 멘델(Gregor Mendel)은 대부분의 실험자료가 그의 기대에 훌륭히 일치되도록 왜곡되어 있다는 통계학자의 비판을 받은 바 있다. 멘델 스스로 통계를 조작하지는 않았지만 그가 무엇을 기대하고 있는지를 잘 알고 있었던 한 실험조수에 의해 기만당했다고 여겨지고 있다.[20)]

우리나라의 대표적 경영학 연구자 모임인 한국경영학회에서 발간하는 정기간행 학술지인「경영학연구」에 1971년부터 1990년까지 실린 논문 257편 중 통계기법을 활용한 44편을 대상으로 실시한 연구에서도 연구가설에 대한 통계적 결론과 해석이 정확한 것은 64%에 불과했다고 보고되고 있다. 이러한 통계적 왜곡은 저자의 의도적인 조작에 의한 것은 아닐지라도, 다른 연구자들의 통계기법을 무비판적으로 수용한다거나, 또는 주위의 통계전문가의 협조를 얻는 일에 소극적인 연구자의 자세에서 발생하게 된다고 생각된다.[21)]

이러한 비윤리적 행동은 연구자들이 과학을 직업으로 삼아 출세의 발판으로 여기기 때문에 일어나는 현상들이다. 직업적으로 성공하기 위해서는 가급적 많은 논문을 발표해야 하고(Publish, or Perish), 외부로부터의 연구비도 많이 확보해야 한다는 압박감 속에서 연구결과를 조작하거나 왜곡시키려드는 연구자가 없지 않은 것이다. 연구자는 이러한 연구결과의 조작과 왜곡에 대한 유혹이 항상 주위에 맴돌고 있음을 똑바로 알아야 하며, 동시에 어떤 비용을 지불하더라도 객관적이고 정직한 과학자로서 남아 있을 준비가 되어 있어야 한다.

토론사례 2-1 연구설계의 평가

〈연구설계 1〉
강의식 수업 vs. 토론식 수업: 어느 것이 더 효과적인가?

어느 대학의 Y 교수는 같은 과목을 수년간 강의식으로 가르치고 있었는데, 늘 시험문제를 철저하게 회수하고 보안을 유지하여 동일한 문제를 매 학기마다 사용하고 있었다. 그는 동료 교수들로터 토론식으로 가르치는 것이 더 효과적이라는 제안을 받고 자신이 늘 사용하는 강의식 방법과 동료교수들이 사용하는 토론식 방법 중 어느 것이 더 효과적인가를 실험해 보기로 하였다.

이 연구를 위한 순수실험체계를 하기 위하여 학생들의 수강신청을 강제로 이 두 강의 방법에 대하여 무직위 할당식으로 배정할 수는 없었다. 그는 학기의 중간까지는 강의식 방법을 사용하고, 이 기간 동안 과거에 쓰던 시험문제를 사용하여 시험을 두 번 보았다.

중간 이후 그는 토론식 방법을 사용하였고 이 기간 동안 역시 과거에 사용하던 시험문제로 두 번의 시험을 치렀다. 학생들이 중간시기 때까지 본 두 개의 시험의 평균점수는 80점이었고, 기말시기 때까지 본 시험의 평균점수는 50점이었다.

Y 교수는 이 결과를 가지고 동료교수들에게 자신의 방법이 더 효과적임이 증명되었다고 선언하였고, 정년퇴직 때까지 줄곧 강의식 방법을 사용하였다.

〈연구설계 2〉
스포츠 참여는 스트레스를 감소시키는가?

어느 기업의 인사담당 전문가는 스포츠에의 참여는 작업장에서의 스트레스의 수준을 감소시킨다고 믿어 왔다. 그래서 그는 배구경기가 스포츠에의 참여의 조작적 정의가 될 수 있다고 보았다.

그는 작업장에서 가장 스트레스를 많이 느끼고 있는 집단으로서의 20명을 실험집단으로 골라 점심 휴식시간에 그냥 빈둥거리면서 지내기보다는 배구경기를 하도록 설득하였다. 그리고 스트레스를 느끼지 않고 있는 20명을 극도의 스트레스를 느끼고 있는 실험집단과 나이에 있어서 1:1로 대칭적으로 선발하여 통제집단으로 삼았다.

2개월 후 실험집단은 스트레스 수준이 낮아졌고, 통제집단의 스트레스 수준은 변함이 없었다. 인사담당 전문가는 스포츠에의 참여는 실제로 스트레스 수준을 낮춘다고 결론짓고, 곧장 사장에게 전사적으로 배구경기 프로그램의 확대를 제안하였다.

[토론과제]

위의 〈연구 1〉과 〈연구 2〉의 연구 수행과정을 읽고 대립작 설명(alternative explanation)이 될 수 있는 연구 설계상의 문제점이나 잘못된 가정(assumption)을 지적해 보시오.

토론사례 2-2 과학자의 연구윤리

〈자료원〉 1. "교수 3명 외국 논문 표절 '국제적 망신'," 오마이뉴스, 2001. 11. 19.
2. "매경춘추 : 지식을 훔치는 사람들" 매일경제신문, 2001. 11. 26.
3. "The Academy of Management Code of Ethical Conduct," *Academy of Management Journal*, 1990, 33(4), pp. 901–908

교수 3명 외국논문 표절
국제적 망신 – 30개 항목 그대로 베껴 세계적 학회지 게재

국내 교수 3명이 세계적인 전기–전자학회(IEEE) 학회지에 표정논문을 게재, 국제적인 망신을 사자 각 대학 측이 진상조사에 나섰다. 세계 150개국 교수와 학생 등 35만 명이 가입한 미국 IEEE 산하 통신지학회 커뮤니케이션 매거진 11월호에서 쿠오(Kuo) 편집장은 이 같은 표절사실을 공개했다.

표절을 한 것으로 밝혀진 국내 학자는 대구 K대 박모(전자전기컴퓨터학부)–부산 D대 백모(인터넷공학부)–포한 P대 홍모(컴퓨터공학과) 교수. 이들은 통신지학회지 지난 5월호 100–106쪽에 실린 논문 유틸리티 모델을 사용하는 멀티미디어 인터넷 서비스를 위한 서비스 레벨 약정관리(Mana- gement of Service Level Agreements for Multimedia Internet Service Using a Utility Model)에서 캐나다 빅토리아(Victoria)대 매닝(Eric G. Manning)교수 등 외국학자 3명의 논문 중 29개 구절과 3개의 도형을 유사하게 그대로 베꼈다고 쿠오 편집장은 밝혔다.

이 학회지 11월호에는 국내교수들의 논문 표절내용을 항목별로 원본과 상세히 대조, 표절사실을 증명했다. 쿠오 편집장은 학회지 5월호가 나가자 매닝 교수로부터 한국교수들의 많은 논문내용이 자신의 논문에서 베껴졌다(copied)는 메시지를 받아 표절사실을 알았다고 말했다.

쿠오 편집장은 수준 높은 커뮤니케이션 잡지사에서 표절이 생긴 것은 슬픈 일이고 용서할 수 없어 표절 교수들의 공식적인 사과를 요구했다고 밝혔다. 특히 그는 표절은 창조적인 능력을 죽이고 공정한 연구경쟁을 저해하는 더러운 짓이라며 논문을 표절한 3면 가운데 백–박 교수의 공식 사과문을 잡지에 게재했다.

백-박 교수는 매닝 교수 등에게 사과문을 보내 박-홍 교수닌 표절사실을 몰랐고 이는 백 교수에 의해 저질러졌다는 사실을 확인했다고 주장했다. 백 교수의 스승인 박 교수는 문제가 된 논문은 지난해 11월 백 교수의 박사학위 논문을 근거로 작성된 만큼 표절을 전혀 의심하지 않고 홍 교수와 함께 이름을 올렸을 뿐이다라고 해명했다.

표절과 관련, 물의를 일으키고 있는 교수가 재직 중인 K대 등 홈페이지 자유게시판에는 니들을 비판하는 내용의 글들이 속속 올라오고 있다. 네티즌 경대생은 18일 K대 전자전기컴퓨터학부 홈페이지 동창회 게시판에서 우리나라 학회논문지에 이름을 넣을 때 관행적으로 관련자 이름을 넣어 주고 있지만 이러한 문화가 사라져야 무능한 교수도 사라지고 진정한 학문의 발전이 있다고 했다. 이번 일은 사실 충격적이다. 3명의 교수는 사직서를 쓰는 게 좋을 것 같다. 이런 일이 있었는데도 자기 제자에게 잘못을 덮어씌우는 비윤리적인 인간은 사라져야 하지 않을까라고 적었다.

네티즌 나그네는 지난 17일 같은 사이트에서 국가적 망신이 아닙니까? 이제 IEEE에 이쪽 학생들 paper 내기에 애로가 꽤 많겠군요라는 내용의 글을 오렸다. 한편 K대 등 3개 대학은 이들 교수의 논문표절과 관련해 19일 각각 진상조사에 착수했으며 논문집필을 주도한 백 교수는 사표를 낼 방침이라고 밝혔다.

(이성원 기자 newsir@naver.com)

지식을 훔치는 사람들

학교나 직장에서 자기만의 좋은 아이디어를 가지고 오랜 시간을 걸려 일해 놓은 작업을 다른 사람이 살짝 나꿔채서는 자신의 업적으로 치부한다 치자. 당신은 어떻게 느끼겠는가.

얄밉다 못해, 어떤 식으로든 정당한 평가 평가를 받기 위해 바로 잡으려 노력하고 싶지 않겠는가. 지난주 한국 교수들이 외국의 논문을 표절했다가 국제적 망신을 당한 기사를 읽었다.

이런 일을 신문에서 접한 것이 처음은 아니였지만, 아직도 … 하는 생각에 씁쓸할 수밖에 없었다. 미국의 경우, 대학에서 학생들에게 과제물을 작성하는 데 있어 표절에 대해 엄격하게 가르치며, 이를 위반할 경우 퇴학을 포함한 엄한 조치가 취해진다. 지적재산권(Intellectual Property Rights: IPR)에 대해 아직도 우리는 무감각하다.

바로 며칠 전, 국내에서 대학교재용 학술도서를 출간하는 저자와 출판사들이 불법복제가 단속되지 않으면 저술과 출판을 중단하겠다고 선언까지 하였다. 올해 초에는, 국내 한 출판사가 시가 10억이 넘는, 사상 최대규모의 외국도서를 불법복제했다가 외국 단체에 의해 고발당한 바 있다. 컴퓨터 소프트웨어의 불법 복제, 각종 유명패션 상표의 도용은 이미 심각한 문제이다.

제약업계에도 이와 같이 지식을 훔치는 사람들이 있다. 보통 하나의 신약이 실험실 내 시험 및 대규모 임상시험 그리고 출시를 위한 허가 검토과정을 거쳐 상품이 되는데 평균 12년에서 15년의 시간이 걸리며, 평균 연구개발 비용이 5억 달러, 자그마치 6,000억 원이 소요된다.

보통 신약개발 프로젝트의 성공률은 작게는 5천 건에서 많게는 1만 건 중의 하나일 정도로 수많은 실패를 거듭한 끝에 하나를 성공하게 된다. 그런데 이런 남의 노력을 별 거리낌 없이 훔치는 사람들이 있는 것이다. 우리 사회의 여러 분야에 걸쳐 지식의 정당한 나눔이 아닌 지식의 도둑질이 행해지고 있는 것이다. 과연 어떻게 해야 할 것인가?

첫째, 학교에서부터 모든 지적작업을 하는 데 있어 표절과 같은 일이 얼마나 심각한 범죄인가를 학생들에게 가르쳐야 하고, 남의 사상이나 아이디어를 빌릴 경우에는 정당하게 그 출처를 밝히도록 해야 한다.

둘째, 기업활동에 있어서도 이와 같이 남의 지적재산을 훔치는 일에 대해 정부나 업계 차원에서 정화노력이 있어야 할 것이고, 위반사항에 대해서는 엄격한 법적 제재가 있어야 할 것이다.

셋째, 더욱 중요하게는 보이지 않지만 남이 오랜 세월 공들여 쌓은 지적재산에 대해 그 공로와 값어치에 대해 인정하는 풍토를 만들어야 할 것이고, 이를 언론사와 같은 곳에서 캠페인으로 전개해보는 것도 좋은 방법이라 생각한다.

한국은 이제 반도체, 자동차, 철강과 같은 분야에서 세계의 리더로 성장하고 있으며, 따라서 우리의 지적재산권에 대해 남으로부터 존중받아야 할 입장에 서고 있다. 이를 위해서 우리 지적재산권뿐 아니라, 남의 지적재산권에 대해서도 적극적으로 보호해야 한다.

우리는 이미 21세기의 지식사회로 접어들었다. 지식이 개인과 기업, 국가와 사회의 부를 좌우하는 시대에 접어들고 있는 것이다. 과거에는 산업자원이 없어 고생하였다고 하지만, 이젠 사람과 조직의 지식을 자원으로 성장할 수 있는, 우리에게는 더없이 좋은 기회가 오고 있는 것이다.

그러나 다가오는 지식사회에서 우리 모두가 명심해야 할 것은 지식을 다루는 데 있어서도 투명해야 한다는 것이다. 지식을 생산하고 나누는 것과 지식을 훔치는 것 사이에는 커다란 차이가 있다.

(필자 – 이승우 : 한국MSD 사장)

미국 조직학회의 윤리강령 요약

• 신조 (CREDO)

우리는(미국 조직학회 회원) 경영관련 지식을 발견하고, 공유하며, 응용함을 믿는다.

•前文 (PREAMBLE)

우리들의 전문직으로서의 목표는 학생들과 동료, 그 외 사람들의 학습을 증진시키고, 경영학의 강의, 연구 및 컨설팅을 통하여 조직의 유효성을 증진시키는 데 있다. 우리들은 다음의 5가지 주요 책임을 완수한다.

① 우리들의 학생들에게 : 학생들과의 관계는 담당과목과 강의 수월성에 대한 헌신을 기반으로 존중, 공정, 그리고 배려를 필요로 한다.

② 경영지식에 대하여 : 연구설계, 사람 표본사용, 익명성, 그리고 결과보고서에 있어서의 신중함과 작업의 적절한 분담은 필수적이다.

③ 조직학회 및 학계 전반에 대하여 : 학회의 사명과 목적을 지원하고, 학회와 조직에 봉사하며, 동료들의 인격과 개인적 가치를 인정할 것이 요청된다.

④ 경영자와 경영계에 대하여 : 학계와 조직 공동사회 간의 아이디어와 정보교환이 필수적이다.

⑤ 우리와 함께 생활하고 일하는 온 세계인에 대하여 : 타인과 다양한 문화, 가난하고 불리한 위치에 있는 사람들의 욕구, 윤리적 이슈, 그리고 새롭게 나타나는 윤리적 난관에 대한 감수성이 필요하다.

[토론과제 1]

남의 글의 표절과 남의 책의 무단복제 등 지적재산권 침해의 원인과 그 사회적 파장에 대하여 논의해 보시오.

[토론과제 2]

미국 조직학회 윤리강령의 전문 중에서 두 번째인 경영지식에 대한 요건을 자세히 논의해 보시오.

[후주]

1) Kerlinger, F. N.(1986). *Foundations of Behavioral Research*. 3rd Ed., NY: Holt, Rinhart and Winston p.6에서 인용
2) Hampel, C. G.(1965) *Aspects of Scientific Explanation*. New York: The Pree Press
3) Turner, J. H.(1978). *The Structure of Sociological Theory: Revised Edition. Homewood*, Ill: Dorsey Press: p. 2.
4) 김인수(1999). 『거시조직이론: 조직설계를 중심으로』 개정판. 『무역경영사』 30쪽.
5) Turner, J. H.(1978). op.cit.
6) Kerlinger, F. N., & Lee, H. B.(2000). *Foundations of Behavioral Research*. 4th Ed. Orlando, FL: Harcourt Inc. p. 40.
7) Turner, J. H.(1978). op.cit.
8) Robbins, S. P., & Judge, T. A.(2007). *Organizational Behavior*, 12th Ed., Upper Saddle River, N. J.: Pearson Education, Inc. p. 79.
9) Kerlinger, F. N., & Lee, H. B.(2000). *op.cit.*
10) Nunally, J. C.(1967). *Psychometric Theory*. New York: McGraw Hill. p. 85.
11) Stone, E. F.(1981). *Research Methods in Organizational Behavior*. Santa Monica, CA: Goodyear Publishing Co.
12) Judge, T. A., Thorensen, J. C., Bono, J. E., and Patton, G. K.(2001). The Job Satisfaction-Performance relationship: A qualitative and Quantitative Review. *Psychological Bulletin*, 127, 376-401
13) 강병서(1999). 『인과분석을 위한 연구방법론』, 무역경영사
14) Aronson, E. and Carlsmith, J. M.(1968) Experimentation in Social Psychology. In G. Lindzey & E. Aronson (Eds.) *The Handbook of Social Psychology*. Reading, MA: Addison Wesley. 2, pp. 1-79
15) Jick, T. D.(1979). Mixing Qualitative and Quantitative Methods: Triangulation in Action, *Administrative Science Quarterly*. 24. pp. 602-611.
16) Diener, E., & Crandall, R.(1978). *Ethics in Social and Behavioral Research*. Chicago, Ill.: The University of Chicago Press
17) Organ. D. W., & Hamner, W. C.(1982). *Organizational Behavior*. Plano, Texas: Business Publications, Inc. PP. 30-49.
18) Milgram, S.(1974). *Obedience to Authority: An Experimental View*, New York: Harper & Row
19) Haney, C., Banks, C., & Zimbardo, P.(1973). Interpersonal Dynamics in a Simulated Prison, *International Journal of Criminology and Penology*, 1, pp. 69-97.
20) Broad, W. & Wade, N.(1983). *Betrayers of the Truth: Fraud and Deceit in the Hall of Science*. (박익수 역. 1989. 『과학사에 오점을 남긴 배신의 과학자들』. 겸지사)
21) 성삼경·최종후·이재창(1993). 경영학 연구논문의 통계적 오류. 『경영학연구』, 22, pp. 163-198.

제2부

개인행위의 수준

제3장 가치관, 태도 및 정서

제4장 성격과 역량

제5장 지각과 귀인과정

제6장 동기부여

제7장 학습과 행위수정

제8장 스트레스 관리

제2부에서 우리는 조직행위론에 있어서 첫 번째 수준인 개인행위에 대해 알아보고자 한다. 현대의 조직에서는 과거와 달리 개인들의 자율적이고 창의적인 사고와 행동이 요청된다. 따라서 경영자들에게 조직구성원들의 노력을 자발적으로 촉발시켜 조직의 발전을 기하는 것은 대단히 중요한 과제이다. 이를 위해서는 개인에 대한 이해가 무엇보다도 중요하다.

우리가 개인행위 수준에서 다루고자 하는 주제들은 ① 성격과 역량, ② 인간 행동과 연관성이 있는 지각과 귀인과정, ③ 학습과 행동수정, ④ 개인의 가치관, 태도 및 정서, ⑤ 효과적인 동기부여의 이론과 실제, ⑥ 조직에서 개인이 받는 스트레스 등 다양한 주제들이다. 이러한 주제들은 대부분 심리학에서 오랫동안 연구되어온 결과들을 경영적인 관점에서 원용하여 발전시킨 것들이라 볼 수 있다.

이러한 여러 가지 주제들에 대한 학습을 통하여 우리는 조직에서 개인에 대한 이해를 부분이 아니라 전체적인 관점에서 이해할 수 있게 될 것이다.

개인행위 수준은 조직행위론에서 가장 핵심부분으로서, 개인행위에 대한 이해를 기초로 하여 제3부 집단행위 수준과 제4부의 조직전체 수준에 대한 학습이 용이하게 이루어질 수 있다.

chapter 3

가치관, 태도 및 정서

베트남 전쟁이 한창일 때 저명한 심리학자인 엘리엇 아론슨(Elliot Aronson)이 한 젊은이를 고용해서 집에 페인트칠을 시킨 적이 있었다. 그 당시 그 젊은이에 대한 엘리엇의 회고다.

그 칠장이는 고등학교를 졸업하고 군에 들어가서 월남전에 참전했던, 예의바르고 다정다감한 사람이었다. 군에서 제대하고 주택 도색업을 직업으로 택했는데, 솜씨가 좋고 믿을 만한 기술자였다. 그와 일하는 게 즐거웠다. 어느 날 우리는 잠시 일을 쉬고 커피를 마시면서 전쟁에 대해서, 그리고 인근 대학에서 벌어지고 있는 극심한 반전 운동에 대해서 이야기를 나누게 되었다. 얼마 지나지 않아 우리 둘은 그 문제에 대해서 서로가 매우 다른 의견을 가지고 있음이 명백해졌다. 그는 미국의 개입이 정당하며 이 전쟁이 민주주의를 지지하는 세계를 안전하게 지키는 길이 되리라고 주장했다. 나는 월남전이 전쟁이나 정치에 아무런 관심도 없는 노인이나 여성, 아이들과 같은 수많은 무고한 사람들을 죽이고, 불구로 만들고, 소이탄으로 폭격하는 매우 잘못된 전쟁이라고 주장했다. 그는 나를 한참동안 말없이 바라보더니, 사람좋은 웃음을 웃으면서 나에게 말했다. "제기랄. 박사님, 그들은 사람이 아닙니다. 그들은 월남인이라고요! 게네들은 국(gook)*이란 말입니다." 그는 그 말을 당연한 듯이 말했으며, 그 속에 어떠한 적의나 분노를 표출하지 않았다. 나는 그의 대답에 경악했으며, 동시에 한기를 느꼈다. 나는 어떻게 이렇듯 천성이 착하고 생각이 건전하고 예의바른 젊은이가 그러한 생각을 가지게 되었는지 도무지 이해할 수가 없었다. 어떻게 그는 인류로부터 한 나라의 국민을 완전히 배제해버릴 수 있었던 것일까?

자료원 : Aronson, E., Wilson, T. D., & Akert, R. M (1999). Social Psychology, 3th Ed., New York: Pearson. p. 214

* 동남아인들을 모욕적으로 부르는 비속어

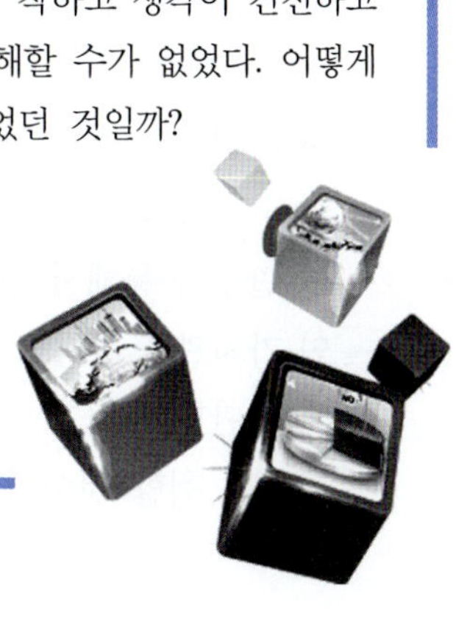

사람은 어떤 대상이나 상황에 대해서 마음속에 어떤 생각을 갖고 있느냐에 따라 다른 행위를 보일 수 있다. 불교에서 말하는 "일체유심조(一切唯心造)", 즉 모든 것은 마음먹기에 달렸다는 가르침도 우리의 마음이 우리의 행위에 상당한 영향을 미치고 있음을 시사한다.

이 장에서는 이런 우리들의 마음속의 생각들에 대해서 알아보고, 나아가서 이 마음속의 생각과 행위 사이의 관계에 대해서 조명해보려 한다. 만약에, 마음속의 생각과 행위 사이의 관계에 대해 신뢰할 만한 이론들이 존재한다면, 그 이론들을 토대로 사람들의 마음속에 들어있는 생각들을 측정한 다음, 그 마음이 어떠한 행위를 이끌어낼 것인지 예측해볼 수 있을 것이다. 이 장을 통해서 우리가 살펴보고자 하는 마음속 생각으로는 가치관, 태도, 정서 등이 있다. 그러한 탐색의 일환으로 먼저 가치관에 대해서 살펴보기로 한다.

1 가치관

1.1 가치관의 정의

가치관(values)은 특정 행위양식 또는 존재방식이 그와 반대되는 행위양식이나 존재방식보다 개인적으로 혹은 사회적으로 더 바람직하다는 기본적인 믿음이다.[1] 예를 들어, 아버지의 말씀이 틀리더라도 그 말씀에 따르는 것이 더 바람직한 행위이고, 사형제도는 사회정의 목적을 위해서 존재하는 것이 바람직하다는 등의 언급은 가치관을 반영하고 있는 말이다. 이러한 믿음이 개인 수준에서 정의될 때 개인의 가치관이 되고, 사회적으로 공유되어 있을 때에는 사회가치관으로서 문화의 기본을 형성하게 된다.

가치관은 무엇이 옳고 바람직한가에 대한 기본적인 판단 기준을 제공한다. 따라서 가치관은 어떤 상황에서 여러 행위대안들이 있을 때 그러한 대안들 중에서 개인적으로, 또는 사회적으로 더 바람직한 행위가 어떤 것인지 판정을 해주고, 그러한 판정을 통해서 행위에 영향을 미칠 수 있다. 한 예로 성에 대해서 매우 보수적인 가치관을 가지고 있는 사람은 성적으로 개방적인 행위를 바람직하지 못한 것으로 판단할 것이고, 따라서 그 사람은 일반적인 상황이라면 성에 대해서 보수적인 행동을 취할 것이라는 예상을 할 수 있다.

가치관의 기본은 10대 초기에 형성이 되며, 일단 형성이 되면 상당한 안정성과 지속성을 보이는 것으로 알려져 있다.[2)] 가치관의 바탕은 비교적 어린 나이에 부모 또는 그에 상응하는 역할을 하는 의미있는 타인(significant others)에 의해서 흑백논리에 따라 형성된다. 거짓말은 하지 말아야 한다고 배우지, 어느 정도까지는 괜찮다고 배우지는 않는다. 부모에 대해서는 항상 공경하여야 하며 경우에 따라 공경하지 않을 수 있다고 가르치지 않는다. 가치관은 이렇게 비교적 어린 나이에 자신에게 매우 중요한 사람에 의해서 이럴 수도 저럴 수도 있다는 회색논리가 배제된 채 습득되는 것이기 때문에, 상황에 따라 쉽게 변하지 않으며, 특별한 상황이 벌어지지 않는 한, 일생 동안 큰 변화 없이 지속되는 경향을 보인다.

1.2 가치관의 중요성

가치관이 왜 조직행위론에서 중요하게 취급되어야 하는가? 바로, 조직이라는 마당에서 발생하는 행위에 영향을 미치는 것으로 알려져 있기 때문이다. 가치관이란 것이 철학의 주된 관심사이고, 이에 대한 객관적인 측정도 간단한 문제가 아니어서, 조직행위론에서는 이에 대한 연구가 활발하게 이루어지지는 못했지만, 가치관이 태도의 형성과 여자들의 지대한 관심거리인 체중감량이나, 종교의 선택, 정당가입, 쇼핑행위, 대학전공의 선택과 같은 광범위한 행위에 영향력을 행사한다는 연구를 여러 곳에서 찾아볼 수 있다.[3)]

개인의 가치관을 그의 직장생활과 연계하여 생각해볼 수도 있다. 개인의 가치관이 자신이 속한 사회의 가치관과 일치한다면 좋겠지만, 개인의 가치관이 사회의 가치관과 어긋나는 경우에는 심각한 문제가 야기될 수 있다. 어떤 상황에서든 거짓말을 해서는 안 된다는 가치관을 가진 사람이 목적을 위해서라면 어떤 거짓말도 불사해야 한다는 문화를 가지고 있는 회사에 입사했다면, 그 사람은 두 가치관의 갈등으로 인해 직장과 직무에 대한 불만족을 경험하고, 심한 스트레스와 긴장에 시달릴 가능성이 크며, 결국에는 회사를 떠나는 결정을 내릴지도 모른다. 조직 측에서도 조직의 가치관과 다른 가치관을 가진 조직원에게서 높은 수준의 성과를 기대하기는 어려울 것이다.

1.3 가치관의 유형

(1) 알포트와 버논의 6가지 기본가치

많은 사회과학 이론가들이 가치관의 분류작업에 참여하여 왔지만, 독일의 철학자 스프랑거(E. Spranger)[4)]가 분류한 6가지 사람 유형에 근거하여, 알포트와 버논(G. Allport & P. Vernon)[5)]이 제안한 6가지 기본가치가 널리 알려져 있다(표 3-1 참조).

표 3-1 알포트와 버논의 6가지 기본적 가치관의 정리

이론적 인간	이 사람은 진리의 발견을 최고의 가치로 본다. 자신의 지식을 질서화, 체계화시키고 싶어 하며, 증거를 중시하고, 비판적이며, 합리적이다.
경제적 인간	이 사람은 실용적인 것에 최고의 가치를 둔다. 실제적인 일, 특히 사업에 관심이 많고, 일을 눈에 보이는 효용성에 의해 평가한다.
심미적 인간	이 사람은 아름다움과 조화를 최고의 가치로 삼는다. 예술적 경험을 통해 통찰력을 얻고자 하며, 품위와 균형에 관심이 많다.
사회적 인간	이 사람은 이타주의와 봉사에 최고의 가치를 둔다. 타인을 목적 그 자체의 가치로 여긴다. 친절하고, 동정적이며, 사심이 없다.
정치적 인간	이 사람은 권력과 영향력을 최고의 가치로 여긴다. 타인과의 경쟁과 투쟁을 즐기며, 리더의 자리에 오르기를 갈망한다.
종교적 인간	이 사람은 일체감을 가장 중요시한다. 신비한 경험과 영성에 의존하며, 우주와의 합일을 추구한다.

이 6가지 기본 가치는 총 45개의 질문항목으로 구성된 가치관 연구척도(the Study of Values Scale)라 불리는 표준설문지를 통해 측정되며, 측정 결과는 직업, 민족, 종교 집단 간의 차이에 대한 연구에 광범위하게 이용되었다. 예를 들어, 판매나 이와 관련된 일을 즐기는 사람들은 상대적으로 경제적, 정치적, 사회적 가치를 보다 중요하게 생각하는 경향을 보여주었는데 반해, 창조적인 건축가나 수학자들은 이론적 및 심미적인 척도에서 높은 점수를 얻는 것으로 나타났다.

(2) 로키치의 최종가치와 수단가치

가치관은 내용과 강도의 속성을 지니고 있다. 내용은 어떤 행위 또는 존재방식이 왜 중요한지에 대해서 말해주고, 강도는 그것이 얼마나 중요한가를 의미한다. 우리가 어떤 개인의 가치관을 구성하는 행동양식이나 존재방식들을 그것들 각각이 개인에게 의미하는 강도에 따라 순서를 매기면 그 사람의 가치 체계(value system)를 얻을 수 있다. 예를 들어 효도, 자유, 봉사, 애국과 같은 것들에 대해서 개인이 부여하는 중요도에 따라 나열하면 그 개인의 가치체계를 얻게 되는데, 이러한 가치체계는 사람마다 차이를 보이게 된다.

아마도 가장 널리 알려진 가치체계의 측정은 가치내용을 중요도에 따라 순서를 매겨서 하나의 계층구조로 본 로키치(M. Rokeach)의 가치조사(value survey)[6)]일 것이다.

가치조사 표준설문지에서는 가치를 최종가치와 수단가치의 둘로 나누고 각각에 대해서 계층적 배열을 평가하게 된다. 최종가치(terminal values)란 안전, 평화, 자유와 같은 생존의 목적상태를 나타내며, 수단가치(instrumental values)란 목적상태를 이루는 행동양식을 나타낸다. <표준설문지 3-1>에서 보는 바와 같이 로키치의 가치조사척도는 18가지의 목적상태들로 구성되어 있는 최종가치 리스트와, 또한 18가지의 행동양식으로 구성되어 있는 수단가치 리스트를 포함하고 있다.

표준설문지 3-1 로키츠의 '가치조사' 척도

1. 다음의 최종가치의 18가지 리스트를 읽은 다음, 삶에 대한 지도원칙으로서 여러분에게 중요한 순서대로 왼쪽 빈칸에 번호를 적어 넣으시오.
2. 최종가치에 대한 순서 매김이 끝나면, 수단가치에 대하여도 동일한 방법으로 왼쪽 빈칸에 중요도 따라 순위를 정합니다.
3. 신중하게 생각하고, 천천히 결정하십시오. 생각이 바뀌면, 응답을 바꾸는 데 주저할 필요가 없습니다. 마지막에는 여러분이 정말 어떻게 느끼는가 그대로 나타나야 합니다.

	최종가치		수단가치
☐	1. 편안한 삶(a comfortable life)	☐	1. 야망(ambitious)
☐	2. 활동적인 삶(an exciting life)	☐	2. 포용력(broadminded)
☐	3. 성취감(a sense of accomplishment)	☐	3. 역량(capable)
☐	4. 평화 세계(a world at peace)	☐	4. 명랑함(cheerful)
☐	5. 美의 세계(a world of beauty)	☐	5. 청결(clean)
☐	6. 평등(equality)	☐	6. 용기(courageous)
☐	7. 가족의 안전(family security)	☐	7. 용서(forgiving)
☐	8. 자유(freedom)	☐	8. 봉사(helpful)
☐	9. 행복(happiness)	☐	9. 정직(honest)
☐	10. 심적 조화(inner harmony)	☐	10. 상상력(imaginative)
☐	11. 성숙한 사랑(mature love)	☐	11. 독립(independent)

☐	12. 국가안보(national security)	☐	12. 지적임(intellectual)
☐	13. 쾌락(pleasure)	☐	13. 논리적임(logical)
☐	14. 구원(救援: salvation)	☐	14. 애정(loving)
☐	15. 자존(self-respect)	☐	15. 복종(obedient)
☐	16. 사회적 안정(social recognition	☐	16. 공손함(polite)
☐	17. 진정한 우정(true friendship)	☐	17. 책임감(responsible)
☐	18. 지혜(wisdom)	☐	18. 자기규제(self-controlled)

<자료원> Robinson, J. P. & Shaver, P. R.(1973), *Measures of Social Psychological Attitudes*, Revised Edition. Ann Arbor, Michigan: The Institute for Social Research, The University of Michigan. pp. 547-551

읽을거리 3-1 로키치 가치조사표를 이용한 연구사례

로키치의 척도를 이용하여 1968년에 미국 전국여론조사센터(National Opinion Research Center)가 성인 남녀 1,409명을 대상으로 실시한 여론조사에 의하면, 미국 사람들은 전반적으로 최종가치 중에서 '평화 세계', '가족의 안전', '자유'에 가장 높은 순위를 매긴 반면에, '활동적 삶', '쾌락', '사회적 인정'에 가장 낮은 순위를 부여하였다. 수단가치 가운데서는 '정직한', '야심적', '책임감 있는' 행위가 제일 높은 순위를 차지하였으며, '독창적', '복종적', '논리적' 행위가 최하위를 기록했다. 주의할 점은 이러한 연구결과는 18가지의 가치를 상대적인 중요도에 따라 순위를 강제로 할당해서 얻은 것이기 때문에, 이 결과를 미국 사람들이 '사회적 인정'과 '논리적' 행위와 같이 하위를 기록한 가치들을 중요하지 않게 생각한다고 해석할 수는 없다는 것이다.

집단들 사이도 가치관의 차이를 보였는데, 가난하고 상대적으로 교육수준이 낮은 집단이 부자이면서 교육을 잘 받은 사람들보다 '편안한 삶'과 '청결'을 높게 평가했다. 이러한 결과는 부자이면서 교육을 잘 받은 사람들은 '편안한 삶'과 '청결'을 당연한 것으로 보기 때문에 이러한 가치들을 상대적으로 낮게 평가했다고 해석되었다. 또한, 가난하고 상대적으로 교육수준이 낮은 집단은 '구원'과 같은 종교적 가치와 '공손함', '복종'과 같은 동조적 미덕에서도 높은 순위를 보여주었다. 흑인과 백인 사이에도 가치관의 차이가 나타났다. 특히, 흑인이 '평등'에 대해서 2번째 순위를 매긴 반면에, 백인은 11번째의 순위를 할당하였다.

로키치는 또한 '평등'을 주된 가치로 하여 [그림 3-1]과 같은 정치적 이념에 대한 일반모형을 개발하였고, 이 모형에 대한 타당성 검증은 레닌(공산주의자), 히틀러(독재적 국가주의자), 골드워터(자본주의자), 그리고 몇몇 사회주의자들의 저서에서 표현되고 있는 가치의 빈도수를 계산하여 이루어졌다.

연구결과, 사회주의자들로부터는 '자유'가 1위, '평등'이 2위를 얻어낸 것으로 집계되었다. 레닌은 '평등'에서 1위, '자유'에서 17위를 얻은 반면에, 골수 자본주의자인 골드워터는 '자유'에서 1위, '평등'에서 16위를 보였다. 미국 사람들은 모두 '자유'를 높게 매기기 때문에, 미국인들 사이의 가치 차이는 각자가 '평등'에 어떤 순위를 매기느냐에 따라 찾아볼 수 있을 것이다.

로키치는 여러 연구를 통해 다음과 같은 가치관과 행동과의 관계를 보고하고 있다.[7]

- 미국의 유색인종발전전국협의회(National Association for the Advancement of Colored People)에 가입한 대학생들은 비가입 대학생들보다도 '평등' 가치에 더 높은 순위를 부여했다.
- 시민권 쟁취시위에 참여하지 않은 대학생들은 '편안한 삶'에 10번째 순위를 매겼으나, 참여자들은 18번째 순위를 매겼다. 반대로 시위참여자들은 '평등'에 5번째, 비참여자들은 17번째의 순위를 매겼다.
- 교회에 정기적으로 나가는 사람들은 거의 나가지 않거나, 전혀 나가지 않는 사람들보다 '구원'에 더 높은 순위를 매겼다.
- 질문지에 대답하기 위해서 빌린 연필을 되돌려 주는 종업원들은 연필을 가져가는 종업원들보다도 '정직'에 더 높은 순위를 매겼다.
- 형무소 죄수들은 범죄를 저지른 일이 없는 사람들보다 '정직'에 약간 낮은 순위를 매기고 있으나, '지혜'에는 훨씬 높은 순위를 매기고 있었다.
- 서로 잘 지내는 룸메이트들은 그렇지 못한 룸메이트들보다도 가치 순위 매김에서 상호 유사성이 더 많았다.
- 한 번의 면담 끝에 카운슬러와의 카운슬링을 중단해버리는 고객의 가치 매김과 카운슬러의 가치 매김의 유사성은 낮았다. 반대로 카운슬러와의 면담을 계속하는 고객의 가치 매김과 카운슬러의 가치 매김의 유사성은 높았다.

그림 3-1 정치적 이념의 자유-평등 모형

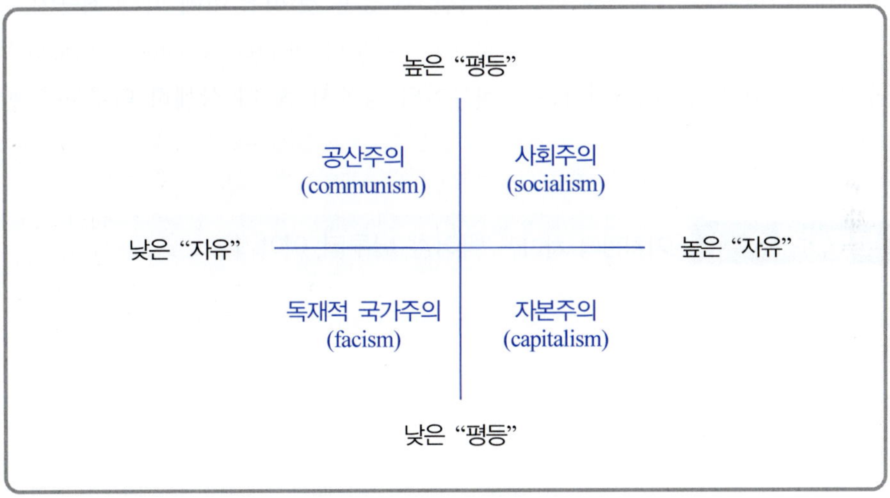

- 히피족(hippies)과 히피가 아닌 사람들(nonhip- pies)도 여러 가지로 서로 달랐다. 히피족 젊은이들은 미래보다도 현재에 더 가치를 두었으며, 경쟁과 성취보다는 공리주의적 사회질서와 내부인화에 더 가치를 두었다.

최종가치의 18가지 리스트 중에서 조직 내 행동 및 태도와의 관련성이 가장 빈번하게 검증된 것은 '편안한 삶', '평등', 그리고 '구원'이었다. 이러한 결과는 사회경제적 가치, 정치적 가치, 그리고 종교적 가치가 행위에 가장 밀접하게 연관되어 있다는 것을 나타내주고 있다.

1.4 가치관과 문화

가치관은 일반적으로 개인이 속한 더 큰 조직 및 국가의 문화(culture)와 밀접한 관계가 있다. 나중에 제15장 조직문화에서 상술하겠지만, 한 사회집단의 구성원들은 생존을 위해 상호작용하는 과정에서 그 사회가 공유하는 의미체계인 문화를 구축하게 되는데, 구성원들은 다시 자신들의 사회적 산물인 문화로부터 영향을 받아 개인의 가치관의 뼈대를 형성하게 된다. 이러한 구성원과 문화의 상호의존적인 관계를 통해 한 사회집단구성원들은 유사한 가치관을 공유하게 되고, 이렇게 공유된 가치관은 그 집단문화의 내용을 구성한다.

글로벌화의 진전, 여성의 사회적 진출, IT 기술의 발달, 다양한 직업군의 발생 등으로 조직환경은 다양화하고 복잡해지면서 집단 간 문화의 차이가 중요한 사회적 이슈로 등장하고 있다. 현대의 조직은 어제와는 달리 그 구성원들에게 다문화가 초래하는 가치관의 갈등을 해결할 수 있는 역량을 요구하고 있는 것이다. 그러한 역량은 자신과 타인의 가치관이 보여주는 차이를 알아내고, 그 차이를 이해하고 인정하려는 노력이 있어야만 길러질 수 있을 것이다. 이에 따라 최근에 집단 간 또는 국가 간 문화비교를 주제로 하는 이문화 연구(cross-cultural research)들도 늘어나고 있다. 이에 대해서는 조직문화의 장에서 좀 더 상세히 다루도록 한다.

토론사례 3-1 가치관의 차이 – 악어강 나루터 이야기

〈자료원〉 1. Simon, S., Howe L. & Kirschenbaum, H., Values Clarification, New York: Hart Publishing Co., 1972

악어강이라 불리는 거대한 강변에 병태라고 하는 총각과 사랑에 빠져있는 영자라는 처녀가 살고 있었다. 병태는 악어강의 한쪽 강가에 살고 있었고, 영자는 같은 강의 반대쪽에 살고 있었다. 두 사랑하는 사람을 갈라놓는 강에는 악어가 득실거려서 얼마 전에도 수영 나온 젊은 남녀가 모두 실종된 사고가 발생했다.

영자는 병태와 같이 사랑을 나누고 싶어서 이 악어강을 건너기를 원했다. 그러나 불행하게도 강 위에 놓ㅇ였던 유일한 다리는 지난해 장마로 씻겨 내려갔다. 그래서 영자는 같은 동네에 사는 나룻배 주인인 영수를 찾아가서 그 나룻배로 강을 건너게 해달라고 애원하게 되었던 것이었다.

그러나 영수는 먼저 자기와 잠자리를 같이 하면 나룻배에 태워 강을 건너게 해주겠다고 말했다. 영자는 즉각 거절하고 자기 안타까운 처지를 설명하고 도움을 청하기 위해 친구인 숙희를 찾아갔다. 그렇지만 숙희는 그러한 일에 말려드는 것을 원하지 않았다.

이제, 영자는 자신의 유일한 선택이 영수의 제안을 받아들이는 것이라고 생각했다. 영수는 영자와 잠자리를 같이 하고 난 후, 약속대로 영자를 강 건너에 있는 병태의 품안으로 데려다 주었다. 영자는 병태에게 자초지종을 이야기했고, 그 이야기를 들은 병태는 영자를 경멸하면서 이제 그들 간의 사랑도 끝났으니 당장 자기 앞에서 살지라고 소리를 질러댔다. 영자는 가눌 수 없는 슬픔을 부여안고 초등학교 동창인 민수를 찾아가 신세타령을 하였다.

영자의 하소연을 들은 민수는 영자에게 동정심을 느껴 병태를 찾아가서는 사정없이 두들겨 팼다. 영자는 병태가 마땅히 받아야 할 벌을 받고 있는 것으로 여기면서 매우 기뻐했다. 영자가 병태를 한없이 비웃고 있을 때, 태양은 저 지평선 너머로 사라지고 있었다.

[토론과제 1]

이 이야기에 등장하는 다섯 사람의 인물(영자, 병태, 영수, 숙희, 민수)을 6가지 기본적 가치관에 비추어 비교해 보시오.

[토론과제 2(분임토의)]

분임토의를 통하여 이 dlirl에 등장하는 다섯 사람의 인물(영자, 병태, 영수, 숙희, 민수) 중에서 가장 못마땅하고 비난받아야 할 인물부터 가장 덜한 인물까지의 순서를 매기고 그 이유를 자세히 설명해 보시오

(분임조 이름:)

서열	인물 이름	이 유
비난대상 1위		
2위		
3위		
4위		
5위		

〈종합집계표〉

등장인물 이름	1위 빈도수	2위 빈도수	3위 빈도수	4위 빈도수	5위 빈도수
영자					
병태					
영수					
숙희					
민수					

토론사례 3-2 자기 자신의 지배가치 찾기

주변의 동료와 함께 현재 자신이 가장 소중하게 생각하는 가치들을 아래 표에서 찾아내어 중요한 순서대로 5개를 써보시오. 만일 표 안에 자신을 잘 표현하는 가치가 없다면, 다른 가치를 적어도 됩니다.

(가정의 화목), (행복), (건강), 결단, 경제적 안정, 공헌, 관계, 관대함, 권력, 교육, 균형, 긍정적 태도, 끈기, 기술, 리더십, 모험, 발전, 배려, 부유함, 사랑, 성실, 성취감, 성장, 신념, 신뢰, 신앙, 아름다움, 완벽, 영성, 용기, 윤리, 겸손, 의지력, 인내, 자비, 자유, 자율성, 절제, 정서적 안정, 정의, 정직, 마음의 평화, 존경, 즐거운 삶, 직업적 성취, 진실성, 지식, 지혜, 창의, 충성, 탁월성, 팀워크, 쾌활함, 품질, 평화, 프로정신, 책임, 학습, 혁신, 감사, 성공, 외모, 우정, 유머, 안정, 열정, 인정 ……

[토론과제 1]

나와 다른 동료들이 지적한 가치의 우선순위를 서로 비교해 보시오. 그런 다음, 내가 중요하게 생각하는 삶의 가치와 다른 사람이 중요하게 생각하는 삶의 가치가 얼마나 유사하며, 또 만일 서로 많이 다르다면 왜 다른지에 대해 토론해 보시오.

[토론과제 2]

각자 우선시하는 가치 면에서의 유사성이나 혹은 차이가 평소 각자의 행동 스타일 면에서의 유사성이나 혹은 차이를 가져오는데 얼마나 기여했는지에 대해 토론해 보시오.

[토론과제 3]

이처럼 각자가 소중하게 생각하는 가치 면에서의 차이를 어떻게 받아들이면 좋을지에 대해서도 함께 토론해 보시오.

2 태도

어떤 대상에 대해서 선호의 감정을 포함한 마음속 생각을 의미한다는 점에서 가치관과 많은 점에서 유사하면서도 조직행위론에서 전통적으로 많은 관심을 끌어온 주제가 태도라는 개념이다. 태도가 행위와 깊은 상관관계를 가지고 있으리라는 가정은 학자들 사이에서 상당기간 동안 연구되었고, 태도는 행동의 가장 확실한 결정요인의 하나로 언제나 연구의 중심에 자리하고 있었다.

이 절에서는 태도의 개념소개와 함께, 주로 태도와 행위의 관련성과 이와 연계되어 있는 이론들에 대해서 조명하기로 한다. 특히 기업 현장에서 많이 활용이 되고 있는 태도들을 알아보고, 이들과 업무성과와의 관계에 대해서도 살펴볼 것이다.

2.1 태도의 정의

태도(attitude)란 사람이 "어떤 대상에 대하여 비교적 일관되게 호의적 또는 비호의적으로 반응하려는 학습된 소질(素質; predisposition)[8)]"로 정의된다. 예를 들어, '나는 ○○출신은 싫다'라든가, '나는 일단 남자 키가 180cm 이상이 되지 않으면 관심이 없다'는 언급은 그 속에 태도를 담고 있다.

태도를 주요 연구주제로 삼고 있는 사회심리학에서는 전통적으로 태도를 어떤 사람이나 집단, 아이디어, 또는 물건 등과 같은 특정 대상에 대해서 비교적 장시간 지속되는 인지(cognition), 정서(affect) 및 행동경향(behavioral tendency)을 내포하고 있는 개념으로 생각해 왔다. 즉, 태도는 특정 대상에 대한 인지적 요소, 정서적 요소 및 행위적 요소의 세 가지 구성요소로 이루어져 있다는 태도의 3자 구성모형(tripartite model)이 많은 학자들의 지지를 받아왔다.

그러나 최근에 들어서 태도의 3자 구성모형에 대해서 약간의 수정이 가해지고 있다. 즉, 태도를 인지적, 정서적, 행위적 요소의 세 요소로 구성되어 있다는 전통적 시각으로부터, 태도가 무엇으로부터 형성이 되는가에 주목하여 이 세 가지 요소들이 원인으로 작용하여 태도를 형성한다는 생각이 제기되고 있다. 이러한 주장에 따라, 태도를 정서에 기반한 태도, 인지에 기반한 태도, 그리고 행위에 기반한 태도 등 태도를 세 종류로 나누어 설명하고 이론화하려는 시도가 최근에 이루어지고 있다.[9)]

그림 3-2 태도의 3자 구성모형

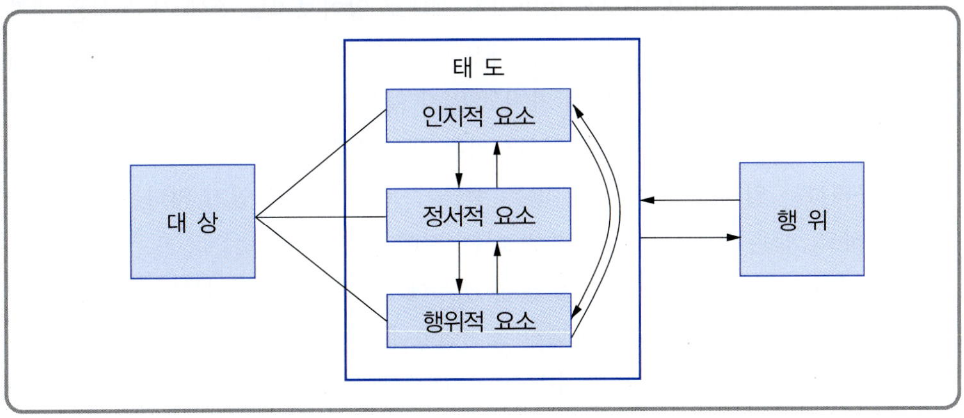

2.2 태도의 종류

(1) 인지에 기반한 태도(cognitively based attitude)

우리는 주로 우리들이 특정 대상에 대해서 알고 있는 사실(facts)에 기반하여 태도를 형성하는 경우가 있다. 이 경우, 특정 대상에 대한 사실들은 선호의 감정을 포함하고 있지 않으며, 개인은 객관적으로 그 대상에 대해서 알고 있는 사실들의 긍정적인 측면과 부정적인 측면을 비교하여 그 대상에 대한 태도를 형성한다. 예를 들어 고가의 벽걸이 TV를 산다고 할 경우에, 많은 사람들이 그저 어떤 TV를 처음 보자마자 호감을 느끼고 바로 구매하기로 결정하지는 않을 것이다. LCD와 LED의 차이점에 대해서도 알아보고, 두께, 소모하는 전력, 상표의 인지도, 고객들의 평가 등 여러 정보들을 모은 다음 특정 브랜드에 대한 태도를 형성하고, 그러한 태도에 근거하여 구매행위를 결정하게 될 것이다.

다른 예로, 어떤 이는 노동조합에 대한 태도를 노동조합활동이 경제에 미치는 영향, 조합원들을 위해 노조가 하는 일들, 노조의 이념적 성향 등에 대한 사실들과 개인의 믿음들을 꼼꼼히 정리한 다음 이들에 대해서 가능하면 감정을 배제한 채 객관적으로 평가하고 그 결과를 종합하여 정할 수 있다.

(2) 정서에 기반한 태도(affectively based attitude)

우리는 또한 어떤 대상에 대해서 제대로 알지도 못하면서 우리의 태도를 정하기도 한다. 백화점에서 이리저리 돌아다니다가 딱 마음에 드는 구두를 보게 되었다. 누구의 디자인인지, 가격은 얼마인지 제대로 알아보기도 전에 사고 싶은 생각이 들었다면, 이것은 정서에 기반한 태도가 된다. 또 한 예로 많은 사람들이 뱀에 대해서 아주 제한적인 정보밖에 가지고 있지 않으면서도 무조건적으로 뱀을 싫어한다. 그리고 그러한 혐오감에 일치시키는 생각까지 만들어낸다. 뱀이 사람을 먼저 공격하는 일이 거의 없으며, 많은 뱀들이 독을 가지고 있지 않다는 사실에도 불구하고, 뱀은 위험하다는 생각을 하는 것이다.

이렇게 정서에 기반한 태도는 많은 경우에 사실에 근거하기보다는 주로 보상 또는 처벌 효과를 갖는 자극에 대한 조건반응에 의한 학습을 통해 형성된다. 어떤 사람이 다른 사람이 역겨워할 수도 있는 메주 띄우는 냄새를 구수하다면서 아주 좋아한다. 그의 말을 들어보니, 시골에 사시는 할머니가 자기를 무척 사랑해주셨는데, 그 할머니 댁에 가면 종종 메주를 띄우는 냄새를 맡고, 자기를 꼭 껴안아주던 할머니에게서도 메주 냄새가 났다는 것이다. 할머니의 사랑이라는 긍정적 자극이 메주 띄우는 냄새를 동반하면서 메주 띄우는 냄새도 좋아지게 되는 것이다.

정서적 요소의 고전적 조건화 과정

첫째 단계 : 할머니의 애정표현(무조건 자극) → 긍정적 감정(무조건 반응)
둘째 단계 : 할머니의 애정표현(무조건 자극) + 메주 띄우는 냄새(중성 자극)
셋째 단계 : 메주 띄우는 냄새(조건 자극) → 긍정적 감정(조건 반응)

앞의 예에서 보듯이, 우리가 어떤 대상에 대해서 정보를 얻고 그 내용을 합리적으로 따져서 형성됐으리라고 여기고 있는 정서적 태도가 사실은 이렇게 고전적 조건화과정을 거친 긴 연쇄적 감정반응들을 통해서 습득된다는 것은 흥미로운 일이다. 우리는 한 번도 본 일도 없고 아는 바도 없는 어떤 대상에 대해 긍정적 또는 부정적 태도를 가질 수 있는 이유가 바로 여기에 있다. 자기가 존경해 마지않는 사람이 자신은 처음 들어보는 인물에 대해서 긍정적으로 언급하는 것만으로도 갑자기 보지도 못한 그 사람이 좋아질 수 있는 것이다.

마찬가지 이유로, 사랑하는 사람과 눈길을 걷다가 사먹었던 군고구마의 맛이 군고구마에 대한 태도를 형성하고, 자신이 좋아하는 여배우가 광고하는 음료수가 그 음료수에 대한 태도를 형성한다. 미국에서 행해진 연구에 따르면, 30%가 넘는 투표자들이 선거후보가 누구인지 꼼꼼히 따져보지 않고, 첫 눈에 호감이 가는 후보자에게 투표한다고 한다.[10] 사정이 이렇다면, 정치에 생각이 있는 사람은 우선 호감이 가는 외모를 갖추는 것이 대단히 중요할 것이다. 미국의 대통령이 되기 위해서는 키가 180cm가 넘지 않으면 안 된다.

이와 함께 알아두어야 할 것은 많은 단어들이 그 속에 감정을 담고 있다는 사실이다. 강하다는 말은 긍정적이지만, 독하다는 말은 부정적이며, 자기주장이 확고하다는 말은 긍정적이지만, 완고하다는 말은 부정적이다. 따라서 어떠한 단어를 쓰느냐에 따라 대상에 대한 정서적 반응이 달라질 수 있음을 인식할 필요가 있다. 이 사실을 직시하고 있던 케네디 대통령은 1962년의 쿠바 미사일 위기 때에 봉쇄(blockade)라는 용어 대신에 격리(quarantine)라는 용어를 사용하였고, 미국의 닉슨 대통령은 1970년 미국 군인들의 캄보디아 진격을 침공(invasion)이라는 단어 대신에 동일한 뜻이면서도 부정적인 정서를 담고 있지 않은 유입(incursion)이라는 용어를 사용한 바 있다. 우리나라 정부에서도 빈부의 격차문제를 거론할 때마다 사용되었던 자본주의 경제라는 용어가 부정적인 정서를 담고 있는 것으로 판단하여, 최근에는 그 대신에 시장경제라는 용어를 사용하고 있다.

■ 그림 3-3 태도의 3자 구성모형의 수정모형

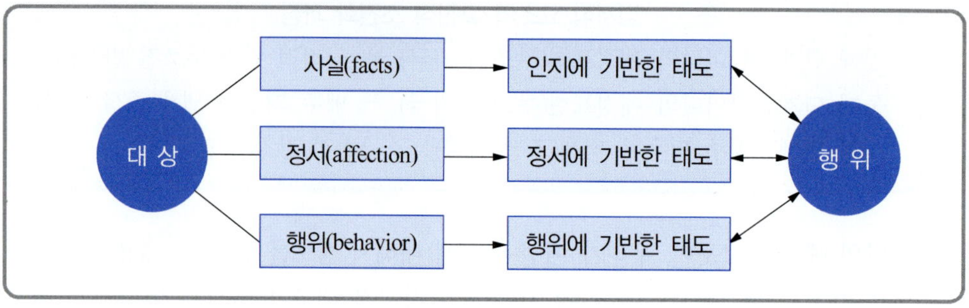

(3) 행위에 기반한 태도(behaviorally based attitude)

태도는 종종 행위에 기반을 두어 형성되기도 한다. 이상하게 들릴지 모르지만, 사람들은 자신이 한 행위를 타인의 입장에서 바라보고, 그로부터 그 행위의 의미를 찾아내기도 한다. 벰(Daryl Bem)이 주장한 자아지각이론(self perception theory)[11]에 따르면, 사람들은 자신들이 어떤 대상에 대해서 취하는 행동을 타인의 입장에서 관찰하기 전에는 그 대상에 대해서 어떻게 느끼는지를 알지 못하는 상황이 존재한다는 것이다. 예를 들어 저녁을 먹은 후에 30분 정도 집 주위를 산책하는 사람이 있다고 하자. 별다른 생각도 하지 않고 소화도 시킬 겸 걷던 것이 습관이 된 것인데, 지나가던 이웃이 물었다. '걷는 것 좋아하세요?' 예기치 않은 갑작스러운 질문에 잠시 어물거리다가 '뭐, 좋아하는 것 같아요. 좋아하지 않으면, 이렇게 매일 산보를 나오겠습니까?'라고 대답했다. 이렇게 별다른 의식도 하지 않은 채 취하고 있는 행동에서 유추해내는 태도를 행위에 기반한 태도라고 한다. 행위에 기반한 태도는 두 가지 상황에서 형성된다.

첫째, 대상에 대한 태도가 처음부터 분명하지 않은 경우이다. 산보를 좋아하는지 싫어하는지에 대한 의식이 불분명한 상황에서 행위에 기반한 태도가 이루어진다.

둘째 조건은 자신의 행위에 대한 또 다른 이유를 찾아볼 수 없을 때 발생한다. 산보를 하는 이유를 달리 설명할 수 없을 때, 우리는 우리의 행위로부터 태도를 도출해내는 것이다.

이와 같은 논의를 바탕으로 하여 태도의 3자 구성모형을 [그림 3-3]처럼 수정해 볼 수 있을 것이다.

2.3 태도와 행위와의 관계

태도가 조직행위론의 중요한 연구주제가 되었던 주된 이유는 바로 태도와 행동과의 깊은 관련성에 대한 믿음에 있었다. 어떤 대상에 대한 태도가 그 대상에 대한 행동을 결정한다는 것은 상식적으로도 이해가 가는 말일뿐더러, 태도의 정의 속에 특정 대상에 대한 행동경향을 내포하고 있다는 점에서도 그러한 믿음의 이유를 찾아볼 수 있다.

그러나 이러한 믿음에 대한 심각한 도전이 1934년에 보고된 라피어(R. LaPiere) 교수의 연구에 의해 제기되었다.[12] 라피어 교수는 미국에서 인종차별이 극심한 당시에 중국인 부부와 함께 전국을 여행하게 되었는데, 방문하는 호텔이 중국인 부부에 대한 숙박을 거절할지도 모른다는 걱정이 대단했다. 그러나 놀랍게도 251개의 방문 호텔 중에서 단 한 곳에서만 숙박을 거절당했다.

호텔이 보여준 '인종무차별'에 놀란 라피어교수는 그러한 사실에 대해서 재차 확인 작업을 하였다. 자신이 방문했던 호텔에 중국인 부부와 숙박하려고 하는데 받아줄 수 있느냐는 편지를 미리 보내보았던 것이다. 결과는 또 한 차례의 충격이었다. 이번엔 단 한 곳을 제외하고 모두 거절의 뜻을 보냈던 것이다. 90%가 넘는 호텔에서 분명한 거절의사를 보내왔으며, 나머지는 편지에 대해서 응답조차 하지 않았던 것이다.

라피어 교수의 연구는 태도와 행동 사이에 밀접한 상관관계가 있으리라는 우리의 상식을 완전히 깨는 것이었고, 그 뒤로 많은 학자들로 하여금 태도와 행동 사이의 관련성에 대한 연구를 시작하게 하는 계기가 되었다. 그러나 연구결과가 쌓여갈수록 태도와 행동 사이의 관계는 더욱 불분명한 것이 되어갔다. 일부 연구는 둘 사이에 높은 상관관계가 있음을 보여주는 데 반해, 일부 연구는 아무런 관계도 없음을 보고했다. 이러한 다양한 연구결과를 앞에 두고 연구자들은 다음으로 둘 사이의 관계에 영향을 미치는 변수들에 대한 연구를 시작했다.

그 결과로 1975년에 피시바인(M. Fishbein)과 애이즌(I. Ajzen)이 제시한 계획적 행위이론(the theory of planned behavior)[13]이 제시되었다. 이 이론에 따르면, 어떤 대상에 대한 행위를 가장 잘 예측해줄 수 있는 것은 행위의도(behavioral intention)인데, 의도는 구체적인 대상에 대한 태도, 주관적 규범(subjective norm), 그리고 지각된 행위 통제력 등 세 가지에 의해서 결정된다는 것이다.

먼저 이 모형은 행위에 대한 최선의 예측치인 의도는 대상에 대한 일반적 태도가 아니라 구체적인 태도에 의해서 영향을 받는다는 점을 분명히 한다. 라피어교수가 중국인 부부라는 일반적인 표현 대신에, 깨끗한 옷을 입은 중국인 교수 부부

그림 3-4 계획적 행위이론

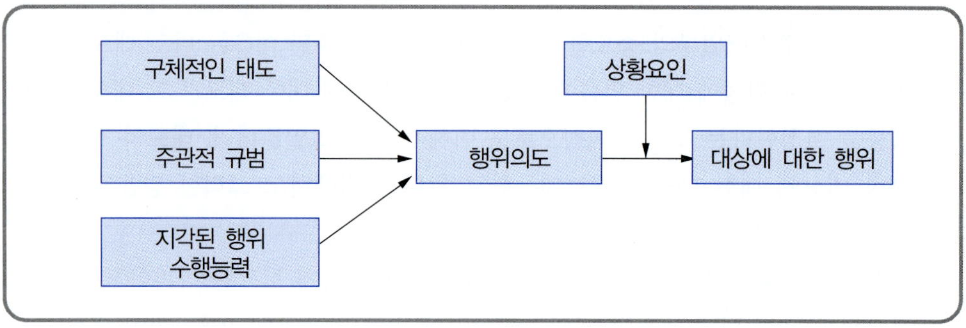

자료: Ajzen, I.(1985), From Intentions to Actions: A Theory of Planned Behavior. In J. Kuhl & J. Beckmann (Eds.), *Action Control: From Cognition to Behavior*(pp. 11-29). Heidelberg, Germany: Springer-Verlag.

라고 명시했다면 훨씬 태도와 행동 사이의 관련성이 높았을 것이라는 것이다. ○○출신이 아니라, 그곳에서 고등학교를 나온 사람으로 특정한다면, 태도는 더욱 분명해질 것이다.

행위의도는 대상에 대한 구체적인 태도 이외에 주관적 규범에 의해서도 영향을 받는다. 주관적 규범이란 행위자 자신이 관심을 가지고 있는 주위 사람들이 행위자의 행위를 어떻게 생각할 것인지에 대한 믿음을 의미한다. 예컨대 A는 ○○출신을 경멸하지만, 자기 주위사람들이 그러한 자신의 행위를 좋지 않게 볼 것이라고 생각하기 때문에, 경멸적인 행위의도가 낮아지게 되고, 결과적으로 경멸적인 행위를 하지 않게 된다는 설명이다. 그러나 같은 경멸적 태도를 가지고 있는 사람들과 어울려 있다면, 아마도 경멸적인 행위의도는 높아질 것이고, 따라서 상대방에게 경멸적인 행위를 행할 가능성이 커지게 된다.

주관적 규범과 관련하여 하나 더 지적할 것은 주관적 규범과 자신의 태도가 상반될 경우, 태도와 행동과의 관계는 태도와 관련된 행동이 자아개념에서 중심적인 위치를 차지할수록 더 밀접하게 나타난다는 것이다.[14] 예컨대 A가 마음에 들고 A가 자기 인생에서 중심을 차지하고 있는 인물이라면 주위에서 어떻게 생각하든지, 그것이 주는 압박감을 이겨내고 A를 계속 좋아하게 되는 것이다. ○○출신에 대해서 공공연히 혐오를 드러내는 사람이라면, 그 혐오감이 그 사람의 정체성에서 대단히 중요한 위치를 점한다는 말이겠다.

마지막으로 자신의 행위에 대한 수행능력을 얼마나 가지고 있느냐에 대한 지각이 행위의도에 영향을 미칠 수 있다. 행위자가 자신의 행위에 대한 수행능력을 가지고 있지 못하다고 지각하면 할수록 행위의도는 약해진다. 마음에 들지 않는 ○○출신에게 한방 먹이고 싶은데, 자신의 몸이 약해서 그러한 행위를 수행해낼 완력이 없다면 한방 먹이고 싶은 행위의도는 약해지고 마는 것이다.

이 세 가지 요인에 의해 행위의도가 결정되었더라도 행위의도가 곧바로 행위로 이어진다는 보장은 없다. 그것은 바로 상황요인 때문이다. 특정 후보에 대한 호감도, 그리고 주위사람들의 생각과의 일치, 그리고 투표행위의 수행능력(예컨대, 투표권이 있고 투표일에 자유의지에 따라 투표할 수 있음) 등에 따라 특정 후보에게 한 표 던질 의도는 충분히 가지고 있었으나, 친구로부터 투표기간에 휴가 여행을 제안받거나 투표 당일날 뜻하지 않게 교통사고를 당해서 응급실에 실려갈 수 있는 것이다. 마찬가지 이유로, 특정 냉장고에 대한 구매행위를 그 냉장고에 대한 호감도만으로 예측할 수는 없다. 고객이 그 냉장고에 대한 호감도, 그 냉장고를 샀을 때 주위의 반응, 그리고 그 냉장고를 살만한 경제력과 선택권을 가지고 있어야만 그 냉장고를 사려는 의도가 발생하고, 구입하는 날에 구입을 방해하는 요인(예컨대, 영업사원의 불친절)들이 발생하지 않아야만 실제 구매가 이루어진다.

결론적으로, 우리는 특정 대상에 대한 태도만을 가지고 그 특정 대상에 대한 행위를 예측하는 것은 위험한 일이다. 선거결과에 대한 여론조사가 종종 틀리는 것이 그러한 사실을 증명한다.

2.4 인지의 부조화

태도와 관련되어 연구된 주제 중에서 인지부조화(cognitive dissonance)현상[15]의 발견은 기념비적인 사건으로 불린다. 인지부조화는 둘, 또는 그 이상의 태도 사이, 또는 자신의 행위와 태도 사이에 불일치가 존재하는 현상을 뜻하는데, 인지부조화 이론에 따르면, 사람들은 인지부조화를 지각하게 되면 불편한 긴장상태를 경험하게 되고, 따라서 이를 줄이려는 동기부여가 일어난다는 것이다.

예를 하나 들어보자. 변변한 넥타이 하나 없는 남자 친구를 위해서 다가오는 생일선물로 멋진 넥타이 하나를 선물하기로 했다. 그런데 마음에 드는 넥타이가 예상외로 값이 비쌌다. 사고 싶은 멋진 넥타이라는 인지와 너무 비싸다는 인지 사이에 불일치가 존재하면서 이 여자 친구는 인지부조화를 경험한다. 두 인지 사이의 부조화를 줄이기 위해서 여자 친구는 넥타이가 멋지다는 인지의 중요성을 더욱 강조하고 비싼 값이라는 인지의 중요성을 줄이려는 치열한 인지적 노력을 하게 되고, 마침내 그 넥타이를 사기로 결심을 한다. 값을 치르고 그 넥타이를 사면서, 또 한 차례 인지부조화를 경험할 수 있다. 넥타이를 사긴 했지만, 구입행위와 비싼 값이라는 인지 사이의 불일치가 존재하기 때문이다. 여자 친구는 매장을 나오면서 새삼 넥타이를 보니, 처음보다 훨씬 마음에 들어 사기를 잘했다는 생각을 한다.

그렇게 여자 친구는 인지부조화를 줄이는 데 성공을 하는 것이다.

모든 인지부조화가 똑같이 불편한 긴장상태를 유발하는 것은 아니다. 긴장상태를 크게 일으키지 않는 인지부조화가 있는가 하면, 아주 큰 불편함을 안기는 인지부조화도 있다. 연구에 따르면, 인지부조화가 자아이미지(self-image)를 손상시키는 경우에 가장 심각한 인지부조화를 경험하면서, 이를 줄이려는 동기부여도 강하게 나타난다고 한다.[16] 우리는 대부분 자신의 이미지에 대해서 긍정적이다. 자신을 도덕적이며 합리적인 존재로 생각하는 것이다. 그런데 이러한 긍정적인 자아이미지를 손상시킬 만한 인지부조화가 일어나면 그로 인한 불편함이 증가하고, 따라서 인지부조화를 해소하여 긍정적인 자신의 모습을 되찾으려는 다양한 인지적 노력을 하게 된다. 따라서 자아존중감이 높은 사람이 낮은 사람보다 인지부조화를 경험할 가능성이 크다.

지금 A와 B라는 학생이 시험을 치르고 있다. 두 사람에게 아주 중요한 시험이고, 따라서 두 사람은 부정행위라는 유혹으로 심각한 갈등을 겪고 있다. 부정행위는 나쁜 것이지만 매우 중요한 시험이니만큼 부정행위를 해서라도 좋은 점수를 얻고 싶은 것이다. 결국, A는 부정행위를 했고, B는 부정행위를 하지 않았다고 가정을 해보자.

부정행위는 비도덕적인 행위이기 때문에, 그러한 행위를 하게 되면 도덕적이라는 자아이미지가 심각하게 손상을 입게 된다. 따라서 A는 도덕적인 자아이미지와 비도덕적인 부정행위가 초래한 부정적 자아이미지로 인해 인지부조화를 경험하게 된다. 부정행위는 이미 저질러졌기 때문에, A는 부정행위가 도덕적인 행위라는 인지를 바꾸어야만 인지부조화를 줄일 수 있다. 따라서 A는 부정행위가 남들도 많이 저지르는 일반적인 행위로, 생각보다 비도덕적이 아니라는 인지로 바꿔타기를 한다.

이에 비해, B는 자기같이 이성적인 사람이 남들도 흔히 하는 부정행위를 하지 않아 중요한 시험에서 좋지 않은 결과를 얻었다는 데에서 인지부조화를 경험한다. 그러나 부정행위를 하지 않은 행위는 이미 과거의 일이기 때문에 되돌릴 수 없고, 따라서 B는 부정행위가 매우 비도덕적인 행위이기 때문에, 양심적인 자신은 도저히 할 수 없었다는 인지를 강조함으로써 부정행위를 하지 않은 자신의 어리석음을 합리화하게 된다. 우리들이 일상적으로 이야기하는 것처럼 부정행위를 하지 않은 것, 또는 못한 것에 대해서 자기합리화를 하는 것이다.

그 결과, 똑같이 부정행위에 대해서 비도덕적인 행위로 생각하고 고민하던 두 사람은 부정행위를 실제로 저질렀는지의 여부에 따라 그 후로 부정행위의 비도덕성에 대한 인지에서 확연한 차이를 보이게 된다. A는 부정행위에 대한 비도덕성에 대해 전보다 가볍게 생각하게 될 것이고, B는 오히려 부정행위에 대해서 전보다 훨씬 더 큰 혐오감을 느끼게 될 것이다. A는 점점 부정행위에 대해서 양심적인 부담감을 덜 느끼게 될 것이며, 부정행위 전문가가 되어갈 것이다. 반면에, B는 점점 더 부정행위의 해악에 대해서 심각하게 생각할 것이고, 부정행위를 저지르는 A에 대한 혐오감은 날이 갈수록 더욱 깊어질 것이다. 바늘도둑이 소도둑된다는 옛말이 틀린 말이 아니다.

인지부조화와 관련하여 한 가지 지적하고 넘어갈 것이 있다. 우리는 보통 태도가 행위의 원인으로 생각하는데, 인지부조화는 꼭 그렇지 않다는 점을 일깨워준다. 즉, 태도와 행동 사이에 불일치로 인한 인지부조화를 경험하고 있는데, 이미 행위는 저질러져서 다시 돌이킬 수 없는 상황이라면 인지부조화를 어떻게 줄일 수 있을까? 이러한 상황에 처하게 되면 우리는 종종 이미 시행 완료된 행위에 일치하도록 태도를 변화시킴으로써 인지부조화를 줄이는 방법을 취한다. 별로 마음에 들지 않는 직장(태도)에 계속 출근(행위)하고 있다면 인지부조화를 경험한다. 이 인지부조화를 줄이는 방법은 직장을 떠나던가, 그것이 가능하지 않으면 다니는 직장에 애정을 가지는 것의 두 가지가 있을 것이다. 때로는 행위가 태도를 결정하기도 하는 것이다.

2.5 태도와 가치관

태도와 가치관은 좋고 나쁨에 대한 평가 기준을 제공한다는 점에서 공통점이 있는 개념이다. 그러나 태도는 특정 대상이나 상황을 향한 것이고, 가치관은 보다 광범위한 것에 대한 것이라는 점에서 근본적인 차이가 있다. 가치관은 태도에 비해서 마땅함과 옳고 그름에 대해서 더욱 관심을 가지며, 훨씬 포괄적인 개념이다. 또한 가치관이 태도의 형성에 영향을 미칠 수는 있지만, 그 반대는 성립되지 않는다. '모든 인간은 인종이나 종교에 관계없이 평등하게 대우받아야 한다'는 것은 가치관을 이르는 말이지만, '종교에 상관없이 모두 다 좋아한다'는 말은 태도를 표현한 것이다.

한편, 가치관은 태도에 비해서 더욱 안정적이다. 가치관은 비교적 어린 시기에 그 기본꼴이 형성되어 특별한 사건이 벌어지지 않는 한 크게 변하지 않지만, 태도는 대상에 대한 지식이 쌓이고 경험이 늘어가면서 변할 수 있는 가능성이 항상 열려 있다. 백인우월주의자인 부모에 의해서 어릴 때부터 백인 우월의식을 주입받은 사람은 백인우월에 대한 가치관을 형성하고 그러한 가치관을 지속적으로 유지하는 경향이 있지만, 그러한 경험이 없는 대부분의 사람들은 자라면서 특정 인종에 대한 편견을 발달시키더라도, 그러한 편견을 태도의 형태로 가지고 있기 때문에 상황에 따라 변할 수 있는 가능성을 열어놓고 있다.

최근의 여론조사에 따르면 한국인에 대한 일본인의 호감도와 함께 일본인에 대한 우리나라의 호감도도 크게 증가하고 있다가 일본이 2019년 8월에 한국에 대한 수출규제 및 백색국가 제외 방침을 결정하면서, 일본인에 호감도가 다시 크게 떨어지고 있음을 보고하고 있다. 일본에 대한 우리의 태도도 이렇게 상황에 따라 바뀌고 있는 것이다.

2.6 직무 및 조직 관련 태도의 유형

오늘날 경영자들은 두 가지 이유에서 직무 및 조직관련 태도에 대하여 관심을 갖고 있다.

첫째 이유는 조직에서 직무 및 조직관련 태도의 수준을 긍정적인 면에서 높게 유지하는 것이 곧 근로생활의 질 향상이라는 인식에서 비롯한다. 우리 대부분은 하루 24시간 중에서 자는 시간과 먹는 시간, 출퇴근 시간을 빼고 난 나머지 삶의 대부분을 직장에서 일하면서 보낸다. 그러한 직장의 삶이 긍정적이지 못하다면 경영자로서 심각한 도덕적 책임감을 느낄 수 있는 문제인 것이다.

둘째로 경영자는 직무만족을 포함한 조직관련 태도가 조직성과에 영향력을 미친다고 생각한다. 예를 들어 대부분의 경영자들은 직무에 대한 불만족이 일하려는 동기부여를 낮추고, 결과적으로 낮은 생산성, 그리고 높은 결근율과 이직률로 이어진다고 믿고 있다.

첫째 이유에 근거한 연구는 직무 및 조직관련 태도를 종속변수로 보고 이러한 종속변수에 영향을 미치는 선행요인에 초점이 맞춘다. 반면에, 둘째 이유에 근거한 연구는 직무 및 조직관련 태도를 독립변수로 보고 결과변수로 다양한 성과변수를 산정하고 이들의 관계에 관심을 갖는다.

조직구성원들은 조직의 여러 측면에 대해서 무수히 많은 태도를 형성하고 보유할 수 있을 것이다. 조직행위론 연구자들은 그러한 여러 태도들 중에서 주로 세 가지 태도, 즉 직무만족, 직무몰입, 그리고 조직몰입에 관심을 갖고 연구들을 하고 있다.

(1) 직무만족

1) 직무만족의 정의와 측정

직무만족은 국내외에서 조직행위론 분야의 가장 중요한 연구 주제였음에도 불구하고[17] 그 개념에 대한 정의는 학자에 따라 다채롭게 정의되어왔으며, 현재까지도 이를 둘러싼 논의는 지속되고 있다. 최근에 가장 뜨거운 논란 중의 하나는 직무만족(job satisfaction)이 직무에 대한 정서적 반응인지, 아니면 직무에 대한 평가적 판단에 근거한 태도인지에 대한 것이다.[18] 한 연구에 따르면 실제로 이 둘을 각자를 반영하는 설문지로 측정하여 보면 종종 두 사이에 값의 차이가 나기도 한다고 보고하고 있다.[19]

이 두 가지 시각 중에서 많은 학자들은 태도로서의 직무만족을 선호하고 있다. 직무를 태도로 보는 시각에서 조직행위연구에서 가장 널리 사용되고 있는 정의는 로크(E. Locke)의 것으로, 그는 직무만족을 "자신의 직무, 또는 직무경험으로부터 초래되는 유쾌하거나 긍정적인 감정적 상태(a pleasurable or positive emotional state resulting from the appraisal of one's job or job experiences)"라고 정의하였다.[20] 그러니까 높은 수준의 직무만족을 느끼고 있는 사람은 그렇지 않은 사람보다 자신의 직무에 대해서 긍정적인 정서를 가지고 있다고 말할 수 있는 것이다.

직무만족은 조직행위 연구에서 가장 활발한 연구주제였을 뿐만 아니라 조직유효성의 중요한 지표로 오랫동안 사용되어 왔기 때문에, 오래전부터 그 측정도구는 비교적 정교하게 만들어져서 표준화된 형태를 취하고 있다.

직무만족의 측정은 단순평가법(single global rating method)과 합산평가법(summation score method)으로 나눌 수 있다. 단순평가법이란 직무에 대한 전반적인 만족을 물어보는 방식을 취하는데, '전반적으로 당신은 당신의 직무에 대해서 얼마나 만

그림 3-5 직무만족 얼굴표정 척도

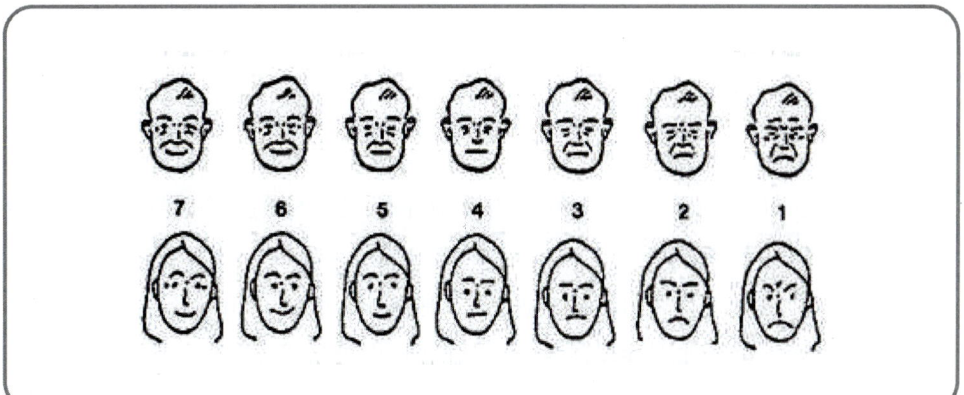

족하는가?'와 같은 질문에 대한 응답으로 직무만족을 측정하는 방법으로, 이의 대표적인 측정도구로는 얼굴표정 척도(faces scale)[21)]가 있다. 이 밖에 단 하나의 질문으로 직무만족을 측정하는 데 따르는 신뢰도의 문제점을 보완하기 위해서 전반적인 직무만족에 대해 복수의 질문을 사용하여 만족도를 측정하는 전반적 직무만족 측정도구도 몇 가지 개발되어 있다.[22)]

이에 반해 합산평가법은 우선 직무를 구성하는 요소들(예를 들어 임금, 승진기회, 동료와의 관계)을 식별한 다음 이들 각각의 요소들에 대한 구성원들의 감정적 평가를 얻어서 이를 합산하는 방식으로 이루어지는 측정방법이다. 이 두 번째 방법의 대표적인 측정도구로는 직무기술지표(Job Descriptive Index: JDI)[23)]와 미네소타 만족설문(Minnesota Satisfaction Questionnaire: MSQ)[24)], 그리고 조직반응지표(Index of Organizational Reactions: IOR)[25)]를 꼽을 수 있다.

이 두 방식 중에 어느 것이 더 타당성이 높은 측정도구인지에 대한 논의도 진행되었다. 언뜻 생각하기에는 좀 더 정교한 모양새를 갖춘 두 번째 방식의 측정도구가 더 높은 타당성을 보여줄 것으로 생각되지만, 이 두 방식의 측정도구 모두가 동일하게 타당성을 가지는 것으로 나타났다.[26)] 그렇지만 합산평가법을 사용하게 되면, 직무의 구성요소들 각자가 직무만족에 어떤 영향을 미치는지를 식별해낼 수 있기 때문에 관리적인 관점에서 더 쓸모가 있다고 할 수 있을 것이다.

2) 직무만족의 선행요인

연구에 의해서 밝혀진 요인들은 대체로 다음의 8가지로 요약할 수 있다. 처음의 6가지는 과거의 연구들이 밝혀낸 전통적인 요인들이고, 나중의 두 개는 최근 연구에서 많이 다루어지고 있는 요인들이다.

① **직무 자체** : 대체로 사람들은 그들의 직무가 도전적이고 내용이 충실하기를 바란다. 매일 하는 일이 단조롭게 반복적으로 이루어지는 것을 좋아할 사람은 별로 없을 것이다.

② **자존감** : 자존감이 높은 사람은 자신의 업무에 대해서도 긍정적으로 생각한다.

③ **보상** : 보상의 절대량과 공정성이 사람들의 직무만족에 중대한 영향을 미친다. 보상은 그 자체로 인간의 여러 가지 욕구를 충족시키는 수단이며, 상징적인 효과도 있기 때문이다.

④ **승진기회** : 승진기회는 직무만족에 다양한 영향을 미친다. 승진에는 다양한 형태가 있고, 승진에 부수되는 보상도 다양하기 때문이다.

⑤ **상사** : 상사의 행위도 직무만족에 영향을 미치는 중요한 요인이다. 이해심이 많고 우호적이며, 부하의 의견에 귀를 기울이는 상사와 같이 일하는 부하의 직무만족은 그렇지 않은 부하직원보다 높을 것이다.

⑥ **작업집단** : 사람들은 일을 통하여 물질적인 보상만을 원하는 것이 아니라, 아울러 동료들과의 관계를 통해 사회적 욕구도 충족하려고 한다. 좋은 동료관계는 직무만족을 높여줄 것이다. 또한, 개인의 직무만족도는 그가 속한 작업집단의 영향을 받기도 한다.

⑦ **작업조건** : 작업장의 청결, 조명, 온도, 소음, 산업재해발생 위험도 등과 같은 작업조건도 직무만족에 영향을 미칠 수 있다.

⑧ **일과 가정의 균형** : 최근 들어서 일과 가정의 균형이 중요해지면서 이것과 직무만족과의 관계에 대한 조명이 집중적으로 이루어졌다. 연구에 따르면, 일과 가정의 균형의 정도가 떨어질수록 직무만족도는 떨어진다.

⑨ **성격** : 최근 들어 직무만족에 대한 또 하나의 중요한 흐름이 성격과 직무만족과의 관계에 대한 조명이다. 연구에 따르면, 성격요인이 다른 상황요인과 관계없이 직무만족의 일정부분을 결정한다고 한다. 즉, 개인마다 성격적으로 같은 대상일지라도 긍정적으로, 또는 부정적으로 보는 성향을 가지고 있다는 것이다.[27)]

3) 직무만족과 성과

직무만족과 성과와의 관계도 많은 관심을 받았다. 특히 직무만족(태도)과 생산성(행위)과의 관계에 대한 연구가 오랫동안 뜨거운 연구주제였는데, 초기의 연구는 인간관계론의 견해가 '행복한 작업자가 생산적인 작업자(A happy worker is a productive worker)'이였던 것처럼 직무만족이 생산성에 직접적인 영향을 미친다는 생각이 계기로 작용하였다.

그러나 연구결과, 예상과는 달리 이 둘 사이의 상관관계는 예상만큼 높지 않은 것으로 나타났다. 1960년대 연구에서는, 직무만족과 생산성 사이에는 정적(+) 상관관계가 존재하기는 하지만 그 상관계수는 0.14 정도로 관계가 약하다고 밝히고 있고[28)], 그 후의 연구들을 추가 검토한 1980년대 연구에서는 그 상관관계를 0.17로 밝히고 있으며[29)], 다시 2001년도에 게재된 한 연구에서는 앞선 연구의 문제점을 수정하고, 미발표된 연구들까지 표본에 넘어 새로 계산한 결과 비교적 준수한 .30의 상관관계 값을 보고하고 있다.[30)] 국내에서 이루어진 한 연구는 직무만족이 작업장 무드에 영향을 미치고, 이 무드가 다시 생산성에 영향을 미친다는 결과를 발표하기도 하였다.[31)]

직무만족과 직무성과 사이의 관계가 기대했던 것보다 낮게 나오는 이유를 직무만족이 태도이고, 직무성과는 행동이기 때문에, 태도와 행위의 관련성에 대한 피시바인과 애이즌의 모형에서 그 실마리를 찾을 수 있을 것이다. 즉, 직무성과와 관련성이 높은 '일을 하려는 의도'는 직무만족이라는 태도와 동료와 주위의 시선, 그리고 행위수행능력 등의 영향을 받기 때문에, 직무만족이 작업행위의 결과인 생산성과 기대만큼 높은 상관관계를 보여주지 못하는지도 모른다.

또, 이 둘 사이에는 여러 가지 조절변수가 있을 수 있음을 지적하는 연구들도 있다. 지금까지 의미있는 조절변수로 제시되고 있는 것은 개인의 양심[32], 자아정체성[33], 자기평가 특질[34], 그리고 직무만족의 복잡성[35] 등이 있다. 특히 직무만족의 복잡성은 정서적 직무만족과 평가적 태도로서의 직무만족 측정값 사이의 차이를 의미하는 것으로, 이 둘 사이의 측정값이 크면 클수록 직무만족과 성과 사이의 관련성이 떨어진다는 연구결과가 발표되고 있다. 또 하나의 조절변수로 직무의 자동화 정도를 들 수 있을 것 같다. 직무가 자동화 정도가 높을수록 직무의 성과는 자동화에 의해서 결정될 가능성이 크기 때문에 직무만족과 직무성과의 관련성이 떨어질 것으로 추측해볼 수 있겠다.

한편, 생산성이 오히려 거꾸로 직무만족에 영향을 미친다는 주장도 제기되었다. 직무를 훌륭하게 수행하게 되면 보다 많은 내재적 보상과 외재적 보상을 받게 되고 이러한 보상이 결과적으로 직무만족 수준을 증가시킨다는 것이다.[36]

읽을거리 3-2

Judge와 동료[37]들은 직무만족과 직무성과 사이에 다음과 같은 일곱 가지의 관계를 가정할 수 있다고 주장한다.

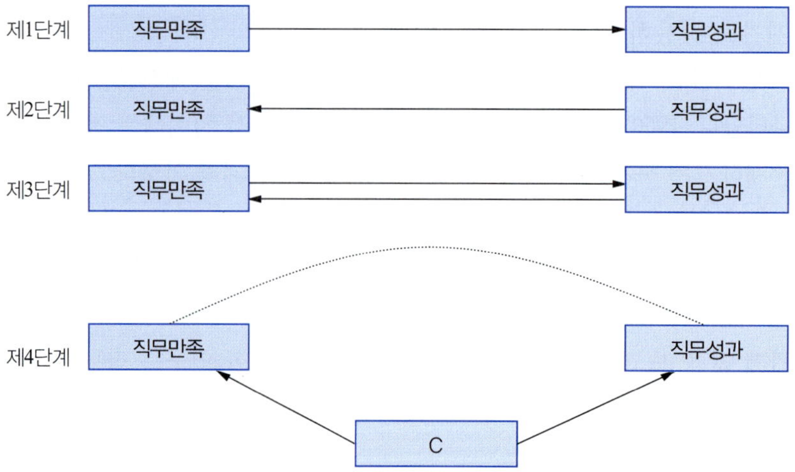

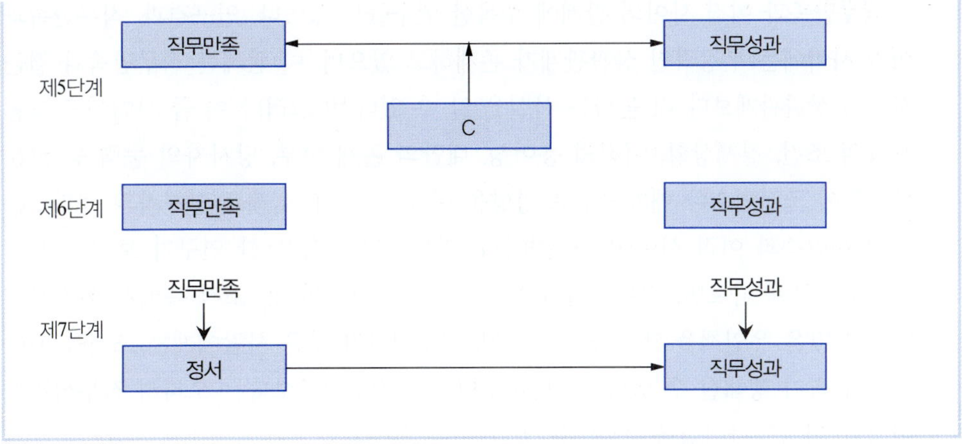

직무만족과 직무성과와의 관계 이외에, 직무만족과 기타 성과변수들 사이의 상호 관련성에 관한 연구도 풍성하게 진행되었다. 조직시민행동(organizational citizenship behavior: OCB)이란 조직에서 공식적으로 부과된 직무 이상으로 수행하는 행동으로, 조직 내에서 다른 사람을 돕는 행동, 다른 사람의 말에 귀를 기울이는 행동, 다른 사람을 위험으로부터 구하는 행동, 그리고 협동심을 앙양하고 인간관계를 강화하는 행동 등을 포함하는데[38], 직무만족은 이러한 조직시민행동과 미약하지만 긍정적인 상관관계를 가지고 있는 것으로 밝혀졌다.[39] 그러나 주목할 만한 점은 직무만족과 조직시민행동 사이의 관계는 조직의 공정성이 지각될 때에만 나타난다는 사실이다.[40] 조직의 공정성은 조직에 대한 신뢰와 관련이 있고, 따라서 직무에 대해서는 만족하더라도, 그것이 조직을 돕는 조직시민행동으로는 이어지지 않는다는 것이다.

직무만족과 결근율 및 이직률과의 관계에 대한 연구도 진행되었다. 직무만족과 결근과의 관계에 대한 초기 연구에서는 상관계수가 보통 −0.40 정도로 일관되게 부정적(−) 관계가 있음이 발견되었다.[41] 그러나 이후의 연구결과는 둘 사이에 약한 수준의 상관관계가 있음을 보고하고 있다.[42] 이는 직무불만족이 높은 구성원이 결근할 가능성이 높긴 하지만, 다른 많은 요인들이 직무만족과 결근의 관계에 영향을 미치기 때문으로 풀이된다. 예를 들어, 상대적으로 낮은 수준의 시간급을 받는 종업원이 직무에 불만족하게 되면 결근하기가 쉽다. 이는 결근에 따른 기회비용의 손실이 상대적으로 적기 때문이다. 또 하나의 흥미로운 예로, 우리나라의 서비스산업에 종사하는 종업원 204명을 대상으로 한 직무불만족과 결근과의 관계 연구에서는 역할갈등, 역할모호성, 역할과중성 등이 직무만족을 떨어뜨리며, 이것이 음주행위로 연결되고 결국 결근에 이르게 된다는 사실이 밝혀진 바 있다.[43]

직무만족과 이직 사이의 관계에 주목한 연구들도 있었다. 연구결과, 직무만족과 이직 사이에는 부정적인 상관관계가 존재하고 있으며, 이 관계는 직무만족과 결근 사이의 상관관계보다 더 높다는 사실을 알 수 있다.[44] 그러나 이 둘 사이에도 노동시장의 조건, 경제상황, 이직의 용이성, 대안의 존재 여부, 당사자의 능력 등 많은 변수들이 조절변수나 매개변수로 영향을 미칠 수 있다. 실제로 당사자의 성과수준이 직무만족과 이직 사이에 조절변수로 작동하고 있음을 한 연구가 보여주고 있다. 이 연구에 따르면, 직무성과가 높은 조직원에 대해서는 조직 측에서 이직하지 않도록 많은 유인책을 제공하는 반면에, 직무성과가 낮은 사람에게는 조직을 떠나라는 압력이 행해질 수 있다는 것이다. 따라서 직무만족보다는 오히려 직무성과가 이직과 더 큰 관련성을 가질 수 있다는 주장이다.[45]

직무만족과 분명한 상관관계를 보여주는 것은 고객만족이다. 이 둘 사이는 강한 긍정적 상관관계를 가지고 있는 것으로 드러나고 있다.[46] 직무만족이 높은 조직원은 고객에게 친절하게 대할 것이라는 기대를 할 수 있을 뿐만 아니라, 감정의 전염

그림 3-6 직무만족의 선행요인과 결과

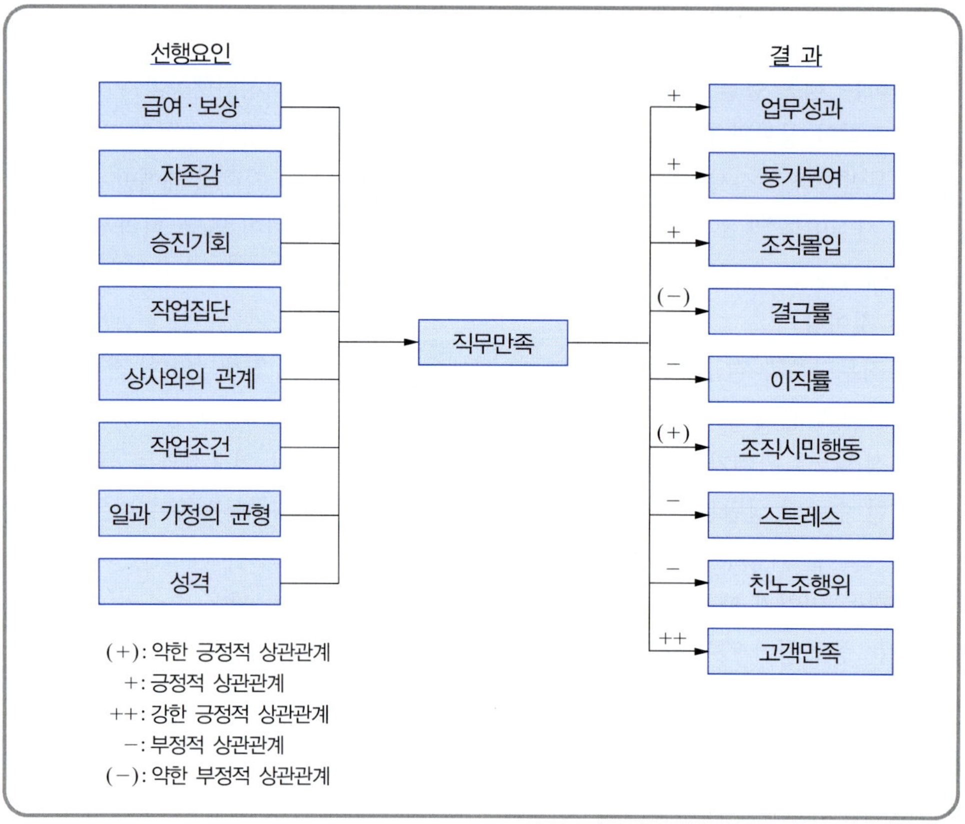

성으로 인해 조직원의 긍정적 감정이 고객에게 전염될 수 있을 것이다. 또한 이 둘 사이는 쌍방향성이다. 조직원의 긍정적 감정이 고객에게 전달되고, 그러한 고객은 다시 긍정적인 감정을 조직원에게 전달해주고, 이것이 다시 조직원의 긍정적 감정과 직무만족을 높여주는 선순환을 일으키게 되는 것이다.[47] 사우스웨스트 항공사의 켈러허 회장이 모든 전략의 시발점을 조직원의 만족에서 찾는다고 말하는 것은 헛말이 아닌 것이다.

그 밖에 직무만족이 경험하는 스트레스 반응을 줄여주고, 스트레스 관리에도 긍정적인 영향을 미친다고 보고되고 있으며, 직무만족이 떨어지는 구성원일수록 노조활동에 더욱 적극적인 것으로 알려지고 있다.

[그림 3-6]은 지금까지의 직무만족과 관련하여 수행된 연구의 결과를 간단하게 요약하여 정리한 것이다.

(2) 조직몰입

조직몰입(organizational commitment)은 조직원이 자기가 속한 조직에 애착을 가지고 자신을 조직에 위탁함으로써, 자기 자신과 조직과 동일시하는 상태를 말한다. 어떤 조직원이 조직의 가치와 목표를 전폭적으로 수용하고, 조직을 위해서 조직이 시키지 않는 일도 기꺼이 수행할 준비가 되어 있으며, 조직에 계속 남아 있고자 하는 욕구를 강하게 지니고 있다면, 그 조직원의 조직몰입도는 높다고 정의한다. 직무만족과 유사한 면이 있으나, 분석 수준이 다르다. 사람들이 자신의 직무에는 만족하지만, 직장에 대하여는 불만족할 수 있고, 반대로 직무에 대하여는 불만족하지만 직장에 대하여는 애착을 가질 수 있기 때문에 직무만족과 조직몰입은 차별화가 가능한 개념인 것이다. 이 개념은 조직헌신, 조직공탁, 조직전념 등으로 번역되기도 한다.

조직몰입은 다음과 같은 세 가지 형태의 몰입으로 구성된다.[48]

① **정서적 몰입**(affective commitment): 이 조직몰입은 조직원이 조직에 대해서 애정을 가지고 있음으로써 나타나는 몰입형태이다. 이러한 몰입은 순수하게 마음에서 우러나오는 조직에 대한 애정이기 때문에 조직을 위해서 헌신하고자 하는 태도와 행위를 이끌어낸다.

② **지속적 몰입**(continuous commitment) : 이 몰입형태는 조직을 떠나면 그에 따르는 부대비용이 조직에 남아 있을 때보다 더 크기 때문에 조직에 계속 남아 있으려는 욕구가 강한 심리적 상태를 반영한다.

③ **규범적 몰입**(normative commitment) : 자기 자신이나 동료들에 대한 의무감

때문에 조직에 남아 있고자 하는 심리상태를 반영하는 몰입형태이다. 자신에 대해 큰 기대를 하고 있는 조직을 떠나기 어려워서 조직에 남기로 마음을 먹는 경우나, 자신이 선택한 직장에 최소한의 책임감을 느껴서 당분간 직장 옮기는 것을 미루는 경우가 이에 해당된다.

조직몰입과 생산성의 관계는 높지는 않지만 긍정적인 상관관계를 가진다. 또한 조직몰입은 결근율과 이직률을 낮춘다는 연구결과가 있다. 하지만, 조직몰입의 세 가지 형태 중 어느 몰입형태인지에 따라 결과가 크게 차이가 나기 때문에, 이 세 형태의 몰입에서 얻는 점수를 합산하여 이를 전체 조직몰입으로 정의하고 연구하는 것은 큰 의미가 없을 수 있다. 한 연구[49)]에 따르면, 정서적 몰입은 과업특성에 대한 인식, 이직의도, 경력만족 등과 같은 결과변수들과 72%의 사례에서 강한 상관관계를 가지는 것으로 조사되었지만, 지속적 몰입은 단지 7%의 경우에서만 상관관계를 가지는 것으로 나타났다. 이러한 연구결과는 지속적 몰입을 계속적으로 몰입의 한 형태로 인정할 것인지에 대해서는 심각한 의문을 던져 준다.

조직몰입은 지난 30~40년간 조직행위론에서 유효성의 단골 성과지표로 활용되었던 개념이고, 이를 측정하는 측정도구도 잘 발달되어 있다. 하지만 현재와 같이 글로벌화의 성숙과 조직합병, 조직들 네트워크화의 진전 등으로 인한 조직환경의 급변과, 인재전쟁으로까지 불리는 조직들 사이의 고급인력의 확보경쟁으로 인한 조직원의 조직 간 횡적 이동이 일상화되고 있는 상황 하에서는 기존 조직원과 조직 사이의 끈끈한 유대관계를 기대하기도 힘들뿐더러, 조직의 유효성을 위해서도 꼭 바람직하지 않을 수 있다. 이러한 흐름을 반영하듯이, 최근에는 조직몰입보다는 직무몰입을 보다 더 중요한 개념으로 받아들이고 있는 추세이다.[50)]

(3) 직무몰입

직무몰입(job involvement)이란 사람들의 종합적 자기이미지에서 자신들의 직무가 차지하는 중요도를 의미하는 개념이다. 즉, 사람들이 자신의 직무를 자신과 동일시하고, 그 직무를 달성한 수준으로 자신의 가치를 평가하는 척도로 여기는 정도를 말한다.

직무몰입은 관여범위에 따라 넓게는 사람들이 자신의 인생에서 일(work)이 중요하다고 생각하는 정도, 좁게는 자신이 현재 수행하고 있는 직무(job)가 인생에서 차지하는 정도, 더 좁게는 현재의 직무환경에서 수행하고 있는 구체적 과업(task)이 자신의 삶에서 얼마나 중요한지의 정도 등 세 수준에서 정의되고 있다. 또한 직무몰입은 ① 직무에 적극적으로 참여하는 정도, ② 직무가 인생에서 차지하는

위치, 그리고 ③ 자신의 가치에서 업무성과가 차지하는 중요성 등의 세 차원으로 구성되어 있다.[51)]

직무몰입의 측정을 위해서는 로달(T. Lodahl)과 케즈너(M. Kejner)에 의해 1965년에 최초로 개발된 20개 항목의 표준설문지[52)]와 카눙고(R. Kanungo)에 의해 1982년에 개발된 10개 항목의 표준설문지[53)]가 널리 사용되고 있다. 로달과 케즈너의 설문지는 현 직무에의 몰입과 전반적인 일의 중요성을 모두 측정하고 있으며, 나중에 개발된 카눙고의 10개 항목 설문지는 사람과 직무(job) 간의 관계에 대한 구체적 신념을 바탕으로 현 직무에 몰입하고 있는 정도를 측정하고 있다.

직무몰입은 지난 시간 동안 앞에서 논의한 조직몰입이나 직무만족에 비해서 연구자들의 관심을 끌지 못한 주제였다. 많지는 않지만, 직무몰입의 선행요인을 조사하는 지금까지의 연구에 의하면 일반적으로 과업정체성, 기능다양성, 피드백, 자율성, 상호작용 촉진과 같은 직무특성이 직무몰입과 긍정적인 상관관계를 가지며, 또한 성취욕구의 충족이나 가치관과 같은 개인 특성이 직무몰입과 긍정적인 상관관계를 갖는 것으로 조사되고 있다. 한편 직무몰입이 영향을 미치는 결과변수의 연구에서는 직무몰입이 직무만족에 직접 또는 간접적으로 영향을 미치고 있음이 보고되고 있다.[54)]

서비스 및 제조업종사자 1,362명을 대상으로 한 국내 연구에서도 기능다양성, 과업정체성, 과업중요성, 자율성, 피드백과 같은 직무특성이 직무몰입에 영향을 미치고, 직무몰입은 다시 직무만족과 조직몰입에 영향을 미치고 있음이 발견되었다.[55)] 연구조직 인력을 대상으로 한 연구에서는 직무몰입이 직무업적에 정적(+) 영향을 미치는데, 기술자(engineer)보다는 과학자(scientist) 표본에서 그러한 영향력이 더 크다는 것이 발견되었다.

표준설문지 3-2 〓 직무 기술지표 (JDI)

다음은 여러분이 수행하고 있는 직무와 관련하여 어떤 태도를 가지고 있는가를 직무자체, 보수, 승진기회, 감독 및 동료직원들의 측면에서 조사하려하려는 것입니다. 다음의 단어들이 여러분의 직무와 관련한 위의 다섯 가지 측면에 대하여 맞게 표현하고 있으면 각 단어의 왼쪽 빈칸에 O표, 그렇지 않으면 X표, 잘 모르겠으면 ?표를 하여 주십시오.

1. 현직무에서의 일

☐ 매력적인	☐ 반복적인*	☐ 만족스러운
☐ 지루한*	☐ 좋은	☐ 창의적인
☐ 존경받는	☐ 힘든*	☐ 즐거운

- [ ] 유용한
- [ ] 의욕을 돋구는
- [ ] 단순한
- [ ] 피곤한*
- [ ] 종일 서서 일하는*
- [ ] 끈임없는*
- [ ] 건강에 좋은
- [ ] 좌절감을 주는*
- [ ] 성취감을 주는

2. **현재의 보수**

- [ ] 정상적 지출에 적절한 소득
- [ ] 월급으로 살기가 너무 빠듯하다*
- [ ] 사치품도 살 수 있을 정도이다
- [ ] 내가 응당 받아야 할 것 보다 적다*
- [ ] 과소 보상이다*
- [ ] 만족할 만한 이윤 분배
- [ ] 나쁜 실정이다*
- [ ] 불안정적이다*
- [ ] 많이 받고 있다

3. **승진기회**

- [ ] 좋은 발전기회
- [ ] 능력에 의한 승진
- [ ] 승진을 위한 좋은 기회
- [ ] 승진이 자주 없다*
- [ ] 승진기회가 제법 많다
- [ ] 기회가 약간 제한되어 있다*
- [ ] 장래성 없는 직무이다*
- [ ] 불공정한 승진정책*
- [ ] 정기적인 승진이 있다

4. **감독 또는 감독자(직속상사)**

- [ ] 나의 조언을 구하는
- [ ] 예의가 없는*
- [ ] 재주가 있는
- [ ] 최신 정보를 잘 알고있는
- [ ] 빨리 화를 내는*
- [ ] 성가시게 구는*
- [ ] 직무에 대하여 잘 아는
- [ ] 지성적인
- [ ] 게으른*
- [ ] 즐겁게 해주기가 힘든*
- [ ] 잘한 일에 대해 칭찬해주는
- [ ] 영향력 있는
- [ ] 충분한 감독을 안하는*
- [ ] 내가 처한 입장을 알려주는
- [ ] 완고한*
- [ ] 나쁜*
- [ ] 나를 스스로 일하게 해주는
- [ ] 필요할 때는 같이 있어주는

5. **동료직원**

- [ ] 자극이 되는
- [ ] 포부가 큰
- [ ] 행동이 빠른
- [ ] 너무 말이 많은*
- [ ] 불쾌한*
- [ ] 편협한*
- [ ] 지루한*
- [ ] 어리석은*
- [ ] 지성적인
- [ ] 빈틈없는
- [ ] 적극적인
- [ ] 충성심 있는
- [ ] 행동이 느린*
- [ ] 책임감 있는
- [ ] 쉽게 적을 만드는*
- [ ] 게으른*
- [ ] 사생활을 침해하는*
- [ ] 만나보기가 어려운*

〈자료원〉 P.C. Smith, L.M. Kendall & C.L. Hulin, 1969. *The Measurement of Satisfaction in Work and Retirement.* Chcago, Ⅲ: Rand McNally. p. 83(* 표시＝부정적 항목, 나머지는 긍정적 항목/ 점수화 : 긍적적 항목에 ○표＝3점, 부정적 항목에 X＝3점, 모든 항목에 ?＝1점, 나머지 조합은 0점)

표준설문지 3-3 조직몰입(organizational commitment)

다음 설문을 주의 깊게 읽고 귀하와 귀하의 직장과의 관계를 개인적으로 가장 잘 나타내는 곳에 V 표시를 하시오.

	매우 그렇다	그렇다	중간이다	아니다	매우 아니다
1. 이 시점에서 나는 내가 원해서라기보다는 어쩔 수 없이 내 직장에 머물고 있다.	☐	☐	☐	☐	☐
2. 내 자신이 내 직장에 속하고 있음을 강하게 느끼고 있다.	☐	☐	☐	☐	☐
3. 나는 일단 이곳에서 일해오고 있었기 때문에, 그만두기가 꺼려진다.	☐	☐	☐	☐	☐
4. 내가 지금 직장을 떠나면 매우 큰 개인적 희생이 따를 것이다.	☐	☐	☐	☐	☐
5. 나는 내가 일하고 있는 직장에 감정적으로 맺어져 있음을 느끼고 있다.	☐	☐	☐	☐	☐
6. 내가 직장을 그만둔다면 사장이 크게 실망할 것이다.	☐	☐	☐	☐	☐
7. 나는 현 직장에 머무르는 것 외의 다른 선택이 없다.	☐	☐	☐	☐	☐
8. 나는 내가 일하는 직장에서 가족의 일원이라는 느낌을 받고 있다.	☐	☐	☐	☐	☐
9. 나는 내 직장에 계속 머물러야 한다는 강한 의무감을 느끼고 있다.	☐	☐	☐	☐	☐
10. 내가 현재 다니는 직장을 떠난다면 내 자체가 크게 무너질 것이다.	☐	☐	☐	☐	☐
11. 나는 내 삶의 남은 기간을 이 직장을 위해 일할 수 있다면 매우 기쁠 것이다.	☐	☐	☐	☐	☐
12. 사람들이 내가 직장을 떠나는 것을 나쁘게 볼 것이기 때문에 직장에 머물러 있다.	☐	☐	☐	☐	☐

〈자료원〉 J.P. Meyer & N.J. Allen, A three-component conceptualization of organizational commitment, *Human Resource Management Review*, 1991, 1, pp. 61-89.
(축약판 : 항목 1, 4, 7, 10 = 근속몰입 ; 항목 2, 5, 8, 11 = 정서적 몰입 ; 항목 3, 6, 9, 12 = 규범적 몰입)

표준설문지 3-4 직무몰입(job involvement)

다음 설문을 주의 깊게 읽고 귀하와 귀하의 일과의 관계를 개인적으로 가장 잘 나타내는 곳에 V 표시를 하시오.

	매우 그렇다	그렇다	중간이다	아니다	매우 아니다
1. 나는 비록 보상은 받지 못하지만 내가 맡은 일은 밤을 새워서라도 끝내고자 한다.	☐	☐	☐	☐	☐

2. 사람들이 자신에게 맡겨진 직무를 얼마나 잘 수행하는가를 봄으로써 그들에 대한 평가를 제대로 할 수 있다. □ □ □ □ □
3. 내 삶의 주된 만족은 내 직무로부터 나온다. □ □ □ □ □
4. 나에게는 아침 작업시간이 정말 빨리 지나간다. □ □ □ □ □
5. 나는 일할 준비를 하기 위해 작업시간 조금 일찍 나간다. □ □ □ □ □
6. 나에게 일어나는 가장 중요한 일은 내 일과 관련이 있다. □ □ □ □ □
7. 나는 가끔 다음날에 할 일응 미리 생각하면서 밤늦게까지 깨어 있다. □ □ □ □ □
8. 나는 정말 내 일에 관해서는 완벽주의자라고 할 수 있다. □ □ □ □ □
9. 나는 내 직무와 관련이 되어 실패에는 절망감을 느낀다. □ □ □ □ □
10. 나는 일보다 더 중요한 다른 활동들이 있다. □ □ □ □ □
11. 나는 내 직무로 살고, 먹고, 숨쉰다. □ □ □ □ □
12. 나는 돈 때문이 아니라도 계속 일할 것이다. □ □ □ □ □
13. 나는 일하러 가지 않고 집에 있었으면 하는 생각을 아주 자주 한다. □ □ □ □ □
14. 나에게 있어서 내가 하는 일은 나라는 존재에서 아주 적은 부분을 차지할 따름이다. □ □ □ □ □
15. 나는 내 일에 개인적으로 단단히 빠져 있다. □ □ □ □ □
16. 나는 내 일에 따르는 추가 의무나 책임을 가능하면 떠맡지 낳으려고 한다. □ □ □ □ □
17. 나는 이전에는 내 일에 대하여 지금보다 야심에 차 있었다. □ □ □ □ □
18. 인생에서 일어나는 일 대부분이 내 직무보다 중요하다. □ □ □ □ □
19. 전에는 내 일을 아주 좋아했으나, 지금은 다른 것들이 더 중요해졌다. □ □ □ □ □
20. 나는 가끔 내 일에서 제대로 해내지 못한 것에 대해 내 자신을 꾸짖고 싶다. □ □ □ □ □

〈자료원〉 T.M. Lodahl & M. Keiner, The Definition and Measurement of Job Involvement. Journal of Applied Psychology. 1965. 49(1). pp. 24-33.(역 코딩 항목 : 10, 13, 14, 16, 17, 18, 19)

2.7 태도가 조직성과에 중요한 이유

사실, 조직 구성원들이 가지는 태도, 즉 자신의 직무나 혹은 자신이 속한 조직과 동료들에 대해 어떠한 태도를 가지는 지 그 자체만으로는 조직의 성과에 심대한 영향을 미친다고 보긴 어렵다. 그렇지만 많은 경우, 조직의 성과는 구성원이 가진 역량과 태도가 결합된 결과이기 쉽다. 특히 고객 접점에서 직접 고객을 상대하는 서비스직 직원들이나 혹은 콜센터 직원들의 경우에는, 이들이 보여주는 태도가 곧 조직의 경쟁력을 좌우하는 실력이자 경쟁력이 될 수 있다. 또 조직내 상위직급으로 갈수록 리더에게 있어 부하직원을 대하는 태도는 그의 전문성이나 업무지식 못지않게 중요한 역량이자 효과적인 리더십 요소가 된다. 따라서 조직은 구성원들의 태도를 자신의 조직과 문화에 적합하도록 평소 잘 관리해 갈 필요가 있다.

일찍이 경영학의 구루(guru)인 피터 드러커(P. Drucker)는 "조직의 우열은 곧 평범한 직원을 데리고 비범한 일을 할 수 있는 지 그 여부에 달려있다"고 강조한 적이 있다. 그만큼 조직 구성원들이 자신의 업무에 임하는 태도를 어떻게 관리해 가는가가 조직의 성과에 중요하다는 뜻일 것이다. 이를테면, 도요타자동차가 자동차 한 대당 투입 조립시간으로 나타나는 노동생산성은 물론, 품질에 대한 완벽주의 면에서 세계 최고 수준의 경쟁력을 유지해 가는 것도, 사실은 직원들이 자신의 혼(魂)을 불어넣는 장인정신, 즉 '모노쯔구리'(ものつくり)의 태도를 갖고 업무에 임하도록 평소 엄청나게 강조하고 교육한 결과라고 할 수 있다.

같은 취지에서, 창업 10여 년 만에 연간 매출 10억 달러를 초과하는 기업으로 성장하여, 최근 아마존(Amazon)에 성공적으로 인수된 온라인 신발판매 기업 재포스(Zappos)는, 조직이 지향하는 가치를 구성원들의 업무태도에 반영하기 위해 <표 3-2>와 같은 내용의 10대 핵심가치를 평소 활발하게 강조한 바 있다. 조직의 공식적인 조직문화에 부합하는 바람직한 구성원의 업무태도를 구체화하여, 이를 평소 조직의 전 업무영역에서 강조해 간 것이다.

한 예로, 재포스에서는 고객에게 감동을 전할 수 있는 'Wow' 경험을 선사하는 업무 태도를 늘 중시한다. 이를 위해서는 생산성이라는 조직효율성 목표만을 늘 강조할 수는 없다. 그래서 재포스의 콜센터 직원은 타 회사들처럼 이들의 업무성과를 파악하기 위해 고객과의 상담시간이나 상담건수를 측정하지 않는다. 효율성을 강조하는 계량적인 성과 목표보다도, 고객이 만족하고 감동하는 효과성 목표가 더 중요하다는 것을 잘 알았던 것이다. 또 이들은 회사의 추가수익을 올리기 위해, 고객의 주문을 받고 상담할 때 애초의 주문 상품과 같이 전달할 다른 제품 판매용 스크립트를 읽고 전하도록 강요하지도 않는다. 그 결과, 조직효율성 관점에서 본다면, 실제로 가장 길었던 고객과의 상담전화는 무려 6시간에 이를 정도로 업무효율성이 떨어지는 경우도 있었지만, 모든 상담원들은 고객의 니즈를 만족시키기 위해 최선을 다하도록 평소 고무되었다. 즉 이들은 고객과 깊은 감정적 유대감을 형성하는 것을 더욱 중요한 목표로 강조하고 있었던 것이다. 결과보다도, 과정에서의 태도 중시가 이 기업의 가치와 성과를 높이는데 결정적으로 기여해 왔던 셈이다.[56)]

표 3-2 재포스(Zappos)사의 10대 핵심가치

1. Deliver WOW through service
   서비스로 '와우' 경험을 선사한다.
2. Embrace and drive change
   변화를 추진하고 적극 수용한다.
3. Create fun and a little weirdness
   재미와 약간의 특이함을 만들어낸다.
4. Be adventurous, creative, and open-minded
   모험적이고 창의적이며 열린 마음을 유지한다.
5. Pursue growth and learning
   성장과 배움을 추구한다.
6. Build open and honest relationship with communication
   소통으로 정직하고 거리낌 없는 관계를 구축한다.
7. Build a positive team and family sprit
   긍정적인 팀 정신과 가족 정신을 조성한다.
8. Do mere with less
   좀 더 적은 자원으로 좀 더 많은 성과를 낸다.
9. Be passionate and determined
   열정적이고 결연한 태도를 지닌다.
10. Be humble
    겸손한 태도를 지닌다.

자료: Zappos' 2010. culture book, 2010

3 정서(Affect)

최근 조직행동 연구 분야에서는 가히 '정서적 (차원의) 혁명'(Affective Revolution)이라고 불릴 정도로 조직을 둘러싸고 발생하는 감정(emotion)이나 무드(mood) 등 정서적 개념에 대한 연구가 크게 일어나고 있다.[57] 사실, 그 이전의 조직행동 분야에서는 감정이나 무드는 극히 소외된 연구주제였다. 그러한 경향은 감정이나 무드가 인간의 비합리적인 측면을 대변하는 개념으로서, 효과적이고 합리적인 의사결정과 조직관리를 위해서는 가급적 그 영향을 배제해야 한다는 이전의 인식과 무관하지 않다. 예컨대, 의사결정이 합리적으로 이루어지기 위해서는 감정을 배제한 채 냉정함을 유지하는 것이 필수적이라는 생각이 지배적이었다. 심지어 리더십 연구도 그러한 인식으로부터 자유롭지 않았다.

하지만 최근에 이루어진 많은 이론 및 실증연구들은 경영관리적인 맥락에서도 감정이나 정서적 측면에 대한 관심이 매우 중요할 수 있음을 강조하면서, 그간의 이러한 인식을 불식시키고 있다. 조직 구성원들이 조직의 안과 밖에서 경험하는 크고 작은 사건들이 구성원들로 하여금 다양한 정서를 경험하게 하고, 그러한 정서적 경험들이 결과적으로 구성원들의 태도와 행동에 영향을 미친다는 정서사건 이론(Affective Event Theory: AET)[58]은 조직관리자들에게 조직관리에서 정서관리의 필요성을 잘 설명하여 준다(그림 3-7 참조). 이러한 연구나 주장과 더불어, 인지(cognition)와 정서 사이에는 불가분의 상관관계가 존재한다는 것이 명백해지면서[59], 감정을 빼어놓고 조직의 합리성을 논하는 것 자체가 의미가 없는 일이 되고 있다.

정서에 대한 연구는 이제 시작단계라고 볼 수 있어서, 현재까지 다른 조직연구 주제들처럼 풍부한 연구결과들을 축적하고 있지는 않다. 하지만 최근 들어 괄목할 만하게 늘기 시작한 긍정적 정서와 정서성, 감성지능, 감정노동, 정서 감염 등 다양한 주제들이 조직구성원의 동기부여나 창의성, 의사결정, 리더십 등, 다양한 연구 주제들과 엮이면서 조직구성원들의 태도 및 행동, 심리적 안녕, 조직성과들에 관한 흥미로운 연구결과들을 내놓고 있다. 이제 이러한 연구결과들을 간단하게나마 살펴볼 차례다.

그림 3-7 정서사건 이론

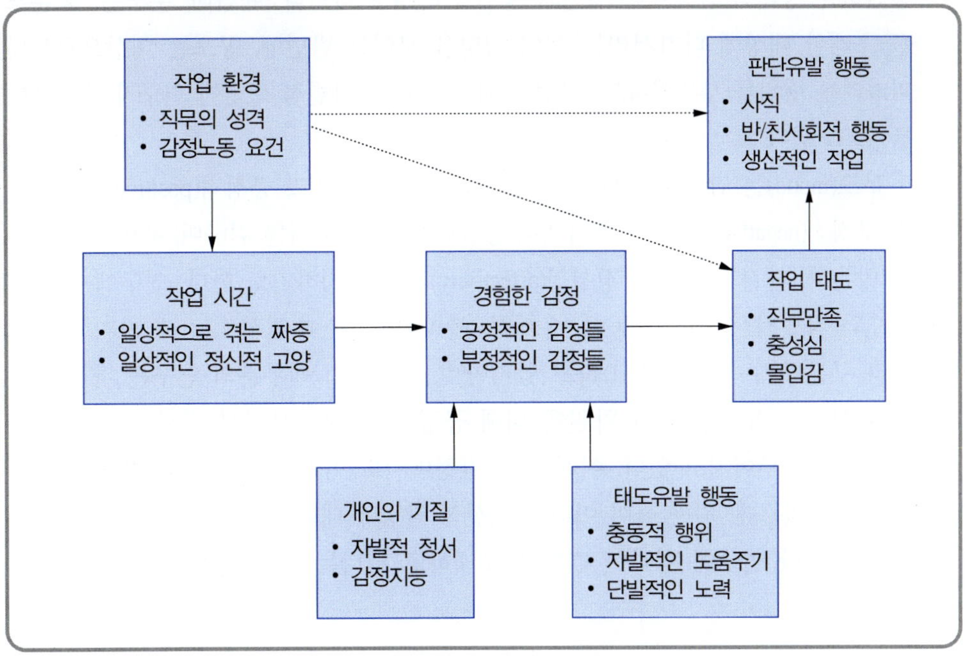

자료원 : Ashkanasky, N. M., and Daus, C. S.(2002).Emotion in the Workplace: The New Challenge for Managers. *Academy of Management Executive*, 16, p.77

3.1. 정서, 감정 및 무드

정서, 또는 감정과 관련된 연구들을 간단히 살펴보기 전에 이와 관련된 용어를 정리하는 작업이 필요하다. 지금까지 이루어진 상당한 연구들이 정서나 감정, 무드 등의 용어들을 구분하지 않고 혼용하여 사용함으로써, 연구자들 사이에 이에 따른 소통의 문제점이 발생하곤 했으나, 최근에는 대부분의 연구자들이 이들 용어에 대한 합의에 도달함으로써 이제는 연구에도 이들의 구분이 비교적 엄격하게 적용되고 있다.

정서(affect)는 개인이 경험하는 느낌(feeling)을 표현하는 가장 포괄적인 개념으로서, 그 속에 감정이나 무드를 포함한다. 즉 정서는 느낌의 우산적 개념이 된다.[60)] 정서는 다시 개인이 그 당시 상황에서 짧은 시간 동안 경험하는 상태적 정서(feeling state)와 개인이 어떤 일정한 방식으로 느끼고 행동하는 상대적으로 안정적인 성향을 의미하는 자질적 정서(feeling traits)로 나뉜다.[61)]

상태적 정서에는 감정(emotion)과 무드(mood)가 포함된다. 감정은 특정한 대상이나 원인으로 인해서 초래되는 것으로, 상대적으로 강하고 짧은 시간 동안 지속되는 정서적 경험이며, 생태적 반응과 일련의 행위를 동반한다.[62)] 기쁨이나 슬픔, 분노나 사랑과 감정들 제각각 그것들을 발생시키는 원인들이 서로 다르기 때문에 이산적 감정(discrete emotion)이라고도 불리는데, 연구에 의하면 각각의 감정들이 동반하는 생태적 반응이나 일련의 행위들도 서로 다르다. 예컨대, 분노는 그 분노를 초래한 대상에 다가서려는 행위 경향을 보이는 반면에, 공포는 대상으로부터 피하려는 행위를 부추긴다.[63)] 감정의 바로 이러한 차별적 측면이 연구자들의 흥미를 끌고 있다.

무드(mood)는 감정과는 대조적으로 좀 더 확산적이고, 긍정적(positive) 무드, 혹은 부정적(negative) 무드와 같이 두루뭉술한 종합적 형태를 취하며, 원인을 특정하지 않는다. 자질적 정서는 정서성(affectivity)으로 지칭하기도 한다. 연구에 따르면, 무드와 자질적 정서는 활동성, 유쾌성, 불확실성 등, 대체적으로 세 가지 차원에 따라 구분될 수 있음을 보고하고 있지만[64)], 지금까지 대부분의 연구는 자질적 정서나 무드를 유쾌성의 한 차원에 의해 긍정적 정서와 부정적 정서의 두 가지로 구분하여 이루어지고 있다. 이에 따라 감정마저도 이러한 연구 흐름을 좇아서 이루어지고 있는데, 최근 들어 이러한 이산적 감정에 대한 단순 추구의 연구 성향은 정서에 대한 연구에 심각한 결함을 초래하고 있다는 주장이 힘을 얻고 있다.

3.2 정서성

지금까지 설명한 '긍정적 정서' 개념을 포함하여, 일반적으로 '정서'(affect) 또는 '감정'(emotion)이라고 할 때 그것은 사람들이 경험하는 상태적 느낌(feeling state)을 지칭하는 개념을 의미한다. 이와는 달리, '정서성'(affectivity)은 사람들이 일정한 방향으로 느낌을 가져가려고 하는 안정적인 성향인 기질적 혹은 자질적 느낌(feeling traits)을 지칭하는 개념이다. 따라서 정서성은 일시적이고 단기적인 상태적 느낌을 지칭하는 것이 아니라, 개인이 보여주는 안정된 기질적 속성으로서의 정서성(dispositional affectivity)을 뜻하는 개념인 것이다.

다시 말하면, 정서성은 사람들이 긍정적인 혹은 부정적인 감정이나 무드를 안정적이면서 또한 지속적으로 경험하는 기본적인 성향을 의미하는 용어로, 성격을 구성하는 한 요인으로 설명되기도 한다. 예를 들어, 어떤 사람이 좋은 상황에서는 말할 것도 없고 상황이 변하여 나빠졌을 때에도 낙관적인 견해를 유지하면서 유쾌함을 잃지 않는다면, 우리는 그를 긍정적 정서성을 가진 사람이라고 말할 수 있는 것이다.[65)]

이러한 정서성 개념은 1980년에 러셀(J. Russell)이 그때까지 제대로 된 정의도 없이 쓰이던 정서성들을 유쾌함의 차원과 활동성 차원의 두 개 차원으로 구성된 원둘레 위에 나열한 원주모형(circumflex model)을 제시하면서 연구의 전기를 맞았다([그림 3-8] 내용 참조).[66)] 이 모형은 그동안 다양하게 정의가 내려져 연구되고 있던 정서성들 사이의 차이와 서로 간의 상대적 위치를 정해줌으로써, 정서성을 연구하고자 하는 학자들 사이에 정서성에 대한 공통언어를 제시해 주었고, 그 결과 정서성 연구들 사이의 비교와 비판이 가능한 발판을 마련해주었다.

이 모형의 가장 큰 공헌은 아마도 긍정적 정서와 부정적 정서가 동일한 차원에 놓인 반대상태가 아니라 서로 독립적인 별개의 차원이라는 점을 제시했다는 점일 것이다. 예를 들어, 행복과 슬픔은 원주 위에서 거의 반대의 위치에 자리하고 있지만, 긍정적 정서와 부정적 정서의 차원에서 보면 서로 독립적인 정서이다. 행복은 유쾌하지만 낮은 활동성을 지닌 느낌이고, 슬픔은 유쾌함이 낮고 활동성도 낮은 느낌이다. 이 두 느낌은 서로 독립적이므로 공존이 가능한데, 예를 들어 사랑하는 사람과 결혼하는 여자는 사랑하는 사람과의 결합에 행복하면서도 자유로운 독신 여성으로서의 삶을 마감한다는 슬픔을 동시에 느낄 수 있는 것이다. 이 두 가지 정서성이 독립적인 개념이라는 주장은 흥미로운 논의를 유발했고, 이를 증명하기 위한 많은 연구와 논의가 이루어졌으며, 그 결과 현재 이 두 정서가 별개의 개념임을 대부분의 연구자들이 받아들이고 있다.[67)]

그림 3-8 정서의 원주모형

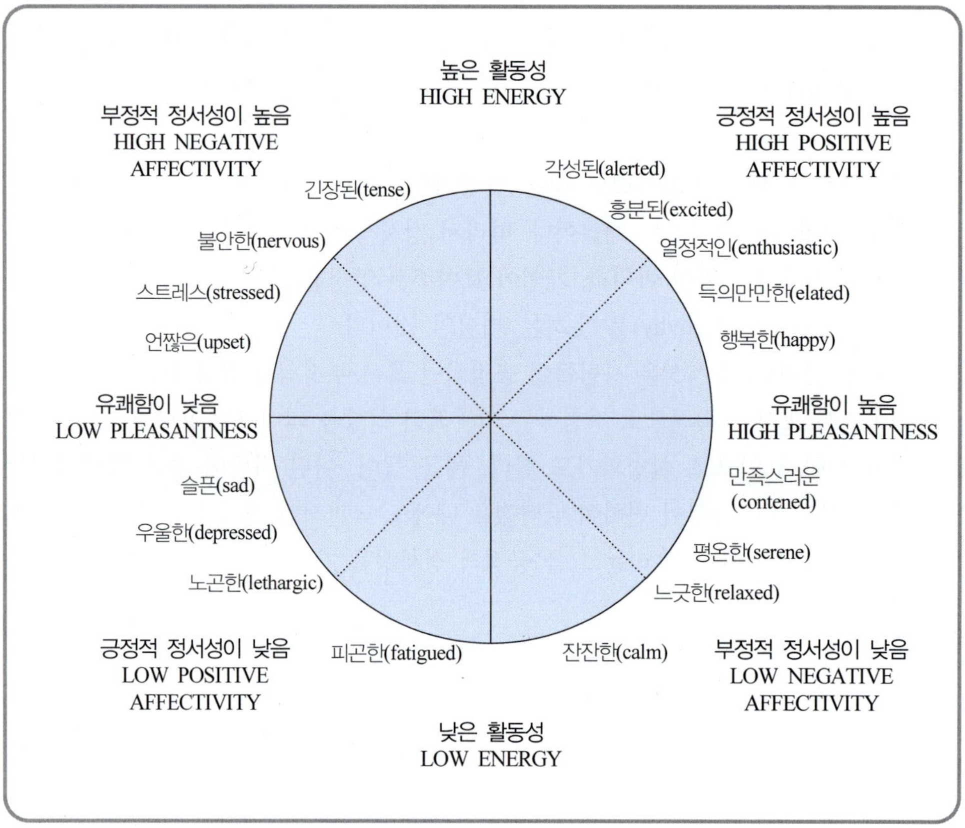

자료: Feldman Barrett, F. & Russell, J. A.(1998), Independence and bipolarity in the structure of current affect, *Journal of Personality and Social Psycbology*, 74, pp. 967-984

정서성은 비슷한 감정과 느낌을 안정적으로 반복하여 경험하는 기질적 성향을 말하는 것이고, 따라서 긍정적 정서성이란 긍정적 정서를 안정적으로 반복하여 경험하는 성향을 일컬으며, 마찬가지로 부정적 정서성이란 부정적인 정서를 안정적으로 반복하여 경험하는 성격적 경향을 의미한다. 즉 우리는 어떤 사람에 대해서 긍정적 정서성이 높은 사람, 또는 부정적 정서성이 높은 사람이라고 평가하여 말할 수 있는 것이다. [그림 3-9]은 대표적인 긍정적 감정과 부정적 감정을 표시하고 있다.

정서에 대한 연구기간이 아직 일천하기 때문이겠지만, 정서성의 원주모형에 나타난 각각에 대한 연구는 현재까지 거의 이루어지지 않고 있으며, 정서성에 관한 연구 대부분은 정서성을 긍정적 정서성과 부정적 정서성의 두 묶음으로 나누고 이 두 정서성의 두 묶음을 중심으로 수행되고 있다. 그 중에서도 2000년대에 들어

그림 3-9 긍정적 감정과 부정적 감정

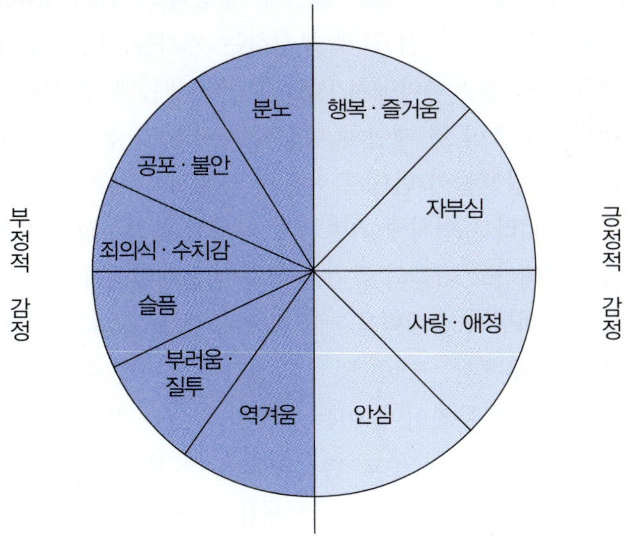

자료: Kreitner, R. & Kinicki, A.(2001), *Organizational Behavior*, 5th Ed., New York: Irwin/McGraw Hill, p. 161.

서면서 불붙기 시작한 긍정심리학의 영향으로, 긍정적 정서성에 대한 연구가 최근 더욱 활발하게 이루어지고 있다. 지금까지의 여러 연구결과들에 따르면, 긍정적 정서성은 직무만족, 업무성과, 창의성, 낙관성, 회복력, 스트레스 관리, 의사결정의 질, 협상의 질, 의사소통 등 조직행동으론 거의 모든 분야에 걸쳐서 긍정적인 영향을 미치고 있는 것으로 확인되고 있다.

3.3 긍정적 정서

최근 조직행동으론 분야에서 정서에 대한 연구 관심이 커지면서 특히 주목되고 있는 한 연구 경향은 조직구성원의 '긍정적 정서'(positive affect)에 초점을 둔 일련의 연구들이 크게 늘어나고 있다는 것이다. 이러한 연구 경향은 무엇보다 최근 심리학 분야에서 제기된 '긍정심리학'(positive psychology)에 대한 관심에 힘입은 바 크다.

긍정심리학은 세계 대전 후에 전쟁에 참여했던 병사들의 외상후증후군을 치료하면서 주목했던 인간의 부정적 측면을 중심으로 전개되어 온 심리학적 연구의 주된 경향을 반성하고, 보통 사람들이 보여주는 강점과 미덕, 그리고 잠재력에 대한 과학적 연구의 필요성을 강조하면서 등장하였다.[68] 이러한 긍정심리학은 조직행동 영역에도 영향을 미쳐서 최근 들어서 '긍정적 조직행동'(positive organizational behavior, 이하 POB) 접근[69]이 크게 부상하는 계기를 제공하였다.

이처럼 조직행동 연구 분야에서 POB 접근이 새롭게 주목되는 이유는, 그간의 연구 경향에서처럼 조직 내 개인의 부정적 측면과 그 문제해결에 주안점을 두고 제안된 여러 관리 방책들이 반드시 이들의 긍정적인 심리와 행동을 산출하는 데 기여했던 것은 아니라는 인식에 기반한다. 따라서 조직구성원의 행동과 태도를 보다 포괄적으로 이해하고 이들의 동기를 이끌어내기 위해서는, 문제가 없는 평범한 구성원의 긍정적 미덕과 잠재력을 제대로 탐구해 볼 필요가 있다는 것이다. 따라서, 최근의 POB 연구에서는 개인 및 조직성과에 기여할 수 있는 조직구성원의 긍정적인 심리적 속성은 무엇이며, 이는 어떠한 과정을 거쳐 실제 성과에 기여하게 되는지를 규명해 보는 것이 주요 연구과제로 제기되고 있다.

이러한 제반 논의들을 배경으로 최근 새롭게 조명을 받고 있는 '긍정적 정서'의 개념은, 원래 '행복'(happiness) 또는 '주관적 안녕'(subjective well-being) 개념의 한 구성요소로 측정되고 연구되어져 왔다. 일찍이 디너(E. Diener)는 '행복'이 지나치게 광범위하고 추상적이어서 엄밀한 과학적 개념으로 활용되기 어렵다고 보고, '행복'의 심리학적 대응 개념으로 '주관적 안녕'을 제안한 바 있다. 이러한 주관적 안녕 개념은, 말하자면 자신의 삶 전반에 관한 주관적 평가를 의미하는데, 구체적으로 인지적 구성요소에 해당하는 자신의 삶에 대한 만족과, 정서적 구성요소인 긍정적 및 부정적 정서 경험으로 구성된다.[70] 즉 긍정적인 정서를 많이 경험하는 대신, 부정적인 정서는 적게 경험하며, 삶에 대한 만족도가 높을수록 주관적 안녕 곧 행복의 수준이 높아진다고 보는 것이다.

이러한 행복은 흔히 개인의 성공에 영향을 미치는 한 요인으로 지목되어 왔다. 물론, 그 반대로 성공이 행복감을 유발하기도 하지만, 행복은 성공과 병행하는 인간의 여러 적응적 특성인 사회성과 낙관주의, 활력과 이타성 등을 촉진시켜, 결국 결혼과 우정, 수입, 건강, 직무수행과 같은 다양한 영역에서 성공을 유인해내는 쌍방적 인과적 영향력을 갖고 있는 것으로 주장되고 있다.[71] 이처럼 행복의 한 구성요인이자 결정요인이기도 한 긍정적 정서는 여러 면에서 POB 연구를 대변할 수 있는 핵심 개념으로 간주되어 왔다. 먼저, 긍정적 정서는 생래적인 '기질적'(trait-like) 요인이 아니라 '상태적'(state-like) 정서로서, 얼마든지 후천적으로 개발이 가능한 속성이라고 설정한다.

또한 긍정적 정서는 조직행동적인 맥락에서 여러 가지 다양한 성과 차원과 긍정적인 관계를 나타내고 있음이 확인되고 있다. 즉 긍정적 정서가 기쁨, 흥미, 만족

(contentment), 자부심 등과 같이 현상적으로는 다양하게 경험될지라도, 이러한 긍정적 정서의 경험은 개인의 창의성을 높여주고, 스트레스에 대한 반응과 회복을 조절함은 물론, 좌절로부터의 복원력(resilience)을 강화시켜 주며, 작업성과 및 직무만족과도 높은 상관관계를 나타내고 있음이 확인, 주장되고 있다.[72]

긍정적 정서가 어떻게 이러한 바람직한 효과들을 유발하는가와 관련해서 지금까지 여러 가지 대안적 설명들이 제시되어 왔지만, 그 중에서도 '긍정적 정서의 확장-형성 이론'(broaden-and-build theory of positive affect)이 이에 대해 상대적으로 정교한 설명을 해주고 있다.[73] 이 이론에 의하면 부정적 정서는 공포라는 감정은 회피라는 특수 행동을 선택하는 한정적 연결고리를 끌어내는 데 반해서, 긍정적 정서는 개인의 사고와 행동의 연결 폭을 '확장'시켜줌으로써 보다 다양한 연결고리들이 가능하게끔 만들어주고 이를 통해 새로운 경험에 대한 개방성을 증가시켜 새롭고 창의적인 대안을 모색할 수 있도록 도와주게 된다. 또한 평소 긍정적 정서를 많이 경험하는 사람은 낙관적인 성향과 자기 존중감, 그리고 자아 회복력 등이 증가되고, 또 긍정적인 인간관계 형성이나 사회적 지지 등 여러 개인적, 사회적 자원을 많이 '형성', 확보하게 됨으로써, 결과적으로 성공적인 삶을 영위해 갈 가능성이 그만큼 더 커지게 된다고 설명하고 있다.

긍정심리학의 태동으로 일기 시작한 긍정적 정서에 대한 관심은 긍정적 정서에 대한 연구로 이어졌는데, 대부분의 연구 결과는 긍정적이다. 연구에 의하면, 긍정적 정서는 조력행위, 창의성, 작업태도, 작업성과, 협상 및 의사결정의 질, 리더십 효과 등에서 이들과 긍정적인 상관관계를 가지고 있는 것으로 밝혀지고 있다.[74]

그러나, 최근들어 이러한 흐름에 제동을 거는 연구들도 나타나고 있다. 즉 부정적 정서에 대한 연구의 필요성을 역설하는 연구들이다. 이러한 연구들에 따르면, 부정적 정서가 현상을 좀 더 세밀하게 분석하게 만드는 등 문제점을 파악하고 규명하는데 매우 긴요하기 때문에, 창의성이 긍정적인 결과를 얻기 위해서는 부정적 정서가 필요하다는 사실을 보고하고 있고, 상황에 따라서는 부정적 정서가 리더의 출현과 효과적인 리더십의 발휘에 긍정적인 영향을 미친다는 점도 밝히고 있다.[75] 긍정적 정서의 주창자 중의 하나인 프레드릭슨(B. Fredrickson)마저도 집단이 효과적인 의사결정을 내리기 위해서는 적지만 일정 부분의 부정적 정서가 필요함을 보고하고 있다.[76] 앞으로 긍정적 정서와 함께, 부정적 정서에 대한 논의가 조직행위연구에 기름진 연구 텃밭을 제공할 것으로 기대되는 이유다.

3.4 감정노동

감정(emotion)은 그것이 특정의 대상이나 원인에 의해서 촉발되고, 구체적인 반응이나 행동을 유발한다는 점에서 최근 조직행동론에서 특히 관심을 보이고 있는 개념이다. 앞서 설명한 기질적인 차원의 정서 개념과는 달리, 감정은 일시적이고 단기적으로 일어나는 상태적 차원의 느낌이기 때문에 관리가 가능하다는 점도 매력이라고 할 수 있다.

이러한 감정 개념과 관련하여 최근 상당한 관심을 끌고 있는 개념이 바로 '감정노동'(emotional labor)이라는 개념이다. 감정은 속으로 느끼는 내면적 감정(felt emotions)과 겉으로 드러나는 외면적 감정(displayed emotions)으로 나눌 수 있는데, 우리는 실제 조직상황에서 종종 내면적으로 느끼는 감정을 그대로 외면적으로 표현하지 못하도록 요구받게 된다. 예를 들어, 백화점 영업사원은 까다로운 고객을 만나 자기 잘못도 아닌 문제에 대해 계속 용서를 구해야 하는 상황을 맞더라도 힘들다는 표정이나 짜증스러운 감정을 겉으로 드러내서는 안 되도록 요구받고 있다. 그런가 하면, 의사나 간호사는 대개 환자 앞에서 아무런 감정을 드러내지 않아야 한다는 규범을 발달시키고 있어서, 목숨이 위태로운 환자 앞에서도 냉정하고 무표정한 연기를 수행해야 한다.

전체 산업에서 서비스 부문이 차지하는 비중이 날로 확대되어 감에 따라, 이제 다양한 직무 현장에서 이루어지는 감정노동이 해당 조직의 경쟁력을 좌우하는 한 핵심 요인으로 새롭게 주목되고 있다. 그래서 고객과의 서비스 접점을 가지는 거의 모든 조직들은 단순히 사원들의 '몸'과 '머리'만이 아니라, 그들의 '표정'과 '마음'에 대한 전략적 관리를 통해, 고객 만족과 감동을 유인해 내는 경쟁을 치열하게 치르고 있다. 왜냐하면, 이러한 감정노동에 대한 관리는 기존 고객의 반복적인 구매와 긍정적인 구전효과를 유인하고 또 신규 고객을 유치하는 등, 해당 조직으로서는 경쟁우위 확보에 결정적으로 중요할 수 있기 때문이다.

감정노동에 대한 본격적인 연구는 일찍이 사회학자 혹실드(A. Hochschild)로부터 제기되었다.[77] 그녀는 자신이 사례로 삼은 항공기 승무원과 연체금 수금원(bill collectors)의 직무 특성에 대한 분석을 통해, 서비스 분야의 종사자들이 기존의 육체노동이나 정신노동뿐만 아니라, 자신의 고유한 업무의 일부로서 고객들과의 상호작용과정에서 자신의 감정을 통제하고 적절한 감정을 표출하는 또 다른 형태의 노동을 함께 수행하고 있음을 주목하면서, 이처럼 '외적으로 표출되는 표정과 몸짓 연기를 위해 자신의 감정을 관리해 가는' 부분을 '감정노동'(emotional labor)이라 지칭하였다. 그 이후, 이러한 감정노동에 대한 일련의 개념적, 실증적 연구들이

그림 3-10 감정노동을 함께 수행하고 있는 여객기 승무원과 간호사

활발하게 진행되면서, 감정노동은 통상 '대인적 상호작용과정에서 조직이 요구하는 감정을 표현하기 위해 자신의 어조, 표정, 몸짓 등을 조절하려는 노력'으로 정의되고 있다.[78)]

조직의 일정한 감정 표현규범이나 규칙에 직면한 구성원은, 그러한 표현규칙(display rule)이 요구하는 감정과 자신의 원래 감정 간의 차이에 따라 두 가지 종류의 연기전략을 선택할 수 있다. 먼저, 조직이 표현규칙을 통해 요구하는 규범적 감정을 내면화시키고, 이를 자신의 내적 감정으로 동일화시킨 상태에서 감정노동을 수행하는 경우가 있을 수 있다. 이는 바로 '심층연기'(deep acting) 혹은 '심층행동'이다. 이처럼 심층행동을 수행하는 경우에는 조직이 요구하는 규범적 감정과 본인의 내적 감정 사이에 별다른 괴리가 존재하기 않기 때문에 일반적으로 감정적 조화가 이루어질 수 있다. 하지만 조직의 규범적 감정을 내면화하기 위해서는 통상 의도적인 심리적 노력이 많이 수반되어지기 마련이다.[79)]

반면, 사원들은 자신의 내적 감정을 변화시키지 않고 외적인 표현만을 조직이 요구하는 표현규칙에 준하여 행할 수 있다. 속마음은 그렇지 않으면서도, 겉으로만 공손하게 고객을 대하는 경우가 그 한 예로, 이러한 행위를 '표면연기'(surface acting) 혹은 '표면행동'으로 부른다. 이럴 경우, 사원들은 자신의 내적 감정과 조직이 요구하는 규범적 감정 간의 괴리와 충돌로 인해 대개의 경우에 '감정적 부조화'(emotional dissonance)를 경험할 가능성이 높다.[80)]

앞서 지적한 바와 같이, 서비스 부문 조직에서 이루어지는 적절한 감정노동의 수행은 고객의 반복 구매 유도와 구전효과, 서비스 품질에 대한 긍정적인 평가를 이끌어냄으로써 조직의 경쟁력 제고와 성과에 매우 중요할 수 있으며, 여러 연구들이 이를 실제로 입증해 주고 있기도 하다. 또한 감정노동은 해당 직무수행자 개인에게도 여러 면에서 긍정적인 영향을 줄 수 있다. 즉 감정노동의 수행은 고객과

의 상호작용을 보다 예측가능하게 만들어 주어, 사원들로 하여금 적절한 자기 감정조절과 통제를 할 수 있도록 도와줄 수 있다. 또 조직의 규범을 따르는 감정노동을 수행함으로써 성공적으로 직무요구를 충족시켰다는 성취감과 함께, 자기효능감(self-efficacy)의 증진도 기대해볼 수 있다.[81)]

하지만 지금까지 수행된 감정노동에 관련된 또 다른 많은 연구들은 이러한 감정노동 수행이 해당 직무수행자의 심리적 안녕과 정신적 건강에 여러 면에서 부정적일 수 있음을 보여주었다. 특히 감정노동의 수행과정에서 자신의 본연의 감정과, 조직이 요구하는 감정표현이 서로 상충됨으로써 감정부조화(emotional dissonance)를 느끼게 될 경우, 이는 자신이 가식적이고 위선적이라는 느낌과 함께, 그에 따른 자기비하와 냉소주의, 정서적 소진(emotional exhaustion)과 직무불만족의 심화 등 여러 가지 심각한 역기능을 초래할 수 있다는 것이 밝혀졌다.[82)] 바로 이러한 이유로 인해, 일찍이 감정노동의 이러한 양면적 효과는 흔히 '양날의 칼'에 비유되기도 하였다.

앞서 언급했듯이, 감정부조화는 '감정노동 수행 이후, 자신의 순수한 내적 감정과, 조직이 표현규칙을 통하여 요구하는 감정표현내용이 서로 상충할 경우 경험하게 되는 불편한 느낌이나 갈등상태'로서 정의된다. 지금까지의 많은 연구들에 따르면, 감정노동 수행이 직무수행자에게 부정적 영향을 미치도록 결정하는 데 있어서는, 단순히 감정노동의 빈도나 지속 정도와 같은 양적인 차원이 중요한 것이 아니라, 직무수행자가 감정노동의 수행과정에서 감정부조화를 경험했는지의 여부와 같은 질적인 차원이 더 중요한 전제 조건이 된다는 사실이 반복적으로 재확인되고 있다.[83)] 이는 결국, 감정노동의 수행 그 자체보다는, 감정부조화의 경험 여부가 감정노동의 여러 부정적인 심리적 결과를 초래하는 핵심 관건이 된다는 것을 시사해준다.

감정부조화가 감정노동 수행자의 심리적 안녕과 건강, 그리고 관련 직무태도 형성에 부정적인 영향을 미치는 이유에 대해서는 다음과 같은 논의들이 제기되어 왔다. 우선, 감정노동 수행자가 감정부조화를 경험할 경우, 그에 따라 이중성(duplicity)과 비진정성(in-authenticity)의 느낌이 수반될 가능성이 크다는 점을 들 수 있다. 즉 자신이 경험하지 않은 감정을 억지로 표현하는 표면행동을 수행함으로써 오는 감정부조화는, 곧 스스로를 속이고 있다는 이중적이고 위선적인 느낌을 주게 되기 쉽고, 이는 자기비하는 물론, 자신과 타인에 대한 냉소주의적 태도로 연결될 수 있다는 것이다.[84)]

아울러 인지부조화이론의 논지를 적용하면, 자신이 느끼지 않는 감정을 억지로 표현하거나 혹은 자신이 느끼는 정서를 제대로 표현하지 못함으로써 오는 불편한 느낌인 감정부조화는 일반적으로 그러한 감정상황이 자신의 자아 개념이나 자신의 정체성을 훼손한다고 생각되어질 경우 특히 더 심해질 수 있다는 추론이 가능하다.[85)]

3.5 감성지능

최근 들어 조직구성원의 감성지능(emotional intelligence)에 관한 연구관심 또한 크게 증대되고 있다. 이는 보다 유연하고 네트워크적인 조직관리의 필요성이 커지고 있는 조직 내·외 환경의 변화에 따라, 과거와는 달리 과업수행과 문제해결을 위해 단순히 기술적 역량만이 아니라 대인관계적인 역량이 많이 요구되고 있는 추세와 무관치 않을 것이다. 아울러 서비스산업이 차지하는 비중이 날로 커짐에 따라 고객접점을 가지는 산업이 갈수록 확대되고 있고, 또 지식산업화가 가속화됨에 따라 조직구성원의 창의성과 개성의 발휘가 한층 더 강조되고 있는 점도 조직구성원의 감성적인 능력에 대한 관심을 제고시켜 온 중요한 배경이라고 할 것이다.[86)]

이에 따라, 과거 합리적이고 인지적인 접근을 위주로 해왔던 조직행동연구 분야에서도 이제 조직구성원의 감정에 관한 이슈를 더 이상 비합리적인 요소로만 치부하지 않고, 오히려 조직구성원의 직무태도와 행동, 그리고 조직성과에 중요한 영향을 미칠 수 있는 한 요인으로 고려하게 되었는데, 감성지능은 바로 이러한 맥락에서 최근 더욱 주목을 받고 부상하고 있다고 볼 수 있다. 이러한 관심을 반영하듯, 이제 국내 경영학계에서도 감성지능의 역할과 효과를 실증하는 연구들이 조금씩 제기되고 있다.[87)]

감성지능 개념을 처음 제안한 살로비와 메이어(P. Salovey & J. Mayer)는 갑정지능을 '사회적 지능의 한 하위요소로서, 자신과 타인의 감정을 조정(monitoring)하고, 그것들의 차이를 인식하며, 생각과 행동을 위해 감정 정보를 활용할 줄 아는 능력'으로 정의한다.[88)] 일반적인 지능과는 달리, 사람들이 삶의 실제적인 문제들을 적절하고도 훌륭하게 해결해 갈 수 있는 능력을 사회적 지능이라고 본다면, 감성지능은 그러한 사회적 지능 가운데 특히 감정의 이해와 조절, 그리고 활용과 관련한 능력에 초점을 둔 개념이라고 볼 수 있다. 이러한 감성지능 개념은 그 후 골맨(D. Goleman)에 의해 더 구체화되고 또 대중화되었다.[89)] 그에 따르면, 감성지능은 자신의 감정을 신속하게 인식하고 알아차리는 자기감정인식, 자신의 감정을 적절하게 관리하고 조절할 줄 아는 자기감정조절, 어려움을 이겨내고 자신의 성취를 위해 스스로 동기화해 가는 자기동기부여, 타인의 감정을 느끼고 이해하는 감정이입,

타인의 감정에 적절하게 대처할 수 있고 또 상대방과 원활하게 소통하고 상호작용하게끔 해주는 대인관계기술 등의 내용을 갖는다. 그는 이러한 감성지능이 성인들의 직장생활에서의 성공을 효과적으로 예측해 줄 수 있는 지표가 될 수 있으며, 이런 점에서 조직구성원의 감성지능을 개발하기 위한 적절한 교육과 관리를 시행하는 것이 매우 중요할 수 있음을 강조하였다.

이러한 감성지능 개념을 구성하는 하위영역이나 하위차원과 관련해서도 그간 많은 논의가 제기되어 왔다. 여러 연구들에 따르면, 비록 감성지능에 관한 정의와 모형이 논자에 따라 다양하긴 했지만, 이들의 논의에서는 감정의 지각, 이해, 조절, 활용이라는 4가지 차원이 거의 공통적으로 등장한다는 사실이 지적되었다.[90] 이에 따르면, 감성지능의 첫 번째 차원은 자기감정인식(self-emotion appraisal: SEA)이다. 이는 자신의 감정에 대한 지각 및 평가, 그리고 표현능력을 나타낸다. 두 번째 차원은 타인감정인식(others emotion appraisal: OEA)으로서, 이는 다른 사람의 감정에 대한 인식과 이해능력을 의미한다. 세 번째 차원인 자기감정조절(regulation of emotion: ROE)은 자신의 감정에 대한 조절 능력을 나타내는데, 당면한 심리적 고통과 좌절로부터 신속하게 회복할 수 있도록 자신의 감정을 조절하는 개인의 능력과 관련된다. 마지막 네 번째 차원은 자기감정활용(use of emotion: UOE)으로서, 건설적인 활동과 개인의 성과달성을 지향할 수 있도록 자신의 감정을 활용해가는 능력을 의미한다.

감성지능이 수행하는 역할과 기능에 대해서는 지금까지도 많은 논란이 제기되고 있다. 하지만 감성지능이 개인 및 조직성과에 미치는 긍정적 영향에 대해서는 지금까지 상당한 증거들이 축적되어 왔다. 우선, 감성지능이 높은 개인일수록 조직 내 변화에 대한 수용성과 적응성이 더 우수하다는 연구결과가 제시된 바 있다. 또 집단수준의 성과와 관련해서도, 감성지능이 높은 개인들은 그렇지 않은 사람들보다 응집력이 높고 팀 분위기를 더 신속하게 형성할 수 있어서, 특히 팀의 초기 성과가 더 높게 나타난 것으로 보고되었다. 따라서 집단의 감성지능을 향상시키면 구성원의 참여와 협력, 응집성을 높일 수 있어서, 집단의 창의성과 생산성 증대에 크게 기여할 수 있다는 주장도 제기되었다.[91]

또한 감성지능은 특히 리더십 효과성과 관련하여 많은 연구결과를 낳고 있다. 우선, 부하직원들의 마음을 잘 읽어내는 것을 하나의 특징으로 하고 있는 변혁적 리더십(transformational leadership)은 그 개념상 감성지능과 매우 밀접한 연관성을 가지며, 바로 이것이 일반적으로 변혁적 리더십의 효과성이 높게 나타나고 있는 한 이유라는 설명이 제시되었다.[92] 그 밖에도, 감성지능이 높은 리더는 그렇지 않은 리더보다 흥미롭고 열정적인 작업여건을 더 잘 조성해주며, 구성원 상호 간의 관계의 질을 높여 협동과 신뢰의 분위기를 창출하는 한편, 구성원이 창의성을 자각, 발휘할 수 있도록 도움을 주는 등 전반적으로 리더십 효과성이 더 크게 나타난다는 사실이 입증되고 있다.[93)]

감성지능은 이처럼 공식적인 차원의 직무성과에 있어서뿐만 아니라, 비공식적인 성과 차원에서도 상당한 영향을 미친다는 것으로 나타나고 있다. 우선, 감성지능은 이타적 행동이나 조직시민행동과 상당한 관련이 있음이 제기되었는데, 그 이유는 무엇보다 감성지능이 높은 사람일수록 감정이입을 통해 동료의 기분을 더 잘 인식하고 이해해 줄 수 있기 때문이라는 것이다.[94)] 또한, 서비스직에 종사하는 사원일수록 감성지능은 고객과의 상호작용과정에서 더욱 중요한 역할을 할 가능성이 있다. 즉 감성지능이 높은 사원일수록 고객의 마음을 더 잘 헤아려 행동함으로써 서비스의 질이 높아질 수 있고, 이는 고객과 사원의 만족도를 함께 제고시켜서 사원의 긍정적인 감정을 증진시키고, 그 결과 이들의 더 적극적인 이타적 행동을 유발시킬 가능성이 있기 때문이다.

그렇지만 감성지능 개념과 관련해서는 그간 비판적인 의견도 만만치 않게 제기되어 왔다. 이를테면, 감성지능을 구성하는 요인에 여러 가지 성격 특성이 많이 추가되는 등 그간 감성지능의 개념이 점차 확대되는 경향이 있어왔는데, 그 결과 감성지능 개념은 기존의 성격 개념과 큰 차이가 없어졌으며, 어쩌면 그저 '좋은 사람'(good person)의 특징을 단순히 모아놓은 것에 지나지 않는다는 비판을 받으면서 감정지능 개념의 무가치성을 주장하는 의견[95)]도 제기되고 있다. 실제로 성격과 감정지능 측정에 별다른 차이가 나지 않는다고 주장하는 연구들도 나오고 있는 실정이다.[96)]

감정지능의 측정방법에 대해서도 심각한 비판들이 제기되고 있는데, 몇 몇 연구는 감성지능 개념을 단순히 설문지를 통해 자기보고 방법으로 측정하는 방식에 대한 타당성과 신뢰성에 문제가 있음을 보고하고 있다. 이들 근본적인 문제에 감정지능의 개념을 연구 주제로 제기한 메이어와 살로비도 동의하면서, 감정지능에 대한 좀 더 꼼꼼한 정의의 필요성을 제기하는 한편, 자신들이 개발한 측정방법을 사용해줄 것을 제안하고 있다.[97)]

3.6 감정 감염(Emotional Contagion)

정서의 특징 중의 하나가 감염성이다. 국내에서는 큰 관심을 끌고 있지 못하지만 최근에 정서, 또는 감정과 관련하여 핵심적인 연구주제로 자리하고 있는 것이 감정감염이란 현상이다. 감정감염이란 한 개인의 감정과 그와 연관된 행동이 직접적으로 다른 사람에게 유사한 감정과 행동을 경험하도록 촉발하는 현상을 일컫는 것으로, 이러한 현상은 사람이 다른 사람의 표현이나, 말, 자세, 움직임 등을 반사적으로 흉내내고 동기화함으로써 가능해진다.[98] 예컨대, 즐겁게 웃은 친구를 보고 왜 웃는지 영문도 모르면서 자기도 모르게 따라 웃고 있다면, 그 친구의 유쾌한 감정을 자신도 경험하는 감정감염이 발생한 것이다.

우리는 어떤 사건을 경험하고 감정을 느끼면서 그에 따라 연관된 생리적 반응과 일련의 행동들을 보이기도 하지만, 그와 반대로 어떤 생리적 반응이나 행동이 발생했을 때, 그 상황에서 그러한 반응을 발생시킬만한 요인을 찾아서 그 요인을 원인으로 삼아 합당한 감정을 추론해내기도 한다.[99] 즉, 어떤 남자가 자기도 왜 그러는지 잘 모르겠는데, 땀이 나고 심장이 두근거리면서 손이 떨린다면, 상황을 둘러보고 마침 거기에 아름다운 여성이 있음을 발견하는 순간, 자신의 반응이 그 여자 때문에 초래되었다고 인지하고, 그때 느끼는 감정을 사랑이라고 느낀다는 것이다.[100]

그 외에도, 어떤 행동에 의해 발생한 생리적 반응은 그것과 밀접하게 관련된 감정이 존재하고 있어서 자연스레 그러한 감정을 발생시키기도 한다. 웃으면 그에 따른 생리적 반응이 일어나고 그에 따라 유쾌한 감정이 느껴진다는 것이다. 이러한 과정을 통해서 우리가 익히 알고 있듯이 웃으면 즐겁고, 눈물이 나면 슬퍼지는 것이다.

지금까지 알려진 바에 의하면 감정감염은 대체적으로 두 가지 메커니즘을 통해서 발생한다.[101] 하나는 우리 뇌에 있는 거울신경세포, 또는 거울신경세포 체계가 다른 사람의 행동이나 자세를 그대로 흉내내어 따라하도록 함으로써, 타인의 감정 흉내내기가 실제의 감정으로 전환된다는 것이다. 또 다른 감정의 감염 경로는 불확실한 상황에서 광범위하게 발견되는 판단이나 행동의 동조현상이 감정에서도 나타나는 감정의 동조효과다. 그러니까 특히 상황이 불확실한 경우에는 타인의 감정을 목격하고, 그러한 자신도 그러한 감정을 따라서 느끼는 감정적 동조현상이 발생한다는 것이다.

감정감염에 대한 연구는 초기에는 대부분 개인 수준에서 이루어졌지만, 점점 집단수준으로 확대되어 연구되면서, 개인의 감정이 집단의 감정을 결정하는 데 심대한 영향을 미치고 있음을 증명하는 연구들도 나타나고 있고[102], 최근에는 흉내효과가 발생하는 직접대면 상황뿐만 아니라 가상공간에서도 문자를 매개로도 감정감염이 이루어지고 있음을 보여주는 연구들도 제시되고 있다.[103] 이러한 연구들은 감정감염 현상이 집단수준의 감정에 대해서 강력한 설명력을 제공한다는 의미에서, 매우 흥미로운 연구지평을 열어준다. 앞으로 감정감염이 집단수준의 태도나 집단동기부여, 집단의사결정, 집단역학, 의사소통, 리더십 등의 주제들과 연결되면서 기름진 또 하나의 연구 텃밭을 제공해줄 것으로 기대한다.

[후주]

1) Rokeach, M. (1973). *The Nature of Human Values*. New York: Free Press
2) *Ibid.*
3) Schwarz, S. H. & Bilsky, W.(1990). Toward a Theory of the Universal Content and Structure of Values: Extensions and Cross-Cultural Replications, *Journal of Personality and Social Psychology*, May. pp. 878-891.
4) Spranger, E.(1928). *Lebensformen*. 5th Ed. Halle: Max Niemeyer Verlag(영역판: Pigors, P.J. *Types of Man*. New York: Stechert-Hafner, Inc.).
5) Allport, G. W. & Vernon, P. E. (1931). *A Study of Values*. Boston: Houghton Mifflin(Revised 1951 in collaboration with G. Lindzey).
6) Rokeach, M.(1968). *Beliefs, Attitudes, and Values*. San Francisco, CA: Jossey-Bass, Inc. pp. 156-178.
7) Rokeach, M.(1973). *The Nature of Human Values*. New York: Free Press.
8) Fishbein, M. & Ajzen, I.(1975). *Belief, Attitude, Intention and Behavior: An Introduction to Theory and Research*. Reading, Mass: Addison- Wesley. p. 6.
9) Aronson, E., Wilson, T. D., & Akert, R. M.(2013). *Social Psychology*, 8th Ed., New York: Peasrson
10) Redlaw sk, D. P. (2002). Hot Cognition or Cool Consideration? Testing the Effects of Motivated Reasoning on Political Decision Making. *Journal of Politics*, 64, pp. 1021-1044.
11) Bem, D. J.(1972). Self-Perception Theory. In L. Berkowitz (Ed.) *Advances in Experimental Social Psychology*. 6 (pp.1-62). New York: Academy Press
12) LaPiere, R. T.(1934) Attitudes vs. Actions, *Social Forces*. 13, 230-237.
13) Fishbein, M. & Ajzen, I.(1975). *op.cit.*
14) Chang, H., Piliavin, J. A., and Callero, P. L.(1988). Role Identity and Reasoned Action in the Prediction of Repeated Behavior. *Social Psychology Quarterly*, 51, 303-317
15) Festinger, L.(1957). *A Theory of Cognitive Dissonance*. Evanston, Ill: Row-Peterson.
16) Aronson, E., and Mettee, D.(1968). Dishonest Behavior as a function of differential levels of individual self-esteem. *Journal of Personality and Social Psychology*, 59, 121-127; Aronson. E. (1969). The Theory of Cognitive Dissonance: A Current Perspective. In L. Berkowitz(Ed.). *Advances in Experimental Social Psychology*. (vol.4, pp. 1-34) New York: Academic Press;
17) 이영면(2011). 『직무만족 의미와 측정』 경문사
18) Weiss, H. M.(2002) Deconstructing Job Satisfaction Separating Evaluation, Beliefs, and Affective Experiences. *Human Resource Management Review*, 12, 173-194
19) Lavine, H., Thomsen, C. J., Zanna, M. P., and Borgida, E.(1998). On the Primacy of Affect in the determination of Attitudes and Behavior: The Moderating Role of Affective-Cognitive Ambivalence. *Journal of Experimental Social Psychology*, 34, 398-421
20) Locke, E. A.(1976). The nature and causes of job satisfaction. In M.D. Dunnette (Ed.), *Handbook of industrial and organizational psychology* (pp.1297-1349). Chicago: Rand McNally.
21) Kunin, T.(1955). The Construction of a New Type of Attitude Measure, *Personnel Psychology*. 8. pp. 65-78.
22) Brayfield, A. H. & Rothe H. F.(1951). An Index of Job Satisfaction, *Journal of Applied Psychology*. 35, pp. 307-311.
23) Smith, P. C., Kendall, L. M., & Hulin, C. L.(1969). *The Measurement of Satisfaction in Work and Retirement*. Chicago, Ill: Rand McNally.
24) Weiss, D. J., Dawis, R. V., England, G. W., & Loftquist, L. H.(1967). *Manual for the Minnesota Satisfaction Questionnaire* (*Minnesota Studies on Vocational Rehabilitation*, Vol.22. Minneapolis, MN: Industrial Relations Center, Work Adjustment Project, University of Minnesota.
25) Dunham, R. B., Smith, F. J., and Blackburn, R. S.(1977). Validation of the Index of Organizational Reactions with the JDI, the MSQ, and Face Scales, *Academy of Management Journal*, 20, 420-432
26) Robbins, S. P. (2005). *Organizational Behavior*, 11th Ed., Upper Saddle River, N. J.: Pearson Education, Inc.
27) 이에 대한 보다 자세한 논의는 김주엽(2012). 직무만족에 대한 재검토. 『산업과 경영』, 25,

1-17을 참조할 것.
28) Vroom, V. H.(1964). *Work and Motivation*. New York, NY: John Wiley & Sons, Inc. 181-186.
29) Iafaldano, M. T., and Muchinsky, P. M.(1985). Job Satisfaction and Job Performance: A Meta-Analysis. *Psychological Bulletin*, 97, 251-273
30) Judge, T. A., Parker, S., Colbert, A. E., Heller, D., and Ilies, R.(2001). Job Satisfaction: A Cross-Cultural Review. In N. Anderson, D. S. Ones, H. K. Sinangil, and C. Viswesvaran(Eds.), *Handbook of Industrial, Work, and Organizational Psychology* (pp.25-52), Thousand Oaks, CA: Sage
31) 이도화(2000). 만족과 성과 사이의 관계에 대한 재고찰: 작업기분의 매개효과 검증. 『인사조직연구』 8(2). pp. 165-191.
32) Mount, M. K., Harter, J. K., Barrick, M. R., and Collbert, A.(2000 August). Does Job Satisfaction Moderate the Relationship between Conscience Job Satisfaction? Paper presented at the meeting of the *Academy of Management*, Toronto, Ontario Canada.
33) Chang, H., et al.(1988). *op.cit.*
34) Judge, T. A., and Bono J. E.(2001). Relationship of Core Self Evaluations triats - self esteem, generalized Self Efficacy, Locus of Control, and Emotional Stability - with Job Satisfaction and Job Performance: A Meta Analysis. *Journal of Applied Psychology*, 86, 80-92
35) Schleicher, D. J., Watt, J. D., and Greguras, G. J.(2004). Reexamining the Job Satisfaction-Performance Relationship: The Complexity of Attitudes. *Journal of Applied Psychology*, 89, 165-177
36) Porter, L. W. & Lawler, E. E.(1968). *Managerial Attitudes and Performance*. Homewood, IL: Irwin.
37) Judge eat al.(2001). *op.cit.*
38) Smith, C. A., Organ, D. W., & Near, J. P.(1983). *Organizational Citizenship Behavior*: Its Nature and Antecedents. Journal of Applied Psychology. 68, 655-663.
39) LePine, J. A., Erez, A., & Johnson, D. E.(2002). The Nature and Dimensionality of Organizational Citizenship Behavior: A Critical Review and Meta-Analysis. *Journal of Applied Psychology*. Feb., 52-65.
40) Konovsky, M. A. & Organ, D. W.(1996). Dispositional and Contextual Determinants of Organizational Citizenship Behavior, *Journal of Organizational Behavior*. May, 253-256.
41) Vroom, V. H.(1964). *Work and Motivation*. New York, NY: John Wiley & Sons, Inc. pp. 178-180.
42) Robbins, S. P. & Judge, T. A.(2008). *Essentials of Organizational Behavior*, 9th Ed., Upper Saddle River, N. J.: Pearson Education, Inc.
43) 서재현(1997). 직무와 관련된 역할과 조직 내 대인관계가 결근에 미치는 영향에 관한 연구. 『경영학연구』. 26, 633-655.
44) Grif.dents and Correlates of Employee Turnover: Update, Moderator Tests and Implications for the Next Millenium, *Journal of Management*, 26. pp. 479.
45) Carsten, J. M. & Spector, P. E.(1987). Unemployment, Job Satisfaction, and Employee Turnover: A Meta-Analytic Test of the Muchinsky Model, *Journal of Applied Psychology*, August, pp. 374-381.
46) Whitman, D. S., Van Rooy, D. L., & Viswesvaran, C.(2010). Satisfaction, Citizen-ship Behaviors, and Performance in Work Units: A Meta-Analysis of Collective Construct Relations. *Personnel Psychology*, 63, 41-81.
47) Zablah, A. R., Carlson, B. D., Donovan, D. T., Maxham J. G., Brown, T. J.(2916). A Cross-Lagged Test of the Association Between Customer Satisfaction and Employee Job Satisfaction in a Relational Context. *Journal of Applied Psychology*. 101, 743-755
48) Meyer, J. P. & Allen, N. J.(1991). A Three Component Conceptualization of Organizational Commitment, *Human Resource Management Review*, 1, pp. 61-89.
49) Dunham, R. B., Grube, J. A., & Castaneda, M. B.(1994). Organizational Commitment: The Utility of an Integrative Definition, *Journal of Applied Psychology*, 79, pp. 370-380
50) Robbins, S. P., Judge, T. A.(2015). *Organizational Behavior*, 16th Ed., Upper Saddle River, N. J.: Pearson Education, Inc.
51) Saleh, S. D. & Hosek, J.(1976). Job Involvement: Concepts and Measurements, *Academy of Ma-*

nagement Journal. 19. pp. 213-224.
52) Lodahl, T. M. & Kejner, M.(1965) The Definition and Measurement of Job Involvement, *Journal of Applied Psychology*, 49, 24-33.
53) Kanungo, R. N.(1982). Measurement of Job and Work Involvement, *Journal of Applied Psychology*. 67, 341-349.
54) Parasuraman, S. & Alutto, J. A.(1984). Sources and Outcomes of Stress in Organizational Setting: Toward the Development of a Structural Model, *Academy of Management Journal*. 27, 330-350.
55) 이지우(1997). 직무특성과 종업원 태도 사이의 관계에 대한 직무몰입의 매개역할. 『인사·조직연구』 5. 87-122.
56) LG경제연구소(2011), "조직에서 '태도'가 중요한 이유: 평범한 직원으로도 비범한 기업이 될 수 있다", 『LGERI 리포트』, 12-14.
57) Ashkanasy, N. M. & Daus, C. S.(2002). Emotion in the workplace: The new challenge for managers. *Academy of Management Executive*, 16, 76-86
58) *ibid.*
59) Storbeck, J., & Clore, G. L.(2007). On the interdependence of cognition and emotion, *Conition and Emotion*, 21, 1212-1237
60) Watson, D., & Clark, L. A.(1984). Negative affectivity: The disposition to experience negative emotional states. *Psychological Bulletin*, 96, 465-490.
61) Frijda, N. H.(1986). *The emotions. Cambridge*, UK: Cambridge University Press.
62) *ibid.*
63) Izard, C. E.(1977). *Human Emotions*. New York: Plenum Press;
64) Tiedens, L. Z. & Linton, S.(2001). Judgement under emotional certainty and uncertainty: The effect of specific emotions on onformation processing. *Journal of Personality and Social Psychology*, 81, 973-988
65) Watson, D. & Clark, L. A.(1984). Negative Affectivity: the Disposition to experience negative emotional states, *Psychological Bulletin*, 96, 465-490.
66) Russell, J. A.(1980). A Circumplex Model of Affect, *Journal of Personality and Social Psychology*, 39, 1161-1178.
67) 이에 대한 반대의견의 선봉장은 역설적이게도 원주 모형을 제시한 레셀이다.
68) Seligman, M. E. P. , and Csikszenmihalyi, M. C.(2000). Positive Psychology: An Introduction. *American Psychologist*, 55, 5-14
69) Luthans, F.(2002). Positive Orgnizational Behavior: Developing and Managing Psychological Strengths. *Academy of Management Executive*. 16, 57-75
70) Diener, E.(2000). Subjective Well-Being: The Science of Happiness and a Proposal for a National Index. *American Psychologist*. 55, 34-43; 김주엽(2009). 행복: 조직행동의 새로운 지평. 『인적자원개발연구』 12, 123-141
71) Lyubomirsky, S., King, L., and Diener, E.(2005). The Benefits of Frequent Positive Affect: Does Happiness Lead to Success? *Psycholocal Bulletin*. 131, 803-855
72) Diener, E., Oishi, S., and Lucas, R. E.(2003) Personality, Culture, and Subjective Well-Being: Emotional And Cognitive Evaluations Of Life. *Annual Review of Psychology*. 54, 403-425
73) Fredrickson, B. L.(1998). What good are positive emotions? *Review of General Psychology*, 2, 300-319.;Fredrickson, B. L.(2001). The Role of Positive Emotions in Positive Psychology: The Broaden-and-Build Theory of Positive Emotions. *American Psychologist*. 56, 218-226
74) Ibson, A. M.(2001). An Influence of Positive Affect on Decision Making in Complex Situations: Theoretical Issues With Practical Implications. *Journal Of Consumer Psychology*, 11(2), 75-85; WRIGHT, T. A., and CROPANZANO, R.(2004). The Role of Psychological Well-Being in Job Performance: A Fresh Look at an Age-Old Quest. *Organizational Dynamics*, 33, 338-351.
75) Bledow, R., Rosing, K., Frese, M. (2013). A Dynamic Perspective on Affect and Creativity. *Academy of Management Journal*. 56, 432-450; Tiedens, L. Z.(2001). Anger and Advancement Versus Sadness and Subjugation: The Effect of Negative Emotion Expressions on Social Status Conferral. *Journal of Personality and Social Psychology*. 80, 86-94
76) Fredrickson. B. L., and Losada, M. F.(2005). Positive Affect and the Complex Dynamics of Human Flourishing. *American Psychologist*. 60, 678--686
77) Hochschild, A. R.(1983). *The Managed Heart: Commercialization of Human Feeling*. Berkeley,

CA: University of California Press.
78) Grandey, A. A.(2000). Emotional regulation in the workplace: A new way to conceptualize emotional labor. *Journal of Occupational Health Psychology*, 5: 95-110.; Morris, J. A. & Feldman, D. C.(1996). The dimensions, antecedents, and consequences of emotional labor. *Academy of Management Review*, 21: 986-1000.
79) Grandey, A. A.(2003). When the show must go on : Surface and deep acting as determinants of emotional exhaustion and peer-rated service delivery. *Academy of Management Journal*, 46: 86-96.
80) Rafaeli, A. & Sutton, R. I.(1987). The expression of emotion as part of the work role, *Academy of Management Review*, 12: 23-37.; Zapf, D.(2002). Emotion work and psychological well-being: A review of the literature and some conceptual considerations. *Human Resource Management Review*, 12: 237-268.
81) Ashforth, B. E. & Humphrey, R. H.(1993). Emotional labor in service roles: The influence of identity. *Academy of Management Review*, 18: 88-115.; Staw, B. M., Sutton, R. I., & Pelled, L. H.(1994). Employee positive emotion and favorable outcomes at the workplace. *Organization Science*, 5(1): 51-71; Wharton, A. S.(1999), The psychological consequences of emotional labor. In Steinberg, R. J. & Figart, D. M.(Eds.). *The Annuals of the American Academy of Political and Social Science*: 158-176. Thousand Oaks, CA: Sage.
82) Abraham, R.(1998). Emotional dissonance in organizations: Antecedents, consequences and moderators. *Genetic, Social, and General Psychology Monographs*, 124: 229-246.; Heuven, E. & Bakker, A. B.(2003). Emotional dissonance and burnout among cabin attendants. *European Journal of Work and Organizational Psychology*, 12: 81-100; 박상언(2008). 감정표현요구와 감정부조화, 그리고 심리적 반응 간의 관계에 관한 연구, 『인사관리연구』, 32, 25-53. ; 박상언·신다혜(2011). 감정노동과 직장-가정 갈등: 직무소진의 두 영향요인에 대한 실증연구, 『인사조직연구』, 19, 227-266.
83) Van Dijk, P. A. & Kirk-Brown, A.(2006). Emotional labour and negative job outcomes: An evaluation of the mediating role of emotional dissonance. *Journal of Management and Organization*. 12(2): 101-115.
84) Kruml, S. M. & Geddes, D. (2000). Exploring the dimensions of emotional labor: The heart of Hochschild s work. *Management Communication Quarterly*, 14, 8-49; Zapf, D. & Holz, M. (2006), On the positive and negative effects of emotion work in organizations. *European of Work and Organizational Psychology*, 15, 1-28.; 박상언 (2009). 감정부조화의 영향과 그 조절요인에 관한 실증연구, 『경영학연구』, 38(2): 379-405.
85) Ashforth, B. E. & Humphrey, R. H.(1993). Emotional labor in service roles: The influence of identity. *Academy of Management Review*, 18: 88-115; Jansz, J. & Timmers, M.(2002). Emotional dissonance: When the experience of an emotion jeopardizes an individual's identity. *Theory and Psychology*, 12, 79-95.
86) Abraham, R.(1999). Emotional intelligence in organizations: A conceptualization. *Genetic, Social, and General Psychology Monographs*, 125: 209-224.
87) 김상희(2008). 판매원의 감정부조화와 심리적·행동적 반응의 관계: 감성지능과 사회적 지원의 조절효과를 중심으로, 『경영학연구』, 37, 989-1038.; 박상언 · 우정훈(2010). 감정부조화와 감성지능이 서비스직 사원의 비과업행동에 미치는 영향, 『경영학연구』, 39, 963-994.
88) Salovey, P. & Mayer, J. D.(1990). Emotional Intelligence. *Imagination, Cognition, and Personality*, 9, 185-211.
89) Goleman, D.(1995), *Emotional Intelligence*, New York: Bantam.; Goleman, D.(1998), *Working with emotional intelligence*, New York: Bantam.
90) Ciarrochi, J., Chan, A. Y .C. & Caputi, P.(2000). A critical evaluation of the emotional intelligence construct. *Personality and Individual Differences*, 28, 539-561.; Wong, C. & Law, K. S.(2002). The Effects of Leader and Follower Emotional Intelligence on Performance and Attitude: An Exploratory Study. *The Leadership Quarterly*, 13, 243-274.
91) Huy, Q. N.(1999). Emotional capability, emotional intelligence, and radical change. *Academy of Management Review*, 24, 325-345.; Jordan, P. J., Ashkanasy, N. M., Hartel, C. E. J. & Hooper, G. S.(2002). Workgroup emotional intelligence: Scale development and relationships to team process effectiveness and goal focus. *Human Resource Management Review*, 12, 195-214.;

92) Barling, J., Slater, F. & Kelloway, E. K.(2000). Transformational leadership and emotional intelligence: An exploratory study. *Leadership and Organization Development Journal*, 21(3): 157-162.

93) Kerr, R., Garvin, J. Heaton, N. & Boyle, E.(2006). Emotional intelligence and leadership effectiveness. *Leadership and Organization Development Journal*, 27, 265-275.; Zhou, J. & George, J. M. (2003). Awakening employee creativity: The role of leader emotional intelligence. *Leadership Quarterly*, 14, 545-568.

94) Abraham, R.(1999). Emotional intelligence in organizations: A conceptualization. *Genetic, Social, and General Psychology Monographs*, 125: 209-224.; Côté, S. & Miners, C. T. H.(2006). Emotional intelligence, cognitive intelligence, and job performance. *Administrative Science Quarterly*, 51: 1-28.

95) Locke, W. A.(2005). Why Emotional Intelligence is an Invalid Concept. *Journal of Organizational Behavior*. 26, 425–431

96) Conte, J. M.(2005). A review and critique of emotional intelligence measures. *Journal of Organizational Behavior*. 26, 433–440

97) Salovey, P. & Mayer, J. D.(1990). *op.cit.*

98) Hatfield, E., J. Cacioppo, & R. L. Rapson(1993). Emotional contagion. *Current Directions in Psychological Science*, 2, 96-99.

99) Schachter, S. (1964). The interaction of cognitive and physiological determinants of emotional state. In L. Berkowitz(Ed.), *Advances in Experimental social psychology* (vol. 1, pp. 49-80). New York: Academic Press

100) Aronson, E., Wilson, T. D., and Akert, R. M.(2013). *Social Psychology*. 8th Ed., International Edition. Boston: Pearson

101) Brief, A. P. & Weiss, H. M.(2002). Organizational Behavior: Affect in the workplace. *Annual Review of Psychology*, 53: 279-307.

102) Barsade, S, G.(2002). The Ripple Effect: Emotional Contagion and Its Influence on Group Behavior. *Administrative Science Quarterly*, 47, 644-675

103) Chesin, A., Rafaeli, A., & Bos., N.(2011). Anger and happiness in virtual teams: Emotional influences of text and behavior on others affect in the absence of non-verbal cues. *Organizational Behavior and Human Decision Processes*. 116, 2-6

chapter 4

성격과 역량

B형 남자의 성격

- 성급, 단순, 극단, 자기중심적
- 좀 망상적임. 창조적인 직업에 잘 맞는 형
- 제 할 말을 다 하고 살아야 한다.
- 뒤끝은 없으나, 즉흥적인 면이 있어서 남들에게 오해를 삼.
- 특히, 선물을 좋아한다.
- 결단이 빠르다. 질질 끄느 것을 싫어한다.
- 붙임성, 사교성이 뛰어나다.
- 변덕이 심해서 인기가 많거나, 아예 자의로 외골수가 되거나 한다.
- 평소에는 산만한 편이지만, 좋아하는 것 앞에서는 놀라운 집중력을 보여준다.
- 좋아하는 감정을 숨기지 못한다.
- 마음이 가는 대로 행동한다.
- 진짜 좋아하는 사람을 만나기까지 한눈을 많이 판다.
- 의외로 사람들을 세심히 관찰하며 한눈에 파악해낸다.
- 마음만 먹으면 돗자리 까는 타입.
- 대부분 불의를 보면 참지 못한다.
- 평소 떠들썩하다가도 갑자기 조용해지기 때문에 가만히 있으면 사람들이 무서워한다.

조직에서 개인의 행동에 영향을 미치는 가장 기본적인 요인은 성격(personality)이다. 성격은 가치관과 함께 비교적 안정적인 특성을 가지고 있으면서 지속적으로 개인의 행동에 영향을 미친다. 실제로 가치관과 성격적 자질(persnality traits)이 서로 연관되어 있으면서 상대를 강화시키고 있다는 증거는 충분하다.[1]

성격이란 한 개인의 행동 성향들을 설명해주는 비교적 안정적인 행동 유형들과 가치관이나 생각과 같이 일관성을 보여주는 내적 상태를 포함한다.[2] 이렇듯, 성격은 상황의 변화에도 불구하고 비교적 안정적인 행동유형으로 모습을 드러내기 때문에, 우리는 어떤 개인의 성격을 파악함으로써 그 사람의 행동을 예측할 수 있으리라는 기대를 하게 된다. 안정되게 나타나는 행동 유형을 일정한 틀로 구분할 수만 있다면, 우리는 사람을 효과적으로 관리하는 데 있어서 매우 유용한 도구를 얻는 셈이다. 예들 들어, 혈액형 B형의 사람이 보여주는 행동 유형의 타당성만 증명된다면, 우리는 B형의 혈액형을 가진 사람의 행동을 미리 예측할 수 있을 것이고, 따라서 그 사람에게 더 적합한 일이나 경로를 선택하도록 권유할 수 있을 것이다.

성격과 함께 역량(competency)도 개인의 행동, 그 중에서도 특히 성과에 지대한 영향을 미친다. 일의 성과는 그 일에 기울이는 노력과 함께, 그 일을 해낼 수 있는 역량에 크게 좌우될 수 있다. 여기서 말하는 역량은 특정한 기능(skill)을 의미하는 것이 아니라, 기능에 적성(aptitude)을 포함하는 보다 넓은 의미의 개념이다. 역량은 크게 육체적 역량과 정신적 역량으로 구분되는데, 한순간에 폭발적으로 힘을 모을 수 있는 근력이나 장시간 힘으로 버틸 수 있는 근육의 인내력 등을 육체적 역량의 예로 든다면, 정신적 역량으로 대표적인 것이 IQ로 대변되는 지적능력과 EQ로 대변되는 감정능력이다.

이 장에서는 먼저 조직행동에서 주로 연구되어 왔던 성격들을 살펴보고, 그 성격들과 다양한 조직 태도 및 행동 사이의 연결성을 알아본다. 다음으로, 특히 최근에 변화하고 있는 환경의 변화와 관련지어, 현 조직상황에서 조직원들에게 중요하게 요구되고 있는 역량들에 대해서 살펴보기로 한다.

1 성 격

국내에서 성격으로 번역되어 사용되고 있는 퍼스낼리티(personality)라는 말의 어원은 페르소나(persona)라고 하는 용어에서 파생되었다고 한다. 페르소나는 고대

로마시대에 배우들이 화장을 하는 대신에 얼굴에 쓰던 가면을 나타내는 라틴어로서, 원래는 관객들에게 그것을 쓴 배우가 일정한 태도와 행동 유형을 보여줄 것으로 기대하도록 할 목적으로 사용되었다. 그러나 그것은 곧 가면만이 아니라 그것이 함축하고 있는 역할까지 의미하게 되었고, 마침내는 그 역할을 맡은 배우 자신을 의미하는 것으로 확대되었다는 것이다.[3)]

현재에는 퍼스낼리티란 한 개인을 다른 사람과 구별 짓는 그 사람만의 것을 의미하는 것으로 사용되고 있다. 퍼스낼리티, 혹은 성격이란 한 개인에게 독특하게 나타나는 행동, 생각, 감정들의 유형들로서, 그것들이 서로 상호작용하면서 다른 사람이나 상황에 대한 적응을 돕기도 하고 방해도 하는 방식들이다.[4)] 우리들은 이러한 성격을 표현할 때 측정가능한 특질(trait)들을 사용하는데, 그 사람은 내성적이라든가, 그녀는 명랑한 사람이라든가 하는 표현들이 바로 개인들이 보여주는 성격적 특질들이다.

1.1 성격의 형성 – 유전 또는 상황

성격에 대해서 더 논하기 전에 물어야 할 중요한 질문이 있다. 바로 성격은 태생적인 것인가, 아니면 환경의 산물인 것일까 하는 물음이다.

성격의 형성 원인을 둘러싸고 유전인가, 아니면 상황인가를 놓고 논쟁이 지속되어 왔다. 이를 유전-상황, 또는 속성-육성 논쟁(nature-nurture controversy)이라고 하는데, 이 논쟁은 조직행동 분야에서 매우 중요한 의미를 갖는다. 만약, 성격이 상황의 영향을 받지 않고 유전에 의해서만 결정된다면, 조직행동으로서는 성격에 대해서 관리적 의미를 찾기가 어렵다. 직무에 적합한 성격의 사람을 처음부터 잘 선발하고 나면, 더 이상 성격에 대해 관리한다는 것 자체가 무의미한 것이 되고 말기 때문이다.

현재에 이르러 이 논쟁이 이제 거의 결론에 이른 것처럼 보인다. 초기의 논쟁에서는 상황 쪽이 지배적인 위치를 점하였으나, 그 후로 유전인자가 같은 일란성 쌍둥이에 대한 연구가 집적되면서 추가 유전 쪽으로 기울어지기도 했다. 태어나자마자 다른 상황에 놓여서 길러진 쌍둥이라고 하더라도 그들이 보여주는 동질성이 같은 환경 속에서 자란 형제들보다 더 높다는 사실이 발견되면서, 유전의 영향이 생각보다 훨씬 크다는 주장이 힘을 얻게 되었던 것이다. 어떤 쌍둥이 연구는 구체적으로 성격 형성에 유전적 요인이 50~55%를 차지한다고 밝히고 있고, 유전된 성격특질이 직업선택의 50%를 설명할 수 있다는 주장도 있다.[5)]

그림 4-1 성격의 형성

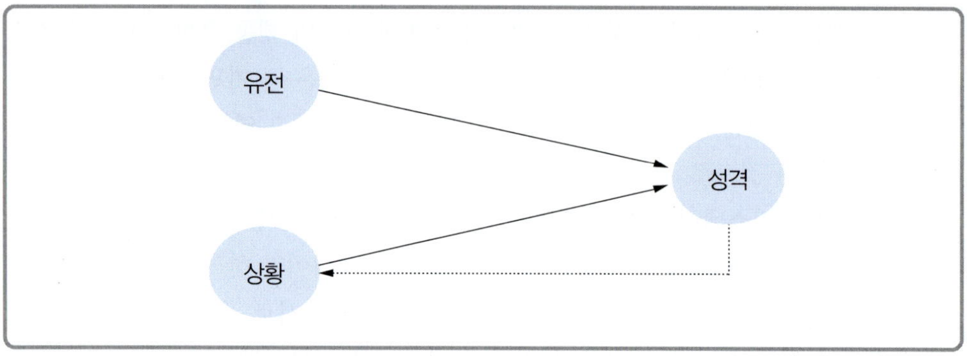

그러나 최근에 뇌에 대한 연구가 큰 진전을 보이면서 사정이 바뀌고 있다. 뇌가 처음에 유전적으로 형성되기는 하지만, 사람이 환경과 상호작용하는 과정을 거치면서 뇌 자체가 상당한 변화를 경험한다는 것이다. 지금까지의 연구 결론은 우리의 뇌는 우리가 살아가면서 하는 경험이나 생각들로 인해 사용하는 부분은 더욱 발달하고 사용하지 않는 부분은 퇴보하면서 일생 동안 변화가 이루어지는 역동적인 것이라는 것이다.[6)] 우리가 하는 사고와 행동 대부분이 모두 뇌의 지배를 받아서 이루어진다는 점을 생각할 때, 뇌가 환경과 상호작용하는 과정을 통해서 변한다는 사실은 성격형성 또한 환경의 영향을 받을 수밖에 없다는 점을 의미한다. 즉, 사람의 성격도 하는 일에 따라 얼마든지 변할 수 있다는 것이다. 이에 따라 성격을 둘러싸고 줄곧 벌어져왔던 유전-상황의 논쟁은 의미를 잃고 말았다.

1.2 성격의 분류: 다양한 성격관련 개념과 성격 유형론

우리는 한 개인의 성격과 그 사람의 행동 경향 사이에는 예측 가능한 상호작용이 있을 것이라고 기대한다. 예를 들어, 내성적인 사람은 사교적이지 못하고 혼자 있는 것을 오히려 즐기는 경향이 있으리라고 생각하며, 감정적 안정감이 높은 사람은 예기하지 않은 상황이 벌어지더라도 당황하지 않고 침착함을 잃지 않으리라고 기대한다.

이처럼, 개인의 성격과 그가 내보이는 행동 간에 밀접한 연관이 있을 경우, 성격은 개인행위를 사전에 예측해 볼 수 있게끔 만들어 주는 핵심 선행요인으로 간주될 수 있다. 이런 취지하에, 지금까지 많은 심리학자들은 성격-행동 간의 관련성을 예측해주는 의미있는 성격분류 틀을 개발해 왔다. 일찍이 올포트와 오드버트는 영

표 4-1 카텔의 16가지 성격목록

1. 내향적 – 외향적(reserved – outgoing)	9. 잘 믿는 – 잘 의심하는(trusting – suspicious)
2. 덜 이지적인 – 이지적인 (less intelligent – more intelligent)	10. 실질적 – 상상적(practical – imaginative)
3. 감성적 – 비감성적 (emotional – nonemotional)	11. 솔직한 – 영리한(forthright – shrewd)
4. 순종적 – 지배적(submissive – dominant)	12. 자기확신적 – 불안한 (self assured – apprehensive)
5. 진지한 – 낙천적인(serious – happy go lucky)	13. 보수적 – 실험적 (conservative – experimenting)
6. 편의주의적 – 성실한 (expedient – conscientious)	14. 의존적 – 독립적(dependent – self sufficient)
7. 소심함 – 모험적(timid – venturesome)	15. 통제가 힘든 – 통제적 (uncontrolled – controlled)
8. 강인한 – 예민한(toughminded – sensitive)	16. 느긋한 – 긴장한(relaxed – tense)

어 사전을 조사하여 개인의 성격을 묘사하는 17,953개의 단어를 찾아내고, 여기서 사실상 동의어들인 단어들을 제외하고 171개의 구분가능한 독립적인 성격특성을 도출한 바 있다.[7)] 또한 카텔은 요인분석이라는 통계분석방법을 통해 이들 성격특성을 총 16개의 요인으로 다시 압축한 성격목록(personality inventory)을 제시하였다.[8)]

이러한 성격목록 내용 가운데는, 개인의 행동을 분류하고 예측함에 있어서 의미 있는 차원으로 인정되어 나중에 자주 인용되는 성격유형론으로 발전한 것도 있다. 다음은 개인의 행동을 예측함에 있어서 조직행동 분야에서 자주 활용되는 몇 가지 성격유형론을 설명하고, 또 반드시 성격을 대변하는 개념은 아니지만 개인의 행동을 설명, 예측하는데 있어서 타당성이 크다고 인정된 몇 가지 관련 개념들을 소개한다.

(1) 내향성-외향성(introvert vs. extrovert orientation)

카텔의 성격목록에도 제시되어 있다시피, 일반적으로 가장 널리 알려진 성격유형론이 바로 사람의 성격을 내향성과 외향성으로 구분하는 방식이다. 이 때, 내향성-외향성은, 주어진 상황에 반응함에 있어서 개인의 주된 에너지나 관심이 자신의 내부 또는 외부 어느 쪽을 더 지향하는가를 뜻한다. 즉 자신의 반응 에너지가 개인의 내적 감정이나 관심으로 쏠린다면 내향성, 자신의 외적 행동에 더 초점을 둔다면 외향성으로 구분된다.

내향성-외향성 성격유형론과 관련하여 한 가지 강조할 점은, 처음 이 성격유형론이 제시될 때에는 이 두 가지 성격 유형 가운데 어느 특정한 한 유형이 다른

표 4-2 내향성-외향성 성격의 주요 특징

내향성의 특징	외향성의 특징
• 집중하여 조용함을 좋아함 • 세밀한 것에 주의를 기울이는 경향이 있으며 전반적인 설명을 싫어함 • 이름과 얼굴을 기억하기 어려워함 • 간섭받지 않고 오래 걸리는 직무의 담당을 꺼리지 않음 • 직무 뒤에 있는 아이디어에 관심이 있음 • 때로는 행동도 하지 않고 행동하기 전에 많은 생각하기를 좋아함 • 자기 만족하면서 혼자 일하기를 좋아함 • 의사소통에 문제를 지니고 있음	• 다양성과 행동을 좋아함 • 빨리 처리하는 경향이 있으며 복잡한 절차를 싫어함 • 인사하기를 좋아함 • 흔히 오래 걸리고 느린 직무를 인내하지 못함 • 직무의 결과에 관심이 있음 • 때로는 생각도 하지 않고 빨리 행동함 • 주변에 많은 사람이 있기를 좋아함 • 통상 자유롭게 의사소통함

유형보다 가치적으로 더 바람직하거나 혹은 더 좋다는 취지에서 제안된 것이 아니라는 점이다. 예를 들어, 많은 사람들은 이 성격유형론을 남녀의 성 역할(gender role)과 결부시켜, 남자는 모름지기 좀 더 활달하고 사교적인 외향적 성격이어야 하는 반면, 여자는 다소 내향적인 성격이 더 어울린다고 생각한다. 그렇지만 이는 잘못된 통념일 뿐이다. 이 성격유형론이 처음 제시될 때에는 내향성이든, 외향성이든 모두 저마다의 고유한 장점과 단점이 있는 대조적인 성격 유형으로만 제시되었을 뿐, 한 유형이 다른 유형보다 더 좋고 나쁨을 의미하는 것은 아니었다.

(2) 내재론자-외재론자(internal vs. external locus of control)

개인의 성격을 내재론자-외재론자로 구분하는 성격유형론은 '통제의 위치'(locus of control) 개념에 의존하여 구분하는 유형론이다. '통제의 위치'란, 사람들이 자신의 삶에서 얻은 결과에 자신이 얼마나 영향을 줄 수 있다고 믿는가를 나타내는 개념이다. 사람들은 결과가 주로 자기 자신에 의해 통제되는지 아니면 외부의 요인에 의해 통제되는지에 대한 일반적인 믿음이 있다. 사람은 통제의 위치가 어디에 있다고 믿는가에 따라 내재론자(internals)와 외재론자(externals)로 구분된다. 내재론자는 자신이 자신의 운명을 통제한다고 믿는 사람인 반면에, 외재론자는 자신에게 일어난 일들이 자신의 통제권 밖에 있으며, 외부의 요인에 의해 결정된다고 믿는 사람이다. 특히, 이러한 특질은 불확실한 상황에서 두드러진다.

이와 관련된 연구에 따르면, 내재론자들은 또한 자신들의 주변 환경에 대해 더 많이 알고자 하고, 따라서 직업과 관련하여 제기되는 모호성도 상대적으로 적게 경험하는 것으로 보고되고 있다. 예를 들어, 병원에 입원한 환자 중에서 내재론자들은 외재론자들보다 의사에게 병의 성격, 원인 및 치료에 관해 보다 더 끈질긴 질문을 한다는 연구보고도 있다. 환경 통제와 관련한 행동에 있어서도 두 유형은 차이를 보인다. 허리케인과 같은 강한 강풍이 몰아치고 간 후에 내재론자들은 곧장 신규 융자신청을 하여 재빠른 복구작업을 시작한 반면에, 외재론자들은 보다 심한 감정적 스트레스에 쌓여 지내고 있었다는 연구결과가 있다.

업무와 관련하여 볼 때, 일반적으로 내재론자가 외재론자보다 승진이 더 빠르고, 리더십 역할에 더 적합하다. 또한 이들은 일반적으로 외재론자에 비해서 임금수준도 높으며, 성과급 체제에서 높은 동기부여 수준을 보인다. 스트레스 하에서도 잘 견디며, 참여적 경영을 선호한다. 직무만족도에 있어서도 전체적으로 내재론자의 직무만족도가 더 높은 것으로 나타나고 있지만, 불만족한 경우에는 내재론자가 외재론자에 비해 직무를 그만둘 가능성이 더 큰 것으로 나타나 불만에서 행동으로의 이행성이 더 높은 것으로 나타났다.[9)]

(3) A형/B형 성격

A형(Type A) 성격은 A형 행동유형이 심장혈관 질환과 밀접한 관련이 있기 때문에, 그러한 행동유형을 발생시키는 성격적 특성을 밝히고자 하는 노력의 결과로 태어난 성격이다. A형 성격은 조급함, 성취에 대한 강한 욕구, 완벽주의 등으로 특징지어진다. 매사를 신속하게 처리하려 하고, 여러 가지 일을 한꺼번에 하려고 하며, 하는 일에서 최대의 능률을 올리려 한다. 예를 들면, 아침 출근길에 두 대의 전기면도기를 사용하여 양볼을 동시에 면도한다거나 다른 사람의 말을 자꾸 중단시키고 자기 말만 하는 사람은 A형 성격의 소유자이다. 반면에 B형(Type B) 성격은 매사에 태평하며 덜 경쟁적인 것으로 특징지어진다.

개인행위와 관련된 측면에서 보면 A형은 B형보다 인내심이 부족하고 곧잘 화를 내며 공격적이지만, 그 공격성이 합리화로 잘 무장되어 있다. 건강과 관련하여 A형이 B형보다 두 배 이상이나 많이 심장병과 고혈압을 앓는다는 통계가 있다. 분노도 그 원인의 하나이지만, 동일한 상황에서 A형 성격의 사람이 B형 성격의 사람보다 스트레스에 더욱 민감히 반응하는 것도 원인이 된다. 따라서 A형 성격의 사람은 특히 분노를 잘 다스리고 스트레스 관리에 관심을 가지면서 건강에도 각별히 유의할 필요가 있다.

과업에 따른 업적의 차이를 보면, 창의성이나 정확도보다는 신속한 처리를 필요로 하는 과업의 경우에는 A형 성격의 소유자가 우수하지만, 복잡한 판단을 요하고 속도보다는 창의적인 문제해결이나 정확성이 요구되는 과업에서는 B형 성격 소유자가 더 적합하다. 연구에 따르면, 최고경영자층에서는 B형 성격 소유자가 더 많이 발견되는데, A형 성격 소유자는 질보다는 양을 선호한다는 사실이 그 이유라고 한다. 기업이나 전문가 조직에서는 일을 신속하게 하는 것보다 현명하게 처리하는 것이 더욱 중요하기 때문이라는 것이다.[10)]

표준설문지 4-1 Type A와 Type B

* 다음 질문 중 귀하를 아주 잘 나타낸다고 생각되는 곳에 ○표를 하십시오.

	예	아니오	
1.	( )	( )	당신은 일상생활에서 다른 사람들과 대화를 나눌 때 당신의 말 중에서 중요한 단어들을 심히 강조하고, 말을 급히 끝내는 습관을 가지고 있습니까?
2.	( )	( )	당신은 늘 빨리 움직이고, 걷고, 식사를 하시는 편입니까?
3.	( )	( )	세상일이나 당신 주위 일들이 일어나는 속도가 늦으면 참지 못하는 편입니까? (예) 다른 사람들의 말을 빨리 끝내도록 재촉하는 편입니까?
4.	( )	( )	뭔가 지연되는데 대해 심하게 신경질을 내는 편입니까? (예를 들면, 당신 앞에 가는 차가 속도를 늦추거나, 식당이나 은행에서 줄을 서서 기다리게 될 때)
5.	( )	( )	당신이 더 빨리 할 수 있는 일을 다른 사람이 늦게 하는 것을 지켜보고 있으면 당신은 짜증이 납니까?
6.	( )	( )	당신은 종종 두 가지 일을 한꺼번에 시도하십니까? (예를 들어 운전하거나 신문을 읽으면서 음식을 든다)
7.	( )	( )	며칠 동안(심지어는 몇 시간 동안) 아무 일도 하지 않고 편히 쉬고 있을 때는 거의 늘 죄책감을 느끼십니까?

(4) 권위주의적 성격

권위주의(Authoritarianism) 성격은 히틀러의 박해를 피해 미국으로 건너왔던 유태인 출신 학자들 중에서 아도르노(Theodor W. Adorno)를 중심으로 한 일단의 심리학자들이 히틀러의 성격을 연구하는 과정에서 제시된 것이다.

권위주의란 전통적인 가치를 엄격하게 따르고 존중하며, 인정된 권위에 절대 복종하는 경향의 성격 특질이다. 이러한 성격적 특질을 가진 권위주의자는 조직체의 구성원들 사이에 지위와 권력상의 차이가 존재한다는 믿음을 숭배하기 때문에, 엄격함과 권력에 관심을 보이고 주관적인 감정을 거부한다. 또한 권위주의적 성향이 높은 사람들은 지적으로 경직되어 있고 질서를 중시하며, 자신과 다른 성향을 가진 타인들을 비난하는 데 능하다. 자신보다 지위가 높은 사람들에게는 공손한 반면에, 지위가 낮은 사람에게는 이기적인 태도를 보이고 절대적인 복종을 요구하기도 한다. 이들은 남을 잘 믿지 않을 뿐만 아니라 변화에 저항하는 보수적인 성향을 보인다.

이와 같은 권위주의자가 리더의 자리에 앉게 되면, 자신의 권한에 대한 유사한 존경을 기대한다. 그러므로 부하들이 권위주의적이면 권위주의적 리더는 성공적 리더가 될 좋은 기회를 맞는 셈이다. 그러나 권위주의적 리더가 비권위주의적인 사람들을 지휘하려고 하면, 심각한 어려움에 봉착하게 된다.

권위주의적 성격을 가진 사람들에게 타인의 감정에 민감해야 할 것을 요구하는 직무, 또는 복잡하거나 환경의 변화에 대한 유연성을 요구하는 직무를 맡기는 것은 적합하지 않다. 반면에 체계가 잘 짜여 있거나 규칙 엄수가 필요한 직무는 권위주의적 성향이 높은 사람들이 오히려 더 잘 수행할 수 있다. 권위주의적인 사람은 규정과 법에 의해 통제하는 것이 효과적이며 회계업무, 계획된 업무, 반복적인 업무가 적합한 반면, 권위주의적 성향이 낮은 사람은 상대적으로 인간적인 접근방식이 요구되는 업무나 창조적 업무, 기술개발, 아이디어를 창출해야 하는 업무 등에 적합하다.[11)]

표준설문지 4-2 〓 권위주의

다음 설문을 주의 깊게 읽고 여러분 자신을 가장 잘 표현하는 항목에 V 표시를 하시오.

	매우 그렇다	그렇다	중간이다	아니다	매우 아니다
1. 인간의 본성이 그대로 있는 한, 지구상에는 항상 전쟁과 갈등이 존재한다.	☐	☐	☐	☐	☐
2. 몇몇 소수의 강한 리더가 이 나라를 모든 법규나 대화보다도 더 잘 만들어 나갈 수 있다.	☐	☐	☐	☐	☐
3. 여자들은 정치에서 물러나야 한다.	☐	☐	☐	☐	☐
4. 발전하지 못하는 모든 사람들은 충분한 의지력이 없어서다.	☐	☐	☐	☐	☐
5. 당신의 명예에 대한 모욕은 절대 잊혀져서는 안 된다.	☐	☐	☐	☐	☐
6. 사람들은 믿을 수 있다.	☐	☐	☐	☐	☐

〈자료원〉 M. Janowiz & D. Marvick, "Authoritarianism and Political Behavior", *Public Opinion Quarterly*, 1953. 17, pp. 185-201.

(5) 마키아벨리주의 성격

마키아벨리주의 성격(Machiavellianism)은 16세기 '군주론'을 집필한 마키아벨리(Niccolo Machiavelli)에게서 기원을 찾을 수 있다. 성격특질로서 마키아벨리주의는 목적을 위해서는 어떠한 수단도 정당화하며, 단지 개인 이득의 관점에서 타인을 바라보고, 개인의 이득을 위해 타인을 이용하는 성격특질을 말한다. 높은 마키아벨리적 성격의 소유자는 낮은 마키아벨리적 성격의 소유자보다 조작적이며, 승부를 겨루는 상황에서 승리할 가능성이 높다. 자신은 타인에게 잘 설득되지 않으나, 남들을 설득하려는 욕구가 강하다.

이러한 마키아벨리적 성향의 유용성은 상황적 요인들에 의해 달라지기도 하는데, 높은 마키아벨리적 성향은 규칙과 규정이 최소한으로 그쳐서 즉흥적으로 대응해야 할 여지가 많은 상황일 때, 그리고 타인과 직접 대면으로 상호작용할 때 그 유용성이 발휘될 수 있다. 마키아벨리적 성향이 높은 사람이 낮은 마키아벨리적 성향을 가진 사람을 만나면, 후자로 하여금 승리와는 아무런 관련이 없는 세세한 것들에 감정적으로 몰입하게 몰아감으로써 유리한 입장을 점하기도 한다.[12)]

표준설문지 4-3 마키아벨리주의 측정질문

* 3개의 문장이 하나의 항목으로 구성된 20개 항목이 아래에 나열되어 있습니다. 각 문장은 일반적인 사람 혹은 사물에 대한 사고방식을 설명하고 있으며, 여러 문장들은 단지 의견을 반영하는 것이므로 정답이나 오답은 없습니다. 각 문항의 3개의 문장을 읽고, 귀하의 생각과 가장 가깝거나 가장 참이라고 생각되는 것을 선택하여 그 문장 앞의 괄호에 + 표시를 하고, 나머지 2문장 중에서 귀하의 생각과 가장 먼 문장을 선택하여 괄호에 − 표시를 하십시오. 그리고 3개의 문장 중 하나는 표시하지 않고 남겨두십시오.

보기 (　) a. 사람을 설득하는 것은 쉬우나 설득된 상태를 유지시키는 것은 어렵다.
(＋) b. 상식에 어긋나는 이론은 시간낭비이다.
(－) c. 다른 사람들이 하는 것을 함께 하는 것은 단지 상식이고 너무 어려운 것은 아니다.

앞의 문장에서 문장 b는 귀하가 강력하게 믿는 것이고 문장 a와 c는 귀하의 견해가 아닙니다. 특히 문장 c는 귀하의 의견이나 생각과 가장 다른 특징을 나타냅니다. 각 문항에 답할 때 어떤 문항은 선택하기가 쉽고 어떤 문항은 아주 어렵기도 합니다. 선택이 어렵더라도 빠짐없이 표시해 주시고, 3개의 문장 중 2개 문장에 '＋' 혹은 '－' 표시를 하시고 나머지 문장에는 표시하지 마십시오. 생략하지 말고 모두 답하기 바랍니다.

1. (　) a. 성공적인 범죄자가 되는 것은 성공적인 사업가가 되는 것보다 더 많은 상상력이 필요하다.
(　) b. "지옥으로 가는 길은 선의로 가득 차 있다."(즉, 착한 일을 해야겠다고 생각하면서도 그렇게 못하고 그만 지옥에 빠지는 사람이 있다)는 말은 많은 진리를 함축하고 있다.
(　) c. 대부분의 사람들은 재산의 손실보다 부모의 죽음을 더 쉽게 잊어버린다.

2. ( ) a. 사람들은 배우자의 옷보다 자신들이 운전하는 차에더 관심을 쏟는다.
( ) b. 어린이에게 상상력과 창의성을 키워주는 것은 매우 중요하다.
( ) c. 불치의 병으로 고통받는 사람들은 고통없이 죽음을 선택할 수 있는 권리를 가져야 한다.
3. ( ) a. 이롭지 않다고 생각되면 당신이 어떤 일을 한 이유에 대해 아무에게도 말하지 않는 것이 좋다.
( ) b. 각 개인의 복지는 다른 무엇보다도 우선시 해야 하는 목표다.
( ) c. 정말로 똑똑한 사람은 일단 어떤 문제에 대한 해결책을 결정하게 되면 그것에 대한 생각을 계속하지 않는다.
4. ( ) a. 사람들이 너무 게을러지고 점점 더 방종에 빠져 우리 사회를 나쁘게 만든다.
( ) b. 사람들을 다루는 가장 좋은 방법은 그들이 듣고 싶어하는 말을 해주는 것이다.
( ) c. 사람들이 자신보다 불행한 사람들에게 더욱 친절하다면 훌륭한 일이다.
5. ( ) a. 대부분의 사람들은 기본적으로 선하고 친절하다.
( ) b. 부부를 위한 가장 중요한 기준은 조화이다.
( ) c. 누구나 일단 인생에서 원하는 것을 얻은 후에라야 세상의 정의에 대해 관심을 갖는다.
6. ( ) a. 출세한 대부분의 사람들은 청렴하고 도덕적인 삶을 산다.
( ) b. 유능한 사람이 가족보다 일에 더 중점을 두는 것에 대해서는 비난해서는 안 된다.
( ) c. 어떻게 해야 될지보다 무엇을 해야 할지에 더 많은 관심을 가지는 삶이 더욱 나은 삶을 사는 것이다.
7. ( ) a. 훌륭한 선생님은 단순히 분명한 해답을 주기보다는 답하기 어려운 질문을 하는 사람이다.
( ) b. 당신이 누군가에게 당신을 위해 무엇을 해달라고 요청할 때, 명목상의 이유보다는 그것을 원하는 실제적인 이유를 말하는 것이 최적이다.
( ) c. 사람의 직업은 그 사람이 어떤 종류의 사람인지를 나타내는 가장 좋은 방법이다.
8. ( ) a. 이집트의 피라미드와 같은 역사적인 건축물은 그것을 세운 노동자들의 노예화의 결과물이다.
( ) b. 일단 문제를 다루는 방법을 알아내면 그것을 고수하는 것이 가장 좋다.
( ) c. 도덕적으로 옳다고 확신하는 경우에만 행동으로 옮긴다.
9. ( ) a. 사람들이 미래를 걱정하기보다 현제를 즐기는데 관심을 갖는다면, 세상은 살기 좋은 곳이 될 것이다.
( ) b. 중요한 사람에게 아부하는 것은 현명한 처사이다.
( ) c. 일단 의사결정이 되더라도 새로운 환경이 발생함에 따라 그것을 계속해서 변화시키는 것이 최선이다.
10. ( ) a. 다른 대안이 없기 때문에 당신이 그 행동을 하는 것처럼 행동하는 것은 좋은 처세술이다.
( ) b. 범죄자와 다른 사람들 간의 가장 큰 차이는 범죄자는 붙잡힐 정도로 어리석다는 것이다.
( ) c. 상습적이고 부도덕한 범죄자라 할지라도 그 내면의 어딘가에는 약간의 고귀한 품성이 있다.
11. ( ) a. 중요한 요직에 있지만 부정직하기보다는 미천하지만 정직한 것이 더 좋다.
( ) b. 항상 최선을 다하다 보면 언젠가 무엇을 하든지 간에 성공의 기회는 찾아올 것이다.
( ) c. 어떤 사물이 우리의 일상생활에 유용하지 않다면 그것은 중한 것은 아니다.
12. ( ) a. 본인들이 생각하기에 비합리적이라 여기는 법을 어긴 경우에는 벌을 받아서는 안 된다.

( ) b. 많은 범죄자들은 그들의 범죄에 대한 대가를 치르지 않고 있다.
( ) c. 다른 사람레게 거짓말을 하는 것은 용서가 안 된다.

13. ( ) a. 일반적으로 사람들은 그렇게 하도록 강요되지 않으면 일을 열심히 하지 않는다.
( ) b. 모든 사람들은 큰 과오를 범했다 하더라도 두 번째 기회가 주어진다.
( ) c. 우유부단한 사람은 걱정해줄 필요가 없다.

14. ( ) a. 부모에 대한 책임의식보다는 배우자에 대한 책임의식이 더 중요하다.
( ) b. 대부분의 사람들은 용감하다.
( ) c. 가까이 있어 편안한 친구보다는 지적으로 자극을 주는 친구를 고르는 것이 좋다.

15. ( ) a. 자신에 대해 신경을 쓰는 사람은 드물다.
( ) b. 주위의 잡다한 일들을 정리하지 않고는 출세하기란 힘든 일이다.
( ) c. 자신의 이익을 위해 동기유발되는 능력있는 사람은 무능하고 마음씨 좋은 사람보다 사회에 더 유익하다.

16. ( ) a. 당신이 쉽게 당신의 마음을 바꿀 수 있다는 인상을 다른 사람들에게 남기는 것이 좋다.
( ) b. 모든 사람들과 좋은 관계를 맺는 것은 일을 잘하기 위한 훌륭한 방법이다.
( ) c. 모든 경우에 있어서 정직은 최선의 방책이다.

17. ( ) a. 모든 면에 있어서 다 잘하는 것은 가능하다.
( ) b. 자신을 돕는 것도 좋지만 남을 돕는 것은 더 훌륭하다.
( ) c. 전쟁과 전쟁의 위험은 인간사의 변하지 않는 사실이다.

18. ( ) a. Barnum이 매분마다 적어도 한 명의 봉(돈을 마구 뜯기는 사람)이 태어난다고 말했는데 아마도 옳은 이야기다.
( ) b. 인생은 약간의 흥분으로 자극하지 않는다면 아주 무미건조하다.
( ) c. 만약 다른 사람들이 그들의 감정을 억제하였더라면 대부분의 사람들은 훨씬 더 잘 지내게 되었을 것이다.

19. ( ) a. 다른 삶의 감정에 대해 민감한 것은 사회상황에 대해 관심을 갖는 거보다 더 가치가 있다.
( ) b. 이상적인 사회는 모든 사람들이 자신의 처지를 이해하고 그것을 수행하는 사회이다.
( ) c. 모든 사람들은 악마적 기질을 가지고 있고 기회가 있으면 그 기질이 발현될 것이라고 이해하는 것이 편하다.

20. ( ) a. 추상적인 문제들을 말하는 사람들은 보통 그들이 무엇을 말하고 있는지 모른다.
( ) b. 다른 사람을 전적으로 믿는 것은 문제를 야기한다.
( ) c. 투표는 민주주의를 위한 기본이다.

〈Scoring Key〉: 점수를 환산하기 위해서는 아래의 Item을 보고 본인이 표시한 조합을 찾아 점수를 매기십시오. 예를 들어 b에 +를 하였고 c에 −를 하였다면 점수는 3입니다.

Item 1	문항	a+ c−	b+ c−	a+ b−	b+ a−	c+ b−	c+ a−
	점수	1	3	3	5	6	7

20개 항목에 대하여 점수를 찾아내고 그 점수들을 합산하십시오. 합산한 점수에 점수 20을 더하면 Mach 점수가 나옵니다. Mach 점수는 40에서 160의 범위에 있을 것이며, 만약 점수가 100 이상이면 high Mach라 할 수 있고, 점수가 100 이하이면 low Mach라고 할 수 있습니다.

(6) 자존감[13)]

자존감(self-esteem)은 개인이 자기 평가를 바탕으로 하여 스스로를 얼마나 긍정적으로 생각하며, 자신이 다른 사람들에 비해서 얼마만큼의 가치를 가지고 있다고 생각하는지, 그 정도를 의미하는 개념이다 즉, 자신과 자신의 능력에 대해서 긍정적인 생각을 가지는 사람을 자존감이 높은 사람이라고 정의한다. 자존감이 높은 사람은 자신을 가치 있는 인간, 능력 있는 인간, 그리고 타인에 의해서 인정을 받는 인간으로 여긴다.

자존감은 정서적 안정감과 긍정적인 상관관계를 보인다. 자존감이 높은 사람은 특정한 가치관과 원칙에 대한 강한 신념을 가지고 있으며, 반대 의견에 직면해서도 자신의 가치관과 원칙을 안정적으로 방어한다. 그러나 경험을 통해서 자신의 신념에 수정이 필요하다고 인정되면 그것을 받아들이기도 한다. 과거에 발생한 일에 전전긍긍하지 않으며, 미래에 대해서도 크게 걱정하지 않는다. 과거나 미래보다는 현재에 큰 가치를 부여하고, 현재를 충실히 살아가는 것을 중요하게 생각한다. 인간의 존엄성 측면에서 자신을 다른 사람보다 우월하거나 열등하다고 생각하지 않고 평등하다고 생각하며, 대신에 자질이나 사회적 지위, 또는 재정상태 등과 같은 개인 차이는 정상적인 것으로 받아들인다.

자존감이 낮은 사람은 자기 자신에 대해서 과도하게 비판적이며, 다른 사람의 비판을 자기에 대한 공격으로 받아들이기 때문에 민감하게 반응한다. 실수를 저지를지 모른다는 걱정 때문에 항상 결정을 하지 못하고 미루는 경향을 보이며, 다른 사람으로부터 따돌림을 당할 수 있다는 불안감 때문에 생각과는 달리 싫더라도 "아니오"라는 말을 단호하게 하지 못한다. 역설적이게도 이들은 자신에게 조그마한 실수도 저지르지 못하게 하려는 욕구 때문에 완벽주의자인 경우가 많은데, 바로 이 점이 더욱더 자존감을 낮추는 악순환의 과정을 거치게 한다. 정서적으로 불안하고, 대상이 없는 적개심을 항상 안고 있다. 자신뿐만 아니라, 삶이나 미래 등 주변의 모든 것들에 대해서 염세적인 태도를 보인다.

연구에 의하면, 자존감이 높은 사람은 실패나 좌절을 경험한 후에 다시 시작하기 위해 일어서는 복원력(resilience)이 강한 것으로 보고되고 있다. 이들은 실패에 직면해서도 자신의 강점에 주목하면서 긍정적인 면을 잃지 않으려고 노력하는 성향을 보인다. 직업선택 결정에 있어서도 자존감이 영향을 미치는 것으로 알려지고 있다. 자존감이 높은 이들은 자존감이 낮은 사람에 비해서 직업선택에 있어 위험을 감수하는 경향이 크고, 사회적 지위가 높은 직업을 선호하는 것으로 나타나고 있다.

업무와 관련하여 볼 때 자존감이 높은 사람들은 낮은 사람에 비해 높은 목표를 정하는 경향이 있고, 목표달성과 직무완성에 강한 책임감과 자발적 노력을 나타내기 때문에 상대적으로 성과도 높다. 직무상에서 느끼는 스트레스, 갈등, 모호성, 감독자에 대한 불만, 열악한 작업조건 등에 대해 상대적으로 덜 민감하게 반응하며, 전반적으로 자존감이 낮은 사람에 비해 직무만족과 행복지수가 더 높다. 자존감은 작업장에서 창의성을 발휘하도록 하며, 특히 가르치는 직업에 있어서는 매우 중요한 성격 개념으로 알려져 있다.

이렇듯 자존감에 대한 긍정 일변도의 주장에 대해, 최근에 이에 반하는 의견들도 제시되고 있다. 그 대표주자인 엘리스(Albert Ellis)는 근본적으로 자존감의 개념 자체에 대해 의문점을 제기하면서, 자존감의 개념 정립이 비현실적이고 비논리적인 철학적 바탕 위에서 이루어졌으며, 너무 애매하고 넓게 정의되어 있기 때문에 이론적 토대와 유용성에 대한 의문을 제기하지 않을 수 없다는 주장을 펴고 있다.[14] 그런가 하면, 자존감이 강한 사람은 종종 이기적인 면모를 보이고 거만을 떨기도 하며, 자존감에 상처를 받는 경우에는 폭력적으로 변하는 경향까지 있다는 연구결과도 있다. 결국 자존감이 자기 성숙 및 건전한 윤리관과 균형을 이룰 때 그 긍정적 속성이 두드러진다고 할 수 있을 것이다.

(7) 자기효능감[15]

자존감이 일반적이고 총체적인 자기 개념인 데 비해서, 자기효능감은 좀 더 구체적이다. 자기효능감(self-efficacy)은 자신이 어떤 목표를 달성하기 위해서 특정한 방식으로 일을 수행할 능력을 가지고 있다는 신념을 의미한다. 또는 어떤 특정한 과업을 성공적으로 완수해낼 가능성에 대한 자기 신념이다. 즉, 자기효능감이 높은 사람은 자기에게 주어진 일을 성공적으로 완수해낼 수 있다는 강한 자신감을 가지고 있는 사람이다.

자기효능감과 성공 사이의 관계는 아마도 조직행동 연구들 중에서 가장 일관된 결과를 보여주는 논제의 하나일 것이다. 연구자들은 다양한 정신적, 육체적 과업에서부터 불안감 교정, 중독 치료, 질병으로부터의 회복, 심지어 해군사관생도들의 배멀리 극복에 이르기까지 자기효능감과 성공 사이에 강한 상관관계가 있음을 보고하고 있다. 자기효능감과 성과의 관계는 상호 순환적인 것이다. 즉, 높은 자기효능감이 성과를 높이고, 높아진 성과가 다시 자기효능감을 높이게 된다. 물론, 반대로 낮은 효능감이 성과를 낮추고 낮아진 성과는 다시 효능감을 낮추는 악순환의 고리가 발생한다.

자기효능감이 성과와 강한 상관관계를 가지고 있다는 사실이 조직행동 분야에서 자기효능감이 차지하는 위치를 확고부동한 것으로 만들어준다. 즉, 어떤 사람

그림 4-2 자기효능감

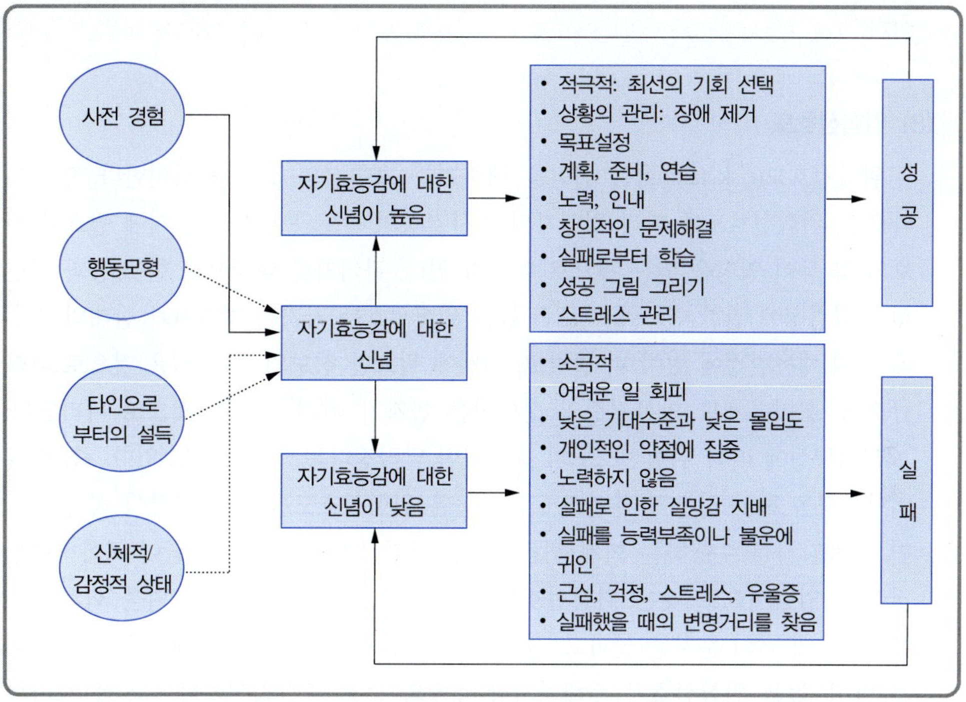

자료: Bandura, A.(1989), "Regulation of Congnitive Processes through Perceived Self-Efficacy," *Developmental Psycbolgy*, September, 729-735에서 논의한 것을 수정하여 인용.

의 성과를 높이기 위해서는 그 사람의 자기효능감을 높여주면 간단히 해결될 수 있다고 말하고 있는 것이다. 여기서 제기할 핵심적인 질문은 자기효능감이 길러질 수 있는 것이냐라는 물음이 되겠는데, 사회적 인지이론(social cognitive theory)의 핵심 개념으로 자기효능감을 소개한 반두라(Albert Bandura)는 이 물음에 대해서 긍정적인 대답을 하고 있다.

[그림 4-2]는 반두라의 주장을 정리한 모형이다. 이 모형에서는 사전경험은 점선으로 연결된 다른 요소와는 달리 자기효능감과 실선으로 연결되어 있는데, 이는 사전경험이 자기효능감을 높이는 데 가장 잠재력이 큰 요소임을 의미한다. 유사한 일을 과거에 수행하여 성공한 경험을 한 사람은 이번 일도 성공적으로 해낼 수 있다는 자신감을 가질 수 있게 된다는 것이다. 이 모형은 사전의 성공 경험 이외에, 그 일을 성공적으로 해낸 타인의 행동을 목격하거나, 타인으로부터 자신의 능력에 대한 고무적인 의견을 듣는 것으로도 자기효능감을 높일 수 있음을 지적하고 있다. 마지막으로 정신적·육체적 상태도 자기효능감의 높낮이에 영향을 미칠 수 있다고 제안한다. 건강상태가 좋지 못하거나, 최근에 심리적으로 심각한 영향을 받

은 사건을 경험한 사람에게서 높은 수준의 자기효능감을 기대하기는 어렵다는 것이다.

(8) 위험선호도

위험선호도(risk taking)는 위험을 택하려는 모험심의 정도를 의미한다. 연구에 따르면, 위험선호도에 따라 경영자의 의사결정의 속도와 의사결정 시에 필요한 정보의 양 등이 영향을 받는 것으로 알려져 있다. 관리자를 대상으로 한 고용과 관련된 의사결정에 관한 연구에 따르면 높은 위험선호를 가지는 경영자가 반대의 경우에 비해 채용결정에 있어 더 빨랐고, 선택에 필요한 정보의 양은 적은 것으로 나타났으며, 흥미롭게도 의사결정의 정확성은 양자가 거의 비슷한 것으로 나타났다.

직업특성에 따라 위험선호도의 유효성이 달라진다는 연구결과도 있다. 즉, 빠른 의사결정을 해야 하는 증권거래사들은 높은 위험선호도를 가진 사람이 적합한 반면, 회계감사를 수행하는 회계사들은 낮은 위험선호도를 가진 사람이 적합하다는 것이다. 일반적으로 낮은 위험선호자는 책임이 크거나 도전적인 일을 회피하며, 복지부동에 남의 눈치를 살피고, 상사의 지시사항만을 수행하는 행동 특성을 보이는 반면, 높은 위험선호자는 해외시장 개척과 같은 도전적이거나 혁신을 요하는 분야의 일을 선호하는 것으로 알려져 있다.

이러한 맥락에서 벤처 창업자와 같은 사람은 위험선호도 성향이 높은 성격의 소유자일 것이라는 추정을 해볼 수 있겠다. 이러한 추정의 타당성을 증명하듯이, 이전의 연구들은 대규모 조직에 근무하는 경영자가 대체적으로 낮은 위험선호도를 보이는 것으로 알려져 있었으나, 최근의 연구들 중에는 기업가(entrepreneurs)보다 실제적으로 더 높은 위험선호도를 가지고 있다는 흥미로운 주장도 나타나고 있다.[16)]

(9) 자기감찰[17)]

자기감찰(self-monitoring)이란 외부적 요인이나 상황요인에 대해 자신의 행동을 적응시키는 성격특성을 의미한다. 자기감찰 성향이 높은 사람들은 자신의 행동을 외부적 요인에 적응시키는 능력이 뛰어나다. 또한 외적인 신호(external cues)에 민감하고 상황에 따라 다르게 행동하며, 공적인 모습과 사적인 모습 사이에서 역할 변화에 능숙한 특성을 지니고 있다. 반면에 낮은 자기감찰 성향자들은 모든 상황에서 높은 일관된 태도와 행동을 나타내는 경향을 보임으로써 이러한 방법으로 자신을 위장하지도 못한다.

업무와 관련한 연구에 따르면, 높은 자기감찰의 성향을 지니는 사람들은 낮은 사람들에게 비해 타인의 행동에 더 집중하며, 순응하는 특성을 나타낸다. 또한 이들은 성과평가에 있어 더 높은 점수를 받고 리더로 등장할 가능성이 높으나, 조직에 대한 몰입도는 떨어지는 것으로 나타났다. 이들은 경력경로와 관련하여 이동과 승진을 더 많이 경험하며, 조직에서 중심위치에 오르는 경우가 많았다.

1.3 성격 구조

사람들의 행동 경향을 예측해 볼 수 있게 만들어 주는 성격유형론이나 성격 관련 개념은 매우 다양하다. 그렇지만 이들은 대개 성격과 관련한 단일 특성에 주목하거나 혹은 단일 차원에 기반한 2분법적 유형론을 펼치고 있다. 그렇지만 사람의 성격은 이처럼 단일 특성이나 단일 차원에만 기반하여 파악하기는 대단히 어렵고 복잡하다. 그래서 한 사람의 성격이나 혹은 적성을 파악함에 있어서, 2개 이상의 복수 차원에 기반하여 그 사람의 성격을 좀 더 종합적으로 파악하려는 노력이 있어 왔다. 그 결과, 한 개인의 성격 프로파일(personality profile)을 종합적으로 파악할 수 있게 해주는 성격구조론이 제시되었는데, 그 중 가장 널리 알려진 MBTI와 빅파이브(Big Five) 모형에 대해 개략적으로 알아본다.

(1) MBTI(Myers-Briggs Type Indicator)

MBTI는 가장 널리 알려진 성격평가 도구로서, 융(Carl Gustav Jung)의 '심리학적 유형(psychological types)'에 근거하여 이사벨 브릭스 마이어스(Isabel Briggs Meyers)와 그의 어머니 캐서린 쿡 브릭스(Katharine Cook Briggs)에 의해서 개발된 것이다. 캐서린 브릭스가 1920년에 융의 심리학적 유형이론을 접하고, 이를 인간행동과 접목해보려는 시도를 시작하였다. 그 후, 딸인 이사벨 마이어스가 어머니를 이어 연구를 계속하였고, 그 결과로 특정 상황에서 사람들이 어떻게 느끼고 행동하는지에 대한 100항목의 질문들로 구성된 성격측정도구를 개발하였으며, 자신들의 이름자를 따서 MBTI로 명명하였다.[18)]

융은 인간의 심리적 에너지가 그 사람의 내부에서 연유하는가, 아니면 외부에서 비롯되는가에 따라서 그 사람의 성격이 외향적인지, 아니면 내향적인지가 결정된다고 생각했다. 또한 융은 인간의 정신기능을 인식기능과 판단기능으로 나눈 다음, 다시 인식기능을 감각과 직관으로, 그리고 판단기능을 사고와 감정으로 나누었다. 마이어스와 브릭스는 이 세 차원에 융이 간략하게 언급만 하고 넘어간 판단과 지

그림 4-3 MBTI의 지표

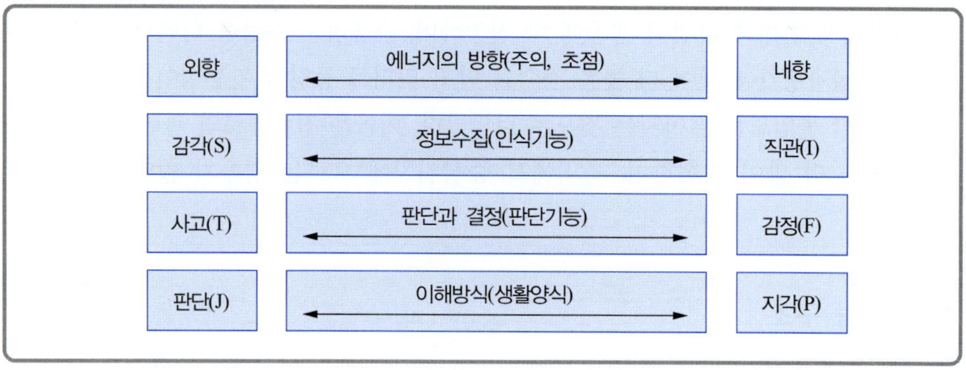

각의 차원을 더하여 MBTI를 완성하였다. 그에 따라 MBTI는 네 개의 차원, 즉 ① 외향성과 내향성(extroverted versus introverted), ② 감각과 직관(sensing versus intuitive), ③ 사고와 감정(thinking versus feeling), ④ 판단과 지각(judging versus perceiving) 등 네 차원에 대해서 묻고 있다.

외향적인 사람은 주로 외부세계를 지향하고, 인식과 판단에 있어서도 외부의 사람이나 사물에 초점을 맞춘다. 외향적인 사람은 외부에서 에너지를 얻기 때문에, 남보다 앞서 나서길 좋아하고, 사람과의 교제를 즐기며, 매사에 적극적인 경향을 보인다. 반면에, 내향적인 사람은 내적인 세계를 지향하기 때문에 관념적인 것에 대해 생각하는 활동을 즐기며, 조용한 환경을 선호하고 남 앞에 서는 것을 꺼리거나 부끄러움을 타는 경향을 보인다.

인식기능 차원으로서, 감각형의 사람은 정보를 받아들임에 있어서 오감에 의존하며, 실제적인 경험을 중시한다. 실제적이고 현실적이며, 정해진 틀을 따르기 때문에 질서적인 것을 선호하는 경향을 보인다. 관찰능력이 뛰어나고 세세한 것까지 기억하며, 업무수행은 성실하고 근면하게 행한다. 이에 비해 직관형은 정보를 받아들임에 있어서 오감보다는 직감이나 영감에 더 의존하며, 구체적인 사실보다는 그 이면에 숨겨진 가능성이나 연계성 등을 보고자 한다. 세세한 구석보다는 큰 그림을 보는 경향이 있으며, 반복적이고 일상적인 것을 지겨워하는 대신, 상상력이 풍부하고 새로움과 창의성에 매력을 느끼는 경향을 보인다.

판단기능 차원으로서, 사고형의 사람은 인식된 정보를 객관적 기준을 가지고 비교 분석한 다음에 판단하고자 한다. 판단을 함에 있어 인정이 끌리지 않으며 논리적 결과만을 바탕으로 하여 냉정하게 판단한다. 원칙과 공정성을 중히 여기며, 사람의 감정이나 느낌을 간과하는 경향이 있다. 감정형의 사람은 조화로운 인간관계를 중시하며 친화적인 경향을 보이고, 따라서 판단을 할 때에도 이러한 부분에 영향을 받는다. 논리적 분석보다는 자신이 하는 판단이 타인에게 어떤 영향을 미칠 것인가를 더 깊이 생각하며, 사람의 감정을 상하지 않도록 주의하는 경향이 높다. 따라서 감정형의 사람은 면전에 대놓고 싫은 소리를 하지 못하며, 종종 다른 사람으로부터의 칭찬에 약한 면모를 보이기도 한다.

마지막으로 판단과 지각의 차원은 외부 세계에 대한 태도나 적응에 있어서 어떤 과정을 선호하는가에 대한 것이다. 판단형은 어떤 일이든지 계획적이고 조직적으로 수행하고자 하는 경향이 높다. 계획에 따라 미리 준비를 하고 일을 시작하며, 계획대로 일을 마칠 수 있도록 최선을 다한다. 빈틈이 없고 업무추진 일정에 단호한 태도를 보이며, 목적의식이 뚜렷하다. 그와는 달리, 지각형은 삶을 계획에 따라 살아가는 것보다는 상황에 따라 탄력적으로 적응하면서 살아가기를 선호한다. 자발적이며, 호기심이 많고 환경적응력이 높다. 이런 유형의 사람은 새로운 사건이나 변화를 선호하며, 여러 가지 일을 한꺼번에 벌이지만 마무리는 약한 면모를 보인다.

MBTI는 이 네 개의 차원을 이용하여 총 16가지의 성격유형을 제시하고 있다. 오랜 기간 동안 MBTI는 중요한 성격측정치로서, 기업이나 병원, 군대를 포함하여 여러 형태의 조직에서 널리 사용되고 있으나, 역설적이게도 이 측정치의 타당성을 증명해주는 자료는 별로 많지가 않다.[19] 따라서 측정치를 인원을 선발하는 데 핵심지표로 활용하는 데에는 주의를 요한다. 그럼에도 불구하고 이 측정치는 여전히 계속적인 인기를 누리면서 아직도 인사관리 부분에서 중요한 참고자료로 활용되고 있다.

조직행동분야에서는 이 측정치를 주로 관리자의 문제해결 스타일과 연계하여 연구되었다. 문제해결 스타일은 사람들이 문제를 해결하고 의사결정을 하는 데 있어 정보를 모으고 조직화하는 정보수집과정과 수집된 정보를 처리하고 판단을 내리는 정보평가방식의 두 차원으로 구분할 수 있다. 이는 MBTI의 네 차원 중에서 감각-직관의 인식차원과 사고-감정 차원에 해당된다. 이들 정보수집의 감각-직관 차원과 정보평가의 사고-감정 등, 두 차원을 조합하면 네 가지의 문제해결 유형, 즉 감각-감정(SF), 직관-감정(IF), 감각-사고(ST), 직관-사고(IT) 등의 네 가지 유형을 구성할 수 있다.

그동안의 연구에 따르면, 개인의 문제해결 스타일과 그들이 선호하는 의사결정의 종류 사이에는 적합관계가 존재한다. 예를 들어 감각-사고형은 상세함과 기존의 분석틀을 강조하는 문제를 선호하는 반면에, 직관-감정형은 전반적인 패턴과 적합을 강조하고 인간관계의 조화로움을 추구하며 예술적이고 창의적인 문제를

표 4-3 네 가지 문제해결 스타일의 특성과 선호되는 직업

ST(감각-사고형)	IT(직관-사고형)
• 기술적 세부사항에 관심 • 실제 자료의 논리적 분석 • 질서와 정확성 • 규칙과 절차를 소중히 여김 • 책임감 있고 신뢰할 만한 • 목표 : 효율적인 문제해결 • 직업 : 광고문안 편집, 공학, 생산, 품질관리, 회계, 증권거래, 컴퓨터 프로그래밍	• 발견과 조사에 능숙 • 이해를 강조, 추리적 • 논리적이고 해석적 • 논리를 가지고 출발한 아이디어 • 객관적, 비개인적, 이상적 • 목표 : 충분한 생각으로 문제해결 • 직업 : 기업가, 법률가, 강의(경제, 경영, 철학, 물리학), 시스템 설계 및 분석, 건축설계
SF(감각-감정)	**IF(직관-감정)**
• 개인 간 관계에 관심 • 구체적인 인간문제 연구 • 동정적이며 우호적, 개방적 의사소통 • 사람에 대한 즉각적 반응 • 공감대 형성과 협력에 능숙 • 목표 : 유용한 사람이 되는 것 • 직업 : 고객서비스, 판매, 협상, 카운셀링, 인적자원관리, 강의	• 통찰력 있는, 신비한 • 개인적, 이상적, 인간 잠재력 발휘 • 창조적, 원본 창시자 • 사람 위주의 종합적 아이디어 • 새로운 조합을 만드는 데 능숙한 • 목표 : 일을 아름답게 만드는 것 • 직업 : P.R., 광고, 대변인, 정치, 인적자원관리, 예술, 강의, 특정 분야의 판매

선호한다는 것이다. <표 4-3>은 문제해결 스타일과 각각의 성격적 특성, 그리고 선호되는 직업과의 관계를 표시하고 있다.

표준설문지 4-4 문제해결 및 내 · 외향성

* 다음 설문을 주의깊게 읽고 여러분 자신을 가장 잘 표현하는 항목에 ○표를 하십시오.

〈제 1 부〉 여러분이 보통 때 느끼거나 행동하는 바에 가장 가까운 반응을 고르시오.

1. 당신은 다음의 어느 것에 더 신경을 쓰십니까?
   A. 사람들의 감정　　B. 사람들의 권리
2. 당신이 전혀 모르는 사람들을 만나야 할 때 :
   A. 아주 힘든 일이라고 생각한다.　　B. 유쾌하다. 또는 아주 쉽다고 생각한다.
3. 당신은 다음의 어떤 사람과 더 잘 어울리는가?
   A. 상상력이 풍부한 사람　　B. 현실적인 사람
4. 당신은 보통 :
   A. 조용하고 사람들 사이에서 말이 없다.　　B. 분위기를 잘 맞추는 편이다.

5. 다음 중 어느 것이 더 높게 칭찬하는 것인가?
   A. 그 사람은 정말 감정이 풍부한 사람이다. B. 그 사람은 시종일관 합리적인 사람이다.
6. 당신은 당신 자신이 어떤 사람이라고 생각하십니까?
   A. 보통 사람들보다 열정적이다. B. 보통 사람들보다 열성적이지 못하다.
7. 다른 많은 사람들과 함께 무슨 일을 할 때, 당신은 어떻게 하는 것을 더 좋아하는가?
   A. 보통 인정되고 있는 방법을 따른다. B. 자신만의 방법을 만들어 낸다.
8. 당신은 다음 중 어느 쪽을 더 꺼리는가?
   A. 수준 높은 이론들 B. 이론을 좋아하지 않은 사람들
9. 어떤 사람들을 부를 때 어떻게 부르는 것이 더 좋은 칭찬인가?
   A. 통찰력이 있는 사람 B. 상식이 통하는 사람
10. 당신은 자주 :
   A. 당신의 감성이 당신의 이성을 지배케 한다.
   B. 당신의 이성이 당신의 감성을 지배케 한다.
11. 당신은 :
   A. 아무하고나 오랫동안 쉽게 이야기를 할 수 있다.
   B. 단지 어떤 사람들에게만 또는 어떤 조건에서만 말이 많다.
12. 당신은 다음 중 어느 것이 더 나쁜 결점이라고 생각하나?
   A. 너무 많은 온정을 베푸는 것 B. 동정심이 없는 것
13. 만약 당신이 교사라면 다음의 무엇을 가르치고 싶은가?
   A. 이론과 관련된 과목 B. 사실을 알리는 과목
14. 당신을 처음 사귀는 사람들은 당신이 무엇에 관심 있어 하는가를 :
   A. 곧장 알아차릴 수 있다.
   B. 당신을 잘 알게 된 다음에라야 알아차릴 수 있다.
15. 많은 사람이 모인 모임에서 당신은 종종 :
   A. 사람들을 소개시킨다. B. 소개를 당하는 편이다.

〈제 2 부〉 다음의 2개의 단어 중 당신에게 어느 단어가 더욱 좋게 들리는가?

16. A. 동정심 B. 선경지명
17. A. 정 의 B. 자 비
18. A. 생 산 B. 설 계
19. A. 유연함 B. 확고함
20. A. 비판적이지 않은 B. 비판적인
21. A. 조용한 B. 활동적인
22. A. 직선적인 B. 비유적인
23. A. 상상력이 풍부한 B. 실제적인

〈문제해결 스타일의 분석표〉

외향성	내향성	감 각	직 관	사 고	감 정
2B	2A	3B	3A	1B	1A
4B	4A	7A	7B	5B	5A
6A	6B	8A	8B	10B	10A
11A	11B	9B	9A	12A	12B
14A	14B	13B	13A	16B	16A
15A	15B	18B	18B	17A	17B
21B	21A	22A	22B	19B	19A
		23B	23A	20B	20A

합계 점수의 분류

1. 내향성이 외향성보다 더 많으면 내향성이라고 쓰시오.
   외향성이 내향성보다 더 많거나 같으면 외향성이라고 쓰시오. (　　　)
2. 직관이 감각보다 많거나 같으면 직관이라 쓰시오.
   직관보다 감각이 많으면 감각이라 쓰시오. (　　　)
3. 감정이 사고보다 많으면 감정이라 쓰시오.
   감정보다 사고가 많으면 사고라고 쓰시오. (　　　)

* 사고가 감정과 같으면 남자는 감정이라고 쓰고 여자는 사고라고 쓰시오.

〈자료원〉 D. Hellriegel. & J. W. Slocum, Jr., 1979, *Organizational Behavior*(2nd Ed), New York, N.Y. : West Publishing Co., p. 222.

(2) 빅파이브 모형

최근 들어 성격모형으로 굳건히 자리를 잡고 있는 것이 소위 빅파이브(Big Five) 모형으로 알려져 있는 성격유형 모형이다. 앞에서 언급했듯이 사람의 행동을 묘사하기 위해서 동원된 특질들의 수가 엄청나게 늘어나면서, 특질을 통하여 사람의 성격을 설명하고자 하는 시도는 어려움에 봉착하게 되었다. 성격을 연구하는 심리학자들은 이 문제를 비슷한 특질들끼리 묶어서 몇 개의 핵심적인 특질 묶음으로 나눔으로써 해결하고자 했다. 이러한 지속적인 노력의 결과로 빅파이브 모형이 탄생하게 된 것이다. MBTI가 성격측정치로 널리 쓰이고 있음에도 불구하고 그 타당성에 대해서 의문이 제기되고 있지만, 빅파이브 모형은 탄탄한 연구 타당성으로 보여준다.

빅파이브 모형은 사람의 성격을 다섯 개의 차원, 또는 구성요소(factor)를 이용하여 기술하고자 한다. 이들 다섯 개의 성격의 요소는 외향성(extroversion), 친화성(agreeableness), 성실성(conscientiousness), 감정적 안정성(emotional stability), 그리고 경험에 대한 개방성(openness to expereience)이다.

외향성은 앞서 MBTI에서 설명하였듯이 다른 사람과의 관계에 대한 편안함의 정도를 측정하는 차원이다. 외향적인 사람은 모임을 좋아하고, 사교적이며, 활달하고 과시적인 면이 있는 반면에, 내향성인 사람은 수줍고, 대인관계에서 단호하지 못하며, 조용하고 삼가는 특질을 가지고 있다.

친화성은 다른 사람에게 순응하는 정도를 의미한다. 친화성이 높은 사람은 협조적이고 온화하며 사람을 잘 믿는 경향을 보인다. 반면에 친화성이 낮은 사람은 냉정하고, 다른 사람의 의견에 쉽사리 동조를 하지 않으며, 종종 타인과 대립을 하는 경향이 높다.

표 4-4 5대 성격요소

사교적 활기찬 자기과시적	외향성(extroversion) ←――――――→	수줍은 단호하지 못한 삼가는
협조적 온화한 사람을 잘 믿는	친화성(agreeableness) ←――――――→	냉정한 비동조적 대립적
책임감 계획적 믿을 만한	성실성(conscientiousness) ←――――――→	무책임 충동적 부주의한
안정적 확신적 안정감	감정적 안정성(emotional stability) ←――――――→	신경과민 불안감 변덕스러운
상상력이 풍부한 호기심 많은 창의적인	경험에 대한 개방성 (openness to expereience) ←――――――→	보수적 상상력 부족한 융통성 없는

성실성은 신뢰의 정도를 지적하는 차원이다. 성실성이 높은 사람은 책임감이 높고, 계획적이며, 일을 믿고 맡길 만한 사람이며 맡겨진 일을 끈기있게 해낸다. 그와 반대로, 성실성이 낮은 사람은 무책임, 무계획적이고, 충동적으로 쉽사리 다른 일에 정신이 팔리며, 부주의해서 믿을 수 없는 사람이다.

감정적 안정성은 스트레스에 견디는 능력의 차원이다. 감정적 안정성이 높은 사람은 상황에 흔들리지 않으며, 확신에 차있고, 안정감을 주는 반면에, 감정적 안정성이 낮은 사람은 신경과민에, 불안감이 높고 조울증을 보이며 안정감을 주지 못한다.

마지막으로 경험에 대한 개방성은 새로운 것에 대한 관심과 끌림의 정도를 지적하는 차원이다. 경험에 대한 개방성이 높은 사람은 상상력이 풍부하고, 호기심이 많으며, 예술적인 감각이 뛰어난 반면에, 지적 개방성이 낮은 사람은 보수적이며, 상상력이 부족하고 융통성이 없으며, 익숙한 것에 대해 편안함을 느낀다.

빅파이브 성격모형은 이들 다섯 가지 차원을 이용하여 사람들의 성격을 기술하고자 한다. 이 다섯 가지 차원은 서로 독립적이어서 사람마다 각 차원에 따라 제각각 높고 낮은 점수를 받게 된다. 예를 들어, 박 대리는 높은 외향성과 친화성, 낮은 성실성과 중간 정도의 감정적 안정성, 그리고 높은 경험에 대한 개방성을 가진 성격의 사람으로 기술되는 반면에, 김 여사는 낮은 외향성과 높은 친화성, 높은 성실

■ 그림 4-4 빅파이프 성격모형을 이용한 성격기술

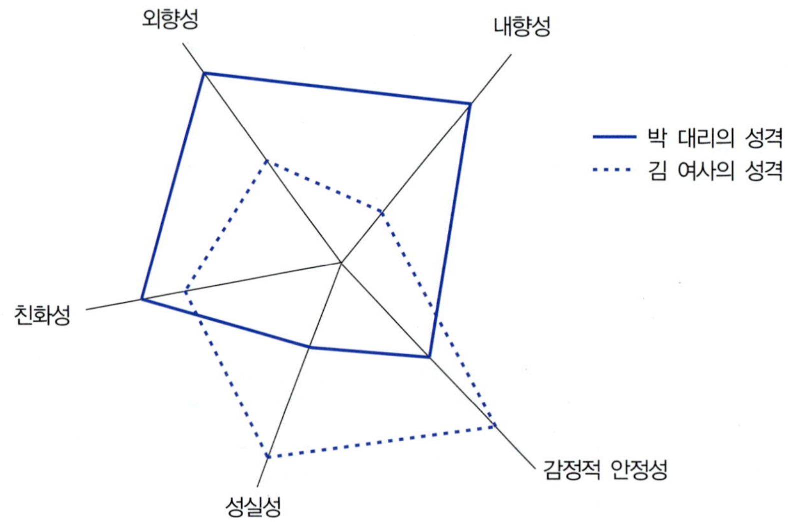

성과 감정적 안정성, 그리고 낮은 수준의 경험에 대한 개방성을 가진 성격의 사람으로 기술될 수 있는 것이다.

빅파이브 성격모형은 조직행동 분야와 접목되면서, 어떤 성격 차원이 성과와 관련이 깊은지에 대한 연구로 이어졌다. 연구에 따르면 거의 모든 직업군에서 성실성은 성과와 긍정적인 상관관계를 가지고 있는 것으로 밝혀졌지만, 다른 차원은 상황에 따라 다르다는 연구결과를 얻었다. 성실성이 높은 사람은 낮은 사람에 비해서 높은 목표, 높은 동기부여 수준, 그리고 높은 과업기대수준을 보여주었고, 결과적으로 높은 수준의 성과를 보여주었다. 또한 이들은 조직시민행동에서도 상대적으로 높은 수준을 보였으며, 특히 자율성이 많이 주어지는 작업장에서 성과가 높았다. 한편, 조직변화를 성공적으로 이끄는 경영자는 다섯 차원 모두에서 높은 점수를 얻었으며, 감정적 안정성이 높은 사람은 스트레스가 심한 상황에서 특히 작업성과가 우수한 것으로 나타났다. 친화성이 높은 사람은 고객을 상대하는 직업군과 기본적으로 갈등이 깔려있는 상황에서 상대적으로 잘 적응하는 것으로 나타났다.[20)]

2 역 량

경영자에게 조직원의 역량(competency)은 핵심적인 관심사다. 아무리 동기부여가 잘 되어 있는 사람이라도 업적달성에 필요한 역량을 갖추고 있지 않으면 효과적인 업적을 내기는 불가능하기 때문이다. 따라서 모든 조직은 업무를 수행해낼 역량을 갖춘 인적자원을 선발하고자 여러 가지 노력을 경주한다. 게다가 최근에 범세계화로 인한 변화와 경쟁의 시대를 맞아서 세상은 갑자기 인재전쟁(war for the talent)[21)]의 시대에 접어들고 있다. 필요한 역량을 갖춘 인재는 적고 찾는 곳은 많으니, 역량을 갖춘 인재를 서로 차지하고자 하는 총성 없는 전쟁은 날로 치열해지고 있다. 이러한 역량은 업적으로 연결될 가능성이 높고 나아가서 기업의 경쟁력을 좌우하는 매우 중요한 요소가 된다. 이에 따라 대부분의 기업들은 인재를 평가할 때 역량과 업적을 주요 평가요소로 하여 평가하고 그 결과를 승진과 보상에 반영하고 있다. 우리나라 고위공무원들의 경우 역량평가를 제도화하여 일정 등급 이상이 되지 않으면 상위직급으로의 승진을 제한하고 있다.

역량은 능력과 기능을 합한 개념으로서, 개인이 전문적이고 관리적인 위치에서 효과적으로 기능하기 위해서 요구되는 능력, 행위, 태도와 지식들의 묶음[22)]이며, 어떤 일을 남보다 잘해낼 수 있는 경쟁력을 내포하고 있다. 흔히 역량과 유사한 개념으로 쓰이는 능력(ability)은 개인이 수행하는 과업에서 최대의 성과를 이끌어내는 데 필요로 하는 광범위하고 안정적인 인적 특성을 의미한다.[23)] 그에 비해 기능(skill)은 대상을 물질적으로 조직할 수 있는 특별한 잠재력을 가리킨다. 남보다 뛰어난 미술작품을 생산하기 위해서 화가는 대상을 관찰하여 그리고자 하는 대상의 특성을 잡아내고 그것을 표현해내는 기본적인 능력이 있어야 하고, 그에 더하여 훈련을 통해 습득한 연필과 붓을 다루는 기능, 그리고 더 나은 작품을 만들고자 하는 열정과 끊임없는 노력을 필요로 할 것이다. 붓을 잘 다루는 기능을 길렀다고 누구든 위대한 화가가 될 수는 없고, 아무나 노력한다고 해서 아인슈타인이 될 수는 없는 일이다. 그러한 측면에서 보면 능력이란 어느 정도 천부적인 것이다. 머리가 좋은 것은 (지적) 능력이지만, 그 능력을 잘 활용하여 훌륭한 학자가 되거나, 타고난 음악적 재능이라는 능력을 갈고 닦아서 위대한 연주가가 되는 것이 역량의 차원이다.

뇌란 처음에는 주로 유전에 의해서 형성되지만, 사용하면 할수록 강화되고 사용하지 않으면 소멸한다는 가소성의 원리가 적용된다. 경험과 훈련을 반복하면 그 훈련에 필요한 두뇌부분은 발화되어서 뇌세포 사이의 연결성이 강화되는 반면에,

거의 쓰지 않는 뇌부분의 세포들은 연결성이 약화되고 결국은 소멸되어 버리고 만다.[24] 이를 증명하듯이 지적능력(intellectual ability)도 큰 폭은 아니지만 일생 동안 지속적으로 변한다는 사실을 최근의 연구들이 보여주고 있다. 이렇게 볼 때, 최근에 기업들이 인적자원의 선발과 개발에서 능력보다는 역량에 더 큰 관심과 무게를 두는 것은 충분히 근거있는 판단이라 생각된다.

2.1 능력

능력(Ability)이 후천적인 경험과 반복 훈련을 통해서 향상된다고는 하지만, 능력은 기본적으로 많은 부분이 선천적으로 정해진다. 능력은 정신적 능력과 육체적 능력으로 구분할 수 있고, 정신적 능력은 다시 일반지능(general intelligence)과 여기에 최근 들어 관심을 모으고 있는 감정지능(Emotional intelligence)으로 구분할 수 있다. 감정지능에 대해서는 3장의 정서에 대한 절에서 알아보았으므로 여기서는 일반지능, 혹은 일반적으로 지능(intelligence)이라고 불리는 지적 능력(intellectual ability)에 대해서 간단하게 알아본다.

지능에 대해서는 학자마다 매우 다양한 의미와 정의들을 내놓고 있어서 혼란스럽지만, 그런 중에서도 다음의 정의는 폭넓은 지지를 받고 있다.

> 지능은 매우 일반적인 정신능력을 의미하는 것으로, 여러 가지가 있겠으나, 특히 추론하는 능력, 계획하는 능력, 문제를 해결하는 능력, 추상적으로 생각하는 능력, 복잡한 아이디어를 이해하는 능력, 신속하게 배우는 능력, 그리고 경험으로부터 학습하는 능력 등을 포함한다. 이는 단순히 책을 통해 학습하는 것, 좁은 의미의 학문적 재주, 또는 시험을 잘 보는 것 등이 아니다. 그보다는 우리 주위를 이해하고 '따라잡으며', 사물에 대해서 '의미를 부여'하거나, 무엇을 할 것인지 '찾아내는 것'과 같이 좀 더 넓고 깊은 능력을 반영하는 것이다.[25]

이러한 지능을 구성하는 요소로서 다양한 의견들이 제시되어 왔지만, 많은 연구를 통해서 발굴, 개발된 다음과 같은 일곱 가지 인지적 능력을 지능의 척도로 삼는 데에 대해서 많은 학자들이 동의하고 있다. <표 4-5>는 이 일곱 가지 인지 능력을 제시하고 있다.

이 일곱 가지 능력들 중에서 인적자원 선발 연구자들은 언어적 능력, 수리적 능력, 공간지각 능력, 그리고 연역적 추리 능력 등이 다양한 작업군에서 효과적인 성과 예측치로서 타당성이 있음을 발견하였다.[26] 바로 이들 능력들이 대학교 수능

표 4-5 일곱 가지 인지 능력

능 력	설 명
언어적 능력	단어의 뜻을 이해하고 읽은 내용을 용이하게 파악하는 능력
단어 탐구 능력	상징적이거나 구조적인 특성에 맞는 단어를 골라내는 능력
수리적 능력	수리적 계산을 신속하고 정확하게 처리하는 능력
공간지각 능력	공간 유형을 잘 파악하고 기하학적 틀이 모양이나 위치적으로 변형되어 있을 때 그 모습을 그려볼 수 있는 능력
기억 능력	짝을 이룬 단어나 상징, 나열된 숫자나 연상 항목들을 기계적으로 외우는 능력
지각 속도	도형을 지각하고 유사한 점과 상이한 점을 찾아내며, 시각을 활용하는 과업을 처리하는 능력
연역적 추리 능력	구체적인 사실로부터 일반적인 결론을 끌어내는 능력

자료: Dunnette, M.(1976), "Aptitudes, Abilities, and Skills" in M. D. Dunnette(ed.), *Handbook of Industrial and Organizational Psycbology* (Stokie, IL: Rand McNally)

시험에서도 그대로 반영되고 있는 이유를 이제는 알 수 있을 것이다.

2.2 다중지능[27)]

다중지능(Multiple Intelligence)은 최근에 하버드대학교 심리학 교수인 가드너(Howard Gardner)가 주장한 지능이론으로, 가드너는 지능이 높은 사람은 모든 지적 영역에서 대체적으로 우수하다는 종래의 일반적 지능관을 비판하면서, 인간의 지적 능력이 서로 독립적이며 상이한 여러 유형의 능력으로 구성된다고 주장한다. 가드너는 지능을 <표 4-6>에서처럼 여덟 개 능력 유형으로 나누어 설명하고 개인은 이 독립적인 능력 유형에서 다양한 수준의 능력 정도를 보인다고 하였다.

가드너는 인지과학 및 신경과학의 이론, 뇌손상 환자들에 대한 임상적 자료, 천재·자폐성 아동 등 특수집단의 지적 능력에 관한 자료들에 근거하여 여덟 개의 능력 모두가 우수한 사람은 없다고 주장한다. 같은 이치로, 정신지체 아동이라 할지라도 여덟 가지 능력 모두가 낮은 것은 아니라고 제안한다.

이 이론이 의미하는 바는 학습과 교육은 개인 각자가 지닌 특별한 능력에 집중하여 이루어져야 한다는 것이다. 예를 들어, 어떤 사람이 높은 수준의 공간 능력이나 음악 능력을 가지고 있다면, 그 사람은 그러한 능력을 개발하도록 격려를 받을 필요가 있다는 것이다. 가드너는 각각의 능력은 내용의 영역이 다를 뿐만 아니라,

표 4-6 가드너의 여덟 가지 지능

능 력	설 명
언어 능력	복잡한 의미를 표현하는 언어를 사용하는 능력
논리적·수학적 능력	계산과 정량화를 가능하도록 하고 명제와 가설을 도출해내며, 복잡한 수학적 기능을 수행하는 능력
공간 능력	내·외적 이미지의 지각, 재창조, 변형 또는 수정이 가능하고, 자신이나 사물을 공간적으로 조정하고 그래픽 정보로 생산하거나 해석이 가능하도록 하는 능력
신체 운동 능력	물건을 잘 다루고 시간 감각이 있으며, 신체적 기술을 잘 조화하는 능력
음악 능력	음의 리듬, 음높이, 음색에 대한 민감성을 가지고 있는 능력
대인관계 능력	타인을 이해하고 타인과 효과적으로 상호작용하는 능력
자기 이해 능력	자신을 들여다보고, 자신에 대해서 정확히 지각하는 능력
자연탐구 능력	자연의 패턴을 관찰하고 분류하여 유용한 정보를 획득하며, 자연데 대한 지식을 활용하여 농사나 광산 운영에 적용하는 능력

학습방식(learning modality)도 다르다는 점을 지적한다. 이런 점들에서 더 나아가, 가드너는 문화권마다 능력들 간에 차이가 날 수 있음도 제안하고 있다.

가드너의 다중지능이론은 우리들로 하여금 자신의 지능영역 중에서 뛰어난 능력을 가능하면 빨리 찾아내고, 그에 적합한 직업이나 경로를 찾아갈 것을 지적하고 있다. 그에 의하면, 언어능력이나 수리능력과 같은, 기존의 IQ 테스트를 중심으로 한 일반 지능은 많은 학생들로 하여금 좋은 대학을 가고 좋은 직업을 얻으며, 사회적 지위를 얻는 데 유용하게 작용하지만, 그러한 지적 능력에서는 뛰어나면서도 사회에 적응하지 못하는 사람들도 적지 않다는 것이다. 뿐만 아니라 일반적 지적 능력 관점은 틀에 박힌 지식을 만들어내기 때문에, 학습능력을 제한하고 새로운 관점과 새로운 문제해결능력을 제한한다고 주장한다. 따라서 다중능력에 따라 학생들을 다른 학습방법을 이용하여 교육시스템을 개발하는 것을 강하게 요청한다. 이와 관련된 조직행동 분야의 연구는 이루어진 것이 거의 없다.

2.3 핵심 역량

슬로컴(John Slocum)과 헬리걸(Don Helliegel)은 최근 자신의 저서에서, 21세기 대부분의 전문가집단이나 조직에서 개인과 팀 및 조직의 유효성을 높이는 데 필수적으로 갖추어야 할 핵심역량(Core Competency)으로 일곱 가지 역량을 들고 있

표 4-7 슬로컴과 헬리걸의 일곱 가지 핵심역량

핵심역량	설 명
자기이해 역량	자신의 강점과 약점을 알고, 자신의 공적·사적 목표를 설정하고 추구하며, 자신의 삶과 일의 균형을 이루고, 새로운 학습을 일상화하는 역량
의사소통 역량	아이디어와 생각, 느낌을 전달, 이해, 수신하는 모든 수단을 활용할 수 있는 역량
다양성 관리 역량	개인과 집단의 독특함의 가치를 인정하고, 그러한 독특함을 조직의 강점으로 승화시킬 수 있으며, 개인의 독특함을 있는 그대로 인정할 수 있는 능력
윤리 역량	의사결정과정에서 옳고 그름을 판정하는 가치와 원칙을 관철하는 역량
다문화 관리 역량	국가와 문화 사이의 상이점을 인식하고 열린 자세로 조직과 전략적 이유에 접근하는 역량
팀 역량	조직의 목표를 달성하기 위해서 집단을 개발, 지원, 촉진, 선도하는 역량
변화관리 역량	사람이나 과업, 전략, 또는 기술 측면에서 필요한 적응이나 완전한 변혁의 필요성을 인식하고 그것을 실행에 옮기는 역량

다.[28] 이들 일곱 가지 핵심역량들은 ① 자기이해 역량, ② 의사소통 역량, ③ 다양성 관리 역량, ④ 윤리적 역량, ⑤ 문화차이 포용 역량, ⑥ 팀역량, ⑦ 변화관리 역량 등을 들고 있다. 미래의 경영자들은 이들 여덟 가지 핵심역량에서 자신이 어느 정도의 위치를 차지하고 있는지를 점검하고, 모자란 역량을 개발하는 노력이 필요하다고 하겠다.

2.4 조직에서의 관리자의 기술

대부분의 조직에서 관리자가 갖추어야 할 관리기술(management skills)은 기본적으로 현장운영 기술(operational skills), 인간관계 기술(human relation skills), 그리고 개념적 기술(conceptual skills) 등으로 나누어 볼 수 있다. 현장운영 기술은 구체적 과업을 수행하는 데 필요한 이해와 숙련도를 말하며, 인간관계 기술은 다른 사람들과 어울려 집단적으로 일을 꾸려갈 수 있는 기술을 의미하고, 개념적 기술은 조직과 상황을 전체적으로 큰 그림으로 볼 수 있고, 그 구성부분들을 통합해서 종합적으로 바라볼 수 있는 기술을 가리킨다.

이러한 세 가지 기술은 관리자가 차지하고 있는 위치에 따라 그 비중이 달라진다. 일선관리자의 경우에는 핵심운영 기술의 비중이 큰 반면, 중간관리자는 인간관계 기술이 중요한 몫을 차지하고, 계층이 올라갈수록 점점 개념적 기술이 중요

그림 4-5 관리자의 능력

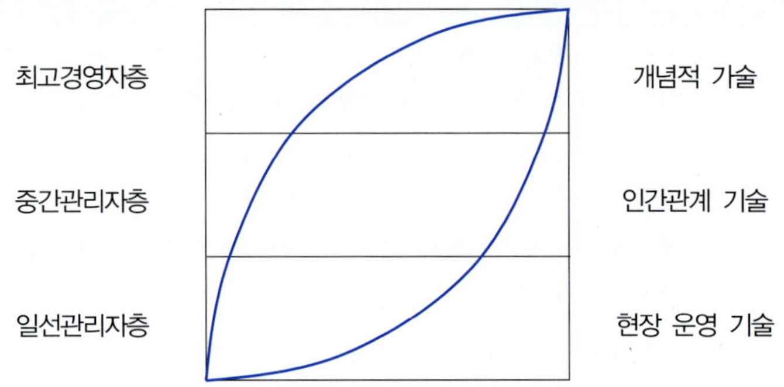

하게 된다. 특히 인간관계 기술은 계층에 관계없이 모두 공통적으로 중요하며 조직행동을 학습하는 이유도 여기에 있다. 이를 그림으로 그려보면 다음과 같이 그려볼 수 있을 것이다.

[후주]

1) Roccas, S., Sagiv, L., Schwartz, S. H., & Knafo, A.(2002). The Big Five Personality Factors and Personal Values, *Personality and Social Psychology*, 28, 789-801.
2) Horgan, R. T.(1991). Personality and Personality Measurement, In M. D. Dunnett and L. M. Hough(Eds.). *Handbook of Industrial and Organizational Psychology*, 2nd Ed.(pp. 873-919), Palo Alto, CA: Cosulting Psychologists Press.
3) Burnham, J. C.(1968). Historical Background for the Study of Personality, In E. F. Bogatta & W. W. Lambert(Eds.), *Handbook of Personality Theory and Research*, Chicago: Rand McNally.
4) Colombia Encyclopedia: personality.
5) Bouchard, T. J.(1994). Genes, Environment, and Personality, Science, 264. 1700-1; Rose, R. J.(1995). Genes and Human Behavior, *Annual Review of Psychology*, 46, 625-654.
6) Rately, J. J.(2001). A Users's Guide to the Brain: Perception, *Attention and the Four Theaters of the Brain*. New York: Pentheon Books.
7) Allport, G. W. & Odbert, H. S. (1936), "Trait-names: A psycho-lexical study", *Psychological Monographs*, 47(1), 1-171
8) Cattell, R. B. (1973), "Personality pinned down", *Psychology Today*, July, 40-46.
9) Robbins, S. P. & Judge, T. A.(2007). *Organizational Behavior*, 12th Ed. N.J.: Upper Saddle River, Pearson Education.; McShane, S. L., & Von Glinow, M. A.(2005). *Organizational Behavior*, 3rd Ed., NY: The McGrow Hill Company.
10) Kreitner, R. K., & Kinicki, A.(2001). *Organizational Behavior*, 5th Ed., NY: McGrow-Hill: Robbins, S. P.(2001). *Organizational Behavior*, 9th Ed., N.J.: Upper Saddle River, Pearson Education.
11) Robbins, S. P. (2001). *Organizational Behavior*, 9th Ed., N.J.: Upper Saddle River, Pearson Education.
12) *ibid.*
13) McShane, S. L., & Von Glinow, M. A.(2005). *Organizational Behavior*, 3rd Ed., NY: The McGrow-Hill Company; Robbins, S. P. & Judge, T. A.(2007). *Organizational Behavior*, 12th Ed. N.J.: Upper Saddle River, Pearson Education.
14) Ellis, A.(2005), *The Myth of Self-Esteem*. Prometheus Books.
15) Kreitner, R. K., & Kinicki, A.(2001). *Organizational Behavior*, 5th Ed., NY: McGrow-Hill.
16) Robbins, S. P. & Judge, T. A.(2007). *Organizational Behavior*, 12th Ed. N.J.: Upper Saddle River, Pearson Education.
17) Robbins, S. P. & Judge, T. A.(2007). *Organizational Behavior*, 12th Ed. N.J.: Upper Saddle River, Pearson Education.; Kreitner, R. K., & Kinicki, A.(2001). *Organizational Behavior*, 5th Ed., NY: McGrow-Hill; McShane, S. L., & Von Glinow, M. A.(2005). *Organizational Behavior*, 3rd Ed., NY: The McGrow-Hill.
18) 최정윤 (2002). 「심리검사의 이해」. 시그마프레스.
19) Robbins, S. P. & Judge, T. A.(2007). *Organizational Behavior*, 12th Ed. N.J.: Upper Saddle River, Pearson Education. 97쪽 참조.
20) McShane, S. L., & Von Glinow, M. A.(2005). *Organizational Behavior*, 3rd Ed., NY: The McGrow-Hill Company.
21) Barnett, R. C., & Hall, D. T.(2001), "How to Use Reduced Hours to Win the War for Talent," *Organizational Dynamics*, 29, 192-210
22) Slocum, J. W., & Helliegel, D.(2007). *Fundamentals of Organizational Behavior*, International Student Edition, China: Thomson South-Western. p.4
23) Kreitner, R. K., & Kinicki, A.(2001). *Organizational Behavior*, 5th Ed., NY: McGrow-Hill.
24) Rately, J. J.(2001). A Users s Guide to the Brain: Perception, *Attention and the Four Theaters of the Brain*. New York: Pentheon Books.
25) Gottfredson, Linda J.(1997), "Mainstream Science on Intelligence (editorial)," *Intelligence* 24: 13.
26) Ganzach, Y. (1998). "Intelligence and Job Satisfaction," *Academy of Management Journal*, Octo-

ber, 526-539; Schmidt, F. L., & Hunter, J. E.(1981), "Employment Testing: Old Theories and New Research Findings," *American Psychologist* : 1128.

27) Gardner, H.(1999). *Intelligence Reframed: Multiple Intelligences for the 21st Century*. New York: Basic Books. http://en.wikipedia.org/wiki/Theory_of_multiple_intelligences.

28) Slocum, J. W., & Helliegel, D.(2007). *Fundamentals of Organizational Behavior*, International Student Edition, China: Thomson South-Western.

chapter 5

지각과 귀인과정

자료원: *Circle Limit Ⅳ by M. C. Escher*. ⓒ1999 Corden An-Baarm-Holland. All Rights Reserved

앞 페이지의 그림은 보는 사람에 따라 다르게 보일 수 있는 그림이다. 하얀 것에 주목하여 보면 천사들이 날아다니는 그림으로 보이지만, 검은 것에 주목하여 본 사람에게는 박쥐 형상을 한 악마들이 떼를 지어 날고 있는 그림으로 보일 것이다. 이렇게 같은 그림이라고 하더라도 어디에 주목하여 보느냐에 따라 사람마다 완전히 다른 뜻을 가진 그림으로 해석할 수 있다. 이렇게 우리의 오감을 통해서 들어온 외부의 자극을 해석하고 의미를 부여하는 인지과정을 지각과정(perception process)이라고 한다.

우리가 지각과정에 주목하는 것은 그것이 우리의 핵심 주제인 '조직을 둘러싸고 일어나는 인간의 행동'과 깊은 연관성을 가지고 있기 때문이다. 우리는 우리가 받아들인 환경 자극에 무조건적으로 반응하는 것이 아니라, 그 자극들이 무엇인지 파악하고 의미를 부여한 다음에야 그에 상응하는 행동을 할 수 있는 것이다. 물론, 우리 주변의 자극들 모두가 지각의 대상에 포함되겠지만, 조직행동이 특히 주목하는 것은 그 자극이 사람인 경우이다. 예컨대, 우리는 주위 사람에 대해서 그가 믿을 수 있는 사람인지 아닌지, 또는 유능한 사람인지 무능한 사람인지, 어떤 성격을 가진 사람인지 등을 지각하고 그 지각에 따라 그에 대한 우리의 행동을 정하게 된다.

한편, 우리는 무슨 일이 벌어지고 나면 꼭 그 원인을 알고 싶어 한다. 어떤 결과의 원인을 알고자 하는 우리의 욕망은 하이더(Fritz Heider)가 '앎의 본능'이라고까지 지적했을 만큼 강한 것이다. 여기서 조직행동이 주목하는 것은 그러한 욕망에 따라 사람들이 자신을 포함하여 사람들이 왜 그런 행동을 하고 그러한 결과를 낳게 되었는지, 그 원인을 인식하는 방식이다. 우리는 앎의 본능에 따라 자신 및 타인의 행동과 그 결과의 원인을 찾아내고, 그 원인이 무엇인지에 따라 우리의 다음 행동을 결정하게 된다. 이렇게 사람들의 행동과 그 결과에 대한 원인이 무엇인지 인지하는 과정, 즉 인간행동에 대한 지각과정을 특히 귀인과정(歸因過程; attribution process)이라고 부른다.

1 지각과정

우리는 다양한 외부의 자극에 노출되어 살고 있다. 그러나 그러한 자극들에 그냥 노출되어 있기만 한 것이 아니라, 끊임없이 우리들의 시각이나 청각 등, 오감을 통해서 받아들여 그것이 무엇인지 의미를 부여하고 그에 따른 행동을 되풀이하면서 살아가고 있다. 더운 날 음식에서 시큼한 냄새가 나면 음식이 상했다고 판단해서 쓰레기 봉지에 싸서 버리고, 미술 전람회에 가서 '봄'이란 제목이 걸린 유명 작가의 조각 작품을 보면, 그것이 가진 의미를 생각하면서 찬찬히 감상하기로 마음먹기도 한다. 그런가 하면, 신입사원을 면접하는 과정에서 한 응모자가 특정 지역의 사투리를 쓰면, 그 지역 사람들에 대한 개인 경험이나 고정관념과 연계하여 그 사람을 판단하고 채용 여부를 결정할 수 있는 것이다. 이처럼 지각과정에 의해 개인의 행동이 영향을 받기 때문에 지각과정에 대해 이해하는 것은 인간의 행동을 이해하는데 매우 중요하다.

1.1 주의집중

그런데 우리는 주의의 모든 자극을 지각의 대상으로 삼아 받아들이는 것은 아니다. 지금이라도 가만히 귀 기울여보면 갑자기 지금까지 듣지 못하던 갖가지 크고 작은 소리들을 들을 수 있을 것이다. 이 책을 보고 있다가 눈을 들어 주위를 둘러보면, 지금까지 인식하지 못하던 주변의 여러 모습들이 눈에 들어온다. 눈을 감고 신경을 냄새에 집중하여 보면 문뜩 무슨 냄새를 맡을 수 있을지 모른다. 목이 말라 물을 한 잔 마시는데, 눈을 감고 그 맛을 음미하기로 마음을 먹으면, 전에는 느끼지 못했던 물의 맛을 느낄 수도 있다.

이처럼, 우리는 주위의 갖가지 자극들 중에서 우리가 집중하는 자극들만을 선택적으로 오감을 통해서 받아들여 지각의 대상으로 삼는다. 그런 다음, 이 자극들을 일정한 틀에 따라 다시 나누고 서로 엮어서 우리가 의미를 부여할 수 있는 자극 묶음으로 만들어낸다. 그리고 이렇게 해석을 마친 자극 묶음에 대해서 우리의 반응을 결정하게 되는 것이다. 이에 따르면 우리는 주위의 자극에 대해서 무조건적으로 반응하는 수동적인 존재가 아니라, 수많은 자극들 중에서 일부만 선택적으로 받아들인 다음, 그것들을 자신의 틀에 따라 구성하고 해석하고 반응하는 적극적인 해석 주체인 것이다. 이러한 선택적 지각은 때로는 지각의 오류를 초래하기도 한다.

[그림 5-1]은 지각과정을 간단하게 도식화한 것이다. 먼저 지각자는 주변의 지각 대상들 중에서 일부에만 주의집중(attention)을 하게 되는데, 이 주의집중 과정에 지각대상, 지각자, 그리고 지각이 이루어지는 때의 상황 등이 영향을 미치게 된다. 연구에 따르면, 지각대상들 중에서 큰 것, 움직이는 것이나 특이한 것과 같은 자극들이 작은 것이나 정지한 것, 평범한 것들보다 더 주의집중을 잘 받으며, 지각자의

그림 5-1 지각과정

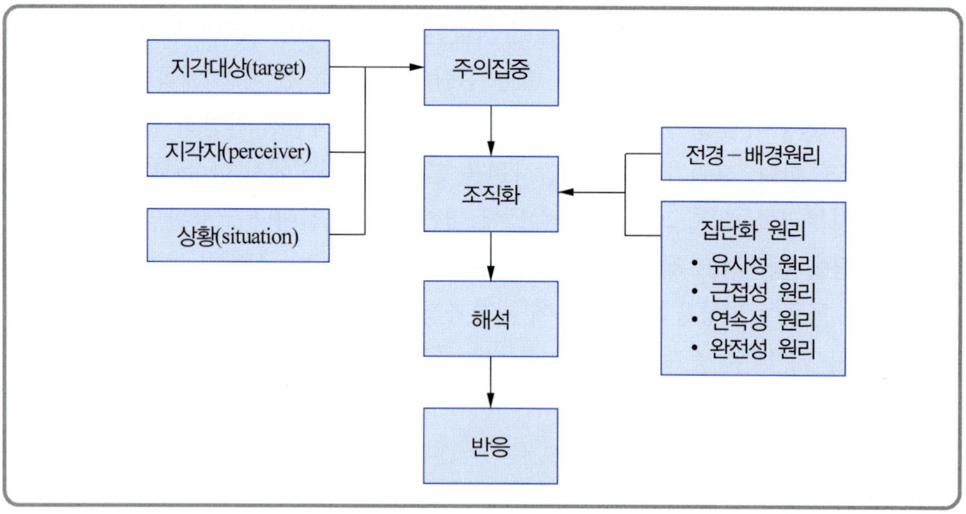

욕구나 기대수준, 경험들도 이 과정에 상당한 영향을 미치는 것으로 알려지고 있다. 지각이 이루어지는 상황의 위급 여부나 분위기도 이 과정에 영향을 미칠 수 있다.

1.2 조직화 과정

이렇게 주의집중을 통해서 받아들여진 자극들은 조직화 과정(organization process)을 거친다. 조직화 과정은 크게 두 가지 원리에 의해서 진행되는데, 그 하나가 형상-배경(figure-ground) 원리로서, 이 원리를 통해 받아들인 자극들 중 일부를 형상으로, 나머지는 배경을 구성하는 것으로 나누게 된다. 본 장의 맨 앞에서 보았던 그림을 예로 들어 말하면, 흰 것을 형상으로 받아들인 사람은 검은 것을 배경으로 처리하게 되고, 따라서 천사들이 검은 하늘을 배경으로 날개를 펼치고 날고 있는 그림으로 보게 될 것이고, 그 반대로 검은 것을 형상으로 받아들인 사람은 박쥐를 닮은 악마들이 무리지어 비행하는 그림으로 보게 될 것이다. 다빈치의 '모나리자'는 그녀가 짓고 있는 묘한 미소로 유명하지만, 어떤 이들은 그녀의 뒤로 보이는 신비로운 분위기의 배경을 주된 형상으로 삼아 이에 집중하기도 한다.

형상(figure)으로 받아들인 자극은 집단화(grouping) 원리를 통해서 서로 묶여 단순화하는 과정을 거친다. 비슷한 자극들은 그것들끼리(유사성), 장소적으로나 시간적으로 근접한 것들 또한 그것들끼리 묶어서 받아들이고(근접성), 규칙성을 가

■ 그림 5-2 지각의 영향요인

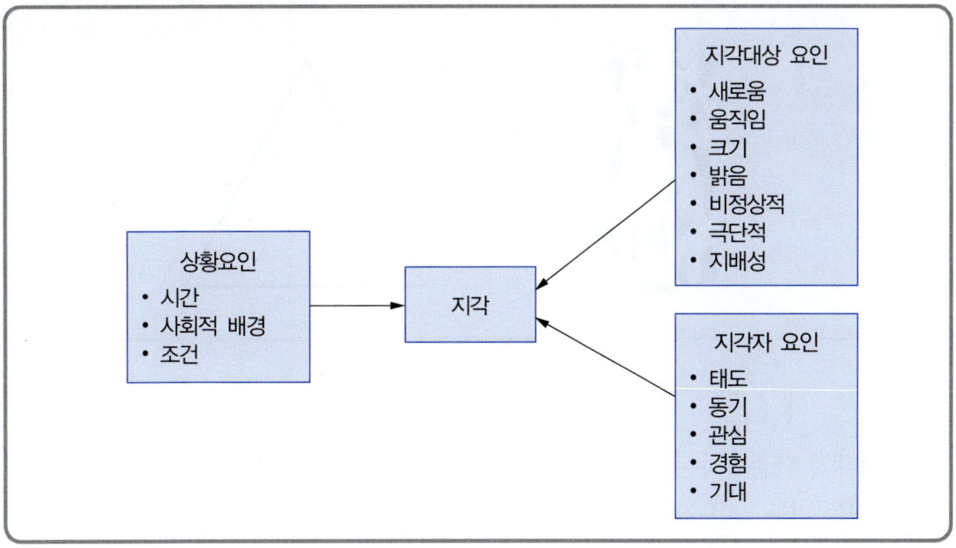

읽을거리 5-1

일부 자폐인은 정상적인 감각능력이 있지만, 잡음들 사이에서 중요한 정보를 잡아내지 못한다. 즉, 두뇌로 쏟아지는 수많은 감각신호의 우선순위를 정하지 못하는 것이다. 자폐아가 나타내는 특이한 행동들은 궁극적으로 대량의 혼란스런 감각과부하를 차단하기 위한 대처방식이다. 다시 말해서 소리치고, 귀를 막고, 소음이 없는 조용한 장소로 달려간다. 그들은 잡음을 차단하기 위해서는 무엇이든지 하는 것이다. 그리고 이러한 접촉에 대한 혐오는 그들을 더욱더 바깥 세계로부터 고립시킨다.[1)]

지고 있는 것은 앞으로도 그러한 패턴을 유지하는 것으로 받아들인다(연속성).

그런가 하면, 형상화된 자극이 불완전하면 그것을 완전한 형상으로 바꾸어버리는 집단화 원리(완결성)도 일어난다. [그림 5-3]은 그러한 예를 보여주고 있다. 우리가 왼쪽 그림을 접하면 대개의 경우 개로 지각하고, 오른쪽은 삼각형으로 지각하게 된다. 우리가 형상으로 받아들인 자극이 불완전하지만, 그 불완전한 형상이 우리 기억 속에 들어있는 개나 삼각형의 기본꼴(prototype)과 유사하기 때문에 모자란 부분을 메워서 개, 또는 삼각형으로 지각을 하는 것이다. 바로 이 완결성 원리 때문에 우리는 부분만 보고도 종종 전체를 본 것처럼 착각을 하고, 바로 이 점 때문에 우리는 심각한 지각상의 오류를 경험하기도 한다.

조직화 과정이란 결국은 자극들을 서로 묶거나 제거하고, 모자란 부분은 메우고

그림 5-3 완결성 원리

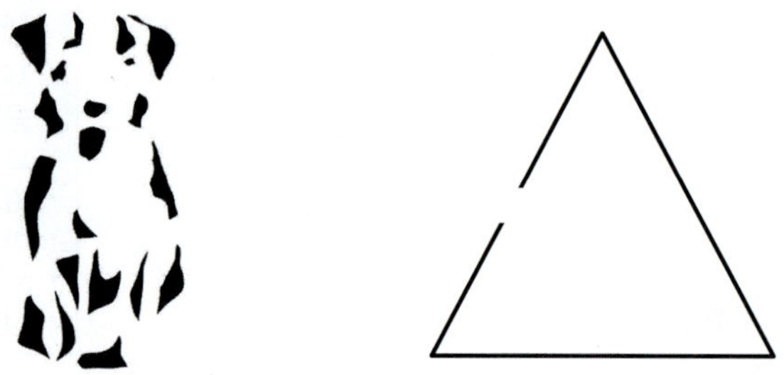

교정해서 단순화하는 작업이다. 만약, 이러한 자극의 단순화 과정이 없다면, 우리의 뇌는 너무 많은 자극들로 항상 과부하가 걸려서 고통을 받게 될 것이다. 야구장에 들어온 관중 하나, 하나를 그 특징에 따라 개별적으로 지각하여 기억해야 한다면 어떻게 되겠는가? 관중이라는 유사성으로 묶어서 한 무리로 기억해야만 정상적인 삶을 살아갈 수 있을 것이다.

1.3 해석 및 반응

조직화 과정이 끝나면 우리는 그 형상에 의미를 부여하게 된다. 이러한 의미부여는 조직화 과정을 마친 형상과 우리 기억 속에 들어있는 이와 유사한 기본꼴을 비교함으로써 이루어진다. 예를 들어, 친구 집에 가서 네 발로 걷는 동물을 보았는데, 이처럼 사람과 같이 생활하면서 아는 사람을 보면 꼬리를 흔들고, 짖을 때 멍멍 하고 짖는다면, 이 동물은 내 기억 속에 들어있는 동물의 기본꼴들 중에서 개의 기본꼴과 가장 유사하므로, 내가 본 동물은 개라는 의미를 부여할 수 있게 되는 것이다. 이때 나는 내가 본 동물이 가지고 있는 독특한 특징들에 주목하기보다는, 단지 '저건 개'라는 사실로 단순화하여 지각하게 된다. 만약 내 기억 속에 들어있는 기본꼴의 개는 머리를 쓰다듬으면 꼬리를 치면서 좋아하는 동물로 단순화되어 있다면, 아마도 나는 내가 개라고 의미를 부여한 동물에 다가가서 머리를 쓰다듬을 것이고, 그로 인한 혹독한 경험을 겪게 될지도 모른다.

이렇게 우리들의 기억 속에 들어있는 지각 대상에 대한 단순화된 기본꼴, 또는 요약본을 스키마(schema)라고 한다. 스키마란 우리의 주변 세계에 대해서 획득한 지식을 조직화하는 정신구조라고 말할 수 있는 것으로, 우리들은 주위 환경에 대한 경험들을 통해서 기억 속에 수많은 형태의 스키마들을 쌓아가게 된다. 스키마의 대상은 매우 광범위해서, 사물들에 대해서 뿐만 아니라, 식당에 가서 음식을 주문하는 일과 같은 사건들에 대해서도 다양한 스키마들을 발달시키고 있다. 그게 어느 쪽이 되었든 스키마는 우리가 알고 있는 세상을 조직화하고, 새로운 환경을 해석하는 데 활용하는 기본 지식과 인상을 그 곳에 함축하고 있기 때문에, 우리들이 보고 생각하고 기억하는 정보들에게 끊임없이 영향을 미치게 된다.[2)]

토론사례 5-1

한국 식당에서 하는 식사 스키마와 서양 식당에서 하는 식사에 대한 스키마가 어떻게 다른지 이야기를 나누어 보시오.

스키마가 가지는 단순화의 특성 때문에 우리는 무엇인가 지각하는 과정에서 지각대상을 스키마에 맞추어 빼거나 채워 넣음으로써 많은 지각상 오류들의 원인이 되기도 한다. 스키마는 경험과 학습에 의해 형성되기 때문에 개별적인 동시에 문화적 성격을 갖는다. 이런 스키마들을 보유함으로써 우리는 우리 주변의 복잡성과 불확실성을 크게 줄일 수 있고, 결과적으로 우리의 삶을 관리가능한 것으로 단순화시킬 수 있게 된다. 만약 우리들이 이런 스키마들을 지니지 못하고 있다면, 매 순간 무엇인지 알 수 없는 생경한 것들에 부딪히게 될 것이고, 그때마다 이들을 새롭게 해석하는 과정을 되풀이해야 하는, 영화 '메멘토'의 주인공과 같은 신세가 될 것이다.

읽을거리 5-2

알코올 중독이나 심한 영양실조로 비타민 B1이 부족하게 되어 나타나는 코사코프증후군(Korsakov's syndrome)이라는 것이 있다. 이 병에 걸린 환자는 새로운 경험을 형성할 능력을 상실하게 되는데, 그렇기 때문에 이 환자는 이전에 수많이 경험했던 상황도 그것을 처음 경험하는 것과 같이 받아들이게 된다. 이런 '새로운 경험'은 불안감을 부추기고 두렵기까지 해서 코사코프증후군을 보이는 사람은 오랜 시간 동안 자신이 경험한 것들에 대해 의미를 부여하기 위해서 온갖 노력을 기울인다. 다음은 신경학자 올리버 삭스(1987)가 톰슨이라는 코사코프증후군을 보이는 환자에 대해서 묘사한 글이다.

"그는 불과 몇 초 동안만 기억을 간직할 수 있을 뿐이었다. 그는 항상 어리둥절한 상태에 놓여 있었다. 그의 밑으로는 망각으로 빠져드는 구멍이 항상 열려져 있었지만, 미약하긴 하지만, 능숙한 작화(confabulation)와 온갖 허구를 동원해서 그것에 빠지지 않고 현실에 겨우 매달려 있을 따름이었다. 그에겐 그것들이 허구가 아니라 세상을 보는 법 또는 해석하는 방법이었다. 그것의 극적인 변덕스러움과 불일치를 한순간도 참아내기 어려웠기 때문에, 그는 끊임없이 무의식적으로 재빠르게 무엇인가를 발명해내어 자기 주변의 세상을 즉각적으로 지어내었고, 그 결과 이렇듯 이상하고 정신착란적이면서도 겉모습만 그럴듯하게 일관성을 보이는 세상이 존재했다."3)

2 대인 지각

조직행동은 사람이 자신과 타인을 어떻게 지각하는가에 특히 관심을 가진다. 즉, 지각의 대상이 사람인 경우에 일어나는 지각과정을 이해하고자 하는 것이다. 그렇다고 지각의 대상이 사람이라고 해서 다른 지각과정과 크게 다를 것은 없다. 우리들이 사물이나 사건들에 의미를 부여하기 다양한 스키마를 활용하는 것처럼, 사람을 이해하고 판단하기 위해서 사람에 대한 스키마들을 발달시키고 활용하게 되는데, 이렇게 사람을 판단할 때 활용되는 스키마를 특히 스테레오타이프라고 부른다.

2.1 스테레오타이프

지각자(perciever)가 동호회나 출신지역, 직업, 또는 성별과 같은 사회집단에 대해서 발달시키고 있는 스키마를 스테레오타이프(streotype; 상동적 태도)라고 한다. 다시 말해서 스테레오타이프란 지각자가 특정 집단 구성원들에게 전반적으로 적용하는 과도하게 단순화된 믿음이나 기대를 의미하며, 어떤 사람을 그가 속한 집단의 일원이라는 사실을 기본 잣대로 하여 판단할 때 스테레오타이프 효과(stereotyping)가 발생했다고 말한다.

우리들은 다른 사람을 만났을 때 신속하게, 그리고 자동적으로 스테레오타이프를 적용해서 그 사람을 이해하려고 한다. 그러나 스키마의 경우처럼, 스테레오타이프도 우리들로 하여금 신속하게, 그리고 종종 효과적으로 대상을 판단하게 함으로써 사람과 관련된 상황의 불확실성을 줄여준다는 순기능도 하지만, 스테레오타이프가 본질적으로 지니고 있는 과도한 단순화의 성질 때문에 크고 작은 대인지각상의 오류를 발생시킬 가능성이 상존한다. 예를 들어, 자신이 생각하는 특정 지역의 특성을 바탕으로 그 지역 출신 사람들을 모두 같은 특성을 갖고 있다고 지각하거나, 자신이 생각하는 특정 종교의 특성에 바탕을 두어 그 종교의 신자들을 동일하게 지각하거나, 자신이 생각하는 성별 특성에 따라 해당 성을 가진 개인을 동일하게 지각하는 등의 다양한 지각의 오류를 범하는 사례들을 쉽게 발견할 수 있다.

스테레오타이프 효과는 4단계를 거쳐 이루어진다. 먼저, 사람을 성별이나 출신지역, 나이 등과 같은 준거에 따라 집단으로 분류한다. 그런 다음, 그 집단에 속한 모든 사람들은 동일한 자질과 특성을 공유하고 있다고 추정한다. 다음 단계로, 이러한 스테레오타이프에 의거해서 지각대상자들에 대한 기대를 형성하고 그들의 행동을 해석한다. 마지막으로 이렇게 적용된 스테레오타이프는 그것과 부합하는 사례는 당연한 것으로 받아들이고, 부합하지 않는 예는 예외적인 것으로 처리되면서 유지, 강화된다. 따라서 스테레오타이프는 한 번 형성되어 적용하기 시작하면 여간해서는 사라지지 않는다.

스테레오타이핑은 긍정적으로 작용할 때도 있지만, 그것이 끼치는 부정적인 측면도 많다. 특히, 우리 사회 전반에 걸쳐서 부정적인 영향력을 미치고 있는 성별이나 학력에 대한 차별, 출신지역에 따른 편견, 세대 간의 몰이해 등이 이러한 스테레오타이핑에 기반을 하여 발달한 것들이다. 따라서 스테레오타이핑의 희생자가 되지 않기 위해서 우리는 항상 사람을 판단할 때 그가 속한 집단에서 떼어내어 판단하고자 하는 태도를 잃지 말아야 한다.

2.2 자기실현적 예언

2002년에 유행을 타기 시작한 말이 있다. 붉은 악마 응원단이 월드컵 경기장에서 카드섹션으로 보여주었던 “꿈은 이루어진다”는 말이다. 이처럼 기대했던 일이 현실화되는 현상을 자기실현적 예언(Self-Fulfilling Prophesy)이라고 하는데, 피그말리온(Pygmalion) 효과라고도 불린다. 피그말리온은 희랍 신화에 나오는 조각가로, 자기가 조각한 여인 조각을 사랑한 인물이다. 세상의 여자들은 안중에도 없이 오로지 자신이 조각한 여인과 사랑에 빠져 침식을 잃은 그를 불쌍히 여긴 아프로디테가 이 조각상을 실제 여인으로 만들어줬다는 데에서 이 용어가 유래했다.

이런 자아실현적 예언 현상을 단순히 기대만 하면 현실이 된다는 것을 지적하는 것으로 받아들이면 의미가 없다. 대인지각과 관련지어서 이 현상을 좀 더 자세히 들여다보면, 바로 이 현상 속에서 지각자의 스테레오타이프 효과가 핵심적인 역할을 수행하고 있음을 알 수 있다. 즉, 사람은 지각대상인 타인에 대해서 자신의 기대나 ‘이론’에 적합한 행동을 보이게 되고, 그러한 행동에 대해 타인도 유사한 행동으로 반응하게 된다. 그러한 타인의 행동은 지각자 자신의 기대나 이론을 증명하는 증거자료로 받아들여지고, 그에 반하는 증거들은 무시하는 과정이 되풀이되면서 단순한 기대가 현실이 되어가는 것이다.

이와 관련된 실험으로, 로젠탈과 제이콥슨(Robert Rosenthal & Lenore Jacobson, 1968)의 연구가 가장 유명하다. 이들은 초등학교 학생들에게 시험을 보인 후, 선생들에게 그 중 몇 명의 학생들이 아주 똑똑해서 시간이 지날수록 학문적으로 크게 발전할 학생이 될 것이라고 말해주었다. 그러나 똑똑한 학생들로 지적된 아이들은 실험자에 의해서 무작위적으로 선택된 아이들이었다. 그럼에도 불구하고 학기말에 실시된 IQ 테스트 결과는 선생들의 기대가 현실이 된다는 사실을 증명해주었다. 학문적으로 크게 발전할 학생이라고 지적된 학생들의 IQ점수가 다른 학생들에 비해서 상당히 높았던 것이다. 선생들이 가지고 있는 우수학생에 대한 스테레오타이프가 그들을 대하는 선생들의 행동을 변화시켰고, 선생의 반응이 그 학생들에게 다시 변화를 일으키는 순환과정을 통해서 이런 현상이 벌어진 것이다.

조직이나 실제 작업현장에서도 이런 현상은 언제나 벌어질 수 있다. 예를 들어, 명문대 출신 신입사원은 그렇지 않은 신입사원보다 상사로부터 높은 성과를 낼 것으로 기대받으면서 입사 처음부터 많은 지원과, 관심 그리고 실수에 대한 관대함과 인내 등을 부여받을 가능성이 높다. 명문대 출신자에 대한 더 많은 관심과 배려, 기회 제공 등은 이들의 성과가 더 나은 결과로 이어질 것이고, 이들이 보여준 높은 성과는 명문대생의 우수함을 증명하는 증거자료로 되돌아 작용하여 “명문대생은 작업성과도 우수하다”는 스테레오타이프를 강화시키게 될 것이다.

2.3 후광효과

또 하나, 대인지각 과정에서 빈번하게 접하게 되는 현상이 후광효과, 또는 현혹효과라고 불리는 것이다. 후광효과(後光效果; halo effect)는 한 개인을 평가할 때, 그가 가지고 있는 한 특성, 예컨대 지능지수나 용모 같은 한 가지 특성만을 기반으로 해서 그 사람에 대한 전체적 인상을 추정하려고 할 때 발생한다. 예를 들어, 직장에 늘 10분 먼저 출근하는 직원이 있을 때 그렇지 못한 직원보다도 유능한 직원으로 지각되는 것이나, 출석을 잘하는 학생을 교수가 공부에 열심이고 따라서 우수한 학생으로 보는 것은 후광효과가 일어났기 때문이다.

한 가지를 보면 열 가지를 안다는 속담이 있는데, 바로 이것이 후광효과를 나타내고 있는 것이다. 그러나 속담과는 달리, 사람을 평가할 때 후광효과가 발생하면 제대로 된 평가를 내리기가 어렵게 된다. 앞의 예에서 보듯이 직장에 10분 먼저 출근한다는 사실은 성과와는 하등의 관계가 없는 독립적인 것이다. 어떤 학생이 열심히 수업에 참석하고는 있지만, 뒷줄에 앉아서 영어단어 외는 일에만 골몰하고 있는지 모를 일이다. 심지어 출석 100%가 그 학생의 성실성을 담보해주는 것도 아니다.

그럼에도 불구하고 후광효과는 대인지각 과정에서 빈번하게 경험하게 된다. 후광효과도 스테레오타이프와 같이 사람에 대한 판단을 신속하게 하는 또 하나의 지름길이기 때문이다. 우리들은 정확하든 정확하지 않든 직·간접적인 경험을 통하여 서로 밀접하게 연관되어 있는 개념들의 묶음을 발달시킨다. 예를 들어, 온화함은 현명함, 유머러스함, 인기 있음, 상상력이 풍부함 등과 연관성을 가지고 있기 때문에,[4] 어떤 교수가 성격이 온화하다는 말만 듣고, 그 교수의 수업이 유머러스하고, 인기도 있으며, 상상력을 자극하는 수업일 것이라는 생각에 수강신청을 한 다음, 뼈저리게 후회할 수 있는 것이다.

읽을거리 5-3

직장에서 빈번하게 부딪힐 수 있는 스테레오타이프로서는 어떤 것들이 있을 수 있겠는가? 이러한 스테레오타이프가 자아충족적 예언 현상으로 이어지는 과정을 추론해보시오. 이러한 대인지각현상이 발생함으로써 야기될 수 있는 긍정적인 측면과 부정적인 측면으로는 어떠한 것들이 있겠는가? 이러한 현상의 부정적인 측면을 줄이거나 제거하기 위해서 우리는 무엇을 할 수 있겠는가?

2.4 그 외 대인지각과정에서 나타나는 효과들

(1) 투 사

투사(投射: projection)란 지각대상을 설명하는 데 있어 자신의 생각과 느낌에 비추어 보는 것을 말한다. 다시 말하면, 해석과정에서 자기 자신이 준거틀(frame of reference)이 되는 것이다. 가장 일반적인 현상은 자신의 부정적 또는 긍정적 특성을 타인에게 투사하는 것이다. 조직에서의 직무와 직장에 만족을 느끼는 직원은 직장을 옮기는 동료가 불만족하기 때문에 직장을 옮긴다고 생각하지는 않는다. 반면에 직무와 직장에 불만족을 느끼는 직원은 동료가 직장을 옮기는 이유가 바로 불만족에 있다고 생각하게 되는 것이다.

대개 경영자들은 자기실현과 성취감을 중요하게 생각하고, 직장에서의 성공도 높은 지위에 오르는 것으로 생각한다. 문제는 근로자들도 모두 그럴 것으로 생각하고, 그들의 업무를 더 복잡하게 설계하고, 승진 기회를 제공함으로써 동기부여하고자 한다. 그러나 한 연구에 따르면 경영자와 근로자는 전혀 다른 문화를 발달시키고 있다고 한다.[5] 이 연구에 따르면, 근로자들은 자기성취감이나 승진 보다는 가정의 행복을 더 중시하고, 업무재설계로 직무의 복잡성과 책임감이 느는 것보다는 단순한 직무와 넉넉한 보수를 더 선호한다고 한다.

(2) 대조효과

사람은 다른 사람을 지각할 때 그만을 따로 떼어서 지각하는 것이 아니다. 어떤 대상을 지각할 때 과거에 경험했던 것들에 의해서 영향을 받듯이, 사람을 지각할 때에도 과거에 경험했던 사람들에 의해서 영향을 받을 수밖에 없다. 대조효과(contrast effects)란 사람을 지각할 때 최근에 조우했던 동일한 특성을 가진 사람과 비교를 통해서 지각하게 되는 현상을 말한다. 교수들이 학생들의 시험지를 채점할 때 바로 전에 채점을 했던 답안지의 질에 의해서 영향을 받게 되는 현상이 대조효과의 한 예라고 하겠다. 보통 수준의 답안지라고 할지라도, 막 채점을 끝낸 답안지가 썩 잘된 답안지인 경우와 형편없는 답안지인 경우에 받게 되는 점수는 차이가 날 가능성이 존재한다.

이런 대조효과가 극명하게 나타나는 것이 순서대로 나와서 혼자서 연기를 펼치는 체조경기나 피겨스케이팅과 같은 스포츠 경기라고 할 수 있다. 김연아의 라이벌이었던 아사다 마오가 2010년 밴쿠버 동계올림픽에서 연달아 연기를 펼치게 되었을 때 그 두 사람이 느꼈을 긴장감은 대단했을 것이다.

(3) 동화효과

사람들이 과거에 행했던 판단이 미래의 지각과정에 영향을 미치게 된다. 이와 같이 과거의 판단방향으로 미래의 판단이 기울어지는 경향을 동화효과(assimilation effect)라고 부른다. 동화효과는 주입과정(priming)과 확인 성향(confirmation bias)의 결합을 통하여 이루어진다.

우리는 어떤 대상을 지각할 때, 그 대상과 관련된 스키마를 끌어내어 활용한다는 사실을 안다. 그런데 그 많은 스키마들 중에서 어떤 것을 끄집어내어 사용할 것인가? 그것을 결정하는 것이 특정 스키마에 대한 접근가능성이다. 즉, 접근가능성이 높은 스키마가 전면에 나서면서 주변 환경에 대한 판단을 하는 데 활용될 준비를 하게 되는 것이다.

특정 스키마나 개념의 접근가능성은 최근의 인상적인 경험에 의해서 높아질 수 있는데, 이렇게 최근의 경험에 의해서 어떤 특정한 스키마나 특성, 개념들의 접근가능성이 높아지는 과정을 주입과정(priming)이라고 한다. 예를 들어, 최근에 '도가니'라는 영화를 보고 깊은 인상을 받고 나오다가 장애인 여자아이를 길거리에서 만났다면, 과거와는 달리 사람들에게 당하고 산다는 측은한 마음과 도움을 주고 싶은 마음이 더 강하게 들 수 있는 것이다. 확인 성향은 과거의 판단을 재확인하는 정보에는 가치를 많이 주는 반면, 판단에 배치되는 정보는 그 가치를 깎아내리는 경향으로, 이는 주입과정과 합하여 동화효과를 발생시킨다.

토론사례 5-3 영국처녀 수전 보일이 선물한 감동

〈자료원〉 조선일보 2009년 4월 25일, A5, 박해현.

외모 지상주의 때문에 한국은 '성형지옥'이다. 지금 뜯어고칠 것은 얼굴이 아니라 사회다. 최근 47세의 뚱뚱하고 촌스러운 외모의 노처녀 수전 보일이 세계적 스타가 됐다. 영국 TV의 장기자랑 프로에 출연한 보일은 겉모습만으론 도저히 상상할 수 없는 천상의 소리와 같은 뛰어난 가창력으로 '외모지상주의'를 뒤집는 쾌거를 이뤄냈다. 수전 보일의 신데렐라 스토리는 영화로도 만들어진다고 한다.

못생기고, 못살고, 못배운 사람을 다 합치면 한마디로 '별 볼일 없는 사람'이 된다. 대통령을 친동생으로 뒀던 어떤 '별 볼일 없는 사람'이 아니라 진짜 '별 볼일 없는 사람'의 이야기를 쓴 소설이 몇 해 전 프랑스에서 100만 부 이상 팔린 적이 있다.

무명작가였던 뮈리엘 바르베리의 장편소설 '고슴도치의 우아함'(2006)이다. 파리의 고급 아파트수위로 일하는 나이 50세의 못생기고 못배운 아줌마가 주인공이다. "나는 사람들이 수위 아줌마라는 범주로 고착시킨, 사회적인 믿음과 아주 잘 부합한다"는 이 아줌마는 "아름다움에는 모든 것이 용서된다. 저속함조차도 그렇다"며 절망한다.

하지만 이 아줌마는 독학으로 철학과 예술에 관해 해박한 지식을 쌓고, '자기 자신과의 고독하고 끝없는 독백'을 통해 누구보다 우아한 내면의 아름다움을 가꾼다.

이 책은 처음에 문학비평가들의 주목을 전혀 받지 못했지만 별 볼일 없는 독자들의 입소문을 타고 베스트셀러가 되면서 서점주인들이 선정하는 문학상까지 받아 무명작가를 스타작가로 띄어놓았다.

작가는 "가정환경 때문에 고등교육을 받지 못했지만 문화적 욕구를 지닌 독자들이 많다는 것을 새삼 깨달았다"며 놀라워했다. 고슴도치는 보기 흉한 바늘을 몸에 잔뜩 달고 있어서 모두들 접촉하길 꺼리지만, 남들 눈에 보이지 않는 우아함이 있을 수 있다. 고슴도치 취급을 당해본 독자들이 이 책의 진가를 알아본 것이다.

한국은 외모지상주의 때문에 성형수술이 성행하는 나라로 국제적 조롱을 받고 있다. 오늘의 20대 감성을 대변하는 소설가 김애란의 단편 '도도한 생활'(2007)은 젊은 등장인물의 입을 통해 '요즘 계급을 나누는 것은 집이나 자동차 이런 게 아니라 피부와 치아' 라고 일침을 가한다.

"물질적 소유의 차이가 아니라 부를 통한 신체관리라는 차원에서 생물학적으로 종(種) 자체가 달라지고 있다는 것이 더 끔직하다"고 작가는 말 한적이 있다. "계급이 외모를 결정한다"는 새로운 결정론은 학벌주의·빈부격차 등과 맞물린 사회적 갈등의 표출이기도 하다.

사람 차별하는 것이 어디 외모뿐인가? 다산 정약용은 1801년 강진에 유배됐을 때 처음 4년 동안 읍내의 한 주막집에서 방 한칸 얻어 살았다. 어느 날 다산은 주막집에서 밥을 파는 일자무식의 노파와 부모의 은혜를 놓고 대화를 나눴다.

노파가 "옛 성현들은 왜 아버지보다 어머니를 가볍게 여겼느냐"고 묻자 다산은 "옛날 책에도 아버지는 나를 처음 생겨나게 한 사람이라고 하였소. 어머니의 은혜도 비록 크지만 아버지의 은혜는 하늘이 만물을 처음 있게 한 것과 같소"라고 고지식하게 유학적(儒學的)으로 답했다. 당대의 천재인 다산의 말씀이었지만 시골 노파는 물러서지 않았다.

"영감님 말씀은 아닌 것 같소. 제가 생각해 보니, 풀과 나무에 비유하자면 아버지는 씨앗이요, 어머니는 땅입니다. 씨앗을 땅에 뿌리는 일은 지극히 미미한 일이지만, 땅이 씨앗을 길러내는 공덕은 매우 큰 것입니다. 밤톨이 밤나무가 되고, 볍씨가 벼가 되니 온전한 모습이 이뤄지는 것은 모두 땅의 기운 때문입니다."

그제서야 다산은 속으로 무릎을 쳤다. "밥 파는 노파가 천지간의 지극히 정밀하고 지극히 미묘한 뜻을 말할 줄이야 누가 알았겠는가? 매우 기이하고 기이하도다."

사람을 그 외관이나 지위, 학력만 놓고 판단해서는 안 된다는 것은 동서고금을 막론하고 옳은 소리다. 하지만 진리의 특징은 실천하기 어렵다는 것이다. 예나 지금이나 외모, 학벌, 재산이라는 3대 껍데기 중 어느 하나라도 제대로 갖추지 않으면 사회적으로 대접받지 못한다.

다만 그 차별의 정도에 따라 인간의 얼굴을 한 사회냐 아니냐가 결정된다. 우리 사회의 얼굴을 거울에 비춰보면 얼마나 잘 생겼을까? 성형수술하기에는 견적이 너무 많이 나오는 것은 아닐까?

[토론과제 1]

위 사례에서 대인지각에서 발생하는 오류의 유형을 파악하고 이러한 오류를 방지하는 방안을 제시하시오.

3 귀인과정

3.1 켈리(Kelly)의 논리적 귀인과정이론

우리는 사람들의 행위를 관찰할 때면, 그 행위가 애초에 왜 발생했는지, 그 원인을 추리하고자 하는 강한 욕망이 있다. 이렇게 사람들이 행위와 행위결과의 원인을 추리하는 과정을 귀인(歸因)과정(attribution process)이라고 한다. 이러한 귀인과정도 행위를 보고 원인을 추정한다는 점에서 지각과정으로 이해할 수 있다. 지각자는 이러한 귀인과정을 통해서 현재 이루어지고 있는 행위를 이해할 수 있을 뿐만 아니라, 행위자에 대한 지각자의 반응을 예측할 수 있게 된다.

일반적으로 귀인과정을 연구하는 학자들은 귀인의 유형을 행위가 어디에서 비롯되었는지에 따라 내적귀인(internal attribution)과 외적귀인(external attribution)으로 나누어 설명한다. 내적귀인이란 주로 행위자의 능력이나 노력과 같은 행위자의 내부요인에 의해서 행위가 이루어졌을 때를 이름이고, 외적귀인이란 과업특성이나 운과 같이 행위자의 외부 원인에 의해서 행위가 촉발되었을 때 일컫는 용어이다.[6)]

귀인과정을 설명하는 모형으로서 가장 많이 알려진 것이 관찰된 행위의 원인을 그 행위의 일치성, 일관성 및 특이성 등, 세 차원을 고려하여 논리적으로 추적하고 있는 켈리(Harold Kelly)의 논리적 귀인이론[7)]이다.

일치성(또는 합의성, consensus)이란 우리가 관찰한 행위가 다른 사람들에게서도 동일하게 나타나는 정도를 말한다. 켈리의 이론에 의하면, 사람들은 일치성이 높으면 외적귀인, 낮으면 내적귀인을 한다. 예를 들어, A라는 직원이 자신이 받은 봉급에 대해서 불평을 하고 있는데, 다른 직원들도 대개 다 불만을 표하고 있다면, A직원의 불만표시 행위는 일치성이 높은 행위이고, 따라서 우리는 A의 불만 행위가 낮은 봉급수준에 의해서 비롯되었다는 외적귀인을 하게 된다는 것이다.

일관성(consistency)이란 우리가 판단하려고 하는 사람의 행위가 동일한 상황의 다른 시점에서도 또는 다른 양식(modality)에 대해서도 동일한 방식으로 나타났는지의 정도를 말한다. 켈리의 이론은 행위의 일관성이 높으면 내적귀인, 낮으면 외적귀인이 이루어진다고 제안한다. B라는 학생은 최근의 학력평가에서 좋은 성적을 받았는데, 이전에도 줄곧 일관되게 좋은 성적을 받아왔다면, B의 좋은 성적은 그의 우수한 실력 때문이라는 내적귀인을 할 수가 있다.

특이성(distinctiveness)이란 이 사람이 다른 상황에서 동일한 방법으로 행동하는 정도를 말한다. 만약 다른 상황에서도 동일한 방법으로 행동하면 특이성은 낮다고 하고, 반대로 다르게 행동하면 특이성은 높다고 한다. 모형에 따르면, 행위의 특이성이 높으면 외적귀인, 낮으면 내적귀인을 한다. 예컨대 C라는 직원이 보통 때에는 지각을 하지 않는데 유독 목요일에만 몇 분씩 늦게 출근한다고 하면, 우리는 그 직원이 늦는 이유를 특별한 사정 때문일 것이라는 외적귀인을 하게 된다.

이 이론은 어떤 특정 대상(entities)에 대한 내적귀인이 성립하기 위해서는 세 기준 중에서 우선적으로 일관성이 높게 유지되어야 한다는 점을 지적한다. 만약 일관성이 낮으면 내적귀인과 외적귀인의 구별에 추가적 정보가 필요해진다. 켈리의 논리적 귀인이론에 의하면, 사람들은 위의 세 가지 정보를 수집하고 결합하여 목격한 행위의 원인에 대한 추정을 하게 된다. 만약 어떤 사람의 행위가 높은 일치성과 낮은 일관성, 그리고 높은 특이성을 보이면, 우리는 그 사람의 행동은 외부적 원인에 의한 것이라는 외적귀인을 하게 되고, 반대로 행위의 일치성이 낮고 일관성은 높으며, 특이성이 낮다면, 그 사람의 행동은 내부적 원인에 의한 것이라는 내적귀인을 하게 되는 것이다.

다음의 <표 5-1>은 이러한 논리적 귀인의 두 가지 예를 제시하고 있다.

표 5-1 논리적 귀인의 예시

상황 1 : A은행 고객인 김막동 씨가 은행에 와서 직원의 서비스에 대하여 불평하고 있는 현장을 귀하가 관찰하고 있다고 가정하면, 귀하는 다음의 논리적 과정을 거쳐 김막동 씨의 행동에 대해 내부적 또는 외부적으로 귀인하게 된다.[8)]

		일치성(다른 사람)	일관성(다른 때)	특이성(다른 상황)
내부적 귀인	김씨는 까다로워서 만족시키기가 어렵다	A은행에 대해 다른 고객들은 불평하지 않는다(낮음)	김씨는 A은행에 와서 다른 때도 불평했었다(높음)	김씨는 다른 은행에 가서도 늘 불평한다(낮음)
외부적 귀인	은행 서비스가 엉망이기 때문에 불평한다	A은행에 대해 다른 고객들도 역시 불평한다(높음)	김씨는 A은행에 와서 오늘만 불평했었다(낮음)	김씨는 다른 은행에 가서는 불평이 없다(높음)

상황 2 : 김막중 군은 조직행위론을 수강하였는데 기말시험에서 매우 저조한 점수를 받았다. 왜 이 학생이 기말 시험 성적이 나쁜가에 대한 논리적 귀인과정의 분석은 다음과 같다.

		일치성	일관성	특이성
내부적 귀인	김군은 노력수준이 낮았다	다른 학생들은 기말고사 성적이 좋다(낮음)	김군은 중간고사에서도 성적이 나빴다(높음)	김군은 다른 과목 기말고사 성적도 나쁘다(낮음)
외부적 귀인	기말고사 문제가 매우 어렵게 출제되었다	다른 학생들도 기말고사 성적이 낮다(높음)	김군은 기말고사에서만 성적이 나빴다(낮음)	김군은 다른 과목 기말고사 성적은 좋다(높음)

3.2 귀인과정의 오류

켈리의 귀인이론은 사람들이 타인의 행동을 관찰하고 그 원인을 추정하는 과정을 논리적이면서도 설득력 있게 설명하고 있다. 그러나 이 이론에 따라 행동의 원인을 추정할 수 있을만한 충분한 자료를 얻지 못하는 경우도 생기고, 혹은 대부분의 사람들이 지니고 있는 기본적인 성향의 영향을 받기도 해서, 사람들은 종종 귀인과정에서 논리적 귀인을 벗어나는 오류를 범하기도 한다.

흔히 나타나는 귀인오류로서는 기본적 귀인오류(fundamental attribution error)로 불리는 것으로서, 이는 타인의 행동에 대한 원인을 추정할 때, 외부요인의 영향은 과소평가하고 내부요인의 영향을 과대평가하는 경향을 나타내는 현상을 말한다. 예를 들어, 어떤 사람이 복도에서 넘어지는 광경을 보면, 우리는 보통 그가 조심성이 없어서 넘어졌다고 판단한다. 게다가 그 사람이 옷마저 단정하게 입지 않았다면, 우리는 깔끔하지 못한 사람이라는 확신을 하게 된다. 그러나 그 사람은 지금 가족이 사고를 당해서 제 정신이 아닐 수 있는 것이다!

기본적 귀인오류가 성공과 실패라는 행위와 만났을 때 나타나는 오류가 있다. 사람들은 종종 자신의 성공은 능력이나 노력과 같은 내부요인으로, 실패는 운과 같은 외부요인으로 돌리는 반면에, 타인의 성공과 실패에 대해서는 반대의 경향을 보인다. 즉, 타인의 성공은 외부적 요인으로 귀인하고, 타인의 실패는 내부적 요인으로 귀인하는 경향을 보이는데, 이러한 편기현상을 자존적 귀인오류(Self-Serving Bias)라고 부른다.

이러한 좋은 예로서, 기업의 연차보고서(annual report)들이 부정적인 성과는 외부적 요인(즉, 시장침체, 높은 이자율, 격심한 경쟁)으로 돌리고, 반면에 긍정적인 성과는 주로 내부적 요인(즉, 새로운 마케팅 캠페인, 신제품 개발, 새로운 기술도입)으로 귀인하고 있다고 밝힌 연구결과가 있다.

또 다른 예로, 영업부서장은 영업사원의 저조한 판매실적의 원인을 경쟁회사의 혁신적 제품보다는 사원의 게으름이나 능력부족으로 돌리는 경향을 보이는 반면에, 당사자인 영업사원은 자신의 판매실적의 원인을 자신의 능력부족보다는 자기회사 제품의 열등성이나 자신이 맡은 판매구역의 부적합성 등과 같은 상황의 탓으로 돌릴 수 있는 것이다. 이런 상황이 벌어지면, 상사와 부하직원 사이에 성과를 둘러싼 의견의 차이로 여러 가지 관리상의 문제를 초래할 수 있는 것이다.

최근에 이러한 자존적 귀인오류에 대해서 일단의 학자들은 그러한 경향이 개인주의 문화의 산물일 수 있다는 주장을 펴고 있다. 한 연구는 한국의 경영자가 서양의 경영자와는 달리 자기 집단의 실패원인으로 자신의 부족함을 들면서 책임을 지는 모습을 보였다는 사실에 주목하면서,[9)] 이러한 자존적 귀인오류는 집단주의 문화에서는 달리 나타날 수 있다는 가능성을 말하고 있다. 그들의 생각이 옳은지, 아니면 자존적 귀인오류가 문화의 차이를 초월하는 보편적인 경향인지를 따져보는 것도 흥미로운 일이겠다.

4 지각과 귀인과정의 관리적 함의

지각과정은 조직의 여러 측면에서 중요한 기능을 수행한다. 거시적 관점에서 볼 때, 조직의 대내외 환경에 대한 판단도 지각과정이며, 조직은 이 지각과정을 통해서 얻어진 현실(reality)에 바탕하여 전략과 계획을 수립하고, 일상적인 조직활동을 꾸려간다. 또한, 조직에서 일어나는 대부분의 의사결정은 의사소통을 매개로 하여 이루어지는데, 바로 이러한 의사소통도 일종의 지각과정이라고 할 수 있다. 조직은 조직원들 사이의 의사소통을 통해서 이루어내는 합의(consesus)를 바탕으로 하여, 환경에서 초래되는 불확실성을 줄이려는 조직화 활동을 수행하게 된다.[10)]

그러나 미시적 관점에서 보면, 특히 대인간의 관계에 주목한 미시적 관점에서 들여다볼 때, 지각과정은 특히 다음과 같은 조직행위에서 핵심적인 역할을 수행하는 것으로 보인다.

4.1 면접과 성과평가

조직에서는 끊임없이 사람에 대한 판단이 이루어지고, 그 판단에 따라 의사결정들이 내려진다. 조직은 필요한 사람을 선발하여 적당한 자리에 배치하고, 이들을 평가하는 일련의 의사결정 과정을 통해서 관리활동을 한다. 조직원들의 평가는 성과에 한정되지 않고, 그들의 잠재능력까지 포함되며, 필요하다면 현재의 과업과 미래의 업무 수행을 위한 조직원 훈련도 긴요한 조직활동의 하나일 것이다.

사람을 선발하는 과정에서 이루어지는 면접은 지각이 중요한 몫을 수행한다. 그러나 많은 연구들은 면접관은 면접하는 과정에서 종종 부정확한 지각적 판단을 하는 것으로 보고하고 있다. 이러한 문제점을 보완하기 위해서 복수의 면접관을 활용하기도 하지만, 면접관들 사이에도 피면접자에 대한 판단에서 상당한 차이점을 보이는 것으로 알려져 있다. 특히, 대부분의 면접관들이 저지르는 지각상의 오류는 면접이 이루어지고 나서 불과 수분 만에 피면접자에 대한 전체적인 판단을 내리는 첫인상효과다. 면접이 충분한 시간을 가지고 이루어지면, 이러한 첫인상효과의 오류를 수정할 기회가 주어지지만, 빠른 시간 안에 면접이 이루어지는 상황이라면, 면접의 부정확성은 피할 수가 없게 되는 것이다. 최근 우리나라 기업들의 선발과정에서 면접의 중요성이 계속 높아지고 있고, 면접의 공정성을 높이기 위한 방안으로 블라인드 면접(blind interview)이 확산되고 있어 면접자의 지각오류를 최소화하는 것이 더욱 중요시 되고 있다.

지각이 중요한 몫을 차지하는 또 하나의 부분은 성과평가 부분이다. 조직원들의 임금이나 승진에 대한 결정을 포함한 경력경로는 그들에 대한 평가에 크게 좌우될 수밖에 없는데, 성과에 대한 평가는 지각적 판단에 따른다는 점에서 그렇다. 업종에 따라 영업사원이나 생산직처럼 성과에 대한 객관적인 평가기준이 있는 경우도 있지만, 많은 직무의 성과가 주관적인 기준에 의해서 평가를 받게 되기 때문에, 성과에 대한 평가가 지각적 판단에서 자유로울 수 없는 것이다. 평가과정에서 나타날 수 있는 중요한 지각적 판단 오류로서 후광효과나 자기충족적 예언 등을 들 수 있을 것이다.

평가에 있어서 지각과정은 관리층에게만 함의를 가지지 않는다. 조직원들도 자신의 동료나 상사에 대해서 끊임없이 판단을 하고, 자신의 행동을 결정한다. 자신에 대한 상사의 평가를 보는 자신의 생각 자체가 지각적 판단이다. 예를 들어, 기대에 미치지 못하는 업무성과에 대해서 상관은 능력이나 노력이 모자란다는 내적 귀인을 하는 반면에, 해당 직원은 상황이 좋지 않고, 필요한 도움을 받지 못했다는 외적귀인을 할 수 있는 것이다.

4.2 인상관리

그 외에 조직원들은 타인에게 자신의 긍정적인 측면을 돋보여주기 위해서 여러 가지 전술을 사용할 수 있다. 사람들은 대부분 자신을 긍정적인 인물로 생각하고 있고, 타인에게도 자신이 긍정적인 사람으로 비추어지기를 바란다. 따라서 사람들은 여러 가지 다양한 전술을 이용하여 자신의 인상을 긍정적으로 관리하려는 노력을 하게 되는데, 이러한 노력을 인상관리(impression management)라고 부른다. 사람들이 자신의 인상관리를 위해서 사용하는 전술로는 실로 다양한 방법들이 제시되고 있지만, 비위 맞추기(ingratiation)와 자신의 약점 노출하기(self-handicapping) 등, 두 가지로 크게 나누어진다.[11]

비위맞추기란 대개 자신보다 높은 위치에 있는 상대가 자신을 좋아하도록 만드는 방법으로서 칭찬이나 아첨, 동의, 동정과 같은 방법이 활용된다. 대개의 경우, 사람이란 자신을 좋아하는 사람을 좋아하게 되기 때문에, 이 접근방식이 효과를 발휘하곤 하지만, 비위맞추기가 상대방에 의해서 진솔하지 않다고 판단되면 오히려 부정적인 효과를 낳을 수도 있다. 자신의 약점노출 전술은 자신에게 주어진 역할을 제대로 수행하지 못하였을 때 비난을 피해갈 수 있는 방법으로서, 특히 달성이 어려운 과업인 경우에 그 일을 달성하는 데 방해가 되는 장애요소를 일부러 만들어내어서 일이 잘못되었을 때 실패에 대한 귀인 대상을 만드는, 황당하고도 역설적인 전술과, 일이 잘못되었을 때를 대비하여 일을 수행하기 전에 그 일이 실패할 가능성이 있다는 점을 미리 명시하고 변명거리를 마련하는 방법이 주로 사용된다.

[후주]

1) 존 레이티(2010) (김소희 역), 『뇌 : 1.4 킬로그램의 사용법』, 21세기북스, 116쪽.
2) Aronson, E., Wilson, T. D., & Akert, R. M.(2005). *Social Psychology*, 5th Ed., Upper Saddle River, N.J.: Pearson Education.
3) *Ibid.*, p. 62에서 인용.
4) Kelley, H. H.(1950). "The Warm-Cold Variable in the First Impressions of Persons," *Journal of Personality*, 18, 431-439.
5) Davis, T. R. (1985). "Managing Culture at the Bottom" In R. Kilman, M. Saxon, R. Serpa, & Associates (eds.), *Gaining Control of Corporate Culture*, San Fransico: Josey-Bass. 163-183.
6) Weiner, B., Frieze, I., Kukla, A., Reed, L., Rest, S., & Rosenbaum, R. M. (1971), *Perceiving the Causes of Success and Failure*, New York: General Learning Press.
7) Kelley, H.H. (1967). Attribution Theory in Social Psychology. *Nebraska Symposium on Motivation*, 15, 192-238.
8) Greenberg, G., & Baron, R. A. (1997). *Behavior in Organizations*, 6th Ed., Upper Saddle River, N. J.: Prentice Hall. p. 76.
9) Anderson, C. A. (1999). "Attributional Style, Depression, and Loveliness: A Cross-Cultural Comparison of American and Chinese Students," *Personality and Social Psychology Bulletin*, 25, 482-499.
10) Weick, E, K. (1979). *The Social Psychology of Organizing*, 2nd Ed., Reading, MA: Addison-Wesley Publishing Company.
11) Aronson, E., Wilson, T. D., & Akert, R. M.(2005). *Social Psychology*, 5th Ed., Upper Saddle River, N.J.: Pearson Education. 158-160.

chapter 6

동기부여

집 앞의 잔디를 깎는 일은 여간 힘든 일이 아니었다. 잔디가 자라도록 내버려두면 이웃에서 신고를 하고, 결국 벌금을 물게 되기 때문에 깎지 않을 수도 없는 일이었다. 그런데 하루는 아들놈이 잔디를 깎고 있는 것이 아닌가! 그것도 아주 신나게 자동차 모는 시늉을 하면서 말이다. 잔디를 땀을 뻘뻘 흘리고 들오는 아들놈이 대견해서 시원한 것 사 먹으라고 용돈을 쥐어주었다.

며칠이 지난 후에 잔디가 또 자랐고(여름 잔디는 매우 빨리 자란다), 이번에도 아들놈이 열심히 잔디를 깎았다. 그러나 그날은 내가 잔돈이 없어서 아들놈에게 용돈을 쥐어주지 못했고, 그 뒤로도 한두 차례 아들놈이 잔디를 깎았지만 용돈 주는 일은 없게 되었다. 어느새 내 마음 속에는 잔디 깎는 일이 아들놈이 하는 일로 자리하게 되었던 것이다. 그러나 그런 일이 있는 후로, 아들놈은 그 좋아하던 잔디 깎는 일에 전혀 흥미를 보이지 않았으며, 용돈을 쥐어주어야만 싫은 일 억지로 하는 듯이 마당으로 나가는 것이었다.

지은이: Steve(저자의 이웃)

동기부여는 개인수준에서의 조직행위에 있어서 핵심적인 주제어 중의 하나 이다. 조직 내에서 개인에게 어떤 행위를 유발시키고 또 그 바람직한 행위가 항상 일정한 방향을 지향하게 하며, 그러한 행위를 지속시켜 나가도록 하는 에너지와 과정에 대한 이해가 매우 중요하다. 그리고 이러한 내용은 조직행위론의 기초가 된다.

동기(動機, motivation)란 용어는 라틴어의 movere에서 유래한 것으로서 "움직이다."라는 의미를 지닌다. 각 학자마다 동기의 정의에 대해 차이가 있긴 하지만 유래된 단어적 의미로 볼 때 인간이 일정한 행동을 하도록 움직이게 하는 근원이 동기임을 알 수 있다. 즉, 어떤 사람에게 바람직한 방향으로 행동하도록 자극하여 동기가 생기도록 유발(arousal)하고 구체적 행동이 되도록 유도하고 지향(direction)하게 하며 그 행동을 지속(persistence)하게 하는 것이다.

[그림 6-1]은 근원적 동기과정의 일반화된 모형을 보여주고 있다. 욕구나 기대, 행위, 목표, 그리고 피드백의 형태로 구성되어 있다. 이 모형은 개인들이 소유한 수많은 욕구, 욕망과 기대의 강도가 다르다는 것을 가정하고 있다.

이러한 활성화요인(activators)은 두 가지 현상으로 특징지을 수 있는데, 첫째는 그러한 욕구, 욕망이나 기대의 출현이 감소시키려는 개인 내의 불균형상태를 초래하게 된다. 둘째는 그러한 욕구, 욕망이나 기대의 존재가 대체로 예기(anticipation)나 신념(belief)과 관련된다. 결국 개인들은 내적 불균형상태를 감소시키기 위하여, 개인은 자신이 원하는 목표에 이르는 방식으로 행동하게 된다.

이 장에서는 동기부여이론에 관한 여러 학자들의 다양한 이론들을 설명하고 있는데, 이를 대별하여 보면 내용이론과 과정이론으로 나누어 볼 수 있다.

내용이론(content theories)은 동기부여를 일으키는 요인을 밝히는 것에 관심이 있다. 즉, 사람들이 무엇을 원하고 필요로 하는가를 여러 가지 방법으로 확인하는 데 관심이 집중되고 있다. 그러나 이러한 내용이론은 종종 정태적(靜態的)이고 기술적(記述的)이라고 비판을 받고 있다.

그림 6-1 동기화의 과정(Dunnette & Kirchner, 1965)

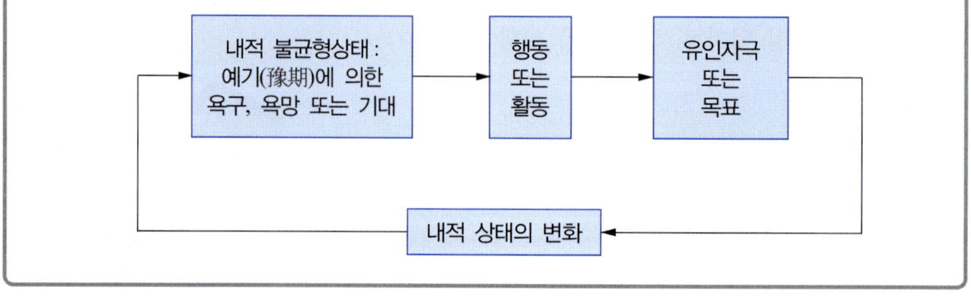

내용이론에는 매슬로우(Abraham Maslow)의 욕구단계설, 알더퍼(Clayton Alderfer)의 ERG 이론, 맥클레랜드(David McClelland)의 성취·친교·권력욕구이론, 허쯔버그(Frederick Herzberg)의 2요인이론 등이 포함된다.

반면에 과정이론(process theories)은 동기부여가 어떤 인지적(認知的) 과정을 통해 일어나는가를 밝히는 것에 관심이 있다. 다시 말하면, 내용이론이 개인행위를 유발하는 욕구를 확인하는데 중점을 두었다면, 과정 이론은 인간의 동기부여과정에서 발생하는 요인들과 이들 요인들 간의 상호관련성을 다루고 있다.

과정이론에는 기대이론, 형평이론, 목표설정이론, 인지적 평가이론, 조직공정성이론 등이 포함된다.

1 내용이론

1.1 욕구단계이론

동기부여의 초창기 이론들은 주로 인간의 욕구에 초점을 두고 연구를 진행하였다. 매슬로우(Abraham Maslow)[1)]의 욕구단계이론(need hierarchy theory)은 경영실무자들에 가장 널리 알려져 경영에 많은 시사점을 던져주는 이론 중의 하나이다.

매슬로우는 첫째, 인간의 욕구는 다음의 [그림 6-2]에서와 같이 최소한 5개의 범주로 구분되는 계층을 형성하고 있으며, 둘째, 이러한 욕구의 충족은 하위욕구부터 상위욕구로 순차적으로 일어난다고 주장하였다. 즉 하위단계의 욕구가 충족되었을 때, 상위단계의 욕구가 개인의 행동에 영향을 미친다는 것이다.

이들 5가지의 욕구를 구체적으로 설명하면 다음과 같다.

① **생리적 욕구**(physiological needs) : 삶 그 자체를 유지하기 위한 인간의 기초적인 욕구로서 의복, 음식, 거처에 대한 욕구와 같은 것이다.

② **안전욕구**(safety needs) : 작업조건, 부가급부 및 고용안정 등에 대한 위협과 생리적 욕구의 충족수단 박탈로부터 보호를 받고자 하는 욕구이다.

③ **사회적 욕구**(social needs) : 사람은 사회적 존재이기 때문에 어떤 조직이나 집단에 소속되기를 원하거나 다른 사람들과 애정을 나누려는 욕구로서, 애정(love)욕구 또는 소속(belongingness)욕구라고도 불리운다.

④ **존경욕구**(esteem needs) : 이 욕구는 타인으로부터 존경, 인정, 관심을 받고자

그림 6-2 매슬로우의 욕구단계

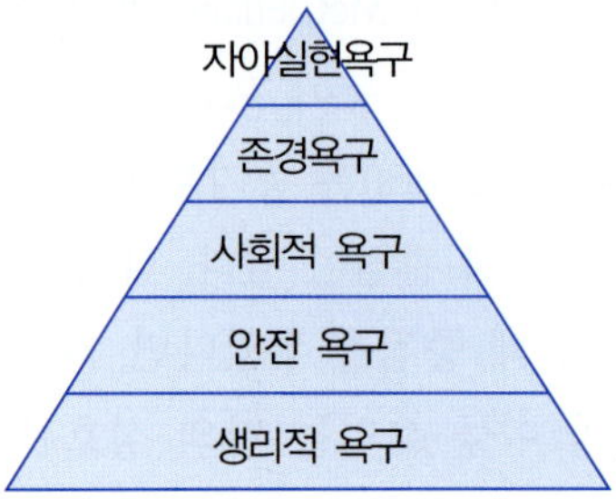

원하는 사회적 존경(social esteem)과 자신에 대한 감정을 나타내는 자존(self-esteem)에 대한 욕구로 구분할 수 있다.

⑤ **자아실현욕구**(self-actualization needs) : 자아실현욕구는 자신의 잠재능력을 최대로 실현하고자 하는 욕구이다. 보다 더 자기 본래의 모습을 찾고자 하며, 자기가 바라는 바대로 되고자 하는 욕구이다.

매슬로우의 욕구단계설이 주는 중요한 시사점은 사람들에게 가장 간절한 욕구를 파악하여 단계적으로 충족시켜 주어야만 높은 수준의 동기부여를 유지할 수 있다는 것이다. 그리고 하위욕구를 어느 정도 충족시켜 준 후에도 지속적으로 좋은 업적을 얻기 위해서는 상위욕구를 충족시켜 줄 수 있는 분위기 조성이 중요하다는 점을 일깨워 주고 있다.

매슬로우의 이론은 실증적 연구의 결과에서 지지를 받고 있지 못하다. 이 이론은 자기실현욕구를 강조하는 인본주의적 방향을 제시하고 있으나, 개념적 정의가 불명확할 뿐만 아니라 모든 인간이 지니고 있는 보편적인 욕구라고 보기 어렵다.

또한 낮은 단계의 욕구가 충족되면, 그 욕구는 동기요인으로 작용하지 않는다는 명제를 부정하는 연구결과들이 많다. 그러나 이론의 간결성과 인간의 욕구에 대하여 체계적으로 제시함으로써 조직행동을 이해하는데 상당한 공헌을 했다.

토론사례 6-1 매슬로우의 욕구단계의 실제

〈자료원〉 1. "고미영의 죽음." 한국일보, 2009. 7. 15.
2. "일터애-대림산업 여성 현장기술직 4인방." 한국일보, 2009. 11. 1.
3. "자원봉사 10% 늘리자." 동아일보, 2008. 1. 3.

1. 고미영의 죽음

알리슨 하그리브스라는 산악인이 있었다. 1962년 스코틀랜드에서 태어난 이 여성은 10대 후반 전문 등반에 뛰어들어 알프스의 6대 북벽을 모두 오른 뒤 1995년 세계 최고봉 에베레스트를 등정했다. 셰르파의 지원도, 고정 로프의 도움도 받지 않고 무산소로 혼자서 오른 것이다.

그런 식으로 에베레스트를 등정한 여성은 그가 처음이다. 하그리브스는 이제 새 목표를 정한다. '세계의 산을 높이 순서에 따라 차례로 무산소 단독 등반하자.' 다음 차례는 두 번째로 높은 산 K2였다. 하그리브스는 에베레스트보다 더 험하다는 그 산을 같은 방식으로 등정하는데 성공했다. 하지만 하산하면서 만난 시속 160㎞의 바람에 저 멀리 날아감으로써 불같은 클라이머의 삶을 마감한다.

위대한 여성 산악인이 사라진 그 산에서 고미영도 죽음의 그림자를 스친 적이 있다. 영국 일간 인디펜던트가 '죽음 또는 영광 : K2의 진실'이라는 제목의 기사에서 '역사상 최악 산악사고의 하나'라고 규정한 지난해 8월의 사고였다. 정상 아래에서 얼음 덩어리가 무너져 한국인 3명을 포함해 네덜란드, 세르비아, 노르웨이 등의 산악인 11명이 숨졌는데 고미영은 정상에서 그들보다 조금 먼저 내려와 간신히 화를 면했다.

2년 전 가을 고미영, 오은선을 함께 만나 그들의 이야기를 듣고 기사로 실은 적이 있다. 오은선은 8,000m급 5개봉을, 고미영은 4개봉을 올랐을 때였는데 둘은 10개봉을 올라 저만큼 앞서 있는 오스트리아의 겔린데 칼텐브루너를 따라잡기가 쉽지 않을 것 같다고 하면서도 역전 가능성을 배제하지 않았다. 그 뒤 전해진 성과는 실로 눈부셨다. 두 사람은 1년에 3, 4개씩 8,000m급 산을 올랐는데 저 속도라면 여성 최초의 14좌 완등 주인공이 둘 중 하나가 될 수 있겠다는 생각이 들 정도였다.

두 사람의 속내를 읽는 것이 어렵지는 않다. 높고 험한 산을 앞서 오르는 것이 더 할 수 없는 성취이고 영광이기 때문에 그 자리를 차지하고 싶은 것은 자연스럽다. 폴란드의 예지 쿠쿠츠카가 이탈리아의 라인홀트 메스너에 이어 1987년 두 번째로 8,000m급 14개봉을 오른 뒤 축하를 받고는 "여러분 가운데 에베레스트를 두 번째로 오른 사람의 이름을 기억하는 분이 있습니까?"라고 반문한 것은 산사람의 솔직한 마음을 대변해준다.

히말라야 8,000m급 14좌 완등은 고난을 뚫고 인간의 한계를 극복했다는 점에서 칭송을 받기에 충분하다. 그 성과를 이룬 산악인에게는 세속적 보상이 주어지기도 한다. 20세기 초 유럽 국가들이 알프스와 히말라야를 경쟁적으로 오른 데서 알 수 있듯 국력의 상징으로 활용되기도 한다.

하지만 21세기의 세계는 등정 경쟁에서 조금씩 벗어나고 있다. 이제 우리도 편한 마음으로 산을 즐겨도 되지 않을까. 따지고 보면 국력도, 인구도, 국민소득도 1위가 아닌 우리가 산에서 반드시 1위를 해야 할 이유는 없다. 결과에 관계없이 도전의식 그 자체를 넉넉하게 인정할 필요가 있다.

체력, 기술, 근성의 3박자를 모두 갖춘 고미영은 한국에서나, 세계에서나 당분간 나오기 어려운 걸출한 토털 클라이머다. 소탈한 성격으로 남에게 웃음을 주는 매력적인 사람이었다. 8,000m 산을 오르면서도 그는 늘 즐겁고 쾌활했다. 차가운 얼음 위에 조용히 누워있는 그는 이제 산의 품에 안겨서 영원한 삶을 이어갈 것이다.

2. 일터애-대림산업 여성 현장기술직 4인방

직업의 세계에선 이제 더 이상 '금남(禁男)'이니 '금녀(禁女)'니 하는 말은 이제 듣기가 어색할 정도로 성별의 구분이 무의미해졌고, 그 벽 또한 무너진 지 오래이다.

그러나 산업계 어느 분야보다 남성 위주의 직업 문화가 자리 잡고 있는 건설업 중에서도 특히 건설 현장만큼은 21세기가 시작된 지 한참이 지나도 이러한 세월의 흐름을 느끼기가 어렵다.

힘들고 험한 난이도 탓에 여성 스스로 선호하지 않은 이유도 있겠지만 건설현장이란 특성상 여성이 발붙이기 어려운 점도 있으니 그만큼 여성의 입지가 빈약할 수밖에 없다.

하지만 이런 쉽지 않은 여건에도 불구하고 '먼지밥'을 먹으며 오늘의 땀으로 내일의 랜드마크를 짓고 있는 여성 현장 기술자가 있어 눈길을 끈다. 바로 대림산업의 대표 현장 여성 기술직 4인방인 황미라 과장(서울 황학동 아크로타워 주상복합 공조냉동기계기술사)과 조연수 대리(여의도 국제금융센터 신축현장 건축기사), 김연수 사원(종로 교보사옥 리모델링 현장 건축기사), 안보라 사원(인천 신현 e-편한세상 아파트 건축기사)이 주인공이다.

지난달 30일 초고층 주상복합 건물이 곧게 뻗어 올라가고 있는 황학동 아크로타워 주상복합 건설 현장에서 만난 여걸 4인방은 각기 다른 현장에서 저마다 맡은 역할을 다르지만 일에 대한 열정과 업무를 통한 자아실현, 커다란 포부만큼은 여느 남성 못지않은 당당함이 묻어났다.

고운 화장품 대신 매일같이 흙먼지를 뒤집어쓰고, 피부미용실의 태닝(tanning) 대신 자외선 풍부한(?) 뙤약볕 그을림을, 그럴싸한 스커트와 하이힐로 꾸민 정장 차림 대신 작업복과 안전화를 택한 이들의 '엣지(edge)' 있는 직장 속 이야기를 들어봤다.

건설현장은 가히 여성에 대한 배려가 거의 없다 봐도 무방하다. 현장 일용직 근로자서부터 본사 파견 직원들까지 대체로 남성 위주로 현장이 꾸려지다 보니 생겨난 자연스런 현상일 터. 그러다 보니 여성을 위한 시설과 공간을 기대하기란 차라기 포기하는 편이 정신건강에 도움이 될지 모른다.

"여성이 별로 없다 보니 여직원만을 위한 공간을 별도로 기대하기도 어렵고 대부분 그냥 대충 참고 지내는 편"이라고 입을 뗀 김연수씨가 자신이 겪은 해프닝을 들려줬다.

"현장 근로자 대부분이 남자다 보니 아무데서나 더우면 벗고, 급하면 볼일(소변)도 가까운 데서 대충 처리하는 통에 처음엔 민망해한 적이 한 두 번이 아니었어요. 가끔은 일부러 보란 듯이 짓궂게 옷을 벗어젖히는 통에 낯 뜨거운 적도 많았지만 이젠 봐도 별 반응도 없어요." 듣고 있던 나머지 3명, 연수씨의 이런 경험이 낯설지만은 않은 듯 모두 고개를 끄덕인다.

여성 직장인이라면 아침 일찍 일어나 예쁘게 화장하고 단정한 정장 차림으로 집을 나서기 마련. 하지만 건설 현장으로 출근해야 하는 여성 기술직은 화장에 깔끔한 정장 복장은 언감생심이다. 대부분이 남들 보다 이른 새벽녘 출근인데다, 출근과 동시에 먼지바람 아니면, 직사광선과 맞싸워야 하니 얼굴 치장은 사치다.

시간이 없는 탓도 있겠지만 땀과 함께 화장이 범벅이 될 것을 생각하면 아예 엄두도 나지 않는 모양이다. 예뻐지고 싶은 여자의 욕심도 건설 현장을 맡았다는 이유만으로 포기해야 하는 현실이 이들의 이구동성으로 전해진다.

"매일같이 먼지와 땡볕에 노출되다 보니 여자라도 피부관리는 정말 생각도 못하고 살고 있습니다."(황 과장) "유행하는 헤어스타일로 이래저래 꾸며보고도 싶지만 출근해서 안전모를 쓰면 머리가 짓눌리는 통에 마음에 드는 머리도 못하고…. 그냥 길러서 뒤로 묶는 스타일을 고집할 수밖에 없는 이유죠."(안 사원) "안전모 쓰고 현장을 돌아다니다 보니 안전모 턱끈 자국만 빼고 얼굴이 타 거울을 보고 깜짝 놀란 적도 있어요. 얼마 전 사내 커플로 결혼을 했는데, 팔이 소맷자락 아래로만 햇볕에 타 웨

딩드레스 고를 때에도 애를 먹기도 했어요."(김 사원) "직사광선과 흙먼지만 아니어도 지금보단 앳된 피부결을 유지했을 거예요."(조 대리)

여자로서 힘든 일이지만 오히려 여자라 좋은 면도 적지 않단다. 특히 여성으로서 상대적으로 부드러운 대인관계를 유지할 수 있는 부분은 현장 민원 해결의 열쇠가 되기도 한다. 조 대리는 "이전 현장에서 하도급 업체의 임금 체불 문제로 원청사를 상대로 체불 해결을 요청하는 시끄러운 민원이 생겼는데 여성 공무 담당 직원이 응대를 한 결과 민원인과 시끄럽지 않고 원만하게 해결된 사례도 있었다"고 말했다.

김연수 씨는 "남성에 비해 꼼꼼하고 세심한 일처리가 가능하다는 점이 여성 현장 기술자로서 갖는 메리트"라며 "개인적으로 남편과 시부모님께 죄송하지만 (이른 출근으로) 남편 아침밥을 챙겨주지 못해도 덜 미안해 할 수 있는 점도 장점이라면 장점"이라고 전했다.

어렵게 하는 일인 만큼 일에서 찾는 보람과 장래 희망도 당차다. 황 과장은 "내가 짓고 있는 건물이 하루가 다르게 올라가는 것을 볼 때 뿌듯하고, 그 건물이 완공되고 나면 너무나 자랑스럽다는 생각이 든다"며 "이는 건설 현장이 아니면 느낄 수 없는 성취감"이라고 말했다.

때론 무에서 유를 창조하는 짜릿하고 힘든 과정을 경험하고 극복하는 데서 보람을 찾기도 하고(조 대리, 안 사원), 때론 '여자라 쉽게 할 수 없을 것'이란 편견을 깨고 강해진 자신을 발견하는 데서 만족을 하기도 한다.(김 사원)

조심스러웠지만 당찬 장래 포부도 들려줬다. 국내 건설 설비분야 최초의 여성 기술사인 황 과장은 기회만 주어진다면 건설업계에선 찾아보기 어렵다는 여성 임원에도 도전할 계획이다. 조 대리는 여성 현장 기술자의 롤(role) 모델이 될 수 있길 희망했고, 안 사원과 김 사원은 "내 손으로 국내는 물론 해외서도 손꼽히는 랜드마크 건물을 직접 지어보고 싶다"는 포부를 밝혔다.

3. 자원봉사 10% 늘리자

기업의 자원봉사가 확산되면서 가장 눈길을 끄는 부분은 회사마다 특색 있는 내용에 눈을 돌린다는 점이다.

연말연시에 보육원과 양로원을 찾아가 생활용품을 전달한 뒤 기념사진 찍고 오는 방식은 이제 찾기 힘들다.

현대 · 기아자동차는 자동차 그룹이라는 특성을 살려 재난 구호차량을 갖춘 전문 봉사단을, SK텔레콤은 소외 계층 노인을 위한 '어르신 휴대폰 활용 교육'을 만들었다.

현대 · 기아차 사회문화팀 신진원 과장은 "기업은 자신들이 가장 잘하는 분야를 특화시켜 온 조직"이라며 "이런 기업운영 방식이 자원봉사에도 접목되고 있다"고 설명했다.

국민대 경영학과 노현균 교수는 "자원봉사에 대한 인식이 확산되면서 기업이 자원봉사의 '양'이 아닌 '질'을 고민하기 시작했다"며 "이런 고민 끝에 누구나 할 수 있는 것이 아닌, 우리 회사만이 할 수 있는 자원봉사에 나서게 됐다"고 말했다.

◎ 자원봉사는 경영의 일부

2007년 세밑, 기업의 송년회와 종무식 테마는 대부분 '태안'이었다.

충남 태안군 기름유출 현장을 찾은 자원봉사자는 줄지어 30만 명. 여기에는 단체로 자원봉사에 나선 기업체 임직원이 상당수 포함된다.

전국경제인연합회(전경련) 원용득 부장은 "국내 주요 기업 중 태안에 자원봉사를 가지 않은 곳이 없다 해도 과언이 아니다"라며 "이제 자원봉사는 기업의 특수한 행사가 아니라 경영 활동의 일부로 자리 잡았다"고 말했다.

전경련이 지난해 6월 154개 기업을 대상으로 조사한 '기업의 기부활동에 대한 의견조사 보고서'에 따르면 인적 · 물적 기부처를 선정할 때 가장 중요하게 고려하는 사항으로 '회사 사회공헌 사업과의 연관성'을 꼽았다.

원 부장은 "1990년대 말까지만 해도 임직원

들이 사회복지시설을 찾는 것이 자원봉사의 전부였지만 이제는 사회의 다양한 수요에 맞춰 회사의 특성에 맞는 분야에서 집중적으로 자원봉사 활동을 펼치는 기업이 증가하고 있다"고 설명했다.

◎ 한 차원 높은 자원봉사를 위해

전문가들은 개인과 기업의 자원봉사 수준을 한 단계 끌어올리기 위해 정부 시민단체 기업의 연계가 절실하다고 지적했다.

박종규 기업사회공헌연구소 소장은 "기업이 가진 전문 인력과 조직관리 노하우에 정부 및 시민단체의 자원봉사 경험을 결합하면 한 차원 높은 자원봉사가 가능하다"며 "이는 기업 시민단체 사회 모두에게 도움이 되는 일"이라고 말했다.

저소득층에게 먹을거리를 지원하는 '푸드뱅크' 사업은 정부와 기업이 연계한 대표적인 자원봉사 프로그램으로 손꼽힌다.

'푸드 뱅크'의 기획과 운영은 정부가 담당하고, 먹을거리 제공과 운반 등의 물류 시스템은 식품업체가 담당한다.

성균관대 사회복지학과 김통원 교수는 "선진국처럼 기업, 정부, 비정부기구(NGO)의 연계를 강화해 다양한 사회공헌 활동을 수행하는 것이 중요하다"며 "이를 통해 전 사회적인 자원봉사 네트워크의 구축이 가능하다"고 말했다.

[토론과제]

앞의 각 가례를 읽고 매슬로우의 욕구단계설 중 어느 단계의 욕구가 결핍된 것인지 또는 자극하는 것인지를 논하시오.

1.2 ERG 이론

매슬로우의 욕구단계설이 실증연구의 지지를 받지 못하는 것에 대한 반응으로 알더퍼(Clayton Alderfer)[2]는 인간의 욕구를 다음과 같이 3개의 범주로 분류하였다.

① **존재욕구**(existence needs: E) : 이는 생리적 및 물질적 욕망을 말한다. 매슬로우의 생리적 욕구와 물질적 측면의 안전욕구가 이 범주에 속한다.

② **관계욕구**(relatedness needs: R) : 이는 만족스러운 대인관계에 대한 욕구이다. 매슬로우의 인간적 측면의 안전욕구, 소속 및 애정욕구, 사회적 존경욕구 등이 이 범주에 속한다.

③ **성장욕구**(growth needs: G) : 이는 자기 자신의 계속적인 성장과 발전에 대한 욕구이다. 매슬로우의 자존심에 대한 욕구와 자아실현욕구가 이 범주에 속한다.

ERG 이론은 욕구단계설과 다르게 좌절-퇴행(frustration-regression)의 원칙을 포함하고 있다. 즉, 상위욕구가 충족될 수 없을 때, 이미 충족된 하위욕구가 활동할 수 있다는 것이다. 욕구단계설에서는 하위욕구가 충족된 후에만 상위욕구로의 진행, 즉 만족-진행(satisfaction-progression)의 과정만을 주장하고 있다.

또한, 매슬로우의 욕구단계설에는 사람들이 한 시점에 한 가지 욕구에 의해서만 영향을 받는다고 주장하고 있지만, ERG이론에서는 한 가지 이상의 욕구가 동시에 작용할 수 있다고 보고 있다.

토론사례 6-2 사랑의 자원봉사단

〈자료원〉 "한국선급 연탄배달 실시." 해운항공신문, 2009. 10. 29

한국선급 연탄배달 실시

아침 저녁으로 쌀쌀해진 요즘 (사)한국선급 "사랑나눔 봉사단"의 사랑의 연탄배달 봉사활동이 훈훈감동을 주고 있다.

한국선급 봉사단원 30명으로 구성된 사랑의 연탄배달 자원봉사단은 27일 오후 2시부터 7시까지 대전시 서구 도마동 지역에서 거주하는 독거노인 및 가정환경이 어려운 이웃들을 대상으로 약 1,500장의 연탄을 직접 전달ㄹ하였다.

사랑나눔 봉사단 총괄단장인 한국선급 함정업무팀 팀장은 "최근 서민경제가 어려워져 어려움을 겪고 있는 많은 이웃들에게 조금이나마 보탬이 되고자 이번 봉사활동을 계획하였다" 고 밝히며 "향후 지속적인 봉사활동을 통한 이웃사랑을 실천해 나가겠다"고 덧붙였다.

한국선급은 중국지진피해지역 위문금 모금 전달을 비롯하여 국내 유학 외국인 대학생 장학금 지급, 도서지역 자매결연 학교 지원, 복지시설 지원 등 국내외를 망라하여 이웃사랑을 지속적으로 실천하고 있다.

[토론과제]

위의 사례를 ERG 이론의 입장에서 설명해 보고 다른 사례들을 사회현장에서 찾아보시오.

1.3 성취 · 친교 · 권력 욕구이론

심리학자인 맥클래랜드(David McClelland)[3]는 주제통각법(主題統覺法: Thematic Apperception Test: TAT)을 사용하여 사람들의 욕구를 측정하였다. 그 결과 인간의 행동을 이해하는 데 중요하다고 생각되는 3가지의 욕구를 구별해 냈다.

① **성취욕구**(need for achievement: nAch) : 이는 무엇인가를 보다 잘, 또한 능률적으로 수행하고 문제를 해결하며, 보다 복잡한 과업을 완수하려는 의욕을 말한다.

② **친교욕구**(need for affiliation: nAff) : 이는 다른 사람과 우호적이고 정이 넘치

는 관계를 형성하고 유지하려는 욕구이다.

③ **권력욕구**(need for power: nPow) : 이는 다른 사람을 통제하고, 다른 사람의 행동에 영향을 미치려는 욕구이다.

맥클래랜드는 사람들이 이러한 욕구에 의해 동기부여된다고 보고 있으며, 이러한 욕구와 개인이 선호하는 행위를 <표 6-1>에서와 같이 연관시키고 있다.

표 6-1 성취욕구, 친교욕구, 권력욕구가 높은 사람들이 선호하는 일

욕 구	선호하는 일	예
• 높은 성취욕구	• 개인적인 책임감을 느끼며, 위험 수준이 중간정도이며 피드백이 주어지는 일	• 도전적인 할당목표와 개인적 보너스가 주어지는 현장판매원
• 높은 친교욕구	• 대인접촉과 의사소통 기회가 많은 일	• 고객서비스 업무 담당자
• 높은 권력욕구	• 다른 사람에게 영향력을 행사할 수 있는 기회가 많은 일	• 공식적인 감독책임 직위, 특별 태스크 포스 및 위원회의 책임자

그간의 연구에 의하면 성취동기가 높은 사람은 낮은 사람보다 적어도 초기 경력에서는 보다 큰 성공을 거두고 있다. 그러나 성취동기가 높은 사람이 반드시 우수한 경영자는 아니다. 예를 들어 성취동기가 높은 최고경영자는 낮은 경우보다도 권력을 몇몇 사람의 손에 집중화시키는 경향이 있는데, 이는 구성원들로부터 부정적 반응을 얻게 된다. 요컨대 높은 성취동기는 개인적 성공에는 기여하지만, 조직업적이나 경영의 관점에서는 반드시 좋은 것은 아니다.

반면에 효과적인 최고경영자가 되기 위해서는 높은 권력욕구와 낮은 친교 욕구를 가져야 한다는 연구결과가 있다. 즉 최고경영자는 권력과 영향력이 필요하고, 이러한 것 때문에 생기는 단호한 의사결정이나 행동을 무시할 수가 없다는 것이다.

맥클래랜드는 이러한 욕구들을 선천적이기보다는 후천적으로 경험을 통하여 획득되는 것으로 보고 있다. 이 점이 다른 이론들과 다른 견해이며, 경영자들에게 새로운 시사점을 제시하고 있다.

다시 말하면, 사람들을 특정 직무에서 성공적이기 위해 필요한 욕구상태로 변화시킬 수 있다는 것이다. 즉 학습 프로그램을 통하여 최고경영자로 하여금 그러한 욕구의 소유자가 되도록 하면 훌륭한 최고경영자가 된다는 것이다.

토론사례 6-3 맥클랜드 욕구이론의 실제

〈자료원〉 1. "피겨 그랜드 스램 '김연아' 전설로 날다." 데일리선, 2010. 3. 2.
"김연아, 끝나지 않은 피겨퀸의 여정." 매일경제, 2010. 3. 22.
2. "성공한 사람 30인 분석-어린 시절부터 뭔가 달랐다." 동아일보, 2000. 1. 30.

1. Queen 연아, 당신이 있어 대한민국은 행복하다

여왕의 눈물이 대한민국을 적셨다. 피겨 여왕 김연아(20. 고려대)가 올림픽 무대마저 휩쓸며 피겨 여자 싱글 사상 첫 그랜드슬램을 달성했다. 밴쿠버 올림픽은 그야말로 연아를 위한 '여왕 대관식'이었던 셈이다.

김연아는 지난달 26일(한국시간) 캐나다 밴쿠버 퍼시픽 콜리세움에서 열린 2010밴쿠버올림픽 피겨 여자 싱글 프리스케이팅에서 150.06점을 얻어 이틀 전 쇼트프로그램(78.50)과 합산 228.56점으로 금메달을 목에 걸었다. 칼로 벤 듯 정확한 기술과 여신이 강림한 듯한 표정연기는 아사다 마오(일본) 등 경쟁자의 이름이 무색하게 만들기 충분했다. 김연아가 이룬 쾌거는 단순히 스포츠 스타의 정상등극에 그치지 않는다. 그와 직 · 간접적으로 인연을 맺은 기업들은 물론 유통업계 전반이 '김연아 효과'로 엄청난 특수를 누리고 있다. 악화일로였던 경제상황까지 반전시킨 김연아의 역량은 그야말로 '여왕'의 그것이다.

김연아가 이번 올림픽에서 세운 기록은 그가 지난 10월에 세운 역대 최고점 210.03점을 무려 18.53점이나 경신한 것이다. 겸연아는 그랑프리 파이널과 세계선수권, 올림픽 등 피겨 메이저 3대 이벤트 대회에서 모두 금메달을 목에 걸며 '그랜드 슬램'의 주인공이 됐다.

푸른 드레스 차림으로 빙판에 나선 김연아는 조지 거쉰의 '피아노 협주곡 F조' 선율에 맞춰 날개를 폈다. 첫 번째 과제인 트리플-러츠-트리플 토루프 콤비네이션 점프(기본점수 10점)를 깔끔하게 성공시키며 사실상 우승을 결정지은 김연아.

그는 두 번째 구성 요소인 트리플 플립(기본점수 5.5점)까지 완벽하게 소화해 1.80의 수행점수를 챙겼고 3번째 점프 과제인 더블 악셀-더블 토루프-더블 루프 콤비네이션(기본점수 6.3점)도 1.40의 가산점을 챙겨 기세를 올렸다.

플라잉 콤비네이션 스핀에 이어 우아한 스파이럴 시퀀스를 최고 난이도인 레벨 4로 처리한 김연아는 더블악셀-트리플 토루프 연속 점프(기본점 7.5점)를 깨끗하게 성공시켰고, 이어진 트리플 살코(기본점 4.5점)와 트리플 러츠(기본점 6.0점)도 완벽한 착지로 3.40의 수행점수를 챙겨 만점 연기를 이어갔다.

관중들의 환호 속에서 씩씩하게 직선스텝 연기를 펼친 김연아는 더블악셀(기본점수 3.5점)에 이은 플라잉식스핀과 체인지콤비네이션 스핀으로 이날 준비한 약 4분10초 동안의 연기를 마쳤다. 경기를 마친 김연아는 금메달을 확신한 듯 주먹을 불끈 쥐었고 곧 뜨거운 눈물을 터트렸다.

피겨퀸 김연아가 올 시즌을 성공적으로 마치기 위해 또 다른 도전에 나섰다.

김연아는 이탈리아 토리노에서 22일부터 열리는 2010 국제빙상경기연맹(ISU) 피겨스케이팅 세계선수권대회에 출전하기 위해 지난 21일 캐나다 토론토를 떠나 토리노행 비행기에 몸을 실었다.

김연아는 벤쿠버 동계올림픽에서 한국인 사상 처음으로 피겨스케이팅 금메달을 따낸 뒤 짧은 한국 나들이를 마치고 곧장 전지훈련지인 캐나다 토론토로 돌아가 다시 마지막 대회를 준비해 왔다.

하지만 마음만은 한결 가볍다. 김연아는 "당장 성적에 대한 욕심은 없다"며 "결과에 대한 압박감 없이 편안히 연기하고 싶다"는 뜻을 밝혔다.

하지만 이번 대회가 동계올림픽보다는 중요성이 덜하지만 역시 1년에 한 번 돌아오는 세계선수권이고, 승리를 이어간다는 의미도 있다.

이를 반영하듯 김연아는 전지훈련을 떠나기에 앞서 "이왕 출전하기로 한 이상 잘하고 싶다"며 "토론토에 도착하면 절로 다시 집중하게 될 것 같다"며 각오를 새롭게 한 바 있다.

이번 대회에는 아시다 마오와 안도 미키, 스즈키 아츠코(이상 일본), 카롤리나 코스트너(이탈리아) 등 세계 정상급 선수들이 벤쿠버의 아쉬움을 뒤로 하고 다시 출전한다.

2. 성공한 사람 – 어린 시절부터 뭔가 달랐다

한국청소년상담원이 최근 각 분야에서 뛰어난 능력을 발휘하고 있는 사람들의 성장과정을 조사한 결과 이들은 어렸을 때부터 목표를 향한 도전의식을 가졌고 부모들의 적극적 지원을 받은 것으로 나타났다. 조사대상은 예술 과학 교육 등의 분야에서 창의적 성취를 이룬 30세 이상의 인물 30명이다.

조사를 담당한 한국청소년상담원은 박경애 박사는 "특정분야에서 뛰어남을 뜻하는 수월성은 교육이나 노력을 통해 발견되고 길러질 수 있다"며 "어른들은 청소년들이 저마다 타고난 적성과 특기를 개발하여 고부가가치를 만들어나가도록 이끌어줘야 한다"고 강조했다.

■ 꿈을 향해 노력 : 조사대상 30명 중 25명이 어려서부터 '목표를 세워 열심히 노력' 했으며 29명이 '어려움이 생기면 극복해내는 즐거움'을 느꼈다고 답했다. 장상 이화여대 총장은 어린 시절부터 박사가 되겠다는 꿈을, 임원식씨(음악가)는 음악가가 되고 싶다는 소망을 가졌고 그 꿈을 이뤄냈다. 나해철씨(시인 · 의사)는 인턴시절 새벽 두세 시에 일을 마치고도 집에 가서 촛불을 켜놓고 시를 쓸 정도였다.

또 김성주씨(사업가)는 미국 유학시절 '이왕 칼을 뺐으니 죽더라도 이 자리에서 죽어야 한다'는 마음으로 공부에 몰두했다고 얘기했다. 곽재구씨(시인)는 어려울 때마다 '내가 못하면 누가 해내겠는가'라고 생각하며 고통 대신 희열과 재미를 느꼈다고 털어놓았다.

■ 부모의 칭찬 : 21명이 '부모님이 나를 믿고 자랑스러워하며 칭찬해주었다'는 점을 공통적으로 꼽았다.

이혜원씨(미국 제퍼슨의대 내과교수)는 어렸을 때부터 아버지가 "넌 뭐든지 할 수 있다"고 격려하면서 뭔가를 이루어내면 매우 좋아했다고 회상했다. "어떤 조그만 일이라도 해내면 기뻐하실 아버지의 모습이 떠올라 열심히 했지요."

박광수씨(만화가)의 부모도 그에게 늘 '갈채'를 보냈다. 학교 다닐 때 같이 말썽피우던 친구들은 모두 부모들이 '포기' 했는데 그의 부모는 "네가 지금 그러는 것은 한때의 실수이고 언제든 다시 시작할 수 있다"며 용기를 북돋워주었다. 전유성씨(개그맨) 역시 "부모님은 내가 뭘 하든 항상 웃고 좋아했으며 연예계 나간다고 할 적에도 굉장히 자랑스럽게 생각했다"고 말했다.

■ 풍부한 경험 : 23명이 외국이나 다른 지방으로 공부를 하러 떠난 적이 있거나 국내외로 여행 다니기를 즐겨하며 시야를 넓혔다.

김어준씨(딴지일보 총수)는 45개국을 배낭여행하면서 많은 아이디어를 얻었다. 황영성씨(화가)도 남미를 여행하면서 창조적 영감을 많이 받았다. 독서는 이들에게 다양하고 폭넓은 간접경험을 주었다. 나종일씨(경희대 정치학과 교수)는 어릴 때부터 책을 닥치는 대로 읽었고 정 읽을 게 없으면 아버지가 가져온 농림부 통계자료까지 읽을 정도였다고 돌이켰다.

[토론과제]

위 사례를 성취, 친교, 권력 욕구이론의 입장에서 설명해 보고 사회현장에서 비슷한 사례를 찾아 보시오.

1.4 2 요인이론

허쯔버그(Frederick Herzberg)[4]는 200명의 엔지니어와 회계사들을 대상으로 "귀하의 직무에 있어서 특별히 기분이 좋았던 때에 대해 말씀해 주십시오"와 "귀하의 직무에 있어서 특별히 기분이 나빴던 때에 대하여 말씀해 주십시오"의 두 가지 질문을 하였다.

이에 대한 4,000여 개의 응답을 분석한 결과 흥미로운 사실을 발견하였다. 즉, 아래의 <표 6-2>에서 보는 바와 같이 어떤 요인들은 불만족과 관련을 맺고 있으며, 어떤 요인들은 만족과 관련을 맺고 있음이 밝혀졌다.

허쯔버그는 직무 불만족과 관련된 요인을 불만족요인(dissatisfiers) 또는 위생요인(hygiene factors), 만족과 관련된 요인을 만족요인(satisfiers) 또는 동기부여요인(motivator factors)이라 부르고 있다.

불만족요인은 회사방침과 절차, 작업조건 등의 작업상황과 관련된 측면인 직무환경(job context)이다. 이러한 요인들은 직무 불만족을 방지해줄 뿐이지 직무만족

표 6-2 직무 불만족과 직무만족의 원천

직무 불만족에 영향을 미치는 요인	직무만족에 영향을 미치는 요인
• 회사의 정책 및 관리방침 • 감독 • 상사와의 관계 • 작업조건 • 급여 • 동료와의 관계 • 개인생활 • 부하와의 관계 • 지위 • 안정	• 성취 • 인정 • 작업 그 자체 • 책임 • 발전 • 성장

을 유발하여 적극적인 동기부여를 일으키지 못한다는 것이다.

반면에 만족요인은 성취감, 인정감, 책임감과 같이 직무내용(job content)과 관련된 요인들로서 작업자로 하여금 직무만족을 느끼게 하고, 더 나아가 작업자의 동기부여를 유발하는 요인이다.

허쯔버그는 전통적인 관점과는 다르게 직무 불만족과 직무만족을 다음의 [그림 6-3]에서와 같이 두 개의 별도의 차원으로 보고 있다.

허쯔버그의 2요인 이론은 매슬로우의 욕구단계설과 마찬가지로 아직까지 많은 경영실무자들의 관심을 끌고 있다. 왜냐하면 대부분의 경영자들은 지금까지 위생요인에만 상당한 시간과 관심, 그리고 자원을 투자하였으나, 허쯔버그는 이러한 조치는 문제에 대한 본질적인 처방이 되지 못한다는 것을 주장하였기 때문이다.

2요인이론에 의하면, 위생요인만 가지고는 종업원들로부터 적극적인 동기부여를 유발할 수 없다. 오직 동기부여요인만이 내재적 요인(intrinsic factor)으로서 적극적인 만족을 유도하고 그럼으로써 동기부여를 높일 수 있다고 보고 있다.

다만 2요인이론 연구의 설계가 비판의 대상이 되고 있는데, 이는 허쯔버그의 연구에서 사용된 측정수단인 중요사건 기술법(critical incident method)을 다른 연구에서 다른 측정수단으로 바꾸었을 때, 원래의 연구결과와는 다르게 나오고 있기 때문이다.

그럼에도 불구하고 허쯔버그의 2요인이론은 적극적인 동기부여의 원천으로서의 내재적인 요인(intrinsic factors)에 관심을 갖게 하는 계기가 된 데에 그 공헌이 인정된다.

따라서 경영자들은 동기부여요인을 제공할 수 있는 방안을 강구하여야 한다. 그러나 이러한 동기부여요인은 일 그 자체에 내포되어 있기 때문에 일 자체를 개선하는 작업, 즉 직무의 재설계작업이 필요하다. 이러한 직무재설계 작업의 가장

그림 6-3 만족–불만족에 대한 견해 비교

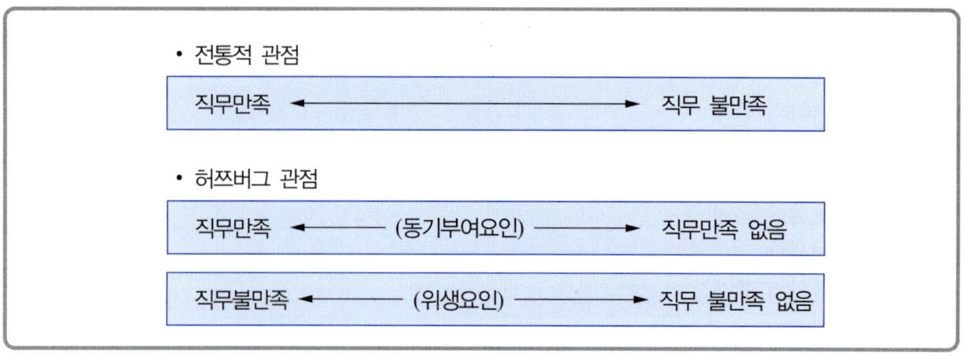

기본이 되는 개념이 직무확대(job enlargement)와 직무충실화(job enrichment)이다.

직무확대의 목적은 현재의 직무에 비슷한 과업을 추가함으로써 기능의 다양성과 과업의 정체성(正體性: identity)을 높이기 위한 것이다. 예를 들어 어떤 은행의 크레디트 카드신청을 접수하는 직무와 그것을 심사하여 처리하는 직무가 두 사람에 의하여 따로 수행되고 있다면 이 두 사람의 직무를 합하여 한 사람에게 맡기는 것이다.

이러한 직무확대는 한 사람을 여러 직무에 순환근무토록 함으로써 그의 활동을 다각화하여 단일 직무상에서 오는 권태감을 덜어주고 능력을 개발시키려는 직무순환과는 성격이 다르다.

그러나 직무확대도 직무순환과 마찬가지로 본래부터 과업의 중요성이 고려되지 않은 직무설계이기 때문에 종업원의 반응이 적절하지 못함을 보게 된다. 어떤 작업자의 말을 그대로 옮기면 "나는 전에도 불결한 직무를 수행하였는데, 이제는 직무확대란 이름 아래 세 가지의 불결한 직무를 수행하고 있다"고 말하고 있다.

이에 대한 개선책으로 나온 것이 직무충실화의 개념이다. 직무충실화는 직무확대와는 다르게 직무를 보다 수직적으로 충실하게 하는 것이다. 직무순환과 직무확대는 직무의 질은 변화시키지 않고 수평적으로 확대된 것이다.

직무확대는 직무의 범위를 확대시키는 반면에 직무충실화는 직무의 심도를 증대시키는 것이다. 직무충실화에서는 직무담당자에게 자신의 직무에 대해 보다 많은 재량권을 부여하는 것이다.

충실화된 직무에서는 작업자가 상위 감독자의 과업의 일부를 위양받아 수행하게 된다. 즉, 작업자는 직무의 계획, 실행, 그리고 평가에 대해서 보다 큰 영향력을 행사하게 된다. 그리고 충실화된 직무의 과업들은 작업자로 하여금 자유재량권, 독립성, 책임감 등이 따르는 완전한 활동을 요구한다.

다음의 [그림 6-4]는 직무확대와 직무충실화의 개념을 설명해 주고 있다.

직무충실화의 예를 Travelers Insurance사에서 키펀치 작업에 대해서 행했던 사례로써 설명해 본다.

이 회사 경영자들은 키펀치 작업자들의 업적에 만족하지 못하였는데 오타율은 허용기준을 초과하였고 작업결과는 적절치 못하였으며, 작업자들은 높은 결근율을 나타내고 있었다. 그리하여 경영자들은 키펀치 작업에 다음과 같은 직무재설계의 아이디어를 이용해 보았다.

① 작업은 각 작업자에게 무작위로 배정하되 한 작업자는 한 거래선만을 책임지도록 했다.

그림 6-4 직무확대와 직무충실화의 비교

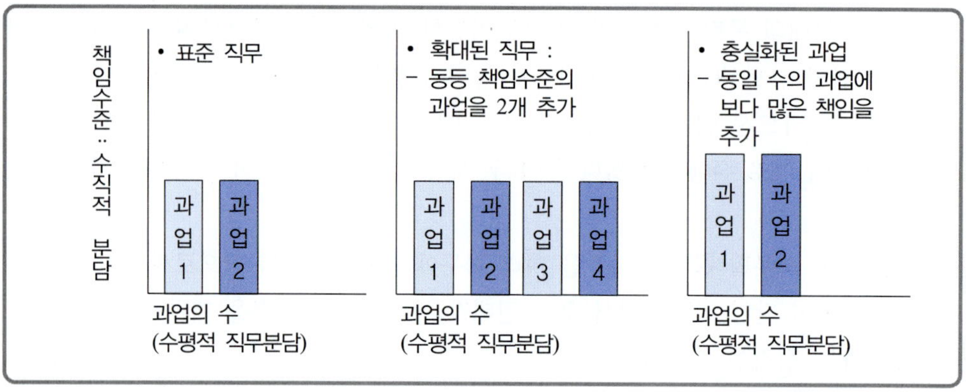

② 키펀치의 중심적 과업에 약간의 계획과 통제기능을 결합시켰다.

③ 각 작업자는 고객과 직접 접촉할 수 있는 경로를 가지게 되고, 의문이 생기면 감독자가 아닌 작업자 자신이 고객과 접촉하여 일을 처리하도록 하였다.

④ 작업자들이 자신의 작업일정계획을 세울 수 있는 권한을 갖게 되었고 명백한 코딩상의 잘못은 자신 스스로의 책임 하에 수정할 수 있는 권한도 부여되었다.

⑤ 잘못 찍힌 카드는 컴퓨터 부서에서 직접 해당 작업자에게 반송하여 오타를 직접 수정하도록 하였다. 매주의 오타율과 업적에 대한 평가는 감독자를 거치지 않고 직접 작업자 본인에게 전달되었다.

앞에서 요약한 직무충실화의 결과는 필요인력의 감소, 양적 측면에서의 업적 증가, 오타율과 결근율의 감소, 직무태도의 개선, 9만 달러의 비용감소 등의 복합적인 긍정적 효과를 나타냈다고 보고된 바 있다.

토론사례 6-4 2요인이론의 현장

〈자료원〉 1. "출산직원에 해택주는 기업 늘어난다," 한국일보, 2010. 1. 8.
2. "대학선택 '사회적 인정'이 가장 큰 영향," 서울경제, 2008. 10. 1.

1. 출산직원에 해택주는 기업 늘어난다

저출산 극복문제가 부각되면서 아이를 더 낳는 직원들에게 각종 지원해택을 늘리는 기업이나 기관이 늘고 있다.

직장보육시설을 두는 것은 물론이고 자녀를 낳고 키우는데 부담을 느끼지 않도록 하는 제도적 장치가 속속 도입되고 있고 임신과 출산을 맞은 직원들을 배려하는 분위기도 서서히 조성되고 있다.

보건복지가족부가 7일 입양을 포함해 두 자녀 이상을 둔 직원에게 승진이나 국내외 연수 시 특별가점을 부여하고 근무시간을 편하게 선택할 수 있도록 하는 등의 파격적인 출산장려 대책을 내놓았지만 사실 이런 제도는 민간 기업에서부터 시작됐다.

일부 기업의 출산장려 및 가족친화 제도는 저출산 문제와 맞물려 서서히 저변을 넓혀가고 있는 중이다.

아시아나항공은 출산 및 육아 휴직 시 최대 19개월 동안 쉴 수 있도록 하는 제도를 운영하고 있다. 휴직기간에도 복직시기 등 사내 중요 사항을 인터넷으로 정보를 제공하고 복직시에도 건강검진과 복직적응 교육을 실시하고 있다.

직원이 출산휴가에 들어가면 축하카드와 함께 태교를 위한 교재와 CD를 선물해준다.

유한킴벌리는 출산지원제도 방면으로는 국내에서 가장 앞서나가는 기업으로 꼽힌다. 자녀를 낳은 직원에게 출산축하금과 기저귀를 지급하고 30세 이상 모든 여직원에게 자궁암이나 유방암 검진을 실시하고 있다.

이들은 출근시간도 오전 7시에서 오번 10시 사이에 자율적으로 선택할 수 있다.

또 안락의자와 발마사지기, 수유용품 등을 구비한 여직원 휴게실을 운영하는 것은 물론이고 하루 2차례 1시간씩 모유 수유시간을 보장하고 3세 미만 유자녀 직원에게는 1년간 육아휴직을 부여하고 있다.

교보생명도 3세 미만의 자녀를 두고 있는 직원에게는 근로시간 단축제나 반일근무제를 실시하고 있다.

남성 직원의 육아휴직도 적극 권장하는 분위기여서 남성 육아휴직 이용률이 25%에 이른다. 복귀 시에는 전직보직이나 희망보직을 배정해주기도 한다.

이와 함께 삼성SDS는 근무시간을 탄력적으로 운영할 수 있는 탄력근무제도로, 아모레퍼시픽은 직장보육시설 설치로, 동문건설은 100만원씩의 결혼축하금과 출산축하금으로, 기술보증기금은 아버지 출산간호휴가제로 직장 내 출산문화를 이끌고 있다.

복지부 관계자는 "가족친화 경영은 보육환경 조성으로 출산율을 높이고 이직률을 낮추며 일에 집중할 수 있도록 해주기 때문에 생산성 향상으로 이어진다"고 말했다.

지자체 중에서는 경상남도가 임산부에게는 전용의자를 제공해주고 출퇴근시간 탄력운영제와 재택근무제, 1시간 육아시간 보장제, 부모휴가제 도입 등으로 눈길을 끌고 있다.

여직원 비율이 과반수인 건강보험심사평가원도 출산축하금 지급, 육아데이 및 가정의 날 운영, '엄마 · 아빠 직장 체험하기 행사' 등의 가족친화 프로그램을 운영하고 있고 한국수자원공사도 출산장려금, 남성휴직제도를 도입했다.

복지부는 출산, 육아 직원에 대한 인사상 불이익을 없애는 한편 육아휴직으로 인한 업무공백을 없애기 위해 대체인력뱅크를 확보하는 것도 양육 친화적인 조직을 구축하는 데 필수적인 것으로 보고 있다.

복지부는 이번에 마련한 출산장려대책을 중심으로 다른 정부부처와 기관에도 출산 및 양육 분위기를 조성하는 제도와 문화를 확산시켜 나간다는 계획이다.

2. 대학선택 '사회적 인정'이 가장 큰 영향

고 3수험생들이 목표로 삼고 있는 대학이나 지원한 대학의 선택에 있어 '사회적인 인정'이 가장 큰 영향을 미치는 것으로 나타났다.

교육업체 진학사(www.jinhak.com)가 고 3수험생 회원 870여 명을 대상으로 지난달 10일~23일까지 설문 조사한 결과 '목표 대학이나 지원 대학 선택 이유는 무엇이냐'는 물음에 37%(305명)가 '사회에서 인정하는 대학 순위'라고 답했다.

그 다음으로 '높은 취업률' 이라고 응답한 학생이 250명(30%), '쾌적한 캠퍼스 시설과 교통편'이 165명(20%), '장학금 등 복지제도'가 69명(8%), '우수한 교수진'이란 답변이 41명(5%) 등으로 나타나 대학 선택에 있어 특성보다는 서열과 취업률을 더 중요시하는 것으로 분석됐다.

'대학 지원시 가장 영향을 미치는 것'에 대한 질문에는 62%(513명)의 학생이 '적성에 맞는 학과'라고 답해 실제 지원시에는 주변의 인식보다 본인의 적성을 우선적으로 고려하는 것으로 나타났다. 이 외에 '대학의 명성과 이미지'라는 답변이 22%(184명), '무조건 수능 성적(학생부 성적)에 맞춘다'고 답한 학생도 13%(104명)이나 됐다.

윤동수 진학사 본부장은 "지원 대학을 선택할 때는 사회에서 인정하는 대학의 순위가 어느 정도 고려되지만 실제 대학 지원시 가장 영향을 미치는 것은 적성에 맞는 학과인 것으로 나타났다"고 설명했다.

[토론과제]

위의 사례들을 2요인이론으로 설명하여 보시오.

2 과정이론

2.1 기대이론

기대이론(expectancy theory)에서는 기본적으로 어떤 행동을 할 경향은 다음 3가지 요소에 의해 결정된다고 본다.

① **기대**(expectancy) : 일정한 노력을 기울이면 일정한 수준의 업적을 올릴 수 있으리라 믿는 가능성. 0에서 1 사이의 값을 갖는다.

② **수단성**(instrumentality) : 어떤 업적을 올리면 그것이 바람직한 보상으로 연결된다고 믿는 가능성. 0에서 1 사이의 값을 갖는다.

③ **유의성**(誘意性, valence) : 궁극적으로 얻게 되는 보상이 개인에게 얼마나 매력적인가를 나타낸다. −1에서 1 사이의 값을 갖는다.

기대이론에서의 기대, 수단성, 그리고 유의성의 세 개념 간의 관계는 다음의 단순화된 모형처럼 나타낼 수 있다.

기대이론에 따르면 동기부여는 다음 공식으로 표현될 수 있다. 이 공식이 의미하는 바는 높은 수준의 동기부여를 올리기 위해서는 기대, 수단성, 유의성 중 어느 하나라도 0 가까이의 값을 가져서는 안 된다는 것이다.

동기부여(M) = 기대(E) × 수단성(I) × 유의성(V)

기대이론이 경영자들에게 주는 의미는 경영자는 조직구성원들에게 앞의 세 가지 요소 모두가 높게 되도록 힘써야 한다는 것이다. 기대를 높이는 데는 훈련 프로그램, 코치나 안내, 감독자의 후원 내지는 후견인 역할, 능력 있는 종업원 선발, 업적목표의 명확화 등을 이용할 수 있다.

수단성을 증대시키는 방법으로는 실제로 보상이 업적에 따라 이루어짐을 공개적으로 명확히 하는 것이다.

유의성, 즉 보상에 대한 매력을 증진시키는 한 가지 방법으로 최근 많이 이용되고 있는 것이 카페테리어식(cafeteria) 보상이다. 이는 예를 들어 현금 보너스, 유급휴가, 주식매입선택권(stock option), 보험혜택의 증가 등과 같은 여러 종류의 보상 중에서 개인이 가장 선호하는 것을 직접 선택하도록 하는 방법이다. 우리나라 공무원들에게 실시하고 있는 선택적 복지제도 역시 계층별로 차등화된 년간 복지급여를 제공하고, 개인은 그 복지급여 한도 내에서 본인이 원하는 복지 항목을 선택하여 혜택을 보는 방식으로 운영되고 있다.

그림 6-5 기대이론의 단순화된 모형

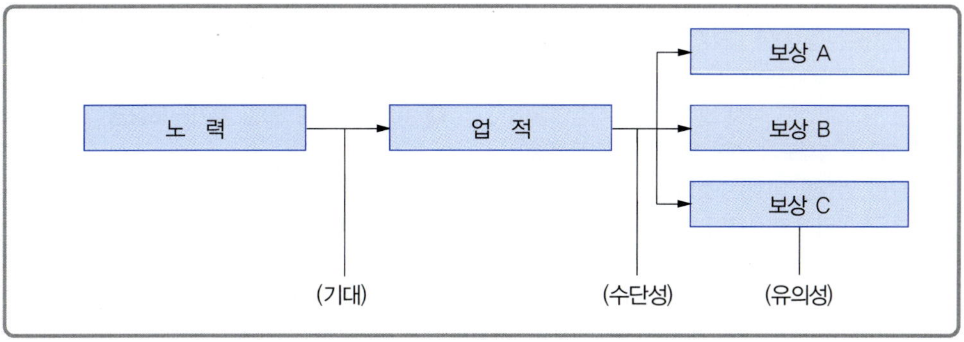

토론사례 6-5 기대이론의 현장

〈자료원〉 1. "3년 일하면 1년 연봉보너스 약속지켜." 한국일보, 2009. 1. 2.
2. "실속 따져보니, 대기업 안 부럽네." 한국일보, 2007. 11. 18.
3. "택배사 직원사기 올려라." 서울경제신문, 2007. 2. 13.

1. 3년 일하면 1년 연봉보너스 약속지켜

조선일보에 따르면 서울시 중구 무교동 어린이재단 빌딩 내에 위치한 이 회사는 지난달 20일 직원 34명에게 각자의 1년 연봉에 해당하는 보너스가 담긴 통장을 전달했다. 송경애 사장으로부터 통장을 받은 34명의 직원들은 "정말 보너스를 받게 될 줄 몰랐다"며 함박웃음을 지었다.

송 사장이 직원들에게 거액의 보너스를 지급한 것은 4년 전에 한 '약속' 때문이다. 당시 그는 "앞으로 3년간 더 일하는 직원에게는 3년째 되는 해 연말에 1년치 연봉에 해당하는 보너스를 지급하겠다"며 '3+1 복지제도'를 공약했다고 신문은 전했다.

송 사장은 "우수 인재를 장기간 확보해야 업무 능력과 서비스 수준을 높일 수 있다"며 "금전적으로는 부담이 되지만 장기적으로는 회사의 이익과 직원의 복지라는 두 마리 토끼를 잡을 수 있다고 판단했다"고 말했다고 신문은 전했다.

그러나 송 사장이 이런 결단을 내리기 쉽지 않았다. 경제불황으로 인해 여행수요가 급감했기 때문이다. 해당 직원들이 보너스 지급을 다음으로 미루자는 의견을 냈을 정도이다.

그러나 송 사장은 "아무리 경기가 어렵다고 해도 직원들이 나와 회사를 믿고 지금껏 함께 해줘서 BT&I가 이 자리까지 왔다고 생각해요. 직원들과의 약속을 지키는 게 CEO의 당연한 책무"라면서 보너스 지급을 강행했다.

회사 안에는 내년과 내후년에 1년치 연봉에 해당하는 보너스를 받도록 예정돼 있는 직원이 40명이나 있다. 송 사장은 이들에게도 약속대로 보너스를 지급할 계획이다. 다만 이들을 끝으로 당분간은 '3+1' 보너스 제도 시행을 중단키로 했다고 신문은 전했다.

송 사장은 "상황이 나아지면 제일 먼저 '3+1' 보너스 제도를 부활할 것"이라고 말했다.

BT&I는 11월까지 1,800억원의 항공권 매출을 올려 국내 1만여 개 여행사 중 5위에 올라 있다.

2. 실속 따져보니, 대기업 안 부럽네

대기업들의 올해 신규채용이 막바지 단계에 이르렀다. 아직 취업 문턱을 넘지 못해 초조한 구직자들은 중소기업으로 눈길을 돌려보는 건 어떨까.

인지도는 낮지만 대기업 부럽지 않은 복리후생과 연봉수준으로 우수인재를 불러들이고 있는 중소기업도 적지 않다. 실제 직장인들에겐 복리후생제도가 연봉 못지않게 직장생활에 중요한 영향을 미치는 것으로 나타났다.

최근 온라인 리쿠르팅 업체 잡코리아(www.jobkorea.co.kr)가 올해 연봉협상을 마친 직장인 655명을 설문조사 한 결과 64.1%가 "복리후생제도 확대가 연봉인상에 버금가는 만족감을 준다"고 답했다.

대기업 부럽지 않은 연봉수준과 차별화한 복리후생제도로 직원들의 마음을 사로잡고 있는 '알짜 중소기업'을 알아본다.

◎ 10년 근속에 30일 휴가 · 포상금 – 인프라웨어

모바일 솔루션업체 인프라웨어의 대졸 신입사원 초봉은 3,000만 원을 넘는다. 국내 주요 대기업 평균 연봉인 2,,985aks 원(2007년 잡코리아 조사)을 웃도는 수준이다. 이 회사는 기업문화에 맞는 인재채용을 위해 신입과 경력사원 대부분을 공채를 통해 철저한 검증을 거쳐 뽑고 있다.

또 글로벌 환경에 대응하고 회사와 구성원이 함께 비전을 공유하고 발전해 나가기 위해 다양한 복리후생제도를 운영하고 있다.

10년 이상 근속직원에게 29박30일의 유급 안식휴가와 포상금(300만 원)이 주어지며, 5년과 7년 이상 근무한 사원에게도 각각 해외 여행 기회를 제공한다. 직원들의 동기부여 차원에서 회사의 영업이익이 목표치를 초과했을 때에는 임직원 모두에게 해외여행의 특전이 주어진다.

인프라웨어는 현재 서울지역 대학교를 시작으로 전국 7개 대학을 찾아가 회사의 비전을 설명하고 인재를 채용하는 '캠퍼스 리쿠르팅'을 진행 중이다.

채용분야는 소프트웨어와 해외영업, 상품기획 등을 포함한 전 분야이며, 이 밖에 수시로 우수 인력을 채용할 계획이다.

◎ '아이나비'로 업계 1위; 수시채용 –팅크웨어

'아이나비' 브랜드로 국내 네비게이션 분야 시장점유율 1위를 달리고 있는 팅크웨어도 눈여겨 볼 만한 회사이다.

올들어 3분기까지 누적매출액 1,130억 원을 기록, 이미 지난해 말 달성했던 매출액을 훌쩍 뛰어넘었다.

이 같은 실적 뒤에는 팅크웨어만이 가지고 있는 인사 · 복지제도의 영향이 크다. 직원들의 자기개발과 글로벌 경쟁력 강화를 위해 전문 영어강사를 초빙, 전사적 교육을 진행하고 직무에 맞는 전문교육도 병행한다.

회사 기여도가 높은 우수사원을 반기별로 선정해 해외여행을 보내주고, 직원들이 가족과 즐거운 여가를 보낼 수 있도록 콘도미니엄도 운영 중이다.

수시 채용으로 인력을 충원하는 팅크웨어는 현재 모바일 및 네비게이션 소프트웨어 개발과 마케팅 등의 분야에서 신입사원을 뽑고 있다.

해외사업부분은 영어로 실무 위주의 면접을 통해 선발하며, 사안에 따라선 영어 프리젠테이션도 진행된다. 4년제 대졸신입사원의 초임 연봉은 2,200~2,300만 원(인텐티브 별도) 선이다.

◎ 자기개발 장려, 평균 이직률 5% –이스트소프트

'국민 소프트웨어'로 불리는 '알집'을 만든 이스트소프트는 최근 사원들의 편의를 위해 사옥을 새롭게 꾸몄다.

또 '자유롭고 쾌적한 환경에서 창의적인 사고가 가능하다'는 모토 아래 효율적인 복지제도를 운영하고 있다.

내부역량 강화를 위해 직원들의 학위취득을 적극 장려하고 있으며, 학위를 취득하면 1호봉의 특진을 부여한다. 어학교육비도 지원한다. 어학실력 우수자에겐 인사고과 때 가산점이 주어진다.

이 회사의 한 해 평균 이직율은 5% 정도에 불과하다. 중소기업의 한 해 평균 이직율이 20%가 넘는 것을 감안하면 현저히 낮은 수준이다.

이 화사는 현재 프로그래머와 게임 해외사업팀에서 일할 신규인력을 구하고 있다. 프로그래머 산업기능요원과 게임 그래픽 디자이너는 수시로 채용한다. 4년제 대졸자 초임연봉은 2,500만 원 수준(군필 남성, 사무직 기준)이다.

◎ 사내도서관, 전직원에게 영어강좌 –넥서스커뮤니티

콜센터용 솔루션 개발업체 넥서스커뮤니티(국내 시장점유율 1위)는 벤처기업 특징을 실린 복지제도를 운영하는 기업으로 유명하다.

직원들의 역량강화를 위해 사내도서관 운영과 전 직원 대상 영어강좌, 온라인 경영학 석사(MBA) 교육 등 교육지원에 적극적이다.

채용은 결원발생 때 신규인력을 수시로 뽑는 형태로 진행된다. 채용절차는 1차 서류전형→2차 직무 인터뷰→3차 생터뷰→4차 임원 인터뷰 순이다.

'생터뷰'에서는 면접관과 함께 생맥주를 마시며 격의 없는 대화를 통해 지원자들의 인성을 평가한다. 이런 과정을 거쳐 선발된 대졸자들의 초임 연봉은 2,000만 원(상여금 제외) 선이다.

3. 택배사 직원사기 올려라

택배사들이 칭찬릴레이 등 다양한 사내 캠페인을 통해 직원들의 사기를 높이는데 주력하고 있다. 고객접점에서 서비스를 제공하는 배송직원의 만족도를 높여야 차별화된 고객 서비스를 제공할 수 있다고 판단, 서비스 교육을 강화하는 한편 다양한 포상제도를 도입하는 등 직원만족경영에 적극 나서고 있는 것.

13일 업계에 따르면 CJ GLS, 현대택배, 한진, 대한통운, KGB택배 등 택배사들이 배송직원들을 대상으로 칭찬캠페인을 실시하거나 고객만족(CS) 교육을 강화하고 있다.

현대택배는 배송사원과 영업소의 성취감을 고취시키기 위해 성과우수상, 사회봉사상, 괄목상 등을 제정해 운영하고 있다. 2000년부터 '칭찬합시다' 캠페인을 실시해 직원간 신뢰를 높이고 있다.

회사 관계자는 "물류업계 최초로 물류관련 1인1자격증 갖기 운동을 통해 국내 및 해외연수, 종합물류 양성과정과 온라인 MBA과정 등을 회사에서 전액 지원하고 있다"며 "모든 임직원에게 복지카드를 제공, 직원들의 여가생활 및 자기주도 학습문화를 지원하는 등 직원 만족도를 높이기 위한 다양한 노력을 기울이고 있다"고 말했다.

CJ GLS는 매월 대리점과 배송사원(SM)을 대상으로 전화수신율, 클레임 발생률 등 항목을 기준으로 점수화해 목표 점수를 초과한 우수한 대리점과 SM에게 시상을 하고 있다. 또 직원들간에 칭찬릴레이를 실시, 월간 칭찬대상자를 투표로 선정해 상품권 등을 상금으로 준다.

KGB택배도 올해부터 고객들을 대상으로 칭찬캠페인을 진행하고, 홈페이지를 통해 가장 많은 고객으로부터 칭찬을 받은 영업소를 선정, 1,000만원의 포상금을 지급한다. 월별, 반기별로도 집계해 각각 10만원과 300만원의 포상금이 지급된다. 회사 관계자는 "지난 2005년 택배업 진출 이후 괄목할만한 물량 증대를 이룬 만큼 운영의 안정화를 꾀하고 서비스 품질 향상을 통해 고객만족을 이끌어내기 위해 칭찬캠페인을 도입했다"고 말했다.

대한통운은 매달 서비스품질 평가제도를 통해 우수 택배사업소를 선정, 시상하고 있다. 매달마다 택배 취급실적과 익일배달률 등을 평가해 상패와 상금을 준다. 이외에도 '자랑스런 택배인 제도'를 신설, 매년 연말에 우수 택배사원을 선정, 시상한다. 특히 대한통운은 고객사인 농수산홈쇼핑이 매달 고객들로부터 추천받은 친절사원 6명 등 10명에게 10만원씩 상금을 수여하고 있다.

택배사들은 이러한 포상제도 외에도 직원 가운데 서비스 교육 강사를 선발해 자체적으로 서비스 교육을 실시하는 등 서비스 품질 향상을 꾀하고 있다.

CJ GLS는 사내 지원자를 대상으로 체계적인 서비스 교육을 받은 'CJ현장리더'를 양성해 매월 전국 터미널을 순회하면서 친절, 매너, 상황별 대처요령 등을 영업소장과 배송직원들을 대상으로 실시하고 있다. CJ GLS는 현재 4명인 현장리더를 앞으로 20명까지 늘릴 계획이다. 한진도 현장 직원을 대상으로 '서비스 닥터(SD)'를 선발해 서비스 교육에 투입하고 있다. 직원 가운데 사내 서비스 교육 강사로 활동할 경우 활동비를 지급하고 인사관리에도 반영하고 있다.

[토론과제]

위의 사례들을 기대이론의 토대 위에서 설명하여 보시오.

2.2 형평이론

형평이론(equity theory)은 조직 내의 개인들이 자신의 투입과 산출의 비율을 비교가 되는 다른 사람의 투입과 산출의 비율과 비교하여 동일하다고 지각하게 될 때는 적극적이고 최선을 다하려 하지만, 그 비율이 작거나 커서 불형평을 지각하게 되면 이 같은 불형평상태를 수정하려고 한다는 것이다. 이는 공정성 이론 또는 공평성 이론으로도 불리고 있다.

예를 들어 어떤 사람이 대학교를 졸업하고 회사에 취직하여 한 달에 150만원의 보수를 받고 열심히 일하고 있었는데 동일 회사 내에서 자기와 비슷한 자격을 갖춘 사람이 한 달에 200만 원을 받고 있는 사실을 알게 되었다면 마음에 동요를 일으켰을 것이 분명하다.

형평이론은 이와 같이 사람들이 노력에 대한 대가로써 받게 되는 보상의 절대액뿐만 아니라, 다른 사람이 받는 보상액과의 비교에도 관심을 갖는다는 사실을 일깨워 주고 있다.

사람들은 자신의 투입(Inputs : I), 즉 시간, 노력, 교육, 경험, 훈련, 아이디어, 능력 등을 자신이 돌려받는 산출(Outcomes : O), 즉 보수, 승진, 인정, 안정, 개인적 개발기회, 부가급, 친교의 기회 등과 비교하여 그것이 다른 사람의 그러한 비율과 상대적으로 불형평한 상태에 있을 때 긴장을 느끼며, 이 긴장은 곧 수정행위로 이어져 동기부여의 기초가 된다.

표 6-3 형평이론의 개요

비율 비교	A에 의한 지각(perception)
$\frac{O}{I_A} < \frac{O}{I_B}$	과소보상으로 인한 불형평
$\frac{O}{I_A} = \frac{O}{I_B}$	형평
$\frac{O}{I_A} > \frac{O}{I_B}$	과대보상으로 인한 불형평

〈여기서 O/I_A는 본인, O/I_B는 비교상대〉

불형평한 상태를 지각하기 때문에 생기는 긴장은 다음의 6가지 방법으로 해소된다.

① **투입의 변경** : 일을 열심히 한다거나 또는 열심히 하지 않음으로써 자신의 투입을 증대 또는 감소시켜 불형평을 해소한다. 예컨대 과소보상을 느끼는 사람은

노력수준을 낮출 것이며, 과다보상의 경우에는 노력을 증가시킬 것이다.

② **산출의 변경** : 사람들은 봉급인상 또는 보다 큰 사무실이나 비서의 요청 등을 통해 자신의 산출을 변화시키려고 할 수 있다.

③ **자신의 투입 또는 산출에 대한 지각의 변경** : 투입과 산출을 실제로 변화시키는 대신에 이러한 요소들에 대한 지각을 변화시킬 수 있다. 예를 들어 어떤 사람이 자신의 투입에 비하여 과도한 보상을 받고 있다고 느낀다면, 자신의 투입에 대한 자신의 기존 인식을 바꾸어서 생각해 보는 것이다. 즉, 자신은 이제보니 다른 사람보다 훨씬 효과적인 방법으로 일해 왔다는 것을 강조하는 것이다.

④ **타인의 투입 또는 산출의 변경과 그에 대한 지각의 변경** : 비교대상이 되는 사람에게 압력을 가하여 그의 투입과 산출을 바꿀 수 있다. 예를 들어 상대방으로 하여금 더 열심히 일하도록 설득시킨다. 형평의 상태는 또한 상대방의 투입과 산출에 대한 지각의 변경을 통해서도 회복될 수 있다. 예를 들어 평소에 상대방을 능력이 많다고 보던 것을 이제와서는 평균수준으로 보는 것이다.

⑤ **비교대상의 변경** : 어떤 사람과의 비교에서 불형평상태를 느끼게 되면 비교대상을 바꿈으로써 형평상태로 돌아갈 수 있다. 가난한 사람들이 부자들과 비교해서 신세를 한탄하다가도 같은 가난한 사람들과 비교하면 마음의 편안함을 되찾을 수 있는 것과 같은 맥락이다.

⑥ **현장으로부터의 이동** : 주어진 상황에서 도저히 불형평상태를 수정하지 못할 것 같으면 현장을 떠나는 방법이 있다. 조직 내의 다른 부서로의 이동일 수도 있고 조직을 아예 떠나는 방법도 있다.

형평이론과 관련하여 흥미 있는 연구 중에는 다음 <표 6-4>에서 요약하고 있는 것처럼 사람들이 과소보상과 과다보상을 받고 있다고 지각하고 있는 상황 하에서 성과급과 시간급의 보상을 받고 있는 경우에 각각 생산의 양과 질에 어떤 변화를 주는가 하는 것이다.

표 6-4 성과급과 시간급 하에서의 생산의 양과 질의 변화

	과소보상		과다보상	
	성과급	시간급	성과급	시간급
생산량	증가	감소	감소	증가
생산질	감소	감소	증가	증가

형평이론이 조직의 경영자에게 주는 제안은 다음과 같다.

첫째, 조직구성원을 대하는 데는 형평의 원칙을 지키라는 것이다.

둘째, 조직구성원들을 형평의 원칙에 맞게 대하는 것뿐만 아니라 그들이 지각하는 바가 중요하다는 것이다. 왜냐하면 형평에 대한 판단은 조직구성원의 지각을 통하여 이루어지기 때문이다.

실제로는 조직 내부의 입장에서 과다한 보상을 주고 있지만 조직구성원이 조직외부의 비교대상을 고려하여 과소보상을 받고 있다고 지각하면 자신의 노력을 감소시킬 수도 있다는 것이다.

2.3 목표설정이론

목표설정이론(goal setting theory)은 목표로 표현되는 의도(意圖)가 동기부여의 원천이 된다는 것이다. “최선을 다하라”와 같은 식의 막연하고 일반적인 목표보다는 구체적인 목표, 수용되는 범위 내에서는 쉬운 목표보다는 어려운 목표가 주어질 때 성과가 높다는 것이다. 또한 성과에 대한 피드백이 주어지지 않을 경우보다는 피드백이 주어질 때 성과가 높다는 것이다.

구체적인 목표와 어려운 목표만 세우면 항상 높은 성과를 가져오는 것일까? 그렇게 되기 위해서는 피드백이 주어져야 한다는 것에 덧붙여 사람들의 자기효능감(self-efficacy)과 목표에 대한 전념(goal commitment)이 전제되어야 한다.

자기효능감이란 자신이 과업을 완수할 능력이 있다고 생각하는 믿음으로 자신감으로도 불린다. 목표에 대한 전념이란 목표달성에 기꺼이 노력을 기울이며, 목표를 낮춘다거나 포기하려 하지 않는 의지를 말한다.

이러한 목표설정이론은 경영실무에 폭넓게 응용되고 있다. 먼저 목표설정 이론에 따라 효과적인 목표설정의 예를 목표설정이론의 핵심적인 3가지 기준을 중심으로 제시하면 다음의 <표 6-5>와 같다.

표 6-5 효과적인 목표설정을 위한 3가지 조건

	목표의 특성		
	구체성	도전성	수용성
효과적 목표설정	앞으로 6개월 동안에 매출액 10% 증가	내년에는 시장점유율 10% 증가	이것이 나의 목표이고, 목표달성에 최선을 다함
비효과적 목표설정	몇 달 안에 매출액 증가를 위해 최선을 다함	감소	이 목표는 나하고 관계가 없음

목표설정이론을 주축으로 하여 업적증대를 꾀하는 현대적인 관리기법의 하나가 목표에 의한 관리(Management by Objectives: MBO)이다.

MBO는 다른 많은 경영관리의 기법과 마찬가지로 경영실무계에서 사용되어 오다가 학자들에 의해 더욱 정교화되고 확대되어져 왔다. MBO가 처음으로 소개된 것은 1954년 미국의 드럭커(Peter Drucker) 교수가 저술한 「경영의 실제(*The Practice of Management*)」란 책에서였다.

드럭커 교수는 그의 책에서 충동에 의한 관리가 아닌 목표에 의한 관리의 유용성을 지적하고 있다. 목표에 의한 관리를 함에 있어서 각 계층의 모든 경영자들은 자기들보다 높은 수준의 경영자들의 목표를 반영하고 후원하는 명확한 목표를 가지고 있어야 한다.

동시에 각 경영자들은 자신의 목표는 물론 자신보다 상위의 목표설정에도 조력하여야 한다. 이러한 과정이 개별 경영자로 하여금 자신의 업적과 관련한 상사의 기대와 더불어 조직의 목표를 알고 이해하도록 해준다.

한편, 미국의 맥그리거(Douglas McGregor) 교수도 1960년에 저술한 「기업의 인간적 측면(*The Human Side of Enterprise*)」이란 책에서 MBO의 응용을 옹호한 바 있다. 맥그리거는 많은 인사고과제도가 실패한 이유는 상사와 부하 모두가 이 제도에 저항하기 때문이며, MBO가 이 문제에 대한 하나의 해결책이 될 수 있다고 주장하고 있다.

모든 경영자들은 그의 주요 직무책임에 대해 그의 상사와 일차적인 합의를 본 다음에 자신의 단기업적목표를 세운다. 그 단기목표를 달성하기 위한 구체적인 계획은 부하와 협의하여 수립한다. 그리고 그 기간이 끝나는 시점에 가서 자신의 업적을 평가하고 그의 상사와 더불어 자기고과를 한다.

그 후 새로운 단기업적목표가 세워진다. 맥그리거는 이러한 MBO에 의한 인사고과가 전통적인 인사고과보다 우수하다고 말하고 있다. 그 이유는 MBO에 의한 인사고과는 고과의 초점이 부하의 약점 발견에서 부하의 강점과 잠재력의 개발을 통한 자기개발의 기회제공 쪽으로 옮겨지기 때문이라고 설명한다. 그러므로 맥그리거는 MBO를 통하여 상사의 역할을 심판관으로부터 조력자로 바꾸어 놓은 셈이다.

이상에서와 같이 맥그리거는 MBO를 인사고과의 한 기법으로 보고 있고, 드럭커는 조직의 활동을 통합시키고 목표를 조정하며 동기부여시키는 수단으로 보고 있다.

2.4 인지평가이론

데시(E. L. Deci)가 주장한 인지평가이론(cognitive evaluation theory)은 자신의 일에 대해 자율적인 권한과 책임이 위양되어 있는 등 직무 그 자체의 특성이 매력적이어서 이미 내재적으로 보상을 받고 있는 일에 대해, 보수와 같은 외재적 보상이 주어짐으로써 오히려 전반적인 동기부여 수준이 낮아지는 현상을 설명하는데 유용한 이론이다.

이 이론의 핵심 설명 개념은 '과잉정당화'이다. 즉 일을 하는 것을 자신이 스스로 결정한 사실, 그리고 일이 주는 흥미와 보람감 등 다양한 형태의 직무내재적인 보상이 그 일을 하는 주요한 이유가 되고 있는 사람에게 갑자기 금전과 같은 직무외재적인 보상이 주어지게 되면, 이러한 외재적인 보상이 자신이 일을 하는 이유에 대해 과잉정당화를 가져다주게 되고, 그 결과 이제는 일을 하는 주요한 이유가 내재적 보상으로부터 외재적 보상 때문인 것으로 인지평가가 달라지게 되는 것이다. 또 금전적인 보상과 같은 외재적 보상이 주어지는 경우, 이는 자신이 스스로 결정하여 그 일을 하는 것이 아니라, 타인에 의해 통제되어 그 일을 하고 있다는 느낌을 줄 수도 있다. 예를 들어, 어떤 학생이 교수의 일을 도와주는 그 자체가 즐거워서 교수연구실 청소와 잔심부름을 해주다가, 교수로부터 그런 것들에 대한 대가로 돈을 받고 난 후에는 교수를 도와주고자 하는 본연의 순수한 의욕이 줄어들게 되고, 급기야 나중에는 돈을 받지 않는다면 더 이상 그 일을 하지 않게 되어버리는 현상이 초래될 수도 있게 되는 것이다.

동기부여관리 차원에서 이 이론이 시사하는 점은 다음과 같다. 먼저, 전통적으로 2요인이론과 같은 동기부여이론들에 따르면, 성취감, 책임감 등과 같은 내재적 동기부여(intrinsic motivation) 요인들은 임금, 승진 등과 같은 외재적 동기부여(extrinsic motivation) 요인들과 독립적인 관계에 있다고 가정해 왔다. 그렇지만 인지평가이론에 의하면 그렇지 않다. 동기부여 차원에서 직무내재적 요인과 직무외재적 요인은 서로 밀접히 연계되어 있으며, 자칫 이러한 동기부여 요인들을 잘못 관리할 경우 직무외재적 요인이 직무내재적 요인의 효과를 대체해버릴 가능성도 생기게 된다.

인지평가이론이 시사해 주는 또 다른 교훈은, 내재적 차원의 동기유발을 위해서는 다양한 직무내재적 요인들 중에서도 특히 '자기결정감'(self-determination)과 '자기효능감'(self-efficacy)이 중요하다는 사실이다. 자기가 스스로 그 일을 하기로 결정했다는 믿음인 자기결정감이 클수록, 그리고 업무를 수행해 가는 과정에서 긍정적인 피드백을 통해 자신이 그 일을 잘 해 나가고 있다고 믿는 자기효능감을 크게 가지게 될수록 내재적인 동기유발이 커지게 된다. 그러므로 인지평가이론에 따르면, 조직 구성원의 동기부여를 위해서는 자기결정감과 자기효능감을 크게 경험할 수 있는 업무 여건을 조성해 주는 것이 매우 중요하다.

또 인지평가이론에 따르면, 직무외재적 동기요인이 직무내재적 동기요인을 자칫 대체해 버리는 부작용이 초래될 수도 있다. 이를테면 성과급에만 지나치게 의존하는 금전적인 보상 정책은 구성원의 자발적이고 창의적인 업무성과를 이끌어 내는데 있어서는 한계가 있을 수 있다. 따라서 적절한 금전적 인센티브와 함께, 자율성과 흥미, 그리고 책임감을 이끌어 낼 수 있는 직무를 설계하고 제공해 주는 것이 매우 중요할 수 있다.

2.5 조직공정성 이론

구성원들이 자신들이 받는 대우에 대하여 어떻게 반응할 것인가를 이해하기 위해서는 두 가지 공정성 개념을 고려하여야 한다. 공정성에 대한 개념은 분배공정성(distributive justice)과 절차공정성(procedural justice)으로 구분할 수 있다. 분배공정성은 종업원이 조직으로부터 받는 보상의 크기에 대한 공정성 인식의 정도를 의미하며, 절차공정성은 그러한 보상의 크기를 결정하기 위해 사용하는 수단, 즉 과정에 대한 공정성 인식의 정도를 의미한다.[5)]

전통적으로 조직연구 문헌들에서는 공정하게 대우받는 것이 무엇인지를 한 가지 방법, 즉 분배공정성의 개념을 가지고 설명하여 왔다. 그러나 공정하게 대우받는 것이 무엇인지에 대한 인식은 분배공정성 못지않게 절차공정성이 중요하게 고려되었다.

따라서 보상결정의 결과나 희소한 자원을 종업원들에게 분배하는 관리적 의사결정의 결과뿐만 아니라 결정이 이루어지는 의사결정과정의 공정성에 초점을 두게 된 것이다. 달리 말하면 무엇이 결정되었는가로부터 어떻게 결정되었는가로 초점이 변화한 것이다. 이러한 개념에서 보면 결과가 바람직하다 하더라도 절차가 정당화될 수는 없다.

지난 30여 년 동안의 연구결과들을 보면 1980년 이전까지는 주로 형평이론을 중심으로 한 분배공정성에 대한 연구가 주류를 이루었고 1980년대 중반 이후에 와서야 절차공정성의 중요성이 인식되어 관련된 연구가 다수 이루어졌다. 이는 이 시기부터 분배공정성과 절차공정성의 개념을 명확히 구분하여 사용하게 된데서 연유한다.[6)]

비록 분배공정성 이론이 잘 개발되었고 조직학자들에게 더 잘 알려져 있기는 하지만 최근에는 절차공정성이 보다 중요하게 인식되어 가고 있다.

따라서 조직공정성 이론(organizational justice theory)은 분배공정성 이론(distributive justice theory)과 절차공정성 이론(procedural justice theory)으로 구분된다고 할 수 있다.

(1) 분배공정성 이론

공정성에 대한 연구가 본격적으로 이루어지기 시작한 것은 형평이론이 제시된 이후인데[7], 형평이론은 분배적 정의[8], 상대적 박탈감[9], 사회적 비교, 인지부조화 등의 기존 연구결과들의 토대 위에서 제시되었다.

그 후의 연구에서는 모든 상황에서 형평원리가 적용될 수 있다는 초기 연구들의 제약점이 인식되고, 형평원칙만이 유일한 분배원칙이 아니라고 주장되었다.[10] 즉 분배원칙으로서 ① 형평(equity), ② 균등(equality), ③ 필요(need)의 세 가지가 제시되었는데, 여러 상황에 두루 알맞는 단 하나의 분배원칙은 없으며, 사회구성원들이 서로를 어떤 관계로 지각하느냐에 따라 분배원칙이 각각 다르게 작용한다고 주장되었다.

자신과 타인을 일치(identity)의 관계로 지각할 때는 투입에 관계없이 필요에 따라 나누는 필요원칙이, 연합(unit)의 관계로 지각할 때는 투입은 다를지라도 똑같이 나누는 균등원칙이, 비연합(nonunit)관계로 지각할 때는 투입에 비례하도록 나누는 형평원칙이 각각의 분배원칙으로 작용한다는 것이다.

또한 생산성을 중시해야 하는 상황에서는 형평원칙이 분배의 으뜸기준이 되는 반면에, 팀워크나 구성원 간의 원만한 관계가 중시되는 상황에서는 균등원칙이 선호기준이 된다는 것이 발견되었다. 그리고 필요원칙은 아주 친밀한 관계를 가지는 사람들로 구성된 집단에서 사용되어지는 분배기준으로 밝혀졌다.[11]

이러한 분배공정성 이론들은 개인의 공정성 인식에 대한 통찰을 제공했지만 1980년대에 와서는 인기를 잃었다. 좌절의 한 원인은 형평이론이 불공정에 대한 어떤 반응이 일어날 것인가에 대한 보편적이며 구체적인 결론을 얻기 힘들었다는 점이다.

또한 분배공정성 이론이 보상분배의 결과를 너무 강조하고 그러한 결과에 이르는 과정을 무시했기 때문이다. 형평이론을 검증하는 연구들도 분배공정성에 초점을 두었고, 절차공정성은 무시해왔다. 두 사람이 똑같이 불형평을 느꼈어도 의사결정과정이 서로 달랐다면 서로 다른 반응을 보이게 될 것이다.

(2) 절차공정성 이론

① **발전과정** : 분배공정성 연구는 조직구성원들의 행동을 이해하는데 큰 도움을 주었지만 조직이라는 상황 속에서 공정성 연구는 분배공정성 접근만으로는 부족한 점이 많았다. 그것은 조직의 의사결정이 이루어지기까지의 절차와 규칙에 대해 관심을 기울이지 못했기 때문이다.

1980년대에 와서 기존의 공정성 이론으로는 설명되지 않는 다양한 조직의 주위 환경에서의 공정성에 대한 의문을 제기하기 시작했다.[12] 구체적으로 어떻게 임금제도가 관리되었는가, 어떤 고충처리활동이 이루어졌는가 등에 대한 의문들이 보다 과정지향적인 공정성에 대한 관심을 촉발시켰다. 즉, 어떤 결정이었는가보다는 어떻게 결정되었는가를 다루게 되었다. 그러한 문제를 설명하기 위하여 연구자들은 그들의 관심을 절차공정성에 집중했다.[13]

그러나 절차공정성 이론의 개발은 이미 1970년대 초에 분쟁해결과정에 대한 반응연구로부터 시작했다.[14] 이러한 연구들은 두 가지 통제유형에 의한 가상의 분쟁해결절차에 대한 사람들의 반응을 비교하였다.

이 연구에서는 다양한 분쟁해결절차들을 통하여 분쟁당사자들에게 주어지는 통제의 유형을 조사하였다. 그들은 분쟁해결절차에 있어서 두 가지의 통제 유형이 존재한다고 가정하였다. 그 하나는 과정통제(process control)로서 증거를 제시하고 변론을 벌이는 동안 행사할 수 있는 통제를, 다른 하나는 결정통제(decision control)로 결과의 판정에 영향을 미칠 수 있는 통제를 의미한다. 연구결과는 재판진행과정에 당사자들이 통제력을 갖는 절차를 당사자들은 더 공정하게 생각한다는 것이다.

이 연구 이후, 과정통제와 결정통제가 공정성 지각에 미치는 영향[15], 갈등문제에 직면한 당사자들의 반응에 미치는 영향[16] 등에 관한 연구들이 이어졌다. 또한, 사람들이 중재재판절차를 가장 선호한다는 연구결과들이 속출하는 가운데, 문화에 따라서 선호하는 절차가 달라질 수 있음을 보여주는 연구도 발표되었다.

즉 개인주의적 가치가 팽배한 서양에서는 승자와 패자가 확실히 결정되는 중재재판절차가 선호되지만 집단주의, 화합 등의 가치를 갖는 동양에서는 당사자들이 서로 조금씩 양보하는 조정절차가 선호된다는 사실이 발견되었다.[17]

또한 사람들이 절차의 공정성을 꾸준히 평가하며, 절차의 평가는 결과 자체의 공정성 지각에 결정적인 영향을 미친다고 주장함으로써, 분배의 결과 그 자체보다 절차가 더 중요할 수 있음을 시사하는 연구도 발표되었다.[18]

② **절차공정성의 결정요인** : 절차공정성의 결정요인에 관한 첫 번째 연구에서는 다음과 같은 6가지가 제시되었다.[19]

- 절차가 사람과 시간에 대해서 일관성이 있는가?(consistency)
- 절차가 편견으로부터 독립적인가?(bias-suppression)
- 절차가 정확한 정보에 기초하고 있는가?(accuracy)
- 절차가 잘못된 결정을 수정할 기회를 허용하는가?(correctability)
- 절차가 관련된 모든 사람의 관심을 고려하였는가?(representativeness)
- 절차가 사회의 공유된 윤리기준에 부합하는가?(ethicality)

절차공정성에 관한 두 번째 연구에서는 여러 기업의 중간관리자들에게 그들이 받았던 인사고과가 특별히 공정했던 경우와 특별히 불공정했던 경우를 생각하게 하고, 왜 그랬었는지 가장 중요한 요인을 기술하도록 하였다. 다른 그룹의 관리자들은 Q-sort 방식으로 그 결과들을 분류하도록 하였다. 그 결과 5가지 절차공정성 요인들이 발견되었다.[20)]

- 평가 전의 의견개진
- 면접 중의 쌍방적 커뮤니케이션
- 평가에 대한 도전 또는 반박 능력
- 피평가자의 일에 대한 평가자의 인지도
- 표준의 일관된 적용

절차공정성에 관한 세 번째 연구에서는 절차공정성의 세 가지 측면에 대한 증거를 발견하였다.[21)]

- 의사결정자가 보여주는 중립성의 정도(neutrality)
- 의사결정자의 의도에 대한 신뢰의 정도(trust)
- 의사결정자가 결정과 관련된 사람들의 권리를 존중하는 정도(respect)

(3) 분배공정성과 절차공정성의 관계

조직공정성과 조직유효성의 관계는 절차공정성과 분배공정성을 동시에 고려할 때 보다 깊이 이해할 수 있게 될 것이다. 따라서 다음과 같은 네 가지 상황, 즉 결과는 공정하고 절차는 불공정한 상황, 결과는 불공정하고 절차는 공정한 상황, 둘 다 불공정한 상황, 그리고 둘 다 공정한 상황의 네 가지 상황에서 조직공정성의 결과가 어떠한지를 살펴보기로 한다.

① **분배공정성과 절차불공정성이 결합되어 있는 상황** : 지금까지 연구결과들은 사람들은 분배공정성이 높으면 절차공정성에 대해 별로 관심을 기울이지 않는 것

으로 설명하고 있다. 만약 결과가 긍정적이거나, 유리한 대체안을 생각할 수 없다면 불형평성에 대해 흥분하지 않을 것이다. 결과가 긍정적이고 절차가 부정적이면 사람들은 특별한 흥분 없이 절차적 불공정을 바라본다고 할 수 있다. 그리고 상대적으로 문제를 경감시키기 위한 행동을 하지 않으려 한다.

그러나 불공정한 절차가 단기적으로는 부정적인 효과를 가져오지 않았다 하더라도, 장기적으로는 불공정한 결과를 가져올 위협이 되기 때문에 절차에 관심을 갖는다. 그러나 불공정한 절차가 지속적으로 자기에게 유리하게 작용한다면 그것을 무시하려 할 것이다. 이타주의적 또는 인도주의적 관심을 가지고 불공정한 절차로 인해 피해를 받는 사람들에 대해 관심을 가질 수는 있을 것이다.

② **분배불공정성과 절차공정성이 결합되어 있는 상황** : 공정한 관리절차에 의해서 불공정한 분배가 이루어졌을 때 사람들은 그들의 결과에 불만족을 느낄 것이다. 그러나 큰 불공정성을 표현하거나 많은 분노를 표현하지 않을 것이다. 사람들은 다른 사람보다는 자기 자신에게 화를 내게 될 것이다.[22] 절차가 공정하면 결과가 기대에 못 미쳐도 부정적 행동을 하지 않을 것이다. 공정한 절차에서 부정적 결과가 발생하면 개인의 성과는 오히려 크게 증가한다. 반면에 불공정한 절차에서 부정적인 결과를 얻으면 성과는 떨어진다.

③ **분배불공정성과 절차불공정성이 결합되어 있는 상황** : 절차도 불공정하고 결과도 부정적이면 가장 부정적 반응이 나타난다. 결과가 좋을 때는 불공정한 절차를 참을 수 있지만 결과가 나쁘면 강력하게 반발하게 된다. 불공정한 결과와 불공정한 절차가 동시에 발생할 때 대응행동이 가장 강하게 나타난다. 두 가지가 모두 부정적일 때 열심히 일하지 않으려 하여 성과가 가장 떨어진다는 것을 보여주고 있다.[23]

집단적 행동은 부정적 결과를 가져온 절차의 불공정성을 시정하려고 나타나는 경우가 많다. 여기에는 다음 두 가지 이유가 있다.

하나는 분배의 불공정성은 보다 개인적이고 특이한 인지를 포함하고 투입과 결과의 상대적 가치는 받는 사람의 판단에 따라 다르기 때문에 분배적 공정성 판단이 집단적 지지를 모으는 것은 어렵기 때문이다. 따라서 분배적 불공정에 대한 반응은 집단적이기보다는 개인적으로 나타나는 경향이 있다. 반면에 절차적 불공정은 많은 조직구성원에 대한 대우를 포함하기 때문에 많은 사람들이 동시에 영향을 받고 집단적 행동도 용이하게 될 것이다.

또 다른 이유는 절차의 불공정성이 전체조직에 대한 평가를 저하시키기 때문이다. 절차적 공정성의 정도가 조직이나 조직을 관리하는 사람에 대한 태도를 결정한다.

④ **분배공정성과 절차공정성이 결합되어 있는 상황** : 절차도 결과도 공정한 상황으로서 최선의 상황이다. 이 상황에서는 구성원들의 만족과 모티베이션 및 조직에 대한 태도가 가장 긍정적이다.

⑤ **분배공정성과 절차공정성의 상호작용** : 최근에 와서야 이와 같은 분배공정성과 절차공정성의 상호작용을 실증적으로 설명하고자 하는 연구들이 나타나고 있다. 절차공정성이 낮으면 분배공정성이 조직유효성변수들(모티베이션과 직무만족, 조직몰입 등)에 별로 영향을 미치지 못하는 반면에 절차공정성이 높으면 분배공정성이 높아짐에 따라 조직유효성변수들이 크게 영향을 받는 것으로 나타난다.

이 의미는 절차공정성이 낮은 조직에서는 결과를 아무리 높여주어도 조직이나 직무에 대한 태도를 높이기 어렵다는 것을 보여준다. 따라서 절차공정성을 높이는 것이 조직유효성을 높이기 위해 대단히 중요하다는 것을 알 수 있다.[24)]

(4) 조직공정성과 인적자원관리

조직공정성은 조직에서 주로 인사시스템과 관련하여 판단된다. 따라서 조직의 인사시스템의 제 기능들을 공정성의 관점에서 이해하는 것은 공정성연구를 조직내부로 끌어들이기 위해 반드시 필요하다. 물론 그러한 관점이 이미 인적자원관리시스템의 이해와 판단, 그리고 분석을 위하여 적용되고 있지만 보다 체계적인 이론적 토대 위에서 포괄적으로 인사시스템을 조망해보는 노력은 아직도 매우 부족한 실정이다.

인적자원관리의 하위시스템들은 어느 것 하나도 독립적으로 가능하지 않다. 상호 밀접하게 연결되어 한 시스템의 결과가 다른 시스템에 투입되어 그 시스템의 결과로 산출되며 다시 다른 시스템으로 투입되는 매우 복잡한 연결네트워크 관계를 갖는다. 인적자원관리시스템의 하위시스템으로서 가장 핵심적인 승진시스템, 보상시스템, 평가시스템은 밀접한 연결관계를 갖는다.

각각의 시스템을 과정과 결과로 구분해 볼 때 평가시스템의 결과는 승진시스템에 투입되어 승진, 승격의 결정에 반영된다. 또한 평가시스템의 결과는 보상시스템에 투입되어 호봉승급, 보너스, 수당결정에 반영된다. 그리고 승진시스템의 결과는 보상시스템에 투입되어 직급, 직위 등에 따른 급여의 상승으로 연결된다.

여기서 주목할 만한 것은 평가시스템은 과정이나 결과 모두가 인사시스템에서의 절차로 작용하는 특성을 갖는다. 따라서 이와 같은 시스템 간의 연결이 얼마나 합리적이며 공정하게 이루어지는가가 곧 인사시스템의 효율성과 유효성을 결정한다고 할 수 있을 것이다.

여기서는 주요 인사시스템을 조직공정성 관점에서 설명해보고자 한다.

1) 조직공정성과 평가시스템

인사고과는 조직공정성, 특히 절차공정성과 밀접하게 관련되어 이론의 개발과 실증의 중요한 영역이라고 할 수 있다. 평가에 대한 반응이 평가결과보다는 평가의 절차에 근거하기 때문에 구체적인 평가절차와 그에 따른 반응을 알아볼 필요가 있다. 여기서는 평가절차의 3가지 측면들, 즉 평가절차에 대한 개입, 자기평가, 관찰기록 등에 대해 살펴보고자 한다.

① **평가과정 참여** : 피평가자가 자신의 성과를 평가자에게 설명할 수 있는 기회를 갖는 경우에 그렇지 못한 경우보다 높은 공정성을 인식할 것이다. 또한 평가시스템에 대한 만족이나 신뢰, 수용도 등이 높게 나타난다. 그것은 피평가자가 평가과정에 참여하여 의견을 개진하는 것은 평가자가 보다 완전하고 정확한 정보를 가지고 평가를 할 것이라는 확신을 줄 것이기 때문이다.

② **자기평가** : 자기평가는 평가시스템에 있어서 직접적으로 의견을 제시하는 형태이다. 평가시스템이 자기평가와 상사평가가 결합되어 이루어질 때 보다 공정하게 인식된다는 연구결과도 있다. 자기평가가 편견의 가능성 때문에 문제가 되기도 하지만 자기평가를 통해서 보다 완전한 직무관련정보를 평가자에게 제공할 수도 있다. 또한 자기평가를 통한 과정통제는 평가자의 평가에 대한 공식적인 문제제기의 성격을 가질 수도 있다.

따라서 상사가 부하를 평가하는 하향식 평가에서 나타나는 문제점을 조금이라도 보완할 수 있는 것이 자기평가라고 할 수 있다. 그 방법으로는 자기신고서 안에 주요 평가항목을 포함시켜서 스스로 평가하도록 하는 방법과 별도의 자기평가를 설계하여 사용하는 방법이 있을 수 있다.

③ **기록보존절차** : 평가절차가 공정해지려면 정확한 정보에 의존하여야 한다. 평가시스템의 문제 중에 하나는 평가자가 부족하고 부정확한 정보를 토대로 평가를 한다는 사실이다. 평가의 정확성을 높이기 위해서 성과를 확인하고 기록하는 공통의 준거틀을 마련하는 것이 필요하다.

이러한 방법 중의 하나가 그때그때 성과를 기록하고 보존하는 것이다. 평가자들은 피평가자들의 중요한 행동들을 관찰한 것을 수시로 기록함으로써 보다 정확하고 편견이 없는 평가를 할 수 있게 된다. 정확하게 기록된 관찰에 근거하여 평가가 이루어졌을 때 그렇지 않은 경우보다 피평가자들이 평가를 보다 공정하게 인식한다.[25] 이처럼 관찰을 기록하는 것은 평가시스템의 절차공정성을 제고하는 유용한 방법이다.

④ **다양한 평가방법의 도입** : 평가의 공정성을 높이기 위해서는 어느 한 가지 평가방법만으로는 부족하다는 인식에서 다양한 평가방법을 활용하는 것이 필요하다. 예를 들면 부하평가, 상사평가, 동료평가 등 다각도에서 평가하는 다면평가방법을 도입하거나, 관리자의 승진에 활용하기 위한 평가를 할 경우 평가센터법을 추가로 도입하는 시도들이 확산되고 있다.

2) 조직공정성과 보상시스템

보상시스템은 공정성과 가장 밀접하게 관련되어 있다. 비록 주요한 보상시스템이 종업원들에게 과정통제의 기회를 허용하지는 않지만 보상시스템은 분배공정성과 함께 절차공정성에도 관련성을 갖는다.

여기서는 분배공정성과 관련하여 분배규칙을 살펴보고 절차공정성과 관련하여 임금공개와 카페테리아식 복지후생에 대해 살펴보기로 한다.

① **분배규칙** : 보상시스템은 조직이 구성원들에게 공헌에 대한 대가로 경제적, 비경제적 자원을 분배하는 방식을 의미한다. 기업 현실에서 대표적인 분배규칙은 형평(equity)과 균등(equality)이라고 할 수 있다. 이러한 분배규칙은 보상의 내용에 따라 상이하게 적용될 수 있다. 즉 경제적 보상은 형평법칙에 의하고 비경제적 보상은 균등법칙에 의함으로써 경제적 불평등을 상쇄할 수 있다.

기업의 목표나 상황에 따라 상이한 법칙이 선택될 수 있다. 생산성을 강조하는 조직은 형평법칙을 선호하는가 하면 결속을 강조하는 조직은 균등법칙을 따르는 경향이 있다.[26]

조직에서 구성원들은 분배규칙에 대한 반응이 상이하게 나타날 수 있고 개인적 특성에 따라 상이한 분배규칙을 선호하는 경향이 있다. 형평을 선호하는 사람이 있고 균등을 선호하는 사람이 있을 수 있다. 이러한 생각은 형평과 균등을 일차원적으로 파악하여 하나를 선호하면 다른 하나를 거부하는 전제를 담고 있다.

그러나 투입요소의 특성을 변화가능성에 따라 양분하여 변화불가능한 투입요인인 성, 학력, 직종 등에 있어서 차별을 두지 않고 똑같이 분배하는 것을 균등규칙으로 보고, 변화가능한 요인인 기여도, 노력 등을 고려하여 차등적으로 분배하는 것을 형평규칙으로 보는 견해도 있다.[27]

이렇게 보면 두 가지 분배규칙은 형평을 존중하며 동시에 개인적으로 변화 불가능한 요인들에 따른 차별을 두지 않아야 한다는 균등규칙도 촉구될 수 있다. 보상시스템에 있어서 어떠한 분배규칙이 적용되고 있는가를 구성원들이 인식하는 바에 따라 분배공정성에 영향을 미치게 된다.

② **임금공개** : 이것은 구성원들이 다른 사람들의 임금수준을 알 수 있도록 하는 것을 의미한다. 공개의 방향으로 보상시스템을 변경했을 때 임금에 대한 만족이 높아지는 것은 절차공정성의 관점에서 보면 그렇게 놀라운 일은 아니다. 그것은 일관성과 편파배제에 기초한 절차공정성을 높여주기 때문이다. 임금공개가 직접적인 과정통제는 아니지만 절차가 잘못되지 않으리라는 믿음을 주게 되기 때문에 공정성 인식을 높여주게 된다.

③ **카페테리어식 복지후생** : 탄력적인 복지후생제도는 기대이론에 입각하여 설명될 수도 있지만 절차공정성의 관점에서 설명될 수 있다. 스스로 복지패키지를 선택한다는 것은 종업원이 결과와 관련된 의사결정을 하는 것으로서 결정통제를 하는 것이다. 같은 결과라 하더라도 자기자신의 선택한 것에 대해서는 더 만족하는 경향이 있다.

3) 조직공정성과 승진시스템

승진은 이동의 한 형태로서 조직에서 구성원이 직무서열 혹은 자격서열의 상승을 의미한다. 이러한 승진에서는 지위의 상승과 함께 보수, 권한, 책임의 상승이 함께 수반된다.

승진시스템은 인사시스템 중에서도 가장 핵심적인 시스템이다. 조직에서 구성원들이 인사관리에 대한 불만을 토로할 때 가장 자주 거론하는 것이 승진관리의 불공정성이다. 따라서 승진시스템의 공정성을 높이는 노력이야말로 인사시스템의 공정성을 제고하기 위한 첩경이라고 할 수 있을 것이다.

조직에서 승진관리를 실시함에 있어서 가장 기본적인 과제는 승진기준을 어떻게 설정할 것인가 하는 문제이다. 이것을 달리 표현하면 연공주의와 능력주의의 조화 문제이다.

연공주의는 승진에 있어서 근속년수에 근거하여 승진에 우선권을 준다는 개념으로서, 근속년수에 비례하여 능력이 신장된다는, 즉 숙련과 능력은 근속년수에 비례한다는 가정이 전제되어 있다. 따라서 연공주의는 노동조합을 비롯하여 종업원 사이에서 널리 지지되기도 하였다. 그러나 점차로 승진관리에서 연공주의를 지지하고 있던 기반들이 하나둘씩 붕괴되면서 연공주의의 모순들이 드러나기 시작했다. 즉 급변하는 환경과 새로운 기술혁신은 연공절서를 무너뜨리고, 연공에 대한 비판과 회의를 가속시켰다.

능력주의는 일반적으로 조직구성원이 조직의 목표달성에 기여하는 업무수행능력에 따라 승진에 우선권을 준다는 것으로서, 합리적 사고방식을 강조하는 구미 각국에서 일찍이 발전된 개념이다. 이와 같은 능력주의는 직무와 분리하여 능력을 평가할 수 없으므로 합리적이고 명확한 직무분석 및 직무평가에 기초한 직무제도를 그 필수적인 전제조건으로 한다.

이러한 능력주의는 조직의 성과를 추구하는 경영자들에게 널리 지지를 받아온 원칙으로서 치열한 경쟁환경을 감안할 때 앞으로는 일반적인 승진방식으로 자리잡게 될 것이다.

따라서 승진기준의 명확한 설정과 운용이 대단히 중요하다. 조직이 처한 환경과 조직의 특성, 그리고 구성원들의 의견이 반영된 승진제도를 마련하고, 그 운영을 공정하게 실시하는 것이 필요하다.

토론사례 6-6 조직공정성이론의 현장

〈자료원〉 1. "'삼성' 고액스타 연봉 깍고 ,젊은피 올리고," 한국일보 2009.12.30.
2. "교원평가 전면실시에 '우려-기대' 교차," 연합뉴스 2010.1.8.
3. "가스안전公, 직급 파괴인사 단행," 연합뉴스 2009.11.27.

1. '삼성' 고액스타 연봉 깍고 ,젊은피 올리고

삼성의 연봉협상 소식이 잠잠하다. 13년 만에 플레이오프 진출 실패라는 성적표를 받은 것과는 크게 상관이 없다. 예년에도 삼성은 주요 선수들과의 연봉협상에서 충분한 시간을 두고 서두르지 않았다. 이번에도 주축 선수들의 연봉계약은 내년 초부터 본격적으로 이뤄질 가능성이 크다. 투수조가 괌으로 떠나는 1월13일까지는 대략적인 연봉계약이 이뤄질 것으로 보인다. 구단 측이 생각하고 있는 내년 시즌 연봉 총액에는 큰 변동이 없을 것으로 예상된다. 고액 연봉자들은 삭감이 불가피한 데 반해 ,세대교체의 주축들은 대거 억대연봉 대열에 합류할 게 확실하다. 삼성의 올해 연봉 총액은 47억 원(신인,외국인선수 제외)으로 8개 구단 중 3위다. 올해 연봉 7억 원을 받은 양준혁을 비롯해 진갑용(5억 원) 배영수(2억7,000만 원)는 올시즌 부상으로 이렇다 할 활약을 펼치지 못해 삭감 대상자다. 오승환(2억6,000만 원)은 올시즌 2승2패19세이브 평균자책점 4.83에 그쳤지만 그 동안의 팀 기여도를 고려해 동결이 유력하다. 반면 삼성전력의 주축으로 성장한 '영건'들의 겨울은 따뜻하기만 하다. 박석민(8,000만 원)과 채태인(7,000만 원) 강봉규(6,400만 원) 신명철(7,500만 원) 모두 1억 원 돌파가 유력하다. WBC 준우승의 주역 정현욱(1억3,000만 원)과 공동다승왕을 차지한 윤성환(1억1,000만 원), 중간계투진을 이끈 권혁(1억500만 원) 등 활약에 비해 저액 연봉자인 주축 투수들도 대폭 인상이 기대된다. 13년 만에 가을잔치의 이방인으로 전락하고 2년 연속 골든글러브 수상자도 배출하지 못한 삼성. 그러나 일부 고액 연봉자를 제외한 대부분의 선수들이 연봉 인상 요인을 갖고 있다는 것은 오히려 내년을 위한 희망적 요인이 될 수 있다. 세대교체를 완성해 가는 삼성으로서는 반가운 소식이 아닐 수 없다.

2. 교원평가 전면실시에 '우려-기대'교차

교육과학기술부가 오는 3월부터 전국 초 · 중 · 고교에서 교원평가제를 전면 실시하기로 하자 교육관련단체 사이에서는 시기상조라는 반응과 불가피한 결정이라는 해석이 교차했다. 한국교원단체총연합회(교총)는 논평을 통해 "전문성 향상을 위한 평가제를 근무평점 및 성과급제와 통합해 삼중평가를 하겠다는 것은 수년 전 논의로 회귀하겠다는 발상"이라며 "교총 등이 법시행에 찬성한 만큼 법이 개정될 때까지 기다리는 것이 옳다"고 주장했다. 교총은 또 평가결과를 인센티브 등에 반영하는 방안에 대해서도 "교원들이 압도적인 비율로 반대해온 사항으로 평가결과를 인사나 보수 등과 연계하면 평가를 굴절시키고 인기에 영합하는 교사만 양산할 수 있다."고 지적했다. 전국교직원노동조합(전교조)도 "현재 정치권과 교원단체는 6자 협의체를 통해 새로운 법안을 마련하기 위해 머리를 맞댄 상황으로, 교과부의 이번 발표는 협의체를 전면 부정하는 것"이라고 반발했다. 현재 한나라당과 민주당 교과위 간사, 교총과 전교조, 교육관련시민단체 등은 작년 말부터 교과위원장인 이종걸 민주당 의원의 제안으로 새로운 교원평가 법안을 마련하기 위해 협의체를 가동해 논의 중이다. 참교육학부모회는 "그동안 시범실시 되어 온 교원평가제는 학부모와 학생의 교원평가가 동료교사 간의 다면평가에 비해 별로 영향력을 발휘하지 못하는 구조"라며 "기존 운영결과에 대한 점검없이 전면 실시하면 학생, 학부모 평가 자체가 무력화될 수 있다"고 우려했다. 그러나 학교를 사랑하는 학부모모임은 "현재 정치권이 정쟁만 일삼고 있는 상황에서 교과부가 먼저 제도를 전면 실시하기로 한 데는 불가피한 측면이 있다"며 "다만 제도가 실효성이 있도록 평가결과를 인사와 연계하는 방안을 마련할 필요가 있다."고 다른 목소리를 냈다.

3. 가스안전公, 직급 파괴인사 단행

한국가스안전공사는 27일 전체 간부의 절반 가까이 교체하고 직급을 뒤바꾸는 형태의 대대적 인사를 단행했다고 밝혔다. 전체 간부를 대상으로 경영평가와 근무성적을 토대로 한 이번 인사로 전체 부장급 이상 간부 157명 중 44%, 1급(처장급) 고위직(29명)의 54%가 바뀌었다. 특히 경영진 평가결과 업무능력과 리더십에서 높은 점수를 받은 간부 2명은 상위직급의 보직을 받고 낮은 평가를 받은 간부 5명은 하위직에 보임되거나 보직을 아예 부여하지 않았다고 공사 측은 설명했다. 박환규 사장은 "앞으로도 업무성과와 조직 기여도, 리더십 등을 평가해 우수한 간부직원 에게는 직급에 상관없이 상위보직을 부여하고 리더십과 업무능력이 부족한 간부는 팀원으로 발령하는 보직강등제도를 도입해 능력주의 인사를 확대하겠다"고 밝혔다.

[토론과제]

위 사례들 속에 내포된 조직공정성에 대해 논해보시오.

토론사례 6-7 어느 CEO의 리더십 노트-열정(Passion)

〈자료원〉 MagnaChip 박상호 회장의 사내배포 [리더십 노트]중에서

우리는 감동적인 영화를 보거나 연설을 들은 후에는 마음이 들떠 나도 무엇인가 해야지 하는 다짐을 하게 된다. 감동은 사람의 마음을 움직이게 하고 그들에게 동기부여를 하는 힘을 가지고 있기 때문이다. 그렇다면 우리도 직원에게 이러한 감동을 주는 리더인지 한 번 생각해보자.

나는 열정적으로 일하는 리더의 모습은 이를 보는 사람에게 감동을 준다고 생각한다. 그렇대면 어떻게 하면 리더로서 스스로 동기부여를 하고 열정적으로 일에 집중을 할 수 있을까? 미안한 얘기지만, 사실 나는 이런 고민을 별로 해본 적이 없었던 것 같다. 나는 직장 생활이나 직장 밖의 활동 모두, 해야 하겠다 생각하면 무척 열심히 해왔고, 무엇이든 해야 할 것은 긍정적으로 생각하고 받아들였으며, 이를 성공적으로 끝내는 것에만 집중했다. 그래서 "어떻게 하면 열정적으로 일할 수 있습니까"라는 질문에는 답을 할 수 없었다. 생활 자체가 그러했으니, 개선에 대한 고민을 하지 않았던 것이라 여겨진다.

그러나 지난 해 연말 회사가 청산 직전으로 상황이 안 좋아지고 더 이상의 해결방법이 없다고 생각될 때에는, 나도 절망 속에 휩싸이고 일을 할 의욕도 잃어버리고 말았다. 체중도 확 줄고 몸도 이 곳 저 곳 이상 있는 것 같은 불안감에 휩싸이고만 것이다. 즉, 그동안 가져왔던 모든 열정과 의욕을 상실해 버린 것이었다. 언젠가 CEO Letter를 통해 모든 임직원과 공유했던 것처럼, 당시 나는 'When I dream'이라는 pop song을 계속 들었다. 그리고 그 노래에서 영감을 얻고 내가 해야 할 일과 나의 의무에 대해 깨닫게 되었다. 그리고 그것을 이룰 수 있다는 믿음으로 다시 일에 대한 열정을 회복하게 되었다. 즉, 열정은 자신감과 긍정적인 사고에서 시작한다고 생각한다.

지나침은 모자람만 못하다고 했던가. 열정에 대해 우리가 유념해야 할 몇 가지 사항이 있다.

- 일에 대한 과도한 열정은 혹 자기 자신에 대한 오만으로 이어질 수 있고, 이로 인해 경청의 기회를 놓칠 수 있다. 따라서 항상 넓게 보고 듣는 시야를 유지해야 한다.
- 리더의 열정은 조직원에게 보여줘야 하고, 'how&tell'의 역할을 해야 한다. 특히, presentation이나 group meeting을 통해 리더의 열정이 전파되어야 한다.
- 열정으로 인한 자만심 때문에 모든 일을 자신만이 할 수 있다는 생각으로 굳어져, 직원에게 delegation과 empowerment하지 않아 조직의 사기를 저하시킬 수 있다. 항상 조직원 모두가 같이 참여하여 모두가 열정적으로 일할 수 있도록 리드해야 한다.

지속적으로 리더십을 강조한 덕분에 여러 사람이 이에 대해 생각하는 시간을 가졌던 것으로 알고 있다. 경영에는 한 가지 방법만이 있을 수 없기에, 이번 달 노트를 통해 모두가 열정에 대해 서로의 know-how를 공유하고 또 자신의 리더십을 돌이켜 보는 시간이 되기를 바란다.

[토론과제]

자신의 열정을 일깨우고 스스로를 동기부여시켜 나가기 위해서는 어떠한 자세와 행동이 필요한지에 대해 윗글을 참고하면서 토론해보시오.

토론사례 6-8 어느 CEO의 리더십 노트-모티베이션(Motivation)

〈자료원〉 MagnaChip 박상호 회장의 사내배포 [리더십 노트]중에서

징기스칸은 자신만의 힘으로 혼자 세계를 정복한 것은 아니다. 죽음을 두려워하지 않고 그를 따르는 몽골의 기마병이 있었기에 그는 역사상 가장 큰 제국을 세울 수 있었다. 그렇다고 해서 몽골의 기마병이 장기간 체계적인 훈련을 받은 것도 아니었고, 그 당시 유럽 등 외부세계에 대한 지식이 풍부했던 것도 아니었다. 그렇다면 징기스칸은 기마병들에게 어떠한 동기부여를 하였기에, 그들이 유럽대륙의 스페인까지 목숨을 내걸고 싸워 나갈 수 있었을까?

동기부여를 하기 위해 꼭 필요한 사항을 살펴보면, 부하직원들과의 원활한 소통을 통해 조직의 비전과 목표를 공유하고 조직원들의 공감대를 얻어야 한다. 그리고 주인의식(ownership)을 갖도록 권한이임과 업무재량권도 부여해야 한다. 마지막으로 부서원의 성과를 찾아내 칭찬하고 주기적으로 feedback을 통해 방향을 잡아주어야 한다. 위의 세 가지를 꼭 해야만 부하직원에 대한 최소한의 동기부여를 할 수 있다.

그러나 이런 교과서적인 방법으로만 징기스칸식의 동기부여를 할 수 있을까? 나는 여기에 두 가지를 더하여 여러분에게 권하고 싶다. 첫째는 여러분의 리더십 스타일을 personalize하는 것이다. 즉, 특성과 스타일이 틀린 각 직원에게 맞춤식 리더십을 발휘하라는 것이다. 같은 방법만으로는 모두의 마음을 감동시키는 동기부여를 할 수 없다. 왜냐하면 직원 모두의 동기부여 sweet spot이 틀리기 때문이다. 논리적인 스타일로, 감성적인 방법으로 ,또는 강압적인 교훈으로 다양하게 소통하고 그들 각각의 동기부여 sweet spot을 찾으려고 노력해야 한다.

둘째는 직원들의 어려움과 고통을 이해할 수 있도록 여러분의 마음을 열어야 한다. 고통당하는 이들을 위해 눈물을 흘릴 줄 모르는 사람이 직원의 마음을 감동시키는 리더가 될 수 있을까? 나는 다른 사람의 아픔을 이해하고, 눈물을 흘릴 줄 아는 리더가 그들의 마음을 통찰할 수 있기 때문에 직원들의 동기부여를 위한 sweet spot을 더 정확하게 파악할 수 있다고 생각한다.

유럽 출장 중 런던 공항에서 비행기를 기다리며, 아프가니스탄 출신 작가 Klaled Hosseini의 『천 개의 태양(*A thousand splendid suns*)』이라는 책을 읽었다. 절망 속에서 살아가는 두 여자에 관한 이야기인데, 그 고통 속에서 살아가는 여자들의 삶이 너무나 마음이 아파, 공항이라는 공공장소에도 남의 눈치를 보며 얼마나 많은 눈물을 쏟았는지 모른다. 혹 남을 위해 눈물을 흘려보지 않은 리더가 있다면 이 책을 읽기를 권하고 싶다.

최선의 동기부여가 이루어지는 조직은 무서운 힘을 발휘할 수 있다. 마치 체구도 크지 않은 몽골의 기마병들이 징기스칸의 리더십으로 아시아 대륙을 넘어 유럽으로 말을 달려 강력한 제국을 건설했듯이...

이 노트는 시작한 지 여러 수일이 넘었으나 끝내기는 뉴욕에 투자은행 analyst(반도체 전문가)회의를 끝내고 돌아오는 비행기 안에서 하고 있다. IPO 준비를 위한 중요한 단계 중의 하나인데 아주 좋은 반응을 얻어 1박2일의 힘든 여정이었지만 견딜 만했다. 지난 3년 간을 우리는 앞이 보이지 않는 암흑과 같은 상황 속에서 회사를 지켜냈고, 이제 그 위에 미래 성장의 기반을 마련했고 또 튼튼한 재정적인 기반을 만들어 가고 있는 우리의 모습이 그 전문가들의 긍정적인 호응을 얻어냈다.

그러나 미래는 어느 누구도 예측할 수 없다. 어떤 어려움과 challenge가 우리를 기다리고 있는지 모른다. 그러나 다른 이의 고통을 위해 눈물을 흘릴 줄 아는, 그러면서도 승부근성으로 가득한 리더와 함께, 그리고 자기가 하는 일을 기쁨으로 여기고 목표를 위해 질주하는 몽골의 기마병 같은 직원이 함께 한다면, 매그나칩의 장래에 어떤 폭풍도 이겨낼 수 있을 것이다.

[토론과제 1]

윗글에서 언급된 이른바 '징기스칸'식 동기부여 방식의 특징에 대해 추가적인 토론을 해보시오.

[토론과제 2]

조직구성원들의 마음을 열고, 이들을 감동시킬 수 있는 동기부여를 해나가기 위해서는 상사가 어떤 리더십을 발휘해 가야할지에 대해 토론해 보시오.

[후주]

1) A.H. Maslow, 1954. *Motivatopn and Personality*. New York: Harper.
2) C.P. Alderfer, 1972. *Existence, Relatedness, and Growth: Human Needs in Organizational Settings*. New York: Free Press.
3) D.C. McClleland, 1961. *The Achieving Society. Princeton*, N.J.: Van Nostrand.
4) F.I. Herzberg, 1966. *Working and the Nature of Man*. New York: Cronwell.
5) R. Folger& M. Konovsky,1989. Effects of procedural and distributive justice on reactions to pay raise decisions, *Academy of Management Journal*, 32, pp.115-130.
6) J. Greenberg, 1987. A taxanomy of organizational justice theories, *Academy of Management Review*, 12, pp. 9-22.
7) J.S. Adams, 1965. Inequity in Social Exchange, In L. Berkowitz(Ed.), *Advances in Experimental Social Psychology*, Vol.2, New York: Academic Press, pp. 267-299.
8) G.C Homans, 1961. *Social behavior: Its elementary forms*, New York: Harcourt, Brace, & World.
9) S.A. Stouffer, et al. 1949. *The American Soldier (Vol.1): Adjustment during army life*, Princeton, NJ: Princeton University Press.
10) M.J.Lerner, 1977. The justice motive: Some hypotheses as to its origins and forms, *Journal of Personality*, 45, pp.1-52.
11) M.Deutsch, 1975. Equity, equality, and need: What determines which value will be used as the basis for distributive justice? *Journal of Social Issues*, 31(3), pp. 137-149.
12) H.G. Heneman, 1985. Pay satisfaction, In K. Rowland & G. Ferris(Eds.), Research in Personnel and Human Resources Management: Vol.3, pp. 115-139. ; Mahoney,T.A. 1983, Approaches to the definition of comparable worth, *Academy of Management Review*, 8, pp. 14-22.
13) J. Greenberg.& T.R. Tyler,1987. Why procedural justice in organizations?, *Social Justice Research*, 1, pp. 127-142.
14) J. Thibaut,& L. Walker,1975. *Procedural justice: A psychology analysis*, Hillsdale, NJ:Erlbaum.
15) R.I. Lissak & B.H. Sheppard,1983. Beyond fairness: The criterion problem in research on dispute intervention, *Journal of Applied Social Psychology*, 13, pp. 45-65.
16) E.A. Lind & T. Tyler,1988. *The social psychology of procedural justice*. New York: Plenum.
17) K. Leung & E.A. Lind,1986. Procedural justice and culture: Effects of culture, gender, and investicator status on procedural preference, *Journal of Personality and Social Psychology*, 50, pp. 1134-1140.; K. Leung & W.K. Li,1990. Psychological mechanisms of process control effects, *Journal of Applied Psychology*, 75, No.6, pp. 613-620.
18) G.S. Leventhal, 1980. What should be done with equity theory? In K.J. Gergen,, M.S.Greenberg, & R.H.Willis (Eds.), Social exchange : *Advances in theory and research*: New York: Plenum, pp. 27-55.
19) G.S. Leventhal, 1980. 전게서
20) J. Greenberg, 1986. Determinants of perceived fairness of performance evaluations, *Journal of Applied Psychology*, 71, pp. 340-342.
21) T.R. Tyler, 1989. The psychology of procedural justice: A test of group-value model. *Journal of Personality and Social Psychology*, 57, pp. 830-838.
22) R. Cropanzano & R. Folger,1989. Referent cognitions and task decision autonomy: Beyond equity theory, *Journal of Applied Psychology*, 74. pp. 293-299.
23) T.R. Tyler, 1987. Conditions leading to value expressive effects in judgements of procedural justice: A test of four models, *Journal of Personality and Social Psychology*, 52, pp. 333-344.
24) 정범구. 1994. 조직공정성과 조직유효성: 분배공정성과 절차공정성의 상호작용효과, 인사관리연구, 제17집, pp. 469-497.
25) J. Greenberg, 1984. On the apocryphal nature of inequity distress, In Folger(Ed.), *The sense of justice*: New York: Plenum, pp. 167-188.
26) J.R. Meindle,1989. Managing to be fair: An exploration of values, motives, and leadership, *Administrative Science Quarterly*,34, pp. 252-276.
27) 김명언, 이현정. 1992. 조직공정성: 평가기준과 지각된 공정성, 직무만족, 조직몰입, 봉급만족과의 관계 , 한국심리학회지, Vol.6, No.2, pp. 11-28.

chapter 7

학습과 행위수정

대부분의 기업들이 복지 프로그램의 일환으로 직원이 아파서 출근하지 못할 경우에도 임금을 지급한다. 그러나 역설적이게도, 이러한 프로그램을 가진 기업체의 결근율이 프로그램을 가지지 않은 기업에 비해서 두 배나 높았다. 실제로 이 프로그램을 도입한 기업들은 잘못된 행동, 즉 결근행위를 강화했던 것이다. 만약에, 회사가 연간 10일에 대해서 그와 같은 해택을 주는데도 그것을 이용하지 않는, 그 사람이 바보일 것이다.

포브스 잡지사는 의료보험료를 절약할 목적으로 다른 접근방식을 취했다. 이 회사는 건강을 유지해서 의료비를 청구하지 않은 사람을 보상하는 쪽으로 접근했다. 즉, 500달러에서 의료비를 차감한 금액의 두 배를 보상으로 제공했다. 예를 들면, 전혀 아프지 않은 사람은 1,000달러의 보상 {(500달러 − 0달러)×2}을 받게 되는 것이다. 이런 방식을 통해서 포브스 잡지사는 의료비 청구액을 30퍼센트 줄일 수 있었다.[1)]

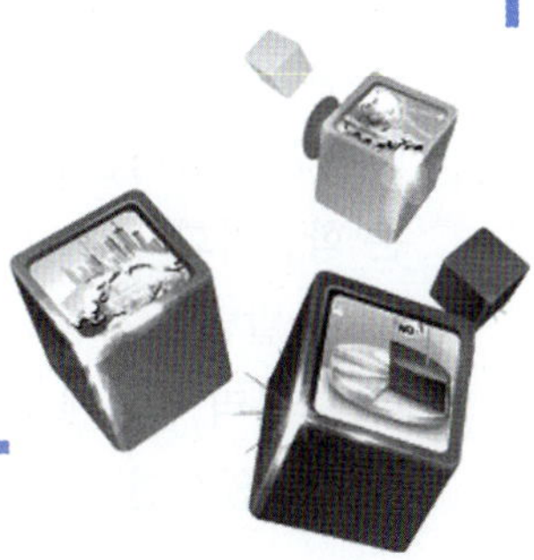

조직행위론이란 분야는 조직을 둘러싸고 발생하는 인간행위가 관심의 대상이다. 인간행위의 원인으로는 어떤 것들이 있으며, 그 결과는 어떠한지 알고 싶어 하고, 그 답을 얻고자 노력한다. 즉, 조직행위론은 궁극적으로 조직에서의 인간행위에 대한 종합적인 이론적 틀을 정립하려는 학문적 목적을 가진다.

그러므로 당연히 인간행위의 변화도 조직행위론의 중요한 학문적 주제가 된다. 어떠한 과정을 통하여 인간의 행위는 변화하는가? 특정 행위의 원인을 알아낸다면, 그것을 조작함으로써 그 행위 자체를 바꿀 수 있을까? 그렇게 해서 바뀐 행위를 그 후에도 지속적으로 유지하게 할 수 있을까? 조직의 입장에서 볼 때, 조직원들의 행위들 중에는 바람직한 행위도 있을 것이고, 바람직하지 못해서 그만두게 하고 싶은 행위도 있을 것이다. 위에서 제시된 질문들에 대한 답을 얻을 수 있다면, 그러한 조직의 요구에 좋은 해결책을 제공해줄 수 있을 것이다.

행위의 변화가 일어났는데, 그 변화된 행위가 그 후에도 상당 기간 지속된다면, 우리는 학습(learning)이 발생했다는 표현을 사용한다. 즉, 학습이란 비교적 영구적인 행동의 변화를 의미한다. 이러한 학습과 관련하여 발달해온 이론들의 묶음이 있다. 행위변화의 발생, 유지, 소멸 등에 관련된 이론들과 이러한 학습이론들을 활용하여, 조직에서 인위적으로 원하는 행위를 발생시키고, 원하지 않은 행위가 나타나지 않도록 하는 관리 차원의 응용이론들이 그것이다. 이 장에서는 이러한 이론들의 묶음들에 대해 알아보기로 한다.

1 학 습

아무리 동기부여가 잘되어 있는 사람이라도 거기에 필요한 능력이 없으면 효과적 업적을 내기는 불가능하다. 이번 중간고사에서 1등을 하면 컴퓨터를 새로 사준다는 이야기에 잔뜩 동기부여가 되어 있는 둘째 녀석도 기초적인 지식과 능력이 부족하다면 결심만으로는 1등을 하기란 어렵다는 이야기이다.

사람의 능력은 선천적인 적성과 후천적인 학습에 의해서 형성된다. 사람의 적성은 학습기회가 주어지지 않으면 실제의 능력으로 바뀔 수가 없다. 운동신경이 아주 잘 발달한 사람도 테니스라는 특정 운동을 를 잘하기 위해서는 학습이 필요하다. 아무리 적성에 꼭 맞는다 하더라도 실제 그 일을 해낼 수 있는 학습기회가 주워지지 않으면 해낼 수 없는 것이다. 즉, 훈련과 경험이라는 학습기회가 필요한 것이다.

훈련은 상대적으로 공식적이고 구조적인 형태로서 강의실 교육에서부터 현실을 본뜨는 시뮬레이션 교육, 또는 실제 현장에서의 작업장 내 교육(on-the-job training) 등을 말하고, 작업경험은 공식적 훈련을 대신하거나 보충하는 데 사용된다. 그렇지만 우리는 학습의 발생 과정을 직접적으로 관찰할 수는 없다. 학습의 발생 여부는 상대적으로 비교적 영구적인 행위변화의 유무를 통해 추론할 수 있을 뿐이다. 이러한 연유로 훈련이나 경험의 결과로 발생하는 비교적 영구적인 행위의 변화를 학습(learning)이라고 정의한다. 다시 말해서 학습은 행위의 변화를 수반해야 하고 이러한 변화는 일시적이어서는 안 된다.

학습을 보는 관점은 학습이 이루어지는 과정에 대한 견해의 차이에 따라 크게 네 가지로 나누어진다. 이러한 관점들에 대하여 하나씩 살펴보기로 한다.

1.1 고전적 조건화

러시아의 생리학자였던 파블로프(Ivan Petrovich Pablov)는 1927년에 학습과 관련하여 기념비적인 실험을 실시하였다. 침샘에 침의 양을 측정하기 위해서 캐뉼러를 고정시킨 개를 대상으로 한 실험이었는데, 이 실험을 효시로 하여 현대 학습이론의 근간을 이루는 행동주의적 학습이론이 탄생하게 되었다.

실험에 사용된 캐뉼러를 침샘에 고정시킨 개: 파블로프박물관 소재 / Wikipedia에서 인용 · 게제

파블로프는 이 개에게 먹이인 고기가루를 줄 때마다 메트로놈을 함께 울리는 절차를 여러 차례 실시한 후에, 메트로놈 소리만 듣고도 침을 흘리는 개를 만들어낼 수 있었다. 처음에 개는 무조건자극인 고기가루에 무조건적으로 침을 흘리는 무조건반응을 보였는데, 이 개에게 무조건자극인 고기가루와 중립자극(neutral)인 메트로놈 소리를 짝지어 반복적으로 제공하는 절차를 이용하여 나중에는 이 개로부터 중립자극인 메트로놈 소리만으로 침을 흘리는 반응을 이끌어낼 수 있었다. 파블로프는 이때 고기가루 없이도 침 흘리는 반응을 이끌어내는 메트로놈 소리를 조건자극, 그리고 메트로놈 소리만으로 나타난 침 흘리는 반응을 조건반응이라고 이름지었다.

이렇게 조건자극을 이용하여 조건반응을 이끌어내는 학습과정을 고전적 조건화(classical conditioning)라고 한다. 즉, 고전적 조건화란 어떤 반응을 촉발하지 않는 중립자극(neutral stimulus)과 반응을 일으키는 자극인 무조건자극(unconditioned stimulus)을 짝지어 반복적으로 제공함으로써, 중립자극이 조건자극으로 되어가는 학습과정을 말한다. 파블로프는 실험개가 무조건자극처럼 기능하는 조건자극과 비슷한 다른 중립자극에 대해서도 조건반응을 보인다는 사실을 발견하였으며, 이를 조건일반화(generalization in conditioning)라고 했다.

사람들이 보여주는 일견 비자발적이거나 반사적인 행위가 고전적 조건화에 의해 형성된 것일 수 있는데, 이러한 예를 TV 광고 속에서 많이 발견할 수 있다. 즉, 우리에게 친근하고 좋은 인상을 주고 있는 스포츠 선수나 인기 연예인이 광고 속에서 어떤 회사의 제품과 동반하여 자주 등장하게 되면, 그 제품에 대해 좋은 인상이 심어짐으로써 후에 그 제품을 구매하게 되는 것도 이러한 이치로 설명할 수 있다. 즉, 좋아하는 연예인에 동반된 제품이 조건자극이 되어서 우리들을 그 제품을 좋아하도록 학습시켜 버리는 것이다. 반대의 경우지만, 어떤 직원이 사장의 사무실로 호출될 때마다 꾸중을 들어왔다면, 나중에는 사장이 호출한다는 소리만 들어도 두려움과 긴장감을 나타낼 수 있는 것이다.

1.2 작동적 조건화

고전적 조건화가 학습이론으로 가는 문을 활짝 연 것은 부인할 수 없지만, 이것만으로 인간의 행동을 설명하기에는 크게 부족하다. 고전적 조건화는 무작위적인 반응이 일어나지 않도록 철저히 통제된 상태에서 자극이 주어지고 그 자극에 대한 반응을 짝짓는 절차를 거치는 것이므로, 통제되지 않은 상황에서 자유로운 행위들을 보이는 가운데 이루어지는 대부분의 인간 학습행위를 설명할 수 없기 때문이다.

이러한 한계를 극복한 학습이론이 스키너(Burrhus Frederic Skinner)에 의해서 주도된 작동적 조건화(operant conditioning) 학습이론이다. 스키너는 작은 상자에 생쥐를 집어넣고, 거기에 하나 이상의 전등, 프레스 바(press-bar), 먹이통, 전기그물망 등을 설치하였다. 상자는 프레스 바를 누르면 먹이가 떨어지도록 고안되어 있다. 이 상자는 스키너가 실험실에 굴러다니던 남은 재료들을 이용하여 직접 제작한 것으로, 스키너 상자(Skinner Box)라고 불린다.

스키너 상자에서 생쥐들은 처음에는 자기 멋대로 돌아다니면서 새로운 환경을 정탐하게 된다. 이러한 정탐과정에서 생쥐들은 일어서거나 냄새를 맡는 등, 다양한 행동을 하게 되는데 이러한 행동들은 모두 무작위적(random)이다. 그러다가 생쥐가 우연히 프레스 바를 건드리면 먹이가 떨어지게 된다. 그러나 다른 행동들은 아무리 해보아도 먹이가 떨어지지 않는다. 이렇게 프레스 바를 누르는 특정 행위

그림 7-1 스키너 박스

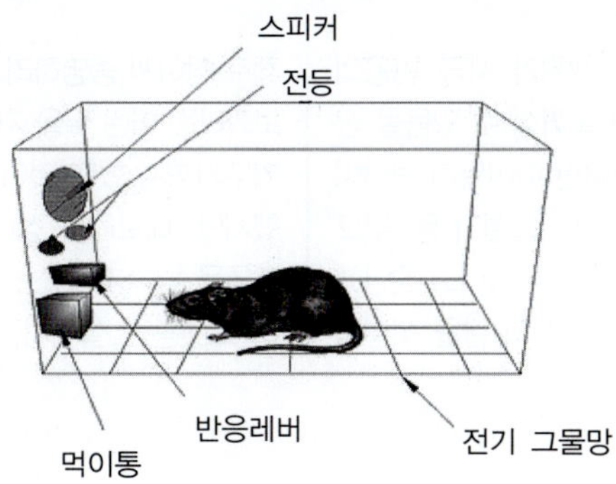

에 대해서만 먹이라는 자극이 뒤따르는 과정이 반복해서 이루어지면서, 생쥐는 프레스 바를 누르는 행위를 학습하게 된다. 시간이 흐를수록 생쥐가 프레스 바를 건드리는 횟수가 많아지고 다른 행동의 횟수는 줄어들었다. 마침내 스키너는 먹이를 얻기 위해 스스로 알아서 프레스 바를 누르는 학습된 쥐를 만들어낸 것이다!

스키너는 이 상자를 이용하여 다양한 흥미로운 실험들을 실시하였다. 프레스 바를 다섯 번을 눌러야만 먹이가 나오도록 고안하기도 하고, 프레스 바를 누르면 오히려 전기그물망에 전기가 흐르도록 만들어놓기도 하였다. 프레스 바를 눌렀을 때 스피커에서 소리가 나고 빨간 불이 켜져야만 먹이가 주어지도록 설계할 수도 있었다.

쏜다이크(Edward Thorndike)는 스키너보다 먼저 1905년에 고양이와 토끼를 가지고 한 실험에서 바람직한 결과(보상)를 가져오는 효과가 있는 행동은 반복하여 계속 나타나고, 불쾌한 결과(벌)를 가져오는 효과를 보이는 행동은 반복되지 않는다는 효과의 법칙(low of effect)을 발견한 바 있다. 그러나 손다이크의 실험은 매우 통제된 상황에서 이루어진 것이라는 점에서 고전적 조건화화 같은 한계를 지닌다. 스키너는 고전적 조건화에 효과의 법칙을 접목함으로써, 행동주의 학습이론의 창시자가 될 수 있었다.

고전적 조건화에서는 피학습자가 조건자극이나 무조건반응에 아무런 통제를 가할 수 없다. 그러나 작동적 조건화에서의 반응은 특정한 자극상황에 대해서 행하는 개인행위에 의존하게 된다. 작동적 조건화란 용어 자체가 학습과정이란 환경 속에서 스스로 작동하고 있는 사람에 의해 만들어진 결과(consequences)에 기반하고 있다는 것을 함축하고 있다.

읽을거리[2] 7-1

스키너는 인간의 모든 행위가 자극-반응의 매커니즘으로 설명되고 만들어질 수 있음을 신봉하는 학자였다. 그는 어떠한 아이든지 보상이라는 자극을 통해서 예술가나 소설가 등, 부모가 원하는 사람으로 만들어질 수 있다고 장담했다. 이러한 자신의 신념을 자신의 딸을 피실험체로 삼아서 증명하려고까지 했다. 스키너는 데보라라는 어린 딸을 자신이 고안한 상자 속에서 키우기까지 했던 것이다! 헛소문으로 밝혀지긴 했지만, 데보라가 성년이 된 뒤에 정신병으로 고통을 받다가 정신병동에서 자살했다는 소문이 오랫동안 실제처럼 떠돌기도 했다.

작동적 조건화 학습을 통해서 이루어진 예를 들어보도록 한다. 어떤 직원이 월말 결산에 따른 일거리가 많아서(자극) 다른 직원들이 다 퇴근한 후까지 남아서 시간 외 근무를 하였는데(반응), 시간 외 근무에 따른 시간 외 근무수당과 상사의 칭찬이 주어지면(결과), 나중에 시간 외 근무가 필요한 상황이 되면, 시키지 않아도 시간외 근무를 하게 될 것이다. 그러나 시간 외 근무를 하였는데도, 아무런 보상이 주어지지 않으면 나중에 시간 외 근무가 필요한 상황이 되어도 시간 외 근무를 하지 않으려 할 것이다.

작동적 조건화의 극단적인 인간행동의 예로서 징크스를 들 수 있다. 모 야구감독은 어느 시합에서 아내가 사준 빨간 내복을 입었는데, 마침 그날 시합을 천신만고 끝에 이겼다고 한다. 그 뒤 이어진 몇 차례 시합에서도 빨간 내복을 입고 승리할 수 있었다. 그러한 일이 상당 기간 이루어진 후에는 이 감독은 시합이 있는 날이면 거의 자동적으로 어김없이 빨간 내복을 입게 되는 자신을 발견하게 되는 것이다. 빨간 내복과 승리 사이에 아무런 논리적인 관계도 찾아볼 수 없는데도 말이다.

1.3 인지적 학습

앞에서 설명한 고전적 조건화와 작동적 조건화는 인간의 모든 행동을 자극(S)－반응(R)－결과(C)의 결속관계만을 가지고 설명하려는 행동주의적 관점이다. 반면에 인지적 학습(cognitive learning)은 자극과 행위 사이에 인지(認知)라는 유기체적(organic) 요소가 매개변수로 존재함을 인정하는 관점, 즉 자극(S)－인지(O)－행위(R)－결과(C)의 관계로 나타난다. 즉, 조건화 학습은 두뇌 없이 이루어지는 학습에 초점을 맞추는 반면에, 인지학습은 두뇌의 기능에 초점을 맞추고 있다.

그림 7-2 인지적 과정의 매개역할

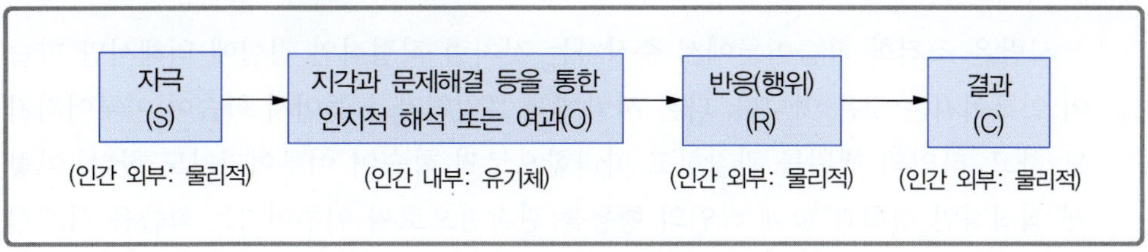

인지적 학습은 인간행위의 긍정적이고 자유로운 의지를 강조하며, 기대, 요구, 인센티브와 같은 개념을 사용한다. 인지(cognition)란 어떤 대상에 대한 정보를 알아내는 활동으로서 행위에 앞서서 인간의 생각, 지각, 문제해결, 정보처리 등의 과정이 필요함을 강조한다. 인지적 학습의 기본 전제는 유기체로서의 사람은 과거에 경험한 일련의 사건에 기반하여 미래에 대한 기대(expectation)를 만들어 내고, 그들의 행위는 그러한 기대와 가치관에 의존한다는 것이다.

이러한 기대의 기본요소는 자극-반응-결과의 관계가 일어날 확률과 결과에 대한 가치로 구성된다. 인지적 학습에서의 각 유기체는 그의 대안적 행동들을 나타내는 신념-가치 매트릭스를 만들어내는 의사결정자로 여겨진다. 예를 들어, 어느 직원이 이번 사건의 경우에는 자신이 실수한 일을 상사에게 털어놓음으로써 오히려 바람직한 결과를 얻을 것이라고 기대하기 때문에 자신의 실수를 솔직히 인정했다고 보는 것이 인지적 학습의 관점이다. 이 신념-가치 매트릭스는 행위를 하는 사람에게 특별한 가치를 주는 결과와 관련된 수단들로 구성된다. 다음의 <표 7-1>은 어느 직원이 자신이 저지른 실수에 대한 해결안을 고려한 인지적 과정으로서의 신념-가치 매트릭스의 예를 보여준다.

표 7-1 신념-가치 매트릭스

해결(결과)을 위한 수단	의사결정 대안의 평가		
	성공확률	결과에 대한 가치	확률 × 가치
① 상사에게 실수를 털어 놓는다.	.3	100	30
② 동료의 협조를 구해 상사를 속인다.	.5	40	20
③ 다른 직원의 책임으로 조작한다.	.5	30	15
④ 직장을 다른 이유를 들어 그만둔다.	.8	30	24

1.4 사회적 학습

사람은 조건화 학습이론에서 주장하는 것처럼 직접적인 경험에 의해서만 학습이 이루어지는 것은 아니다. 다른 사람에게 무엇인가를 들어서 학습이 이루어지기도 하고, 타인의 행위를 관찰하고 따라함으로써 학습이 이루어지기도 한다. 이렇게 직접적인 경험과 함께 타인의 행동을 관찰함으로써 이루어지는 학습을 사회적 학습(social learning)이라고 한다.[3] 즉, 다른 사람이 한 행위가 바람직한 보상으로 이어지는 것을 관찰한 다음, 그 행위을 모방하고 그 역시 그 행위의 결과로 바람직한 보상을 경험함으로써 학습이 이루어질 수 있는 것이다.

사회적 학습은 자극-반응 이론과 인지이론의 결합이라고 할 수 있다. 모델의 행위과 그에 따른 보상을 지각하는 인지과정이 필요하고, 그 인지에 따라 자신도 모델의 행위를 모방하고 그에 따른 보상을 받는 작동적 조건화로 학습이 완성되다는 점에서 그렇다. 사회적 학습이론은 이렇게 모델의 행위를 관찰하고 그 행위를 모방하는 것을 이론의 핵심으로 삼고 있기 때문에, 관찰학습 또는 모방학습이라고 불리며, 대리학습(vicarious learning)이라는 용어로도 사용된다.

다음의 [그림 7-3]에서 보는 것처럼 사회적 학습의 과정은 네 단계를 거쳐서 이루어진다.[4] 먼저, 관찰자는 모델이 수행하는 행위에 주목하는 것이 필요하다. 매력적이거나 우리에게 중요한 사람, 또는 우리와 유사한 사람들이 모델로서 큰 영향력을 행사한다. 둘째로, 모델의 행위가 기억되어야 하고, 셋째로 기억된 행위를 연습하는 것이 필요하며, 마지막으로 모방한 행위에 대해서 기대했던 보상이 이루어져야 한다.

그림 7-3 사회적 학습의 과정

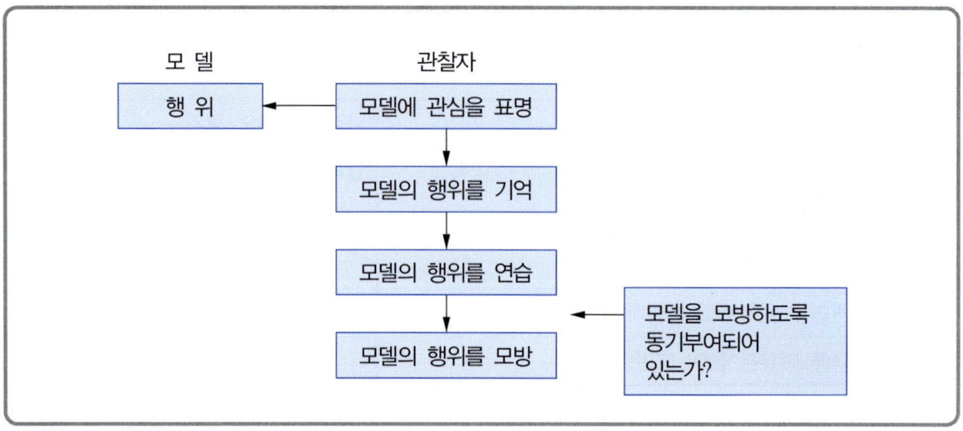

1.5 학습의 전이

이러한 학습은 그 학습 자체로만 끝나지 않고 추가적인 학습으로 이어진다. 하나의 학습이 또 다른 학습을 가능하게 한다고 하여 학습의 전이(轉移, transfer of learning)라고 부른다. 알파벳을 배워야 단어를 배울 수 있는 연속적 전이, 두 개의 학습이 동시에 일어나야 하는 수직적 전이, 한자를 배운 것이 중국어 공부에 도움이 되는 긍정적 전이, 한국에서의 운전습관이 일본에서는 어색한 부정적 전이 등이 그것이다.

또한 기업의 연수원에서 이루어진 이론과 실습을 통한 교육훈련이 실제 업무에 활용되는 것도 학습 전이의 예라 할 수 있다. 따라서 교육훈련이후 학습의 전이효과를 확인하는 것은 차후의 교육계획을 위해 매우 중요하다.

읽을거리 7-2 직장에서의 role model

<자료원> "직장인 35% '상사가 롤모델'," 한국일보, 2007. 11. 14

직장인 5명 중 3명은 인생의 본보기가 되는 롤모델이 있으며, 롤모델로는 부모님이 가장 많이 뽑혔다.

14일 취업포털 잡코리아에 따르면 직장인 671명 중 61.3%인 411명이 "현재 인생의 롤모델이 있다"고 답했다. 이 같은 응답은 남성(62.3%)이 여성(59.4%)보다 높았다.

복수응답으로 조사한 롤모델 중에서 '직장 선배나 상사'가 35.3%로 가장 많았고, '부모님'(28.7%)이 뒤를 이었다. '유명기업인'은 24.6%로 3위, '역사적인 인물'(18.5%)은 '직장동료나 학교친구'(21.2%)보다 한 계단 낮은 5위였다. '직장의 최고경영자'(13.9%)도 7위로 밀렸다.

롤모델의 순위는 성별로 엇갈렸다. 1, 2위는 같았지만 그 다음으로 남성은 '유명기업인'(30.8%) '역사적인 인물'(22.6%) 순으로 꼽은 반면, 여성은 '직장동료나 학교친구'(21.5%) '유명기업인'(16.4%) 순이었다.

2 행위형성: 행위의 변화

어떻게 하면 조직원들로부터 원하는 행위를 끌어낼 수 있을까? 이 질문은 조직으로서는 대단히 중요한 것이다. 조직의 유효성을 높이기 위해서는 조직원 개개인들이 목표달성에 도움이 되는 행위는 더욱 열심히 해주고, 피해가 되는 행위는 덜 일어나게 하거나 중지해주어야 한다. 이에 대한 대답을 학습이론은 행위형성(shaping)이라는 개념으로 제공하고 있다.

행위형성이란 점진적인 단계를 통해서 개인의 행동을 원하는 쪽으로 만들어가는 방식을 일컫는 용어다. 행동형성을 통해서 원하는 행동을 끌어내고자 한다면, 먼저 대상자가 보여주는 다양한 반응들 중에서 집행자가 원하는 쪽으로 일어나는 반응에는 보상을 하고, 원하지 않는 방향의 반응에 대해서는 보상을 해주지 않음으로써, 대상자로부터 원하는 쪽의 반응만을 끌어내도록 유도한다. 그런 다음, 다시 원하는 쪽으로 나타났던 반응들 중에서 목표로 하는 행위에 더 가까운 것들만을 선택하여 보상을 하고, 나머지에 대해서는 보상을 하지 않는다. 이러한 단계를 계속적으로 거치면서, 궁극적으로 원하는 행위와 근접한 행위를 이끌어낼 수 있다는 것이다. 인간행위 중에서 가장 정교한 행위인 언어도 이러한 행위형성 과정을 거쳐서 학습된다.

행위형성의 방법에는 크게 두 가지 접근방식이 있다. 그 중 하나가 원하는 행위를 진작시켜서 시간이 갈수록 그 행위가 더욱 빈번하고 강하게 나타나도록 하는 접근방식이고, 다른 하나는 원하지 않는 행동을 억제하거나 그만두게 하는 접근방식이다. 전자의 접근방식을 따른 절차를 강화(reinforcement)라고 하는데, 사용되는 보상이 긍정적인 자극인지 부정적인 자극인지에 따라 긍정적 강화와 부정적 강화가 있다. 한편, 후자의 접근방식 절차로서는 처벌(punishment)와 소거(extinction)가 있다.

2.1 강화

강화(reinforcement)란 어떤 반응에 뒤따르는 자극이 미래에 그 반응이 발생할 확률을 높이는 현상을 의미한다. 즉, 반응과 그에 따른 자극이 반복되는 과정을 통해서 자극과 반응 간의 연결성이 증대되는 과정을 나타내는 용어다. 이러한 강화의 원칙은 앞서 언급한 쏜다이크의 효과의 법칙(law of effect)에 그 근거를 두고 있다.

요컨대 강화이론에서는 사람들이 특정한 반응(R)을 보이는 것은 그러한 반응이 특정한 자극에 의해서 강화되기(reinforced) 때문이라고 주장한다. 예를 들면, 경영자가 어느 부하직원이 다른 직원보다 먼저 출근하여 외국어 공부를 하고 있는 것을 보고 칭찬하여 주었다면, 그 부하직원은 더 자주 일찍 출근하여 외국어 공부에 열중하게 될 것이다. 여기에서 상사로부터의 칭찬에 해당하는 것을 강화요인(reinforcer)이라고 하는데, 어떤 것이 강화요인이 될 수 있는지, 아닌지의 여부는 그것을 한 번 실시해 보고 나서 그것이 반응을 강화시키는지, 그렇지 못하는지에 따라 결정된다.

강화요인은 1차적 강화요인과 2차적 강화요인으로 구분되는데, 1차적 강화요인(primary reinforcers)은 음식이나 물, 그리고 기타 생리적으로 중요한 요소들과 같이 선천적으로 보상의 성격을 가지는 것을 가리킨다. 한편, 2차적 강화요인(secondary reinforcers)은 돈이나 미소, 칭찬처럼 다른 강화요인들과의 연상을 통하여 얻어지는 가치로 인해 강화의 잠재력을 가지고 있는 요인들이다. 1차적 강화요인은 선천적인 것인 데 반해서, 2차적 강화요인은 후천적으로 학습되는 것이기 때문에, 그 유효성은 사람에 따라 다르다. 예를 들어, 돈에 부여하는 가치가 매우 높아서 그것이 1차적 강화요인 못지않게 강한 잠재력을 가지는 사람이 있는가 하면, 돈에 대해서 그다지 큰 가치를 두지 않는 사람에게는 돈이 강화요인으로서 가지는 잠재력은 상대적으로 작을 것이다.

강화요인은 행위자가 바람직하게 생각하는 긍정적 강화요인과 싫어서 피하고 싶어 하는 부정적 강화요인으로 나뉜다. 그리고 강화절차 과정에서 긍정적 강화요인을 사용하는지, 아니면 부정적 강화요인을 사용하는지에 따라 긍정적 강화(positive reinforcement)와 부정적 강화(negative reinforcement)의 두 가지 강화방식으로 나눌 수 있다.

① **긍정적 강화** : 사람이 어떤 행위(R)를 한 다음에 그 행위에 대해 유쾌한 결과(C+)가 주어지면 적극적 강화(positive reinforcement)가 이루어진다. 앞의 스키너 상자의 예에서 생쥐가 프레스 바를 건드리는 반응(R) 후에 음식(C+)을 주어서 S－R의 연결성이 증대되는 경우가 적극적 강화에 해당된다. 조직의 예를 들면, 어느 직원이 조직에서 특출한 업적을 내게 되어 그 업적에 상응하는 상여금이나 칭찬, 또는 유급휴가와 같은 유쾌한 결과를 얻게 되면 그 사람은 계속적으로 업적을 높이고자 하는 행위를 반복하게 될 것이다. 이때 부여된 강화요인은 긍정적 강화요인(positive reinforcer)의 역할을 한 것이다.

② **부정적 강화** : 적극적 강화보다는 상대적으로 적게 쓰이지만, 상황에 따라서 회피행동이나 도피행동을 강화해야 하는 경우가 생길 수 있다. 즉, 회피행동이나 도피행동이 시간이 갈수록 더 빈번하게 나타나게 하고 싶은 경우를 말한다. 이런 경우에 쓸 수 있는 강화방법이 부정적 강화방법이다.

부정적 강화는 회피나 도피 행동을 강화할 목적으로 부정적 강화요인을 사용하는 강화방법이다. 예를 들면, 지각을 하는 직원에게 팀장이 잔소리를 하게 되면, 그 잔소리가 듣기 싫어서 일찍 출근하는, 지각으로부터의 도피행동이 강화되는 것이다. 또 다른 예로 늦잠을 자지 않고 일찍 일어나고 싶을 때, 알람을 켜놓고 자는 것도 부정적 강화의 방법이다. 시끄러운 알람소리를 회피할 수 있는 일찍 일어나기 행동이 강화된다. 스키너 상자의 생쥐는 전기 쇼크가 주어지기 전에 나타나는 불빛을 보고 프레스 바를 건드려서 전기 쇼크를 회피하는 법을 학습할 수 있었다.

토론사례 7-1

정신병원은 수용하고 있는 정신병자의 수에 따라 정부로부터 보조금을 지원받고 있고, 고아원은 수용하고 있는 고아의 숫자에 따라 보조금을 받는다. 이러한 정책에 문제는 없는가? 어떻게 정책을 수정하는 것이 좋을 것인가?

2.2 처벌과 소거

강화가 반응과 자극(또는 결과)의 연결성을 이용하여 어떤 특정한 반응의 빈도수를 늘리는 것에 비해서, 처벌(punishment)과 소거(extinction)는 특정한 반응이 나타나지 않도록 억제하거나 사리지게 하는 방법이다. 처벌과 소거는 특정 행위의 발생빈도수를 줄이거나 발생 자체를 일어나지 않도록 한다는 점에서 강화가 아니다.

① **처벌**(punishment) : 처벌은 어떤 바람직하지 못한 행위(R)가 발생한 후에 부정적인 자극을 제공함으로써, 그 행위가 미래에 발생할 가능성을 줄이는 것을 목적으로 한다. 스키너는 생쥐가 프레스 바를 건드려 먹이를 얻는 행위를 강화한 후에, 이 행동을 제거할 목적으로 다음에는 프레스 바를 누를 때마다 먹이 대신 전기쇼크가 주어지도록 장치했다. 이때 프레스 바를 누르는 행위는 전기쇼크라는 부정적 자극을 동반하므로 점점 감소하다가 멈추게 된다. 처벌은 조직에서 광범위하게 이루어지는 행동교정방식이다. 조직에서의 예를 들면, 세계적 햄버거 체인인 '버거킹'에서는 관리자가 지각하는 종업원에게 청소와 같은 불쾌한 일을 시킴으로써 지각하는 행위를 감소시킬 수 있었다.

그러나 처벌은 바람직하지 않은 행위를 그만두게 하는 데에 신속하고도 매우 효과적인 방법이긴 하지만, 그러한 장점 못지않게 여러 가지 부정적인 효과를 동반한다. 무엇보다도 처벌이 지니는 윤리적인 문제가 있다. 처벌자가 피처벌자에 대해서 정신적으로나 육체적으로 상해를 입힐 권리를 어디에서 부여받느냐는 본질적인 문제가 따른다. 둘째, 처벌은 처벌자와 처벌을 당하는 사람의 관계에 악영향을 미친다. 피처벌자는 처벌자에 대해서 악감정이나 불신감 등을 만들 수 있다.

셋째, 처벌은 바람직한 행동을 사라지게 하는 것이 아니라 억제하는 것이어서 처벌자가 없을 경우에는 다시 나타날 수 있고, 연관되어 있는 바람직한 행위까지 억제해버리거나 다른 바람직하지 못한 행위가 대신 나타날 가능성이 흔히 있다. 예를 들어, 스트레스 때문에 지나치게 술을 마시는 데 대하여 벌을 가한 경우에, 술을 먹는 대신에 과도하게 담배를 피우는 경우도 생각해 볼 수 있다. 그러나 처벌과 관련하여 무엇보다도 주의할 것은 처벌자의 처벌 행위가 강화된다는 점이다. 처벌자는 처벌을 하는 행위를 통해서 자신이 얻고자 하는 바를 즉각적으로 얻는 긍정적인 결과를 얻기 때문이다. 따라서 처벌은 그것이 동반하는 역기능을 최소화하기 위해서 주의에 주의를 더하여 실시하여야 한다.

② **소거**(extinction) : 바람직하지 못한 행위가 나타나지 않도록 하는 또 하나의 방법은 소거라는 방법이다. 바람직한 행위이든, 아니든 관계없이 어떤 행위가 지속적으로 나타나고 있다는 것은 그 행위를 강화하고 있는 요인이 존재한다는 것을 의미한다. 소거란 바로 이러한 강화요인을 찾아내어서 그것을 제거함으로써, 시간이 지날수록 그 강화요인에 의해서 강화되었던 행위의 발생빈도수가 차츰 줄어들다가 종내에는 사라지게 유도하는 학습방법이다.

스키너 상자에서 생쥐가 프레스 바를 건드리면 음식이 주어짐으로써 생쥐의 프레스 바를 건드리는 행위가 빈번하게 나타나는 긍정적 강화가 일어나는 현상을 보여주었다. 스키너는 그 후에 프레스 바를 눌러도 음식을 주지 않음으로써 생쥐로 하여금 점진적으로 프레스 바를 건드리는 행위를 줄이도록 하는 데 성공하였다. 가정에서도 신경질을 부리거나 화를 내며 우는 아이, 욕하는 아이에게는 관심을 기울이지 않는 것이 버릇교정에 효과가 크다. 초기에는 나쁜 버릇이 더 심해질 수 있으나 이는 소거가 먹혀 들어가는 증거이므로, 부모의 일관성 있는 무관심이 필요하다. 그러나 많은 부모가 아이의 떼나 억지를 귀찮게 여겨 일시적으로 피할 목적으로 과자를 물리는데, 이건 오히려 떼쓰는 행위에 대한 긍정적 강화가 되어버리고 마는 것이다.

이러한 소거를 조직에서도 자주 목격할 수 있다. 과거에는 바람직하였으나 지금은 그렇지 않은 행동에 대해서 소거를 적용할 수 있다. 이런 경우라면, 먼저 긍정적인 강화에 의하여 유지되고 강화된 과거의 행위에 대한 강화요인을 찾아내고 그러한 강화요인의 제공을 중단함으로써 목적을 달성할 수 있다. 그런가 하면 조직에서 가끔 저지르는 잘못으로, 과거에 긍정적 강화를 통해서 학습이 된 바람직한 행위가 조직 내에서 단단히 자리를 잡았다고 판단해 그러한 행위에 주어지던 보상을 없애는 경우가 있다. 그러면 소거에 의해서 그 단단히 '자리 잡았던' 바람직한 행위는 소멸되기 시작한다.

2.3 효과적인 처벌방법

앞서 언급했듯이 처벌은 바라직하지 못한 행위를 신속하게 그만두게 하는데 효과가 크지만, 제대로 실시되지 않으면 그것이 가지는 역기능적 측면들이 두드러져서 처벌로 얻을 수 있는 순기능을 압도할 수 있다. 따라서 처벌이 가지는 순기능을 최대한 살리면서, 그것이 초래하는 역기능을 최소화하기 위한 고민이 필요하다.

지금까지 효과적인 처벌과 관련하여 논의된 것들은 크게 네 가지로 정리할 수 있다. 그 첫 번째가 처벌의 일관성이다. 처벌은 바람직하지 못한 행위가 나타날 때마다 언제나 누구나 동일한 처벌이 내려져야 한다는 것이다. 처벌이 일관성을 잃으면, 처벌이 동반하는 역기능적인 측면들이 도드라진다. 그러한 면에서 우리나라에서 자주 사용하는 ○○단속 특별강조 주간 같은 방식은 크게 잘못된 것이라고 볼 수 있다.

두 번째는 처벌의 즉각성이다. 바람직하지 못한 행위가 발생하는 즉시 처벌이 주어지는 것이 효과를 극대화할 수 있으며, 행위와 처벌의 간격이 늘어날수록 처벌의 효과는 떨어지고 역기능이 커진다.

다음으로, 처벌의 이성적 수행이다. 처벌은 감정에 치우쳐서 시행되어서는 안 된다. 처벌의 일관성을 깨기 쉽기 때문이다. 따라서 처벌을 시행할 때에는 냉정을 잃지 않도록 노력하고 처벌의 일관성을 깨지 않아야 한다. 그와 함께 처벌이 다른 바람직한 행위까지도 억제할 가능성을 줄이기 위해서 처벌의 이유를 명확히 하고, 처벌을 피하기 위해서는 어떻게 행동하는 것이 필요한지를 제시하는 것이 필요하다.

가장 논의가 많이 되어온 부분이 처벌의 강도에 대한 것이다. 처벌은 그것이 바람직하지 못한 행위를 억제하는 것이므로, 처벌이 그 행동을 강화하는 보상의 긍정적인 가치를 넘어설 만큼 충분히 강해야 한다는 주장이 있다. 그에 비해, 처벌이 강하면, 처벌의 억지력만 강해질 뿐 행동의 수정을 기대하기는 힘들다는 주장도 있다. 이들의 주장에 따르면, 처벌의 강도가 높으면, 처벌을 받은 사람은 자신의 행위에 대해 충분한 처벌을 받았다는 생각을 하게 되고, 따라서 처벌의 대상이 된 바람직하지 못한 행위에 대한 수정의 필요성을 느끼지 않게 된다는 것이다. 따라서 이들은 처벌이 처음에는 온건한 정도로 수행되어야 하고, 그 후에 동일한 행위가 발생할 때마다 그 처벌의 수위를 점진적으로 높여가는 방식이 효과적이라고 제안한다.

미국 가정에서는 큰 아이가 어린 동생을 구타하거나 심각한 신체적 상해를 입히는 것이 상당히 심각한 문제로 알려져 있으며, 한국가정에서도 예외는 아니라고 생각된다. 따라서 부모는 큰 아이의 이런 문제에 대해 단호한 처벌로 대처하려고 한다. 즉, 큰 아이를 크게 야단하거나 매를 드는 것이다. 과연 이러한 단호한 처벌이 큰 아이로 하여금 동생에 대한 해코지하는 행동을 그만두게 할 수 있을까?

효과적인 처벌의 강도에 대해 행해진 연구[5]는 이러한 견해에 반대적 결과를 내놓고 있다. 즉, 바람직하지 못한 행동에 대해 심한 처벌을 받은 아이들은 후에 그러한 행동을 하지 않는 이유로 심한 처벌에 대한 두려움을 꼽았으며, 처벌이 받지 않을 상황이 되자 어김없이 예전의 바람직하지 못한 행위를 하는 것으로 나타났다. 그에 비해 심하지 않은 처벌을 받은 아이들은 아이를 때리지 않아야 하는 이유가 충분하지 않기 때문에, 아이를 때리고 싶다는 생각과 때리지 말아야 한다는 생각 사이에 상당한 인지부조화를 경험하게 된다고 한다. 따라서 이 아이들은 아이를 때리지 않아야 한다는 생각에 동조하는 쪽으로 태도를 바꾸게 된다는 것이다.

징계(discipline)란 처벌을 체계적으로 시행하는 것을 말한다. 조직은 구성원들의 무단결근, 지각, 절도, 사규위반 등의 바람직하지 못한 행위에 대하여 부정적인 강화요인을 연계함으로써 그러한 행위를 감소시키고자 한다. 이러한 징계는 조직마다 다르게 시행되고 있어서 어떤 조직에서는 처벌을 문서화하여 인사기록에 영구보존하기도 하고, 상사가 처벌대상이 되는 직원에게 개인적으로 일깨워주거나 비공식적으로 경고하기도 한다.

처벌의 강도와 관련하여서는 일반적으로는 누진적 징계(progressive discipline)가 이루어지고 있다. 예를 들어, 만성적인 지각꾼에 대해서 처음에는 상사가 비공식적 구두경고를 실시한다. 그래도 계속 지각하면 공식적으로 상사와 만나는 시간을 마련하여 정식으로 구두경고를 실시한다. 다음에도 지각행위가 지속되면, 징계위원회에 회부하여 징계를 공식화하여 문서경고로써 인사기록카드에 남긴다. 그 다음에도 계속되는 지각은 급여 없는 정직, 이어서 마지막 단계인 해고에 이르게 된다. 아주 심한 사안, 예를 들어 근무시간 중의 음주와 같은 경우에 대하여는 위의 준비단계를 생략하고 바로 공식적 문서경고가 실시될 수 있다. 여기서 중요한 사실은 처벌을 실시하려면 미리 정해놓은 처벌의 기준에 따라 실시하는 것이 필요하며, 실시 과정에서 일관성을 잃지 않도록 재삼 주의해야 한다.

토론사례 7-2 법의 현장

〈자료원〉 1. "경찰도 안전띠 안 매면 짤 없다." 매일경제, 2009. 6. 1.
2. "中, 음주운전자 신분 공개 … 동승자도 벌금형 추진." 매일경제, 2009. 12. 25.

1. 경찰도 안전띠 안 매면 짤 없다

경찰이 전국 공무원을 대상으로 운전 중에 안전띠를 매지 않거나 휴대전화를 사용하는 행위를 집중 단속한다. 경찰청은 1일 "모든 경찰관서, 중앙행정부처, 지방자치단체 등 전국 관공서, 공공기관 등을 대상으로 아침 출근길 정문 앞에서 안전띠 미착용 및 운전 중 휴대전화 사용을 불시 단속에 나선다"고 밝혔다. 경찰은 이날 전국 경찰관서 정문 앞에서 단속을 실시한 결과 경찰청 본청 3건, 16개 지방청에서 33건, 244개소 경찰서에서 101건의 안전띠 미착용 및 휴대전화 사용위반을 적발해 총 137건을 통고 처분했다. 이번 단속은 이날부터 6월 한 달간이다. 안전띠 미착용으로 적발되면 범칙금 3만 원을 물게 된다. 또 휴대전화를 손에 들고 사용한 운전자는 범칙금 6만 원에 벌점 15점이 부과된다. 경찰 관계자는 "중앙행정관청 · 사법부 · 일반행정관서 등 전 공공기관을 대상으로 불시에 단속활동을 확대해 운전 중 안전띠 착용과 휴대전화 미사용을 정착시켜 나갈 방침"이라고 말했다.

2. 中, 음주운전자 신분 공개 … 동승자도 벌금형 추진

중국 정부가 음주운전 근절을 위해 발벗고 나섰다. 24일 중국 북경신보(北京晨報)에 따르면 베이징시 교통관리국은 연말연시를 맞아 늘어나는 음주운전 사고를 줄이기 위한 일환으로 음주운전 사고를 줄이기 위한 일환으로 음주운전의 신원을 공개키로 했다. 아직 확정되진 않았지만 동승자에 대해서도 벌금을 부과하는 방안을 추진 중인 것으로 알려졌다. 베이징시에서는 최근 1주일 사이 3건의 음주사고로 4명의 시민이 사망하자 음주운전 단속을 강화하는 분위기라고 이 신문은 전했다. 난징(南京)시에서의 음주운전 처벌은 한층 더 강하다. 최근 난징시 중급인민법원은 음주로 5명을 숨지게 한 장밍바오(張明寶)씨에게 무기징역을 선고하기도 했다. 중국 공안부는 음주운전 사고의 심각성을 인지, 올해 8월 15일부터 베이징시를 시작으로 음주운전 단속을 강화해나가고 있다.

[토론과제]

이 두 기사에 대해서 비판적으로 검토해 보시오.

2.4 강화의 일정계획

강화요인을 제공함에 있어서도 언제 어떻게 제공하느냐에 따라 강화의 효과도 달라지므로, 강화요인을 제공하는 강화일정계획(scheduling of reinforcement)에 대한 고려를 반드시 할 필요가 있다. 바람직한 행위가 일어날 때마다 강화요인을 제

그림 7-4 단속강화 일정계획의 분류

	간격 일정계획	비율 일정계획
고정적	고정간격법	고정비율법
변정적	변동간격법	변동비율법

공할 수도 있고, 일정한 기준을 정하여 제공할 수도 있다. 전자의 경우를 연속강화(continuous reinforcement), 후자의 경우를 단속강화(intermittent reinforcement) 또는 부분강화(partial reinforcement)라고 부른다.

연속강화는 단속강화보다 바람직한 행위를 보다 신속하게 끌어낼 수 있지만, 바람직한 행위가 일어날 때마다 강화요인을 제공해야 하기 때문에 현실적으로 시행하는 것이 불가능할 뿐만 아니라, 경제적 자원의 소비로 인해 비용이 증가한다는 어려운 점이 따른다. 또한 강화요인이 더 이상 존재하지 않을 경우에는 이미 학습되었던 행위가 보다 쉽게 망각되는 문제점도 있다.

한편, 단속강화에 의하여 습득된 학습행위는 일반적으로 연속강화에 의해 획득된 행위보다 강화요인의 제공이 중단되더라도 상대적으로 오래 지속되는데, 이러한 단속강화는 다시 강화요인의 제공기준을 간격으로 삼느냐 아니면 비율로 삼느냐에 따라 둘로 나눌 수 있다. 비율 일정에서는 행위자가 몇 회의 반응을 보였는가를 기준으로 하여 강화요인이 제시되고, 간격일정에서는 마지막 강화요인이 제시된 때로부터 얼마의 시간이 흘렀는가를 기준으로 새 강화요인이 제시된다.

① **고정간격법** : 고정간격법(fixed interval schedule)은 바람직한 행위가 일어나고 일정한 시간이 지난 다음에 강화물이 제공되는 것을 말한다. 이 방법에서는 종업원들이 언제 보상이 주어지는가를 알고 있기 때문에 그 시기만을 골라서 업적을 올리게 될 가능성이 많다.

즉, 늘 일을 안 하다가 보상이 주어지는 주말이나 월말에 노력을 배가하여 업적을 대폭 향상시키면 유리하다는 것을 알고 있기 때문에 이 일정계획에 의한 성과는 일반적으로 상대적으로 낮다. 그럼에도 불구하고 많은 조직에서 가장 많이 사용하고 있다. 예로서 주급이나 월급 같은 것이 있다.

② **변동간격법** : 변동간격법(variable interval schedule)은 강화요인이 일정한 시간이 지난 다음에 제공된다는 점에서는 고정간격법과 같으나, 고정간격법과는 달리

그림 7-5 단속강화 일정계획의 분류

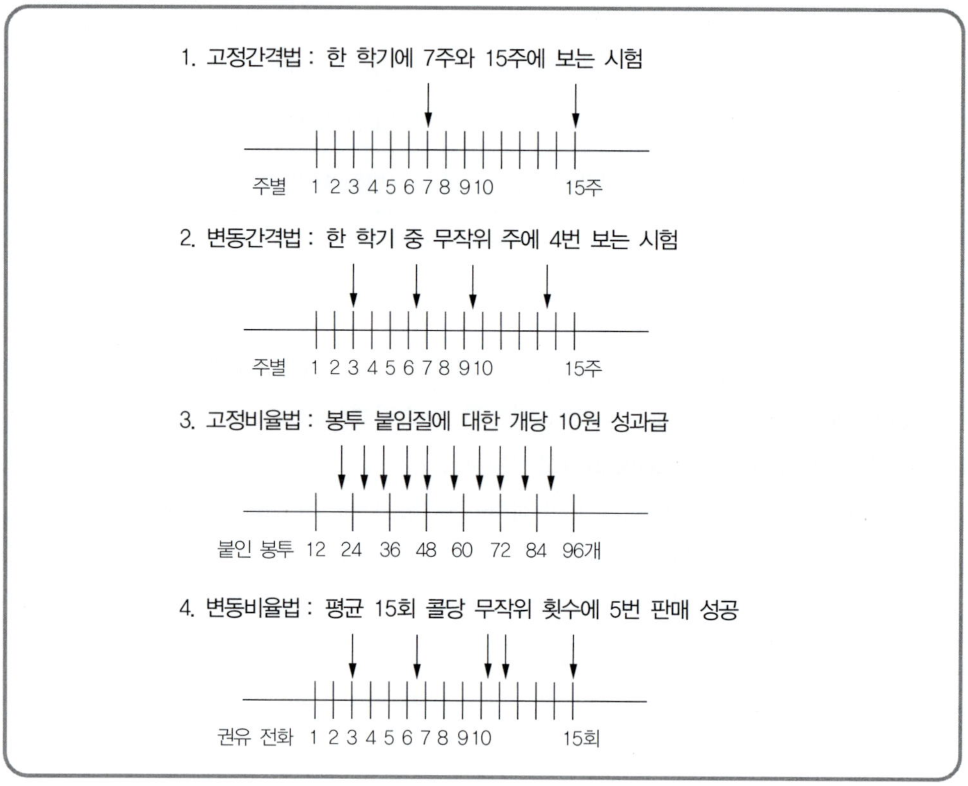

시간 간격이 고정되어 있지 않고 유동적이다. 예를 들어, 사장이 공장에서 좀 떨어진 작업장에 어떤 때는 일주일에 한 번, 어떤 때는 한 달에 한 번, 그리고 어떤 때는 두 번 등 매우 불규칙하게 들려서 격려 차원에서 회식비를 주고 가는 경우가 이에 해당한다.

③ **고정비율법** : 고정비율법(fixed ratio schedule)은 일정한 양의 목표행위가 일어난 후에야 강화요인이 주어지는 것이다. 예를 들어, 산출량에 따라 임금액이 정해지는 성과급제나 판매액에 따라 커미션이 주어지는 것이 이에 속한다.

④ **변동비율법** : 변동비율법(variable ratio schedule)은 일정한 양의 목표 행위가 일어난 후에 보상이 주어지는 것은 고정비율법과 동일하나, 강화요인과 연계된 반응의 양이 고정되어 있지 않고 유동적인 경우이다. 예를 들어, 평균적으로 10단위 생산하면 오천 원을 받는 성과급제하에서 일하는 작업자가 어떤 경우에는 8단위를 생산하고도 오천 원을 받고, 어떤 경우에는 12단위를 생산하고서야 오천 원을

받는다면, 이런 경우가 변동비율법에 의한 일정계획에 해당된다고 하겠다. 흔하지 않은 경우라고 생각할지 모르나, 대부분의 게임이나 도박은 이러한 일정계획에 따른다. 강원랜드에서의 카지노 도박이나 로또 복권 추첨 등이 바로 이 방법에 의한 보상을 하고 있다. 기업에서 종종 발견되는 특별보너스 같은 것도 이러한 예에 속한다.

일반적으로 변동비율법이나 변동간격법이 고정비율법이나 고정간격법보다 학습의 속도에서는 뒤처지지만, 일단 학습이 되면 고정일정법에 비해서 훨씬 지속력이 높다. 바로 이 점이 도박꾼들로 하여금 도박에서 자유로울 수 없도록 만드는 이유이다.

3 조직행위의 수정

조직행위 수정(Organizational Behavior Modification: OB-Mod)이란 조직구성원의 행동을 변화시키는 데 강화이론을 적용하는 기법을 말한다. 조직행위 수정 프로그램은 사람의 행동을 분석하고 변화시키기 위한 효과적 전략을 개발하기 위하여 다음과 같은 5단계를 거친다.

① **1단계-목표행동의 확인** : 어떤 행동이 강화되어야 하는가를 파악한다. 이것은 주어진 직무의 성공을 위하여 어떤 목표행동이 필요한가를 결정하는 것이다.

② **2단계-행동의 측정** : 적극적 강화 프로그램을 실시하기 전에, 경영자는 파악된 목표행동의 질과 양의 면에서 개선을 기대하는 것이 현실적인가를 결정하여야 한다. 만약 목표 행동이 이미 효과적으로 수행되고 있다면 적극적 강화를 위한 신규 프로그램은 소용없다.

조직행위 수정을 실시하기 전에 행동을 측정하는 것은 또한 적극적 강화가 도입된 후의 업적과 비교할 기준치를 제공하는 역할도 한다.

③ **3단계-행동의 인과분석** : 성공적 직무수행에 중심이 되는 목표행동이 일단 파악되고 측정되면, 이러한 행동들의 원인과 결과들을 결정할 필요가 있다. 이것은 곧 행동을 시작하게 하는 요인과 그 행동이 관련됨으로써 이루어지는 결과를 분석하는 일이다.

④ **4단계-변화전략의 개발** : 조직행위 수정에서 행동변화 전략을 선택하는데는 적극적 강화물이 되는 보상을 찾아내고 또한 바람직한 행동을 한 사람에게 이 강화물을 결속시키는 방법을 만들어내야 한다. 적극적 강화가 바람직한 행동의 가능성을 증대시키기 위하여 이용되고, 소거도 바람직하지 못한 행동의 빈도를 줄이기 위하여 역시 이용된다. 그러나 벌과 부정적 강화는 거의 이용되지 않는다.

⑤ **5단계-업적향상을 확인하기 위한 평가** : 조직행위 수정에 대한 체계적인 평가의 결과는 그 프로그램의 지속 여부와 개선 여부를 결정하기 위하여 필요하다.

[후주]

1) Robbins, S. P.(2003). *Organizational Behavior*, 10th Ed., Upper Saddle River, NJ: Pearson Education, 53쪽에서 발췌.
2) Slater, L.(2004), *Opening Skinner's Box : Great Psychological Experiments of he Twentieth Century*. NY: W.W. Norton & Company.
3) Bandura. A.(1977), *Social Learning Theory. Upper Saddle River*, NJ: Prentice Hall.
4) *ibid.*
5) Aronson, A., & Carlsmith, J. M.(1963). Effect of Severity of threat in the devaluation of forbidden Behavior, *Journal of Abnormal and Social Psychology*, 66, 584-588.

chapter 8

스트레스 관리

4개월 전에 건강한 남자 아이를 낳은 김소영(30 · 여)씨는 최근 육아와 직장생활을 병행하는 것이 얼마나 힘든지를 뼈저리게 느끼고 있다. 직장일로 피곤에 절어 집에 오더라도 시도 때도 없이 보채는 아기와 빨랫거리 때문에, 잠시도 쉴 짬을 내지 못한다. 뿐만 아니라 밤에도 수시로 아기가 울어대는 바람에 잠도 편히 자본 적이 없다. 남에게 아이를 맡기는 것이 불안해서, 건강도 별로 좋지 않은 아버지가 계신데도 어머니에게 애보기를 부탁한 것도 죄스럽다.

직장에 출근했다는 것으로 육아에서 해방되었다고 생각하면 오산이다. 아이를 가졌을때부터 아이에게 모유를 먹이기로 결심을 했는데, 그 결심을 지금까지 지켜오고 있는 것이 큰 고역이다. 수시로 휴게실에 들려서 불은 젖을 짜내야 하기 때문이다. 휴게실에 갈 때마다 30분 정도 자리를 비워야 하니, 누가 뭐라고는 안 하지만 상사에게 눈치가 보이고, 동료에게도 여간 미안한 일이 아니다. 잠을 제대로 자지 못해 항상 몸이 피곤에 절은 상태고, 잠깐 쉬는 시간에도 아기 걱정에 어머니에게 전화하는 일에 매달린다.

명랑한 성격에 농담도 잘해서 회식 자리에서도 인기가 높았던 김씨지만, 최근에 회식 자리에 끼어본 적이 별로 없다. 집에 돌아오면 어머니가 가신 후에 남겨진 일은 오롯이 다 자신의 몫이다. 남편도 아기를 돌보는 데 힘을 보태지 않는 것은 아니지만, 요사이 한참 바쁜 프로젝트에 매달려서 자기 몸도 제대로 가누지 못하고, 아이가 울 때마다 짜증을 낸다. 아이를 낳은 것이 후회막급이다. (어느 직장맘)

스트레스는 만병의 근원이라는 말이 있듯이, 현대사회에서 조직구성원이 경험하는 스트레스는 개인의 건강을 심각하게 위협하는 요인이 되고 있다. 또 조직은 조직대로 직무만족과 생산성의 감소, 결근율과 이직률의 증가, 산업재해 발생과 보험료 급증 등, 스트레스로부터 파생되는 다양하고도 복잡한 문제들에 시달리고 있다. 최근의 여러 조사들에 의하면, 한국의 직장인들이 느끼는 직무스트레스는 OECD 국가 중 최고 수준을 나타내고 있어 이에 대한 체계적인 분석과 관리가 시급한 과제가 되고 있다. 직장인들 중 80%가 넘는 사람들이 각종 직무스트레스로 인해 정신적 무기력증과 스트레스성 소화기 질환 등 정신적, 육체적 이상을 경험하고 있고, 출근만 해도 우울해지는 이른바 '회사 우울증'을 경험하고 있는 직장인도 상당수에 이른다고 보고되고 있다.[1] 이처럼 직장 내 만연한 스트레스는 조직구성원들의 자발적인 동기부여나 창의성을 떨어뜨려 기업의 경쟁력을 약화시킬 수 있고, 나아가 국가 경쟁력조차 훼손시킬 수 있다. 그러므로 이제 스트레스를 단순히 개인적인 심리적 문제로만 간주해서는 안 될 것이며, 이에 대해 개인은 물론, 조직과 사회의 폭넓은 관심과 대책, 그리고 체계적이고 예방적인 차원의 관리가 필요한 시대가 되었다.

이 장에서는 먼저 스트레스란 무엇이며, 현대사회에서 스트레스는 얼마나 심각한 문젯거리가 되고 있는지에 대해 알아 볼 것이다. 또한 스트레스의 일반적인 원인과 결과 간의 관계는 물론, 특히 직무환경 속에서 경험되는 직무스트레스와 성과 간의 관계에 대해 확인해 보고자 한다. 아울러, 이러한 직무스트레스에 대한 체계적인 예방과 관리를 위해서는 어떠한 점이 고려되어야 하는 지에 대해서도 알아볼 것이다.

1 스트레스란 무엇인가?

1.1 스트레스의 정의

스트레스는 '어떤 사람에게 특별한 (대응)요구를 하는 행위나 상황 또는 사건의 결과로 인해 초래되는 적응 반응'[2]으로 정의되며, 개인에 따라 그 반응의 크기에서 차이를 보이는 것으로 알려져 있다. 이 정의에서 주목할 것은, 스트레스는 상황 자체가 아니라 그 상황에 대한 적응반응을 의미한다는 점이며, 동일한 스트레스 상황이라도 개인에 따라서 경험하는 스트레스의 강도가 달라질 수 있다는 사실에도 주목할 필요가 있다. 이 정의에서 말하고 있는 '특별한' 요구란 우리가 매일 살아가면서 필요한 사소한 조정의 요구와 같은 것이 아니라, 중요하거나 또는 이례적인 요구를 뜻하는 것으로, 이러한 특별한 요구들에 대해서만 스트레스라는 적응반응이 나타난다.

이렇게 정의하고 보면, 스트레스라는 적응반응은 위급하거나 슬픈 때와 같이 나쁜 상황 아래에서뿐만 아니라, 기쁘거나 바람직한 상황에서도 발생할 수 있음을 알 수 있다. 예컨대 친한 동료의 예기치 않은 죽음이나 갑작스러운 해고통보와 같이 부정적인 사건에 직면해서도 스트레스라는 적응반응이 나타나지만, 거액의 복권에 당첨되었다거나 사랑하던 사람에게서 뜻밖의 프로포즈를 받았을 때와 같은 즐거운 상황을 맞아서도 스트레스를 경험하게 되는 것이다. 우리는 환경에 성공적으로 적응해야만 생존을 도모할 수 있는 생명체이기 때문에 지속적으로 환경에 적응하기 위한 노력을 필요로 한다. 이러한 적응 노력에 동반되는 신체반응, 그것이 바로 스트레스인 것이다. 그러한 점에서 본다면 우리가 살면서 겪게 되는 스트레스는 우리가 현재 살아있는 생명체임을 증명해주는 징표라고 할 수 있다.

1.2 스트레스의 심각성

원래 스트레스는 무수한 위험에 둘러싸여 살아가던 인류의 조상들에게 생존의 도움을 주기 위해 진화된 생체적 반응이었다. 호랑이의 습격과 같은 갑작스러운 위험에 직면하게 되면 그러한 위험을 가능하면 빨리 알아차리고 재빨리 도망칠 수 있게끔 몸과 마음의 준비가 되어 있어야만 생존가능성을 높일 수 있었을 것이다. 먼 데도 잘 볼 수 있어야겠고 작은 소리도 잘 들을 수 있어야 했을 것이며, 무엇보다도 민첩한 몸놀림이 절대적으로 필요했을 것이다. 우리 몸을 이런 상태로 만들어주는 적응반응이 바로 스트레스이다. 즉, 스트레스란 우리가 돌발적인 상황에서 신속하게 적절한 반응을 취할 수 있도록 우리 몸을 준비시키는 생리적 반응인 것이다.

그런데 이러한 스트레스 반응을 일으키는 원인이 짧은 시간 동안만 존재하다가 사라지면 별 문제가 되지 않겠지만, 그 존재가 장기간 지속된다면 우리 몸은 심각한 후유증을 앓게 된다. 스트레스라는 적응반응은 에너지를 요구한다. 그러나 대부분의 생체 에너지가 계속해서 스트레스를 작동시키는 데에만 투여된다면, 다른 생존활동에 필요한 에너지가 부족하게 된다. 에너지의 부족으로 필요로 하는 만큼의 에너지를 제 때에 공급받지 못하게 된 다른 생존활동들은 정상적인 수행이 힘들어지면서 마침내는 정신적으로나 육체적으로 심각한 상해를 입게 되는 것이다.

■ **그림 8-1 스트레스를 가져오는 업무환경**

자료: 산업안전공단, [직무스트레스관리], 2012-교육미디어-946

위험한 동물이 떠나지 않고 호시탐탐 우리 주위를 맴돌고 있다면 어떻게 되겠는가? 아마 우리가 활용할 수 있는 대부분의 에너지가 그 동물로부터 우리 몸을 방어하는 데 필요한 준비를 하는 데 쓰여질 것이다.

현재의 조직생활에서는 그 위험한 동물이 매일매일 산더미처럼 쌓이는 업무일 수도 있고, 원수 같은 상사일 수도 있으며, 승진을 놓고 치열하게 경쟁하는 동료일 수도 있다. 또한 그 동물이 앞으로 일어날지도 모르는 상상의 산물일 수도 있다. 가까운 미래에 구조조정이란 이름으로 직장에서 쫓겨날지도 모른다는 불안감일 수도 있는 것이다. 지금은 그러한 동물들이 우리의 곁을 떠나지 않고 항상 주위를 어슬렁거리고 있는 세상이다. 현대인들이 온갖 스트레스에 둘러싸여 생활하지 않을 수 없는 이유이다.

1.3 스트레스의 진행단계*

스트레스가 생리학의 주요한 분야로 자리매김하는 데 크게 공헌한 캐나다의 내분비학자 한스 셀리(Hans Selye)는 스트레스에 대해서 다음과 같은 두 가지 사실을 알아냈다. 그 하나는 스트레스를 일으키는 요인(stressor: 스트레스원)은 여러 가지가 있을 수 있지만, 그것이 어떤 것이 되었든 상관없이 그에 대한 반응으로 거의

* 이에 대해 자세한 정보는 R. Sapolky가 2004년에 쓴 Stress: *Why Zebras Don't Get Users*(3rd Ed.)를 이재담 · 이지윤이 2008년도에 옮긴 책 「스트레스: 당신을 병들게 하는 스트레스의 모든 것」(사이언스북스)에서 얻을 수 있음.

비슷한 신체적·생리적 반응을 보인다는 것이었는데, 이러한 반응을 일반적응 증후군(General Adaptation Syndrome: GAS), 혹은 범적응 증후군이라고 명명하였다. 또 다른 하나는 이제 우리가 다 아는 사실이지만, 스트레스가 오래 지속되면 병이 된다는 생각이었다.

셀리는 일반적인 증후의 진행단계를 3단계로 나누어 제시하였다.

첫째 단계는 경고(alarm)단계로, 스트레스원으로부터 자극을 받았을 때 이러한 자극에 대처하기 위해 준비단계에 들어간다. 외부로부터 범상치 않은 자극을 받게 되면 우리 몸은 먼저 부신수질 호르몬(adrenalin 또는 epinephrine)을 배출하게 되는데, 이 호르몬은 심장박동을 빠르게 하고 뇌와 뼈대 근처의 혈관을 확장시켜서 정신을 명료하게 해주고 근육에 피가 빨리 흐르도록 함으로써 우리 몸이 민첩하게 반응할 수 있도록 도와준다. 그와 함께 부신피질 호르몬이 배출되어 간으로 하여금 아미노산을 최상의 운동에너지인 포도당으로 신속하게 전환시키도록 함으로써, 우리가 필요로 하는 운동 에너지를 공급할 준비를 갖추도록 한다. 이로써 우리 신체는 외부의 상식을 벗어난 자극에 대항하여 싸우거나 그로부터 도망가는 준비(fight or flight)를 마치게 되는 것이다. 이때 동반되는 대표적인 생리적 변화로는 호흡과 심장박동 증가, 미열, 발증, 소화기능 장애, 갈증, 두통과 같은 것들이 있다.

스트레스가 경고단계에서 해소되지 않고 그 이상으로 지속이 되면 두 번째 단계인 저항(resistance)단계, 또는 적응(adaptation)단계로 넘어간다. 우리 몸이 스트레스를 일으키는 자극에 대해서 적극적으로 대응하는 단계이다. 스트레스원에 보다 잘 적응할 수 있도록 우리 몸에서 활용가능한 자원들을 새롭게 재배치하고 초기의 스트레스로 인해서 입었을지도 모르는 신체적 상해를 치유하기 위해 다양한 호르몬들의 배출이 시작된다. 예를 들어 힘든 상대와 장시간 겨루기 위해서는 강한 근육의 힘이 필요한데, 그를 위해 스테로이드 같은 근육강화 호르몬이 배출되고, 잠깐 미루어두었던 소화기능도 에너지 보충을 위해서 제 자리를 찾아간다. 저항단계는 이러한 재배치 과정에서 상당한 에너지를 필요로 하는데, 우리 몸에는 사용이 가능한 에너지의 양이 한정되어 있어서, 저항단계가 예상외로 길어지면 에너지의 고갈과 함께 우리 몸은 지치기 시작하고, 긴장감, 불면증, 피로감과 같은 증세를 보이기 시작한다. 이것이 스트레스 반응 제3단계로 넘어가는 것이다.

스트레스의 마지막 단계는 소진(exhaustion)단계로, 우리가 정상적으로 활동하는데 필요한 에너지가 바닥이 나면서 만사가 귀찮아지고 일과 삶 자체에 대한 의욕도 떨어지는 단계이다. 그와 함께 신체의 활동성과 면역력이 저하되면서 여러 가지 질병에 노출되고, 심한 경우에는 체온과 혈압이 떨어지면서 결국 사망에 이르게 된다.

그림 8-2 스트레스의 일반적인 진행단계와 스트레스 저항력

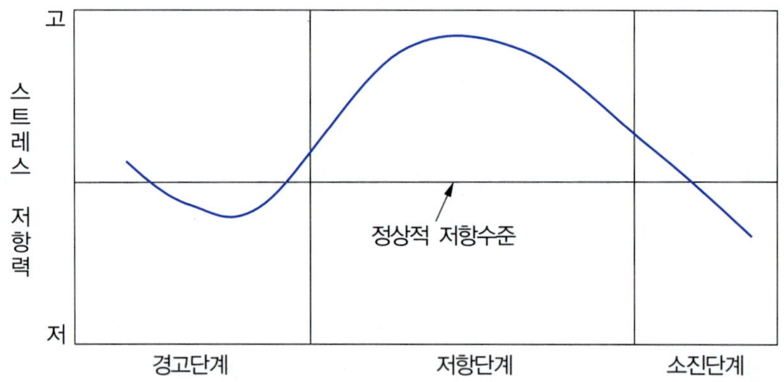

2 스트레스의 원인과 결과

2.1 스트레스의 원인

우리로 하여금 스트레스라는 적응반응을 일으키게 하는 원인제공자는 개인에게 중요하거나 이례적인 요구를 제기하는 상황이나 사건일 경우가 많다. 이처럼 스트레스를 야기하는 원인이 되는 요구들을 스트레스원(stressor)이라고 한다. 그러한 요구가 본인으로서는 꼭 충족시켜야 하는 중요한 것인데도 그 충족 여부가 불확실하게 지각되면 스트레스를 경험하게 된다. 어떤 이가 길을 가다가 불량배를 만났는데, 이 좋지 않은 상황을 큰 불상사 없이 벗어날 수 있다는 확신을 할 수 없다면 상당한 스트레스를 경험하게 될 것이다. 그러나 불량배 한두 명은 간단히 대적할 수 있는 태권도 고단자라면 느끼는 스트레스는 훨씬 덜할 것이다. 한 달 후에 아주 중요한 거래선과 성사 여부가 불확실한 계약 건으로 면담이 잡혀있는 사업가는 그 한 달 동안 불면의 밤을 지새우게 될지 모른다.

<표 8-1>은 한국과 미국에서 조사된 스트레스원과 그것이 초래하는 스트레스 점수를 나열, 비교한 것이다. 이 표는 본래 홈즈(T. Homes)와 라헤(L. Lahe)가 조사한 내용을 기준으로 하여 작성되었는데[3], 한국 것은 1982년에 작성된 것이고 미국 것은 1998년에 미국인 5,000명을 상대로 재조사한 것이다. 원래 표는 51가지 사건에 대해서 조사를 하고 있으나, 이 책에서는 처음 20위까지만 뽑아서 제시하였다.

표 8-1 한국인과 미국인이 경험하는 스트레스원 비교

한국			미국		
순위	생애사건	점수	순위	생애사건	점수
1	자식 사망	74	1	배우자의 사망	87
2	배우자 사망	73	2	가까운 가족의 사망	79
3	부모 사망	66	3	본인의 중병·중상	78
4	이혼	63	4	수감생활	76
5	형제, 자매 사망	60	5	가까운 가족의 중상·중병	72
6	혼외정사	59	6	자산에 대한 근저당 설정	71
7	별거 후 재결합	54	7	이혼	71
8	이혼과 재혼	53	8	범죄의 피해자	70
9	별거	51	9	경찰폭력의 피해자	69
10	해고·실직	50	10	혼외정사	69
11	절친한 친구의 사망	50	11	가정 폭력·성폭력 경험	69
12	결혼	50	12	부부의 별거나 재결합	66
13	수감생활	49	13	해고·실직	64
14	결혼약속(약혼)	44	14	경제적 어려움	62
15	본인의 중병·중상	44	15	절친한 친구의 죽음	61
16	사업의 재정비·정리	43	16	재난사고에서 생존	59
17	직업전환	43	17	홀부모가 되는 것	59
18	은퇴	41	18	사랑하는 사람 돌보기	56
19	해외 취업	39	19	복지해택의 대폭적인 감소	56
20	유산	38	20	가족의 체포	56

자료: 한국 자료는 홍강의·정도언(1982), 사회재적응 평가척도 제작–방법론적 연구, 『신경정신의학』 21. 131쪽, 미국자료는 Hobson, C. J., Kamen, J., Szostec, J., Nethercut, C. M., Tiedman, J. W., & Wojnarowicz, S. (1998), "Stressful Life Events: A Revision and Update of the Social Readjustment Rating Scale," *International Journal of Stress Management*, Jan., pp. 7-8

측정시기와 조사방법, 표본 등에서 차이가 있기 때문에 두 나라의 단순비교는 의미가 없지만, 한국과 미국인들이 일반적으로 경험하는 스트레스원에 있어서 유사점도 있지만, 일정한 차이도 있음을 발견할 수 있다.

현대인들이 특히 직장의 업무수행과 관련하여 경험하게 되는 스트레스는 직무스트레스(job stress)라고 부른다. 이러한 직무스트레스를 경험하도록 부추기는 원인은 그 수도 대단히 많고, 그 모습도 매우 다양하다. 우선, 개인의 직무 수준에서 과다한 업무량, 능력에 부치는 직무, 다른 동료나 부서와 갈등을 일으키는 업무, 또는 수행할 역할이 모호한 직무특성들이 주요한 직무스트레스 유발 요인으로 알려져 있다. 또한 빠른 기술변화에 쫓아가야하기 때문에 작업내용이나 방법이 자주 바뀌는 직무나, 잦은 출장과 예기치 않은 잔업이 자주 발생하는 직무, 감정노동을

표 8-2 직무스트레스를 가져오는 여러 요인들

요 인	내 용
시간적 압박·업무시간	• 근로자 자신이 업무속도의 조절 가능 여부 • 과중한 업무, 장시간 근무, 교대근무 등
조직구조	• 의사결정에서 참가수준의 낮음 • 의사소통이 자유롭지 못한 구조
조직에서의 역할	• 업무요구사항의 불명확 • 직위불안 • 역할 모호, 역할 충돌 • 실적경쟁 등
대인관계 갈등	• 상사, 동료, 부하 직원 등과의 관계
조직 외적인 스트레스 요인	• 업무와 관련이 있지만 조직차원을 뛰어 넘는 고용불안, 경기변동 등

자료: 산업안전공단, [직무스트레스관리], 2012-교육미디어-946.

수반하는 대고객 업무, 최근 부쩍 늘고 있는 심야근무 등도 스트레스를 유발하는 직무 요인들이다.

업무의 내용과는 관계없이 경험하는 직무스트레스 요인도 있다. 예로서 직장 상사나 동료와의 갈등으로부터 촉발되는 스트레스도 있을 것이며, 팀제도의 시행과 함께 부쩍 늘어난 인간관계에 적응하지 못해서 받게 되는 스트레스도 있겠다. 그 밖에도 응집력이 부족한 팀 분위기, 팀원들 사이의 갈등, 갑자기 늘어난 자율 때문에 느끼는 과다한 책임감, 권위적이고 관료적인 조직문화, 끊임없이 이어지고 있는 조직혁신으로 인한 직무불안정 등 개인의 직장생활과 관련하여 스트레스를 유발할 수 있는 원인들은 헤아릴 수 없이 많다.

최근의 연구에 의하면 직장에서 벌어지는 다양한 공격적 행위, 즉 집단 괴롭힘이나 왕따 행위, 성희롱, 폭언 등 직장내 각종 괴롭힘 행위들도 스트레스의 주된 원인으로 떠오르고 있다. 그런가 하면 가정생활이 원만하지 못하거나 일과 자기생활이 균형을 이루지 못하여 경험하는 스트레스도 있을 것이고, 주위환경이 소란하거나 불유쾌하여 경험하게 되는 스트레스도 있을 것이다.

[그림 8-3]은 우리 직장인들이 경험하는 주요 직무스트레스 원인에 대한 실제 조사결과를 보여준다. 우리 직장인들의 경우, 과다한 업무량도 중요한 직무스트레스원이지만, 상사나 동료들과의 원만하지 않은 대인관계가 가장 중요한 스트레스 요인으로 지목한 점이 눈에 띈다. 또 다른 한 조사에 의하면, 한국의 직장인들 가운데 약 70%가 넘는 사람들이 스트레스 잠재군으로 분류되었는가 하면, 20% 남짓한

그림 8-3 한국의 직장인이 경험하는 주요 직무스트레스 요인

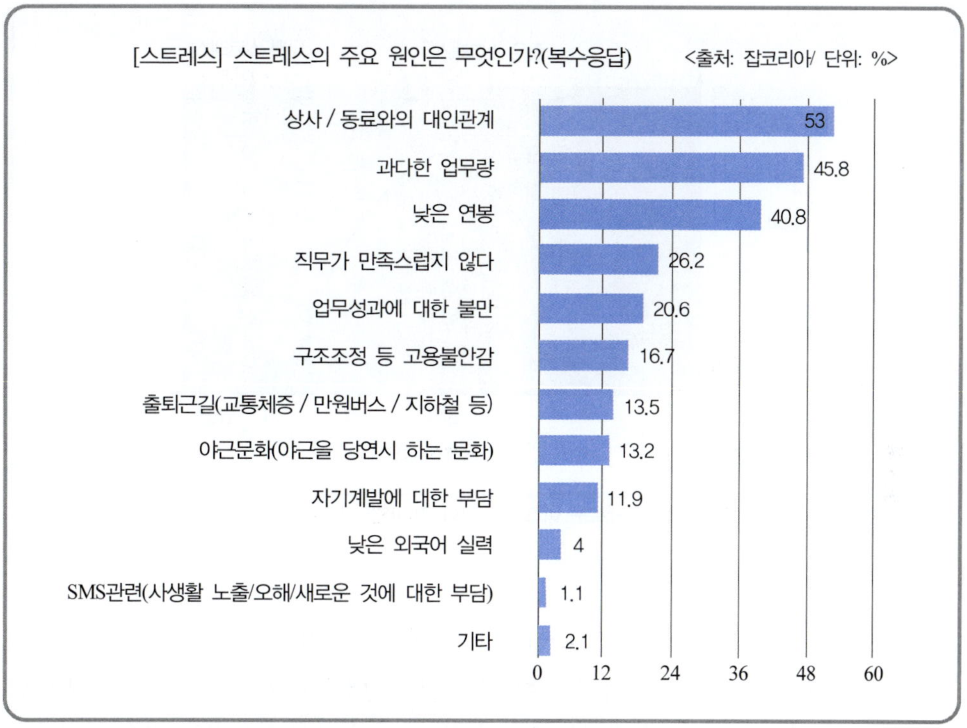

사람들은 심지어 스트레스 고위험군으로 분류되기도 했다.[4] 이러한 조사결과는 한국 직장인들이 경험하는 각종 스트레스 수준이 매우 심각하다는 것을 보여주고 있으며, 이에 대한 적극적인 관심과 체계적인 관리가 필요함을 시사해 주고 있다.

2.2 스트레스의 결과

앞에서도 잠시 언급했듯이 스트레스는 우리가 삶을 영위하기 위해서 필수불가결한 적응반응이다. 스트레스가 전혀 없다는 것은 환경에의 적응반응이 없다는 것을 의미하고, 이것은 바로 죽음을 뜻한다. 반면에 적당한 스트레스는 삶에 활기를 불어넣고 성과에도 긍정적인 효과를 미칠 수 있다.

특히 직무스트레스의 긍정적인 측면은 직무스트레스와 업무성과 사이의 관계를 통해서도 확인될 수 있다. [그림 8-4]는 직무스트레스와 업무성과 간의 관계에 대해, 지금까지 관련 선행연구들을 통해 확인되어온 결과를 요약해 보여주고 있다. 수행해야 할 업무도 하나의 자극이기 때문에 업무를 수행하는 과정에서 어느 정도

그림 8-4 직무스트레스와 업무성과 간의 관계

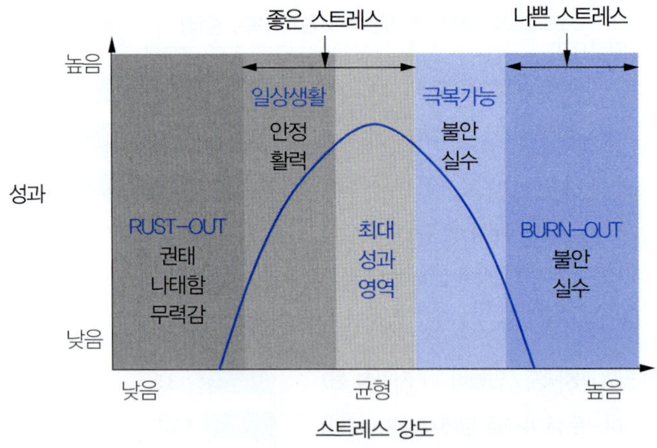

자료: 삼성경제연구소(2011). 스트레스: 새로운 비즈니스 기회, 제105호. 4쪽.

의 스트레스가 동반되는 것은 당연하다. 그렇지만 사원들이 경험하는 직무스트레스 수준이 낮다는 것은 그들이 수행하는 업무가 매우 단조롭고 업무량이 많지 않다거나, 업무를 달성해야 한다는 압박을 별로 크게 받지 않는다는 것을 의미한다. 이런 경우, 사원들은 자신의 업무수행에 대해 크게 흥미나 유인을 느끼지 못하고, 그 결과 최선의 노력을 기울이지 않게 될 가능성이 크다. 나아가 지나치게 낮은 자극의 스트레스는 사람들로 하여금 권태와 무력감에 빠지게 할 수 있고, 심지어 나태함에 이르게 만들 수도 있다. 그런 의미에서 극히 낮은 수준의 스트레스는 오히려 바람직하지 못하고, 사람들을 'rust-out'(즉 부식되어 못쓰게 만드는 것) 시킬 위험이 있다.

그에 반해, 우리는 종종 창의력의 산물이라고 할 수 있는 위대한 예술작품이나 운동경기에서의 좋은 기록들이 적절한 수준의 스트레스를 받는 상황에서 이루어져 왔음을 자주 목격한다. 이와 같이 적당한 수준의 직무스트레스는 업무의 성과에 긍정적으로 작용할 수 있다. 그러나 감당하기 어려운 수준으로 업무량이 점차 늘어나거나 혹은 지나치게 심한 성과경쟁에 내몰리는 등 스트레스의 수준이 점점 높아져서 일정수준을 넘어서게 되면, 이러한 업무 환경은 직무수행자로 하여금 압박감과 불안을 경험하게 만들고, 그 결과 실수와 포기를 하게 되는 등 스트레스에 따르는 여러 가지 부정적인 효과들이 더욱 도드라지면서 업무성과는 다시 떨어지게 된다. 이 경우는 과도한 스트레스가 이들을 'burn-out'(즉 소진시키는 것)시키는 것으로 이해해 볼 수 있다.

더욱 큰 문제는 만성적인 스트레스를 경험하는 경우이다. 스트레스원이 상당기간 지속되면 우리 몸은 정신적·육체적인 긴장상태(strain)가 나타나게 되고, 이어서 생리적, 심리적, 인지적 및 행위적인 여러 가지 부정적인 결과들이 뒤따르게 된다. 생리적인 건강과 관련된 결과로는 면역력의 약화로 인한 질병과 세균감염으로부터 신체를 방어하는 능력이 감소하는 문제, 순환시스템과 관련한 고혈압과 심장질환 문제, 그리고 근골격시스템과 관련하여 근육통, 두통, 어깨 및 허리통증과 같은 문제들이 알려져 있다.

심리적인 건강과 관련해서는 조울증, 불안증, 분노와 적개심, 자신감 저하와 같은 결과들이 초래되는 것으로 보고되고 있고, 인지적 능력과 관련해서는 기억력 감퇴, 망각증세, 집중력 결여, 판단능력 저하 등과 같은 문제들이 보고되고 있으며, 행위와 관련된 결과로는 생산성 및 성과 저하, 직무만족의 저하, 결근 및 이직률의 증가, 조직적 태만, 그리고 흡연 및 음주, 금지약물복용, 그리고 폭력적인 행위표출 등의 문제들이 있는 것으로 연구결과는 밝히고 있다.

다음의 [그림 8-5]는 널리 알려진 직무스트레스 모형으로, 다양한 스트레스원을 분석수준에 따라 제시하고, 그와 함께 스트레스 반응이 상당기간 계속되었을 때 나타날 수 있는 결과들을 보여주고 있다.

2.3 스트레스의 조절변수

스트레스원과 결과 사이에는 유전적 요인이나 사회적 지원과 같은 조절변수가 이 둘 사이의 관계를 조절하고 있는데, 이러한 조절변수들의 작용으로 경험하는 스트레스의 수준과 스트레스 결과에 개인차가 나타나게 된다. 두 사람이 동일한 스트레스원을 경험하더라도 조절변수의 영향으로 인해 그것을 지각함에 있어서 두 사람 사이에는 개인차가 있을 수 있고, 설사 그 두 사람이 지각한 스트레스가 동일한 수준의 것이라고 하더라도 그 스트레스 반응의 결과에도 차이가 날 수 있다는 것이다.

예를 들어, 사업상 어떤 어려운 일에 직면했을 때, 성격의 차이에 따라 혹자는 그것을 사업상 불가피하게 맞닥뜨릴 수밖에 없는 일종의 '도전'으로 받아들이는 사람이 있는가 하면, 다른 사람은 그 일을 마땅히 피했어야 할 '장애물'로 생각할 수도 있다. 이처럼, 스트레스에 대한 지각과 결과에 있어서 일정한 개인적 차이를 만들어내는 조절변수들을 인지하고 이를 적절히 감안한 관리를 하게 되면, 우리는 효과적인 스트레스 관리를 위해 유용한 통찰을 얻을 수 있다. 이제 이러한 조절요인들에 대해 알아보기로 하자.

그림 8-5 직무스트레스 모형

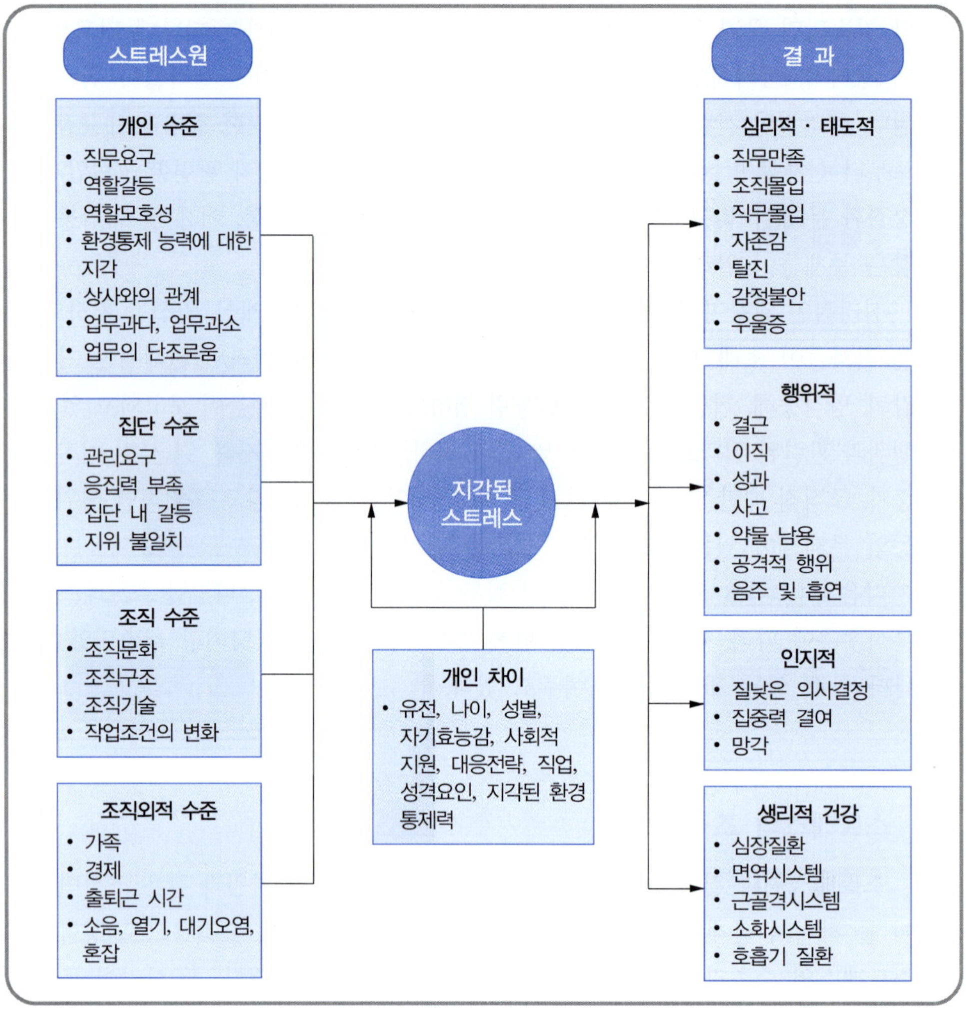

자료: Kreiner, R. & Kinicki, A. (2001), *Organizational Behavior*, 5th Ed., New York: Irwin-MacGraw Hill. p. 599.

여러 조절변수들 중에서도 지금까지 가장 연구가 많이 되어왔고, 그 효과도 뚜렷하게 나타나는 것이 바로 사회적 지원(social support)이다. 상사나 동료, 조직으로부터 적절한 사회적 지원을 받지 못하는 사람은, 그러한 사회적 지원을 받는 사람에 비해서 각종 스트레스를 더욱 심각하게 경험하는 것으로 밝혀졌다. 즉 적절한 사회적 지원을 받지 못하는 사람은 사회적 지원을 받는 사람에 비해서 지각된 직무스트레스의 수준도 더 높고, 또 직무스트레스 반응에 따르는 결과도 더욱 부정적으로 나타난 경우가 많았다. 사회적 지원은 상대에 대한 감정이입을 통하여 상대방이 겪고 있는 고통을 이해하고 처지를 동정하거나 용기를 북돋아주는 '감정적 지원'과 함께, 실질적으로 스트레스를 유발시키는 스트레스원을 제거하거나 그 영향의 크기를 줄일 수 있는 수단을 제공하는 '수단적 지원'으로 나눌 수 있는데, 지금까지의 여러 관련 연구에 따르면 두 지원 모두 직무스트레스 관리에 효과적인 것으로 알려져 있으며, 그 중에서도 감정적 지원이 더 효과적이라는 연구결과도 있다.

이러한 사회적 지원 이외에, 직무스트레스 요인과 그 결과 사이의 관계에 영향을 미치고 있다고 여겨지는 개인적 특성으로는, 개인의 능력·기술 수준, 심리적 조건, 신체적 조건, 성격, 그리고 욕구상태 등이 있다. 높은 수준의 업무수행 능력을 가진 사람은 업무상의 요구에 높은 수준의 스트레스로 반응하지는 않는다. 이처럼 객관적인 능력뿐만 아니라, 어떤 일을 잘 수행할 능력이 있다는 믿음, 즉 자기효능감 역시도 업무적인 요구에 반응하는 스트레스 수준을 떨어뜨릴 수 있다. 반면에 자존감이나 자기효능감이 낮은 사람은 각종 직무스트레스 요인에 보다 부정적으로 반응할 가능성이 크다.

정신적으로나 육체적으로 피곤한 경우에도 스트레스 요인과 스트레스 반응에 대하여 보다 극단적인 반응을 하게 될 것이고, 건강한 사람은 그렇지 못한 사람보다도 스트레스 요인에 보다 더 효과적으로 반응할 수 있다. 만성적인 건강문제를 겪고 있는 사람은 그렇지 않은 동료보다도 더 높은 스트레스를 경험하게 될 것이다.

성격도 중요한 조절변수의 역할을 한다. 통제의 위치가 내재적인 사람에 비해서 통제위치가 외재적인 사람은 스트레스원에 대한 통제력을 상대적으로 적게 가지고 있다고 생각하기 때문에 보다 민감한 스트레스 반응을 보일 것으로 짐작할 수 있다. 자신의 직무에 대해 통제력을 가지고 있다고 믿는 사람이 그렇지 않은 사람보다 직무스트레스 반응과 그에 따르는 탈진현상에서 강한 면모를 보이는 것으로 나타나고 있다.[5] 또한, A타입(A Type)인 사람은 신속하고 성공적인 작업완수를 방해하는 스트레스 요인에 대해 강하게 반응하는 반면에, B타입(B Type)인 사람은 이러한 스트레스 요인을 다룸에 있어 보다 시간적인 여유를 가지고 대응하며, 스트레스 요인에 대해서도 덜 극단적인 반응을 취하기 쉽다.

성격과 관련하여 또 하나 주목해볼 것은 정서성(affectivity)이다. 선행연구에 따르면 긍정적인 정서성을 지닌 사람은 부정적인 정서성을 가진 사람에 비해서 각종 스트레스에 대해 더욱 효과적으로 대처하는 것으로 나타났다. 미국에서의 9·11사태 직후에 극심한 스트레스를 호소한 사람들을 대상으로 한 연구에 따르면, 긍정적인 정서성이 스트레스 극복에 가장 핵심적인 역할을 수행한 것으로 밝혀졌다. 즉, 긍정적인 정서성을 보인 사람들은 빠르게 정상적인 사회활동에 복귀하였으나, 부정적인 정서성을 보인 사람들은 상당한 시일이 흐른 후에도 그 사태에 대해서 분노하고 불안해하였으며, 피로와 질병 등으로 정상적인 사회활동을 수행하는 데 지장을 받고 있는 것으로 확인되었다.[6] 또 긍정적인 정서성은 전쟁 참전용사들의 스트레스 관리에도 효과적으로 작용하는 것으로 나타났으며[7], 심장수술을 받은 환자들의 긍정적 정서성은 그들을 돌보는 배우자들의 스트레스 지각 수준과 관리에 긍정적인 영향을 미치는 것으로 보고되고 있다.[8]

3 스트레스 관리

앞서 언급되었듯이 스트레스는 이제 더 이상 관리대상의 밖에 머물러 있을 영역이 아니다. 급격한 조직환경의 변화와 극심한 경쟁사회의 등장은 스트레스를 유발하는 다양한 스트레스원들을 양산해내고 있고, 하루가 다르게 이루어지고 있는 정보기술의 발달은 일과 개인생활의 경계를 허물면서 개인에게 심각한 스트레스를 떠안기고 있다. 그렇지만 지금까지 조직구성원들은 자신이 경험하는 직무스트레스를 호소하고 이를 밖으로 드러내는 경우 혹여 직무 부적응자나 혹은 불만만 많은 사람으로 간주되어 불이익을 당하지 않을까 우려한 나머지, 이를 쉬쉬하거나 혼자서만 고민하는 경우가 많았다. 또 경영자들은 구성원들이 느끼는 직무스트레스를 개인적인 문제로만 치부하고, 조직에서 이러한 직무스트레스에 대해서 논하는 것은 사원들에게 불만을 드러내는 또 다른 공식적 창구를 열어주는 것으로 오인하여 이에 대한 논의 자체를 꺼리는 경향도 없지 않았다.[9]

그러나 조직 내 직무스트레스 이슈는 이제 더 이상 기피할 수 있는 문제가 아니다. 앞서도 언급한 바 있듯이, 조직구성원들은 개인적으로 건강이상이나 심리불안과 같은, 직무스트레스가 초래하는 여러 가지 부정적인 결과들에 시달리고 있고, 조직은 이러한 구성원들의 건강악화로 인해 직무만족과 조직몰입도의 저하, 결근율과 이직률의 증가, 작업장 내 공격성의 증대, 건강 관련비용의 증가와 같은 실질적인 어려움에 직면하고 있다. 따라서 오늘날 직무스트레스 이슈는 단순히 구성원의 건강과 웰빙의 문제를 넘어, 조직의 경쟁력과 밀접한 연관이 있는 문제로까지 여겨지고 있다.

또한 한 개인의 스트레스 문제는 그 영향이 그 개인 한 사람에게만 미치고 마는 문제가 아닐 수 있다. 스트레스를 경험한 사람이 표현하는 부정적인 감정이나 공격적인 행위가 조직내 다른 구성원의 스트레스원으로 작용됨으로써, 스트레스의 부정적 효과가 전염될 소지도 얼마든지 있다. 목표달성에 압박을 받고 있는 상사의 분노나 좌절은 부하직원들의 감정이나 행위에 영향을 미치고, 또 그것이 고객

그림 8-6 효과적인 스트레스 관리를 위한 종합적 개선방안

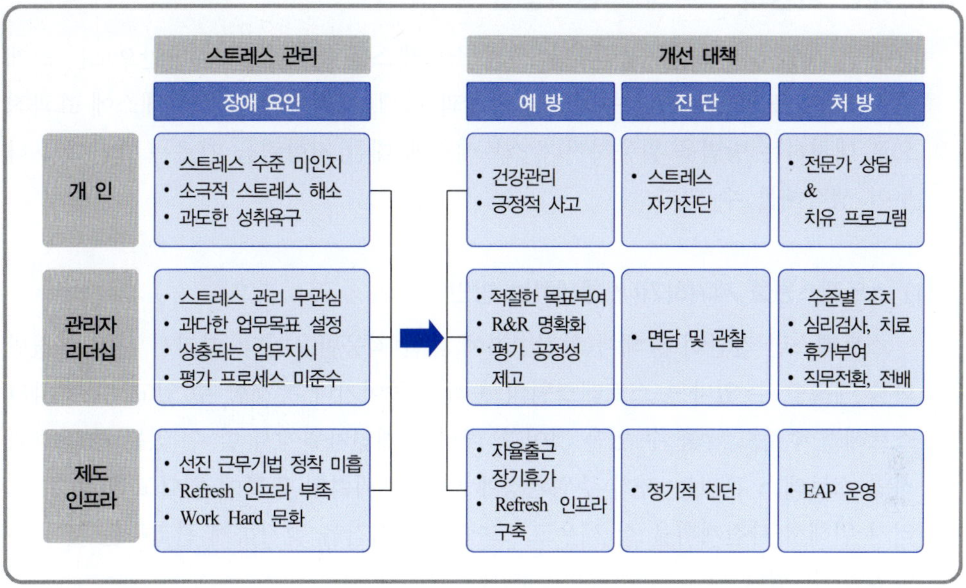

자료: 삼성경제연구소(2010). 직장인 스트레스 관리, 3·3전략, SERI 경영노트, 제70호. 4쪽.

에게 전이될 수도 있는 것이다.

그러므로 이제는 스트레스 관리를 관리비용의 증가나 불만제기와 같은 부정적인 측면에서만 바라볼 것이 아니라, 적극적인 스트레스 관리를 통하여 얻을 수 있는 긍정적인 측면에 주목하는 것이 필요하다. 개인이 경험하는 스트레스를 조직에서 적극적으로 관리하고 도와줌으로써 조직원 개인의 성과와 조직의 성과를 동시에 끌어올릴 수 있으며, 매력적인 스트레스 관리제도의 시행이 유능한 인재를 유인하고, 그들의 직무몰입과 조직몰입을 끌어내는 효과를 얻어낼 수 있다는 전향적인 사고가 요구된다. 유명한 통계소프트웨어 제조업체인 SAS사는 경쟁사보다 적은 임금으로도 동업체와 비교해서 매우 낮은 이직률을 자랑하는데, 그 핵심에는 일과 가정의 균형 프로그램의 실시를 통한 구성원들의 스트레스 관리가 자리하고 있음은 익히 알려진 사실이다.[10)]

이런 취지에서, 다음은 효과적인 직무스트레스 관리 방안에 대해 살펴보기로 한다. 단순히 'work hard'만을 강조하는 방식이 아닌, 진정한 의미에서 'work smart'가 가능한 직무스트레스 관리를 해 나가려면, [그림 8-6]에서와 같이 조직구성원 개인 차원은 물론, 관리자의 리더십 차원, 그리고 조직의 제도 및 인프라 차원에서의 종합적인 예방과 진단, 그리고 개선대책이 필요할 수 있다.

3.1 개인 차원의 스트레스 관리방안

개인 차원에서 조직구성원이 자신의 스트레스를 관리해 가는 방안으로는 크게 스트레스원을 제거하거나 통제하는 방안과 함께, 이미 경험한 스트레스에 효과적으로 대처하는 방법을 활용하거나 스트레스에 대한 저항력을 기르는 방안으로 나누어 생각해볼 수 있다.

(1) 스트레스원을 제거하거나 통제하는 방안

스트레스란 간단히 말해서 환경변화에 대한 적응반응이다. 따라서 미리 환경변화를 예측할 수 있다면 스트레스원의 충격을 줄이거나 통제할 수 있고, 그에 따라 스트레스 수준도 낮출 수 있을 것이다. 따라서 개인차원에서 할 수 있는 가장 효과적인 스트레스 관리는 자기 주위환경에 대한 통제력의 확보에 있다고 하겠다. 그러기 위해서 사전계획을 잘 세우고, 그에 따라 시간을 철저하게 관리하는 것이 한 방법일 수 있다.

또 하나 환경통제력과 관련된 것으로, 일에 대한 우선순위를 미리 정해놓은 것도 한 방법이 될 수 있다. 일에 대한 우선순위를 정해놓으면, 그만큼 결정시간이 빨라지고 스트레스 증후 두 번째 단계인 정상적인 스트레스 저항단계로 쉽게 넘어갈 수 있다. 스트레스는 불확실성과 관련이 있고, 따라서 중요한 결정에 시간이 걸리면 걸릴수록, 그만큼 도피할 것인지 저항할 것인지를 정하는 경고단계가 길어져서 스트레스는 더 심해질 수 있다.

스트레스원을 잘 통제해 가기 위해서는 먼저 스트레스 원천에 대해 잘 분별하고 인지하는 것이 중요할 수 있다. 이를테면, 내가 경험하는 스트레스가 직장 내 문제로부터 비롯된 것인지 아니면 금전, 생활여건의 변화 등 직장외 문제로부터 비롯된 것인지를 먼저 잘 분별하고 인식할 필요가 있다. 또 직장 내 요인만 하더라도 나의 스트레스 원천이 업무 자체에 있는 것인지 아니면 대인관계에서 비롯된 것인지를 잘 구별하고 인지할 필요가 있다.

스트레스원의 충격을 줄이는 또 다른 효과적 방안 중의 하나는 바로 긍정적인 사고와 정서를 기르고 유지하는 것이다. 많은 선행 연구결과들에 의하면, 긍정적인 사고와 정서가 스트레스 상황에서 느끼는 불안감과 고통을 줄여준다는 것이 입증되어 왔다. 그러므로 가급적 건전한 삶의 철학과 긍정적인 정서성을 개발하려 노력하고 또 유머를 즐기도록 한다. 자신감을 가지고, 스트레스원을 장애로 생각하지 말고 오히려 이를 발전의 기회로 받아들이는 자세가 필요하다. 즉, 피할 수 없으면 즐기라는 말을 새겨볼 일이다. 아울러 지나치게 과도한 목표를 세우는 것도 피하는 것이 좋다.

(2) 스트레스에 대한 효과적인 대처 방안

일단 스트레스원을 인지하여 스트레스를 경험했을 때에는, 경험한 스트레스에 효과적으로 대처하는 능력이나 방안이 필요해 진다. 먼저, 현재 경험하는 스트레스가 어느 정도 심각한 상태인지 등에 대해 자기진단을 해 보는 것도 유용할 수 있다. 이를 위해서는 [표준설문지 8-1]을 이용할 수 있다. 스트레스는 초기에 대처 방안을 강구할수록 효과적이므로, 만일 이러한 자기진단을 통해 문제의 징후가 있다고 판단되면 사내 상담소나 혹은 적절한 EAP(Employee Assistance Program, 근로자지원프로그램)를 활용하여 보다 전문적인 상담을 받는 것이 좋다.

한편, 앞에서도 언급한 긍정적 사고나 정서성은 이 단계에서도 중요한 역할을 할 수 있다. 긍정적 정서성은 창의적인 문제해결능력과 미래에 대해 현실적인 낙관론을 이끌어내는 것으로도 잘 알려져 있다.[11)]

또한 만성적인 스트레스를 극복하기 위해서는 우리 몸이 충분한 저항력을 갖추고 있어야 한다. 규칙적이고 균형 잡힌 식사와 운동을 통하여 스트레스에 대한 저항력을 기른다. 이와 함께 스트레스 반응으로 굳어진 근육을 풀어주기 위한 근육이완법을 잘 활용하고, 명상 등을 통하여 일시적으로나마 현실에의 적응 압박으로부터 벗어나 휴식을 취하면서 에너지 충전의 기간을 가진다. 구글(Google)과 같은 선진기업은 회사 건물 내에 이미 임직원들의 탈스트레스를 위해 명상센터를 두고 명상프로그램을 운영하고 있을 뿐만 아니라, 심지어 지압사나 물리치료사 등을 두고 직원들의 자유로운 이용을 장려해 오고 있다.[12)] 이들 기업은 구성원들의 직무스트레스 관리를 위해 이미 10여 년 전부터 투자를 해오고 있다.

아울러, 관련 선행연구들에 의하면, 지금까지 조직구성원들의 직무스트레스 관리와 관련하여 가장 확실한 대답을 주고 있는 것이 바로 사회적 지원 요인이다. 자신이 겪고 있는 어려움과 고민을 친한 사람들에게 허심탄회하게 털어 놓고 의논하는 것만으로도 스트레스 해소에 큰 도움이 된다. 친한 동료나 가족으로부터 받는 동정과 격려, 그리고 실질적인 도움은 현대인들이 스트레스를 극복해나가는 데 필수불가결한 자산이다. 이러한 도움을 받지 못하는 사람들은 현대와 같은 스트레스의 바다를 헤쳐 나가기 위해서 훨씬 힘겨운 싸움을 벌여야 한다. 사회적 유대관계가 낮은 사회일수록 자살률이 높아진다고 설파했던 고전사회학자 뒤르껭(E. Durkeim)[13)]의 혜안은 지금도 유효한 것이다.

표준설문지 8-1 스트레스 반응평가 설문지

	0 전혀 아니다	1 가끔 그렇다	2 자주 그렇다	3 꽤 자주 그렇다	4 거의 항상 그렇다
1. 나는 내가 하는 일에 대해 거의 열정을 느낄 수 없다.	☐	☐	☐	☐	☐
2. 나는 충분히 잠을 자는 데도 피곤하다.	☐	☐	☐	☐	☐
3. 내가 맡은 책임을 모두 수행하는 데 분노가 느껴진다.	☐	☐	☐	☐	☐
4. 나는 조금만 불편해도 기분이 가라앉고 짜증이 나며 참을 수가 없다	☐	☐	☐	☐	☐
5. 내 시간과 에너지를 계속 쏟아야 하는 것을 피하고 싶다	☐	☐	☐	☐	☐
6. 내 업무가 하찮고 쓸데 없는 것 같아 우울하다	☐	☐	☐	☐	☐
7. 내 의사결정 능력이 평상시 보다 저하된 것 같다.	☐	☐	☐	☐	☐
8. 나는 필요한 만큼 유능하지 못한 것 같다.	☐	☐	☐	☐	☐
9. 내가 하는 업무의 질이 필요한 만큼에 이르지 못한다.	☐	☐	☐	☐	☐
10. 나는 신체적, 정신적, 영적으로 모두 지쳐 있다.	☐	☐	☐	☐	☐
11. 나는 질병에 걸리기 쉬운 상태이다.	☐	☐	☐	☐	☐
12. 나는 성 생활에 대한 관심이 적어졌다.	☐	☐	☐	☐	☐
13. 식사량이 달라졌고, 커피, 차, 찬 음료나 술을 더 마시고, 담배를 더 피운다	☐	☐	☐	☐	☐
14. 나는 다른 사람들의 문제나 욕구에 대해 무감각해졌다.	☐	☐	☐	☐	☐
15. 나는 친구나 가족들과 의사소통을 할 때 뒤틀어져있다.	☐	☐	☐	☐	☐
16. 나는 잘 잊어버린다.	☐	☐	☐	☐	☐
17. 나는 집중하는데 어려움이 있다.	☐	☐	☐	☐	☐
18. 나는 쉽게 지루해진다.	☐	☐	☐	☐	☐
19. 나는 불만족하고 무엇인가 잘못된 것처럼 느낀다.	☐	☐	☐	☐	☐
20. 왜 일하느냐고 자문하면 월급을 받기 위해서라는 답이 나온다.	☐	☐	☐	☐	☐

[평가방법]

점수	스트레스 상태	조치
0~26점	적응을 잘 하고 있음	특별한 조치가 필요 없음
27~40점	스트레스가 있음	예방적 행위가 필요함
41~55점	소진의 위험이 있음	소진을 막기 위해 노력이 필요함
55~80점	소진상태임	포괄적인 스트레스 관리 계획이 필요함

〈자료원〉 산업안전공단 홈페이지, www.kosha.or.kr

3.2 관리자 리더십 차원의 스트레스 관리방안

조직구성원들이 경험하는 스트레스를 효과적으로 관리해 가기 위해서는 직속 상사의 관심과 배려, 그리고 적절한 개입이 중요할 수 있다. 먼저, 과도한 성과경쟁은 물론, 상사에 의한 불공정한 평가와 보상의 시행은 구성원들의 직무스트레스를 가중시키는 가장 중요한 현실적 요인이 될 수 있다. 따라서 목표를 수립할 때는 가급적 직원들을 의사결정에 참여시킴으로써, 역할의 모호성과 참여 부족으로 인해 발생하는 스트레스를 줄여 나갈 수 있도록 배려할 필요가 있다. 일반적으로 자기결정에 의해 이루어진 목표는 타인에 의해 일방적으로 부과된 목표에 비해 동기부여 차원은 물론, 스트레스 저감 차원에서도 훨씬 효과적일 수 있다. 아울러 공정한 평가를 시행하고, 평가 결과를 부하직원에게 피드백할 때에도 질책보다는 격려, 그리고 결과에 대한 일방적 통보보다는 향후 보완 및 개선안 제시에 초점을 두고 피드백하는 것이 스트레스 관리 차원에서도 훨씬 더 바람직할 수 있다.

부하 직원들에 대한 정기 및 부정기적인 개인면담과 관찰을 통해 이들의 고충을 선제적으로 파악, 이해하고, 필요할 경우 진정성 있는 상담을 시행하는 것도 매우 중요한 상사의 역할이 된다. 면담 및 스트레스 진단 결과에 따라, 휴가를 부여하거나 심리상담을 권고하는 등 적절한 조치를 취해 줄 필요가 있으며, 직무스트레스의 정도나 부적응 정도가 심할 경우에는 직무전환 배치 등 더 적극적이고 과감한 인사 조치도 고려할 필요가 있다.

3.3 조직차원의 스트레스 관리방안

조직은 스트레스를 개인차원의 문제로 보는 시각에서 벗어나 조직원 개개인이 스트레스를 잘 관리할 수 있도록 적극적으로 도울 필요가 있다. 이를 위해서는 회사의 특성이나 여건을 고려하되, 제도 및 인프라 차원에서 다음과 같은 조치들을 도입, 시행해 가는 방안을 고려해 볼 수 있다. 이러한 제도와 프로그램들은 단순히 'work hard'만을 강조하는 방식을 넘어, 진정한 의미에서 'work smart'가 가능한 업무환경을 구축하는데 일조하게 됨으로써, 궁극적으로는 조직구성원들이 자신의 직무스트레스를 경감시키고, 이를 효과적으로 통제 및 관리해 가는데 크게 기여할 수 있다.

첫째, 코칭이나 카운슬링 제도의 도입을 통하여 개인의 계획수립과 시간관리에서부터 일과 개인생활의 균형에 이르기까지 전문적인 도움을 제공한다. 조직원들은 이러한 도움을 받아서 실질적으로 업무를 효과적으로 처리하는 방법을 얻을 수 있고, 또한 개인적인 문제를 털어놓음으로써 상담원으로부터 감정적 지원을 받을 수 있다.

둘째, 업무여건상 가능하다면 시차출퇴근제와 같은 유연근무제를 도입하여 조직구성원들에게 근무시간과 형태를 자율적으로 선택할 수 있는 기회를 제공하는 것도 고려할 필요가 있다. 이러한 제도는 구성원들로 하여금 업무시간을 자율적으로 관리해 갈 수 있는 선택의 여지를 제공함으로써, 업무 영역으로부터 비롯되는 직무스트레스를 줄여가는 데 크게 기여할 수 있다. 아울러 안식년이나 안식월 등 장기적인 리프레시 휴가제도를 설계, 운영하여 구성원들로 하여금 일상에서 벗어나 재충전할 수 있는 기회를 제공하는 것도 바람직하다. 이러한 장기휴가제도는 단순히 짧은 휴가나 휴일을 즐기고 마는 수준에서 더 나아가, 이들의 창의성을 자극하고, 새로운 일에 대한 의욕을 불러일으켜 업무에 몰입해 갈 수 있는 재충전의 계기로 작용될 가능성이 크다.[14)]

셋째, 조직 내에서 발생하는 공격적 행위가 또 하나의 주된 스트레스원임을 인식하고, 이의 방지를 위한 명확한 관리지침을 마련하고 엄격하게 실시한다. 예컨대, 회사 내에서 일어나는 괴롭힘이나 폭언, 폭력, 성희롱과 같은 공격적 행위에 대한 기준과 처벌규칙을 마련하고 이를 엄정하게 실행한다.

넷째, 조직 내에 헬스 센터를 마련하여 조직 내에서 건강진단과 규칙적인 운동이 자연스럽게 이루어지도록 한다. 이와 함께 전문가의 도움을 받아 개인에 대해서 스트레스 관리에 효과적인 명상법이나 근육이완법 등에 대한 훈련을 제공한다. 또한 기업 특성과 사원들의 니즈에 부합하는 근로자지원프로그램(EAP)을 적극 도입하고 운영해 간다.

다섯째, 조직 내에 적극적으로 취미활동이나 동호회 모임을 주선하고 지원함으로써 조직원들 상호 간에 사회적 지원 네트워크가 운영되도록 한다.

여섯째, 업무량이나 역할 등을 고려하여 직무를 재설계하고, 일정계획을 수립하여 예기치 못한 야근이나 잔업이 가능하면 줄어들도록 조치한다. 그와 함께 소음을 줄이고 조명도를 높이는 등 물리적인 작업환경을 쾌적하게 개선한다.

일곱째, 구성원들의 직장 및 가정생활에 영향을 미칠 수 있는 관련 결정들에 대해 구성원들이 직접 참여하여 목소리를 낼 수 있는 기회를 제공한다.

토론사례 8-1 스트레스의 위험과 관리

〈자료원〉 1. "직무스트레스의 위험성", 세계일보, 2009. 2. 25.
2. "직무스트레스 관리전략", Dorothy Marcic, Joseph Seltzer, and Peter Vail, *Organizational Behavior: Experience and Case*, 6E

1. 직무스트레스의 위험성

#1 2009년 2월 2일 새벽 1시쯤 미국 수입차 판매점 영업팀장인 A모(42) 씨가 집에서 머리를 감싸 안으며 쓰러져 병원으로 옮겼지만 끝내 숨졌다. 사인은 뇌출혈. 10개월 전 국산차 회사에서 직장을 옮긴 그는 지난해 10월부터 미국발 경제위기로 판매점의 영업실적이 30% 이상 떨어지자 심적 부담감에 초초해 했다고 한다.

#2 2009년 1월 29일에는 국내 이동통신사에서 대외업무를 담당하던 B모(45) 정책팀장이 집에서 잠자다가 갑자기 구토 증세를 보여 병원으로 옮겼으나 끝내 숨을 거뒀다. B팀장은 부인과 두 아들을 외국에 보내고 부친과 단둘이 지내며 '워커홀릭(일 중독자)'으로 불릴 만큼 일에 정력적으로 매진했던 터라 회사 동료들을 더욱 안타깝게 했다. 회사동료는 "과로와 스트레스가 화를 부른 것 아니겠느냐"며 애석해 했다.

#3 2009년 10월부터 본격화된 불황의 깊은 골이 회복될 기미를 보이지 않으면서 기업들이 심한 몸살을 앓고 있었다. 기업들이 신음하면서 직장인들은 구조조정과 감원 · 감원 등 고용불안에 벼랑 끝으로 내몰리고 있다. '살아남은 직장인'들도 과중한 업무와 극심한 직무 스트레스로 건강을 잃고 쓰러지는 사례가 종종 발생하고 있다.

24일 산업안전보건공단의 '2008년 산업재해 발생현황'에 따르면 뇌혈관 및 심장, 정신질환으로 각각 998명, 209명, 24명이 산재판정을 받았다. 이들 세 질환은 직무 스트레스가 발명 및 증세 악화의 요인으로 인정된다. 해당 질환으로 직장인 사망한 사례도 각각 316명, 166명, 5명 등 모두 487명에 이른다.

2. 직무스트레스 관리전략

직무스트레스란 직무의 요구가 근로자의 능력과 자원을 넘어 과도할 때 일어나는 신체 · 감정적 반응을 말한다. 이러한 직무스트레스는 심장병, 궤양, 요통, 두통, 고혈압 등 많은 신체적 질병을 유발하므로 많은 스트레스 상황에 노출되어 있는 종업원들은 직무스트레스 관리전략의 개발이 필요하다. 다음은 스트레스 관리에 효과적인 4가지 기능적 접근법이다.

◎ '스트레스 요인을 줄여라'

스트레스 유발원인을 확인하고 관리방법을 찾아낸다. 몇몇 스트레스 유발요인은 감소될 수 있다. 예를 들어 당신이 너무 많은 과업을 할당받았다면, 상사에게 과업을 줄여달라고 부탁하거나 위임할 수 있다.

◎ '강건한 마음을 가져라'

운동과 다이어트를 통해 강해지고 건강해짐으로써 개인적인 스트레스의 영향을 줄일 수 있을 것이다. 명상은 혈압을 낮출뿐더러 스트레스에 대처할 수 있게 해준다. 또한 우리의 생각과 믿음이 스트레스의 원천이 될 수 있다. 즉 자신의 기대와 생각이 스트레스를 유발할 수 있는 것이다. 자신에 대한 기대와 사용하는 단어를 바꿈으로써 이러한 상황을 바꿀 수 있다. 예를 들어, "나는 할 수 없어"가 아니라 "내가 선택하지 않은 거야"라고 단어를 바꾸어 사용하면, 이는 개인에게 미래에 다른 선택의 기회를 제공해 줄 것이다. 자신의 인생을 통제하고 있다고 느끼며, 직무에 몰입하고, 새로운 경험에 도전감이 창출되는 사람들은 보다 더 스트레스에 잘 대처할 것이다.

◎ '삶의 균형을 창출하라'

다양한 측면의 개인생활에서 삶의 균형을 찾아내라. 특정 영역에 대한 지나친 강조는 문제를 야기하거나 불만을 확대시킨다. 필요하다면 다양한 측면의 개인생활에 들어가는 시간과 에너지를 조정하고, 반성할 수 있다.

◎ '자신에 대한 사회적 지원을 개발하라'

이러한 지원은 다양한 원천에서 얻을 수 있으며, 이것은 격려, 공감 그리고 당신의 말을 잘 들어주고, 감정을 표현할 수 있는 기회 및 조언, 충고, 정보를 제공해주는 사람을 포함한다. 개인은 다른 사람들과 친밀한 관계를 유지하고, 폭넓은 대인관계 네트워크를 형성하며 사적인 관계를 유지함으로써 지원을 얻어낼 수 있다.

[토론과제]

위의 사례를 읽고 일상생활이나 업무에 관한 스트레스 경험을 이야기하고 스트레스 관리전략에 대해서 토론해 보시오.

[후주]

1) 삼성경제연구소 (2010). 직장인 스트레스 관리, 3·3전략, SERI 경영노트, 제70호.
2) Ivancevichi, J. M., & Matteson, M. T. (1996). *Organizational Behavior and Management* 4th Ed., Chicago, Ill: Irwin. p. 649.
3) Homes. T. H. & Lahe, L. O. (1967). "The Social Readjustment Rating Scale", *Journal of Psychosomatic Research*, 11. pp. 213-218.
4) 산업안전공단 (2012). [직무스트레스관리], 2012-교육미디어-946.
5) 박상언·김주엽·김민용(2005). 소진에 대한 직무요구, 직무통제, 그리고 사회적 지원의 효과. 「인사관리연구」, 29. pp. 25-57.
6) Frederickson, B. L., Tugade, M. M., Waugh, C. E., & Larkin, G. R. (2003), "What Good Are Positive Emotions in Crisis? A Perspective Study of Resilience and Emotions Following the Terrorist Attacks on the United States on September 11th, 2001", *Journal of Personality and Social Psychology*, 84, pp. 365-376.
7) Ong, A. D., Bergeman, C. S., Bisconti, P. L., & Wallace, K. A. (2006). "Psychological Resilience, Positive Emotions, and Successful Adaptation to Stress in Later Life", *Journal of Personality and Social Psychology*. 91. pp. 730-749.
8) Ruiz, J. M., Mathews, K. A., Scheier, M. F., & Schulz, R. (2006). "Does Who Marry Matter for Your Health? Influence of Patients and Spouses Personality on Their Partners Psychological Well-Being Following Corornary Artery Bypass Surgery", *Journal of Personality and Social Psychology*, 91. pp. 255-267.
9) DeFrank, R. S. & Ivancevichi, J. M. (1998), "Stress on the Job: An Executive Update", *Academy of Management Executive*, 12, pp. 55-66.
10) Jones, A. M. (2003), "Managing the Gap: Evolutionary Science, Work/Life Integration and Corporate Responsibility", *Organizational Dynamics*, 32, pp. 17-31.
11) 김주엽 (2009), 행복: 조직행동의 새로운 지평, 「인적자원개발연구」, 12(1), pp. 123-14.
12) 삼성경제연구소 (2011). 스트레스: 새로운 비즈니스 기회, SERI 경영노트, 제105호.
13) Durkeim, E. (1964). *Suicide*, Glencoe, Ill: Free Press
14) 삼성경제연구소 (2010). 직장인 스트레스 관리, 3·3전략, SERI 경영노트, 제70호.

제3부

집단행위의 수준

제9장 집단행위와 팀 관리

제10장 커뮤니케이션

제11장 의사결정

제12장 갈등과 협상

제13장 리더십과 신뢰

조직은 기본적으로 개인들로 구성되어 있지만, 그 개인들이 모인 다양한 집단들의 통합과 조정과정을 통해서 목표를 추구하는 사회시스템이다. 조직은 환경으로부터 자원을 받아들여 이를 산출물로 전환하고 전환된 결과물을 환경에 내놓는, 이른 바 투입-전환-산출의 과정을 되풀이하면서 생존을 도모하는 개방시스템이다. 이때 우리는 투입을 담당하는 집단, 투입을 특수한 산출물로 전환하는 집단, 그리고 산출물을 환경에 내보내는 집단이 필요할 것이다.

조직행위는 궁극적으로 인간의 행동을 이해하고자 하는 학문 분야다. 우리는 앞에서 주로 인간의 행동을 개인의 수준에서만 바라보아서는 결코 그것을 제대로 이해할 수 없다. 개인의 행동은 개인의 가치관이나 성격 같은 개인의 수준의 속성에 의해서만 결정되는 것이 아니라, 그가 속한 집단의 영향력도 크게 받기 때문이다. 우리 모두 개인적으로 별로 내키지 않은 일을 주위 친구들 때문에 마지못해 한 경험들이 있을 것이다.

집단은 자기 소속 집단원들에게 그들이 해야 할 일을 지정해주고, 그들이 준수해야 할 행동 기준을 규정하는가 하면, 집단원들 사이의 서열도 정해준다. 그리고 집단원들이 맡은 바 일을 제대로 이행하지 않거나, 집단의 행동기준을 지키지 않거나, 또는 집단이 정해준 서열을 헝끌어뜨리면, 그에 대해 심각한 재제를 가하기도 하고 심지어 집단원의 자격을 박탈하기까지 하는 등, 명시적·암묵적으로 개인의 행위에 크고 작은 영향을 미친다. 따라서 우리가 개인의 행동을 이해하기 위해서는 그가 속한 집단의 성격과 그것이 미치는 영향력에 대한 이해가 필요하게 된다.

요즈음은 조직의 기본적인 작업 단위는 팀이다. 조직은 팀들이 수행하는 작업을 조정하고 통합해서 조직 전체으 유효성을 높이고자 한다. 따라서 효과적인 조직관리를 위해서는 팀에 대한 이해와 그러한 이해에 기초한 효과적인 팀관리가 필수적이다. 팀은 집단의 일종이다. 그런 측면에서 보더라도 집단에 대한 이해는 효과적인 팀관리, 나아가 효과적인 조직관리에 필수적이다.

이 장에서는 집단의 성격과 그것이 개인에게 어떠한 영향을 미치는지에 대해서 살펴보고자 한다. 그런 다음, 집단에 대한 이해가 효과적인 팀관리에 어떠한 도움을 제공해줄 수 있을 것인지에 대해서 따져볼 것이다. 그에 덧붙여, 좀 더 실무적인 차원에서 효과적인 팀이 되기 위해서는 어떠한 전제조건들아 필요한지, 그러한 조건들은 어떻게 만들어갈 수 있는지에 대해서도 탐색해보려 한다.

chapter 9

집단행위와 팀 관리

이 정도로 우리 사회가 막가는 사회인가?

최근 '지하철 막말남'으로 불리는 20대 청년의 신상이 네티즌들에 의해 공개되며 네티즌의 공분을 샀다. 20대 남자가 한 노인에게 다리를 꼬고 앉은 걸 지적당하자 막말을 하며 이를 말리던 다른 승객에게도 폭언을 한 것이다.

한 지하철 승객이 막말남에게 "너 지금 뭐 하는 거야. 노인네한테"라고 말하자 그는 "나둬! 잡지 마. 잡지 말라고!"라고 화를 냈다.

이후 다시 노인에게 간 막말남이 "내가 뭘 잘못했어? 뭘 잘못했냐고! 왜 쳐. 내 다릴 왜 쳐?"라고 윽박지르자 노인은 "누가 쳤어?"라고 반문했다.

이어 막말남은 "쳤잖아? 안 쳤어? 웃긴 XX네. 경찰서 가?"라고 말한 뒤 할아버지에게 "서울역에서 안 내리면 죽여 버린다. 끌고 간다. 알았냐? 사람 잘못 건드렸어"라고 연신 폭언을 해 충격을 줬다. 이런 막말남을 많은 사람들이 목격했는데도 막말남은 별다른 제지를 받지 않았다. 우리 사회는 이제 이 정도로 막나가는 사회가 되었는가?
(2011. 6. 29. 아시아경제 박충훈 기자)

1 집단의 의미와 종류

집단은 "특정한 목표를 달성하고자 함께 모여서, 상호작용하고 상호의존적인 관계를 가지는 두 명 이상의 모임"[1])으로 정의된다. 좀 더 구체적으로 살펴본다면, 집단은 두 명 이상의 사람들이 명시적, 혹은 묵시적인 목표를 달성하기 위해서 협조도 하고 갈등을 겪기도 하면서, 서로가 서로에게 영향을 미치는 사회시스템이다.

이렇게 보면, 사람들이 모여 있으되 서로 상호작용하지 않거나 영향을 주고받지 않는 강의를 듣고 있는 수강생이나 청중과 같은 모임은 집단이 아니다. 집단은 특정한 목표를 가지고 있고, 그 목표를 달성하기 위해서 구성원들이 서로 힘을 모은다는 점에서 조직과 공통점이 있으나, 조직은 구성원 모두가 서로에게 상호작용하고 서로가 직접적으로 영향을 주고받지 않는다는 점에서 집단과 구별된다.[2]) 물론, 집단이면서 동시에 조직인 사회시스템은 가능하다. 예를 들어 6명의 친구들과 벤처를 창업한 사람들은 조직이면서 집단일 수 있겠다.

집단에 대한 분류로는 여러 가지가 있지만, 조직행위에서는 흔히 공식집단과 비공식 집단으로 크게 나누어 보고 있다. 공식집단은 보통 조직의 구조를 지칭하는 것으로, 조직이 개인의 업무를 지정하고 그것이 달성되도록 공식적으로 정한 집단이다. 그에 반해 비공식집단은 조직에 의해서 결정되거나 공식적으로 구조화된 것이 아니고, 정서적인 뜻에서의 친밀한 인간관계를 집단의 주요 목적으로 하여 자연적으로 형성된 집단을 말한다.

이렇게 말하면, 공식집단과 비공식집단이 별개의 것으로 존재한다고 이해하기 쉬우나 그렇지 않다. 오히려 거의 대부분의 경우, 공식집단에는 비공식집단이 공존하고 있다. 비공식집단의 존재를 처음으로 보고했던 호손공장 뱅크배선공 대상 실험에서도 공식집단 내에 비공식집단이 자연스럽게 출현하면서, 집단원들에게 업무성과를 일정한 수준으로 제한하도록 심대한 영향력을 행사하고 있는 인상적인 모습이 발견되었다. 공식 집단도 결국 사람들로 구성되는 것이고, 따라서 구성원들 사이에는 어떤 형태로든 정서적인 상호교류가 있을 것이기 때문에, 공식집단과 비공식집단의 분류는 집단이 가지고 있는 양면적 측면을 지칭한 것으로 보는 것이 타당할 것이다. 그렇다고, 공식집단의 구성원과 비공식집단의 구성원이 항상 일치하는 것은 아니다.

이렇게 볼 때, 집단의 비공식적 측면을 이해하는 것은 공식집단을 효과적으로 관리하기 위한 필수 전제조건이 된다. 무슨 이유로 비공식집단이 출현하는 것일까? 개인이 비공식집단을 통해서 얻으려는 것이 무엇일까? 그러한 집단은 대체적으로 일정한 발달단계를 가지고 있는 것일까? 있다면, 그것이 집단의 성과와는 어떠한 관련성을 가지고 있을까? 보다 중요한 질문으로, 도대체 집단은 그 구성원에게 무엇을 매개로 영향력을 행사하는 것일까? 집단의 성과에 관련성을 맺고 있는 집단의 성격이나 조건으로는 어떠한 것이 있을까? 이러한 질문들이 이 장에서 답을 찾아보려는 것들이다.

2 집단의 형성과 발전단계

2.1 집단형성 이유

사람들은 자라면서 의도적으로, 혹은 자연적으로 여러 집단의 구성원이 된다. 예컨대, 태어나서는 가족이라는 집단의 구성원이 되고, 학교에 다니면서 친한 친구들과 친목모임이나 동호회를 결성하기도 하며, 직장생활을 하면서 팀원들과 마감시간 내에 끝내야만 하는 프로젝트에 매달리는가 하면, 취미가 같은 직장동료들과 빈번한 어울림을 가지면서 직장에서 받은 스트레스를 해소하기도 한다. 그 외에도 이웃이나 사회단체와 잦은 만남을 통해서 여러 비공식적인 만남을 경험한다.

사람이 집단을 형성하는 이유로 여러 가지를 들 수 있겠지만, 크게 세 가지 이유를 들 수 있을 것 같다. 그 하나는 집단이 개인의 기본적인 욕구를 충족시켜준다는 것이고, 두 번째는 자신의 자아 정체성을 인식하도록 도와주며, 마지막으로 집단을 통해서 개인으로서는 달성하기가 어려운 목표를 성취할 수 있다는 것이다.

사람들은 집단을 통해서 사회적 욕구를 충족한다. 매슬로우를 비롯한 많은 학자들이 지적하고 있듯이 사회적 욕구는 인간의 가장 중요한 욕구 중의 하나로, 사람들은 집단을 통해서 이러한 사회적 욕구를 충족할 수 있다. 사람들은 자주 만나는 사람, 자기와 근거리에 있는 사람, 그리고 자신과 유사한 점이 많은 사람에게 끌리게 되고, 이 끌림이 자연스럽게 집단을 형성하면서 이를 통해 사회적 욕구를 충족할 수 있게 되는 것이다.

사람은 집단을 통해서 또 다른 기본욕구 중 하나인 안전욕구를 충족시킬 수 있다. 사람은 혼자 있을 때보다 집단으로 있을 때 위협에 더 잘 대응할 수 있고, 더 강하게 느낄 수 있다. 뿐만 아니라, 개인은 소속 집단원들과의 비교를 통해서 자아에 대한 인식과 자신이 처한 위치를 알 수 있기 때문에 자신이 놓인 상황의 불확실성으로부터 비롯되는 불안감도 줄일 수 있다.

또한, 집단은 사람들에게 권력 욕구를 충족시킬 수 있는 터전을 마련해준다. 권력 욕구란 타인에게 영향력을 미쳐서 어떤 행동을 하게끔 만들고자 하는 욕구로, 매클레랜드가 인간의 기본 욕구 중의 하나로 들었던 것이다. 사람들은 다른 집단 구성원들과의 상호작용 과정에서 자신의 권력 욕구를 충족시킬 수 있는 기회를 잡을 수 있게 된다.

사람들은 집단의 소속원이 됨으로써 자존의 욕구(self-esteem need)와 자기실현의 욕구도 충족할 수 있는 기회를 얻을 수 있다. 자신의 업무성과나 능력 등에 대해서 다른 집단원의 존경이나 인정, 관심을 받게됨으로써, 자신에 대한 확신과 자신만의 강점을 느낄 수 있다. 뿐만 아니라, 집단은 여러 취미동호회나 자연봉사단체 등의 일원으로 활동함으로써, 그 집단의 사명이나 가치를 개인화하여 자기실현의 욕구를 충족할 수도 있을 것이다.

집단은 이렇게 개인으로 하여금 자신의 기본적인 욕구를 충족할 수 있는 수단을 제공하는 것 이외에도, 개인이 자신의 자아정체성을 인식하는 데에도 관여한다. 사회비교이론(social comparison theory)[3)]에 따르면, 우리들은 우리들의 자아를 다른 사람과의 비교를 통해서 인식한다. 특히 객관적인 평가기준이 없거나, 불확실한 상황에서는 자신의 행동과 태도의 적절성을 타인과의 비교를 통해 자신의 정체성을 파악하고자 한다. 연구에 따르면, 사람들은 맨 먼저 주위에 있는 사람들하고 자신을 비교하려는 충동을 느끼고, 그 비교의 적합성에 확신을 하지 못하는 경우에는 2차적으로 좀 더 적절한 비교기준을 찾아본다고 한다.[4)] 이러한 측면에서, 집단은 우리들이 누구인지를 아는 데 우선적으로 평가기준을 제공하는 기능을 수행한다.

게다가, 사람들은 어떤 집단이 사회적으로 인정받고 있는 정체성이나 지위를 가지고 있을 때, 그 집단에 참여함으로써 동일한 정체성이나 지위를 획득할 수 있다. 예를 들어, 어떤 이가 자신이 거주하는 지역의 멘사클럽에 가입함으로써, 자신의 지능이 다른 사람에 비해서 탁월하다는 자기정체성이나 사회적 지위를 얻을 수 있을 것이고, 어떤 학생은 자기가 다니는 대학의 농활단에 가입함으로써, 봉사활동에 열심인 사람이라는 자기정체성이나 사회적 지위를 획득할 수 있는 것이다.

마지막으로, 집단은 개인으로서는 달성하기 힘든 목표를 다른 구성원들과의 협조를 통해서 이룰 수가 있고, 그 결과로 개인은 물질적·정신적인 혜택을 획득할 수 있다. 주로 조직에 의해서 특정한 목표달성을 목적으로 공식조직이 형성될 수 있으나, 때로는 비공식집단에 의해서 일시적으로 특정 목표가 추구될 수도 있다. 또한 개인은 집단을 통해서 개인이나 개인상호의 문제를 해결할 방도를 발견할 수도 있을 것이다. 예를 들어, 집단구성원들과의 대화를 통해서 배우자와의 갈등을 해결할 실마리를 찾을 수도 있을 것이고, 개인이 직면하고 있는 재정적인 문제를 집단구성원들의 십시일반으로 해결할 수도 있을 것이다.

위에서 논의한 내용들을 되짚어 말한다면, 개인은 집단의 구성원이 되지 못하면 앞에서 이야기한 집단이 제공하는 것들을 얻지 못한다는 것이다. 즉, 개인은 집단이 제공하는 기본적인 욕구를 제대로 충족시킬 수도 없고, 자신의 정체성을 찾는 데에도 어려움을 겪을 수 있으며, 혼자서는 달성하기 어려운 목표나 해결이 어려운 문제들에 직면하게 되어 집단을 통해서 얻을 수 있는 다양한 물질적·정신적 혜택을 포기해야만 할 것이다. 반면에 사람들은 집단의 일원이 됨으로써 집단이 제공하는 다양한 혜택을 제공받을 수 있을 것이지만, 집단은 그러한 혜택의 제공을 대가로 집단구성원에게 구성원으로서의 자격을 갖추기 위해 지켜야 할 도리를 요구한다. 그리고 집단구성원들이 그러한 도리를 제대로 이행하지 않으면 여러 가지 형태로 집단구성원으로서의 자격을 제한하거나 박탈한다.

2.2 집단의 발달과정

사람도 일정한 발달 과정을 거치면서 성인이 되는 것처럼, 집단도 몇 가지 단계를 거치면서 성숙한 단계로 발달한다는 것에 많은 학자들이 동의하고 있다. 그 과정이 몇 단계를 거치고 어떤 성격의 것인지, 그 단계가 어떤 순서를 밟는지, 그리고 각 단계에 얼마나 시간이 걸리는지에 대해서는 학자마다 이견이 있지만, 일반적으로 가장 널리 알려진 것이 터크먼(Bruce Tuckman)의 5단계 모형[5)]이다.

이 모형에 따르면, 집단은 형성기, 폭풍기, 규범기, 성과기를 거쳐서 성장했다가 결국은 해산에 이르는 다섯 단계를 거친다는 것이다. 그러나 이 모형은 각 단계가 순차적으로 성숙의 단계만을 거치는 것이 아니라, 상황이 변하거나 구성원이 바뀌면 항상 전단계로 되돌아갈 수 있다는 가능성을 제시한다. 다시 말하면, 성과기에 이른 집단이라도, 상황이 변해서 성과 기준이 바뀌거나 구성원들이 바뀌게 되면 형성기, 폭풍기, 규범기 어느 단계로든 회귀할 수 있다는 것이다.

형성기는 사람들이 모여서 서로에 대해서 알아가면서, 그러한 관계를 계속하는 것에 따르는 이득과 손실을 가늠해보는 단계라고 할 수 있다. 모인 이유가 무엇인지, 리더는 누구이고 이 모임을 계속하려면 어떤 규칙을 따라야 하는지, 자기에게 기대되는 것은 무엇인지, 자신이 그 모임에 잘 어울릴 수 있는지를 암중모색하는 단계다.

그 다음 단계는 폭풍기로서, 집단구성원들이 집단의 목표나 성과기준들에 대해서 이견을 보이고, 자신들의 역할에 대해서도 서로 갈등을 맞는 단계다. 서로 의견이 맞는 사람들끼리 연합을 형성해 상황에 대한 통제력을 확보하려고 하고, 리더십에 대한 불만도 제기된다. 갈등이 심해지면서 집단구성원들 사이에 적절한 행동에 대한 규범의 필요성이 대두된다.

다음 단계는 규범기로, 집단구성원들 사이의 토론을 통해서 집단의 목표와 수단에 대해서 합의가 이루어지며, 그에 따라 집단 목표를 중심으로 구성원들의 역할들이 정해지고 팀 정신이 출현한다. 집단구성원들 사이의 상호작용이 크게 증가하면서, 집단응집력의 증대가 이 단계의 특징을 이룬다.

집단이 성과기에 들어서게 되면 과업지향적인 성격을 띤다. 집단구성원들은 상호간의 관계가 더욱 빈번해지면서 서로 협조하는 법을 학습하게 되며, 갈등이 발생하더라도 전 단계에서 정해진 규범에 따라 적절하게 관리할 수 있게 된다. 집단구성원들 사이에 높은 신뢰가 형성되고, 서로 협조적이며, 집단의 목표와 자신의 목표를 동일시하는 수준에 이르게 된다. 집단구성원들 사이에 협조 정신이 풍부하게 이루어져서, 실수를 저지르거나 위험을 부담하는 일도 훨씬 편하게 받아들여진다.

목표로 했던 것이 달성되면서 집단은 결국 끝을 맞게 된다. 공식집단의 경우에는 대개 정해진 목표를 달성한 후에 해산기를 맞지만, 비공식집단의 경우에는 집단구성원들 중에 핵심 구성원들이 집단을 떠나거나 집단구성원들이 너무 많아져서 집단구성원들 사이의 상호교류가 적어지고, 그에 따라 집단 내에 하부집단들이 생겨나거나 하면서 집단은 해산과정을 맞닥뜨리게 된다. 이 단계에 들어서면, 집단구성원들은 다시 독립적인 개인으로 돌아간다는 생각과 함께 일종의 상실감을 느끼면서, 파티를 열고 집단으로 지내면서 좋았던 경험들을 나누거나 어울려 사진을 찍는 등, 여러 가지 의례들(rituals)을 통해서 그러한 상실감을 누그러뜨린다.

터그먼의 모형은 집단의 발달과정을 간결하게 보여준다는 점에서 유익하다. 그러나 모든 집단이 이러한 단계를 모두 순차적으로 겪으면서 발달하는 것은 아니다. [그림 9-1]이 보여주는 것처럼, 상황이 변하거나 구성원들이 바뀌게 되면, 집단은 이전의 단계로 되돌아갈 수도 있고, 전에 같이 일을 해보았던 사람들과 새로운 과업 집단을 구성하는 경우라면, 폭풍기와 규범기를 뛰어넘어 바로 성과단계로 진입할 수도 있을 것이다. 따라서 이 모형은 집단의 발달과정에 대한 일반모형으로 받아들이되, 보다 탄력적으로 바라보는 것이 필요하다.

그림 9-1 티그먼의 집단발달 5단계 모형

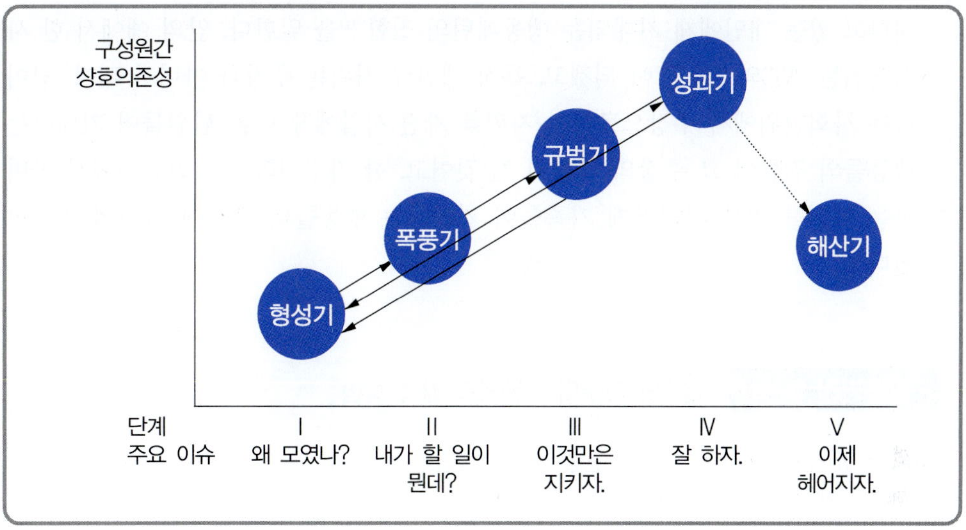

3 집단의 속성

집단은 사람들이 그저 모여 있는 군중과 같은 것이 아니다. 집단은 그 구성원들을 다른 사람들과 구별해주고, 집단이 목표를 추구하는 과정에서 구성원들과 그들 사이의 상호작용에 영향을 미치는 여러 가지 속성들을 가지고 있다. 그러한 속성들로는 역할, 규범, 지위, 집단응집력, 집단규모 등이 있다.

3.1 역할(Role)

(1) 역할의 의미

원래 역할이란 배우가 무대에서 행하는 역이나 성격을 지칭하는 용어이지만, 사람이란 세상이라는 무대에서 연기하는 연기자에 다름이 아니라는 사고틀에서 보면, 일반인들도 사회생활을 하면서 다양한 역할을 수행하고 있다고 볼 수 있다. "팀 주장으로서 자네가 할 역할을 제대로 하고 있다고 생각하나?" 라든가, "아비로서의 역할을 제대로 하지 못해서 애들에게 미안하다." 라는 말에서 알 수 있듯이, 역할은 이제 일반적으로 흔히 말하고 듣는 용어가 되고 있다.

역할을 좀 더 엄격하게 정의한다면, "한 사회 단위에서 어떤 특정한 지위를 차지하고 있는 개인에게 기대되는 행동패턴의 집합"[6)]을 말한다. 앞의 예에서 한 사회단위는 "팀"와 "가정"이 되겠고, 특정 개인의 지위는 주장과 아비가 된다. 팀이라는 사회단위에서 주장으로서의 지위를 가진 사람에게 다른 팀원들이 기대하는 행동들의 집합이 그 주장의 역할이 될 것이고, 한 가정이라는 사회단위에서 아비라는 지위를 가진 사람에게 가족들이 기대하는 행동들의 집합이 아비의 역할이 된다.

읽을거리 9-1 짐바도 교수의 스탠포드 감옥 실험

〈자료원〉 Zimbardo, P. (2007). The Lucifer effect: Understanding how good people turn eveil. New York: Random House.

히틀러가 제2차 세계대전 중에 자행한 유태인 대학살은 이성적이고 합리적인 존재라고 믿었던 인간이 같은 인간에게 얼마나 끔찍한 알을 저지를 수 있는지를 보여준 사건으로 인간본성에 대한 탐구를 돌아보게 만드는 계기가 되었다.

이와 관련된 연구들 중에서 미국의 심리학자 짐바도(Philip Zimbardo) 교수가 1971년에 스탠포드 대학에서 수행한 실험은 그것이 학계만이 아니라, 일반사회에 던져준 엄청난 충격 때문에, 지금 현재까지도 가장 영향력이 큰 사회심리학 실험 중의 하나로 일컬어지고 있다.

짐바도 교수는 스탠포드 심리학과 지하실에 일반 감옥과 동일한 모의감옥을 설치하였다. 그런 다음, 정신적으로 건강한 스탠포드 학생들로부터 실험참가 신청을 받아 동전을 던져 이들을 간수와 죄수 두 집단으로 나누었다. 간수들에게는 일반간수와 같은 유니폼과 곤봉, 호루라기와 눈을 가리는 선글라스가 지급되었고, 8시간씩 3교대로 근무하도록 되어 있었다. 죄수들은 죄수번호가 적힌 펑퍼짐한 죄수복을 입고 한쪽 발목에는 체인을 찬 채, 24시간 감옥소에서 갇혀 지내야 했다.

짐바도 교수는 이 실험을 2주 동안 지속하는 것으로 계획했으나, 6일 만에 중단할 수밖에 없었다. 간수 역할을 맡은 학생들은 매우 공격적이고 잔인한 방법으로 죄수들을 들볶았으며, 죄수 역할을 맡은 학생들은 거기에 대해 저항은커녕 매우 수동적이고 순종적으로 굴복 했으며 심각한 무력감에 빠져 있었다. 그리고 그러한 현상은 날이 갈수록 정도가 심해서 더 이상 실험을 지속하기가 위험했기 때문이었다.

이 실험의 의미는 다양하게 논의되고 있으나, 한 가지 확실한 것은 사람에게 부여되는 역할이 그 사람의 인성이나 가치관보다 훨씬 더 큰 영향력을 행사할 수 있다는 사실이다. 간수 역할은 보통 학생을 악마로 만들었으며, 죄수 역할은 보통 학생들을 부정과 불의에도 아무런 저항을 하지 못하는 나약한 존재로 만들고 말았던 것이다. 그 많은 유태인들이 소수의 나치군에 대해서 아무런 저항도 하지 못한 채 가스실로 끌려간 것은 유태인이 나약한 존재였기 때문이 아니었던 것이다.

집단 수준에서 이 정의를 적용한다면, 집단 내에서 어떤 지위를 점하고 있는 특정 개인이 수행해야 할 것에 대해 집단구성원들이 전체적으로 기대하고 있는 행동들이 될 것이다. 예컨대, A사에서 영업팀장으로서 근무하는 김팀장은 부하 팀원들이 그에게 팀장으로서 수행할 것으로 기대하고 있는 다양한 행동들을 자신의 역할로 가지게 된다. 팀장으로서 수행해야 하는 공식적인 업무 이외에, 영업에 대한 전문적인 조언이라든가, 팀에 필요한 자원을 끌어오는 일, 다른 팀이나 상부로부터 팀원들을 보호하는 방패막이, 심지어 팀원들에 대한 개인 상담까지 팀장으로서 수행하는 역할의 일부가 될 것이다.

문제를 복잡하게 만드는 것은 한 개인이 동시에 여러 개의 집단에 구성원으로 참여하고 있다는 사실에서 비롯된다. 앞의 예에서 영업팀장은 다른 팀장들과 그들의 상관과 집단을 이루고 있을 것이고, 친한 입사동기들과도 집단을 이루고 있을 것이다. 직장 밖에서는 가족들, 친구들, 또는 친교단체나 동호회원들과 다양한 집단들을 이루고 있을 것이다. 그리고 이러한 집단들은 제각각 그에게 나름의 역할을 부여하게 되는데, 그러한 역할들이 양립이 가능할 때도 있겠지만, 흔히 서로 갈등을 일으키기도 한다.

(2) 역할과다, 역할갈등, 역할모호성

역할과 관련해서는 주로 세 가지 주제가 조직행위에서 연구자들의 관심을 받고 있다. 역할과다(role overload), 역할갈등(role conflict), 역할모호성(role ambiguity)이 그것이다. 이 세 가지 역할관련 현상들은 각자, 또는 서로 결합하여 결과적으로 높은 스트레스 경험, 직무만족과 생산성의 저하, 자존감의 저하 등을 초래한다.

역할과다는 개인이 수행해야하는 역할이 그의 능력을 훨씬 벗어날 정도로 클 때 발생한다. 예를 들어 갑자기 팀원들 중의 한 명이 퇴직을 해서 다섯 명이 하던 일을 네 명이 해야 할 경우라면 나머지 팀원들 모두가 역할과다를 경험할 수 있다. 혹은 결혼으로 인해 갑자기 늘어난 가정일 때문에 충분한 시간과 노력을 직장 업무에 투입할 수 없게 된 여직원은 업무와 관련한 역할과다를 경험할 수 있다. 역할과다를 경험하는 사람은 흔히 그 결과로 역할무능력도 함께 경험하게 되는데, 스트레스 경험과 좌절감, 의욕상실, 탈진 등을 초래한다.

역할갈등은 개인에게 기대되는 역할들이 서로 다른 상황에서 발생한다. 즉, 개인이 어느 한 역할을 수행하는 과정에서 다른 역할의 수행이 방해를 받게 된다면 역할갈등이 초래된다. 예를 들어, 최근에 크게 관심을 받고 있는 직장과 가정의 갈등은 직장에서의 역할과 가정에서의 역할을 서로 양립시킬 수 없음으로써 발생하는 역할갈등이다. 또 하나의 예로, 팀장은 팀원들의 기대와 상부로부터의 기대가 서로 다를 때 역할갈등을 경험한다. 앞의 경우를 역할 간 갈등(inter-role conflict), 후자를 역할 내 갈등(intra-role conflict)로 구분하기도 한다.

역할갈등은 개인의 가치관이나 신념, 태도 등이 자신의 역할과 충돌하는 경우에도 발생한다. 예로서, 평소에 환경보호에 남다른 관심을 가지고 있는 사람이 오염물 폐기 책임을 맡고 있는데 비용 문제 때문에 종종 기준에 어긋나는 오염물 폐기 처리를 해야하는 경우를 들 수 있을 것이다.

역할모호성은 어떤 사람이 자신의 역할에 대해서 자세히 알지 못하는 상황에서 발생한다. 개인에게 역할을 부여하는 역할집단의 구성원들이 그에게 기대하는 것들을 제대로 알려주지 않거나 그 역할을 수행하는 데 필요한 정보를 제공하지 않음으로써 그러한 상황이 발생하는데, 그 이유는 필요한 지식이나 정보를 가지고 있지 않거나, 또는 일부러 그러한 정보와 지식을 감추고 알려주지 않을 수도 있다. 예컨대, 많은 신입사원들이나 신입회원들은 초기에 역할모호성을 경험한다.

앞에서도 언급했지만, 이 세 가지 역할관련 현상은 개인뿐만 아니라, 조직 차원에도 여러 가지 역기능을 초래하기 때문에, 관리자는 이에 대한 지속적인 감찰과 효과적인 관리가 필요하다.

3.2 규범(Norm)

(1) 규범의 의미

역할이 특별한 지위에 대한 다른 사람들의 기대를 의미하는 데 반해서, 규범은 모든 집단 구성원들에게 적용되는 가치적 행동기준이다. 즉, 규범은 집단원들에게 옳고 그른 행동, 좋고 나쁜 행동을 구별하게 해주는 기준을 제공한다. 보통 규범은 명문화되어 있지 않고, 공개적으로 이야기되는 것이 아니지만, 집단과 구성원들의 행동에 심대한 영향력을 행사한다.[7)]

규범은 집단원들에게 일종의 법과 같이 기능한다. 집단원들은 서로에게 우정과 인정을 강화요인으로 하여 집단의 규범을 지키도록 독려한다. 반면에, 현재의 규범에 순응하지 않으면 제재를 가한다. 제재는 경고에서부터 폭력에 이르기까지 다양한 형태로 이루어지는데, 대개 집단으로부터 따돌림이라는 모습을 수반한다. 호손공장의 뱅크 배선공 대상의 실험(읽을거리 9-2)은 집단원들은 자신들이 규범으로 정한 일반배선공 수준의 생산성을 넘어서 고생산성을 추구하는 구성원에게 육체적인 위해를 가하고 집단으로부터 추방해버리는 사례를 보여주고 있다.

읽을거리 9-2 '호손공장 실험'에서의 규범

자료원: '호손공장 실험'(재인용) 조직행위론, 송계충 · 정범구, 2003년, p.14.

마지막 4차 실험(bank wiring observation experiment)에서는 배선공, 용접공 그리고 검사공으로 구성되는 총 14명의 작업집단을 1년 반에 걸쳐서 집중 관찰하였다. 4차 실험의 임금관련 변수연구에서는 회사가 요구하는 공식적인 높은 생산성 목표에 추종하는 동료(rate-buster)를 사회적으로 추방하는 집단규범이 우세하녀, 결과작으로 종업원들의 생산성을 감소시키는 비공식적 제약이 가해지고 있음이 발견되었다.

이러한 집단규범이 생기게 된 원인으로는 생산성이 높아지면 표준작업량이 높아지면서 임금률이 떨어지고 누군가는 해고될 것이라는 두려움이 앞섰기 때문으로 파악되었다. 이 실험에서는 결국 비공식집단이 관리자와의 사이에 일체감을 가질 때 생산성은 향상되고, 작업자와 관리자의 목표가 상반될 때 생산성이 저해된다는 설명이 가능해졌다.

#1. 집단이 정했을 규범

① 너무 많은 일을 하여 임금률 파괴자(rate-buster)가 되지 말 것
② 일을 너무 적게 하여 속이는 사람(chiseler)이 되지 말 것
③ 어떤 동료에 대해서도 밀고자(squealer)가 되지 말 것

#2. 집단의 규범 실행방법의 예

① 비꼬는 말, 욕설, 조롱, 신체적인 타격 등
② 집단의 이익에 반하는 행동을 하는 개인을 배척

(2) 규범의 발달과 강화

규범은 한 사회집단이 효과적으로 운영되기 위해서 무엇이 필요한가를 결정하는 과정에서 비공식적으로 출현한다. 규범은 일반적으로 다음 네 가지 형태의 결합으로 발달한다.[8)]

1) 상사나 집단의 동료가 명시적으로 말한 것: 예를 들어, 상사가 집단 회합에 절대 10분 이상 지각하지 말도록 하자고 말하면 그것이 규범으로 발달할 수 있다.

2) 집단의 역사 중에 중요한 사건의 발생: 집단이 존속하고 있는 동안에 선례를 남기는 중요한 사건이 발생할 수 있다. 예를 들어, 상사가 일찍 퇴근해도 좋다고 했는데도 불구하고, 막상 일찍 퇴근한 사원이 나오자 그 뒤로 계속해서 그 사원이 불이익을 받다가 결국 해고된 사건이 발생하면, 자연스럽게 상사가 퇴근할 때까지 퇴근하지 말아야 한다는 규범이 발생할 수 있다.

3) **최초의 행위패턴**: 집단에서 출현하는 최초의 행위패턴이 종종 규범으로 발달하기도 한다. 예를 들어 상사가 첫모임을 매우 공식적인 패턴으로 진행했다면, 그 뒤의 모임도 형식적인 패턴으로 운영되어야 한다는 규범이 발달되기 때문에, 차후의 모임이 창의성을 높일 수 있는 비공식적인 분위기를 띠기가 힘들어진다.

4) **과거의 상황으로부터 이전된 행위**: 과거에서 이전되어 현재에도 계속되고 있는 행위는 규범이 된다. 어떤 컨설팅 회사의 경우, 고객과 만날 때에는 항상 검은 정장 차림을 하는데, 회사 내규에 그와 관련된 그 어떤 언급도 없지만, 컨설턴트들은 어김없이 고객을 만날 때면 검은 정장 차림을 한다.

이렇게 형성된 규범들은 그것들이 다음과 같은 기능을 수행한다고 집단원들에 의해서 받아들여질 때 강화된다. 즉, 어떤 규범이 1) 집단의 성공이나 생존을 돕는다고 생각될 때, 2) 집단구성원들에게 기대하는 바가 무엇이지 분명히 해주는 것일 때, 3) 집단 구성원들이 난처한 꼴을 당하지 않도록 도움을 줄 때, 그리고 4) 집단의 핵심가치나 정체성을 분명하게 밝히고 있을 때 집단원에 의해서 강력한 영향력을 행사하는 규범으로 자리하게 된다.[9)]

(3) 규범의 종류

집단마다 자신만의 독특한 규범들을 발달시키고 있지만, 그렇더라도 그러한 규범들을 크게 네 가지 종류로 대별해볼 수 있다.[10)] 그 중의 하나가 호손공장 실험에서 그 모습을 드러냈던 성과기준에 대한 규범이다. 집단은 대개 집단원들이 얼마나 열심히 일해야 하는지, 얼마만큼의 성과를 내어야 하는지, 어떤 방식으로 작업을 할 것인지, 얼마만큼 열심히 하는 척해야 하는지 등에 대해서 상당히 명확한 암시를 제공한다. 이 규범은 대개의 경우 대단히 강력한 영향력을 가지고 있어서 집단원들이 그 규범을 깨는 것이 쉽지가 않고, 따라서 이러한 상황에서는 능력이 우수한 작업자들에게 아무리 잘 설계된 동기부여방법이나 보상시스템을 제공하더라도 조직이 원하는 수준의 성과를 내기가 어렵다.

대개의 집단에서 흔히 발견되는 또 다른 집단규범으로는 겉모습에 대한 규범을 들 수 있다. 특히 동질성을 강조하는 집단의 경우에는 유사한 머리모양과 옷차림이라든지, 상사를 접할 때 거의 동일한 자세를 취한다든지, 동일한 시간 대에 휴식을 취하는 것과 같이 겉으로의 행동이나 모습을 일치시키도록 영향력을 행사하는 규범을 가지고 있다.

또한 집단은 흔히 사회배열 규범을 가진다. 이 규범은 집단원들에게 개인상호간의 관계에 대해 기준을 제공하는 것으로, 누구와 함께 점심을 하고, 일이 끝난 후에는 누구와 어울리며, 어느 집단과는 공식적인 관계만이 허용되며, 누구와는 절대 상호관계를 가져서는 안 되는 등에 대한 것들을 포함한다.

마지막으로 대부분의 집단은 집단의 획득물에 대해 어떻게 나누어 가질 것인지에 대한 기준을 제공하는 할당 규범을 발달시키고 있다. 즉, 이 규범은 특정한 집단의 성과물을 집단원들의 노력이나 능력과 관계없이 똑같이 나누어 가질 것인지(평등배분), 성과에 공헌한 바에 따라 나눌 것인지(형평 배분), 아니면 집단원이 필요로 하는 양에 따라 배분할 것인지(필요 배분)에 대한 기준을 제공한다.

토론과제 9-1 동양과 서양의 차이?

동양과 서양을 할당규범에서 어떠한 차이를 보일 것으로 생각되는가? 왜 그렇게 생각하는가? 자신의 할당규범은 어떠한 것인가?

(4) 집단규범과 동조성(conformity)

집단규범은 집단원들에게 그들 사이의 동질성을 부여하고 집단을 유지하는 데 중요한 기능을 수행한다. 그러나 그러한 과정에서 집단원들은 집단규범에 동조하고자 하는 욕구를 느끼고 궁극적으로 그것에 동조하는 경향을 보인다.

사람들이 집단규범에 동조하고자 하는 강한 욕구를 경험하는 이유는 크게 보아 두 가지다. 그 하나는 애매한 상황에 처해 있어서 정보가 필요할 때 다른 사람들의 의견을 정보로 받아들이고자 하는 것으로, 이러한 상황에서 일어나는 동조현상을 정보적 사회영향력(informational social influence)이라고 하고, 다른 하나는 다른 사람들의 주목을 받거나, 타인의 웃음거리가 되거나, 혹은 문제를 일으켜서 남에게 배척당하지 않기 위해서 자신의 생각과는 다르더라도 다른 사람들의 행동에 동조하는 현상으로 이를 규범적 사회영향력(normative social influence)이라고 한다.[11]

읽을거리 9-3

〈자료원〉 Asch, S. (1951). Effects of group pressure upon the modification and distortion of judgments. InG. Guetzkov (Ed.), Groups, leadership, and men (pp 177–190), Pittsburgh, PA: Carnegie Press

1951년에 애쉬(Solomon Asch)는 흥미로운 실험을 수행했다. 지각 판단에 대한 실험이라고 알려진 실험에 7~8명의 학생이 참여했는데, 한 명을 뺀 나머지 학생들은 실험자의 보조자 역할을 하는 학생이였다. 그러니까 단 한 명의 학생만 진정한 의미의 실험참가자였으며, 이 학생은 마지막에서 두 번째에 자리를 배정받았다. 실험의 내용은 간단했다. 아래 그림에서 왼쪽에 나와 있는 선과 동일한 선을 오른쪽 그림에서 선택하는 것이 참여자들에게 주어진 과제였다. 그림에서 보듯이 과제의 "정답"은 분명한 것이였다. 이렇게 정보가 불필요한 분명한 상황에서도 집단이 개인에게 영향력을 행사하는지의 여부를 알아보고자 한 것이 이 실험의 목적이었다.

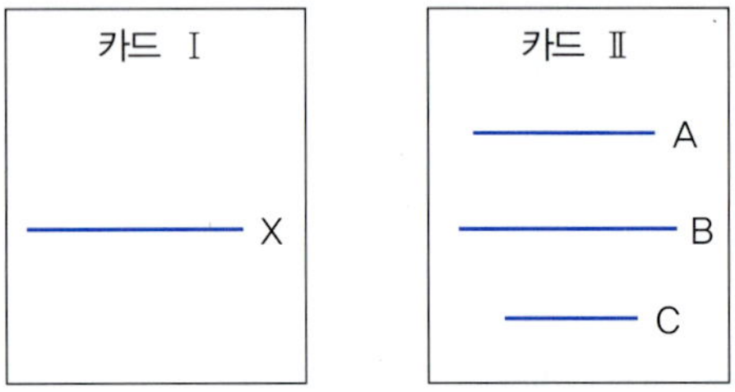

첫 번째와 두 번째 실험은 모든 참여자들이 정답을 대는 것이었고, 따라서 진짜 참여자들이 정답을 대는 것이었고, 따라서 진짜 참여자도 아무런 문제없이 정답을 맞히면서 지나갔다. 그러나 세 번째 시도에서 문제가 발생했다. 갑자기 첫 번째 참여자가 오답을 대고, 두 번째, 세 번째 내리 같은 오담을 대기 시작했던 것이다. 다섯 번째까지 같은 오답을 제시할 때, 여섯 번째 대답을 할 진짜 참여자는 어떤 답을 댈 것인가?

실험의 결과는 놀랄 만했다. 18번의 시도 중에서 12번 틀린 답을 대도록 고안되었는데, 그 12번 중 적어도 한 번 이상 집단의 오답에 동조한 참여자가 76%에 달하는 것으로 나타났다. 평균적으로 12번의 오답 실험에서 4번 정도, 즉 1/3 정도에서 집단의 오답에 동조하는 것으로 나타났다. 앞에서 언급했듯이 정답이 분명한 상황이었는데도 말이다.

여기서 우리는 개인은 그가 속한 집단의 규범에 영향을 받게 되는데, 특히 상황이 불확실하여 정보가 필요할 때 규범의 영향력이 더욱 커진다는 점, 그리고 상황이 확실해서 타인의 정보가 더 이상 필요하지 않은 경우에도 집단 규범에 동조하는 쪽으로 상당한 영향을 받는다는 것을 알 수 있다.

그렇다면 집단의 규범을 따르지 않을 때에는 무슨 일이 벌어질까? 집단의 규범에 따르는 것은 단지 개인의 정보욕구나 승인욕구 때문에 일어나는 것일까? 집단의 규범이 적극적으로 개인에게 규범에 따르도록 압력을 행사하지는 않는가?

이에 대한 답은 명백하다. 많은 연구와 관찰들이 개인이 집단의 규범에 동조하지 않으면 여러 가지 제재를 받는다는 것을 보고하고 있다.[12] 집단규범에 동조하지 않는 개인은 주목을 받게 되고 집단은 왜 개인이 집단의 의견에 동조하지 않는지 이유를 알고자 하며, 동시에 집단의 의견에 동조하도록 설득한다. 그러한 노력에도 개인이 집단의 의견에 동조하지 않을 경우에는 집단 따돌림이나 심한 경우에는 육체적인 위해까지 가하는 것으로 나타나고 있다. 집단원들은 그 개인과 의사소통을 단절하고 어울리지 않으며, 그 개인에게 동정을 보이거나 어울리는 집단원에게도 같은 따돌림으로 대응한다.

그렇다고 해서 우리가 언제나 집단의 의견에 들쥐처럼 맹종하는 것은 아니다. 종종 우리는 집단의 의견에 반대하는 경우도 생긴다. 우리는 어떠한 상황에서 집단의 규범에 대한 동조압력을 크게 받게 되는 것일까? 연구에 따르면, 다음의 세 가지 조건이 동조압력의 크기에 영향을 미치는 것으로 알려져 있다. 즉, 집단이 개인에게 중요하다고 인식할수록, 집단이 개인에게 장소나 시기적으로 근접한 것일수록, 그리고 집단의 규모가 네 명 이상일 경우에 집단규범에 대한 동조현상이 강하게 나타난다는 것이다.[13] 흥미로운 사실은 집단규범에 대한 동조현상은 개인과 다른 의견을 보이는 집단원이 3명에 이르게 되면, 다른 의견을 보이는 사람이 더 늘어난다고 하더라도 개인이 받는 동조압력은 크게 늘어나지 않는다는 점이다.[14] 다시 말해서 동조압력을 행사하기 위해서는 많은 사람이 필요 없다는 말이다.

그 외에 집단 내의 개인에 동조하는 집단원이 없을 때, 집단의 문화가 집단주의적인 것일 때, 자존감이 낮을 사람일 때, 권위주의적인 성격의 사람일 때 집단규범에 대한 동조현상이 높은 것으로 밝혀지고 있다. 남성에 비해서 여성이 집단규범에 더 동조적이라고 알려져 왔으나 최근에는 그 차이는 아주 작은 것으로 나타나고 있으며, 특히 자신의 비동조 행동이 타인에게 목격되지 않는 경우에는 그 차이가 없어지는 것으로 나타났다.[15]

3.3 지위

(1) 지위의 의미와 결정요인

가장 이상적인 세상은 모든 사람이 평등하게 살아가는 세상이겠지만, 그런 이상적인 세상은 존재하지 않고 어떤 사람이 다른 사람보다 "좀 더 평등"한 것이 세상의 이치다. 마찬가지로, 집단에서도 집단원들 사이의 불평등은 존재한다. 집단원마다 소속 집단에 대해서 가지는 통제력이 서로 다르고, 집단에 의해서 영향을 받는 크기가 다르며, 집단의 목표와 중요한 의사결정에 미치는 영향력에서 차이를 보인다. 이렇게 집단 내에서 개인 구성원이 차지하는 신분상의 서열을 지위(status)라고 한다.

어느 한 사회시스템의 지위는 양반이나 귀족, 집안, 또는 성별이나 나이와 같은 선천적인 것도 있고, 학벌이나 직업, 직위와 같이 후천적으로 획득하는 지위도 있다. 과거에는 선천적인 요인들이 주된 지위 결정요인이었으나, 현대에 들어서면서 후천적인 요인들이 주로 지위를 결정한다.

집단에서의 지위는 집단원들이 중요하다고 여기는 과업을 집단 전체적으로 수행하고 있을 때 주로 나타난다. 집단원들은 그 과업을 성공적으로 수행해내는 것이 필요하다고 생각하기 때문에, 그 과업을 달성하는 데 요구되는 기술과 능력을 가지고 있는 사람이 집단에 대해서 더 큰 영향력을 행사할 수 있을 가능성이 발생한다. 다시 말해서 목표 달성에 공헌도가 높은 사람일수록 더 많고 다양한 행위들이 허용되고, 집단원들에 대한 조언이나 길잡이 역할을 할 가능성이 커지며, 집단원들의 생각에 대한 평가와 함께 의사결정과정에서도 더 큰 목소리를 내게 될 것이기 때문에, 결과적으로 집단에서 더 높은 지위를 가지게 된다.[16)]

과업을 수행하는 데 요구되는 구체적인 기술과 능력에 대한 정보가 없거나 불확실할 때에는 그러한 기술과 능력에 유관하다고 생각되는 성질들이 지위를 결정하는 요인이 된다. 예를 들어, 성별이나 나이, 사회적 신분, 다른 집단에서의 지위, 부, 출신배경 등이 흔히 그러한 요인들이다.[17)]

(2) 지위불일치(Status Incongruency)

이렇게 지위를 결정하는 요인들은 복수인 경우가 대부분인데, 바로 이점이 문제를 발생시킬 수 있다. 어떤 요인들은 한 개인의 지위를 결정하는 데 긍정적으로 평가되지만, 그 사람이 부정적으로 평가되는 요인들을 같이 가지고 있다면 지위불일치(status incongruency)라는 현상이 초래된다. 예를 들어, 어떤 개인이 리더가 되기에 충분한 지식과 결단력을 가지고 있으며, 대인관계도 좋지만, 여자인데다가 나이가 어려서 리더가 되지 못했을 경우에 지위불일치가 발생할 수 있다. 직장생활에서 자주 경험할 수 있는 것으로, 직장에 먼저 들어온 사람이 나중에 들어온 사람보다 승진이 늦을 때에도 지위불일치는 존재한다.

지위불일치는 개인에게 불만족과 스트레스를 경험하게 하고, 궁극적으로 동기부여와 생산성의 저하를 초래하는 것으로 알려져 있다.[18)] 따라서 관리자는 심각한 지위불일치가 발생하지 않도록 미리 조치를 취하는 것이 좋으며, 그러한 현상이 발생할 가능성이 있는 경우에는 지위를 결정하는 요인을 미리 명확히 해두는 것이 필요할 것이다.

토론과제 9-2

한국의 지위를 결정하는 데 중요하게 여겨지는 일반적인 요인들은 어떠한 것들이 있겠는가? 그것과 관련하여 지위불일치 현상들을 발견할 수 있는가? 지위불일치 현상은 어떠한 결과들을 초래하는 것으로 생각하는가?

토론과제 9-3

지위와 규범에 대한 동조 정도는 어떠한 관련성을 가질까? 연구에 따르면, 지위가 중간 정도인 사람이 지위가 높은 사람이나 낮은 사람보다 규범에 대한 동조 정도가 더 높다고 하는데, 정말일까? 그렇다면 그 이유는 무엇일까?

3.4 집단응집력(group cohesiveness)

(1) 집단응집력의 의미와 결정요인

집단의 중요한 속성 중의 하나가 집단응집력이다. 집단응집력이란 집단구성원들이 서로에게 끌려서 집단에 계속해서 남아 있기를 원하는 정도를 의미한다. 다시 말해서 집단의 응집력이 높다는 것은 집단원들이 서로간에 호감을 가지고 있으며, 결과적으로 집단에 대한 애정과 소속감이 높다는 뜻이 된다.

응집력이 높은 집단은 일반적으로 집단 구성원들의 즐거움과 만족도가 높고, 집단 참여율이 높고 구성원들 사이의 의사소통일 활발하며, 집단의 사기(morale)을 높이는 긍정적인 측면이 보고되고 있다. 뿐만 아니라, 집단원들의 자존감을 높여주고, 불안감을 낮추어주며, 집단원들이 중요하다고 생각되는 목표를 달성하는 데 응집력인 낮은 집단보다 더 효과적인 것으로 밝혀졌다. 이런 긍정적인 측면의 결과로, 응집력이 높은 집단은 집단구성원들을 보지하는 데에도 긍정적으로 작용하는 것으로 나타나고 있다.[19]

그러나 주의할 것은 집단응집력이 긍정적인 측면만 있는 것이 아니라는 점이다. 응집력이 강한 집단은 집단구성원들에게 규범에 동조할 것을 강하게 요구한다. 따라서 개인이 집단의 규범이 자신의 가치관이나 윤리관에 반한다고 하더라도 이에

그림 9-2 집단응집력의 결정요인과 결과

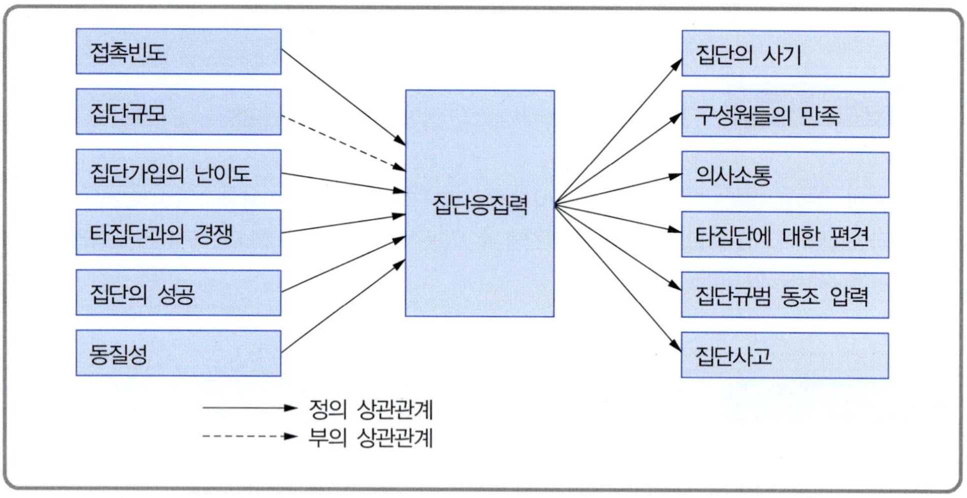

대해 쉽사리 반대 입장을 표현하기가 어려우며, 집단이 마음에 들지 않아 탈퇴하고 싶어도 그것이 만만하지 않다. 이러한 집단규범에 대한 동조 압력은 집단 의사결정과정에서 비판이나 정보추구활동이 원천적으로 봉쇄되어 질이 낮은 의사결정을 내리는 집단사고 현상을 초래한다. 또한 응집력이 강한 집단은 다른 집단의 위협에 대해서 강한 적대적 반응을 보이는 것으로 나타나고 있다. 집단의 폐쇄성이 높고, 그에 따라 타집단과 그 구성원들에 대한 부정적인 편견을 발달시키는 경향을 보이며, 그로 말미암아 배타성이 강한 문화를 가지는 경우가 흔하다.[20]

따라서 우리는 집단응집력이 가지는 강점과 약점을 잘 이해하고, 강점을 살리면서 약점을 다스릴 수 있는 관리역량이 필요하다. 그러한 관리역량을 효과적으로 관리하기 위해서 우선 집단응집력의 결정요인들에 대한 이해가 필요할 것인데, 지금까지의 연구에 따르면, 구성원들 사이의 접촉 빈도, 집단의 규모, 타집단과의 경쟁, 집단가입의 난이도, 집단의 성공과 실패의 역사, 집단구성원들의 동질성 등이 집단응집력에 영향을 미치는 것으로 알려지고 있다. 즉 구성원들 사이의 접촉빈도가 높고, 집단의 규모가 작은 집단, 외부의 타집단과 경쟁 상태에 있는 집단이 그렇지 않은 집단보다 응집력이 높으며, 집단가입의 난이도가 높을수록, 집단의 성공률이 높을수록, 그리고 집단원들 사이의 동질성이 높을수록 집단의 응집력은 높아진다.[21]

■ 그림 9-3 집단응집력과 성과규범이 집단 생산성에 미치는 영향

		집단응집력	
		높음	낮음
성과규범	높음	높은 생산성	중간 생산성
	낮음	낮은 생산성	중하 생산성

(2) 집단응집력과 생산성

언뜻 생각하기에는 집단의 응집력이 높으면 집단의 사기도 높고 집단의 참여율도 높기 때문에 집단의 생산성도 높을 것처럼 여겨진다. 그러나 문제가 그렇게 간단하지는 않다. 이 둘 사이의 관련성에 영향을 미치는 변수들로 여럿 있기 때문인데, 그런 변수들 중에서 특히 중요한 영향력을 미치는 것으로 밝혀지고 있는 것이 집단의 성과규범이다.

그 중의 하나가 성과와 관련된 집단의 규범이다. 앞에서도 언급한 것처럼, 집단은 대개 적합한 업무의 수준에 대해서 규범을 발달시키고 있는데, 그 성과규범이 높은 수준이면 집단의 응집력은 긍정적으로 작용하지만, 성과규범이 낮은 경우에는 오히려 집단응집력이 업무수준을 저하시키는 쪽으로 강한 영향력을 행사하기 때문에 집단의 생산성이 떨어지는 결과를 보인다. 따라서 조직의 입장에서 본다면, 집단의 응집력을 통해서 집단의 성과수준을 높이려고 한다면, 그 전제조건으로 높은 수준의 성과규범의 유지가 필수적이다.

3.5 집단 규모

집단의 규모, 즉 집단원의 수도 집단의 중요한 속성으로, 집단원의 태도와 행동에 상당한 영향력을 행사하는 것으로 알려지고 있다. 집단의 규모는 무엇보다도 먼저 집단원들 사이의 상호관계에 크게 영향을 미치게 되고, 그것이 다시 집단원들에게 영향을 미치게 된다. 예를 들어, 집단원이 3명인 경우에는 총 상호관계 수

는 6이지만, 4명인 경우에는 12이 되고, 5명의 경우에는 20이 되며, 6명의 경우에는 도합 30이 되는 것에서 보듯이, 집단원 한 사람이 늘어감에 따라 총 상호관계의 수는 기하급수적으로 늘어난다. 그래서 집단원이 늘어갈수록 집단원들 서로간 상호작용의 수는 제한될 수밖에 없게 된다. 이런 까닭으로 우리는 집단원의 수가 10명이 넘어서게 되면 자연스럽게 5~6명 정도의 두 소집단으로 나뉘는 경험을 하게 된다.

지금까지 연구를 토대로 살펴보면, 집단의 규모는 집단원의 만족도, 결근율과 이직률, 집단의 응집력 등과 역의 상관관계를 가지는 것으로 밝혀지고 있고, 집단의 규모가 커지면서 집단원의 참여도가 떨어지게 되는 과정에서 오히려 집단 리더의 공식적·비공식적 권한은 더욱 커지는 경향을 보인다.

집단의 규모는 집단의 성과와도 관련성이 있을 것으로 생각된다. 어떤 문제에 대해서 다양한 정보를 모으고 다각적으로 검토해보는 것이 중요한 집단의 과제라면 집단의 규모가 큰 것이 유리할 테지만, 어떤 일을 신속하게 실행에 옮기는 것이 집단의 중요한 과제라면, 집단의 규모가 큰 것이 오히려 방해가 될 가능성이 크다. 또한 창의성이란 비공식성에서 발현된다는 점을 고려할 때, 집단의 목표가 신제품의 개발이나 신시장 개척과 같은 창의성과 혁신성을 중요하게 간주한다면, 집단의 규모를 가능하면 작게 가져가되 집단원의 다양성을 충분하게 갖추는 것이 긴요할 것이다.

토론과제 9-4 집단의 구성

최근 들어 집단을 어떻게 구성하느냐에 대한 논의도 관심을 모으고 있다. 특히 다양성이 크게 증가하고 있는 최근의 흐름을 놓고 볼 때, 집단원들의 다양성에 대한 관리도 중요한 연구주제가 될 것이다. 야를 들어, 최근에 우리나라도 여성들의 사회진출이 크게 늘어나면서, 직장에서 팀의 성별구성도 다양해지고 있다. 집단구성의 다양성에 따르는 긍정적 측면과 부정적 측면에 대해서 논하여 보자.

4 집단과정

한 개인이 달성하기 어려운 일을 여러 사람이 의견을 모으고 힘을 합쳐서 달성해낼 수 있다. 이러한 집단과정은 집단을 통해서 얻을 수 있는 이점인 다양한 정보의 활용이나 사기진작, 협조를 통한 시너지효과가 발생하기도 하지만, 노력의 중복이나 갈등의 발생과 조정의 손실, 책임의 분산과 같은 손실도 발생한다. 따라서 집단관리의 요체는 집단과정에서 얻을 수 있는 이점을 극대화하고 집단과정에서 발생하는 손실을 극소화하는 것이다. 이러한 점들에 대해서는 이 장 뒤로 계속되는 장들에서 논의되겠지만 여기서는 그러한 주제들 이외에, 집단과정의 득실과 연관이 있는 집단 현상 몇 가지에 대해서 알아보고자 한다.

4.1 책임분산(diffusion of responsibility)

1964년 3월 13일 미국 뉴욕시 퀸스가에서 키티 제노비스라는 여자가 자신의 아파트 계단 앞에서 괴한에게 칼에 찔려 살해당했다. 그녀가 아파트 근처에서 처음 칼에 찔렸을 때 비명을 질렀고, 잠을 깬 많은 이웃들이 이를 지켜봤으며 그 중 한 명은 "그 여자 내버려 둬"라고 소리까지 질렀다. 그러나 아무도 경찰에 전화를 걸어서 신고하지 않았고, 범인은 다시 그녀를 쫓아와 8차례를 더 찔러 살해했다. 사후 조사에서 적어도 38명 이상의 이웃들이 이 사건을 목격했음이 밝혀졌는데, 사건 발생 후 30분 후에야 사건 신고가 접수되었고, 경찰이 도착했을 때에는 그녀는 이미 시체가 되어 있었다.

이 사건이 사회에 던진 파장은 대단했다. 매일 신문들은 도시민들의 무감각과 몰인정을 규탄했고, 38명의 목격자들은 기본적인 도덕성마저 결핍된 사람들로 지탄을 받았다. 그러나 일부 사회심리학자들은 이 사건이 그러한 도덕성의 차원에서 바라보기 보다는 집단심리적 차원에서 볼 수 있다는 생각을 하게 되었고, 실험 결과 이 사건의 주요원인으로 책임의 분산효과를 제시하였다.[22)]

책임의 분산효과는 긴급하거나 위험한 상황에 처해 있는 사람에게 그러한 상황을 같이 목격하고 있는 다른 사람들이 도움을 줄 것이라는 가정으로 인해서 도움을 제공하고자 하는 책임감이 줄어드는 현상을 말한다. 따라서 목격자의 수가 많으면 많을수록 그들로부터 도움을 받을 확률은 더욱 줄어들게 된다. 즉 도움을 줄 수 있는 사람이 많을수록 도움을 받을 확률이 떨어진다는 역설이 성립하는 것이다.

집단에서도 흔히 이러한 책임분산효과가 발생할 수 있다. 예를 들어 집단원 중에 긴급한 상황에 처해 있어 집단원들의 도움이 절대적으로 필요한 경우에도 집단원들의 도움을 받기 힘들 수 있으며, 의사결정 과정에서 위험도가 높은 의사결정이 비교적 용이하게 내려질 수 있을 것이다. 또는 누군가가 해야 되는 일이 있는 경우에도 집단원들은 누군가가 할 것이라는 생각에 그것을 자신이 하려는 동기부여력이 옅어질 수 있는 것이다.

책임의 분산 현상은 책임을 부담하는 사람이 명확히 지정이 되지 않기 때문에 초래된다. 따라서 목격자가 많을 때에는 그 중에 한 명을 명확히 지정해서 도움을 요청하면 거의 대부분 도움을 받게 된다. 따라서 집단 상황에서 책임의 분산에 따르는 문제가 발생할 가능성이 있는 상황이라면, 사전에 책임을 지는 사람이나 소재를 명확히 지정하는 것이 필요할 것이다.

4.2 사회적 촉진(social facilitation)

집단이나 이와 유사한 상황에서 발생하는 흥미로운 현상으로 사회적 촉진이라는 것이 있다. 단지 자신의 옆에 다른 사람이 있다는 것만으로 개인의 행동이 영향을 받는 현상이다. 골프의 티샷을 하는데 다른 사람들이 보고 있으면 실수를 하게 되고, 여태까지 별 탈 없이 해오던 일도 사람들이 있으면 자꾸만 버벅거리기 일쑤다.

그렇다고 다른 사람의 존재가 반드시 수행하는 행위에 방해만 되는 것은 아니다. 대부분의 프로골프 선수는 많은 관중들 앞에서 거의 흠없는 스윙을 하고, 올림픽에 출전한 선수들은 오히려 많은 관중들 앞에서 뛰어난 기량을 뽐낸다. 우리들은 혼자 식사를 할 때보다 식당에 많은 사람들이 있거나 같이 식사를 하는 사람들이 있을 때 과식을 하게 된다. 왜 이런 일이 발생하며, 어떤 상황에서 행위에게 어떤 영향을 미치는 것일까?

이에 관한 연구는 흥미로운 결론을 내리고 있다. 다른 사람의 존재는 우리가

그림 9-4 사회적 촉진 : 충동이론적 설명

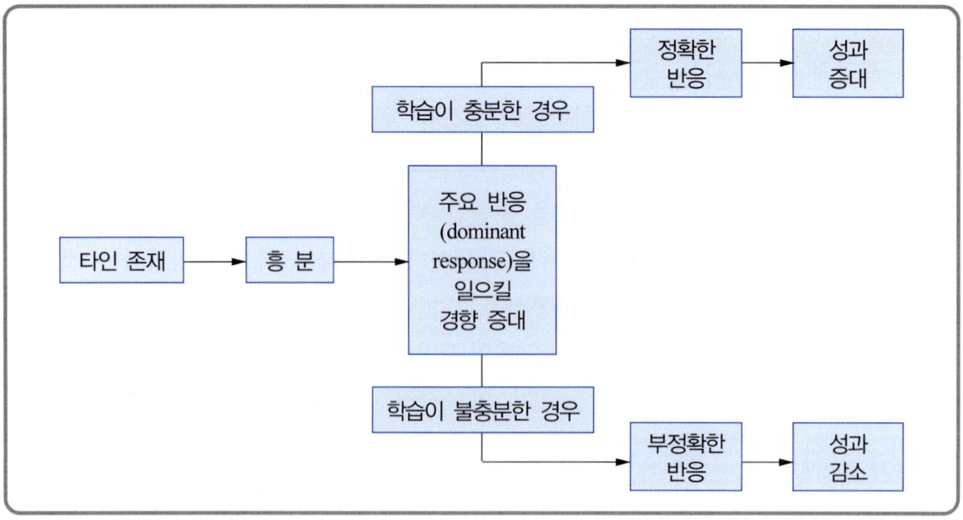

잘 습득해서 익숙해진 행위를 더욱 더 잘하게 만들어주고, 그와 반대의 경우로 익숙하지 못한 행위는 더 못하는 쪽으로 촉진한다는 것이다.[23] 예컨대 우리들 대부분은 밥을 먹는 일에는 익숙해져 있기 때문에 다른 사람과 같이 있음으로써 먹는 행위가 촉진되는 것이고, 골프의 티샷에 익숙하지 않기 때문에 다른 사람의 존재가 실수를 촉진한다는 주장이다.

그리고 이러한 촉진 현상의 이유로 타인의 존재에 의해서 촉발된 흥분상태를 들고 있다. 타인의 존재를 인식하게 되면, 그 타인이 나를 평가할 수도 있다는 두려움이 발생할 수도 있고, 다른 사람의 존재가 행위에 대한 집중력을 분산시키게 되는데, 그러한 이유 때문에 개인은 약간의 흥분을 경험하게 되고, 그러한 흥분상태는 개인의 지배적인 행동을 촉진하는 쪽으로 작용한다는 것이다.

토론과제 9-5

미숙견공과 숙련공을 같이 작업하게 하면 어떤 일이 벌어질 수 있을까?

4.3 사회적 태만(social loafing)

지금 다섯 사람이 함께 줄을 잡아당긴다고 하면 가장 이상적인 상태는 다섯 명 각자가 끄는 힘을 모두 합한 만큼의 힘이 다섯 명으로부터 산출되어야 한다. 그러나 통상적으로 이러한 경우에 다섯 명이 끄는 힘보다 적은 힘만이 산출되어서, 집단과정에서 손실이 발생한다. 이렇게 개인이 집단으로 작업할 때 혼자 작업할 때보다 노력을 덜 기울이는 경향을 사회적 태만이라고 한다.

이러한 현상은 일찍이 1927년에 독일의 심리학자 링겔만(Max Ringelman)에 의해서 보고되었는데,[24] 이 보고는 집단의 생산성은 적어도 개인의 생산성을 합한 것 이상일 것이라는 가정을 정면으로 부정한 것이었다. 그리고 그의 이러한 실험 결과는 그 뒤에도 지속적으로 증명되었다. 즉, 집단원이 증가할수록 집단 전체의 생산성은 증가하지만, 개인의 생산성은 지속적으로 감소된다는 것이다. 우리가 통상적으로 프리라이딩이라고 하는 현상과 유사한 것이지만, 꼭 그러한 생산성 감소 행위가 의도하지 않은 경우에도 발생한다는 점에서 차이가 있다.

연구에 따르면, 사회적 태만은 다음의 세 가지 상황, 즉 첫 째로 개인의 과업이나 할당량이 명확하게 규정이 되어 있지 않을 때, 두 번째로는 하는 일이 단조롭고 지겨운 일일 때, 그리고 세 번째로 집단원들 사이에 신뢰감이 약할 때에 더욱 활성화되는 경향이 있다.[25] 뿐만 아니라, 사회적 태만은 전염성이 강한 현상으로 보고되고 있으며, 집단의 규모가 클수록 책임분산효과와 함께 개인의 업무에 대한 모니터링이 어려워지면서 사회적 태만의 정도도 더 증대되는 것으로 알려져 있다.[26]

이러한 연구 결과는 집단의 관리에 중요한 함의를 가지고 있다. 사회적 태만은 집단과정에서 발생하는 비용의 측면으로 줄이는 것이 중요한데, 이 현상을 줄이려면 집단 활동이지만, 가능하다면 개인의 과업량을 정하고 그것을 정확하게 측정하는 시스템이 필요하다는 점, 그리고 가능한 일을 흥미롭게 설계하여 내적 동기부여가 일어나도록 하고, 집단원들 사이의 불신감을 해소할 여러 가지 수단들을 마련해야 한다는 점을 지적하고 있기 때문이다. 그 외에 집단의 규모도 적절한 선에서 제한되는 것이 바람직할 것이다.

5 효과적인 팀 관리

5.1 팀의 의의와 발달 배경

팀이란 서로 보완적인 기술을 가지고 있으면서 자신들 스스로가 책임을 져야 할 공동목표나 일단의 성과목표, 방식들에 몰입되어 있는 적은 수의 사람들이 모여 구성하는 집단[27]을 의미한다. 다시 말해서, 팀이란 서로가 보완적인 기술을 가진 소수의 사람들이 공동목표나 성과목표들을 달성하기로 약속을 하고, 그 결과에 대해서는 그들 스스로 공동으로 책임을 부담하는 집단의 한 종류다. 집단과 팀을 다른 개념으로 구별하는 경우도 있지만, 위의 정의에서 보았듯이 팀을 집단의 부분집합으로 보는 것이 타당하다. 모든 팀은 다 집단이지만, 모든 집단이 다 팀은 아닌 것이다.

이제 팀이 개인을 대신해서 조직의 기본 단위가 되고 있다. 그렇게 되고 있는 이유로 여러 가지를 들 수 있겠지만, 무엇보다도 먼저 환경의 변화를 들 수 있을 것이다. 환경이 급변하면서, 이전에 비해 문제를 식별하고 대안을 마련하고, 해결안을 선택한 다음 이를 실천에 옮기는 문제해결 과정에서 개인은 한계에 도달할 수밖에 없고, 따라서 일반적으로 이러한 측면에서 팀이 개인보다 우위를 점한다.

뿐만 아니라, 환경의 변화와 함께 범세계화가 급속하게 진전되면서 경쟁도 극심해지고 있다. 이러한 극심한 경쟁상황 하에서는 차별화 전략이 경쟁우위가 되며, 차별화는 창의성에 기반하게 되는데, 팀은 소규모에서 오는 비공식성과 인적자원의 활발한 상호작용과 충분한 활용을 통해서 창의성을 높일 수 있다.

뿐만 아니라, 팀은 인적자원을 타율적인 존재가 아니라 자율적인 존재로 받아들인다. 팀은 기존 조직구조에서 오는 계층성을 탈피해서 최근의 지식과 정보를 가진 인적자원의 적극적인 참여를 유도할 수 있기 때문이다. 그 외에 조직을 팀을 기반으로 구축하게 되면 의사소통 단계가 축소되어서 조직 전체로 볼 때 다단계 의사결정 과정에서 오는 오류를 줄이고, 신속한 의사결정을 가능하게 한다.

이러한 이유들로 인해서, 20세기 후반에 들면서 이전까지 기본적인 조직구조의 틀이 되어왔던 분업에 기반한 개인 중심에서부터 팀을 중심으로 하는 팀제도로 빠르게 전환하고 있다. 따라서 팀을 효과적으로 관리하는 것이 바로 조직관리의 핵심이 되고 있으며, 그러기 위해서 우리가 앞서 살펴본 집단의 성격에 더하여 다양한 팀들이 가지는 속성들과 효과적인 팀들이 공통적으로 보여주는 특성들을 살펴보는 것은 대단히 의미있는 일이 될 것이다.

5.2 팀의 종류

팀은 명확한 공동목표나 성과목표를 가지고 있다는 점에서 친교가 목적인 비공식적 집단과도 구별된다.

위 그림에서 보듯이, 팀은 공식적으로 달성할 목표가 정해져 있으며, 조직은 이 목표를 영구적인 작업팀이나 일시적인 팀을 운영하여 달성하고자 한다. 조직을 팀으로 운영한다고 함은 조직의 기본단위가 개인이 아니라 팀이라는 것을 의미한다. 즉, 조직이 조직구성원 개인에게 정해진 일을 맡기고 개인은 그 업무를 수행하는 것으로 책임을 완수하는 것이 아니라, 팀에게 목표를 부여하고 팀으로 하여금 그 목표를 달성하기 위해서 팀원들끼리 끊임없는 의사소통을 통해 정보를 교환하고 협조와 조정을 해가는 과정을 생명으로 한다.

팀은 크게 영구적인 팀과 일시적인 팀으로 나눌 수 있다.

영구적인 팀은 조직에서 구체적인 과업이나 작업과정을 수행하는 팀으로 기능팀(functional team)과 자주관리팀(또는 자율관리팀)(self-managed team)을 대표적인 것으로 들 수 있겠다. 기능팀은 기능팀을 매일 유사한 과업을 같이 수행하면서 서로 협조하는 사람들로 구성되는데, 흔히 기능부서 안에 존재한다. 마케팅, 생산, 재무, 감사, 인적자원과 같은 기능부서 내에 하나 이상의 팀이 운영될 수 있다. 예를 들어 인적자원부서에는 인적자원 관리팀, 노사관계팀, 인적자원 교육팀 등이 운영될 수 있을 것이다.

최근에 크게 관심을 얻고 있는 팀의 유형으로 자주관리팀을 들 수 있다. 자주관

그림 9-5 팀과 집단의 종류

	영구적	일시적
공식적인 팀	생산팀 자주관리팀	문제해결팀 교차기능 팀
비공식집단	친교집단	동호회

자료: McShane, S. L. & Von Glinow, M. A. (2005), *Organizational Behavior*, 3rd Ed., New York: McGraw-Hill/Irwin. p. 267에서 수정 게재.

리팀은 완제품을 제조하기 위해서 또는 일단의 소비자들에게 완전한 서비스를 제공하기 위해서 매일을 효과적으로 공동 작업을 하는, 매우 상호의존적이고 임파워먼트된 사람들로 구성된다. 이 팀의 핵심은 그 구성원들이 임파워먼트*되어 있다는 점이다. 자주관리팀은 흔히 작업과 휴가 일정을 자율적으로 결정하며, 순환업무, 주문, 핵심 목표의 수립, 예산짜기, 팀원의 선발과 해고에 대해서도 자율성을 가지고, 심지어 구성원들의 성과 평가와 보상까지 자체적으로 수행하기도 한다.[28]

일시적으로 운영되는 팀으로는 문제해결팀과 교차기능팀을 들 수 있을 것이다. 문제해결팀(혹은 태스크 포스)은 정해진 시간 내에 구체적인 이슈에 집중해서 해결책을 마련하고 이를 실행에 옮기도록 권한이 부여된 집단을 의미한다. 흔히 품질이나 원가에 따르는 문제를 주제로 삼는데, 한 부서에 몇 명 정도가 정해진 주제를 논의하고 해결책을 강구하기 위해서 대개 일주일에 적어도 한 차례 이상, 한 번에 한, 두 시간 정도를 만난다. 필요하다면 다른 부서의 사람이나 조직 외부의 사람들도 팀의 구성원이 될 수 있다. 문제해결팀은 조직 전체에 크게 영향을 미치지 않는 범위에서 자신들이 강구해낸 해결책을 실천에 옮길 수 있으며, 대부분 관리자의 역할을 변경하거나 재조정하는 근본적인 조직변화는 수반하지 않는다.

임시적인 팀의 성과관리에서 중요한 의미를 가지는 연구가 있다. 바로 단절적 균형모형(punctuated-equiliburium model)[29]인데, 이 모형은 팀의 존속기간의 반까지

* 임파워먼트에 대해서는 다음 절에서 자세히 다룰 것이다.

■ **그림 9-6 단절적 균형모형(The Punctuated-Equilibrium Model)**

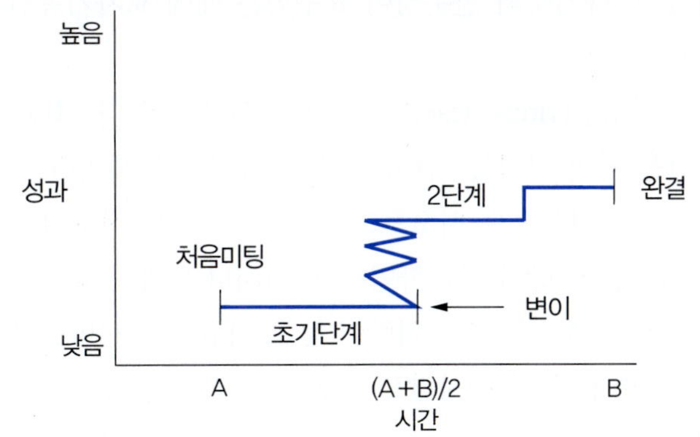

는 성과가 지지부진하다가 반을 넘어서면서 폭발적으로 성과가 증대되고 마감시간에 가까워지면서 다시 한 번 성과의 점프가 이루어지면서 종국에 이르게 된다고 설명한다.

이 모형에 의하면, 처음 단계는 집단의 목표와 그것을 달성하는 기본계획들이 만들어지는데, 이러한 목표와 기본계획, 그리고 그것들이 기반하고 있는 기본가정들에 대한 비판적 검토가 거의 이루어지지 않으면서 기본노선을 고수하기 때문에 일에 대한 진척이 크게 이루어지지 않는다는 것이다. 그러나 기간이 반을 넘어가게 되면 집단은 홀연히 기본가정들에 대한 비판적 검토와 새로운 관점들을 활발하게 찾게 되고, 새로운 역할과 규범들이 만들어지면서 괄목할 만한 성과를 내기 시작한다. 그리고 마감시간을 얼마 남지 않은 때에는 마지막 노력을 쏟아붓게 되면서 다시 한 번 성과의 증대가 이루어진다는 것이다.

이 모형은 임시팀의 경우에 마감시간의 인식이 성과에 크게 영향을 미친다는 사실을 암시하면서, 팀의 노력이 실질적인 성과로 이어지는 시간은 전체 존속기간의 반에 불과하다는 사실도 함께 지적한다. 어쩌면 이 모형은 6개월의 팀노력이 필요한 프로젝트는 그 프로젝트를 수행할 팀이 1년 전에 구축되어야함을 의미하는 것인지도 모른다.

교차기능팀(cross-functional team)은 기능부서들의 경계를 가로지르는 문제를 해결할 목적으로 여러 기능부서에서 전문가들을 모집하여 구성하는 팀이다. 가끔 교차기능팀은 장기간 지속되는 경우도 있으나, 팀이 해결을 목표로 했던 문제가 풀리면 해체되어서 구성원들은 원래 자신이 속했던 기능부서로 복귀한다. 교차기능팀은 고객의 욕구에 적절하게 대응하기 위해서 혁신과 스피드와 집중이 필요한 상황에서 유효하게 운영될 수 있다. 품질개선 프로그램의 설계나 신제품 개발, 신시장 개척과 같이 다기능의 전문성이 요구되는 때에 교차기능팀은 유일한 해결책이 될 수 있다.

마지막으로 가상팀(virtual team)을 언급할 필요가 있다. 최근 들어 정보기술의 발달로 시공간을 넘어 사람들 사이의 상호작용이 가능해지면서 최근 들어 가상팀이 중요한 팀의 한 전형으로 떠오르고 있다. 가상팀은 정보기술의 발달고 의사소통에 따르는 제약을 상당히 극복하면서, 어디서나 언제나 같이 일할 수 있다는 점, 구성원을 장소의 구애없이 가장 역량이 높은 사람으로 선발할 수 있다는 점, 신체에 장애가 있어 여행이 힘든 사람도 선발할 수 있다는 점, 그리고 여행과 숙박에 드는 비용을 절약할 수 있다는 점들 때문에 점점 더 그 사용이 늘고 있다.

다른 팀들도 마찬가지이긴 하지만, 가상팀은 본질적으로 팀원들의 자율성과 자기의존성이 크며, 동시에 이런 사람들이 협동체제를 갖추어야 하므로, 효과적인 팀으로 작동하기 위해서는 몇 가지 중요한 전제조건이 필요하다.[30] 무엇보다도 먼저 공통목표를 명확하게 정하는 것이 필요하다. 그리고 초기 단계에 며칠 간이라도 대면의 기회를 가지면서 팀원들이 서로 알아가는 기회를 가지는 것이 중요하며, 정보를 공유하는 방식, 갈등을 풀어가는 방식, 협조를 하는 방식 등에 대해서 다른 대면 기회가 많은 팀보다 더 명확하게 규정하는 것이 필요하다. 특히, 가상팀은 초기에 비해서 시간이 갈수록 신뢰도가 떨어지는 경향을 보이므로,[31] 이러한 현상이 발생하지 않도록 자주 대면기회를 갖거나 신뢰를 회복할 수 있는 계기를 마련하는 것이 중요하다.

5.3 효과적인 팀의 구축

효과적인 팀의 특성은 팀의 종류에 따라 다를 수 있다 예컨대 기능팀의 경우라면 팀원들의 다양성보다는 기능적인 전문성이 더 중요할 것이고, 교차기능팀은 목표 달성에 필요한 모든 기능분야를 골고루 갖추되, 이러한 다양성을 어떻게 조화롭게 조정해내고 갈등을 풀어내느냐가 중요할 것이다. 그런가 하면, 가상팀의 경우에는 분명한 공동목표의 설정과 신뢰도를 유지하는 것이 핵심적인 성공요인일 수 있다. 그렇더라도 모든 종류의 팀은 공통점을 가지고 있기 때문에, 이에 따라서 성공적인 팀들이 공통적으로 갖추어야 하는 일반적인 특성들도 찾아볼 수 있을 것이다.

(1) 팀의 전제조건

효과적인 팀에 대한 논의를 계속하기 전에, 어떤 상황에서 팀이 필요한지를 살펴보는 것이 도움이 될 것이다. 모든 상황이 팀을 필요로 하는 것은 아닐 것이기 때문이고, 따라서 팀이 효과적으로 작동하지 않을 상황에서 무리하게 팀을 구축함으로써 변화에 따르는 만만치 않은 저항과 재구조 비용을 부담한다는 것은 결코 바람직하지 않은 관리방식일 것이다.

팀이 적합한 상황인지를 판단하는 것으로 세 가지 판단기준이 제시되고 있다.[32)]그 하나는 하려는 과업이 혼자서도 잘할 수 있는 일인지, 아니면 여러 사람이 협동해야만 잘할 수 있을 일인지를 가려보는 것이다. 만약, 한 명이 충분히 해낼 수 있는 일이라면 굳이 이러한 과업을 팀으로 꾸릴 필요는 없는 것이다. 집단의 목표가 집단구성원들의 일을 단순히 합한 것에 불과한 것인지, 아니면 그 이상의 목표인지를 따져보아야 한다. 단순히 개인의 목표를 더한 것이 집단의 목표라면 팀으로 개편할 이유가 없다. 세 번째 판단 기준은 팀원들이 충분히 상호의존적인지에 관한 것이다. 집단의 성공이 개인의 성공이고 개인의 성공이 집단의 성공과 연계되어 있을 때에 팀이 효과적으로 작동할 수 있다. 훌륭한 선수들을 모아놓는다고 해서 승리가 보장되지 않는 스포츠팀과 같은 것이 좋은 예가 될 것이다.

(2) 효과적인 팀의 특성

효과적인 팀이란 성과와 팀원들의 활력에 달려 있다.[33)] 팀이란 달성해야 할 특정목표를 가지고 있는 집단이고, 따라서 팀이 목표를 제대로 달성하고 있는지가 중요한 유효성의 기준이 될 것이다. 그러나 팀의 목표를 달성했다고 해서 다는 아니다. 목표를 달성했다고 하더라도 그 과정이 매우 힘들거나 불만족스러워서 팀원들이 탈진하거나 더 이상 팀으로서의 활동을 하지 않으려고 할 정도로 불만족스러웠다면, 그 팀이 효과적인 팀이었다고 말할 수 없을 것이다.

물론 다양한 종류의 팀들이 있기 때문에, 효과적인 팀의 특성으로도 많은 것들을 언급할 수 있겠지만, 본서에서는 위의 두 가지 기준을 기반으로 해서 몇 가지 성공적인 팀들이 보여주고 있는 특성들을 제시하는 것으로 그친다.[34)]

무엇보다도 먼저 언급할 것은 분명한 팀의 목적이나 목표의 존재다. 무슨 목표를 달성하고자 팀이 구성되었는지, 왜 팀이어야 하는지, 그 목표는 팀원들에게 충분하게 공유되어 있는지를 분명히 하는 것이 무엇보다도 중요하다. 팀 실패 원인 중에서 가장 핵심적인 것으로 꼽히는 것이 공동목표가 불명확하다는 것이다.

두 번째로는 팀원들의 다양성과 전문성이다. 팀은 보완성을 생명으로 한다. 따라서 특정 목표를 달성하는 데 필요로 하는 전문성들이 서로 보완할 수 있는 충분한 다양성을 갖추는 것이 대단히 중요하다. 그리고 그러한 전문성이 지속적으로 업그레이드되도록, 그리고 이러한 다양한 전문성들이 서로 조화롭게 협조할 수 있도록 지속적인 훈련이 필요하다.

세 번째 언급하고 싶은 것은 소규모의 유지와 적극적인 참여의 독려이다. 팀은 그 속에 자발성과 비공식성이 살아있어야 하고, 따라서 규모는 작게 유지하는 것이 필요하며, 팀원들 모두가 적극적으로 팀활동에 참여할 수 있도록 문지기 역할* 이 매우 중요하다.

네 번째, 팀원들의 역할이 균등하게 배분되도록 해야 한다. 팀은 공동의 노력으로 목표를 달성하는 사회시스템이므로, 팀원들 사이의 공정성 지각이 대단히 중요하다. 어떤 팀원은 역할과다에 시달리는데, 어떤 팀원은 별로 하는 일 없이 한가하다면 효과적인 팀을 기대하기 어렵다.

다섯 번째로 보상은 팀이 단위가 되어야 한다. 팀의 기본 골격은 팀원들 사이의 상호의존성이다. 따라서 목표달성의 여부도 팀 행위의 결과이지, 구성원 개개인의 결과가 아니다. 팀원들에 대한 차별적 보상은 팀원들 사이의 협조보다는 경쟁력을 초래하여 오히려 팀의 목표달성을 어렵게 만들 수도 있다. 팀원들에 대한 보상시스템은 팀에게 위임하는 것이 더 좋은 방안일 수 있다.

여섯 번째로, 효과적인 팀이 되기 위해서는 실질적인 리더십 행사를 한 사람이 독점하지 않고 상황에 따라 그 상황에 적합한 사람이 행사하는 배분적 리더십(distributive leadership)을 장착할 필요가 있다. 공식적인 리더는 적절한 행동과 목표달성에 도움이 되는 규범을 확립하는 역할을 맡도록 한다.

마지막으로, 효과적인 팀이 되기 위해서는 자율성이 확보되어야 한다. 팀의 생명은 자율성에 있으므로, 권위적인 조직문화가 관료제적 조직구조나 관리자의 존재는 팀의 활력을 떨어뜨리고 곧바로 팀을 이전의 대부대과 중심적인 관료제 조직으로 만들어버린다. 따라서 팀을 조직의 기본단위로 삼고자 하는 조직은 그 조직문화부터 자율적인 문화로 바꾸어야 하고, 팀은 적절하게 임파워먼트가 되어있어야 한다.

(3) 임파워먼트(Empowerment)

임파워먼트(empowerment)는 기본적으로 구성원들이 소속집단이나 조직에 대해

---

* 문지기 역할(gatekeeping role)은 집단의 구성원들이 모두 팀 활동에 참여할 수 있도록 돌보는 역할로서, 참여도가 너무 과다한 구성원은 자제를 시키는 한편, 참여도가 저조한 구성원들에게 발언권이나 참여기회를 제공해주는 역할을 말한다.

서 의미있는 영향력을 행사할 수 있다는 능력과 위치에 있다는 생각을 증대시키는 것으로, 상부에서 가지고 있는 권한을 하부에서 사용할 수 있도록 허용하는 권한 위임과는 구별된다. 팀임파워먼트는 구성원들이 소속팀을 ① 효과적으로 작동하고 있고, ② 중요하고 가치있는 과업을 수행하고 있으며, ③ 과업 수행에 있어서 독립성과 자유재량권을 보유하고 있고, ④ 업무 수행과 목표달성에서 중요하고도 의미있는 역할을 수행했다(impact)고 인식할 때 구축된다.[35] 이 네 가지 요인, 팀이 효과적으로 작동할 잠재능력, 과업에 대한 의미감, 업무 수행상의 자율성, 그리고 결과에 미친 영향력 등이 임파워먼트를 구성하는 핵심요소로서, 이것들 중 어느 하나라도 부족하면 효과적인 팀 임파워먼트를 구축할 수가 없게 된다.

표준설문지 9-1 팀 임파워먼트 설문

현재 귀하가 소속되어 있거나 과거에 소속되었던 팀에 대해서 생각해 보십시오. 그런 다음, 다음의 진술에 대해서 그 팀과 관련하여 귀하가 동의하거나 동의하지 않는 정도를 아래 척도에 표시해주시기 바랍니다. 척도는 아래와 같습니다.

5: 매우 동의한다.
4: 동의한다.
3: 잘 모르겠다/ 중간이다.
2: 동의하지 않는다.
1: 정말로 동의하지 않는다.

잠재능력 항목들

_____ 1. 팀은 자기확신감을 가지고 있다.
_____ 2. 팀은 고품질의 작업을 할 수 있는 능력을 가지고 있다고 믿고 있었다.
_____ 3. 팀은 외부 사람들로부터 고성과의 팀으로 평가될 것으로 기대했다.
_____ 4. 팀은 자신의 문제를 스스로 해결할 수 있다고 확신했다.
_____ 5. 팀은 일이 없는 것을 오히려 견디기 힘들어 했다.

의미감 항목들

_____ 6. 팀은 그것이 수행하는 것에 관심을 가지고 있었다.
_____ 7. 팀은 팀의 일이 가치가 있는 것으로 생각했다.
_____ 8. 팀은 집단의 목표가 중요하다고 생각했다.
_____ 9. 팀은 수행한 프로젝트가 의미있는 것이라고 생각했다.
_____ 10. 팀은 맡겨진 일을 해볼 만한 가치가 있는 일이라고 생각했다.

자율성 항목들

_____ 11. 팀은 작업을 지금과는 다른 방식을 선택하여 수행할 수도 있었다.
_____ 12. 팀은 작업수행방법을 결정했다.
_____ 13. 팀은 상부의 간섭을 받지 않고 할 일의 많은 부분을 선택했다.

_____ 14. 팀은 목표를 설정하는 과정에서 상당한 영향력을 행사했다.
_____ 15. 팀은 구성원들에게 과업과 과제를 돌려가면서 맡도록 할 수 있었다.

영향력 항목들

_____ 16. 팀은 프로잭트상에서 얼마나 진전을 이루고 있는지에 대해서 평가했다.
_____ 17. 팀은 다른 사람들에게 긍정적인 영향을 미쳤다.
_____ 18. 팀은 고객들에게 긍정적인 영향을 미쳤다.
_____ 19. 팀은 목표를 달성해냈다.
_____ 20. 팀은 조직에 변화를 몰고 왔다.

자료: Kirkman, B. L., Roson, B. (1999), Beyond self management: Antecedents and consequrnces of team empowerment. Academy of Management Journal, 42, 58-74에서 따옴.

앞에서 든 임파워먼트의 네 가지 요건을 갖춘 팀이 되기 위해서는 중요한 선결조건이 하나 있다. 바로 정보의 공개다. 정보가 제대로 공개가 되지 않고서는 제대로 된 결정을 내릴 수 없는 것은 불문가지다. 팀이 목표설정과 업무수행에 필요로 하는 정보를 제대로 공유하지 않으면서 팀에게 자율권을 제공하는 것은 의미가 없는 것이다. 따라서 임파워먼트된 팀을 육성하려는 조직은 먼저 스스로 핵심적인 정보를 공개하는, 소위 공개경영(openbook management)을 실시할 필요가 있다. 이를 위해서 기존의 폐쇄적이고 권위적인 조직문화가 개방적이고 민주적인 조직문화로 바뀌어야 함을 물론이다.

임파워먼트의 주창자 중의 하나인 랜돌프(W. A. Randolf)는 임파워먼트된 팀은 자주관리팀, 정보공유, 그리고 자율성 확대의 세 가지를 갖추고 있을 때 가능하다

그림 9-6 랜돌프의 임파워먼트 모형[36)]

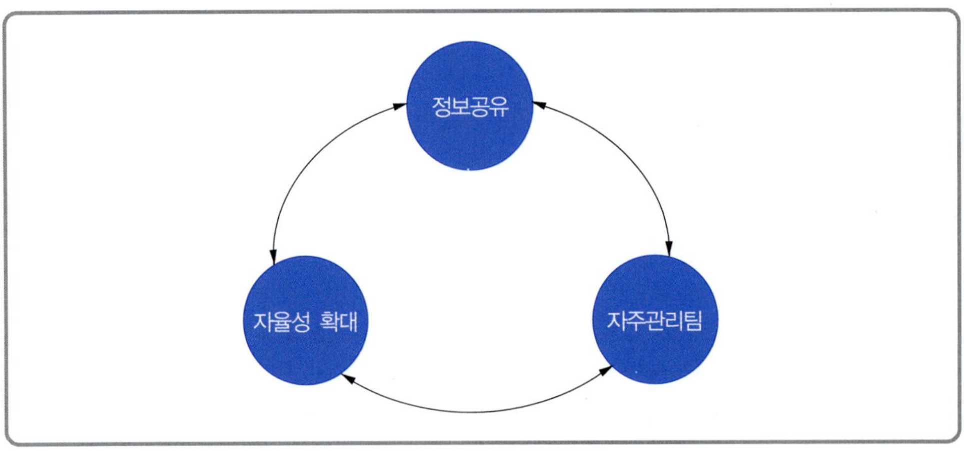

고 주장하면서, 이 세 가지 축은 서로에게 긴밀히 연계되어 있어서 한데 모여 삼위일체를 이루지 않으면, 임파워먼트된 팀의 구축은 난망하다고 단언한다.

[후주]

1) Robbins, S. P., & Judge, T. A. (2009). *Organizational Behavior*, 13th Ed., Upper Saddle River, NJ : Pearson Education, p.318
2) Schein, E. (1980). *Oganizational Psychology*, 3rd Ed., Englewood Cliffs, NJ: Prentice-Hall, p. 145
3) Festinger, L. (1954). *A theory of social comparison process*. Human Relations, 7, 117-140; Wood, J. V. (1996). What is social comparison and how should we study it? Personality and Social Psychology Bulletin, 22, 520-537
4) *ibid.*
5) Tuckman, B. W. (1965). *Developmental sequence in samll groups*. Psychological Bulletin, June, 384-399
6) Robbins, S. P., & Judge, T. A. (2009). *Organizational Behavior*, 13th Ed., Upper Saddle River, NJ : Pearson Education, p.323
7) Slocum, J. W. & Hellriegel, D. (2007). *Fundamentals of Organizational Behavior*, Mason, OH : Thompson South Western
8) Feldman, D. C. (1984). The development and enforcement of group norms. *Academy of Management Review*, 9, 47-53
9) *ibid.*
10) Robbins, S. P. (2003) *Organizational Behavior*, 10th Ed., Upper Saddle River, NJ: Prentice Hall, 229-230.
11) Gilovich, T., Keltner, D, & Nisbett, R. E. (2011), *Social Psychology*, 2nd Ed., New York: W. W. Norton & Company
12) Schachter, S. (1951) Deviation, rejection, and communication, *Journal of Abnormal and Social Psychology*, 46, 190-207; Garfinkel, H. (1967). *Studies in Ethnomethodolgy*, Englewe대 Cliffs, NJ: Prentice Hall; Abraham, D., Marques, J. M., Brown, N., & Henson, M. (2000). Pro-norm and anti-norm deviance within and between groups. *Journal of Personality and Social Psychology*, 78, 906-912
13) Latané, B. (1981). *The Psychology of social impact*. American Psychologist, 36, 343-356
14) Asch, S. E. (1956) *Studies of independence and conformity : A minority of one against unanimous majority*, Psychological Monograph, 70 (9. Whole No. 416)
15) Aronson, E., Wilson, T. D., & Akert, R. M. (2010). *Social Psychology*, 7th Ed., Upper Saddle River, NJ: Prentice Hall
16) Berger, J., Cohen, B. P., & Zelditch, M., Jr.(1972). *Status characteristics and social interaction*, American Sociological Review, 37, 241-255
17) *ibid.*
18) Forsyth, D. R. (1983). *An Introduction to Group Dynamics*. Monterey, CA: Brooks/Cole Publishing
19) Cartwright, D., & Zander, A. (Eds.) (1968). *Group Dynamics: Research and Theory* (3rd ed.) New York: Harper & Row
20) Forsyth, D. R. (1983). *An Introduction to Group Dynamics*. Monterey, CA: Brooks/Cole Publishing. pp. 352-353 참조
21) Cartwright, D., & Zander, A. (Eds.) (1968). *Group Dynamics: Research and Theory* (3rd ed.) New York: Harper & Row
22) Latane, B., & Nida, S. (1981). *Ten years of research on group size and helping*. Psychlogical Bulletin, 39, 308-324
23) Zajonc, R. B. (1965) Social facilitation, *Science*, 149, 269-274
24) Steiner, I. D. (1972). *Group process and productivity*. New York: Academic Press 에서 재인용
25) Kreitner, R., & Kinicki, A. (2001). *Organizational Behavior*, 5th Ed., New York: Irwin McGrw Hill., p.402
26) Latane, B., Williams, K., & Harkins, S. (1979). Many hands make light the work: The causes and consequences of social loafing. *Journal of Personality and Social Psychology*, 37, 822-832

27) Kazenbach, J. R., & Smith, D. K. (1999). *The wisdom of teams : Creating the high-performance Organization*. New York: HarperBusiness. p. 45
28) Cooney,R. (2004). *Empowered self-management and the design of work teams*. Personal Review, 33, 677-690
29) Gersick, C. J. G. (1988). Time and transition in work teams: Toward a new model of group development. *Academy of Management Journal*. March, 9-41
30) Slocum, J. W. & Hellriegel, D. (2007). *Fundamentals of Organizational Behavior*, Mason, OH : Thompson South Western. 218쪽 참조
31) Javenpaa, S. L., & Leidner, D. E. (1999). Communication and trust in global virtual teams. *Organizational Science*, 10, 791-815
32) Robbins, S. P., & Judge, T. A. (2009). *Organizational Behavior*, 13th Ed., Upper Saddle River, NJ : Pearson Education
33) 이에 대한 좀 더 자세한 설명은 Kreitner, R., & Kinicki, A. (2001) *Organizational Behavior*, 5th Ed., New York: Irwin McGrw Hill, 418-420을 참조할 것.
34) *ibid.,*
35) Slocum, J. W. & Hellriegel, D. (2007). *Fundamentals of Organizational Behavior*, Mason, OH : Thompson South Western
36) Blanchard, K., Carlos, J. P., & Randolf, A. (2001). *The 3 keys to empowerment. San Fransico*, CA: Berrett & Koehler Publisher

chapter 10

커뮤니케이션

우리나라의 항공사고율은 높은 편이다. 일억 킬로미터당 사고율은 0.04명인 데 비해서 우리나라는 그 1.5배인 0.06명이다. 원인으로는 압도적으로 조종사의 조종실수가 많은데, 우리나라에서는 그것이 더 심한 편이다. 1975년부터 1997년 사이에 발생한 46건의 항공사고 중에서 조종사 과실에 의한 것은 36건으로 79.8%를 차지하는데 이는 세계 평균 64.4%보다 훨씬 높다.

흥미있는 사실은 조종사 과실이 높은 지역은 아시아라는 점이다. 백만 비행횟수당 조종사의 과실에 의한 사고횟수를 보면, 북미에서는 1.3회, 유럽은 2.7회, 중동은 2.1회, 남미는 4회인 데 비해, 아시아 지역은 5.9회, 한국은 4.86회로 나타나고 있다. 아시아 조종사들이 특히 조종사 과실에 의한 사고를 많이 내는 이유는 유교적 전통에서 나오는 권위적 서열 때문이다. 조종실에 있는 조종사들의 인간관계가 너무나도 경직되어 있기 때문에, 서로의 실수를 솔직하게 지적하기가 어려운 분위기가 조종실을 지배하고 있는 것이다. 특히, 우리나라의 경우 기장과 부기장이 학교 선·후배로 이루어진 경우가 많아서 더욱 그러한 약점에 노출되어 있다고 할 수 있다.

1997년 8월 괌공항에서 발생하여 228명의 목숨을 앗아갔던 항공사고가 대표적인 예이다. 사고 후 미국교통안전위원회에서 사고기에 실렸던 녹음장치를 풀어서 해독하고 그 내용을 공개했는데, 그것을 들어보면 기장의 실수를 부기장이 충분히 알고 있으면서도 그것을 제대로 지적하고 응급조치를 취하지 못함으로써, 228명이 사망한 대형사고로 이어진 것을 알 수 있다.

(http://audwls3179.blog,me/70006820726참조)

보통사람이라면 깨어 있는 시간의 70%를 커뮤니케이션(communication), 즉 의사소통에 할애하면서 보낸다고 한다. 조직이론가 민쯔버그(H. Mintzberg)의 조사에 의하면 보통의 관리자들은 하루 시간의 69%는 회의에서, 6%는 전화로, 3%는 이동 또는 여행으로, 22%는 사무실 책상에서 보낸다고 한다. 그렇다면 거의가 커뮤니케이션으로 시간을 보낸다는 것을 알 수 있다. 그러나 사람들은 조직에서의 문제를 이야기할 때, 커뮤니케이션에 문제가 있다느니 또는 왜 말이 안 통하는가라는 말을 자주 쓴다. 집단을 구성하여 하나의 프로젝트를 수행할 때도 상호간에 의도를 알지 못하여 혼선이 생기고 불화가 발생하여 그 프로젝트가 실패로 끝나는 경우가 종종 있다.

그러므로 효과적인 커뮤니케이션능력은 경영자에게 필수적이다. 거의 모든 중요한 경영자의 기능은 상사와 부하 간의 효과적인 커뮤니케이션에 의해 좌우된다.

조직구성원들을 동기부여하기 위해서 경영자는 그들과 상의하여 목표를 설정하고, 어떻게 하면 정확하게 직무를 수행할 수 있는가를 지도하여야 한다. 효과적인 인사고과를 실시하기 위해서도 경영자는 종업원들에게 업적에 대한 피드백을 제공하고 그 평가에 대한 정당성을 입증하여야 한다.

기업조직에서 커뮤니케이션, 즉 의사소통이 담당하는 기능을 나열하면 다음과 같다.

① **정보소통**(information) : 조직에서 효율적인 의사결정과 직무수행을 위해 개인 간 및 부서 간 필요한 정보를 주고받는다.
② **지시·통제**(control) : 지시와 명령으로 직무를 부과하며, 조직이 구성원을, 또 상급자가 부하를 통제·조정한다.
③ **동기부여**(motivation) : 사원의 업적을 칭찬·격려하고 상담해 주면서 사원들의 사기를 진작시킨다.
④ **감정표출**(emotional expression) : 조직구성원들의 만족, 흥분, 불만 등의 감정을 동료, 상사 혹은 외부인에게 표출한다.

결국 커뮤니케이션(communication)이란 조직 내 사람들 간의 정보의 교환이라고 정의할 수 있다. 그러나 커뮤니케이션에는 의미의 전달과 이해가 포함되어야 한다.

1 커뮤니케이션의 과정

커뮤니케이션이 일어날 수 있으려면 먼저 어떤 목적, 즉 전달 메시지로 표현될 수 있는 어떤 목적이 필요하다. 이 목적은 메시지로 표시되어 정보원(情報源), 즉 발신자로부터 수신자에게로 전달되는 것이다. [그림 10-1]은 이러한 의사결정의 과정을 나타내 준다.

메시지는 상징적인 기호의 형태로 코드화되어 어떤 경로를 통해 수신자에게 전달되고 그 수신자는 발신자의 메시지를 해독하게 된다. 이 같은 과정을 거쳐 한 사람에게서 다른 사람에게로 의미가 전달된다.

이와 같은 과정에서 각 요소들은 커뮤니케이션의 왜곡을 일으킬 수 있는 잠재성을 가지고 있다. 이와 같은 왜곡 가능성은 의외의 잡음이 커뮤니케이션에 끼어들기 때문이다.

코드화된 메시지에 영향을 미치는 상황으로는 능력, 태도, 지식, 사회·문화적 시스템 등이 있다.

첫째, 조직에서 보고서를 작성하여 상사에게 성공적으로 전달하는 데는 보고서 작성자의 글쓰는 능력이 필요하다. 그리고 전반적인 커뮤니케이션의 성공 여부는 말하고, 읽고, 듣고, 추리하는 능력에 달려 있다.

둘째, 제3장에서 논의한 것처럼 사람들의 태도가 그들의 행위에 영향을 미친다. 사람들은 수많은 주제에 대하여 사전에 형성된 어떤 아이디어를 가지고 있어서 이러한 태도가 커뮤니케이션에 영향을 준다.

셋째, 어떤 특정 주제에 대한 지식의 정도에 따라서도 커뮤니케이션은 제약을 받는다. 잘 알지 못하는 것은 성공적으로 커뮤니케이션하기가 불가능한 일이다. 그리고 또 어떤 너무 폭넓은 지식을 소유하고 있는 경우에도 수신자가 그의 메시지를 이해하지 못하게 될 가능성이 있다.

그림 10-1 커뮤니케이션과정의 모형

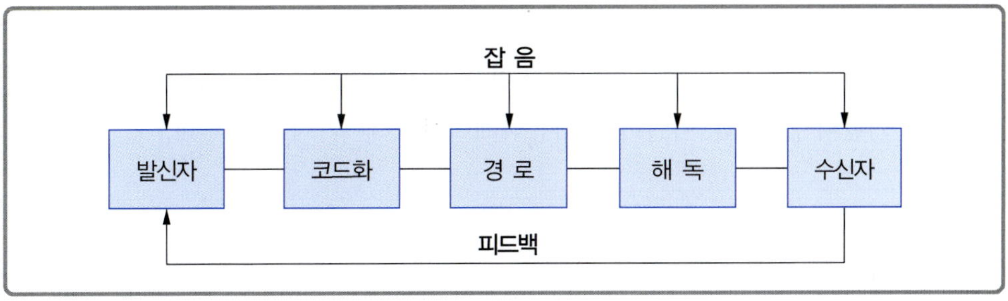

넷째, 사람들이 속해 있는 사회·문화적 시스템 내의 지위도 그들의 행위에 영향을 미친다. 사람들의 신념과 가치관은 문화를 형성하는 부분으로서 커뮤니케이션의 정보원(情報源)에 영향을 미친다.

커뮤니케이션과정에서 메시지 그 자체가 왜곡의 원인이 될 수 있다. 메시지는 발신자의 코드화로부터 만들어지는 실제적인 물리적 산물이다. 사람들이 말을 할 때 그 말의 내용이 메시지이며, 글을 쓸 때 그 글의 내용이 메시지이다.

또한 사람들이 몸짓을 하고 있을 때의 팔의 움직임이나 얼굴 표정이 메시지가 된다. 그리고 메시지는 사용되는 코드나 상징, 메시지 자체의 내용 그리고 코드와 내용의 순서배열의 방법 등에 의해서 그 의미가 영향을 받게 되고, 이것 때문에 메시지가 왜곡되는 경우도 생긴다.

경로는 메시지가 통과하는 매개체(媒介體)이다. 이 경로는 발신자에 의해 선택되며 보통 공식적인 경로와 비공식적인 경로가 있다.

공식적인 경로는 조직에 의해 설정되고 구성원들의 과업활동과 관련된 메시지가 주로 전달된다. 이는 전통적인 조직 내 권한계층의 연쇄를 따르게 된다. 그 밖의 개인적 또는 사회적 메시지는 조직 내의 비공식적 경로를 따라 전달된다.

수신자는 메시지 전달의 대상이다. 그러나 메시지가 수신되기 전에 메시지내의 코드 또는 상징을 수신자가 이해할 수 있는 형태로 해독되어야 한다. 코드화가 발신자의 능력, 태도, 지식 그리고 사회·문화적 시스템에 의해 제약을 받듯이 수신자도 동일한 요인에 의하여 제약을 받는다.

커뮤니케이션의 마지막 요소는 피드백 과정이다. 피드백은 메시지가 원래의 의도대로 성공적으로 전달되었는가를 점검하는 것으로서 이를 통해 메시지의 이해 여부를 확인할 수 있다.

2 커뮤니케이션의 방법

집단 구성원들 간에 서로 의미를 전달하는 커뮤니케이션의 기본적인 방법은 언어적 커뮤니케이션과 비언어적 커뮤니케이션의 두 가지 방법이다.

2.1 언어적 커뮤니케이션

언어를 이용한 커뮤니케이션은 다시 구두에 의한 커뮤니케이션과 문서에 의한 커뮤니케이션으로 나눈다. 구두에 의한 커뮤니케이션은 연설, 1 대 1의 공식적 대화, 집단토의, 비공식적인 소문 그리고 그레이프바인(grapevine) 등이 포함된다.

문서에 의한 커뮤니케이션에는 사무용 메모, 편지, 사내보, 게시판 게시 그리고 기타 기록물에 의한 메시지 전달방법이 포함된다.

그리고 최근에는 언어적 커뮤니케이션이 전자커뮤니케이션의 형태로 이루어지는 경우가 늘고 있다.

(1) 구두에 의한 커뮤니케이션

구두에 의한 커뮤니케이션의 장점은 신속성과 피드백에 있다. 구두에 의한 메시지는 신속하게 전달될 수도 있고, 만약 수신자가 그 메시지의 내용을 확실히 이해할 수 없는 경우 신속한 피드백은 발신자로 하여금 빨리 수정할 수 있는 기회를 제공한다.

구두에 의한 커뮤니케이션의 단점은 메시지가 많은 사람들을 통과할 때마다 나타나는 왜곡현상이다. 메시지는 통과하는 사람들의 수가 많으면 많을수록 그 메시지가 왜곡될 가능성은 더 커진다.

또한 조직 내에서 의사결정내용과 정보의 내용이 권한계층을 따라 구두에 의해 위아래로 통과되고 있을 경우 메시지가 왜곡될 가능성은 상당히 높아진다.

(2) 문서에 의한 커뮤니케이션

문서에 의한 커뮤니케이션은 영구적인 보관이 가능하여 언제라도 꺼내 볼 수 있으며, 입증이 가능하다는 장점이 있다.

이 같은 커뮤니케이션방법은 복잡하고 장황한 커뮤니케이션의 경우에 특히 유리하다. 신제품의 개발계획은 수개월 또는 수년에 걸쳐 전달해야 할 메시지를 포함하게 되는데 그 내용이 기록되면 관련된 사람들이 두고두고 참고할 수 있게 된다.

문서에 의한 커뮤니케이션의 또 다른 장점은 과정 그 자체에 있다. 보통 공식적인 연설을 하고 있을 때는 구두에 의한 단어보다 문서에 의한 단어에 더 주의하지 않으면 안 된다. 즉, 문서에 의한 커뮤니케이션은 보다 철저히 생각된 것이고, 논리적이고 명확하다.

문서에 의한 커뮤니케이션의 단점은 시간이 많이 든다는 점이다. 대학에서의 학생들에 대한 시험도 필기시험보다는 구두시험을 통하여 동일한 시간 동안 더 많은 내용을 평가할 수 있다. 실제로 한 시간의 문서에 의한 내용이 단 10분 동안의 구두에 의한 방법으로 모두 전달될 수도 있다. 그래서 문서에 의한 커뮤니케이션은 보다 더 상세할 수도 있지만 많은 시간이 소요된다는 단점이 있다.

문서에 의한 커뮤니케이션의 또 하나의 단점은 피드백이 곤란하거나 피드백이 결여되어 있다는 점이다. 문서에 의한 커뮤니케이션에는 본래의 내재적인 피드백 메커니즘이 없어서 업무용 메모를 전달하였다 해도 그 메모가 수신되었는지 확실히 알 수가 없고, 만약 수신되었다 하더라도 수신자가 발신자의 원래의 의도를 그대로 해석하고 이해하였는지를 확인할 수가 없다.

(3) 전자 커뮤니케이션

과거에는 전자정보통신기술이 조직 커뮤니케이션과 무관한 듯이 보였으나 오늘날에는 휴대전화, 팩스, 이메일, 전자결재, 화상회의 등 각종 전자커뮤니케이션으로 인하여 전달형태가 빠른속도로 바뀌고 있다. 이젠 자리에 없어도, 휴가를 떠나서도, 회의 중이나 고객방문을 위한 외출 중에도 조직 내외적으로 커뮤니케이션이 가능하다.

① **인터넷**(internet) : 컴퓨터 네트워크를 전체적으로 연결시킨 것으로 기업, 대학, 정부 등 전 세계의 정보를 개인 PC에서 열어 볼 수 있기 때문에 이제는 누구나 이를 이용하고 있다. 이에 대해 인트라넷(intranet)은 조직에서 사용자들에게 ID를 부여하고, ID를 가진 사람만 이용할 수 있게 함으로써 기업내부의 효율적 커뮤니케이션을 위해 많이 사용하고 있다.

② **전자우편**(e-mail) : 인터넷을 사용하여 편지와 서류를 보내는 제도로서 다음과 같은 장점이 있어서 오늘날 가장 중요한 커뮤니케이션매체가 되었다.

- 한 번에 수많은 사람에게 전달이 가능하며 메시지의 양도 무한하다.
- 시간과 비용이 최소화된다.
- 관련자들의 팀워크가 증대된다.
- 시간과 장소를 초월한다(예: 휴대전화 이메일, 무선 노트북 이메일)

③ **원격화상회의**(video conferencing) : 공간적으로 분리되어 있는 사람끼리 비디오와 오디오를 연결하여 커뮤니케이션할 수 있는 기술로서 이동하지 않고도 살아갈 수 있는 시대가 되어가고 있다.

2.2 비언어적 커뮤니케이션

사람들은 구두에 의해 다른 사람에게 메시지를 전달할 때마다 언어적 메시지를 더 정확하게 전달하는 동시에 비언어적 메시지를 전달하고 있는 경우가 대부분이다. 그리고 어떤 경우에는 비언어적 요소만이 유일한 커뮤니케이션의 방법이다.

예를 들어 남을 흘끗 쳐다본다든지, 빤히 쳐다본다든지, 미소를 짓는다든지, 눈살을 찌푸린다든지, 남을 약올리는 몸 움직임을 한다든지 하는 것들이 모두 의미를 비언어적 수단으로 전달하고 있는 것이다.

여기에서는 비언어적 커뮤니케이션을 몸의 움직임, 억양이나 단어에 대한 강조, 얼굴표정 그리고 발신자와 수신자와의 거리 등에 한정하여 논의한다.

(1) 몸의 움직임

몸의 움직임에 대한 학문적 연구는 키니식스(Kinesics)라 부른다. 여기에는 몸짓, 얼굴의 윤곽, 그 밖의 몸의 움직임이 포함된다. 이 분야는 비교적 새로운 분야이며 실증적 연구결과에 의해 지지되고 있기보다는 추측이나 통속적인 주장에 더 많이 의존하고 있다.

모든 신체언어(body language)는 각각 어떤 의미를 지니고 있으며 우연히 일어나는 몸의 움직임은 없다고 주장한다. 그리하여 신체언어는 언어적 커뮤니케이션에 동반되어지며 때로는 언어적 커뮤니케이션을 더욱 복잡하게 만들기도 한다.

몸의 위치나 움직임 자체가 어떤 구체적이고 일반적인 의미를 가지고 있지 않지만 그것이 언어적 커뮤니케이션과 결합될 때 발신자의 메시지에 보다 더 완전한 의미를 부여한다.

(2) 억양이나 단어에 대한 강조

억양 내지는 어조가 메시지의 의미를 변화시키는 예를 들어보자. 대학 수업시간에 어떤 학생이 교수에게 질문했을 때, 그 질문에 대한 교수의 대답이 "무슨 뜻으로 그 같은 질문을 하지요?"라고 하자.

이 같은 말에 대한 학생의 반응은 그 교수 말의 어조에 따라 매우 달라질 것이다. 부드러운 어조는 마지막 단어인 질문을 강조하는 듯한 도전적인 어조와는 다른 의미를 낳을 것이다.

(3) 얼굴의 표정

위의 예에서 교수의 얼굴표정도 역시 의미를 전달할 것이다. 엉클어진 표정과 미소 짓는 표정은 전달하는 의미가 달라질 수 있다. 얼굴표정은 억양과 함께 우아함, 공격성, 공포, 수줍음 등을 전달할 수 있으며 문서를 통해서는 전달될 수 없는 내용을 전달할 수 있다.

(4) 발신자와 수신자와의 거리

사람들이 물리적 거리, 즉 다른 사람과의 일정한 거리간격을 유지하는 방법도 역시 의미를 갖는다. 다른 사람과의 사이에 유지해야 할 거리간격은 그 사회의 문화적 규범에 달려 있다.

예를 들어 우리나라에서는 친근한 거리로 생각되고 있는 것이 미국에서는 사무적인 거리로 생각될 수 있다. 어떤 사람이 적절하다고 생각한 것보다 더 가까이 접근하면 그것은 공격성이나 무례함을 나타낼 수도 있다. 그러나 보통보다 더 멀리 떨어져 있으면 오히려 흥미가 없다거나 불쾌감을 느끼고 있음을 나타낼 수도 있다.

수신자는 이와 같은 비언어적 요소들에 철저하게 대비할 필요가 있다. 발신자 언어의 문자 그대로의 의미에 귀를 기울여야 할 뿐만 아니라 그 속에서 비언어적 단서를 찾아야 한다.

특히 메시지들 간에 모순이 있는가를 살펴야 한다. 상사가 절박한 예산문제에 관하여 언제나 자유롭게 찾아와 이야기해도 좋다고 말하고 있을 때, 지금은 그 문제를 논의할 시간이 아니라는 것을 암시하고 있는 비언어적 신호도 알아차릴 수 있어야 한다. 시간이 충분히 있다고 말하면서 자주 손목시계를 힐끗힐끗 쳐다보면 그것은 대화를 끝내는 것이 더 좋겠다는 메시지를 전달하고 있는 것이다.

사람들은 말로써 어떤 정서(예: 사랑)를 표현하고 있을 때 다른 사람들에게 그것이 잘못 전달되고 있는 경우가 있다. 즉, 말로는 사랑한다고 하면서 비언어적으로는 '나는 너를 사랑하지 않는다'는 것을 나타내는 모순된 메시지를 전달하고 있는 경우도 있다.

토론사례 10-1 메라비언 법칙(The law of Mehrabian)

상대방과 커뮤니케이션을 할 때, 표정이나 시선, 몸짓, 억양, 말투 등 비언어적 요소들이 가지는 중요성은 의외로 매우 클 수 있다. 미국 UCLA의 심리학자였던 앨버트 메라비언(Albert Mehrabian)이 1971년에 출간한 저서 《Silent Messages》에서 처음 제기했던 이른바 '메라비언 법칙'은 이를 잘 대변해 준다.[1)]

그에 의하면, 사람이 상대방과 대화하면서 특히 상대방의 말에서 모순을 느낄 때, 시각적 요인(표정이나 눈 맞춤, 자세 등)은 55%, 청각적 요인(목소리, 억양, 말투 등)은 38%, 그리고 말의 내용과 같은 언어적 요인은 불과 7%밖에 참조하지 않는다는 것이다. 이는 결국 우리가 다른 사람과 커뮤니케이션을 할 때, 상대방에게 신뢰나 호감을 느끼는 등 첫인상의 상당부분을 시각적 및 청각적인 비언어적 요인들에 의존해 판단한다는 것을 시사해 준다. 대화를 통하여 상대방에 대한 호감 또는 비호감을 느끼는 데 있어서 상대방이 하는 말의 내용이 차지하는 비중은 불과 7%로 그 영향이 매우 미미하다는 것이다.

그러므로 상대방과 커뮤니케이션을 할 때 그들에게 호감을 주는 것은 물론, 대화의 설득력과 진정성을 높이기 위해서는, 전달하는 말의 내용과 논리도 중요하지만 몸짓이나 표정, 목소리의 고저, 억양 등에도 신경을 쓸 필요가 있다. 이를테면, 지나치게 경직된 말투나 불필요하게 높은 톤의 목소리, 대화시 다리를 떠는 행위, 방어적이고 위압적인 자세로 오인될 소지가 있는 팔짱을 낀 자세 등은 가급적 삼가하는 것이 바람직하다.

3 커뮤니케이션 네트워크

집단성원의 수가 3명 이상이 되면 정보의 유통경로가 매우 중요한 커뮤니케이션 요소가 된다. 이때 집단의 구조가 구성원들의 정보전달의 용이성과 가능성을 결정하게 된다.

이러한 커뮤니케이션 네트워크에 관한 연구는 1940년대부터 실험실 상황에서 소집단을 대상으로 이루어졌다.

3.1 커뮤니케이션 네트워크의 유형

집단 또는 조직에서의 커뮤니케이션 네트워크는 여러 유형으로 분류할 수 있으나 일반적으로 아래 그림에서와 같은 5가지 유형으로 분류하고 있다.

쇠사슬형은 커뮤니케이션이 횡적으로 이루어질 수 없고 다만 상하로만 가능한 5계층의 조직구조를 나타내 보인다. 이는 명령권한관계의 조직에서 찾아볼 수 있다.

바퀴형은 한 사람의 감독자와 네 사람의 하위자가 있음을 알 수 있다. 하위자들 간에는 상호작용이 없고 모든 커뮤니케이션은 한 사람의 감독자를 통하여 이루어진다.

원형은 구성원들로 하여금 근접한 구성원들 간의 상호작용을 허용하고는 있으나 그 한계는 넘지 못하도록 되어 있다. 이 원형 네트워크는 세 수준의 권한계층을

그림 10-2 커뮤니케이션 네트워크의 효과성

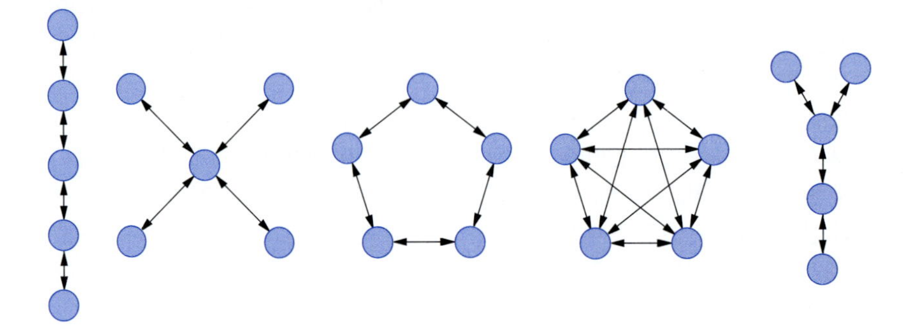

나타내고 있고 상위자들과 하위자들 간의 커뮤니케이션과 최하위계층에서의 교차적 커뮤니케이션 등이 이루어진다.

완전연결형은 5명의 구성원들 각자에게 다른 4명의 성원들과 자유로운 커뮤니케이션을 허용하고 있다. 이는 여러 가지 커뮤니케이션유형 중에서 가장 구조화가 되지 않은 유형이다. 이 유형은 어떤 점에서는 원형과 유사하지만 중심이 되는 직위, 즉 구심점이 없어서 커뮤니케이션 상의 제약이 없으며, 모든 구성원들이 평등한 기회를 갖는다. 위원회와 같은 조직에서는 이러한 유형이 알맞다.

Y형은 거꾸로 세우면 2명의 하위자가 직속 상위자에게 보고하는 형태이며 그 상위자 위에 다시 2개의 권한계층이 놓여 있다. 그래서 여기에는 4수준의 권한계층이 있다.

3.2 커뮤니케이션 네트워크의 효과성

실험실실험을 통하여 원형 네트워크는 모든 구성원들 간의 정보전달에 있어 쇠사슬형과 바퀴형보다 그 속도가 더 느리다는 것이 밝혀졌으며, 또 원형은 커뮤니케이션의 정확성에 있어서도 가장 낮은 것으로 나타났다. 결과적으로 쇠사슬형과 바퀴형은 높은 업적을 위해서는 가장 효과적인 네트워크로 인정받고 있다.

그러나 구성원들의 사기는 원형 네트워크의 경우에 가장 높으며 복잡한 문제를 해결하는 데 있어서는 원형과 완전연결형 네트워크가 더 신속하고 효과적이다. Y형 네트워크는 쇠사슬형과 바퀴형의 장점과 단점을 공유하고 있고 신속하고 높은 업적을 낳게 하지만 구성원들의 만족수준은 낮다.

3.3 비공식집단의 커뮤니케이션

지금까지는 공식적 집단의 커뮤니케이션인 공식적인 커뮤니케이션만을 논의하였는데, 공식적인 커뮤니케이션만이 집단이나 조직 내의 유일한 커뮤니케이션 시스템은 아니다. 여기에서는 정보가 그레이프바인(grapevine)을 통해 전달되고 소문이 무성한 비공식 시스템에 대하여 논의하기로 한다.

그레이프바인에 관한 어느 고전적 연구에 의하면 그레이프바인이 정보의 중요한 원천이고 경로이기는 하지만 관리자들의 10%만이 연락자 역할을 하고 있었다. 즉, 한 사람 이상의 다른 사람에게 정보를 전달하고 있는 사람은 10%에 불과하였다.

예를 들면 어느 관리자가 보험회사로 자리를 옮기기 위해 그 회사를 그만두기로 결심하였을 때 그 사실을 관리자들의 81%가 알고 있었으나 단지 11%만이 그 정보를 다른 사람들에게 전달하였다는 것이 밝혀졌다.

그레이프바인을 통해 전달되고 있는 정보의 정확성에 대하여 어떤 연구결과에서 전달된 정보의 약 75%가 정확한 것으로 나타났다. 소문은 첫째, 사람들에게 중요한 관계가 있는 상황에 대한 반응으로서 둘째, 모호성이 있는 경우에 셋째, 불안을 일으키는 상태에서 나타나는 현상이다.

조직에는 이 세 가지 조건이 모두 충족되고 있기 때문에 조직에서 소문이 무성하게 만들어지곤 한다. 대규모 조직에서 전형적으로 나타나는 비밀이나 경쟁상태(예: 새로운 부서장의 임명, 사무실의 이동, 직무의 재조정 등) 때문에 그레이프바인 내에 소문이 무성하다. 결국 소문은 그 밑에 깔린 불확실성을 낳게 하는 기대와 바람이 성취되고 불안이 없어질 때까지 계속되는 경향이 있다.

그레이프바인은 여러 가지 필요에 의하여 직종과 계층을 넘어서 인간적 유대를 갖고 커뮤니케이션경로를 유지하려 한다. 이러한 유대의 기반으로는 감성적인 친화 외에 학연, 지연, 입사동기 등이 있을 수 있다. 우리나라 풍토에서 많이 언급되는 빽 내지는 줄과 유사한 의미를 갖기도 한다. 확실히 그레이프바인은 어떤 집단이나 조직의 커뮤니케이션 네트워크의 중요한 부분이며 잘 이해할 가치가 있다.

그레이프바인은 구성원들이 무엇을 중요하게 생각하고 있고, 어떤 불안이 있는가를 경영자들에게 제시하고 확인시켜 주는 역할도 한다. 이런 의미에서 그레이프바인은 여과 및 피드백 메커니즘으로서의 역할도 한다. 그리고 구성원 자신들의 입장에서도 그레이프바인은 중요하다. 공식적인 커뮤니케이션을 집단구성원 자신들의 통용어(通用語: jargon)로 해석할 수 있게 해주기 때문이다.

조직 안에는 적어도 다음과 같은 세 가지 비공식 네트워크가 있다.

① **조언 네트워크**(advice network) : 업무상 필요한 정보나 기술적 지시에 대해서 질문하고 답해 준다.

② **신뢰 네트워크**(trust network) : 갈등이나 조직정치와 관련되는 미묘한 사안들에 대한 소문이 오간다.

③ **커뮤니케이션 네트워크**(communication network) : 회사의 공지사항이나 매일 일어나는 일상적인 것을 공식경로가 아닌 비공식경로를 통해 주고 받는다.

지금까지의 설명을 통하여 커뮤니케이션은 어떤 경로를 통하여 여러 과정을 거쳐 일어난다는 사실을 알았다. 그런데 그러한 과정에서 문제들이 발생할 수 있으며, 몇 가지 장애요인들이 효과적인 커뮤니케이션을 방해하고 있다.

4 커뮤니케이션의 장애요인

4.1 여 과

여과(filtering)란 발신자가 의도적으로 정보를 조작하여 수신자에게 그것이 호의적으로 보이도록 하는 것을 말한다.

여과현상의 주된 결정요인은 조직구조 상의 계층의 수이다. 조직의 권한계층 상의 계층의 수가 많으면 많을수록 여과현상이 나타날 가능성은 더 커진다.

4.2 선택적 지각

커뮤니케이션과정에서의 선택적 지각(selective perception)이란 수신자들이 자신의 욕구, 동기부여, 경험, 배경 그리고 기타 개인적 특성에 따라 선택적으로 보고 듣게 되는 것을 말한다. 이처럼 수신자는 메시지를 해독할 때 그의 관심과 기대를 거기에 투사시킨다.

직원을 채용하는 면접에서 면접자는 여자들이 일반적으로 직장일에 앞서 가정을 더 생각할 것이라는 점을 고려하여 여성응시자에게서 그 같은 점을 더 주시한다. 사실 그 여성응시자는 그렇게 생각하지 않을 수도 있다. 사람들은 현실을 현실 그대로 보지 않고 사람들이 지각한 것을 현실이라고 부르고 있다.

4.3 정 서

커뮤니케이션의 메시지를 수신하는 시점에서 수신자가 어떻게 느끼고 있는가가 메시지의 해석에 영향을 미친다. 화가 났을 때나 마음이 어지러운 때의 메시지는 마음이 정리되고 기쁠 때의 메시지와 그 해석상에 큰 차이가 있다.

극단적인 정서상태에서는 효과적인 커뮤니케이션이 방해될 가능성이 크다. 옛 격언에 화가난 동안에는 결정하지 말라고 하는 것처럼 극단적인 감정상태에서는 사람의 이성적이고 객관적인 사고과정이 무시되기 쉽다.

4.4 어의상의 문제

이는 언어를 부적절하게 사용함으로써 해석의 오류를 낳고 따라서 커뮤니케이션을 왜곡시키는 문제이다. 나이, 교육, 그리고 문화적 배경에 따라서 사용하는 말의 해석에 차이가 날 수 있다.

예를 들어, 종업원들은 기능별로 분업화된 부서에 배치되기 때문에 전문영역별로 자신들 사이에만 통용되는 전문용어를 개발 사용한다. 또한 자극급(刺戟給)이나 할당 등과 같은 말의 의미가 관리계층마다 차이가 있음을 알 수 있다.

최고경영자들은 흔히 자극급이나 할당량의 필요성에 대하여 선의로 말할지라도 하위경영자들 간에는 그 같은 말은 사람을 교묘히 이용하여 노동력을 수탈하려는 술책이라고 해석되어 분노를 일으키는 경우가 있다.

4.5 비언어적 단서

언어적 커뮤니케이션이 비언어적 커뮤니케이션과 일치되는 한, 그들은 서로 강화작용을 하게 되나 만약 일치되지 않으면 수신자로 하여금 혼란을 야기하게 만든다.

상사가 말로써 그가 화가 났다는 것을 표시함과 동시에 그의 어조나 몸짓에도 역시 화가 난 것을 나타내고 있으면 그가 틀림없이 화가 났다는 확신을 가질 수 있지만, 만약 어조나 몸짓에는 오히려 반대의 단서가 보인다면 수신자는 혼동을 일으키게 되고 메시지의 정확성은 손상을 입게 된다.

5 효과적인 커뮤니케이션 관리

커뮤니케이션에 많은 장애요인이 있다는 것을 인정한다면 그것을 극복할 수 있는 효과적인 관리방안을 생각해보아야 한다. 다음에는 몇 가지 제안을 제시하고자 한다.

5.1 사후검토와 피드백의 활용

커뮤니케이션의 왜곡에서 오는 오해와 부정확성을 줄이기 위하여 발신자는 사후검토와 피드백을 이용하여 메시지의 내용이 실제로 어떻게 해석되고 있는가를 조사할 수 있다.

얼굴을 맞대고 하는 커뮤니케이션에서는 이러한 사후검토나 피드백은 용이하다. 직접 말로써 물어 볼 수도 있고, 아니면 얼굴표정이나 기타 표시로써 정확한 반응을 얻을 수 있다.

5.2 언어의 단순화

메시지를 구성할 때 사용되는 언어를 보다 명확하고 이해가능한 것으로 하여야 한다. 즉, 메시지의 수신자를 고려하여 어휘들을 주의하여 선택하여야 한다.

예를 들어, 의사출신인 병원의 관리책임자가 수술의사들에게 그들이 알아들을 수 있는 용어와 언어를 사용하여 명확하게 커뮤니케이션한다고 하여도 그 말이 입원업무를 맡고 있는 직원들과의 커뮤니케이션에는 문제가 있을 수도 있다.

전문용어는 그 언어를 사용하는 집단의 성원들에게 사용될 때는 이해를 촉진시키지만 그 집단 밖의 사람들에게 사용하였을 때에는 의외의 문제를 야기 시키는 경우가 생긴다.

5.3 적극적인 경청

단순히 듣는 것(hearing)과 경청(listening)의 의미는 다르다. 듣는 것은 수동적인데 반해 경청은 능동적 의미의 탐색이다. 경청의 의미는 발신자와 수신자 모두가 생각을 하고 있다는 것이다.

실무에서 보면 경청은 그렇게 쉬운 일이 아니며, 오히려 공격적인 입장에 있는 것이 더 즐거운 것이다. 경청은 지적인 노력을 요구하고 있고 전적인 정신력의 집중을 필요로 한다. 적극적인 경청은 수신자가 발신자의 감정을 이입할 때 더욱 증진된다. 즉, 수신자가 발신자의 입장에서 생각하려고 노력하면 적극적 경청이 용이해진다.

감정이입을 통하여 경청하는 사람들은 판단의 근거를 메시지의 실질적 내용에 두고 있으며 무엇이 이야기되고 있는가를 주의깊게 경청한다.

그 외의 적극적 경청의 방법으로는 첫째, 주의깊게 경청하고 싶다는 것을 발신자에게 나타내 보이며 둘째, 주의 산만을 없애며 셋째, 이야기 도중에 끼어들어 이야기의 흐름을 차단하지 않고 계속 인내를 갖고 들으며, 마지막으로 의문점은 다시 물어 확인해야 한다.

5.4 감정의 억제

경영자들이 언제나 이성적인 방법으로 커뮤니케이션을 하지는 않는다. 감정적으로 혼란한 상태에 있을 때 어떤 문제에 대하여 들어오는 메시지는 곡해하기 쉽고 나가는 메시지는 명확하고 정확하게 표현되지 못할 경우가 많다.

이런 상황에서 가장 좋은 방법은 침착을 되찾아 마음을 비울 때까지 커뮤니케이션을 연기시키는 것이다.

5.5 죠하리 창

죠하리 창(Johari Window)은 경영자의 커뮤니케이션유형을 평가하고 분류하여 효과적인 커뮤니케이션이 일어나게 하는 도구로써 폭넓게 사용되고 있다. 죠하리 창은 이것을 개발한 사람들인 죠세프 루프트(Joseph Luft)와 해리 잉햄(Harry Ingham) 두 사람의 이름에서 명칭이 붙여졌다.

[그림 10-3]에서 보는 바와 같이 죠하리 창은 두 차원－노출과 피드백－에 따라 사람들의 대인 간 커뮤니케이션을 분류하고 있다. 노출(exposure)은 사람이 커뮤니케이션을 할 때 공개적으로 그리고 솔직하게 자신의 감정과 정보를 내보이는 정도이다. 피드백(feedback)은 다른 사람들로부터 노출을 성공적으로 이끌어내는 정도를 가리킨다.

이러한 두 차원을 결합하여 네 부분의 대인 간 커뮤니케이션영역을 만들어 낼 수 있다.

그림 10-3 죠하리 창

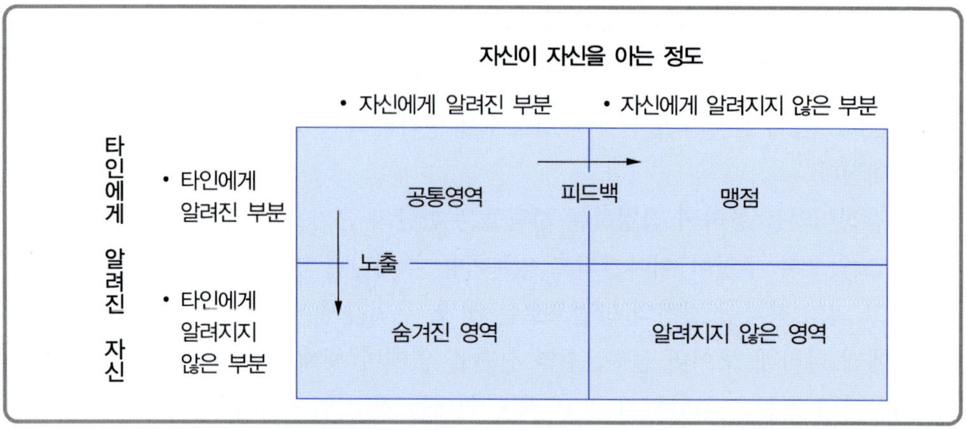

첫째, 공통영역(arena)은 정보가 나와 타인 모두에게 알려진 부분이다. 커뮤니케이션이 이러한 영역에서 일어난다면 가장 이상적이다.

둘째, 정보가 다른 사람에게는 알려져 있지만 자신에게는 알려지지 않은 부분은 맹점(blindspot)이다.

셋째, 자신이 고의적이든 고의적이 아니든 정보를 타인에게 제공하지 않는 숨겨진(hidden) 부분이다.

넷째, 정보가 자신뿐만 아니라 타인에게도 알려지지 않은(unknowm) 부분이다.

따라서 효과적인 커뮤니케이션이 되기 위해서는 노출과 피드백을 통하여 공통영역을 넓히는 것이 중요하다.

6 조직 내 관계 네트워크와 커뮤니케이션

조직 내에는 공식적인 조직도를 통해서는 쉽게 파악되기 어려운, 사람들 사이의 비공식적 관계가 많이 존재한다. 최근 기업 조직이 수평적으로 변화하고 또 유연성과 자율성이 강조되면서, 이처럼 겉으로 잘 드러나지 않는 조직구성원들 간의 비공식적인 관계와 그에 따른 커뮤니케이션 관리의 중요성이 부각되고 있다. 즉, 조직이 공식적인 관계 못지않게, 이러한 비공식적인 관계와 커뮤니케이션을 잘 관리할 경우, 조직이 추구하는 여러 과업과 프로젝트를 성공적으로 이루어내고, 심지어 고객관계 관리 차원에서도 매우 효과적인 성과를 도모할 수 있게 되어 조직의 경쟁력을 크게 향상시킬 수 있게 될 수 있다. 이제 이러한 조직 내 관계 네트워크와 그에 입각한 커뮤니케이션 관리에 대해 알아보기로 하자.

6.1 조직 내 관계 네트워크 분석

조직 내에 존재하는 사람들 사이의 관계 네트워크에 대한 분석은 1930년대 사회심리학자인 모레노(J. L. Moreno)에 의해 처음 시도되었다. 그는 조직 내 인간관계를 끊임없이 변화하는 일종의 상호작용 네트워크로 인식하고, 조직구성원들 간의 선호관계를 점과 선으로 표현한 소시오그램(Sociogram) 분석을 처음 시도하였다.[2] 이에 의하면, 조직구성원 개인은 점(노드)으로, 개인 간 선호관계는 선(링크)으로 단순화되어 표시되며, 조직 내 전체적인 사람들 사이의 관계는 하나의 네트워크로 표현된다. 이러한 소시오그램 분석을 시초로 하여, 그 후 사회관계 네트워크 분석은 방법론적으로 더욱 정교하게 진화해 가기 시작하였다. 그리하여 조직 내 관계 네트워크가 가진 여러 특징들은 이제 단순한 그림만이 아니라, 나아가 수학적으로 정량화한 각종 지표를 통해 표현되는 등 관계 네트워크에 대한 정교한 계량적인 분석이 가능하게 되었다.[3]

최근 이러한 조직 내 관계 네트워크 분석(Organizational Network Analysis)은 페이스북 등 이른바 SNS의 확산을 통해 획기적인 전기를 맞이했다. 즉 각종 소셜 미디어와 SNS의 확산으로 말미암아 사회관계망에 관련된 자료가 폭발적으로 증가하고, 또 이를 분석하기 위한 컴퓨팅 능력도 획기적으로 증대되면서 다양한 분석과 진단이 가능하게 된 것이다. 이제 기업은 이러한 조직관계 네트워크 분석을 통해 조직 내 구성원들의 공식적인 관계뿐만 아니라 비공식적인 관계까지 1:1 수준에서 분석이 가능해졌으며, 이를 활용하여 사내 직원 간 혹은 부서 간 커뮤니케이션의 현황 및 문제점을 진단하고 개선방안을 찾아나가고 있다. 또 이러한 네트워크 분석은, 이를테면 테러리스트나 범죄 용의자들의 관계 네트워크를 분석해 핵심인물을 파악하고 사건을 분석하는 등, 그 응용범위가 다방면으로 확산 중이기도 하다.[4]

6.2 조직 내 관계 네트워크의 주요 인물 유형

조직의 경영자가 조직 내 구성원들 간의 관계 네트워크를 효과적으로 파악하고 관리해 가기 위해서는, 이러한 관계 네트워크를 구성하는 구성원들의 위치와 역할

그림 10-4 조직 내 관계 네트워크의 핵심 구성인물들

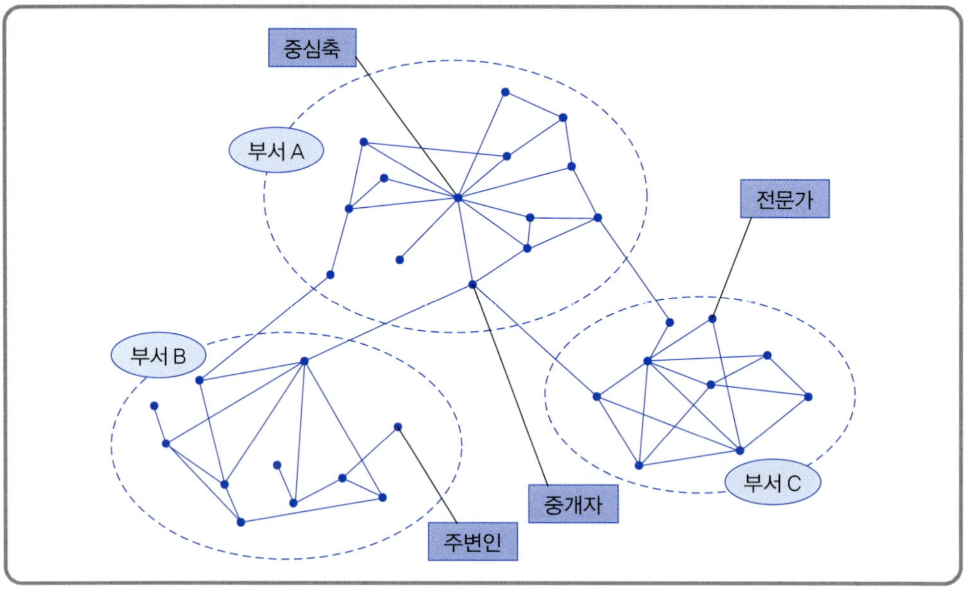

자료 : 삼성경제연구소. "조직 속 숨은 관계를 찾아낸다-조직관계망 분석", SERI 경영노트 제52호, 2010. 4. 22. 3쪽.

을 제대로 파악하는 것이 매우 중요하다. [그림 10-4]는 조직 내에서 흔히 찾아볼 수 있는 4개의 구성인물 유형을 제시하고 있다.

① **중심축 또는 허브**(Hub): 부서 내에서 많은 동료들과 활발한 관계를 유지하고 있어서, 자전거 바퀴의 중심부처럼 부서 내 관계가 집중되는 사람을 의미한다. 중심축, 즉 허브 역할을 하는 사람은 관계 네트워크를 많이 구축하고 있고 또 그에 기반하여 커뮤니케이션을 해 나가는 사람들이기 때문에, 일반적으로 부서나 조직 내에서 정보의 수집이나 확산을 위해 중요한 역할을 담당하기 쉽다. 또 조직 내 비공식 네트워크 분석을 통해 드러난 중심축 또는 허브는 공식 조직도상의 리더와 반드시 일치하지 않을 수도 있다.[5] 이처럼 공식 리더와 비공식 관계의 허브가 서로 상이할 경우, 흔히 협력적인 업무추진이 어렵게 되고 또 많은 갈등의 원인이 되기도 한다. 따라서 이러한 경우에는 비공식적인 관계 허브가 공식 리더와 협력 및 조율하여 조직의 업무추진과 성과산출을 위해 생산적인 역할과 기여를 해 나갈 수 있도록 세심한 관리가 필요하다. [토론 사례 10-1]은 이러한 차원에서 시행된 문제해결 방안의 한 예를 보여준다.

이처럼 조직 내 관계 네트워크상의 중심축 또는 허브에 해당하는 사람들을 효과적으로 활용하여 직원들 간의 커뮤니케이션을 활성화해 나가는 것도 중요하다.

토론사례 10-1 프로젝트 팀 내 공식관계 허브와 비공식관계 허브가 상이할 경우, 어떻게 문제를 해결해 나가야 할까?

〈자료원〉 Krackhardt, D. & Hanson, J. R.(1993). Informal networks: The company behind the chart. *Harvard Business Review*, 71(4), pp. 104-111.

중견 IT기업인 A사는 회사의 전략적 성장사업 분야를 추진해 가기 위해 프로젝트 팀을 구성하고, 사내에서 전문성을 인정받고 있는 Tom Harris를 리더로 임명하였다. 하지만 두 달간 프로젝트가 진행되었으나 별다른 진전이 이루어지지 않고 또 팀원 간 협조가 제대로 이루어지지 않자, 조직관계 네트워크 분석을 시행해 원인파악을 시도하였다. 그 결과, 공식 리더인 Tom Harris는 전문성에 기반한 공식 관계 네트워크에 있어서는 중심에 있었지만, 신뢰관계에 기반한 비공식관계 네트워크에 있어서는 주변부에 위치해 있었기 때문에, 팀원들을 이끌고 조율하기에는 많은 애로와 문제점이 있었음이 드러났다.

공식 관계망의 중심축: Harris

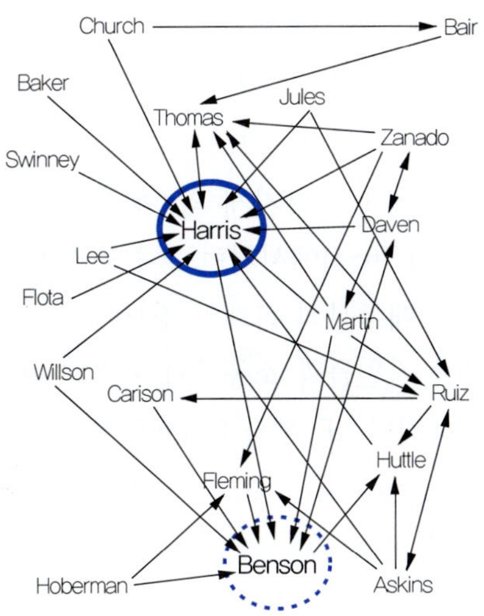

비공식(신뢰) 관계망의 중심축: Benson

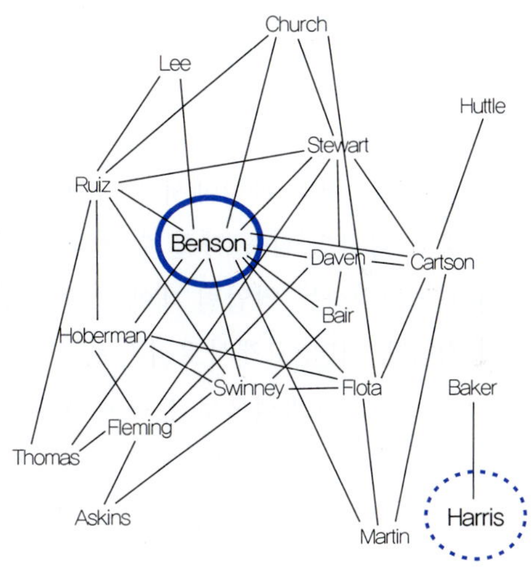

이러한 조직 내 관계 네트워크 분석에 기초하여, 회사는 공식관계 네트워크상의 중심축이자 팀 리더인 Tom Harris를 보완하기 위해, 비공식관계 네트워크상의 허브인 Bill Benson을 팀의 공동 리더로 임명하고, 이들 두 사람 간의 협력을 통해 프로젝트를 추진해 가도록 조치하였다. 그 결과, 이 프로젝트 팀은 공식 리더인 Tom Harris의 전문성을 활용함과 동시에, 비공식적인 신뢰관계 네트워크상의 허브인 Bill Benson을 통해 팀원들의 협조를 적절히 이끌어낼 수 있게 되어 해당 프로젝트를 성공리에 완수할 수 있게 되었다.

하지만 때때로 조직활동이나 의사소통을 이들 중심축 또는 허브에 해당하는 사람에게 지나치게 의존하는 방식은 문제를 야기할 수도 있다. 왜냐하면 중심축이나 허브 역할을 하는 사람이 과도한 업무를 맡아 병목현상이 생기는 경우에는 조직 내 커뮤니케이션이 오히려 지연될 수도 있고, 특히 이들이 어떤 이유에서든 갑자기 조직을 떠나버릴 경우 조직 전체 관계 네트워크에 큰 타격을 입힐 가능성이 크기 때문이다. 또 불확실성이 큰 업무를 추진하는 경우와 같이, 일방적 전달보다는 구성원들 간의 토론을 통한 활발한 의견교환이 중요할 때에는, 소수의 중심축이나 허브에 모든 정보가 집중되기보다 전체 구성원이 상호 밀접한 소통을 해 나가는 것이 문제해결에 더욱 효과적일 수 있다.[6]

② **중개자**(Broker) : 조직 혹은 부서 내에서 중심적인 위치에 있지는 않지만, 조직 바깥이나 타 부서와의 소통이 많은 사람을 흔히 중개자라 한다. 이를테면, 영업과 생산 간, 혹은 연구개발부서와 고객서비스부서 간 등 부서 간 상호 협력이 필요한 경우에 일종의 연결고리 역할을 하는 사람이 바로 중개자이며, 또 고객이나 공급사와의 잦은 커뮤니케이션을 통해 상품 관련 요구사항이나 부품 개선 아이디어 등을 조직 내 개발 및 생산 부서에 전달하는 등 조직 외부와 활발한 네트워크 관계를 유지하고 있는 사람도 이에 해당한다. 이들은 흔히 조직이나 부서 내에 외부의 새로운 관점이나 정보를 유입시키는 역할을 하는 점에서 중요할 수 있다.[7]

하지만 조직의 관점에서 본다면, 소수의 중개자에게 지나치게 의존하는 정보관리 방식 역시 맹점을 가질 수 있다. 이를테면 [그림 10-5]에서처럼, 본사조직과 고객사를 연결하는 영업팀 내에 소수의 중개자들이 대부분의 관계와 정보를 집중하여 점하게 되면, 고객사로서는 좀 더 다양한 본사 직원들과 소통하기 어려워져 고객의 요구를 효과적으로 본사에 전달하기 곤란해진다. 또 본사조직으로서도 다양한 고객의 목소리를 적시에 현장감 있게 전달받기 어려워질 수 있다. 이러한 문제점은 소수의 중개자들이 개인의 성과를 위해 고객사 정보를 독점하려 들 경우 더욱 심각해질 수 있다. 따라서 이런 경우에는 담당영업 팀 내에 본사조직을 연결하던 기존의 중개자 이외에 새로운 중개자들을 의도적으로 육성하여 조직 외부의 정보가 보다 원활하게 유입될 수 있도록 관리해 가는 것이 필요할 수 있다.

③ **전문가**(Specialist) : 조직 내부나 조직 간 관계에 있어서 활동이나 커뮤니케이션이 그리 활발하지는 않지만, 보유하고 있는 전문성 면에 있어서는 수준급인 사람이 있을 수 있다. 이런 경우는 전문가에 속한다. 이러한 전문가는 특정 분야에 대한 전문성을 갖추고 있어서 조직으로서는 중요한 자원이지만, 일반적인 관계나 커뮤니케이션에 있어서는 다소 미숙하거나 혹은 소외되는 경우가 발생될 수 있다.

일반적으로 이들 전문가에 대해서 조직은 세심한 관리가 필요하다. 우선, 전문성은 높지만 타인과의 잦은 커뮤니케이션이나 관계 그 자체를 부담스러워 하는

그림 10-5 본사조직과 고객사를 연결하는 영업팀 내 중개자의 역할

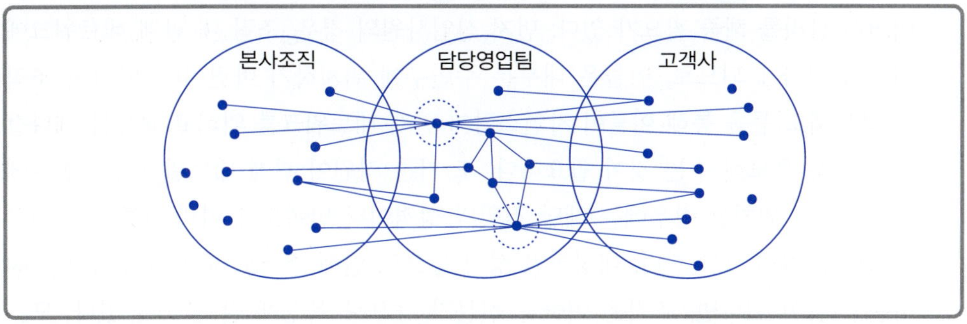

자료 : 삼성경제연구소. "조직 속 숨은 관계를 찾아낸다-조직관계망 분석", SERI 경영노트 제52호, 2010. 4. 22. 7쪽.

사람이 있다면, 굳이 이들을 허브화하려 들기보다는 오히려 전문가로서의 경력을 쌓아나가도록 배려해 주는 것이 더 바람직할 수도 있다. 아울러 조직 내 관계가 활발한 직원을 이들 전문가와 공동으로 일하게 함으로써, 간접적인 방식으로 조직 내 필요한 지식전파를 도모해 갈 수도 있을 것이다.

또한 특정 분야의 전문성을 공유하는 사람들끼리는 관계형성을 해 가는 것이 오히려 수월할 수도 있으므로, 조직 내외의 전문영역을 공유하는 전문가들 사이에 자발적인 관계와 협력을 구축해 갈 수 있는 기회를 지원해 주어, 이들이 자연스럽게 커뮤니티(community)를 형성하고, 이를 통해 자신의 역량을 개발해 가도록 만들어 주는 것이 바람직할 수 있다.[8] 한 예를 들면, 전 세계에 산재된 각국의 IBM 법인에서 소프트웨어 테스트를 담당하는 전문가들이 자신의 소속에 상관없이 자발적으로 커뮤니케이션 네트워크를 형성하고 있는 것이 IBM의 조직관계 네트워크 분석을 통해 발견되었다. 뒤늦게 이를 알게 된 회사는 이들 전문가가 상호 커뮤니케이션하고 정보를 공유하기 위해 운영하던 커뮤니티를 공식화하고, 오히려 이를 체계적으로 지원하기 시작하였다. 그러자 이 커뮤니티는 더욱 활성화되었고, 결국 전 세계 IBM 법인들에서 필요로 하는 다양한 지식과 문제해결 능력을 창출하고 공유하는 데 크게 기여하게 된 사례도 있다.

④ **주변인**(Peripheral) : 다수의 조직구성원들은 조직 내 관계 네트워크에서 중심적인 위치를 차지하고 있지는 않지만, 주변부에 위치하면서 자신에게 주어진 역할을 충실하게 수행해 갈 수 있다. 이러한 대다수의 사람들은 주변인에 속한다. 일반적으로 조직이 성장하게 되면, 조직 내 관계 네트워크상에서 주변에 위치하는 직원들도 점차 많아질 수 있으며, 이들은 기존 직원의 은퇴, 이직 등으로 인해 관계 네트워크상에 변화가 생길 경우 중심축, 중개자 등으로 발전해 갈 가능성이 있다.

주변인에 속한 대다수의 조직구성원들에 대해서도 조직은 일정한 관심을 기울이면서 관리를 해줄 필요가 있다. 먼저 신입사원의 경우, 조직 내 관계 네트워크에 처음 참여하게 되므로, 이들은 대부분 주변부에 위치하기 마련이다. 따라서 조직은 멘토제도 등을 통해 이들이 자연스럽게 관계 네트워크를 익히고 교류를 해나갈 수 있도록 유도해 주는 것이 필요하다. 또 기존 직원이 관계 네트워크의 주변부에 지속적으로 위치할 경우에는 해당 직원의 성격이나 만족도에 따라 개별적인 처방과 지원을 해주어야 한다. 내성적인 성격 등으로 인해 스스로 주변부에 속하길 원하는 사람이 있다면, 조직은 이들을 전문가 등으로 육성해 갈 필요가 있다. 모든 사람이 조직 내 관계 네트워크의 중심축이나 허브가 되어야 하는 것은 아니기 때문이다. 반면, 주변인으로서 동료들과의 커뮤니케이션에 어려움을 느끼는 사람이 있다면, 이들은 중심축 역할을 하는 사람과 원활한 관계를 유지함으로써 조직 내 정보와 관계로부터 지나치게 소외되지 않도록 지원해 갈 필요도 있다.[9)]

7 공간 요소와 커뮤니케이션

조직 안팎의 사람들로 구성되는 네트워크도 커뮤니케이션의 빈도와 효과성에 많은 영향을 미치지만, 이들이 일하는 물리적인 공간의 구조나 사무실 배치 역시 커뮤니케이션을 활성화하는데 중요한 영향을 미칠 수 있다. 특히 조직구성원들이 발휘하는 창의성이나 업무생산성 역시 이들 간에 이루어지는 상호작용과 커뮤니케이션에 기반하여 이루어지는 수가 많기 때문에, 공간적 요인은 커뮤니케이션의 효과성을 논할 때 반드시 함께 고려되어야 하는 한 필수 요인이 되고 있다.

커뮤니케이션에 영향을 미치는 공간적 요인으로는, 업무공간 내에 직원들이 물리적으로 얼마나 근접하게 배치되어 있는 지를 의미하는 '물리적 거리'와, 구성원의 시야에 동료 직원이 얼마나 잘 들어오는지를 뜻하는 '시야 확보성', 그리고 기타 작업공간의 여러 가지 '시각적 환경' 등이 중요할 수 있다.[10)] 여기서는 커뮤니케이션 효과성과 특히 연관이 많을 수 있는 물리적 거리와 시야 확보성 문제에 대해 좀 더 자세히 살펴보기로 한다.

7.1 구성원들 간 물리적 거리와 커뮤니케이션

업무공간 내 직원들 간의 '물리적 거리'는 이들이 서로 커뮤니케이션을 하고자 하는 의지나 실제 이들 간에 발생되는 커뮤니케이션의 빈도 등에 상당한 영향을 미칠 수 있다. 선행 연구에 따르면, 직원들 간의 물리적 거리가 멀어질수록 직원 간 커뮤니케이션 빈도가 줄어들고, 필요한 커뮤니케이션이 원활히 이루어지지 않는 경향이 있음이 확인되었다.[11] [그림 10-6]은 이러한 사실을 잘 요약해 주고 있다. 조직구성원들 간 물리적 거리와 이들 간에 커뮤니케이션이 일어날 확률은 그림에서처럼 서로 반비례하는 경향이 있다. 상대방과 물리적으로 멀리 떨어져있을수록 서로 만나기 위해 필요한 소요 이동시간이나 노력이 많이 들게 되고, 그에 따라 이들 간의 물리적 거리는 상호 간의 대면적인 커뮤니케이션을 억제 내지는 방해하는 요인으로 작용되기 쉽다.

물론 상대방과 물리적으로 멀리 떨어져 있을 경우, 전화나 이메일, 메신저 등을 이용하여 서로 커뮤니케이션을 할 수도 있다. 오늘날 현실화된 각종 ICT 기술의 발전은 이러한 물리적 거리를 극복하도록 실질적으로 많은 도움을 주고 있는 것도 사실이다. 그렇지만 관련 선행연구들은 이러한 ICT 기술 및 통신 수단을 이용한 커뮤니케이션 조차도 물리적 거리가 가까운 사람들 간에 더욱 빈번하게 일어난다는 사실을 보여주고 있다. 즉 ICT 기술을 이용한 비대면 의사소통 역시 평소 대면이 없는 사람들보다도 평소 서로 대면접촉이 많았던 사람들 간에 더 자주 발생된다는 것이다. 컴퓨터 제조회사 직원들의 커뮤니케이션 행태를 분석했던 한 연구에 의하면, 평소 대면 접촉이 많은 사람들 간에 전화 통화나 이메일 송수신 빈도도 더 높게 나타난다는 사실이 확인된 바 있다.[12]

그림 10-6 구성원들 간의 물리적 거리와 커뮤니케이션 발생 확률

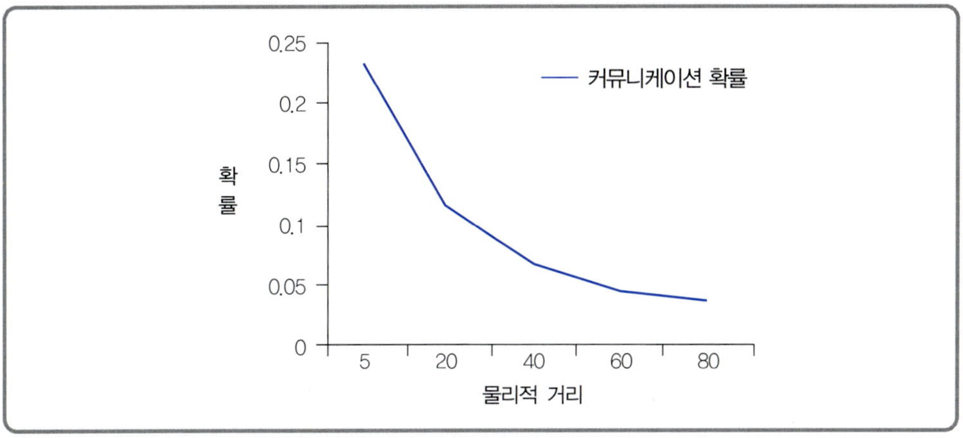

자료 : 삼성경제연구소(2011). 워크스마트 실천전략 연구. 39쪽.

한편, 서로 멀리 떨어져있을수록 아무래도 우연한 만남에 의해 일어날 수 있는 커뮤니케이션도 줄어들기 마련이다. 그렇지만 창의적인 아이디어는 전화나 메일, 문서 등 간접적인 방식을 통한 커뮤니케이션 보다도, 서로 다른 일을 하는 직원들끼리 직접 만나서 이런 저런 이야기들을 허심탄회하게 나누다가 우연히 발현되는 경우가 많다. 이런 점에서 구글(Google)과 같은 혁신기업들은 구성원들의 창의성을 촉진하기 위해 서로 소속이 다른 부서나 팀원들이 자연스럽게 조우하면서 소통할 수 있도록 공간적인 배려를 아끼지 않고 있다. 예를 들어, 구글은 업무를 수행하다가 잠깐 휴식을 겸해 간단한 스낵을 벅을 수 있는 마이크로키친(microkitchen)을 항상 서로 다른 부서나 팀의 경계지역이 두고 있다. 서로 다른 프로젝트를 수행하는 부서원들이 여기서 자연스럽게 조우하고 어울리면서, 서로의 일에 대한 이해도도 높이고, 경우에 따라서는 각자의 업무영역 내에서는 미처 생각하지 못했던 창의적인 아이디어를 접목시키는 소통의 기회로 활용하라는 취지인 것이다.[13)]

또한 구성원들 간의 물리적 거리는 커뮤니케이션뿐만이 아니라, 팀워크나 협업, 그리고 구성원들 간의 친밀도 등 집단행동의 여러 측면에도 상당한 영향을 미치는 것으로 확인되어 왔다. 독일 기업의 소프트웨어 개발팀을 대상으로 조사한 한 연구에 의하면, 업무공간 내 팀원들 간의 물리적 거리는 이들 간의 커뮤니케이션의 활성화는 물론, 팀워크와 협업의 질, 그리고 팀원들 간의 친밀도 등 팀 내 집단행동의 여러 측면과 의미있는 관계가 있음이 밝혀졌다.[14)] 연구진은 팀원들이 예정에 없던 대면 회의를 소집하는 것이 충분히 가능한 거리에 있는 지, 또 팀원들이 걸어서 쉽게 서로에게 도달할 수 있는 위치에서 일하고 있는 지 등 여러 측면의 물리적 거리를 측정한 결과, 이 물리적 거리가 가까울수록 이들 간의 커뮤니케이션 빈도가 높고, 팀워크와 협업의 질이 좋을 뿐만 아니라, 팀원들 간의 친밀도도 더욱 돈독한 것으로 확인된 것이다.

이러한 연구결과는 왜 많은 선도기업들이 팀 조직을 설계할 때 팀의 규모가 너무 커지지 않도록 일정하게 제한하는 조치를 곧잘 취하는지에 대해 의미 있는 시사점을 제기해 주고 있다. 주지하듯이, 한 팀의 성원이 너무 많아서 팀의 규모가 커지면, 구성원들 간의 물리적, 심리적 거리가 커지게 되어 각자가 맡은 전문화된 직무영역만을 고수하려 하는 등 팀 내 구성원들의 상호작용이 역동성을 잃기 쉽게 된다. 한 마디로, 팀 조직이 다시 관료화되는 경향이 나타나기 쉬운 것이다. 이러한 폐단을 예방하고, 소규모 팀 조직의 활력과 역동성을 잃지 않도록 만들기 위해 구글(Google)은 한 관리자가 지휘하는 직속 팀원은 최대 7명까지라는 이른바 '7의 규칙'(Rule of 7)을 지키고 있고, 아마존(Amazon)의 경우 팀 규모는 아무리 커도 간식 타임에 피자 2판으로 충분할 정도의 크기라야 한다는 소위 '피자 2판'(Two

Pizza Rule)의 법칙을 따라 팀 조직을 설계해 오고 있다. 이들 사례는 구성원들 간의 물리적, 심리적 거리가 너무 커지지 않도록 팀 규모를 적절히 조절함으로써, 팀 내 커뮤니케이션의 활성화는 물론, 그 외 여러 가지 소집단 행동에 미치는 긍정적 영향을 촉진하려는 의도로 해석될 수 있다.

표 10-1 구성원 간의 물리적 거리와 집단행동 요인 간 상관관계

구분	물리적 거리	팀워크	의사소통	협업
물리적 거리	–	–	–	–
팀워크	0.26	–	–	–
의사소통	0.26	0.86	–	–
협업	0.20	0.74	0.58	–
친밀도	0.26	0.88	0.69	0.49

자료: Hoegl, M. & Proserpio, L. (2004). Team Member Proximity and Teamwork in Innovative Projects. *Research Policy*, 33, 1153-1165.

7.2 시야 확보성과 커뮤니케이션

상대방이 자신의 시야에 얼마나 잘 들어오는지의 정도를 의미하는 '시야 확보성' 역시 구성원들 간 커뮤니케이션 빈도와 질에 영향을 미칠 수 있는 중요한 요인이다. 상대방이 자신의 시야 내에 있어야 우리는 그의 존재를 알게 되고, 그에 따라 서로 간에 커뮤니케이션이 발생할 가능성도 커진다고 볼 수 있다. 국내 26개 사무공간을 분석한 한 연구결과에 의하면, 시야 확보성이 우수한 업무공간일수록 구성원들 간 상호작용도 더 잘 일어남을 확인할 수 있었다.[15] 또 직장 내에서 자신의 시야 내에 있는 직원들이 그렇지 않은 직원보다 서로 간에 커뮤니케이션이 60%나 더 많다는 사실을 입증해 준 실증연구 결과도 있다.[16]

이처럼 다른 사람과의 상호작용이나 커뮤니케이션이 대부분 서로가 서로를 볼 수 있는 환경에서 일어나는 것도 사실이지만, 그러한 상호작용이 사전에 계획되기보다는 우연히 서로 근접해 있는 조건(incidental proximity)에서 더욱 촉진될 수 있다는 연구도 있다. 이런 사실을 강조한 한 연구에 의하면, 사무공간에서 일어나는 상호작용 중 약 80%는 사전에 계획되지 않은 경우에 발생되는데, 이 때 특정인이 자신의 시야에 들어오는지 여부가 이처럼 계획되지 않은 채 발생되는 우연한 상호작용에 큰 영향을 미치게 되므로, 업무 공간이나 책상 배치 등을 고안하고 설계할 때는 이러한 점을 잘 고려할 필요가 있다고 주장하였다.[17]

시야 확보성과 커뮤니케이션 및 상호작용 빈도 간의 관계를 입증해 온 이러한 연구결과들을 감안한다면, 직원들이 서로 한 공간에 있더라도 파티션 등의 구조물로 완전히 차단되어 있거나 혹은 사방이 막힌 큐비클과 같은 개인 사무실 구조는 커뮤니케이션 차원에서 그리 바람직하지 않다는 것을 알 수 있다. 또 일반적으로 팀원들이 서로를 볼 수 있는 책상 배치인 대향(對向)식 구조는 구성원들 간에 시야 확보성이 좋아 커뮤니케이션과 상호작용이 일어나기 좋은 구조인 반면, 구성원들이 서로 등을 맞대고 있는 구조인 배향(背向)식 구조는 시야 확보성이 떨어져 커뮤니케이션 면에서도 바람직하지 않다고 할 수 있다.[18] 이런 점을 감안한다면, 다음 [그림 10-7]에서 볼 수 있듯이 사무공간 내 책상 배열과 관련해서도 가급적 구성원들 간 시야가 확보되고, 또 이들이 서로 쉽게 마주칠 수 있도록 동선을 고려한 레이아웃 설계를 해 갈 필요가 있다.

그림 10-7 사무공간의 책상 레이아웃과 팀원들 간 커뮤니케이션 및 상호작용

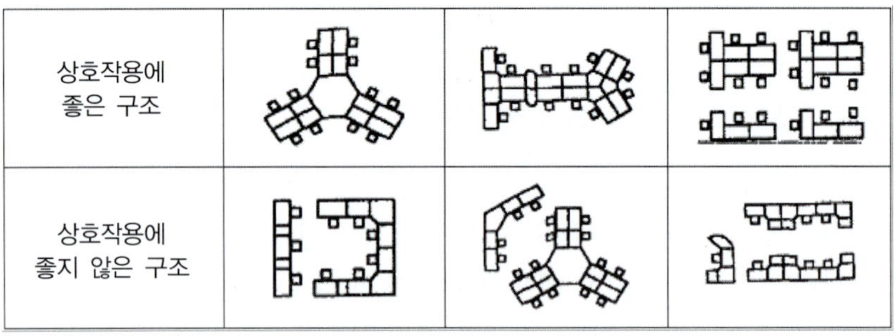

자료 : 삼성경제연구소(2011). 「워크스마트 실천전략 연구」. 42쪽.

토론사례 10-2 창의성 발현의 커뮤니케이션 시스템

〈자료원〉 1. "CEO report 조직창의성 발현의 비결", LG주간경제, 2006. 12. 6.
2. "'2평 사장실' 수평적 소통으로 세계를 진화시키는 기술 일궈", 한계레신문, 2005. 11. 9. 기사 발췌 수정.

1. 사내 커뮤니케이션을 활성화하라.

창의성은 無에서 有를 창조하는 것이 아니라, 기존의 지식과 정보가 조합되어 만들어지는 것이다. 특히 지식이 엄청난 양으로 늘어나고 있고 전문화가 급진전됨에 따라, 개인 혼자서는 창의적인 아이디어를 내놓기가 연간 어려운 것이 아니다. 따라서 개인 창의성을 기업 창의성으로 발전시키기 위해서는 직원들 간의 지식이나 정보으 교환을 촉진하는 사내 커뮤니케이션을 활성화하는 것이 중요하다. 특히 일상적으로는 자주 커뮤니케이션하지 않는 직원들 간의 예상치 않은 비공식적 정보의 교환이 뜻밖의 창의적 아이디어로 연결되는 것을 흔히 볼 수 있다.

3M의 방수 가공제 스카치가드(Scotchgard)가 대표적인 사례이다. 3M의 연구원 죠 물린은 Poly-FBA를 연구하던 중 실수로 이 용액을 신발에 쏟았는데, 이후 신발을 씻으려고 할 때 물기가 전혀 흡수되지 않는 것을 알았다. 그는 이 사실을 섬유방수 연구팀에게 무심코 이야기했고, 결국 스카치가드라는 방수 가공제가 탄생하게 되었다.

코닥도 직원들 간의 비공식 커뮤니케이션의 덕을 톡톡히 본 바가 있다. 코닥의 혁신센터는 직원들의 아이디어를 접수하는 과정에서 서로 다른 부서 세 명의 직원이 '3차원 영상' 이라는 동일 아이템에 대한 아이디어를 낸 것을 발견하였다. 이후, 혁신센터는 이들 세 명의 직원들이 비공식적으로 자주 만날 수 있도록 지원해주면서 아이디어를 보다 구체화할 수 있도록 하였다. 이를 통해 코닥은 연간 150억 달러에 달하는 3차원 영상 간판시장을 창출하고 주도적인 위치를 차지할 수 있었다. 이외에도 코닥은 사내 기술박람회를 자주 개최하여 타 부문의 창의적 활동을 배울 기회도 제공하고 있다.

버드와이저 밀려 고전하던 밀러 맥주가 반전의 계기를 만든 것도 바로 사내 커뮤니케이션을 활성화하면서부터이다. 밀러는 버드와이저에 밀려 15년 동안 지속적으로 시장점유율이 하락하는 상태였다. 경영진의 교체도 잦았고, 약 7번의 회생계획이 세워졌으나 성공을 거두지는 못하였다. 이때 부임한 CEO인 노먼 아다미는 회사 수익성이 나쁜 상황에서도 사내에 작은 술집(Pub)을 마련하였다. 이 공간은 편안한 휴식처이기도 했지만, 다양한 조직의 사람들이 의견을 교환하는 커뮤니케이션의 장(場)이기도 했다. 예를 들어, 마케팅 최고책임자는 일선 직원들과 자주 만나 이들의 반짝이는 아이디어를 광고나 프로모션에 이용하기도 했다. 덕분에 밀러는 그 해에만 매출이 12.5%가 증가하는 등의 성과를 거둘 수 있었다.

2. '2평 사장실' 수평적 소통으로 세계를 진화시키는 기술

"모든 사람들은 좋은 일, 창조적인 일을 하기를 원하며, 그에 맞는 환경만 만들어주면 누구라도 할 수 있다(휴렛팩커드 설립자 빌 휴렛)."

한국 휴렛패커드 최준근(52) 사장은 독립된 사무실이 없다. 서울 여의도 휴렛패커드 사옥 19층 사무실 한켠에 마련된 칸막이 쳐진 2평 남짓한 공간이 사장실이다. 용무가 있으면 칸막이 너머 있는 그를 부르면 된다. 최고경영자도 별도의 방이 없는 회사, 이는 실리콘 밸리의 효시로서, 작은 차고에서 시작해 글로벌기업으로 성장한 휴렛패커드의 전통이다.

"저희 회사는 1939년 설립 아래 수평적인 소통을 장려하는 '오픈도어(open door)' 정책을 고수했습니다. 상사와 부하의 관계에서도 끈임없이 소통을 하며 동의를 이끌어냅니다. 대기업에서는 쉽지 않은 일이지만, 궁극적으로는 훨씬 유리하다는 게 저의 생각입니다." 최사장은 설명했다.

세계를 재패한 'HP' 프린터와 '컴팩' 노트북 등으로 소비자들에게도 잘 알려져 있는 휴렛페커드는 전 세계적으로 임직원 15만 명에 지난해 매출액 199억 달러를 올린 거재기업인 동시에, '휴렛패커드 방식(HP Way)'이라는 독특한 경영철학과 방식으로 주목받는 기업이기도 하다.

'도요타 방식', '존슨앤존스 크레도' 등과 더불어 경영적 서적에 자주 소개되는 'HP Way'는 '사람에 대한 존중과 신뢰'라는 인본주의로 요약된다. 조용한 엔지니어 스타일인 창립자 빌 휴렛과 데이브 팩커드는 권위나 형식보다 자율성과 신뢰에 기반한 창의력의 힘을 일찌감치 내다봤던 것이다. "사람을 최대한 존중한다"는 원칙에 따라 회사는 설립 초기부터 회사 실적을 직원들과 나누는 이익분배제도를 구축했다. 삼성의 초과이익분배도 등도 이를 본받은 것이다. 이 밖에도 "사람을 자르기보다 적장한 자리를 찾아주고 교육한다" "의사결정 단위는 최소화한다" 등이 휴렛패커드 방식의 골간을 이룬다.

[토론과제]

국내외 조직구성원 창의성 개발사례를 통해 창의성 발현을 위한 커뮤니케이션 시스템의 요건을 파악하고 토론해 보시오.

토론사례 10-3 어느 CEO의 리더십 노트-경청하기(Listening)

〈자료원〉 Magnachip 박상호 회장의 사내 배포 [리더십 노트] 중에서

청주 R동 4층 휴게실에 있는 "직원이 임원에게 드리는 8가지 요청사항"의 첫째가 "부하직원들의 말을 경청해 주십시오"라고 되어 있는데, 매번 읽어 볼 때마다 어느 정도 들어주는 것이 경청인가 하는 생각을 해본다. 팀장, 담당, 중역의 위치까지 승진을 한 이들은 상당한 세월 직장생활을 했기 때문에, 직원들이 운을 떼기만 해도 경험을 통해 무슨 내용인지 먼저 짐작을 하게 되고, 한편으로 그런 짐작은 대부분 맞기도 하다. 하지만 부하직원이 말할 내용을 미리 짐작하고도 인내심을 발휘해서 들어 준다는 것은 쉬운 일은 아니다.

상대방이 상사이건, 동료이건, 부하직원이건 간에, 그가 하는 이야기를 잘 들어주는 것만으로도 우리는 큰 효과를 얻을 수 있다. 우선 자신과 조직에 대한 정보(Information)의 범위를 넓히고 다양한 의견을 접할 수 있다. 그리고 더 나아가 상대방과 긍정적인 관계를 형성할 수 있고, 이를 통해 몰입과 헌신을 이끌어 낼 수 있다. 리더의 첫째 미션(mission)이 조직원들을 동기부여(motivation)시키는 것이라 할 때, 리더는 그들의 마음을 움직일 줄 알아야 한다. 마음을 움직이게 하기 위한 여러 가지 방법이 있겠지만, 최소한의 실행조건이 바로 '경청-Listening', 즉 인내심을 갖고, 진지한 마음으로 상대방의 이야기를 들어주는 것이다.

하지만 이야기를 들을 수 있는 자세를 가졌다고 하여 성공적인 조직을 만들 수 있을까? 나는 지난 해 리더십 강의 중에 Apple의 CEO인 Steve Jobs와 지난날 한때 세계 2위 computer 회사였던 DEC의 CEO인 Ken Olson을 비교해서 이야기한 적이 있었다. Steve Jobs는 정말 인내심이 없어 다른 사람의 얘기를 오랜 시간 들어주지 않는, 경청하고는 거리가 먼 리더이다. 하지만 i-Pod 또는 i-Tunes와 같은 획기적인 발명품을 창안하고 개발할 정도로 항상 마음의 귀를 열어놓고 있는 리더이기도 하다. 반대로 Ken Olson은 좋은 매너를 갖고 항상 다른 사람들의 얘기에 귀를 기울였다. 그러나 그는 자신의 뜻에 맞지 않는 의견에는 마음을 열지 않아, 결국 server에서 PC와 open system SW 시장으로 이전되는 시기를 놓쳐 DEC라는 회사가 이제는 세상에 존재하지 않게 되었다. 즉 다른 사람의 이야기를 듣는 태도를 갖추는 것도 중요하지만, 더 중요한 것은 새로운 아이디어를 듣고 그 가치를 인식할 수 있는 판단력과 열린 마음이다. 우리는 최소한 마음으로 듣는 sensitivity를 열어 놓고 다른 사람의 의견에 귀를 기울여야 한다.

타고난 성격을 바꾸는 것은 매우 어렵다. 나 또한 급한 성격 탓에 인내심을 발휘하는 경청을 잘하지 못한다. 그러나 다음 몇 가지를 실행에 옮기며 마음의 귀를 열려고 노력하고 있다.

– 피드백(feedback)이 필요한 분야는 미리

직원들의 의견을 수렴한다.

- 무슨 얘기든지 듣고 난 후에 꼭 다시 한번 음미하고 생각해 본다.

경청하는 스타일이 틀린다 할지라도, 모든 리더들은 자기 나름대로 듣는 방법을 찾아야 한다.

[토론과제]

다른 사람의 말을 경청하는 것이 왜 중요하며, 또 경청할 때는 어떤 자세로 임하는 것이 중요한지에 대해 윗글의 내용을 참고하면서 토론해 보시오.

토론사례 10-4 어느 CEO의 리더십 노트–피드백(Feedback)

〈자료원〉 Magnachip 박상호 회장의 사내 배포 [리더십 노트] 중에서

나는 어쩌다 보니 딸 하나만 낳았고, 그러기에 나와 아내에게는 너무나도 귀한 아이였다. 그러나 너무 엄하게 키운다는 말을 들을 정도로 딸아이에게 모든 면에서 엄격하게 대했던 것도 사실이다. 일례로, 고등학교 졸업 때까지 8시 이후에는 TV를 보지 못하게 했고, 해야 하는 것과 하지 말아야 하는 것을 분명하게 교육시켰다. 내가 너무 하는 것이 아닌가 하고 걱정을 했으나 다행히 딸아이는 잘 성장을 했고, 사회생활에서도 잘 적응했다. 지금은 미국 LA에서 살고 있음에도, 아직도 하루 한 번씩 집사람과 전화를 하여 서로의 안부와 일상의 소소한 일에 대해 대화를 나누곤 한다. 오랜 직장생활에서도 나는 같은 생각으로 직원들에게 때로는 엄격하지만 확실한 피드백을 주었다고 생각한다.

조직이 결과를 도출하기 위해서는 목적과 목표를 확실히 정하고, 전략과 실행계획을 세워 각 조직원에게 분담 관리하게 해야 하는데, 결과에 따라 긍정적이거나 부정적인 피드백이 없이는 조직원이 내는 성과를 향상시킬 수 없을 것이다. 그러나 피드백은 그것이 칭찬이라도 매니저(manager)에게 부담이 되는 것은 사실이다. 특히, 부정적인 피드백을 격한 감정 없이 전하는 것은 쉽지 않다. 화를 내면서 피드백을 하면 듣는 사람이 감정적으로 처리하기 때문에 큰 효과가 없고 서로 간의 관계만 나빠질 뿐이다. 부정적인 피드백일수록 논리적인 이유와 정확한 수치를 사용해야 하고, 단호한 태도로 전하되 긍정적인 분위기 속에서 대화를 하는 것이 바람직하다. 오래된 한국의 조직문화 중에서, 직원에게 화를 내며, 인간적인 대접을 하지 않는 분위기 속에서 피드백을 하는 경우가 종종 있다. 나는 이것을 한국의 리더십 스타일 중 가장 좋지 않은 병폐 중의 하나라 생각하기에, 혹시라도 이러한 피드백 습관이 있다면 이를 즉시 없애야 한다.

다른 하나의 병폐를 말하자면, 바로 매니저건 부하직원이건 피드백에 익숙하지 못하다는 것이다. 때문에 수시로 피드백을 하지 않을뿐더러, 설사 어렵게 자리를 만든다 할지라도 시시콜콜한 이야기를 나누는 데 많은 시간을 허비한 후, 정작 중요한 얘기는 스치듯 흘려보내곤 한다. 매니저는 수시로 자리를 만들고, 비록 피드백하는 내용이 내놓기 쉽지 않은 내용이더라도 말을 돌려서 하지 말아야 한다. 즉, "Direct talk"을 해야 한다. Lou Gerstner가 IBM에서 와서 강조한 리더십 스타일 중의 하나가 바로 "Direct talk"인데, 나는 이를 "Direct talk with respect"로 바꾸어 적용하면 우리 설정에 더 맞지 않을까 생각한다. 핵심적인 피드백을 그대로(돌려 얘기하지 않고) 정확하게 전하되, 직원을 존중하는 모습을 보여야 한다는 것이다.

효과적인 피드백을 위해 생각해 보자.

- 피드백은 가능하면 이-메일이나 전화로 하는 것을 피하는 것이 좋다. 얼굴을 맞대고 하는 쌍방 간의 대화는 서로를 이해할 수 있는 확률을 높여준다.
- 성과 피드백(performance feedback)은 정기적으로 정해 놓고 하고, 이슈 피드백(issue feedback)은 실시간으로 하는 것이 바람직하다.

자녀를 올바르게 키우는 것과 조직원의 능력을 향상시키는 것 모두 피드백 없이는 불가능한 일이다. 그러나 그들을 위하는 진정한 마음이 없이는 바람직한 결과를 도출할 수 없다고 나는 생각한다. 이것을 감성적인 리더십이라 생각한다.

[토론과제]

효과적인 커뮤니케이션을 위해 피드백이 왜 중요한지에 대해 토론해 보시오. 또 피드백을 할 경우, 어떻게 하는 것이 바람직할지에 대해 윗글을 참조하면서 토론해 보시오.

토론사례 10-5 어느 CEO의 리더십 노트-Selling Skill

〈자료원〉 Magnachip 박상호 회장의 사내 배포 [리더십 노트] 중에서

전술 및 전략이 능한 장수는 지형, 지물이나 주위환경, 심지어 기후조건까지 잘 사용한다고 한다. 적벽대전을 승리로 이끌어낸 제갈공명도 동남풍의 힘을 사용하여 큰 승리를 만들어 냈다.

조직의 운영도 마찬가지라고 생각한다. 특히 효율과 생산성이 강조되는 현대 조직에서는, 자기 조직의 resource뿐만 아니라 회사 내외를 포함한 external resource를 사용해서 일의 결과를 성공적으로 만들어내는 manager가 능력이 있는 것이다. Matrix 조직, 즉 dual reporting은 우리에게 아직도 생소하지만 선진 기업에서는 일반화되어 있다. 이런 조직구조하에서 manager는 인사결정권의 권한이 없더라도 조직원을 승복시켜 결과를 만들어 낼 수 있는 방법을 터득하게 된다. 이 방법 속에는 communication skill과 selling skill이 절대적으로 포함되며, 이런 능력들은 조직 안에서 성공하는 데 큰 도움이 된다. communication skill이란 일방적인 의사전달이 아닌, 상대편이 나의 의도를 알 수 있도록 대화하는 것을 의미하며, selling skill은 상대편의 마음을 감동시켜 나의 뜻을 buy-in하는 것을 말한다.

나는 중요한 selling을 할 때 다음과 같이 준비한다.

- 내가 전해야 할 메시지를 분명하게 정한다. 그리고 이 메시지를 논리적으로 검토해서 나 스스로도 그 필요성에 대해 확신할 수 있도록 한다.
- 상대편이 이 메시지를 듣고 어떻게 반응할지, 그리고 왜 그렇게 반응할지 짐작해 본다.
- 나의 메시지와 상대편의 반응을 생각하며

presentation 자료를 만든다.

- presentation 자료를 만들 때는, 메시지 전달을 중심으로 data를 format한다.
- Selling은 나의 확신을 파는 것이기 때문에, selling하는 동안 나의 passion을 보여준다.

나는 구매조직 같은 서비스 조직에서 오래 일을 했기 때문에 selling skill을 훈련받을 수 있는 기회가 있었던 것 같다. 내가 처음 manager 책임을 맡았던 HP의 Memory Technology Center는 HP 각 division에서 일년 예산을 받아내야 하는 구조였기 때문에, 나는 내부 고객에게 우리 조직의 value와 contribution을 효과적으로 알리고 설득하여 우리의 목표를 달성해야 했다. 이런 훈련 덕분에 훗날 IBM에서 비서 한 명의 조직으로부터 시작해서 4년 동안 400명 넘는 조직을 만들 수 있었다고 생각한다.

우리 모두 자신의 지위가 주는 권한에만 의존하기보다는, 우리의 생각과 아이디어를 효과적으로 selling할 수 있는 방법을 먼저 찾아 나가야 하겠다.

[토론과제]

상대방을 효과적으로 설득해 낼 수 있는 커뮤니케이션을 하기 위해서는, 사전에 어떤 준비와 노력을 기울일 필요가 있는지 윗글의 내용을 참조해서 토론해 보시오.

[후주]

1) Mehrabian, A. (1981). *Silent Messages*, 2nd ed., Belmont, CA: Wadsworth.
2) Moreno, J. L.(1953), *Who Shall Survive?* 2nd ed., NY: Beacon House, Inc.
3) 손동원(2002), 『사회네트워크분석』, 경문사; 김용학(2003), 『사회연결망이론』, 박영사.
4) 삼성경제연구소(2010), "조직 속 숨은 관계를 찾아낸다-조직관계망 분석", SERI 경영노트 제52호, 2010. 4. 22.
5) Cross, R., Parker, A. & Sasson, L.(Eds.)(2003), *Networks in the Knowledge Economy*, NY: Oxford Univ. Press. p. 6.
6) Cross, R. et al.(2005), A practical guide to social networks, *Harvard Business Review*, 83(3), pp. 124-132.
7) Barabasi, A. L.(2002), 강병남/김기훈 역, 『링크』, 서울: 동아시아.
정명호 · 오홍석(2005), 『휴먼 네트워크와 기업경영』, 서울: 삼성경제연구소.
8) Weger, E.(1998), *Communities of Practice: Learning, Meaning, and Identity*, NY: Cambridge Univ. Press.
9) Baker, W. E.(2001), Building social capital as an HR competence, *IHRIM Journal*, April-June, pp.98-108.
10) 삼성경제연구소 (2011), 『워크스마트 실천전략 연구』
11) Allen, T. (2007). Architecture and communication among product development engineers, *California Management Review*, 49(2), 23-41.
12) Allen, T. & Hauptman, O. (2989). The influence of communication technologies on organizational structure, *Communication Research*, 14(5), 575-587.
13) Bock, L. (2015). *Work rules: Insights from inside Google that will transform how you live and lead*, New York, NY: Twelve.
14) Hoegl, M., & Proserpio, L. (2004). Team member proximity and teamwork innovative projects, *Research Policy*, 33, 1153-1165.
15) 유우상 · 최윤경(2005). 사무공간 레이아웃에 따른 근무자의 시각적 교류에 관한 연구, 한국실내디자인학회논문집, 15(5), 35-43.
16) Stryker, J. & Farris, G. (2004). *Designing the workplace to promote face-to-face communication in R&D project teams: A field study*. Mimeo.
17) Backhouse, A. & Drew, P. (1992). The design implications of social interaction in a workplace setting, *Environment and Planning B: Planning and Design*, 19, 573-584.
18) 유우상 · 최윤경(2005). 사무공간 레이아웃에 따른 근무자의 시각적 교류에 관한 연구, 한국실내디자인학회논문집, 15(5), 35-43.

chapter 11

의사결정

어떤 제약회사 영업사원이 있는데, 이 친구는 대단한 영업능력을 가지고 있는지 동료 영업사원 중에서 뛰어난 영업실적을 올리고 있다. 그 친구는 약을 소개할 때, 약이 가지고 있는 강점을 강조한다. “이 약은 새로 나온 신약으로, 그동안 불치병이라는 ○○병에 70% 정도의 효과를 보입니다.”

그런가 하면, 다른 한 영업사원은 사람 하나는 진국인데, 영업실적이 형편이 없다. 자신도 그런 스스로에게 실망을 하여, 다른 일거리를 알아보고 있으나 그것마저도 여의치 않아서 고민이 많다. 그는 같은 약을 팔아도 성격대로 신중하게 접근한다. “이 약은 새로 나온 약으로 불치병인 ○○병에 특효약으로 개발된 것인데, 아직 완전하지 않아서 30% 정도에서 효과를 보지 못합니다.”

성실한 이 친구, 뭐가 문제인가?

우리 인생은 어쩌면 '선택이 이어지는 과정'이라고도 할 수 있을 것이다. 우리는 매일같이 여러 사소한 일상적 선택을 하고 살고 있고, 때로는 직장과 배우자를 선택하는 것과 같은 중요하고도 의식적인 판단과 결정을 하면서 살아간다. 조직생활도 마찬가지이다. 업무를 수행하면서 우리는 많은 정보들 속에서 무엇이 더 중요한 문제인지 우선순위를 따져보고, 가능한 한 적은 비용과 노력을 들이면서도 많은 성과나 혹은 효과적인 문제해결을 가져다주는 대안을 흔히 선택해 간다. 따라서 조직 내에서 이루어지는 각종 의사결정 과정을 이해하지 않고서는 조직생활을 제대로 이해하기 어렵다.

의사결정(decision making)이란 문제를 인식하여 가능한 대안들을 탐색·평가·선택하는 일련의 과정을 의미한다. 조직에서 경영자는 물론 일반 사원들도 끊임없이 의사결정을 하게 된다. 그리고 이러한 의사결정이 자신은 물론 그 의사결정과 관련이 있는 다른 사람, 나아가서는 조직의 성과에 영향을 미치게 된다.

개인의사결정은 보다 큰 조직의사결정 맥락 중의 한 부분이 된다. 확실히 의사결정 결과가 의사결정의 유효성을 평가하는 궁극적인 기준이 된다. 그러나 많은 요인들이 그러한 결과에 영향을 미칠 수 있고, 결과가 알려지기까지에는 시간이 필요하다.

그러면 의사결정 결과의 평가에 영향을 미칠 수 있는 요인은 어떤 것이 있는가?

첫째, 의사결정의 질(質)이다. 의사결정의 질은 모든 가능한 대안 중에서 선택된 대안이 최적이라고 볼 수 있는 정도를 말한다.

둘째는 시의(時宜)이다. 아무리 훌륭한 의사결정이라도 때를 놓치면 의미가 없다.

셋째, 대부분의 조직상황에서는 의사결정이 의사결정자 이외의 사람들에 의해 실행되기 때문에, 다른 사람들에 의한 의사결정의 수용이 의사결정을 평가하는 데 있어서 중요시되는 요소 중의 하나이다.

그러면, 조직 내에서 이루어지는 다양한 의사결정 방식과 그 과정을 이해하도록 도와주는 몇 가지 의사결정 모형에 대해 먼저 알아보기로 하자.

1 의사결정의 과정과 주요 모형

1.1 합리적 의사결정모형

의사결정 과정을 설명하는 여러 관점이 있지만, 가장 보편적인 모형이 바로 합리적 의사결정모형(rational decision making model)이다. 이 모형의 가장 근본적인 가정은, 사람들이 의사결정을 할 때 경제적 합리성을 추구한다는 것, 즉 사람들은 가능한 한 적은 비용과 노력을 들이면서도 가장 큰 효익을 가져다주는 대안을 추구해 간다는 것이다. 따라서 합리적 의사결정모형은 대부분 의사결정의 주체로서 합리적 경제인(economic man)을 가정하는 경제학적 분석에서 흔히 당연한 가정으로 전제되어 왔다. 그러므로 이 모형에서는 사람들이 일관되게, 논리적으로, 또 필요 시 수학적 접근법을 활용하면서, 다음의 다섯 단계를 거쳐 경제적 성과의 극대화 목표를 추구할 것이라고 가정하고 있다.

(1) 문제의 인식과 정의

현재의 상태와 바람직한 상태 사이의 차이를 문제라 하며, 그러한 차이를 지각하는 것을 문제의 인식이라 한다. 그리고 이러한 문제의 인식이 바로 의사결정의 토대가 된다.

문제의 인식을 위해서는 의사결정자에게 첫째는 조직 또는 개인의 목표의 인식, 둘째는 그러한 목표의 달성 여부의 식별, 셋째는 차이의 중요도의 평가 등이 요구된다.

또한 문제를 정확하게 정의하는 것이 성공적인 의사결정을 위해 중요하다. 경영자들은 종종 의사결정을 그르치는데, 그 이유는 ① 가능한 해결책만을 토대로 문제를 정의하고, ② 해결법을 알고 있는 문제의 측면에만 초점을 맞추고, ③ 가장 두드러진 증상만에 대한 문제의 진단이 이루어지기 때문이다.

(2) 정보탐색

현 상태와 바람직한 상태의 차이가 심각하다고 지각하게 되면 왜 그러한 문제가 발생하게 되었는가를 분석하는 의사결정의 다음 단계에 돌입한다. 이 단계에서 의사결정자는 문제와 문제해결방법에 관한 정보를 수집한다.

(3) 대안창출

의사결정의 세 번째 단계는 가능한 해결책을 개발하고 확인하는 것이다. 이 단계에서는 앞 단계에서 수집된 정보를 기초로 여러 가지 해결책을 창출하게 된다. 이러한 대안창출은 어려운 일이다. 이러한 과정에는 많은 창의력과 정신적 유연성이 요구된다.

너트(Paul Nutt)에 의하면[1] 이러한 대안창출을 위해 사람들은 흔히 다음의 3가지 방법을 활용한다.

첫째, 역사적 의사결정모형(historical decision model)의 활용이다. 이는 과거에 취했던 여러 행위들이 대안창출에 가장 많이 사용되는 원천이라는 의미이다. 이러한 역사적 모형에도 여러 종류가 있다. 다른 기업 또는 사람이 이미 했던 것과 정확히 똑같은 것을 고려하는 편협적 모형(provincial models), 동일한 문제를 다루었던 조직을 방문하여 거기서 얻은 것을 대안창출에 이용하는 충실화모형(enriched models), 전에 고려했던 대안들을 새롭게 바꿈으로써 대안을 창출하는 선호 아이디어(pet idea) 등이 그것이다.

둘째, 표준화되고 이미 만들어진 대안을 가지고 있는 조직 밖의 외부 컨설턴트의 도움으로 대안을 창출하는 외주식 의사결정모형(off-the-shelf decision model)이 널리 사용되는 방법이다.

셋째, 문제가 이전에 전혀 경험하지 않은 것일 경우 역사적 및 외주식 방법으로는 적절하지 않을 것이다. 이때 경영자는 새로운 아이디어를 창출하기 위해서 신성법(新星法: nova technique)을 사용하게 된다는 것이다.

신성법에서는 해결책을 여러 원천－조직내부의 스탭, 외부 컨설턴트, 다른 기업의 경영자 등－에서 찾는다는 것이다. 그리고 중요한 것은 이전의 관행을 참고하지 않고 혁신적인 아이디어를 이끌어 낸다는 것이다.

(4) 대안의 평가와 선택

충분한 대안들이 확인이 된 후에는 의사결정자는 대안들을 평가하여 선택하게 된다. 이러한 평가는 여러 가지 방법으로 수행될 수 있다. 그 중에 하나의 방법이 의사결정자가 각각의 대안을 다른 모든 대안과 비교하거나, 각각의 대안을 기준 또는 목표와 비교하는 방법이다.

또한 일반적인 방법으로 비용-효익 분석법 또는 효용극대화법 등이 사용된다. 한편, 의사결정은 위험 하에 이루어지는 것이 보통이므로 이런 경우에는 기댓값을 계산하는 등 여러 방법들을 사용한다.

(5) 실행 및 평가

일단 대안이 선택되고 나면, 의사결정자는 의사결정 사항을 실행에 옮기게 된다. 의사결정의 나머지 단계가 중요하다고 하지만 의사결정 사항이 실행되지 않는다면 그 의사결정은 가치가 없는 것이다.

또한 의사결정자는 실행 후에 무슨 변화가 일어나고 있는가를 알기 위해 결과를 지켜보고 평가하는 일을 게을리 해서는 안 된다.

그림 11-1 합리적 의사결정 과정

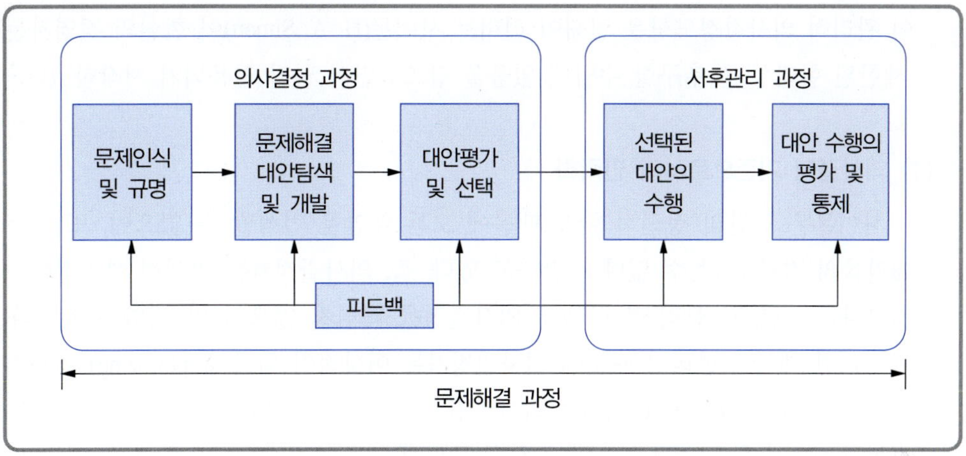

현 상태와 바람직한 상태 사이의 차이는 좁혀지고 있는가? 그렇지 않다면 왜 문제가 해결되지 않는가? 문제의 인식이 불완전하였거나 잘못된 대안을 선택하였거나일 것이다. 이렇듯 의사결정 결과를 원래 목표와 주기적으로 검토하는 과정이 필요하다.

지금까지 설명한 합리적 의사결정 과정을 그림으로 정리하면 [그림 11-1]과 같이 요약될 수 있다.

1.2 관리적 의사결정모형

합리적 의사결정모형은 의사결정자가 최소의 비용과 노력으로 최대의 효익을 얻기 위한, 최적의 대안선택을 유도해 주는 분석틀이라 할 수 있다. 하지만 현실의 의사결정 과정에서는 많은 요인들 때문에 합리적 의사결정모형이 그대로 적용되기 어려운 경우가 많다.

무엇보다 합리적 의사결정모형에서는 의사결정자가 항상 합리적으로 행동하고 경제적으로 판단한다고 가정한다. 또 의사결정자는 모든 대안에 대해 완벽한 정보를 갖고 있어서, 있을 수 있는 모든 대안에 대한 비교평가가 가능함을 전제로 한다. 또 선택된 대안의 실행결과에 대해서도 완벽하게 알 수 있다는 전제하에서, 이들을 모두 평가한 다음 최적의 대안을 선택할 것을 추천해 주고 있다. 이렇듯, 합리적 의사결정모형이 가정하는 여러 조건들은 현실의 경영 의사결정과정에서는 모두 충족되기 어려운 경우가 많다. 그래서 등장한 것이 관리적 의사결정모형(administrative decision making model) 또는 제한된 합리성(bounded rationality)모형이다. 이 관리적 의사결정모형은 일찍이 허버트 사이몬(H. A. Simon)이 현실의 경영자는 '제한된 합리성'을 추구할 수밖에 없음을 강조하면서 널리 인용되기 시작하였다.[2)]

(1) 의사결정 기준으로서의 만족화

사이몬은 인간의 정신적 한계 때문에 모든 대안을 인식할 수 없으며, 또 모든 대안들의 결과도 알 수 없다고 말하고 있다. 즉, 의사결정자는 완전히 합리적이라기보다는 '제한된 합리성' 하에서 의사결정을 내리지 않으면 안 된다는 것이다.

이러한 제한된 합리성 때문에 의사결정자는 이상적인 최적의(optimizing) 의사결정보다는 만족스러운(satisficing) 의사결정을 추구하게 된다. 즉, '만족화'란 모든 가능한 대안들을 고려함으로써 효용을 극대화하려 하지 않고, 수용할 수 있는 최소한의 수준을 충족시키는 대안을 추구하는 것을 말한다. 이를 건초더미에서 바늘을 찾는 것에 비유하자면, 최적의 합리적 의사결정은 모든 바늘을 찾아내어 그 중에서 가장 크고 뾰족한 바늘을 선택하는 것인 반면, 만족스러운 의사결정은 일정한 기준을 충족시키는, 쓸 만한 바늘을 골라내는 것으로 이해해 볼 수 있다.

결국, 이 관리적 의사결정모형에 따르면, 의사결정자들이 대개는 최적의 대안을 찾으려 노력은 하지만, 시간의 부족, 정보의 부정확성, 개인의 인지능력상의 한계 등 여러 이유로 인해 유일한 최적 대안의 선택이 사실상 불가능한 경우가 많다는 것이다. 그러므로 의사결정을 함에 있어서 사람들은 개인적으로 만족할 만한 수준의 기준을 갖고, 현실의 대안이 이 기준 이상의 성과를 가져다 줄 경우 이 대안을 선택해 가는 식의 의사결정을 하게 된다는 것을 설명해 주고 있다. 이런 면에서, 앞서의 합리적 의사결정모형은 모름지기 "의사결정은 이렇게 해야 한다"라는 다분히 규범적이고 이상적인 접근법을 제시하고 있다면, 관리적 의사결정모형은 "많은 경우 의사결정과정은 이렇게 이루어진다"라는 현실적이고 실제적인 모습을 설명해 주고 있다고 볼 수 있다.

(2) 대안의 순차적 고려

관리적 의사결정모형에 따르면, 실제 의사결정과정에서는 모든 대안을 동시에 고려하기보다 그 대안들을 순차적으로 고려해 가는 경우가 많다. 이는 모든 가능한 대안들을 도출하여 그것들을 평가하는 대신에, 순차적으로 창출된 대안을 만족스러운 결과를 위한 기준에 비추어 그것이 만족스럽다면 의사결정은 거기서 끝나고, 그렇지 않을 경우에는 다음의 대안으로 옮겨가는 것을 의미한다.

■ 그림 11-2 관리적 의사결정모형 하에서의 이루어지는 순차적 대안 탐색과정

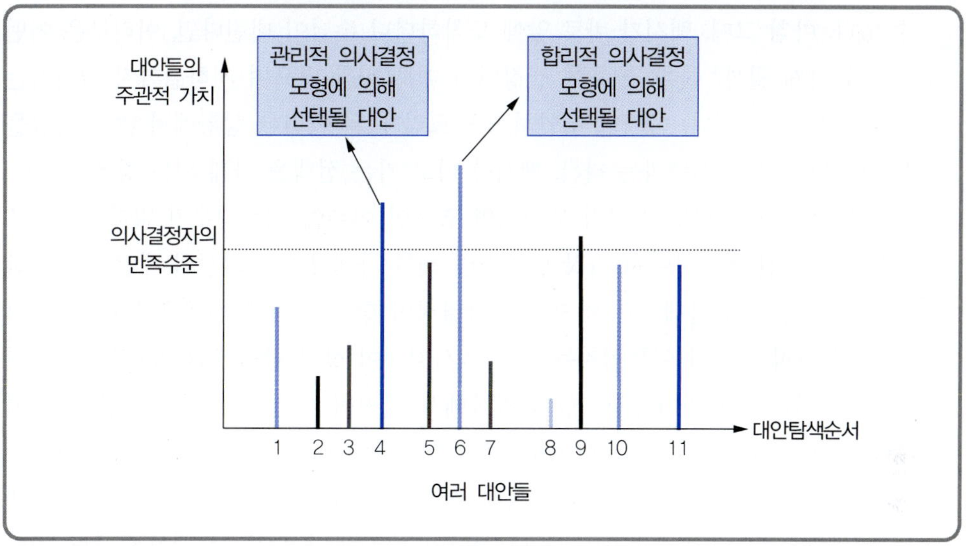

자료 : 임창희(2009), 「조직행동」, 329쪽의 내용을 수정함.

예를 들어, 어느 기업에서 감원이 필요하다고 하자. 그런데 감원효과를 가져올 수 있는 조치는 여러 가지가 있다. 모든 가능한 조치들의 예상되는 효과를 서로 비교하기보다는, 그 기업은 우선 조기명예퇴직제를 생각해 내고, 이것을 실행해 볼 것이다. 그 결과, 이 제도가 효과적이라고 판단되면 더 이상 다른 대안을 고려하지 않을 것이다. 그러나 그 제도가 효과적이지 않을 경우에는 신규채용 동결과 같은 다른 조치를 실행해 볼 것이다.

이러한 관리적 의사결정모형 하에서 이루어지는 순차적인 대안탐색 및 의사결정과정을 그림으로 나타내면 [그림 11-2]와 같다.

1.3 의사결정의 쓰레기통모형

만일 여러분이 업무상 방문해야 할 곳이 생겼다고 가정하자. 합리적인 의사결정자로서의 여러분은 가능한 한 적은 시간과 비용, 그리고 노력을 들이고 목적지까지 가기 위해 여러 대안을 놓고 따져볼 수 있다. 이를테면, 출발하기 전에 어디까지 지하철을 타고 가고, 또 거기서 몇 번 버스를 갈아타고 가면 가장 빠르고 경제적일지를 꼼꼼히 따져보고 최종대안을 결정할 수 있다. 이럴 경우, 우리들은 흔히 인터넷을 검색해서 대안을 비교해 보기도 한다. 드디어 가장 빠르고 적은 교통비가 드는 한 대안을 최종적으로 선택한 후 막 회사를 나서고 있는데, 갑자기 예기치

않은 비가 쏟아지기 시작한다. 미처 우산을 챙겨오지 않은 여러분으로서는 난감할 수 있다. 마침 그때, 택시가 바로 앞에 도착하더니 손님이 내린다면, 여러분은 어떤 선택을 하게 될까? 물론, 애초에 결정내린 대로 비를 맞으며 지하철까지 걸어가는 선택을 할 수도 있다. 하지만 우연히 맞닥뜨리게 된 이러한 상황에서 많은 사람들은 애초의 합리적 선택과는 다른, 택시를 타고 가는 선택을 하게 되는 경우가 많다.

실제 조직 속에서도 이처럼 우연적인 결정이 이루어지는 경우가 많다. 많은 조직들은 주어진 조건하에서 가장 만족스런 해를 가져다주는 최선의 대안을 선택하려고 노력하지만, 실제 이루어지는 의사결정이 항상 그러한 것만은 아니다. 이처럼 실제 조직 속에서 이루어지는 많은 의사결정이 항상 합리적인 의사결정모형이나 혹은 관리적인 의사결정모형에 입각해서 설명될 수 없음을 지적하면서, 코헨(Michael Cohen), 마치(James March), 그리고 올슨(Johan Olsen)과 같은 연구자들은 높은 불확실성 속에서 이루어지는 실제 조직 의사결정과정을 설명하기 위해 '쓰레기통모형'(garbage can model)을 제안하였다.[3] 경우에 따라서는 쓰레기통 속에 버려지는 쓰레기들처럼, 조직 속에서 이루어지는 많은 의사결정들이 합리성이나 만족화 기준과는 거리가 먼, 중구난방식의 결정이 행해질 수도 있다는 것이다.

조직 속에서 이루어지는 의사결정이 이처럼 원칙 없이 이루어지게 만드는 주요 이유는 다음과 같다.

① **우선순위의 불명확성** : 문제, 대안, 해결방안, 목표가 명확히 정의되지 않고, 의사결정의 각 단계들은 서로 명확하게 구분되지 않는다.

그림 11-3 의사결정의 쓰레기통모형

자료: 임창희(2009), 「조지행동」, 335쪽의 내용을 수정 변형함.

② **해결기법에 대한 이해의 부족과 불명확성** : 의사결정요인들의 인과관계를 규명하기 어려우며, 의사결정에 적용하기 위한 지식이 불충분하거나 불분명하다.

③ **의사결정 참여자의 잦은 변동** : 의사결정과정 중에 참여자가 이직할 수도 있고, 조직구성원은 항상 바쁘기 때문에 어떤 특정한 의사결정에 충분한 시간을 할애하지 못한다. 유동적이고 제한된 의사결정에의 참여만이 이루어진다.

사실, 이러한 불확실한 조건하에서는 합리적인 대안탐색이 결코 쉽지 않으므로 섣부르게 의사결정이 내려져서는 안 되지만, 현실에서는 조직 내 이미 존재하고 있던 문제들이나 기존의 해결방안들, 그리고 우연히 주어지는 선택기회와 의사결정 참여자들이 뒤섞여 그때그때마다 예기치 않은 대안들이 선택되는 수가 허다할 수 있다. 이른바 '조직화된 무질서'(organized anarchy) 속에서, 어떠한 의사결정 대안이 선택될지가 순전히 타이밍이나 혹은 운에 의해 좌우되는 경우도 얼마든지 생겨날 수 있는 것이다. 또 경우에 따라서는 당면한 문제의 해결과는 전혀 관계없는 대안선택이 이루어질 수도 있고, 심지어는 문제가 존재하지 않는데도 불구하고 모종의 해결방안이 추진되기도 한다.

일찍이 앤더슨(Anderson)의 연구는 조직 내에서 최종목표를 달성하기 위하여 사전에 설정된 가장 경쟁력 있는 대안이 항상 채택되지 않음을 밝혀내 이 쓰레기통모형의 유용성을 확인해 준 바 있다.[4] 그에 의하면, 합리적 의사결정모형에서 목표를 설정하는 것은 의사결정의 첫 번째 단계이지만, 실제로는 그러한 목표가 의사결정을 실행하는 과정에서 발견되는 경우도 얼마든지 있음을 지적하기도 하였다.

2 합리적 의사결정을 방해하는 개인 차원의 여러 요인들

조직 내 각 개인들은 주어진 조건하에서 가급적 합리적이거나 혹은 만족화에 입각한 의사결정을 해 나가려고 노력한다. 하지만 의사결정을 해 나가는 과정에서 그러한 합리적 의사결정을 어렵게 만드는 많은 영향요인들이 존재하며, 그 가운데는 우리들 각 개인이 갖고 있는 행동이나 추론 경향이 한 몫을 할 수 있다. 여기서는 이러한 요인들 가운데 대표적인 몇 가지를 설명해 본다.

(1) 스키마(Schema) 혹은 사회도식

스키마 혹은 사회도식이란 사람들이 어떤 사람이나 사물, 사건, 역할 등에 대해 머리 속에 과거로부터 형성해 놓은 일종의 의미체계를 말한다.[5] 따라서 사람들은 그리 특별하지 않은 일상적인 현상에 직면할 경우 그에 대한 심도 있는 분석의 과정을 생략한 채, 자동적·습관적으로 이 스키마 또는 사회도식이 제공하는 대안과 판단을 선택하기 쉽다.

이처럼 사회도식 또는 스키마는 사람들이 일상생활 속에서 정보처리를 해 나가는 과정에서 매우 중요한 역할을 담당하며, 우리들의 대안선택이나 판단과정에 중요한 영향을 미치게 된다. 즉 새로운 상황을 해석하고 대처함에 있어서 자기가 갖고 있는 스키마나 사회도식에 의거하여 파악함으로써, 상황이 제시하는 다양한 정보를 일정하게 분류하고 조직화시키는 것을 도와주고, 또 세세한 것들에 대해 일일이 주의를 기울이지 않아도 되게끔 도와주는 것이다.

대상이나 역할 등에 대해 우리가 갖고 있는 스키마는 우리들의 회상과 정보처리시간을 단축시킴으로써 정보처리와 판단을 효율적으로 할 수 있도록 도와주기도 하지만, 아울러 많은 문제점도 야기시킬 수 있다. 대상이나 사건을 판단할 때 자기가 갖고 있는 기존 스키마나 사회도식과 부합한다고 생각될 경우, 도식적 처리가 자동적으로 나타나서 주어진 정보를 왜곡해서 받아들이거나 혹은 복잡한 현상을 과잉 단순화시켜 처리하게 만들 수 있고, 또 잘못된 고정관념이나 편견을 촉발시켜 대상을 잘못 판단하게 만들 수도 있다.[6] 따라서 중요성이 큰 판단이나 혹은 의사결정 사안에 직면했을 경우에는 자기가 갖고 있는 기존 스키마나 사회도식과 불일치하는 정보들에 세심한 주의를 기울임으로써, 지나치게 형식적으로 이루어지기 쉬운 도식적 정보처리에 스스로 제동을 걸고 신중한 판단과 의사결정을 해 나갈 필요가 있다.

(2) 손실회피 경향

일반적으로 사람들은 이득과 손실의 절대적 수치가 동일할 때는 손실에 더 큰 무게를 두는 손실회피(loss aversion bias) 경향이 있다. 즉, 사람들은 사업의 성공과 실패의 확률이 반반인 경우에는 그 사업을 시도하지 않는 수가 더 많다는 것이다. 한 연구결과에 의하면 '확실한 작은 이득'(예: 300만 원 수입의 확률 100%)과 '위험한 큰 이득'(예: 400만 원 수입의 확률 80% 및 수입이 없을 확률 20%)의 두 가지 투자안이 있는 경우, 합리적 이익기대치는 '위험한 큰 이득'의 경우가 320만 원으로 더 큼에도 불구하고 사람들은 300만 원의 '확실한 작은 이득'을 취함으로써 손실을 회피하는 경향을 보였다.

주식투자 의사결정의 또 다른 예를 들면, 사람들은 일반적으로 2년 전에 100,000원에 산 어느 주식의 시세가 구입가격을 밑돌고 있는데도 불구하고 그 수준으로 오를 때까지 팔지 않고 기다리는 반면에, 한 달 전에 120,000원 하던 그 주식의 가격이 점점 떨어지기 시작하면 곧 100,000원 이하로 떨어질 것을 염려하여 곧장 팔아버리는 경향이 있다. 즉 그 투자자는 손실회피 경향 때문에 큰 손실은 안고 있으면서 작은 이득만 챙기는 비합리적 의사결정을 하고 있는 셈이다.[7)]

(3) 가용성(可用性) 휴리스틱

'휴리스틱'(heuristics)이란 그리스어에서 온 단어로서, 무엇을 찾거나 발견하는 것을 돕는다는 뜻을 지닌 말이다. 굳이 우리말로 옮기자면, '어림법' 정도가 적당해 보인다. 가용성 휴리스틱이란, 우리가 특정 사건의 발생 가능성이나 혹은 특정 대상물이 출현할 상대적인 빈도 등을 따지는 경우처럼 어떠한 판단 과제에 직면했을 때, 그 사건이나 대상물이 갖는 상대적인 가용성(availability), 즉 우리의 지각, 기억, 상상의 과정에서 얼마나 쉽게 머리에 떠오르는가에 의존하여 판단하는 경향성을 지칭한다.[8)] 사람들은 어떤 일이 일어날 가능성을 그들 머리에 떠오른 그것에 관한 예를 가지고 쉽게 판단해 버리는 경향이 있고, 이러한 회상의 가용성이나 용이성이 우리의 판단이나 의사결정에 중요한 영향을 미칠 수 있다.

한 예를 들면, 언론에 보도된 비행기 사고와 같이 생생하게 기억할 수 있는 사건으로 인해 사망하는 사람의 수는 과대평가하고, 언론에 잘 보도되지 않는 뇌출혈과 같은 질병에 의해 죽는 사람의 수는 쉽사리 과소평가해 버리는 경향성을 들 수 있다. 또 다른 예로는, 우리나라에서 핵폐기물 시설 설치에 대한 지역주민들의 반응을 들 수 있다. 정부에서 핵폐기물 시설의 안전성에 대한 자세한 설명을 할수록 주민들은 핵폐기물 시설에 대한 공포를 더 느끼게 될 수도 있다. 즉 주민들에게 핵 시설과 그 위험성에 관한 보다 자세한 정보를 주기 위해, 이를테면 핵폐기물 시설과 관련한 사진이 보다 생생하게 제시되면 될수록 사람들은 그러한 재앙이 발생될 가능성이 더 크다고 생각하기 쉽고, 그 결과 그러한 시설이 자신의 지역에 설치되는 것을 오히려 더 격렬하게 거부하게 되기 쉽다는 연구결과도 제기되었다.

일반적으로, 회상의 가용성이 사건의 객관적인 발생 빈도와 밀접히 연관되어 있다면, 가용성 휴리스틱을 사용하는 것이 손쉽고 정확한 판단을 가져다 줄 수 있다. 하지만 가용성에는 실제 빈도 이외에도 각 사건이 지닌 지각적 현저성, 회상 및 상상의 용이성, 입장의 차이 등이 영향을 미치므로, 우리들로 하여금 종종 그릇된 판단과 의사결정을 하게 만들기도 한다. 이를테면, 취업을 앞둔 대학 4학년생이 실제 피부로 느끼는 취업률과 정책 당국의 취업률 발표는 항상 다르기 마련이고, 여야 정당의 당직자들이 자신이 속한 정당의 지지도를 추정하는 경우 서로 아전인수격 추정을 하게 되기 쉬운 이유도 바로 이 개념으로 설명될 수 있다.

(4) 대표성 휴리스틱 또는 기초비율 오류

대표성 휴리스틱 혹은 기초비율 오류(base rate bias)란, 의사결정자가 특정 사안이 발생할 객관적인 확률을 무시하고, 개별화된 특정 사안의 정보가 해당 사안의 전형성을 얼마나 잘 반영하는가에 의존하여 판단하는 경향성 또는 그로 인한 오류를 의미한다. 예를 들어, 어느 심리학자가 30명의 엔지니어와 70명의 변호사에게 성격검사를 실시했는데, 여러분이 이 중 5명의 성격검사 내용을 보고 그것이 엔지니어의 것인지 아닌지를 알아낸다고 하자. 이때 실제로는 엔지니어의 것일 객관적 확률이 30%인데도 불구하고, 우리는 흔히 이러한 객관적인 기초비율을 무시하고 개별 성격검사의 기술내용에 의존하여 판단하는 오류를 범하기 쉽다.

이러한 오류가 발생되는 원인의 하나는, 우리가 흔히 특정 사안이나 표본의 특성을 추정할 때, 그러한 표본이나 개별 사안은 그것이 속한 모집단의 특성과 유사하다는 믿음을 매우 강하게 지니고 있다는 사실에서 기인한다. 또 다른 이유로는, 사람들이 흔히 기초비율 혹은 기저율을 무시하면서 추론하는 경향성을 들 수 있다. 일반적으로 사람들은 판단의 준거로 삼을 만한 그럴듯한 정보나 도식이 있을 경우라면 기꺼이 기초비율 혹은 기저율을 무시해 버리고 판단하는 경향이 있는 반면, 그러한 준거가 없을 때만 기저율을 판단이나 의사결정에 활용하는 경향이 있다.[9)]

(5) 닻 내리기 효과

사람들에게 금강의 길이를 짐작해 보라는 질문을 다음과 같은 두 가지 방식으로 할 수 있다. 전자는 "금강의 길이가 500리보다 길까요, 아니면 짧을까요?"라고 묻는 것이고, 후자는 "금강의 길이가 5,000리보다 길까요, 아니면 짧을까요?"라고 묻는 것이다. 두 질문의 형태에 따라 대답은 상당히 다른 결과를 가져올 수 있다. 즉 응답치의 평균이 전자의 질문보다 후자의 질문에서 훨씬 더 크게 나타날 가능성이 크다.[10)] 왜냐하면 질문에서 주어진 500리 혹은 5,000리가 곧 판단과 의사결정을 위한 일종의 기준점 역할을 하기 때문이다. 그래서 이러한 효과를 '닻 내리기 효과'(anchoring effect)라고 부른다.

닻 내리기 효과 역시 우리가 평소 쉽게 의식하지 못하지만, 사실 많은 영역에서 나타날 수 있다. 그런데, 우리가 조직생활 속에서 흔히 쓰는 닻, 곧 기준점은 많은 경우 자기 자신이 되기 쉽다. 이를테면, 누가 어떤 일을 얼마나 더 잘하느냐의 판단은, 많은 경우 일차적으로 의사결정자 자신에 비추어서 내려지기 쉽다.[11] 우리는 흔히 자기 자신을 본위로 해서 세상을 판단해 가기 때문이다.

(6) 관여의 단계적 증가

사람들은 분명히 잘못된 의사결정임을 알고도 이전의 의사결정을 정당화하기 위해 점점 더 그 의사결정에 집착하는 경향이 있는데, 이를 관여의 단계적 증가(escalation of commitment)라 부른다. 처음에는 호기심에서 경마에 손을 댔다가, 경마에서 잃은 돈을 만회하려고 계속해서 여기저기서 돈을 끌어다가 경마에 투자했는데 그 돈을 모두 잃고, 급기야 탕진한 돈을 보충하기 위해서 범행을 저질렀다던 실제 한 사건 역시 관여의 단계적 증가현상으로 풀이될 수 있다.

이러한 현상은 개인뿐만 아니라 조직, 더 나아가 국가수준에서의 의사결정에서도 종종 나타나게 된다. 미국이 월남전에 개입하여, 추후 쉽게 발을 빼지 못하고 계속 엄청난 인적·물적 손실을 입었던 사실이 좋은 예이다.

3 집단의사결정과 집단지성

3.1 집단의사결정의 장/단점

개인 혼자서 내리는 의사결정이 아닌, 여러 사람이 함께 참여하여 이루어지는 집단의사결정은 사람들의 다양한 관점과 전문성, 그리고 아이디어를 활용하게 됨으로써 훨씬 질 좋은 의사결정을 할 가능성을 높일 수 있다. 집단의사결정을 하게 되면, 의사결정을 내려야 할 현안에 대해서 집단성원의 다양한 배경과 지식을 바탕으로 보다 다각도로 접근하고 검토하게 됨으로써, 혼자 판단하고 의사결정을 내리는 경우보다 질적으로나 양적으로 훨씬 더 폭넓고 깊이 있는 대안을 모색해 볼 수 있다.

구체적으로, 집단의사결정을 함으로써 얻게 되는 여러 이점들은 다음과 같이 요약될 수 있다.

① **보다 많은 정보와 대안** : 다양한 관점과 지식을 소유한 사람들이 의사결정에 참여하기 때문에 보다 많은 정보와 대안을 이끌어 낼 수 있다.

② **문제에 대한 다각도의 검토와 분석** : 의사결정을 해야 할 현안에 대해 다양한 관점에서의 대안 검토가 가능하다.

③ **의사결정의 이해와 수용** : 의사결정 과정에 집단성원이 참여하기 때문에 최종 의사결정에 대한 이해와 수용 정도가 높아진다.

④ **보다 많은 관여** : 자신들이 스스로 참여하여 결정한 경우, 실제 의사결정의 실행과정에서도 더 많은 관심과 관여(commitment)를 이끌어 낼 수 있다.

그렇지만 집단의사결정이 모든 경우에 있어서 다 바람직한 것은 아닐 수 있다. 집단구성원과 관리자들은 집단의사결정을 내릴 경우 일반적으로 다음과 같은 잠재적인 단점이 있음을 인식하고 이를 경계하여야 한다.

① **동조의 압력** : 좋은 집단성원이 되어야 한다거나 혹은 집단과 생사고락을 같이 해야 한다는 의식과 부담은, 집단성원들로 하여금 형편없는 수준의 의사결정에 쉽게 동조하도록 만들 수 있다.

② **특정 구성원에 의한 지배** : 집단 내 상사 등 특정 구성원이 집단의사결정을 실질적으로 지배하거나 통제해 갈 수 있다.

③ **많은 시간 소요** : 집단의사결정의 경우 개인 혼자서 내리는 의사결정보다 일반적으로 관련 토론과 의사결정을 위해 더 많은 시간이 소요된다.

④ **의견의 불일치에 따른 갈등의 심화** : 집단의사결정을 위한 토론 및 대안 검토과정에서 집단성원 간 의견의 불일치가 드러나 서로간의 갈등을 심화시킬 가능성이 있다.

3.2 집단의사결정의 주요 특징과 문제점

여러 사람이 함께 의사결정을 내리는 집단의사결정의 경우, 혼자서 판단하고 의사결정을 내리는 경우와는 다르게 의사결정과정에서 앞서 9장에서 살펴본 바 있는 여러 가지 집단역학(group dynamics)이 작용될 수 있다. 집단의사결정은 소집단에서 이루어지는 만큼 집단의 다양한 영향이 작용될 수 있고, 그 결과 개인 의사결정과정에서는 찾아보기 어려운, 집단의사결정의 고유한 특징과 문제점들이 부상하기도 한다. 다음은 그 가운데 일반적으로 가장 흔히 관찰할 수 있는 집단의사결정의 주요 특징과 문제점들이다.

(1) 사회적 태만, 책임의 분산, 그리고 무임승차 현상

타인과 함께 일을 할 경우 경쟁심 등 추가적인 동기가 발생되는 사회적 촉진(social facilitation) 현상이 발생하기도 하지만, 오히려 동기가 위축되어 개인의 노력이나 수행결과가 낮아지는 부작용이 발생되기도 한다. 일반적으로 집단의 크기가 증가함에 따라 개인이 쏟는 노력이 감소하는 이러한 현상을 '사회적 태만'(social loafing) 혹은 '링겔만 효과'(Ringelmann Effect)라고 부른다.[12)]

이러한 사회적 태만 현상은 집단 수행과제에 있어서 개인의 기여도가 제대로 드러나지 않을 때 특히 더 많이 발생하는 것으로 알려져 있다. 집단의사결정을 위한 토론과정에서 개인의 기여도가 분명하게 드러나지 않고, 또 이처럼 개인적 기여도의 많고 적음이 실질적으로 아무런 문제가 되지 않는다면, 집단의사결정에 참여하는 개인은 열의를 가지고 완전한 몰입을 해 가지 않을 수 있다.

아울러 이미 9장에서 살펴본 바 있듯이, 타인의 존재는 현재 직면하는 상황에 대해 개인이 느끼는 책임감을 희석시킬 수도 있다. 집단의사결정 상황에서도 개인은 '집단'이라는 조건이 제공하는 이른바 '책임감의 분산' 조건에 안주하면서, 집단토론 과정에 제대로 된 노력과 몰입을 다 하지 않는 경우가 발생할 수 있는 것이다. 그 결과, 집단의사결정 과정에서도 타인의 노력에 편승해가는 이른바 '무임승차'(free-riding) 현상이 초래될 가능성도 있다.

(2) 집단극화 또는 선택쏠림 현상

집단의사결정을 하는 경우 흔히 집단극화(group polarization) 또는 선택쏠림 현상이 나타나기 쉽다. 집단극화 현상이란, 특정 이슈에 대해 집단토론을 하게 되면, 토론 이전보다 구성원들의 입장이 더 극단적으로 옮겨가는 현상을 의미한다. 애초 집단극화 현상에 관한 연구는, 집단구성원들이 함께 토의를 한 후 의사결정을 하게 될 경우에 집단토의 전 개인들의 평균적인 의견보다 훨씬 더 위험한 쪽으로 쏠림 현상이 나타나는 것을 발견하고 본격적으로 연구되기 시작하였다.

그러나 그 후의 연구에서는 집단의사결정시 비단 이러한 위험쏠림(risky shift) 현상만이 아니라, 경우에 따라서는 오히려 더 보수적인 의견이 도출될 수도 있음을 확인하게 되었다. 따라서 그 후부터는 집단의사결정시 나타나는 이러한 선택쏠림 현상을 보다 일반적인 '집단극화' 현상이라는 개념으로 지칭하게 되었다.[13)] 즉 집단이 개인보다 더 위험한 의사결정을 내리는 경향을 '위험쏠림 현상'이라 부르는 반면, 집단이 개인보다 더 신중하고 보수적인 결정을 내리는 경향을 '신중쏠림'(cautious shift) 또는 '보수쏠림'(conservative shift) 현상이라 구분하여 부르게 된 것이다. 이 두 현상을 합쳐서 일반적으로 집단극화 현상이라 부르는데, 이는 집단의 구성원들이 원래 선호하던 방향으로 자기들의 입장을 더욱 극단적으로 추구해 간 결과일 수 있다.

[그림 11-4]는 이러한 집단극화 현상이 나타난 실제 한 사례를 보여주고 있다. 수 년 전, 더 이상의 추가적인 원자력발전소 건설 정책을 폐기하고자 했던 정부는 이미 착공에 들어간 원전인 신고리 5, 6호기를 어떻게 할지를 두고 수차례에 걸친 정책토론을 실시한 뒤, 이를 지켜본 국민들이 직접 참여하여 정책을 결정하는 새로운 실험을 실시한 바 있었다. 이른바 신고리 5, 6호기 공론화 시민참여단에 의한 정책결정 과정이었다. 당시 새롭게 시행된 이러한 방식의 정책결정과정은 정부가 일방적으로 정책을 정해 밀어붙이는 종전의 방식과는 달리, 이해관계자들을 포함한 일반 시민들이 관련 전문가들의 찬반토론을 지켜본 뒤 직접 정책결정에 참여할 수 있는 기회를 제공한다는 점에서 많은 사람들의 주목을 끌었었다. 말하자면, 직접민주주의적인 이상을 반영한 새로운 정책결정 패러다임을 처음으로 시행해 본 셈이었던 것이다.

2만 명이 넘는 시민들을 대상으로 한 애초 여론조사의 결과는 '건설 재개'와 '건설 중단', '판단 유보' 등 세 가지 의견이 거의 3분되다시피 의견이 나뉘었다. 그렇지만 토론을 거듭해 갈수록 시민참여단 내 애초 '판단 유보' 의견자의 수는 갈수록 줄어들었고, 결국 최종적으로 이 사회적 현안은 '건설 재개' 의견이 59.5%, '건설 중단' 의견은 40.5%로 양분되어, 이미 공사가 진행 중이었던 신고리 원전 5, 6호기까지는 계속 건설하는 것으로 정책이 결정되었다. 흥미로운 것은, 애초 1/3이 넘던 판단 유보자들이 거듭된 찬반토론의 결과 '건설 재개' 의견과 '건설 중단' 의견으로 점차 흡수되어 갔다는 것이다. 이른바 집단극화 현상이 나타난 한 결과라고 볼 수 있다.

그림 11-4 집단극화 현상의 예: 신고리 원전 5, 6호기 관련 시민참여단의 정책투표 결과

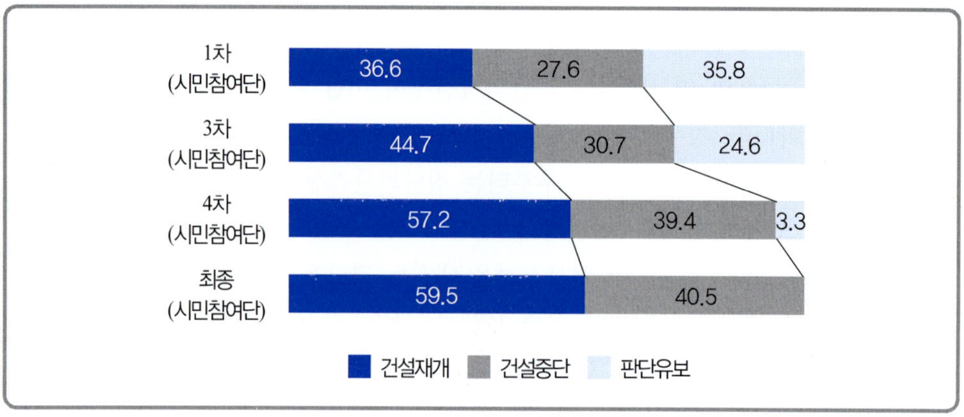

집단극화 현상과 관련해서는 현재 단순히 위험 및 보수쏠림 현상을 고찰하고 확인하는 수준을 넘어서, 집단토의가 구성원의 태도, 배심원의 결정, 윤리적 결정, 판단, 개인적 지각, 협상, 그리고 위험부담 등 다양한 측면에 대해 미치는 영향에 관하여 많은 연구결과들이 이루어지고 있다.[14)]

한편, 이러한 집단극화 현상이 나타나는 주요 원인에 대해서는 지금까지 다음과 같은 다양한 설명이 제기되어 왔다.[15)]

① 책임분산이론(theory of diffusion of responsibility)

집단성원들은 집단 속에 들어가면 책임감을 덜 지각하게 되고, 모험적인 의사결정을 해도 집단 안에서 하면 덜 불안해한다는 것이다. 즉 집단의 처음 입장이 다소 위험한 것이었을 때, 위험 쪽으로 쏠리는 현상이 생기는 것은 책임이 분산되기 때문이다.

② 리더십이론(leadership theory)

남들보다 좀 더 모험적이거나 혹은 좀 더 보수적인 사람 등 극단적인 성향이 강한 사람들은 일반적으로 집단토의과정에서 남들보다 더 큰 목소리와 설득력, 그리고 자신감과 몰입을 보일 확률이 높기 때문에, 이들은 각기 위험쏠림이나 혹은 신중쏠림이 일어나기 쉬운 의사결정 상황에서 집단성원들에게 더 많은 영향력을 미치는 등 리더십을 행사하게 됨으로써, 결과적으로 그 집단의 의사결정이 더욱 쏠림현상을 초래하게 된다는 설명이다.

③ 친숙화이론(familiarization theory)

타인과 함께 문제를 논의하면 그 문제에 대해 보다 친숙해지고, 더 친숙해질수록 불확실성이 감소하여 더 모험적인 대안을 지지하게 된다는 것이다. 즉 집단토의과정에서 토의된 문제에 대해 친숙해짐으로써 그 문제에 대해 불확실성이 감소하여, 토의에 참가한 사람들이 기꺼이 위험부담을 하게 된다는 이론이다.

(3) 집단사고

집단사고(集團思考, groupthink)는 응집성이 강한 집단에서 구성원들 간에 만장일치로 의사결정을 마무리하려는 열망이 일종의 동조 압력으로 작용됨으로 인해, 집단토론 등 논의 과정에서 구성원 각자가 갖고 있는 비판적인 의견이 제대로 표출되지 못하게 되는 것을 말한다. 그 결과, 대안에 대한 충분하고 현실적인 탐색과 평가를 하지 못한 채 쉽게 합의에 이르게 되어, 양질의 의사결정을 하지 못하게 되는 현상이 초래되기 쉽다. '집단사고'는 사회심리학자인 어빙 재니스(Irving Janis)

가 미국의 저술가 윌리엄 화이트가 포춘(Fortune)지에서 처음 쓴 이 용어를, 1960년대 초 미국 케네디 대통령과 그 참모들이 쿠바의 피그만(Bay of Pigs) 침공을 결정, 재가하게 된 과정을 사후 분석하는 과정에서 새롭게 적용한 개념이다.[16)]

쿠바의 사회주의 혁명을 성공시킨 피델 카스트로(Fidel Castro)에 의해 부패한 기존 정권이 무너지자, 당시 쿠바에서 더 이상 살 수 없게 된 많은 사람들이 미국으로 망명하였다. 당시는 미국과 구소련 간의 냉전이 한창 고조된 시기였기에, 미국의 턱밑에 들어선 쿠바 사회주의 정권의 존재는 미국으로서는 눈에 가시 같은 존재였다. 그렇지만 미국에 의한 직접적인 쿠바 침공은 국제적 비난을 초래할 것이 불을 보듯 뻔한 경우여서, 미국 CIA는 카스트로 정권을 전복시키기 위해 쿠바 망명인들로 편성된 침공군을 훈련시키고 무기를 지원해서 쿠바의 피그만으로 상륙시키는 작전을 입안하였다. 당시 캐네디 대통령과 그의 핵심 참모들은 승리를 낙관한 나머지 너무나도 쉽게 합의에 도달하여 이 계획을 승인하였으나, 쿠바 망명객으로 구성된 침공군은 피그만에 상륙한지 불과 며칠 만에 대부분 현장에서 사살되거나 체포되고 말았다.

나중에 이 비현실적이고 어처구니없는 의사결정이 도대체 어떻게 가능했을까를 사후 분석했던 어빙 재니스는, 캐네디 대통령과 그의 백악관 참모들로 구성된 국무회의의 집단의사결정 과정에서 '집단사고'의 병폐가 발생되었기 때문이라고 결론지었다. 당시 회의에 참석했던 백악관 대통령 안보보좌관의 진술에 의하면, 논의 당시 여러 가지 문제점이 예상되었지만 누구도 반대의견을 표명해 괜한 미움을 사기 싫었던 회의 분위기를 강조하면서, 당시 "누군가 한 사람이라도 과감히 이 계획에 반론을 제기했었다면 대통령이 아마도 이 계획을 파기했었을 것"이라고까지 술회한 바 있다.[17)] 그 밖에도 이처럼 집단사고가 발생함으로써 제대로 된 의사결정이 이루어지지 못한 역사적 예로는, 2차 대전 당시 일본군의 진주만 공습

그림 11-5 피그만 침공사건

가능성에 대한 미 해군 지휘본부의 오판과 과소평가, 1980년대 초 미 항공우주국의 챌린저 우주왕복선 폭발사건, 대량살상무기를 보유했다는 오판으로 말미암아 2003년 미국이 이라크를 침공해 들어간 사건 등을 들 수 있다.

집단사고는 대개 응집성이 높은 집단, 외부와의 단절 상황, 권위적이고 지시적인 리더십의 존재, 외부 위협이 존재하는 긴박한 상황 등의 조건 하에서, 집단성원들이 강한 집단압력이나 동조압력을 느끼게 되어 적절한 비판적 의견을 개진하는데 실패함으로써 발생하게 된다. 이러한 집단사고가 대두되기 쉬운 대표적인 문제증상이자 조건은 다음과 같다.

① **불패의 환상**(illusions of invulnerability) : 전문가들로 구성된 집단성원들이 자신들이 해당 분야의 최고 전문가 집단이라는 강한 자신감을 갖고 있는 경우, 본인들이 내리는 판단과 의사결정이 절대 잘못되지 않는다는 생각과 환상을 가지게 되고, 이는 과도한 낙관주의나 극단적인 위험을 서슴치 않는 결정을 초래하기 쉽다. 예컨대, 1980년대 초 미 항공우주국(NASA)의 경영진들은 과거 여러 해에 걸친 우주왕복선 발사의 성공 전례로 인해 이른바 '불패의 환상'과 자신감을 갖게 되었다. 그 결과, O-ring이라는 이음새 고리가 파열될 수 있는 위험성에 대해 챌린저호 우주왕복선의 고체연료 보조 로켓 엔진을 제작한 회사 엔지니어들의 사전 경고가 있었음에도 불구하고, NASA의 경영진들은 이를 무시하고 챌린저 왕복선의 발사를 무리하게 강행함으로써 왕복선 폭발이라는 큰 재앙을 초래하였다.

② **합리화**(rationalization) : 집단이 내린 의사결정을 합리화하기 위해, 의사결정과 부합하지 않는 정보나 경고는 곧잘 평가절하 되거나 혹은 무시되기 쉽다.

③ **도덕성에 대한 과신**(illusions of morality) : 집단성원들이 자신들의 입장은 언제나 옳고, 질책의 대상이 될 수 없다고 생각한다. 따라서 집단성원들은 해당 집단이나 그 집단이 내린 의사결정의 윤리성이나 도덕성에 대해서는 일고의 논의 가치도 불필요하다고 느낀다.

④ **외부집단에 대한 상동적 태도**(stereotyping outgroups) : 집단 외부의 사람들은 사악하고, 나약하며, 어리석다고 본다. 외부인의 행동을 현실적으로 검토하지 않지 않고, 이들의 위협을 무시하거나 부정적인 것으로 간주해 버린다.

⑤ **동조압력**(conformity pressure) : 집단의 입장에 반대되는 주장을 하는 성원은 충성심이 부족하다고 몰아붙여 이탈자를 단속한다.

⑥ **자기검열**(self-censorship) : 집단에 대한 의심을 표출하지 않고 침묵을 지킨다. 성원들은 집단의 합의와 응집성을 해칠까 두려워, 자신의 개인적 관심이나 혹은

이견을 남에게 말하지 않는다.

⑦ **만장일치의 환상**(illusions of unanimity) : 만장일치의 환상은 자기검열에 기반한다. 즉 사실상 이견이 있음에도 불구하고 이를 표출하지 못하고 자기검열의 결과 침묵하는 것인데, 집단 내에서 이러한 침묵은 곧 합의나 동의로 간주되고, 만장일치가 이루어졌다고 쉽사리 단정해 버리는 것이다. 이러한 집단에서는 집단성원이 진정으로 동의하고 있는지 제대로 알아보려고 하지 않는다.

⑧ **마음의 장벽 세우기**(mindguards) : 집단성원은 집단의 만장일치적인 의사결정을 깨뜨릴 부정적인 정보를 애써 외면하는 등, 그러한 반대 정보로부터 스스로를 차단한다.

3.3 집단지성이 발현되는 집단의사결정의 요건

집단사고가 발생하게 되면, 집단 내 지배적인 의견과 부합하지 않는 반대 의견이나 정보들을 과소평가하거나 무시하게 되는 등 정보를 선별적이고 확증적으로만 받아들이게 되는 편향을 보이게 되고, 그 결과 대안에 대한 충분한 검토와 분석이 이루어지지 못하게 되어 최선의 대안 강구에 실패하게 되기 쉽다. 그렇지만 집단의사결정이 항상 이러한 부정적 결과를 초래하는 것은 아니다. 앞서도 지적한 바 있듯이, 오히려 집단의사결정은 개인이 혼자서 갖기 어려운 다양한 관점과 지식, 전문성을 적용하여 문제를 다각도로 검토하고 분석하는 것을 가능하게 하는 등 많은 장점도 발휘할 수 있다. 한마디로, 집단의사결정은 의사결정과정에서 '집단지성'(group intelligence)을 구현함으로써, 아무리 탁월한 개인이라 할지라도 혼자만의 능력으로는 감당하기 어려운 상황을 극복할 수 있도록 만들어 준다.

이처럼, 집단지성은 집단이나 조직 내에 존재하는 다양한 숨은 의견과 정보를 적절히 이끌어내어 이를 개개인의 한계를 뛰어넘을 수 있도록 집단 의사결정 과정에 지혜롭게 활용해 가는 것을 의미한다.[18] 사실, 많은 경우 조직 내에는 그 조직이 당면한 문제를 해결해 가기에 충분할 만큼 유용한 정보나 해결책(solution)들이 이미 해당 조직 구성원들의 머리 속에 담겨져 있는 경우가 흔하다. 문제는 대개 이러한 정보와 해결방안들을 어떻게 이끌어내어 집단지성을 실현해 가는가에 있다. 이처럼, 집단사고를 방지하거나 극복하고, 집단지성을 구현할 수 있는 의사결정을 해 가기 위해서는 많은 조건이 필요하지만, 다음과 같은 사항들이 우선적으로 고려될 필요가 있다.

(1) 리더의 역할과 집단성원의 사회적 감수성

집단의사결정이 집단사고에 함몰되지 않고, 오히려 집단지성을 발휘하면서 탁월한 판단과 의사결정을 이끌어내기 위해서는, 무엇보다 먼저 해당 조직이나 집단을 이끌어가는 리더의 현명한 처사가 중요하다. 앞서 언급한 바와 같이, 리더가 처음부터 확고한 자신의 입장이나 의견을 피력하고 다른 의견을 무시하는 태도를 보이게 되면, 다른 구성원들이 가진 많은 유익한 정보들이 표출되기가 어려워진다. 그래서 자기 확신이 지나치게 강한 리더가 존재하는 경우, 이는 집단사고에 더욱 취약한 조건이 된다. 그러므로 집단 의사결정을 해 나갈 때, 리더는 가급적 자신의 의견을 절제하고 나중에 피력할 필요가 있다.

또 전문가에게 지나치게 의존하는 태도도 문제가 될 수 있다. 해당 분야의 전문성을 인정받은 전문가의 의견에는 대개 자기 확신과 동조화가 더 빠르게 일어나기 쉽고, 그래서 반대 토론을 하기가 현실적으로 더욱 어려워지기 쉽다. 아울러 집단 내 공유된 유대감이 너무 지나쳐도 자기 과신의 덫에 빠지기 쉽고, 또 다수의 의견에 동조하려는 경향을 유발시켜, 결과적으로 의미 있는 반대 의견을 건설적으로 제기하기 쉽지 않은 조건이 된다.

그렇기 때문에, 집단의사결정 과정에서 집단성원들이 거리낌 없이 자유롭게 자신의 의견을 개진할 수 있는 집단분위기를 조성하는 것은 집단지성이 발휘되기 위해 가장 중요한 전제 조건이 된다. 이를 위해서는 집단성원 모두가 동료들이 갖고 있는 성향과 전문성을 잘 파악하고 이해하는 것은 물론, 특히 팀의 리더는 집단 토론 과정에서 집단성원의 마음을 잘 읽고, 이들이 공평하게 발언하고 기여할 수 있는 기회를 제공하는 것이 필요하다. 한 마디로, '팀 리더십'이 잘 발휘될 수 있는 조건을 조성하는 것이 중요한 것이다. 이처럼 팀원들이 발휘하는 사회적 감수성(social sensitivity)이나 감성지능이 클수록, 해당 팀의 집단지성이 현실화될 가능성이 커진다고 볼 수 있다.[19)]

(2) 심리적 안전감

집단 내 형성되는 심리적 분위기도 중요할 수 있다. 심리적 분위기(psychological climate)는 구성원에 의해 지각된 업무환경을 뜻한다.[20)] 이러한 심리적 분위기 가운데, 집단의사결정 과정에서 집단사고를 예방하는데 특히 중요할 수 있는 것은 바로 '심리적 안전감'이다. 심리적 안전감(psychological safety)이란, 구성원이 자신의 업무 환경에서 대인관계적인 위험과 손실을 감수할 수 있다고 믿는 바를 의미한다.[21)] 좀 더 풀어서 설명하자면, 자신이 주변의 동료나 상사에게 어떠한 발언이나 행동을 해도, 그것이 본인에게 큰 위해 요인이 되지 않는다고 생각하는 믿음을 의미하는 개념인 것이다.[22)]

지금까지 진행된 많은 선행연구들은, 심리적 안전감이 여러 면에서 집단이나 조직의 효과성과 큰 관련성이 있다는 사실을 입증해 왔다. 이들 연구는 특히 구성원의 직무에 대한 열의와 노력을 유인하고, 다양한 시행착오와 실패가 수반될 수 밖에 없는 학습과 창의성, 그리고 혁신행동을 촉진시키는데 있어서는, 심리적 안전감을 느낄 수 있는 조직분위기를 조성하는 것이 매우 중요한 한 성공 요건이 된다는 사실을 확인해 주었다.[23)]

그렇지만 심리적 안전감은 집단의사결정의 맥락에서도 특히 중요할 수 있다. 의사결정을 위한 집단토론 과정에서, 눈치를 보거나 집단의 동조압력에 굴하지 않고 소신껏 반대의견이나 비판적인 의견을 표명할 수 있어야 실질적인 토론과 대안의 모색이 가능해지고, 그 결과 집단의사결정이 집단사고에 의해 휘둘리거나 혹은 지배당하는 것을 방지할 수 있다. 이런 점에서, 자신의 이미지나 지위, 경력 등에 부정적인 결과가 초래될 것을 두려워하지 않고 자기 자신을 표현할 수 있다고 생각하는 믿음, 즉 심리적 안전감이 제공되는 집단내 심리적 분위기는 매우 중요할 수 있다. 물론 이러한 심리적 분위기를 형성하는데 있어서도 상사의 민주적 리더십과 사회적 감수성이 중요한 역할을 할 것이다.

(3) 지명반론자 또는 악마의 변호인 제도

집단의사결정 과정에서 대안을 모색하고 그에 대한 비교평가를 하는 집단토론 단계에 지명반론자 또는 악마의 변호인(devil's advocate) 제도를 활용하는 것이 집단사고를 예방하는데 효과적일 수 있다. 지명반론자 제도는 말 그대로 집단 내 특정인에게 의도적인 반론 제기의 역할을 맡기는 제도이다. 지명반론자는 집단 내 다수가 선호하는 대안에 대해, 그 대안이 가진 문제점이나 약점에 대해 의도적으로 따지고 문제를 제기하는 역할임으로 인해 '악마의 변호인' 제도라고도 부른다.

한 때 인기를 끌었던 헐리우드 좀비 영화 '월드 워 Z'에서, 이스라엘의 CIA격인 비밀정보기관 모사드의 간부인 유르겐 웜브런이 언급했던 이른바 '열 번째 사람'(tenth man)이 바로 이 역할을 하는 사람이다.[24)] 열 명 중 아홉 명이 같은 정보를 가질 경우, 이들은 대개 같은 결론에 도달하게 되기 쉽다. 그래서 모사드 내에서 의사결정을 할 때 이 '열 번째 사람'에게 주어지는 의무는 거기에 의도적으로 이의를 제기하는 것이다. 이 '열 번째 사람'은 비록 수적으로는 다수이지만 다른 아홉 사람이 틀릴 수도 있다고 가정하고, 집요하게 그들 의견의 허점을 파고드는 역할을 한다. 그래서 실낱같은 가능성에 대해서도 대비하게 만들고, 또 다수의 지배적인 의견에 내재된 논리적 허점을 보완하는 기능을 하게 된다.

일반적으로 집단 내 만장일치의 압력이 줄어들면, 사람들은 다수의 지배적인 의견이라 할 지라도 그에 대항하여 자신의 의견을 말할 수 있는 자신감을 가지게 된다. 이는 9장에서 소개한 S. Asch의 동조실험에서도 익히 입증된 바 있다. 즉 애쉬의 동조실험에서 실험자의 조수 중 단 한사람이라도 틀린 답이 아니라 정답을 말하는 경우, 진짜 피험자의 동조행동은 현격히 줄어드는 것이 확인된 바 있다. 이러한 사실을 감안하면, 집단토론 과정에서 지명반론자가 수행하는 역할은 매우 다중적일 수 있다. 즉 지명반론자가 의도적인 반론을 제기함으로써, 집단 내 다른 사람들이 본인의 의견을 다시 한번 재점검해 볼 수 있고, 그래서 애초 가졌던 생각과 다른 대안이나 생각을 점화시키는 역할을 할 수도 있는 것이다. 이런 점에서, 집단의사결정 과정에서 팀원들이 너무 쉽게 한 대안에 합의하거나 동조해 갈 때, 팀 리더는 스스로 이 '악마의 변호인' 역할을 자청하면서, 팀원들의 비판적인 생각을 자극하는 것도 집단사고를 예방하는데 큰 도움이 될 수 있다.

(4) 집단 내 커뮤니케이션 구조

앞 장에서 논했던 집단 내 커뮤니케이션의 구조도 문제가 될 수 있다. 다음 [그림 11-6]은 고성과를 실현해 왔던 팀과, 그렇지 않았던 팀 내부에서 발생된 아이디어 흐름을 빅 데이터(big data) 분석을 통해 확인해 준 결과이다. 이에 따르면, 일반적으로 성과가 좋은 팀은 모든 팀원들이 아이디어 흐름에 일정하게 동참하면서, 전반적으로 팀 내 커뮤니케이션 및 아이디어 흐름이 균형 잡힌 패턴을 형성한다. 그렇지만 성과가 저조한 팀은 소수의 팀원들이 팀 내 커뮤니케이션을 장악하고 아이디어 흐름을 지배하면서, 불균형적인 패턴을 보이는 경우가 많다. 또한 고성

그림 11-6 빅 데이터(Big Data) 분석을 통해 본 팀 내 아이디어 흐름의 패턴

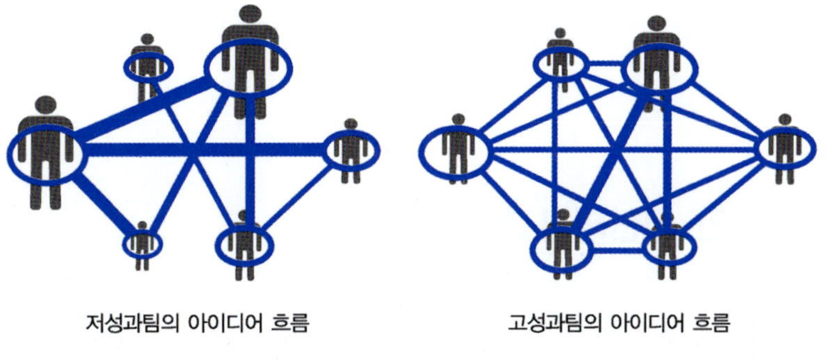

자료: Alex Pentland, The New Science of Building Great Teams, *Harvard Business Review*, 2012.

과 팀의 성원들은 조직 내외를 막론하고 다채롭고 폭넓은 네트워크를 형성하고, 이를 통해 다양한 정보와 의견을 조직이나 팀 내에 유입하여 이를 의사결정이나 대안 검토에 활용해 간다. 반면, 저성과 팀의 성원들은 한정된 직원들과 협소한 네트워크를 형성하기 쉽고, 그 결과 팀 내부에는 매우 제한된 정보와 의견만이 유입될 뿐이다.

따라서 효과적이고 창의적인 집단의사결정을 위해서는, 구성원들이 조직이나 집단 내외를 막론하고 다양한 네트워크를 형성하고, 또 이를 통해 다양한 정보와 의견이 유입되고 검토될 수 있는 커뮤니케이션 구조와 네트워크를 형성하도록 장려하는 것이 중요할 수 있다. 바로 이런 점에서, 우리는 래리 페이지(Larry Page)와 세르게이 브린(Sergey Brin)이 이끄는 구글(Google)이 회사와 팀의 분위기를 왜 대학 캠퍼스나 스타트업과 같이 유지하기 위해 노력하는지를 생각해 볼 필요가 있다. 회사가 급성장하고 조직규모가 커지자, 기존의 대기업과 같은 조직 체계를 갖출 필요성을 제기하는 의견이 이들 두 젊은 창업가에게 많이 전달되었지만, 이들은 조직도 중심의 정적인 조직운영 방식을 채택하는 대신, 구글 특유의 대학 및 벤처와 같은 프로젝트 중심의 조직 체계를 유지해 가기로 결정하였다.[25)] 팀 간, 그리고 주요 사업단위 간에 강력한 협업과 활발한 의사소통을 위해서는, 느슨한 프로젝트 기반의 조직운영과 함께, 각 조직구성원들이 자율적인 권한과 책임성을 행사해 가는 방식이 집단지성을 발휘해 가는데 더욱 효과적이라 본 것이다.

이처럼, 집단사고를 극복하고, 오히려 집단지성을 발휘해 가는 의사결정을 위해서는, 상사의 리더십 스타일, 집단 내 커뮤니케이션 구조와 심리적 분위기, 그리고 조직관리 방식 등 많은 사안들에 대해 신중하고 배려 깊은 선택과 관리가 필요하다고 볼 수 있다. 이런 점에서, 한 때 쿠바의 피그만 침공과 관련한 잘못된 의사결정으로 말미암아 전 세계적으로 큰 비난을 받으면서 곤경에 처했던 캐네디 대통령이, 바로 이듬해 닥친 또 하나의 위기, 즉 쿠바 미사일 위기 시에는 집단사고에 빠지지 않는 훌륭한 의사결정을 통해 이를 어떻게 극복해 갔는지를 참고해 보면 흥미로울 것이다. 이 이야기는 이 장의 [토론사례 11-2]에 요약되어 있다.

4 효과적인 집단의사결정 기법

지금까지 살펴본 바와 같이 집단의사결정과정은 대단히 복잡하다. 집단을 최대한 활용하여 양질의 의사결정을 이끌어내기 위해서는 집단의사결정의 장점을 극대화하고 단점을 극소화하는 방안을 모색하여야 한다.

이러한 방안에 대해 많은 학자들이 연구를 거듭한 결과 브레인스토밍, 명목집단법, 델파이법 등을 개발하였다.

4.1 브레인스토밍

브레인스토밍(brainstorming)은 집단에서 다른 사람들과 함께 일할 때 나타나는 부정적인 효과를 최소화하면서 아이디어를 창출해내는 기법이다.

브레인스토밍은 보통 테이블을 중심으로 사람들이 모인 다음, 집단의 리더가 집단이 결정해야 할 문제를 설명한다. 그리고 나서 다음과 같은 규칙을 지켜가면서 아이디어를 만들어낸다.

① **비판금지의 원칙** : 아이디어 창출과정이 끝날 때까지 어느 누구도 아이디어에 대하여 긍정적이든 부정적이든 어떠한 평가도 허용되지 않는다.

② **자유분방의 원칙** : 아이디어가 기상천외하고 급진적일수록 좋다.

③ **양 우선의 원칙** : 강조점이 아이디어의 수에 주어진다. 수가 많을수록 우수한 아이디어가 나타날 가능성이 높다.

④ **결합 및 개선의 원칙** : 다른 사람의 아이디어를 개선하거나 결합하여 새로운 아이디어를 창출하도록 하여야 한다.

집단성원이 자신의 아이디어를 말할 때, 리더는 그 아이디어를 칠판에 기록하여 모든 사람이 볼 수 있게 한다. 일반적으로 아이디어 창출단계는 30분 내지 40분이 할당된다.

아이디어 창출단계가 끝나면 아이디어 창출과 동일한 집단이나 아니면 또 다른 집단이 구성되어 창출된 아이디어를 평가한다. 구성원들은 아이디어를 검토하고 여러 대안들에 대해 토론을 한다. 이때 어떤 구체적인 규칙이 있어 토론을 이끌지는 않는다. 최종 결론은 상호작용집단과 마찬가지로 다수결에 의한 투표나 합의에 의한 결정으로 날 수 있다.

브레인스토밍의 성패는 아이디어 창출단계에서 규칙을 얼마나 철저하게 지키느냐에 달려 있다.

4.2 명목집단법

명목집단법(名目集團法: Nominal Group Technique, NGT)은 문자 그대로 이름만 집단이지 구성원 상호 간에 대화나 토론을 통한 상호작용을 하지 않는다. 구체적으로는 다음과 같은 단계를 거친다.

① 구성원들이 하나의 집단으로 모이지만 논의가 시작되기 전에 각자 독자적으로 그 문제해결에 대한 자기의 아이디어를 종이에 적는다.

② 각 구성원은 집단 리더에게 자신의 아이디어를 익명으로 제출하고 리더는 이를 칠판에 적는다. 이때 아이디어는 하나씩 차례대로 익명으로 제시되는데 모든 기록이 끝날 때까지 일체 논의하지 않는다.

③ 그 후 집단은 논의를 시작하여 아이디어의 내용을 분명히 하고 평가한다.

④ 구성원들은 독자적으로 아이디어들의 서열을 매긴다. 그리고 최고의 종합순위를 받은 아이디어가 최종결정된다.

이 기법은 집단을 공식적으로 소집하여 한 곳에 모이게는 하지만 종래의 전통적인 상호작용집단처럼 독립적인 사고를 제약하는 일이 없다는 장점이 있다.

그러나 단점으로는 이 기법을 이끌어나가는 리더의 훈련이 필요하다는 것과 한 번에 한 문제밖에 풀어나갈 수 없다는 것이다.

4.3 델파이법

델파이법(Delphi technique)은 우선 한 문제에 대해 몇 명의 전문가들의 독립적인 의견을 우편으로 수집하고(최근에는 이메일을 이용한 방법도 활용), 이 의견들을 요약하여 전문가들에게 배부한 다음 일반적인 합의가 이루어질 때까지 서로의 아이디어에 대해 논평하게끔 하는 방법이다.

이 방법은 한 문제의 전문가들을 대면회합을 위해 한 장소에 모이게 할 필요 없이 그들의 평가를 끌어낼 수 있다는 장점이 있다. 명목집단법에서와 마찬가지로 델파이법도 구성원들이 의사결정과정에서 다른 사람들의 영향을 받지 않도록 하고 있다.

델파이법의 단점은 시간이 너무 많이 소요된다. 그리고 이 방법은 상호작용 집단이나 명목집단만큼 풍부한 대안들을 개발해내지 못한다. 대면적인 상호작용의 열기 속에서 솟아나올 수 있는 아이디어가 나오지 않는다.

그러나 실무에서는 토지이용정책의 영향력 예측, 기술예측, 회의 의제의 확인과 같은 상황에서 성공적으로 이용되고 있다.

토론사례 11 – 1 의사결정 연습문제 – 해상조난

◎ 1단계 : 아래 상황을 숙독

당신은 남태평양에서 개인 요트를 타고 표류하고 있다. 발원지를 알 수 없는 화재 때문에 요트와 요트에 실은 여러 품목들이 불에 타고 있다. 요트는 지금 서서히 침몰하고 있다. 중요한 항해 장비가 파괴되고 당신과 동승자들은 불을 끄느라 정신이 없어 당신이 현재 어느 위치에 있는지 불분명하다. 당신의 추측으로는 당신이 현재 가장 가까운 육지에서 남서쪽으로 대략 2,000km 떨어진 곳에 있는 것 같다.

◎ 2단계 : 문제와 개인 등급 매김

다음에 불이 난 후에도 손상되지 않은 15개 품목의 리스트가 있다. 이러한 품목 이외 당신 자신과 동승자, 아래 리스트에 있는 모든 품목을 실을 수 있는 노가 달린 구명 고무보트를 가지고 있다. 모든 생존자 호주머니 속에는 담배 몇 갑, 성냥 몇 갑, 천원권 지폐 5장이 전부이다.

생존을 위해 당신에게 중요한 순서대로 이러한 품목의 등급을 결정하시오. 가장 중요한 품목에는 1을 두 번째로 중요한 품목에는 2를 가장 덜 중요한 품목에는 15를 순차적으로 개인 등급 칼럼에 기록하시오.

◎ 3단계 : 합의에 의한 집단 등급매김

집단으로서 15개 품목을 생존을 위한 중요성에 대한 집단의 합의에 따라 등급을 매기시오. 투표를 하지 말고 각각의 품목에 대해 합의에 달하도록 노력하시오. 집단구성원들의 지식, 논리, 경험을 토대로 하여 결정하십시오. 어느 한 사람의 생각을 토대로 결정하지 않도록 노력하십시오.

그리고 그 등급을 집단 등급 칼럼에 기입하십시오.

채 점 표

품 목	개인등급	집단등급	전문가	개인점수	집단점수
육분의					
면도용 거울					
물통에 든 식수					
모기장					
군용 식량					
태평양 지도					
의사 쿠션					
고체 연료					
소형 트렌지스터 라디오					
상어 쫓는 약					
불투명한 플라스틱 판자					

위스키					
나일론 줄					
초콜릿					
낚시 도구					

당신의 점수 : ____________ 집단의 점수 : ____________

토론사례 11-2 케네디 행정부와 쿠바 미사일 위기

〈자료원〉 1. I. Janis, Groupthink, Psychology Today, 5. p. 43, 1971.
2. I. Janis, Groupthink, (2nd Ed.), Houhton-Mifflin: Boston, MA. 1982.

미국의 [케네디] 행정부가 1962년 10월 쿠바의 미사일 기지와 관련된 소련의 [후르시쵸프]와의 핵전쟁 위험의 대결에서 어떤 혁신적 집단의사결정 기법으로 [후르시쵸프]로 하여금 쿠바에 설치한 미사일 기지를 철수하도록 하였는가에 대한 사례를 다음에서 소개하고자 한다.

당시 [케네디] 행정부는 1961년에 쿠바의 피그만(Bay of Pigs)을 침공하려다 실패한 일이 있었다. 그 후 1년이 지나서 소련이 쿠바의 [카스트로] 정권과 제휴하여 쿠바 내에 핵탄두를 장치한 미사일을 설치하고 있다는 사실을 첩보비행을 통해 알아내고 국가안보위원회의 수뇌들을 불러들여 쿠바에서의 미사일 철수에 대한 대책회의를 열고 있었다.

그런데 우리의 관심은 이 수뇌회의가 1년 전의 피그만 침공 때와는 전혀 다른 집단의사결정의 과정을 거치면서 쿠바의 미사일 위기를 미국의 성공으로 이끈 계기가 되었다는 것이다.

당시 13일간 계속된 수뇌회의에서는 가능한 대안들을 다 추출하여 그 결과에 대한 평가를 시도하였고 초기에는 대대적인 공중폭격을 하겠다고 소련을 위협하는 안을 가장 유력한 대안으로 제시하였으나 토의를 거듭한 후 결국은 해군에 의한 쿠바의 해상봉쇄가 최선이라는 결론을 내리게 되었다. 후르시쵸프는 해상봉쇄를 해적행위로 비난하였지만 결국은 미사일을 철수해 갔던 것이다.

여기에서 중요한 사실은 케네디 대통령이 주재하는 수뇌회의의 봉쇄의사결정이 성공적이었던 이유는 피그만 침공의 의사결정 때와는 전혀 다른 회의절차를 사용하였기 때문이라는 것이다. 케네디의 혁신적 의사결정절차는 대부분 전통적 관료적 실무의 일상적인 결점을 피하는 것이었다. 다음의 네 가지 의사결정 절차가 관료적 병리현상을 예방하는 데 공헌을 하였다.

첫째는 참가자 역할을 새롭게 정의한 것이다. 즉 정책결정 집단의 멤버들은 새로운, 보다 광범위한 역할을 가지게 되었다. 모든 참가자들은 specialist가 아닌 generalist로서의 기능을 수행하도록 기대되어졌다.

즉 자신의 소속부서만(즉 국무부, 국방부, C.I.A. 등) 대표하지 말고 현안문제를 비판적으로 생각하는 사람의 역할을 하면서 정책토론에 참여하도록 하였다. 그들의 정책문제를 전통적 관료적 방법에서처럼 자신의 영역 또는 전문분야에서만 한정시켜 논의하기보다는 전체로서의 정책문제를 검토하는 책임을 부여받은 것이다. 더구나 대통령이 가장 신뢰하는 두 사람 로버트 케네디 법무장관과 소렌슨 보좌관은 지성적 감시자로서 이슈의 피상적 분석에서 생기는 실수를 방지하기 위하여 모든 주장들을 집요하게 추궁하도록 부탁받았다.

이러한 역할을 맡아 일부 동료로부터는 인기가 떨어지는 불이익도 감수하면서 로버트 케네디 법무장관은 날카롭게 지적하고 어떤 때는 예의가 갖추어지지 않은 질문을 퍼붓기도 하였다. 그는 의식적으로 악마의 변호인이 된 셈이었다. 소렌슨 또한 실수를 방지하는 책임을 강하게 느낀 나머지 국가안전에 영향을 미치는 새로운 계획이 토론 중일 때는 가능한 결정들을 찾아내느라 여러 날을 뜬눈으로 세우곤 하였다.

둘째의 변화는 수뇌회의집단 분위기의 변화였다. 즉 회의는 솔직하고 자유스런 토론으로 이루어져야 한다는 회의방침에 따라 일반적 관례의 규칙은 중단되고, 집단에 아무런 공식적 의사일정이 부과되지 않았다.

또한 의사결정의 핵심단계에 가능한 정보의 영역을 넓히기 위하여, 각 부처의 대표와 외부 전문가가 초대되어 그들의 견해를 말하고, 그들의 결론의 근거에 대한 질문이 조심스럽게 던져졌다. 또한 외부 전문가들이 침묵을 지키는 경향을 알고서 집단 멤버들은 토론 중에 그들이 반응을 나타내도록 의식적으로 유도하였다.

세 번째의 변화는 소집단회의의 활용이었다. 수뇌회의는 비판적 사고를 촉진시키기 위한 특별한 조치로서 가끔 두 개의 소집단으로 나뉘어졌다. 이 소위원회는 정책결정에 대하여 독립적으로 따로 회의를 하고 난 후 다시 모여 전체회의에서 토론하고 상호 검토하였다. 백악관 참모들도 정책결정 소위원회에 참석하고 또한 대통령도 따로 만났다.

네 번째의 변화는 리더 없는 회의였다. 케네디는 가끔 의도적으로 정책결정 모임에서 빠졌다. 특히 모든 가능한 대안이 처음으로 토론되던 때의 초기단계에서 참모들이 문제를 파악하는데 부당한 압력을 받지 않도록 대통령 자신은 회의에 불참하였다.

로버트 케네디는 형인 대통령이 리더 없는 회의를 몇 번 가지려는 결심을 후원하면서 다음과 같은 견해를 표명하였다. 나는 회의석상에서 대통령과 주고받은 토론내용이 덜 진실된다는 느낌을 가졌다. 대통령이 자신의 견해와 선호 측면을 제시함으로써 다른 사람들이 단순히 따라오도록 하는 위험이 도사리고 있었다.

대통령이 불참한 때는 러스크 국방장관이나 로버트 케네디 법무장관이 사회를 보았고, 이들 모두는 대통령 대신에 영향을 미친다는 인상을 주지 않으려고 노력하였다. 결국 앞에서 정리한 네 가지의 새로운 회의절차와 리더십은 계속해서 개방적 질문과 토론을 이끌어 냄으로써 응집력이 강한 수뇌회의 멤버들의 집단사고(groupthink)현상을 없애주었다.

15명으로 구성된 수뇌회의에서 모든 사람들은 각 정부기관을 대표한다기보다는 대통령을 대표하여 자신들의 의사대로 토론에 임하였고, 차관들은 자신의 장관들과 결렬한 토론을 벌이기도 하였으며, 대통령의 불참은 모든 사람들의 마음을 열게 하였다. 대통령은 회의 때마다 침묵하는 차관급과 외부인사에게 의견제시를 요구하였다.

그러나 전임 국무장관으로서 외부인사로 토론에 참여한 딘 애치슨은 이러한 절차에 따른 수뇌회의가 반복적이고, 시간낭비라고 주장하고 나중에는 사임하고 말았다. 그러나 애치슨의 주장과는 달리 멤버들은 이러한 회의절차 때문에 복잡한 계획을 잘 관리해 나갈 수 있었던 것이다.

이러한 쿠바 미사일 위기 시 케네디 행정부의 성공사례는 동일한 구성원이 있는 조직에서도 관리자가 어떤 의사결정절차를 밟아 가느냐에 따라 조직의 성과가 달라질 수 있다는 것이다. 케네디 행정부가 피그만 침공을 결정했던 회의의 구성원과 미사일 위기를 토론하여 해상봉쇄 결정을 내렸던 구성원의 경험과 전망, 지성적 측면이 전혀 다를 바가 없는 데도 불구하고 문제에 대한 의사결정의 과정이 달라짐에 따라 실패의 결과에서 성공의 결과로 바뀔 수 있었다는 데서 우리는 이 사례의 교훈을 찾아야 한다.

[토론과제]

케네디 행정부의 집단사고를 피하기 위한 조치에 대하여 분석하십시오.

토론사례 11-3 일사분란한 조직의 치명적 위험 '집단사고'

〈자료원〉 "일사분란한 조직의 치명적 위험 '집단사고'," 동아일보 경제, 2010. 1. 23 수정.

신사업 추진이나 인수합병 등으로 불확실성이 높은 상황에서 제왕적 최고경영자(CEO)가 막강한 권한을 행사하는 일사불란한 조직은 '집단사고(groupthink)'의 위험에 빠질 수 있다. 특정 의견에 문제가 있어도 반대하기 어렵기 때문에 조직은 극단적으로 비합리적인 의사결정을 내려 큰 위기를 겪기도 한다.

일사불란한 조직은 최고경영자(CEO)의 '로망'이다. 대부분의 CEO들은 구성원 간 갈등이나 이견이 전혀 없어서 기름칠이 잘된 기계처럼 돌아가는 조직을 만들고 싶어 한다. 그러나 일사불란한 응집력은 치명적인 위기를 낳을 수 있다. 잘나가던 기업이 갑자기 파산하는 것과 같은 위기는 오히려 응집력이 강한 조직에서 발생할 가능성이 높다. 왜 그럴까?

정치심리학의 거장인 미국 예일대 어빙 재니스 교수는 '집단사고의 희생자들(Victims of Group- think)'이라는 명제에서 강력한 응집력을 지닌 조직이 어처구니없이 붕괴되는 구체적 메커니즘은 명쾌하게 설명했다.

"응집력이 강한 조직은 전원 합의(consen-sus)나 의견일치를 중시한다. 팀워크에 해가될 가능성이 있는 의견대립이나 갈등을 의식적으로든 무의식적으로든 회피하려 한다. 또 특정 의견에 큰 문제가 있어도 이 의견에 동조해야 한다는 심리적 압박을 받게 된다. 구성원 대부분이 이런 사고를 하면 비합리적 의견이 실행돼 참사(disaster)수준의 위기가 발생한다."

◎ 기업에서 나타나는 '집단사고'의 징후들

집단사고의 폐해는 기업에서도 무수히 발생한다. 최근의 금호사태나 과거 대우사태에서 볼 수 있듯이 기업이 급성장하다가 갑자기 위기에 빠져 붕괴하는 과정을 분석해보면 집단사고 때문일 가능성이 높다.

케네디 대통령처럼 강력한 리더십과 조직 구성원의 동질성이 결합되면 집단사고의 위험은 극에 달한다. 제왕적 권위를 지닌 리더의 의견은 합리성과 관계없이 구성원들이 무조건 지지하는 경향이 있다. 리더의 선택이 잘못되면 조직 전체는 엄청난 위기를 맞게 된다.

이런 일사불란한 조직이 몇 번의 성공을 경험하면 집단사고의 위험은 더 높아진다. 안정된 상황에서는 일사불란한 조직의 효율이 높기 때문에 좋은 성과가 나온다. 하지만 성공 경험이 쌓일수록 '한마음 한뜻으로 움직이면 무엇이든 할 수 있다'는 믿음이 강화되면서 집단사고를 부추긴다. 다른 의견을 제시하면 반(反)조직 세력으로 매도되기까지 한다. 그러다 단 한 번의 비합리적 의사결정으로 조직이 어이없이 무너지고 만다.

[토론과제]

위의 기사를 읽고 집단사고 위험에 빠지지 않는 비결을 학습한 내용을 바탕으로 토론해 보시오.

[후주]

1) Nutt, P. (1984), Types of Organizational Decision Process, *Administrative Science Quarterly*, 29(3). pp. 414-450.
2) Simon, H. A. (1997), *Administrative Behavior: A Study of Decision Making Processes in Administrative Organizarions*, 4th ed. New York: Free Press.
3) Cohen, M. D., March, J. P. & Olsen, J. P. (1976), A Garbage Can Model of Organizational Choice, *Administrative Science Quarterly*, 17, pp. 1-25.
4) Anderson, P. A. (1983), Decision Making by Objection and the Cuban Missile Crisis, *Administrative Science Quarterly*, 28, pp. 201-222.
5) Fiske, S. T. & Taylor, S. E. (1991), *Social Cognition*, 2nd ed. New York: McGraw-Hill.
6) 한규석 (2017), 『사회심리학의 이해』, 제4판, 서울: 학지사, 196쪽.
7) Kahneman, D. & Tversky, A. (1979), Prospect theory: An Analysis of Decisions under Risk, *Econometrica*, 47, pp. 313-327.
8) Tversky, A & Kahneman, D. (1973), Availability: A heuristic for judging frequency and probability, *Cognitive Psychology*, 5, pp.207-232.
9) Kahneman, D. & Tversky, A. (1972), Subjective probability: A judgement of representativeness, *Cognitive Psychology*, 3, pp.430-454.
10) Tversky, A & Kahneman, D. (1974), Judgement under uncertainty: Heuristics and biases, *Science*, 185, pp.1123-1131.
11) Markus, H., Smith, J. & Moroland, R. L. (1985), Role of the self-concept in the perception of others, *Journal of Personality and Social Psychology*, 49, 1494-1512.
12) 한규석 (2017), 『사회심리학의 이해』, 제4판, 서울: 학지사, 458쪽.
13) Moscovici, S. & Zavalloni, M. (1969), The Group as a Polarizer of Attitudes. *Journal of Personality and Social Psychology*, 12(2), pp. 125-135.
14) Myers, D. G. & Lamm, H. (1976), The Group Polarization Phenomenon. *Psychological Bulletin*, 83, pp. 602-627.
15) Pruiit, D. G. (1971), Choice Shifts in Group Discussion: An Introduction Review, *Journal of Personality and Social Psychology*, 20(3), pp. 339-360.
16) Janis, I. L. (1972), *Victims of Groupthink*, Boston: Houghton-Mifflin.
17) Janis, I. L. (1972), *Victims of Groupthink*, Boston: Houghton-Mifflin. p. 39.
18) 포스코경영연구원 (2016). Big Data로 들여다 본 집단지성과 집단사고의 차이.
19) Woolley, A., Chabris, C. F., Pentland, A., Hashmi, N. & Malone, T. (2010). Evidence for a collective intelligence factor in the performance of human groups, *Science*, 330, pp. 686-688.
20) Brown, S. P., & Leigh, T. W.(1996), A new look at psychological climate and its relationship to job involvement, effort, and performance, *Journal of Applied Psychology*, 81(4), 358-368; Kahn, W. A.(1990), Psychological conditions of personal engagement and disengagement at work, *Academy of Management Journal*, 33(4), 692-724.
21) Edmondson, A. C.(1999), Psychological safety and learning behavior in work teams, *Administrative Science Quarterly*, 44(2), 350-383; Edmondson, A. C.(2004), Psychological safety, trust, and learning in organizations: A group-level lens, In R. M. Kramer & K. S. Cook (Eds.), *Trust and distrust in organizations: Dilemmas and approaches*, NY: Russell Sage Foundation.
22) 박상언 (2019). 심리적 안전감의 효과성과 그 정서적 연결 메카니즘: 긍정적 정서 경험으로서 번영감의 매개역할, 『조직과 인사관리연구』, 43(1), 195-222.
23) Bradley, B. H., Postlethwaite, B. E., Klotz, A. C., Hamdani, M. R., & Brown, K. G.(2012), Reaping the benefits of task conflict in teams: The critical role of team psychological safety climate, *Journal of Applied Psychology*, 97(1), 151-158; Carmeli, A., Brueller, D., & Dutton, J. E.(2009), Learning behaviors in the workplace: The role of high-quality interpersonal relationships and psychological safety, *Systems Research and Behavioral Science*, 26(1), 81-98.
24) 김양민 (2019). 『불확실을 이기는 전략: 센스메이킹』, 서울: 박영사
25) 포스코경영연구원 (2016). Big Data로 들여다 본 집단지성과 집단사고의 차이.

chapter 12

갈등과 협상

자, 제가 두 분에게 하나의 제안을 하겠습니다. 제가 10만 원을 내놓겠습니다. 두 분이 나눠가질 돈입니다. 그러나 이 돈을 나눠 가지기 위해서는 제가 말하는 조건을 충족시켜 주어야 합니다. 첫째는 둘이서 같은 액수로 나누어서는 안 됩니다.

둘째로 어느 쪽이든 상대방보다 불리한 분배를 받아들여서는 안 됩니다. 예컨대 6만 원, 4만 원으로 나누면 안 되는 것입니다. 5만 1원, 4만 9,999원으로 나누어 갖기로 하는 즉시, 저는 돈을 회수할 것입니다. 물론 뒷거래도 인정하지 않겠습니다.

이 게임에 참여하는 참가비로 만 원씩 내시면 최소한 5만 원을 벌 수 있는 셈입니다. 자, 해보시겠습니까?

오늘날 갈등은 보편화된 현상이다. 조직이 다양한 욕구와 이해를 지니고 있는 사람들로 구성되어 있고 이러한 사람들은 서로 밀접하게 상호 관련되어 있으며 욕구를 충족시켜 주는 자원은 한정되어 있기 때문이다.

그런데 전통적으로 갈등을 전쟁, 파괴, 침략 등과 같은 부정적인 의미로 생각함으로써 조직의 규범에 어긋난 병리적 현상으로 보았다. 전통적으로는 조직을 기계와 같은 존재로 보았기 때문에 뭔가 삐걱거리는 것은 고장이 난 것으로 간주되었다. 그래서 이러한 갈등을 피하든지 아니면 가능한 빨리 그리고 강력하게 억제하는 방법을 개발하는 데 관심이 집중되었다. 현대 조직에서의 갈등해결을 위해서는 조직 내에서의 협상에 대한 이해가 필요하다.

1 갈등에 대한 기초개념

1.1 갈등의 정의

갈등(conflict)은 한쪽 당사자가 진행하는 데에 다른 당사자가 방해할 때 발생하는 대결의 과정이라 정의된다. 갈등에서 중요한 요소는 첫째, 당사자 간의 대결이다. 즉, 갈등은 당사자가 존재하고 당사자 간에 대결관계에 있어야 한다. 둘째, 어느 순간 발생했다가 사라지는 사건이 아니라 시간이 지남에 따라 발전되어 가는 과정이다.

갈등의 개념을 조직 내에서 처음으로 인식한 것은 미성숙한 성격의 단계에서 성숙된 성격의 단계로 발전하려는 인간의 욕구와 그것을 가로막는 조직의 관료적 내지 공식적인 특성 사이의 갈등은 불가피하다는 것이었다. 최근에는 갈등이란 피할 수 없는 필연적인 현상이라는 관점이 지배적이다. 그리고 갈등은 전통적인 관점에서처럼 역기능적인 측면이 있는가 하면 자극, 혁신과 같은 순기능적인 측면도 있다는 것이다.

1.2 갈등현상의 기본 모형

갈등현상은 그 정도에 따라 네 가지의 기본적 상황으로 구분될 수 있다. 이러한 구분에는 두 가지의 차원이 이용되는데 그것은 분배적 관계차원과 통합적 관계차원을 말한다.

그림 12-1 갈등협상의 기본 모형

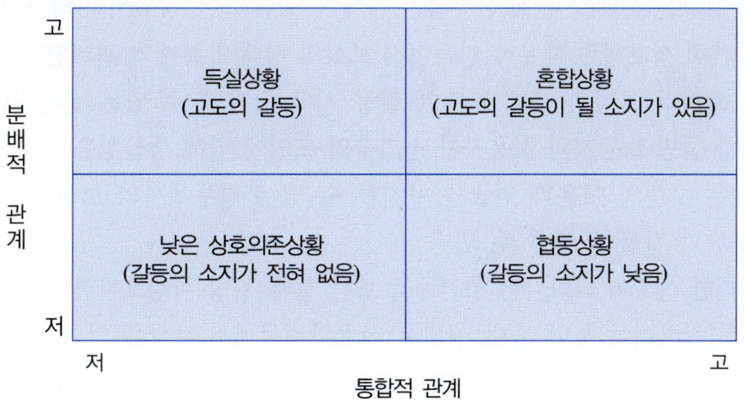

분배적 관계차원은 상호 간의 목표가 양립할 수 없는 정도, 즉 한편의 이득이 다른 편의 손실이 되는 정도를 나타내며, 통합적 관계차원은 상호 간의 목표가 양립한다고 지각되는 정도를 나타낸다.

그리고 이러한 차원은 모두 연속적 일직선 상의 어느 한 점으로 나타낼 수 있지만, 보다 단순화시킨다면 갈등현상은 이 두 차원에 의해 다음의 그림에서와 같이 네 가지 상황으로 구분된다. 이 네 가지 상황은 다음과 같은 특징을 갖는다.

(1) 득실상황

이 상황은 분배적 관계가 높고 통합적 관계가 낮을 때 일어나며, 한 편의 이득은 다른 편의 손실이 된다. 즉, 일종의 영화(零和)게임(zero sum game)이라고 볼 수 있다.

이 유형에 속하는 예를 들면 한정된 수익을 사용자와 노동자가 각각 이윤과 임금으로 나누어 분배해야 할 때 생길 수 있는 갈등상황이다. 또한 전체 종업원에서 30%를 갑자기 감원시켜야 한다거나, 두 사람의 부사장 중에서 한 사람만이 사장이 될 수 있는 경우도 여기에 속한다.

특히 조직관리자는 조직기능에 대한 갈등의 부정적 영향을 우려하기 때문에 이 득실상황이 내부에 발생하는 것을 회피하려 드는 것이 일반적이다.

(2) 혼합상황

이 상황은 분배적 관계와 통합적 관계가 모두 높은 경우에 나타나며 분배적 관계는 흔히 상호관련 때문에 만들어진 보상의 상대적 분배와 관계된다. 즉, 처벌보다는 오히려 보상의 분배에 관한 갈등 시에 나타날 수 있는 상황이다.

예를 들면 노동자와 사용자가 신기술의 도입에 의해 생산성을 높임으로써 다같이 높은 수준의 이윤과 임금을 차지할 수 있는 경우에서의 보상의 배분에 관한 노사 간의 갈등이 있을 수 있다.

이러한 상황이 나타나는 조건들을 보면 첫째, 쌍방은 상호관련되는 계약을 공동으로 결정하여야 하며 둘째, 쌍방은 상호관련성에서 보상을 얻고 그 상호 관련성의 종료나 파괴로부터 손실을 얻을 것이라는 것을 알고 있어야 하며 셋째, 쌍방은 상호관련성을 통해서 상호 간에 보상을 증대시킬 수 있어야 한다.

그리고 혼합상황에서는 상호관련성을 득실상황이나 또는 협동상황으로 이동시키려는 긴장이 생길 수도 있다.

(3) 협동상황

이 상황은 통합적 관계가 높고 분배적 관계가 낮은 경우로서 쌍방은 상호의존적이다. 즉, 한편의 행동은 다른 편의 행동에 대한 결과의 산물이다. 더구나 쌍방의 목표는 양립가능하고 상호 간에 강화(reinforcement)가 이루어지기 쉽다.

이러한 상황은 어느 기업의 생산부문에 집단임금제도가 실시되고 있는 경우의 각 종업원 상호 간의 관계에서 나타난다. 이 협동상황은 조직 내에서 자주 나타나며 득실상황이나 혼합상황보다 훨씬 전형적이라고 볼 수 있다.

(4) 낮은 상호의존상황

이 상황은 통합적 관계와 분배적 관계가 모두 낮은 경우에 나타나는데 쌍방 간에 거의 의존관계가 없는 경우이다. 그러므로 갈등은 최소화되어지고 더 이상 갈등문제가 나타나지 않는다.

상술한 갈등의 4가지 기본 상황의 모형설정은 너무 이론적이라는 비판을 면하지 못하지만 다양한 갈등상황을 두 개의 변수로써 단순화시킴으로써 갈등상황의 비교분석을 가능케 한 점은 큰 공헌이라고 볼 수 있다.

예를 들어 득실상황은 제3부서의 개입으로 부분적으로 그 갈등이 해결될 수 있으며, 혼합상황은 문제해결방법이나 대결과정을 통해 부정적 태도나 상동적 태도를 줄임으로써 그 갈등이 해결될 수 있다는 비교분석이 가능케 된다는 것이다.

1.3 갈등의 조건

갈등이 발생하기 위해서는 여러 전제조건이 충족되어야 하는데 그러한 조건들을 요약하면 상호의존성, 정치적 비결정주의, 다양성을 들 수 있다.

(1) 상호의존성

갈등이 존재하기 위해서는 당사자 간에 상호의존성(interdependence)이 있어야 한다. 상호의존성이란 원조, 정보, 피드백 또는 여타 협동적 행위를 위해 다른 당사자에 의존하는 두 당사자 간의 관계를 말한다. 이러한 상호의존성은 집합적 상호의존성, 순차적 상호의존성, 교호적 상호의존성으로 나눌 수 있다.

집합적 상호의존성(pooled interdependence)은 목표를 달성하거나 또는 성과를 올리기 위해서 각 당사자의 업적을 단순히 집합시키는 관계에 있는 경우이다. 예를 들어 은행이 몇 개의 지점으로 구성되어 있는 경우에 각 지점들의 관계가 이에 속한다.

순차적 상호의존성(sequential interdependence)은 당사자가 한쪽 방향으로의 연결고리로 연결되어 있는 경우이다. 예를 들어 연속조립라인 상의 작업자나 집단 또는 부서가 이에 속한다.

마지막으로 교호적 상호의존성(reciprocal interdependence)은 당사자들 간에 쌍방의 연결관계가 있는 경우이다. 예를 들어 판매원과 사무직원 사이의 관계가 이에 해당된다.

(2) 정치적 비결정주의

갈등이 발생하기 위해서는 당사자 사이에 정치적 서열이나 우선순위가 확고하지 않고 문제가 있어야 한다.

당사자 사이에 권력관계가 모호하지 않고 안정적이라면 갈등이 일어나기보다는 강력한 권력을 쥐고 있는 쪽의 권한에 의해 문제가 해결된다.

(3) 다양성

마지막으로 갈등이 존재하기 위해서는 당사자들이 싸울 만한 가치가 있는 당사자 사이의 다양한 차이와 불일치가 있어야 한다.

그런데 조직 내에는 이러한 불일치가 상당히 많이 존재한다. 그러한 불일치에는 목표의 차이, 시간지향의 차이, 평가 및 보상의 차이, 가치관의 차이 등이 있을 수 있다.

1.4 갈등의 기능과 역기능

모든 갈등이 좋은 것도 아니고 해로운 것도 아니다. 조직에서의 어떤 갈등은 집단의 목표를 지속적으로 후원하며 성과를 향상시키는데 이것을 갈등의 기능, 즉 건설적인 형태의 갈등이라고 한다. 반면 어떤 갈등은 집단의 성과에 크게 방해가 되는데, 이것을 갈등의 역기능, 혹은 파괴적인 형태의 갈등이라고 한다.

갈등의 기능과 역기능의 차이를 알아보기 위해서는 조직 내 갈등의 유형을 충분히 고려할 필요가 있다. 이러한 유형에는 세 가지가 있는데 업무갈등, 관계갈등, 과정갈등 등이다.

【갈등의 유형】

① **업무갈등**(task conflict) : 업무에 관련한 내용이나 목표에 대한 갈등을 의미한다.

② **관계갈등**(relationship conflict) : 주로 인간관계상황에 대한 갈등을 의미한다.

③ **과정갈등**(process conflict) : 업무성과를 이루는 방법에 대한 갈등을 의미한다.

업무갈등은 낮거나 적당한 수준일 경우 집단성과를 향상시키기 위한 지속적인 논의를 촉진하기 때문에 집단성과에 긍정적인 작용을 하는 것으로 나타나지만, 너무 높은 수준의 업무갈등은 역기능적인 효과를 나타낸다. 관계갈등에 내재되어 있는 상호 간의 마찰과 적대감은 충돌을 유발하고 상호 이해를 저하시켜 조직의 업무를 완수하는데 방해가 된다. 과정갈등은 누가 무엇을 해야 되는가에 대한 격렬한 논쟁은 업무역할에 대한 불확실성을 야기하고, 업무 완수에 걸리는 시간을 증가시키고, 구성원의 목표가 서로 어긋나게 하기 때문에 역기능적인 작용을 한다.

1.5 갈등의 과정

앞에서 언급한 것처럼 갈등은 어떤 사건으로 파악하기보다는 과정으로 보는 것이 더 적절하다. 따라서 갈등을 다음과 같은 5단계로 나눌 수 있다.

(1) 잠재적 갈등단계

갈등의 전제조건들이 성숙되면 갈등이 잉태되게 된다. 때로는 이전의 갈등의

그림 12-2 갈등의 과정

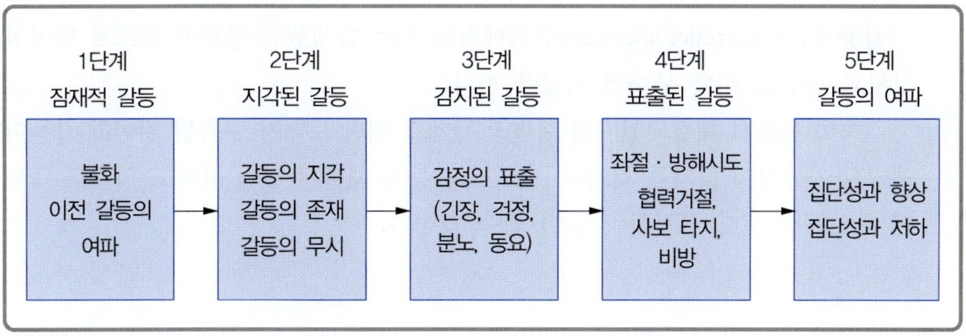

여파가 또다른 갈등을 야기하기도 한다.

이 잠재적 갈등(latent conflict)단계에서는 불화가 추측될 뿐이며 기껏해야 희미하게 지각되는 정도이다.

(2) 지각된 갈등단계

지각된 갈등(perceived conflict)단계에서는 문제가 쉽게 지각되며 갈등에 연루된 모든 사람들이 갈등이 존재함을 안다.

이 단계에서 사람들은 일반적으로 문제를 무시하려 한다. 그러나 이 단계에서 조치를 취하면 그것이 더 진행되기 이전에 갈등의 소지가 해결될 수 있다.

(3) 감지된 갈등단계

지각된 갈등과 감지된 갈등(felt conflict) 사이에는 중요한 차이가 있다. 사람들이 갈등을 느꼈을 때는 갈등을 인식할 뿐만 아니라 긴장, 걱정, 분노, 동요 등을 느끼게 된다.

이 단계에서는 갈등상황의 감정이 부작용 없이 밖으로 배출될 수 있도록 하는 안전밸브를 제공함으로써만이 갈등의 해결이 가능하다.

(4) 표출된 갈등단계

표출된 갈등(manifest conflict)단계에서는 사람들이 갈등 상대자를 좌절시키거나 방해할 목적으로 어떤 행위를 하게 된다.

그러한 행위로는 협력을 거절한다거나 사보타지, 비방, 물리적 공격 등 다양하다.

(5) 갈등의 여파단계

갈등의 여파(conflict aftermath)단계에서는 이미 발생했던 갈등이 앞으로 벌어질 상황과 사건을 위한 무대의 역할을 한다.

갈등이 원만히 해결되었다면 협력적 관계를 위한 토대가 구축될 것이고 갈등이 재발할 가능성이 줄어들 것이다. 그러나 갈등이 해결된 것이 아니고 억지로 억눌러 놓았다면 보다 심각한 갈등이 싹틀 것이다.

2 개인적 갈등

조직 내의 개인은 많은 경합적 욕구와 역할을 갖는다. 그리고 그러한 욕구와 역할이 나타나는 방법은 다양한데, 그 욕구나 역할이 목표에 도달하는 데 장애를 받을 때 개인은 갈등을 경험하게 된다.

다시 말하면 개인적 갈등은 둘 이상의 압력이 동시에 주어지기 때문에 생기는 것이다. 이러한 개인적 갈등은 다시 좌절갈등, 목표갈등, 역할갈등으로 구분할 수 있다.

2.1 좌절갈등

(1) 좌절갈등의 성격

좌절갈등(frustration conflict)은 어떤 동기화된 동인(動因)이 목표에 도달하기 전에 장애에 부딪칠 때 나타난다. 이러한 장애는 [그림 12-3]에서처럼 외형적으로 나타날 수도 있고 또는 나타나지 않을 수도 있다.

예를 들어 한 종업원에 대한 역할의 요구가 개인의 자질이나 욕구, 태도, 가치관, 능력에 맞지 않는 경우의 갈등은 좌절갈등이다.

(2) 좌절갈등의 해소방안

개인이 좌절을 느낄 때는 일반적으로 공격(agression), 철수(withdrawal), 집착(fixation), 타협(compromise)의 4가지 방어적 반응을 일으킨다.

예를 들면 실내의 물을 마시려는데 출입문이 잠겨 있어 좌절을 느끼는 사람은

그림 12-3 좌절의 기본모형

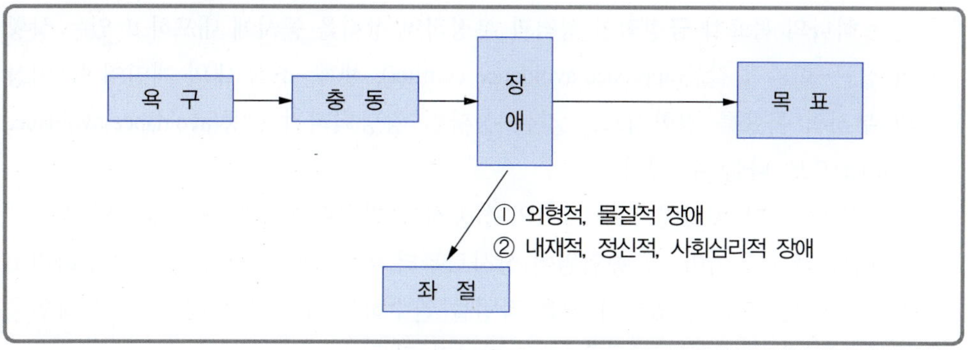

문을 뜯거나(공격), 물러서거나(철수), 계속 문을 열려고 하거나(집착), 다른 음료를 마시는(타협) 반응을 하게 된다.

이러한 좌절이 조직과 개인의 업적에 미치는 부정적 영향은 널리 알려져 있으나, 반면에 긍정적 영향은 간과되고 있다. 높은 수준의 능력과 업적을 요구받고 또한 그 직무를 잘 해낼 수 있다는 자신감을 갖고 있는 관리자나 종업원이 그 직무에 대해 좌절하게 되면 그는 위에 상술한 방법으로 방어하지만 그의 좌절은 결과적으로 그의 업적을 향상시키는 경우도 있다.

왜냐하면 그는 그 장애를 극복하기 위해 더 많은 노력을 할 것이고 그가 추구하는 새로운 방향이나 목표는 조직의 목표와 더욱 양립할 수 있을 것이기 때문이다.

좌절갈등은 이와 같이 그 상황에 따라 부정적 혹은 긍정적 영향을 미치므로 갈등관리의 중요한 목표는 자신감 없는 종업원을 좌절시키거나 좌절시킬 가능성이 있는 실제적 또는 잠재적 장애를 제거하는 데 두어야 한다.

2.2 목표갈등

(1) 목표갈등의 성격

좌절갈등에서는 하나의 동인이 목표에 도달하는 과정에서 장애에 부딪친 경우였는데 비해서, 목표갈등(goal conflict)이란 둘 이상의 동인들이 상호 간에 장애가 되는 경우이다.

이러한 목표갈등은 목표의 성격과 경합 여부에 따라서 다음과 같은 세 가지 상황으로 구분될 수 있다.

즉, 목표갈등은 첫째, 조직 내의 개인이 둘 이상의 긍정적 목표를 경합적으로 갖는 상황인 쌍방접근적 갈등(approach-approach conflict), 둘째, 조직 내의 개인이 갖는 하나의 목표가 긍정적인 성격과 부정적인 성격을 동시에 내포하고 있는 상황인 접근-회피적 갈등(approach-avoidance conflict), 셋째, 조직 내의 개인이 둘 이상의 부정적 목표를 경합적으로 갖는 상황인 쌍방회피적 갈등(avoidance-avoidance conflict)으로 나눌 수 있다.

예를 들어 한 종업원이 두 가지의 성공적 승진기회를 선택하는 경우의 갈등은 쌍방접근적 갈등이며, 한 종업원이 상사로부터 어떤 작업을 오늘까지 완성하라고 지시를 받은 후 조금 있다가 처음 작업을 완수하는 데 지장이 되는 다른 작업을 다시 지시받는 경우의 갈등은 접근-회피적 갈등이다.

또한 장기근속 관리자가 능력부족 때문에 지방지사로의 좌천과 본사 내에서의 한직으로의 이동기회 중 어느 하나를 선택하도록 되어진 경우의 갈등은 쌍방회피적 갈등이다.

(2) 목표갈등의 해소방안

두 개의 긍정적 목표 중에 하나를 선택하는 쌍방접근적 갈등은 두 개가 동가로 보일 때는 더욱 어렵고 많은 시간이 걸리는 것이 당연하지만, 어떤 경우에는 선택이 상대적으로 용이하다는 연구결과도 있다.

예를 들어 종업원이 두 개의 아주 매력적인 직무기회에 직면하고 있다고 하자. 그 상황은 그를 약간 긴장하게는 하지만 그는 신속한 의사결정을 통해 갈등을 제거하게 된다는 것이다.

사회심리학자인 페스팅거(L. Festinger)[1)]의 인지부조화이론(認知不調和理論: theory of cognitive dissonance)에 따르면 이 종업원은 두 개의 같은 가치를 지닌 매력적인 직무기회에 직면하여 불일치상태를 경험하고, 그것을 제거시킬 적극적인 노력을 한다.

즉, 한 직무는 다른 직무보다 실제로 좋다는 것을 합리화할 것이고 일단 그 선택이 이루어진 후에는 그것이 옳다고 확신할 것이며, 그와 반대되는 어떤 증거나 주장도 적극적으로 거부하게 된다.

또한 개인이 갖는 하나의 목표가 긍정적 성격과 부정적 성격을 동시에 내포하는 경우인 접근-회피적 갈등도 가끔 인지부조화이론과 같은 방법으로 해결되어진다.

예를 들면 장기계획에 관여한 관리자는 그가 수립한 목표를 신뢰하는데 그 계획이 차츰 진행됨에 따라 초기단계에서 나타나지 않던 부정적 결과가 많이 나타나게 된다. 어느 시점에 가서는 이 관리자는 더 이상의 계획집행을 주저하거나 멈추게 되면서 긍정적 측면과 부정적 측면의 불일치를 경험하게 되는데 이때 전술한

페스팅거의 이론이 적용되면서 갈등이 해소된다.

쌍방회피적 갈등은 조직행위에 큰 영향을 미치지는 않으며 보통 쉽게 해결되어진다. 예를 들면 두 개의 부정적 목표에 직면한 개인은 그 어느 것도 선택하지 않거나 그 상황을 물러남으로써 쉽게 갈등을 해소한다. 그러나 어떤 상황에서는 물러날 수 없는 경우도 있다. 즉, 취업기회가 적을 때에는 개인의 이러한 갈등은 쉽게 해결되지 못한다.

상술한 목표갈등들에 대해서는 조직관리자가 개인의 목표와 조직의 목표를 양립시키는 데 많은 노력을 경주함으로써 그 해결을 도울 수 있어야 한다.

2.3 역할갈등

(1) 역할갈등의 성격

역할의 개념은 조직 내의 갈등을 고려하는 기본적 분석단위이다. 역할은 기존 규범에서 요구하는 기대를 가지고 있는 지위라고 정의할 수 있다. 그런데 이러한 역할은 갈등되는 요구와 기대를 경험하는 경우가 있다. 이 경우의 갈등은 역할내부의 갈등(intrarole conflict)과 역할 간의 갈등(interrole conflict)으로 구분된다.

먼저 역할내부의 갈등을 설명해 보자. 예를 들어 생산공장에서의 직장(職長: foreman)의 직무는 관리자의 관점을 필요로 하는 것이 분명하지만, 동시에 그는 직무를 작업자의 관점에서도 보아야 한다는 상반된 기대를 갖게 된다.

이와 같이 두 가지 성원자격, 즉 관리자와 작업자 집단 모두에 소속할 수 있다는 사실이 불안과 역할내부의 갈등의 근원이 된다.

다음에 역할 간의 갈등을 역시 생산공장에서의 직장(職長)의 경우를 예로 들어 설명해보자. 직장은 공장에서는 관리자의 역할을 수행하지만, 종교단체에서는 봉사위원회의 일원으로 활동하는 경우가 있다. 이때 공장일이 늦게 끝나기 때문에 봉사활동에 참가할 수 없는 경우에는 이 두 역할 사이에 갈등이 빚어진다.

위의 직장의 예는 조직에서의 역할갈등의 전형적인 예가 되는데, 현대 조직에서는 모든 지위에서 이러한 역할갈등현상이 일어나고 있다.

(2) 역할갈등의 해소방안

역할갈등에 개인이 대처하는 간단한 패턴은 없으며 개인의 성격과 개인 간 관계의 특성에 영향을 받는다.

예를 들면 외향적인 사람보다도 내향적인 사람이 역할갈등을 경험할 때 역할수행을 더 주저하며, 그러한 행위는 만족스런 해결을 더욱 어렵게 만든다. 그러나 역할수행자의 개인 간 관계가 신뢰적이고 우호적이라면 갈등의 해결도 성공적으로 이루어지기 쉽다.

어쨌든 역할을 회피하는 것은 장기적으로 자기패배적이므로 관리자는 다음과 같은 몇 가지 방법을 이용하여 개인의 갈등해결을 도울 수 있어야 한다.

① 직무 간의 상호의존성을 줄이도록 조직구조를 개편한다.

② 높은 수준의 객관적 갈등을 갖는 직무에 대해서는 적성검사와 같은 방법을 선발과 배치의 부가적 기준으로 삼는다.

③ 감수성훈련(sensitivity training)과 같은 개인 간 관계의 개선을 위한 훈련을 실시하여 관용과 담백성을 기른다.

④ 사회적 접촉의 기회를 증대시킴으로써 조직구성원 간의 개인 간 관계를 개선한다.

3 개인 간 갈등

3.1 개인 간 갈등의 성격

조직 내의 개인 간 갈등(interpersonal conflict)이란 개인적 갈등의 확대라고 생각할 수 있다.

왜냐하면 개인 간 갈등의 초점은 관리자 대 종업원 또는 상사 대 부하와 같은 조직 내의 역할지시자와 역할수행자 사이의 상호작용 패턴이거나, 종업원 대 종업원 또는 관리자 대 관리자와 같은 그들 상호 간의 상호작용 패턴이기 때문이다.

이러한 개인 간 갈등은 실질적 쟁점의 불일치와 감정적 관계의 두 가지 원인에 의해 나타난다.

실질적 쟁점의 불일치란 정책, 실무, 계획 활동에서의 견해차이와 같은 상태를 말하며, 감정적 관계란 불안, 불신, 거부와 같은 부정적 감정을 느끼는 상호관계를 말한다.

실제적으로 이 두 쟁점 사이의 명확한 구분은 어렵다. 왜냐하면 처음에는 실질적 쟁점에 의해 유발된 갈등이 곧잘 감정적 갈등으로 이행되어지기 때문이다.

그러나 개인 간 갈등의 해결책으로는 상이한 전략을 취할 필요가 있다. 즉, 실질적 갈등은 협상과 문제해결에 중점을 두어야 하며, 감정적 갈등은 당사자들의 지각의 수정과 긍정적 감정의 증대에 중점을 두어야 한다. 또한 실질적 갈등과 감정적 갈등은 모두 제3자에 의한 조정에 의해서도 해결될 수 있다.

개인 간 관계에서 나타날 수 있는 두 가지 상황을 예로 들어 개인 간 갈등의 기본 성격을 유추하고자 한다.

개인 간 관계가 경쟁상태에 있는 경우에 당사자들은 과업달성에 있어서 적대적 이해에 중점을 두고서 상대방 세력을 약화시키려고 하며, 또한 상대방의 약점을 알아내려는 의심많은 태도로서 상대방 요구에 부정적 반응을 보이므로 상호 간의 의사소통은 없거나 왜곡되어진다.

그러나 개인 간 관계가 협동상태에 있는 경우는 과업달성에 있어서 분업과 기능의 전문화로 상호이해와 협동협력에 중점을 두고서 상대세력을 증진시키려고 하며 또한 상대방의 복지에 긍정적인 관심을 갖는 신뢰적 태도로서 상대방 요구에 후원적 반응을 보임으로써 개방적이고 정직한 의사소통이 이루어진다.

위에서 언급한 두 상황은 순수한 형태이므로 실제적인 개인 간 관계를 하나 하나 그대로 반영한다고 볼 수 없지만, 갈등관리를 위한 몇 가지 함축적 의미를 내포하고 있다.

첫째, 당사자들이 그들의 관계가 순전히 경쟁적이라고 지각할 때 관리자는 당사자들이 그 상황을 혼합적인 것으로 재정의하고 인식하도록 유도해 나가야 한다.

만약 그렇게 되지 못한다면 개인 간 관계는 파괴되거나 폭발되기 쉽다. 왜냐하면 필요한 경우에는 강제적 힘을 이용해서 상대방을 지배하려는 욕구가 생길지도 모르며 감정적 쟁점이 그 관계를 지배하게 되어 실질적 쟁점에 대한 타협도 불가능해지기 때문이다.

둘째, 개인 간 관계에는 많은 상황이 혼합되어져 있다.

이와 같이 개인 간 관계에는 불확실한 변동적 상황이 나타나기 때문에 관리자는 그 관계를 경쟁적으로 또는 협동적으로 유도하는 데 영향력을 발휘할 수 있게 된다.

예를 들면 관리자는 당사자들의 협동관심사를 강조함으로써 호의적 태도를 가지고 상대방을 가능한 한 신뢰함으로써, 상대적으로 공개적이고 정직한 방법으로 의사소통을 함으로써, 그리고 상대방 요구에 긍정적으로 반응함으로써 협동적 관계의 확률을 증가시킬 수 있다.

또한 당사자들의 생각이나 태도는 자기실현적 예언(self-fulfilling prophecy)의 영향을 받는다. 다시 말하면 당사자들은 자기의사에 의해서 그들 관계를 경쟁적 또는 협동적 상태로 유도할 수 있다. 그리고 갈등관리에 대한 또 하나의 함축적 의미는 기본적인 협동적 관계는 당사자 사이의 부정적 태도와 지각을 초래하는 감정적 쟁점에 의해서 곧잘 경쟁적 관계로 변화되는 경우가 발생한다는 것이다.

요컨대 개인 간 관계에서의 협동 및 경쟁 상황은 당사자가 지각하는 상호 의존성의 정도와 일치한다. 다시 말하면 개인 간의 갈등현상은 당사자의 행동과 태도에 의해 그 차원이 크게 달라질 수 있다는 것이다.

3.2 개인 간 갈등의 해소방안

(1) 당사자의 입장

당사자 입장에서 본 개인 간 갈등의 해소방안은 [그림 12-4]에서 보는 바와 같이 개인의 입장을 굽히지 않는 단호함(assertiveness)과 협동(cooperativeness)의 두 차원을 결합함으로써 경쟁, 순응, 회피, 협력, 타협의 다섯 가지 방법을 도출할 수 있다.

1) 경 쟁

경쟁(competition)은 자신의 입장을 굽히지도 않고 협력도 하지 않는 방법이다. 이는 갈등관계에 있는 상대방을 힘으로 눌러 이기려 하고 상대방의 희생을 통해 자신의 관심사를 강조한다.

이는 어느 한편이 상대편의 욕구에 전혀 관심이 없을 때 적절하다. 또한 비상상황이거나 상대편을 믿을 수 없을 때에 사용한다.

그림 12-4 갈등해소 방안의 두 차원 모형

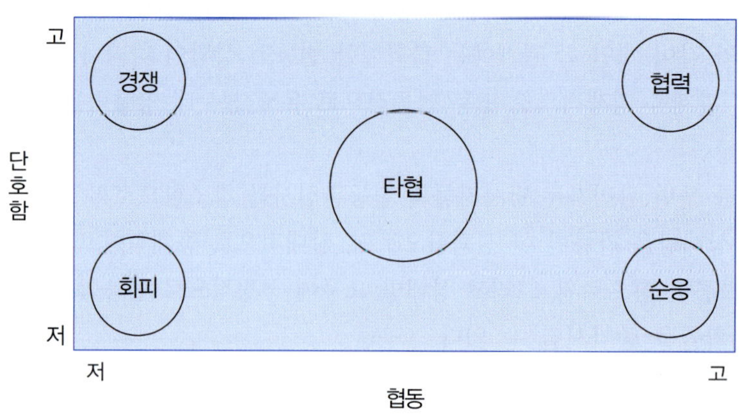

2) 순 응

순응(accommodation)은 자신의 입장을 양보하고 상대방에 협조함으로써 갈등을 해결하는 방법이다. 이는 자신의 희생을 통해 상대방의 관심사를 충족하도록 하는 갈등관리기법이다.

이 방법은 상대편이 우선권이 있고 자신이 주장해 오던 입장이 잘못되었음이 밝혀졌을 때 사용된다.

3) 회 피

회피(avoidance)는 자신의 입장을 고집하지도 않고 협력하지도 않는 경우이다. 이는 중립적인 입장에 머물러 있고, 갈등을 해결하기 위한 적극적 역할도 거절하는 갈등관리기법이다.

회피는 문제가 사소하다든지 자신이 상대방보다 열세에 있을 때 사용하는 것이 좋다.

4) 협 력

협력(collaboration)은 자신의 입장을 굽히지 않으면서도 상대방과 협력을 통하여 갈등을 해결하는 방법이다.

이는 당사자 모두가 이득을 볼 수 있도록 해결책을 강구하며 입장 차이의 극복을 통하여 당사자 모두의 관심사를 충족시키도록 시도하는 갈등관리기법이다.

이 기법은 문제가 너무 중요하여 타협을 할 수 없을 때 유용하다.

5) 타 협

타협(compromise)은 갈등 당사자가 조금씩 양보하여 당사자 모두가 부분적인 만족을 얻으려고 시도하는 경우의 갈등해결기법이다.

이는 가장 빈번히 사용되는 갈등해결방법이다. 노동자와 사용자의 단체협상이 이의 예이다. 그리고 떡을 가지고 두 아이가 서로 많이 먹겠다고 싸울 때, 한 아이가 먼저 떡을 자르고 나머지 한 아이가 자른 떡 조각을 선택하게 함으로써 갈등을 해결한다면 이는 타협에 속한다.

(2) 관리자의 입장

한편 갈등을 빚는 당사자가 아닌 그들의 관리자의 입장에서 본 관리방안으로는 회피, 무마, 타협, 대결, 강제 등이 있다.

1) 회 피

회피(avoidance)란 가능한 한 갈등이 예상되는 기회를 피하는 방법이다. 예를 들어 가능한 경우에 관리자가 그 갈등에서 간단하게 물러서야 한다. 즉 갈등적 견해를 표현하지 않음으로써 엄격한 중립을 지킨다거나, 곤란한 문제에 대한 대답을 지연시킴으로써 관리자는 단순히 상사와 부하 사이에서 생각을 전달하는 의사소통 연결자의 역할만을 수행하라는 것이다.

그러나 해결되지 않은 갈등이 그 관리자가 책임맡고 있는 과업에 영향을 미칠 수 있다면 이러한 회피수단은 조직을 위해 유용하지 못하다는 약점이 있다.

2) 무 마

무마(smooth over)란 관리자가 그 갈등은 시간이 지나면 쉽게 해결될 것처럼 행동하고 또한 협동의 필요성만을 호소하는 방법이다. 이때 관리자는 당사자들을 확신시키고 도움을 줌으로써 긴장을 감소시켜야 한다.

이 방법은 실제적 쟁점에 의한 갈등보다는 감정적 쟁점에 의한 갈등의 경우에 더 유용하며, 또한 잠재적으로 폭발가능성이 있는 상황을 제거할 출발점으로서 유용하다. 그러므로 부정적 지각(知覺)과 의사소통 패턴을 변화시키기 위해서는 더욱 많은 노력이 투입될 시간이 필요하다.

3) 차이분할

차이분할(split-the-difference)은 회피나 무마보다는 적극적 수단이 된다. 그러나 당사자 모두가 절대적 만족을 얻는 것은 아니고, 얼마간의 양보가 이루어지는 것이 보통이다.

또한 차이분할은 몇 가지 문제점을 가지고 있다. 즉 관리자는 근본적 갈등보다도 노출된 쟁점에 대해서만 타협을 시도하기 쉬우며, 또한 모든 사람이 수락할 부가적 대체안을 개발하고 조사하는 것보다는 오히려 나타난 대로의 현상만을 인정한다는 것이다.

그러므로 차이분할은 갈등해결의 유일한 수단은 되지 못하는 경우가 있으며, 문제해결과 같은 다른 수단과의 보완적 방법이 요구되어야 한다.

또한 차이분할은 그 적용시기에도 유의해야 한다. 왜냐하면 갈등의 생성초기에 타협이 이용된다면 당사자들은 오히려 불쾌하고 불만족스러워 할 것이기 때문이다.

4) 대 결

대결(confrontation)은 문제해결적 방법에서처럼 갈등이 나타나고 있는 당사자 간에 공개적으로 그 쟁점이 토의되고 평가되는 방법이다.

이렇게 함으로써 갈등의 원인이 규명되고 그 대책이 개발되므로 당사자들이 갈등을 해결할 가능성은 회피, 무마, 또는 차이분할보다도 훨씬 높다고 보아야 한다.

그러나 관리자들은 전통적으로 이러한 방법을 피하고 오히려 갈등이 없는 것처럼 가장하거나 갈등당사자를 징계함으로써 갈등의 해결을 어렵게 하고 그것을 내재화시키는 경우가 많았다.

이러한 비효율성을 극복하기 위하여 사용되고 있는 대결방법 중의 하나가 제3자인 전문상담역의 도움을 얻어 갈등당사자 간의 대화를 이끌어 가는 과정자문(process consultation)이다. 이 경우에 당사자들은 불평이 아닌 합리적 변화를 요구하기 위하여 인내력을 가지고 주요 쟁점을 확인하고 상대방 사정을 고려하도록 유도되어져야 한다. 또한 상대방의 인격을 존중하고 과거의 또는 다른 곳에서의 경험을 너무 강조하지 않도록 유도되어져야 한다.

5) 강 제

강제(forcing)는 단지 일방적인 만족이 되는 해결을 구하는데 공식적 지위를 이용하는 방법을 말한다. 이 경우에 관리자는 갈등상황을 득실상황으로 보고 있는 것이다.

예를 들어 부하들 간의 갈등을 다룰 때 관리자가 처벌을 하겠다고 위협하거나 실제로 처벌을 함으로써 일방적인 해결을 강제하는 것이다.

그러나 너무 과도한 강제적 수단이 이루어지게 되면, 전혀 사정이 고려되지 않은 편의당사자의 경우에는 그 해결에 따른 결정의 실시에 적극성을 크게 띠우지 않고 심지어는 필요한 정보를 왜곡시키는 경우도 생길 수 있다.

요컨대 개인 간 갈등에 대한 관리자의 회피와 무마는 그 상태를 장기화시키는 경우가 많으며, 강제적 방법은 확실히 조직변화를 가져오게는 하지만 장기적 결과를 고려하지 못한 편의주의에 빠지기 쉽다.

그러나 차이분할이나 대결은 조직에 실질적 변화를 가져올 창조적 갈등해결의 기회를 제공한다. 이러한 과정을 통하여 조직은 더욱 건전한 발전을 이루어 갈 수 있다.

4 집단 간 갈등

4.1 집단 간 갈등의 성격

조직 내에서 흔히 인식되는 갈등이며 집단 간에 자원이나 권력을 획득하기 위하여 부서 간에 야기되는 긴장이다. 이러한 갈등은 대체로 계층 간 갈등, 기능 간 갈등, 라인과 스탭 간의 갈등, 공식적 및 비공식적인 조직 간의 갈등 등의 형태로 나타난다. 다음에서는 이러한 갈등의 원인을 분석하여 본다.

(1) 업무의 상호의존성

이것은 단위부서 간이든 동일부서 내의 동료 간이든 또는 상사와 부하 간이든 업무와 관련된 갈등의 중요한 원인이 되고 있다.

업무의 상호의존성이란 두 부서가 자신들의 과업과 목표를 완수하기 위한 서비스, 정보 및 기타 활동에 대해 상호 간에 의존하고 필요로 하는 정도를 말한다. 이것은 기본적으로 협동적 상황이 되어야 하는데도 부서들은 상당한 갈등을 빚는다.

예를 들어 업무활동이 증대되는 경우에는 한 부서 혹은 양부서 모두가 각 부서에 필요한 부가적 서비스를 시간에 맞추어 제공하도록 압력을 가하게 되면 이러한 과중성이 긴장과 좌절을 증대시켜 부서 간의 갈등을 야기시킨다.

또한 독립적 단위부서는 각 부서가 수행해야 할 업무에 대한 불명확성 때문에도 갈등에 관련될 수 있다. 즉, 특정 업무에 대한 부서 간의 책임소재의 불명확성이 가장 큰 부서 간 갈등의 원인이 될 수도 있다. 왜냐하면 단위부서들은 시간과 인원을 요구하는 업무에 대한 책임을 회피하는 데 그 불명확성을 이용하려 하기 때문이다.

(2) 불균형적 종속성

불균형적 종속성은 한 단위 부서가 다른 부서에 서비스, 정보 등에 대해 의존해야 할 때 일어난다.

상대적으로 독립적인 부서는 종속적 부서와 협동하는 데 적극성이 적기 때문에 종속적 부서는 필요한 조력을 얻기 위한 압력을 일으키게 된다. 이것이 독립적 부서를 협동으로 이끌 수도 있지만 때로는 부정적인 역효과를 낳기도 한다.

예를 들면 조립부서는 다른 부서로부터의 부분품의 조달에 크게 의존하고 있는데 그 부분품이 필요한 만큼 도착하지 않거나 또는 주문서와 다를 때 조립부서는 작업수행에 지장을 받기 때문에 다른 부서에 대한 압력을 유발시키며 이것이 갈등을 일으킨다.

또한 라인과 스탭 간의 관계에서도 스탭부서는 라인부서에 서비스를 강제로 이용시킬 수가 없으므로 대신에 그들 아이디어를 홍보해야 하며 또한 라인부서의 문제를 이해하는 자세를 가져야 한다. 이러한 관계에서는 스탭부서가 좌절을 느끼며 라인부서와 종종 갈등을 빚게 된다.

(3) 대립적 업무기준 및 보상

이것은 공동이해보다는 오히려 개별적 또는 경쟁적 이익을 우선시 하도록 단위부서들을 동기부여시키는 기준에서 업적이 평가되고 보상을 받는 경우의 문제이다.

즉, 두 개 부서의 상호의존성이 크면 클수록 또는 경영자가 부서의 결합적 업무보다 개별적 업무를 더 강조하면 할수록 부서 간의 갈등은 커지게 마련이다.

앞에서 설명한 라인-스탭 관계에서 보면, 스탭부서는 라인부서에 서비스를 수용시키는 것이 최고경영층에 그들의 업적을 입증하는 방법이었기 때문에 변화를 강조하는 것이고, 라인부서는 변화란 그들의 이전활동이 적절하지 못했다는 것을 의미하기 때문에 안정을 꾀하는 것이었다.

(4) 부서 간의 차별성

각 부서들의 업무는 각각 상이하고 조직환경과의 접촉대상도 상이하기 때문에 내부적 차이를 갖는데 이것이 부서 간 갈등의 잠재적 원인이 된다.

어떤 연구에 의하면 연구부서, 판매부서, 생산부서 사이의 차이를 ① 업무의 목표, ② 의사결정의 결과를 각 부서가 아는 데 드는 시간, ③ 규칙의 엄격성 내지는 통제의 폭을 포함하는 구조의 공식성, ④ 상호관계에서의 개방성과 관대성 등의 네 가지 차원에서 구별하고 있다.

이와 같은 부서 간의 차별성이 크면 클수록 그들 사이의 업무를 통합하는 잠재적 어려움은 커지고 이러한 차이가 부서 간 갈등의 원인이 된다.

(5) 공동자원의 분배

여러 부서가 자원을 공동으로 이용배분해야 하는데, 각 부서의 필요에 대처하기에 자원이 부족한 경우에는 부서 간 갈등의 원인이 된다. 왜냐하면 각 부서들은 자원을 획득하려 경쟁하기 때문이다.

예를 들면 공동으로 사용하는 장비, 운영자금, 설비자금 또는 타이핑이나 프린트와 같은 집중적 서비스의 배분문제의 경우가 갈등의 원인이 된다.

4.2 집단 간 갈등의 해소방안

개인적 갈등이나 개인 간 갈등의 해결수단 중 일부는 집단 간 갈등의 경우에도 그대로 적용된다. 그 예로는 사회적 접촉, 인간관계 훈련, 협상 내지는 경쟁 등을 통해 갈등을 해결하는 방법을 들 수 있다. 특히 집단 간 갈등의 해결에는 경쟁이 가장 효과적인 방법이라는 연구결과도 있다.

그러나 이러한 방법들은 각 집단에 만족을 주는 것이지만 목표달성을 위한 집단들 간의 상호의존성과 협조를 갖게 하는 것은 아니므로 집단들 간의 갈등을 해소시키는 데 효과적이지 못할 수도 있으며 오히려 상호 간의 적대관계를 조장할 수도 있다.

세리프(M. Sherif)[2]는 단순한 집단 간의 접촉은 갈등해결에 효과적이지 못하므로 반드시 갈등적 집단의 목표보다 상위에 속하는 일련의 상위목표(superordinate goal)를 도입하여야 한다고 주장한다.

상위목표란 갈등적인 집단들의 성원들에게 강력히 호소되고 또한 어느 한 집단만으로 성공적 업적달성이 어려운 목표를 말한다.

세리프가 제시한 방법은 이와 같은 상위목표를 도입하여 갈등관계에 있는 집단들로 하여금 토론을 시작하게 하고 계획을 세워 실행하게 함으로써 일련의 상위목표들을 달성해 나가도록 하는 것이다.

이러한 상위목표의 도입이 전제가 되어야만 비로소 집단들 간의 접촉이 유용하다고 볼 수 있다. 왜냐하면 만일 상위목표가 없이 집단들 간의 단순한 접촉이 일어나게 되면 그들 간의 의사소통은 오히려 앞으로의 갈등과 더욱 강한 적대감만 키워주는 수단으로 이용될 가능성이 있기 때문이다.

또한 집단들이 상호 양립할 수 없는 목표를 향해 갈등적으로 나가고 있을 때에는 집단 사이의 긴장을 감소시키려는 집단리더의 행동은 집단성원들로부터 거부되고 비판의 대상이 되어 리더가 그의 집단에서 지위를 잃게 되는 경우도 생긴다.

그러나 상위목표를 위하여 집단들이 협조할 때는 리더들이 협조를 위한 조치를 취할 수 있으며 리더의 결정은 집단성원들로부터 지지를 받게 된다.

상위목표의 수립과정은 다음의 6단계로 나누어 제시될 수 있다.

① 갈등관계에 있는 두 집단이 일정장소에서 만나 각 집단이 지니는 특성들의 항목별 목록을 만든다.

② 각 집단은 상호 간에 작성된 목록을 교환하되, 단지 듣기만 하고 그 목록에 들어 있는 사항에 대한 설명이나 토의는 삼가야 한다.

③ 각 집단은 각자 자기들만의 모임을 갖고 그 목록을 분석하여 두 집단 사이의 견해차이를 인식한다.

④ 두 집단은 다시 만나서 갈등에 대한 수정된 분석 및 인식을 교환하며, 주의를 요하는 가장 중요한 집단 간 문제의 결합된 목록을 공동으로 작성한다.

⑤ 그 결합된 목록에 기초하여 두 집단은 갈등해결에 이르는 일련의 행동계획을 수립한다. 이때 가능하면 컨설턴트의 도움을 받는 것이 좋다.

⑥ 두 집단은 행동계획의 실행 여부를 감시하고 계속적인 접촉을 갖기 위하여 보충적 회합을 갖는다.

물론 어떤 경우에는 상위목표의 설정이 거의 불가능할 때도 있다. 즉, 두 집단 간의 갈등이 득실상태인 경우가 그렇다. 이 경우에 조직관리자는 그의 관심을 조직의 구조적 측면에 돌려서 그것을 변동시킴으로써 그 갈등을 해소시킬 수 있는 방법을 강구할 수 있다.

예를 들면 과업의 상호의존성으로 인한 갈등을 해결하기 위해서는 공동자원에 대한 의존성을 줄인다든가 재고나 긴급자금과 같은 완충역할을 할 수단을 도입하는 것이다.

그 이외에도 작업구조를 바꾼다든지 보상구조를 변경하는 방법이 있을 수 있다. 이러한 것들이 소위 구조적 변경에 의한 갈등의 해결방법이다.

지금까지 설명한 상위목표의 도입이나 구조적 변경에 덧붙여 몇 가지 방법이 더 제시될 수 있는데 그것은 상사에 의한 조정, 표준적 실무절차의 설정, 독립적 통합부서의 설치 등이다.

상사에 의한 조정이란 갈등관계에 있는 집단 모두에 영향을 미칠 수 있는 상사에 의한 동기부여를 통해 두 집단의 자발적 조정이 기대될 수 있는 경우이다. 또한 갈등관계에 있는 두 집단 스스로가 공동으로 표준적인 관리지침(standard operating procedure: S.O.P)을 만들어 놓음으로써 조정에 도움이 되는 경우도 있다.

그리고 두 집단이 고도로 상호의존적이어서 견고한 통합을 필요로 한다거나 또는 두 집단이 고도로 분화되어 있는 경우에는 두 집단 사이의 갈등을 해결하는데 독립적인 통합부서 설치가 바람직할 경우도 있다.

5 협상

5.1 협상의 성격

협상(negotiation)이란 개인과 개인 간, 개인과 조직 간, 조직과 조직 간, 나아가서 국가와 국가 간 등 두 당사자 간에 상호작용을 통하여 자신이 원하는 무엇인가를 얻어내는 과정을 의미한다. 우리가 협상이라는 말을 평소에 잘 쓰지 않고 잘 인식하지 못하고 협상에 임하고 있기 때문에 협상이라는 것이 생소하게 생각될 수는 있으나 우리는 우리 삶의 대부분을 협상을 해나가며 살고 있다. 즉, 우리가 사는 세상은 아주 큰 협상 탁자라 해도 과언이 아니다. 그것이 돈이나 정의, 사랑, 사회적 지위이든 자유이든 그 무엇이든 우리가 누리고자 하는 온갖 것들을 협상을 통해 얻어낼 수 있다. 협상은 거미줄처럼 얽혀있는 긴장과 대립 속에서 자신에게 유리한 결과를 얻기 위해 정보와 힘을 사용한다.

협상은 그 성격에 따라 분배적 협상과 통합적 협상으로 나누어 볼 수 있다. 분배적 협상(distributive negotiation)은 한정되어 있는 파이를 어떻게 나눌 것인가를 전제로 하여 협상을 하는 것으로서 나와 상대방의 관계는 win-lose 관계라고 정의할 수 있다. 즉, 내가 더 많이 얻는 만큼 상대방의 파이는 그만큼 작아지고 상대방의 파이가 커지면 나의 몫이 작아지는 게임인 것이다. 따라서 분배적 협상에서 한 당사자의 목표는 상대방의 목표와 경쟁적이며 갈등관계에 있다.

통합적 협상(integrative negotiation)은 협력적이고 공동의 이익을 위해 문제를 풀어가려 노력하는 협상이라고 말할 수 있다. 즉, 한정된 파이를 가지고 이 파이를 어떻게 나눌 것인가를 협상하는 것이 아니라 어떻게 이 전체 파이의 크기를 크게 하여 서로에게 나눠지는 몫을 커지게 할 것인가를 논의하는 win-win 관계라고 정의할 수 있다. 한쪽의 이익이 다른 상대방의 비용을 필요로 하는 것이 아니라 양측의 필요와 이익을 모두 충족시켜 줄 수 있는 방법이다.

(1) 분배적 협상

분배적 협상이란 한정된 자원에서 더 많은 부분을 얻으려는 경쟁적인 협상이다. 분배적 협상에서 당사자의 협상목표는 상대방의 목표와 근본적이고 직접적인 갈등관계를 갖게 된다. 자원은 한정되어 있고 양쪽 모두 그 자원에서 자신들의 몫을 최대한 얻으려는 노력을 하게 된다. 따라서 각 당사자들은 자신의 몫이 결과적으로 가장 최대화될 수 있는 전략을 사용할 것이고 서로의 경쟁을 전제로 하기 때문에 그 과정은 결코 용이하지 않다.

협상자가 직면하는 협상상황은 대부분이 분배적 협상이고 많은 사람들은 거의 배타적으로 분배적 협상을 하려 한다. 노사 간의 임금교섭, 공급자와의 구매가격 교섭, 고객과의 판매가격교섭 등은 모두 분배적 협상의 예이다.

1) 분배적 협상 이해의 필요성

모든 협상자가 분배적 협상에 익숙해져야 할 이유는 다음 2가지이다.

① 협상자들이 직면하는 상호의존적 상황은 대부분이 분배적 상황이고, 어떻게 협상을 벌여 나가야 하는지를 충분히 이해할 필요가 있다.

② 대부분의 협상자들은 배타적으로 분배적 협상전략과 전술을 사용한다.

2) 분배적 협상의 중요 포인트

분배적 협상에서는 몇 가지 중요한 포인트(point)를 갖게 된다. 나의 관점에서 보아 다음과 같이 네 가지 포인트를 갖게 되고 협상상대에게도 반대되는 동일한 포인트가 존재한다.

① **목표수준(가격)**(target level) : 자신이 협상을 마무리 짓고자 희망하는 가격이다.

② **저항수준(가격)**(resistance level) : 자신이 협상에서 지불할 수 있는 최고 상한가격(판매자의 경우에는 최저 하한가격)으로 상대방에게 절대 노출되어서는 안 되는 중요한 정보이다.

③ **요구수준(가격)**(asking price) : 협상상대가 제시한 최초가격으로서 협상 상대의 요구수준을 파악할 수 있는 최초의 정보이자 이 가격을 토대로 협상과정에서 협상상대의 목표가격과 저항가격을 추정할 수 있다.

④ **협상개시수준(가격)**(starting price) : 자신이 최초로 협상상대에게 제시하는 가격으로 통상 목표가격보다 낮다. 협상개시가격과 목표가격과의 차액을 너무 과도하게 두면 협상에서 양보할 수 있는 여지를 충분히 가질 수 있고 시간도 벌 수 있다는 이점은 있으나 초기부터 거절당하거나 완고한 태도에 부딪칠 수도 있다.

협상 전에 협상당사자들은 둘 다 그들의 시작가격과 목표가격 그리고 저항가격을 설정해 두게 된다. 그리고 저항가격은 다른 상대방에게 알려지지 않도록 반드시 보안을 유지하여야 하며 때로는 협상이 끝난 후에도 서로의 저항가격은 비밀이

될 수도 있다.

분배적 협상을 예를 들어 설명해 보기로 하자.

서울 본사에서 근무하던 김복동 과장은 2017년 10월 1일 지부장 승진시험에 합격통지서를 받으면서 2018년 1월 1일자로 대전지부장으로 내정받아 이사를 계획하게 되었다. 가족 모두가 아파트보다는 전원주택을 선호하여 전원주택 한 채를 구입하기로 하고 몇 차례 부동산을 매매했던 경험을 살려 집주인과 직접 협상해보기로 마음먹은 김 과장은 마침 마음에 드는 전원주택이 매물로 나온 것을 보고 협상을 해보기로 하였다.

김 과장은 여러 경로를 통하여 비슷한 조건의 집들에 대한 정보는 물론 집주인의 성향과 부동산 경기 등에 대한 다양한 정보를 수집하고 매입가격은 2억 3천만 원에 구입하는 것을 목표로 정하였지만 3억 원까지는 지불할 의사를 가지고 집주인을 만났다.

집주인은 처음에 2억 8천만 원을 요구하였고, 김 과장은 협상개시가격으로 2억 1천만 원을 제시하였다. 몇 차례의 협상을 해나가면서 김 과장은 집주인의 목표가격이 2억 5천만 원 수준인 것을 추정할 수 있었고 2억 원 정도가 저항가격이 될 수 있었음을 짐작해 낼 수 있었다.

집주인도 처음에는 김 과장의 상황을 전혀 알지 못한 채 그가 시작가격을 2억 1천만 원으로 제시하였을 때 그의 시작가격을 알게 되겠지만 그의 저항가격은 알 수 없을 것이다. 이 경우에 협상결과는 김 과장의 협상개시가격(2억 1천만 원)과 집주인의 요구가격(2억 8천만 원) 사이에서 결정되게 될 것이다.

추정된 집주인 저항가격	김과장의 협상 개시가격 ④	김과장의 목표 가격 ①	추정된 집주인 목표 가격	집주인의 요구 가격 ③	김과장의 저항 가격 ②
2억 원	2억 1천만 원	2억 3천만 원	2억 5천만 원	2억 8천만 원	3억 원

3) 분배적 협상의 핵심요소

분배적 협상에서 고려하여야 할 핵심적인 요소에는 정보, 시간, 권한의 세 가지가 있다.

① **정보** : 협상은 사실 정보전이라 해도 과언이 아니다. 우선은 협상대상에 대한 객관적 정보(가격, 성능, 인지도… 등)를 사전에 충분히 파악하고 협상에 임해야

된다. 진행되는 과정에서도 정보를 캐내려 노력해야 함은 물론 나에 대한 정보는 최대한 노출시키지 않으면서 협상을 해나가는 상대방의 정보를 얼마나 확보할 수 있는가가 협상의 관건이 된다.

위의 예에서 김 과장은 자신이 최대한 지불할 수 있는 저항가격은 물론 목표가격까지도 철저히 숨긴 채 협상을 해나가면서 집주인의 목표가격과 저항가격을 추론할 수 있어야 한다.

② **시간** : 시간 역시도 정보 중의 하나이기는 하지만 시간이 던져주는 의미는 무엇보다 중요하다고 볼 수 있다. 상대방에게 내가 언제까지 무엇을 반드시 해내야 한다는 마감시간을 알려주고 나면 나는 시간이 다가옴에 따라 초조함이 더 적나라하게 드러나게 되는 반면 상대방은 더 여유를 갖게 될 것이고 그만큼 협상에서 우위를 가질 수 없게 된다.

위의 예에서 김 과장이 대화 중에 발령일자인 3월 1일까지는 무슨 일이 있어도 이사를 해야 한다는 마감시간을 알려주게 되면 집주인은 계속 시간을 끌다가 더 이상 지체할 수 없는 시점이 되어서야 협상을 급진전시키며 자신에게 유리하게 협상을 마무리지으려 할 것이다.

③ **권한** : 권한은 협상에서 의사결정을 마무리할 수 있는 재량의 크기를 의미한다. 앞의 예에서 김 과장이 가격협상을 집주인의 친지나 아내 혹은 그의 자녀들과 했다면 어떨까? 아마도 결정권한이 없는 사람과의 협상은 크게 의미를 갖지 못할 것이고 어떤 의미에서는 중요한 시간만 허비하게 될 것이다. 따라서 협상 상대자가 가지고 있는 재량의 범위를 파악하는 것이 중요하다.

4) 긍정적 · 부정적 협상의 범위

협상범위를 놓고 긍정적인 협상범위와 부정적인 협상범위로 나누어 볼 수 있다.

① **긍정적 협상범위**(positive bargaining range) : 구매자의 저항가격이 판매자의 저항가격보다 높은 경우로서 협상을 통해 조정이 가능하다.

② **부정적 협상범위**(negative bargaining range) : 판매자의 저항가격이 구매자의 저항가격보다 높은 경우로서 협상이 이루어지기 어렵다.

5) 분배적 협상에서의 대안

대안이란 다른 상대와 다른 거래를 할 수도 있음을 의미하는 것으로 구매자에게는 집주인이 요구하는 가격보다 더 매력적인 다른 매물이 나타날 수도 있는 것이고 판매자에게도 현재 협상 중인 구매자보다 더 좋은 가격을 제시하는 다른 구매자가 나타날 수도 있다는 것이다. 따라서, 대안이라는 문제는 다음과 같은 점을 시사해 준다.

① 대안은 협상력을 높여 줄 수 있다.
② 매력적인 대안들이 많은 협상에서는 목표는 높고 양보는 적게 된다.
③ 매력적인 대안이 없는 협상에서의 협상결과는 만족스럽지 못하다.
④ 유능한 협상가들은 교섭 전에 그들의 실질적인 대안들을 확인한다.

6) 분배적 협상에서의 양보

양보는 협상의 중심이다. 양보 없이는 협상이 존재하지 않는다. 한쪽에서 양보하지 않으려 하면, 상대방은 무조건 항복해야 하거나, 협상은 결렬될 것이기 때문이다. 따라서 사람들은 양보를 기대하며 협상에 임한다. 유능한 협상가일수록 교섭범위에서 충분한 여지를 남겨둔 채 협상을 시작하여 많은 것을 양보하고도 그들의 목표가격보다 더 나은 대안에서 협상을 마무리지으려 할 것이다. 최상의 협상결과는 서로가 승자라고 여기는 것이라고 볼 수 있다. 즉, 다시 말하면 상대방이 최초로 제안한 것으로부터 많은 양보를 얻어냈다고 생각하게 되어 협상결과에 만족하게 된다면 그것이 최상의 협상이고 그만큼 양보란 협상에서 중요한 요소인 것이다.

7) 협상 믹스(bargaining mix)

협상에 있어서 어떤 항목은 두 당사자에게 모두 중요하지만 어떤 항목은 한 당사자에게만 중요할 수도 있다. 나에게 무엇이 중요한 포인트가 되며, 다른 당사자들에게는 어떤 것들이 더 중요한지를 간파할 수 있어야 하며 협상을 계획하거나 진행하는 과정에서 이러한 우선순위를 계산할 수 있어야 한다. 예를 들면 다음과 같은 것들이다.

① 주택가격을 절충하는 대신 수리를 해주기로 한다.
② 매매날짜를 상대방에게 유리하게 조정해 준다.
③ 양복을 한 벌 사면서 넥타이를 하나 달라고 말한다.
④ 컴퓨터 구매 시 가격보다는 서비스 기간을 더 요구한다.
⑤ 임금·단체협상(임단협) 체결 시 기본급 인상보다는 복리후생에 중점을 둔다.

(2) 통합적 협상

분배적 협상이 양측 모두 이기려고 경쟁하고 상호 배타적인 목표설정으로 인해 갈등이 초래되는 상황이라면, 통합적 협상은 협력적이고 공동의 이익을 위해 문제를 풀어가려 노력하는 협상이라고 말할 수 있다. 통합적 협상의 특징은 양측의 차이점보다는 공통점에 초점을 두고 양측의 필요와 관심을 강조하며 모두의 요구사항을 충족시키고자 정보와 아이디어를 교환해 나간다는 점이다. 참여자들이 모두 자발적인 협조와 노력을 통해 협상의 내용과 과정 양면을 모두 관리해 나간다.

따라서 자유로운 정보가 흘러가고 흘러 들어오며 진실된 목표를 서로 드러내고 서로의 이익과 가치를 신중하게 경청하면서 상대방의 진정한 욕구가 무엇이고 목표가 무엇인가에 대한 인식을 통해 상호 만족의 해결점을 모색해 나간다. 성공적인 통합적 협상을 하기 위해서는 공통의 목표를 가지고 목표를 공유할 수 있어야 하며 서로의 목표를 절충하고자 하는 노력이 있어야 한다.

1) 통합적 협상의 과정

통합적 협상은 다음과 같은 과정을 통하여 이루어진다.[3)]

① **문제의 정의** : 명확한 문제정의는 문제해결로 가는 출발점이다. 예를 들면 부품생산부서와 제품조립부서 간에 반품에 대한 손비처리 문제로 갈등이 발생했을 경우, 반품 발생률이 왜 높은가로 문제를 정의하여 여유시간에 정기적으로 반품처리를 한다든가, 조립인력을 부품부서에 파견하여 부품에 대한 이해도를 증진시킨다든가 하는 방안을 도출할 수도 있다.

② **상대방의 관심과 욕구에 대한 이해** : 상대방이 가지고 있는 관심과 욕구가 무엇인지, 그리고 상대방이 왜 그러한 입장을 취하지 않을 수 없는지 등을 이해하는 것이 통합적 협상의 성공적 달성을 위해 중요하다.

③ **대체안의 탐색** : 협상 양측이 선택가능한 대체안을 탐색한다. 이를 위해서는 이전에 win-lose로 인식되던 문제를 win-win의 관점에서 재정의하고 재조명하는 것도 필요하다. 대체안을 모색하는 방법으로는 다음과 같은 것이 있다.

- 자원의 확대 : 갈등의 원인이 되는 자원을 확대하는 방법이다. 예를 들면 휴가장소 사용으로 인한 갈등의 경우 가능한 휴가기간을 확대함으로써 양측의 목표를 달성하는 것이다.
- 통합적 대안의 탐색(logrolling) : 이슈를 다양화하고 이슈에 대한 각 당사자의 중요도 및 선호도를 반영한 새로운 대안을 개발한다.

- 새로운 보상의 활용 : 협상에서 양보하는 당사자에게 그에 상응하는 다른 보상을 제공하는 것을 말한다.
- 양보에 따른 비용감소 : 상대방의 입장을 수용했을 경우 입게 될 고통이나 비용을 줄여주는 방법이다.
- 의사결정기법의 활용 : 브레인스토밍이나 명목집단법 등을 활용하여 대체안을 탐색한다.

④ 대체안의 평가와 선택

- 질적 수준과 수용성에 기초해서 대안을 평가한다.
- 평가기준을 협상자들이 합의한 후 평가한다.
- 특정안에 대한 선호를 하면 그에 대한 이유를 충분히 설명한다.
- 특정안의 선택 시 가능한 모든 영향을 분석한다.
- 다양하고 복잡한 안이 서로 얽혀있을 때는 분야별로 소그룹화해서 평가한다.
- 당사자들 간에 감정적 갈등이 발생하면 냉각기간을 갖는다.

2) 통합적 협상의 성공요인

① **공통의 목표** : 당사자들이 서로 경쟁하거나 분리되어 일하기보다는 공통의 목표가 존재하고 협력하는 것이 이익이라는 믿음이 있을 때 협상이 성공하게 된다.

② **자신의 문제해결능력에 대한 믿음** : 자신의 능력을 자신하는 협상자는 더 개방적으로 협상에 임하는 경향이 있다. 서로 협력할 수 있다고 믿는 당사자는 실제 협력에 성공하는 경향이 있고, 이러한 믿음이 없는 경우는 협력적 관계설정에 시간과 노력을 덜 투자하며, 경쟁적이고 갈등적인 관계를 설정하는 경향이 있으므로 자신의 문제해결능력에 대한 믿음을 갖는 것도 중요하다.

③ **자신의 입장과 상대방의 관점 인정** : 자신의 가치와 입지만을 옹호하고 상대방의 관심을 인정하지 않으려는 분배적 협상과는 달리 통합적 협상에서는 자신과 상대방의 태도와 정보, 욕구를 모두 고려한다.

④ **공동협력에 대한 동기부여와 몰입** : 성공적인 통합적 협상에 도달하기 위해서는 경쟁보다는 협력에 대한 동기부여가 있어야 한다. 즉, 자신의 일방적인 이익추구보다는 양방이 모두 이익을 보기 위해 노력할 수 있어야 한다. 이를 위해서는 자신의 욕구를 명확히 밝히고, 상호 간 유사점을 찾고 차이점을 인식하며, 불확실성을 인내하고 불일치를 해소해야 한다. 이를 위해 다음과 같은 3가지가 중요하다.

- 공동운명이라는 인식
- 협력을 통해 얻는 이익이 손실보다 크다는 믿음

• 협상 전의 사전 이해노력

⑤ **신 뢰** : 신뢰하지 않는 관계에서는 방어적으로 행동하게 된다. 신뢰할 때 자신의 욕구, 입장, 상황판단 등에 대해 보다 정확히 의사소통하게 된다. 협상 초기의 협력적이고 개방적이며 친화적인 발언과 행위는 상대방으로 하여금 신뢰를 불러일으킨다. 또한 협력적이고 믿음이 가는 행위가 반복될 때 신뢰하는 경향이 있다. 신뢰는 일단 구축되면 지속되는 경향이 있으며, 무너진 신뢰는 재구축하기 매우 어렵다.

⑥ **정확한 의사소통** : 통합적 협상이 성공적으로 이루어지기 위해서는 명확하고 정확한 의사소통이 필수적이다. 하나의 발언이나 행위에 대해 동일한 방식으로 해석되고 이해되는 것이 중요하다.

⑦ **통합적 협상의 동태성 이해** : 통합적 협상의 동태적 특성을 이해하는 것이 중요하다. 통합적 협상의 기술, 예를 들면 당사자들의 이슈별 선호도와 우선도에 대한 정보교환, 상위의 목표설정 등을 훈련함으로써 협상의 가능성과 성과가 높아진다.

토론사례 12-1 협상의 현장 1

〈자료원〉 "철도 노조 '파업유보' 메트로 노사 극적 협상타결", 조선일보, 2009.11.20.

철도노조 '파업유보' 메트로 노사 극적 협상타결

철도와 수도권 전철을 운영하는 코레일노조가 파업을 잠정 유보키로 하고, 서울지하철 1~4호선을 운영하는 서울메트로는 노사협상이 극적으로 타결돼 20일 철도와 지하철이 정상적으로 운행하게 됐다. 철도노조는 이날 오전 5시쯤 발표한 중앙대책위원회 투쟁지침을 통해 "파업투쟁지침은 유보하며 파업농성장의 조합원은 현장으로 복귀한다"고 밝혔다.

앞서 철도노조는 전날 오후부터 최후교섭에 나서 올해 임금 3% 인상, '노사공동위원회'를 구성해 내년 상반기 중 해고자 복직 및 인력 운용계획 논의, 자립경영 달성 및 영업수지 적자 개선을 위해 노력, 노사관계발전계획 수립, 파업계획 즉시 철회 등의 내용을 담은 잠정 합의안을 도출했다. 이후 노조 확대쟁의대책위원회는 잠정합의안을 64대 76으로 부결시켰으나 파업에 돌입할지 재협상에 착수할 지에 대한 결론을 내리지 못하고 파업을 일단 유보키로 했다.

철도노조 위원장은 이날 오후 3시 중앙쟁의대책위원회 회의를 소집해 현 집행부 거취 문제를 비롯해 파업 가행여부 등에 대해 논의할 방침이다. 위원장을 포함한 현 집행부는 자진사퇴할 가능성이 높은 것으로 전해졌다.

철도노조는 해고자 46명의 복직과 인력감축계획 철회 등을 요구해 왔으나 코레일 강경호 사장이 최근 구속되면서 교섭에 난항을 겪어왔다.

한편 서울메트로 노사협상은 오전 4시였던 파업 예정시간을 불과 1시간가량 남겨 두고 극적으로 타결됐다. 노사는 전날 오후 4시부터

11시간 동안의 마라톤 협상 끝에 오전 3시 10분쯤 최종합의문에 서명했다.

사장은 '노사 간에 이견을 좁혀서 합의타결로 시민 불편을 예방할 수 있어 다행'이라며 '이번 일을 계기로 경영혁신을 이뤄 나가고자 더욱 노력하겠다'고 밝혔다.

노조 교육선전실장은 최종합의문에 대해 '그동안 핵심쟁점이었던 외주화와 민간위탁에 대해 사측이 고유한 경영권이라는 입장을 고수했지만 이번 합의안에 노사가 성실히 협의를 추진하기로 명시했다'며 '그간 사측의 일방 추진에 대해 우리가 제동을 건 것이 아닌가 평가한다'고 말했다. 그는 그러나 '핵심쟁점의 상당부분이 불씨로 남아 인력감축 구조조정을 둘러싼 노사 간 공방과 대립은 계속될 것으로 전망한다'고 밝혔다. 노사는 합의안에서 경영혁신에 대한 인식을 같이 하고 노사협의가 필요한 사항에 대해서는 성실한 노사협의를 거쳐 추진하기로 했다. 또한 일부 업무의 민간위탁을 협의해 추진하되 필요하면 임금피크제 등 대안을 논의하기로 했다.

노조 측은 10일 이내에 현 집행부의 신임을 묻는 투표를 할 예정이다.

[토론과제]

위의 기사를 읽고 여러분의 집단 간 갈등의 경험을 예로 들고, 이를 타결했던 경험을 서로 토론해 보시오.

토론사례 12-2 협상의 현장 2

〈자료원〉 "국가도 IR시대 협상력을 키워라", 매일경제신문, 2002. 1. 14.

국가도 IR시대 협상력 키워라

지난해 11월28일 새벽 무디스사는 관계에 따라 발표 하루 전인 29일 신용등급 전망에 대한 드래프트(Draft)를 한국정부에 전달했다. 공식보고서를 발표하기에 앞서 각종 근거자료의 정확성을 최종 확인하기 위해서였다. 그러나 드래프트 내용을 전달받은 재정경제부에서는 한바탕 소동이 일어났다. 상향조정은커녕, 하향이 불가피해 보였기 때문이다.

한 달 전 스탠다드 앤 푸어스(S&P)의 국가신용등급 상향조정에 크게 고무됐던 재정부로서는 청천벽력이 아닐 수 없었다. 김용덕 재경부 대외차관보의 지휘 하에 곧장 상황파악에 들어갔고 퇴근했던 각 부처 직원들도 극도의 보안 속에 사무실로 모여들었다. 드래프트를 정밀분석한 재경부는 E-메일, 팩스, 국제통화 등을 이용한 전방위적인 설명, 설득작업에 들어갔다.

무디스가 제기한 문제점들을 조목조목 반박하는 한편, 이를 입증할 만한 영문 자료를 무디스 본사에 쏟아 넣었다. 무디스의 드래프트에 터무니없는 수치가 인용된 점도 한국정부 측에는 유리하게 작용했다. 작업은 이튿날 새벽까지 계속됐다. 재정경제부 관계자들은 할 수 있는 것은 모두 시도했다는 판단이 들자 상황을 마무리 했다. 보안을 유지하기 위해서도 더 이상의 설득작업은 무의미했다.

▪ 신용등급 포장도 잘해야

새벽녘에 기도하는 심정으로 집으로 향했던 관계자들은 대략 6시간 후 합당한 보상을 받았다. 이날 무디스사는 한국에 대한 국가신용 등급 전망을 기존의 안정적에서 긍정적으로 조정한다고 발표했다. 대폭 수정돼 발표된 보고서에는 한국정부가 설득했던 내용이 상당부분 포함돼 있었다.

하룻밤 동안의 피말리는 노력이 엄청난 성과를 낸 순간이었다. 좋은 신용등급을 받기 위해서는 포장도 중요한다. 국제금융가의 상식이다. 주관적인 요인이 최대변수로 작용하는 국가신용평가의 특성상 포장술은 반드시 필요하다는 것이 전문가들의 지적이다. 신용평가회사와의 교섭과정에서 가장 중요한 원칙은 정직이다.

민감한 사안에 대해서는 답변을 회피할망정 현실을 부풀리거나 근거 없는 낙관론을 펼치는 것은 절대금물이다. 그러나 논리가 부실하면 우리에게 유리한 사실마저 비관적으로 비춰지기 일쑤다. 1997년 외환위기를 전후해 불과 2개월여 만에 국가신용등급이 6~12단계나 떨어지는 과정에서 한국정부는 무문별한 정직 또는 빈약한 논리 때문에 상당한 대가를 치러야 했다.

■ **국제적인 합리성이 관건 신용평가회사의 부정적 시각이 합리적인 노력에 의해 교정된 사례는 많다.**

지난해 10월 스탠다드 앤 푸어스 (S&P)가 한국의 국가신용등급을 한 단계 올렸을 때도 그런 경우다. 두 달 전인 같은 해 8월 하순 한국을 방문한 S&P 실사팀은 기업구조조정촉진법에 대해 매우 부정적인 인상을 갖고 있었다. 관치금융의 연장선 상에서 개별 금융기관의 자율성을 침해하고 부실기업의 퇴출을 지연시키고 있다는 시각이었다.

기업구조조정촉진법은 공식협의과정에서도 주요 화제로 거론될 수밖에 없었다. 재경부는 이 같은 S&P의 시각을 바꾸기 위해 때늦은 수선을 떨어야 했다. 외환위기 이후 기업구조조정 과정에서 야기된 문제점을 제시함으로써 법제정이 불가피했음을 밝히고 해외사례를 통해 기업구조조정촉진법의 자율성 보장 측면을 집중적으로 부각시켰다.

실사가 끝날 무렵에는 담당국장인 변양호 금융정책국장이 실사팀과 조찬을 함께 하며 기업구조조정촉진법의 필요성과 시장친화적인 특성을 논리적으로 납득시켜갔다. 결국 S&P 실사팀은 기업구조조정촉진법과 관련해 기존의 입장에서 180도 달라진 보고서를 냈다. 기업구조조정촉진법을 한국정부가 추구하는 상시 구조조정 체제를 제도화한 구조조정촉진장치로 인정한 것이다.

상식적이고 일반적인 사항이 왜곡됐을 경우에는 수정의 여지도 큽니다. 그러나 실사팀이 선입관을 갖고 협의에 나설 경우에는 설득이 매우 어렵습니다. 이런 때에는 한국적 특수성을 부각시키기보다는 그네(국제신용평가사)들의 입장에서 서서 그네들의 논리로 설득을 해 나가야 합니다. (재경부 국제금융국 관계자)

■ **국가 협상력 강화해야 국제금융시장에서의 3대축은 투자은행(IB: Investment Bank), 펀드매니저, 신용평가회사다.**

이들은 서로 악어와 악어새의 먹이사슬을 형성하고 있다. 투자은행, 펀드매니저가 움직이면 국제신용평가회사도 같은 방향으로 움직일 수밖에 없다. 전문가들은 신용평가회사가 직접적인 영향력을 행사하긴 어렵지만 투자은행과 펀드매니저의 경우에는 사정이 다르다며 국가등급을 제대로 관리하기 위해 투자은행과 펀드매니저를 공략하는 우회전략이 필요하다고 지적한다.

사실 투자은행에게 한국정부는 꽤 중요한 고객이다. 공기업의 해외채권 발행 및 외환보유고 운용과정에서 투자은행이 챙길 수 있는 이권이 상당하기 때문이다. 주요 투자기관의 펀드매니저의 경우도 마찬가지다. 1,000억 달러가 넘는 외환보유고를 보유한 한국의 실력은 국제금융가의 큰손 수준이다. 문제는 체계적인 관리가 전혀 이뤄지지 않음으로서 국제적으로 공인된 당연한 권리도 못 챙기고 있다는 점이다.

■ **경제관료 국제감각 키워야 국제금융계에서 한국이 푸대접을 받는 이유로 한국정부의 빈약한 국제감각을 꼽는 시각이 적지 않다.**

지난 1993년 10월 초의 일이다. 당시 홍재형 재무부 장관은 스페인에서 열린 IMF(국제통화기금), IBRD(세계은행) 연차총회에 참석하기 위해 영국 런던에 머물고 있었다. 세계경제의 주역들이 모인 자리인 만큼 한국 재무장관이 해야할 일은 많았다. 한국경제의 현황을 설명하고 투자를 유치하기 위한 면담일정도 빽빽하게 짜여져 있었다.

국가이익을 위해 놓칠 수 없는 기회였던 것이다. 그러나 경제부총리에 내정했으니 대기하라는 본국의 연락을 받자 홍 장관 일행은 일정을 포기하고 급거 귀국해야 했다. 이 일화는 정부 내에 만연한 국제금융 경시풍조를 드러낸 사례로 국내는 물론 외국에서도 오랫동안 회자됐다.

지금 사정이 많이 달라졌다고는 하지만 이런 분위기는 여전하다. 외환위기 이후에도 경제부처 장차관의 해외 IR은 손에 꼽을 정도이다. 한국에 투자한 해외투자자에게 가장 큰 영향력을 가진 사람은 국내 경제부처의 장차관들이다. 그런데 이들이 입을 굳게 다물고 있는 것이다.

일상생활에서의 협상

싫든 좋든 우리는 협상을 하면서 살 수밖에 없고 또 그렇게 하고 있다. 옷을 하나 고르더라도 우리는 최저의 가격으로 최상의 제품을 고르려 점원과 입씨름을 한다. 제가 두 벌을 사면 좀 깍아줄 수 있나요 라든가 제가 모두 현금으로 지불한다면 좀 할인해 주시나요? 같은 말은 우리가 종종 사용하는 말이며, 가격 협상이 순조롭게 이루어지지 않으면 그러면, 이 넥타이나 하나 끼워 주시지요라고 다른 것을 얻고자 또 다른 협상을 벌이고자 한다. 어디 그뿐인가? 우리는 심지어 사랑하는 가족들과도 협상을 해나가면서 살고 있다. 어린 자녀에게 이번에 학교시험에서 네가 평균 5점만 올릴 수 있으면 네가 원하는 핸드폰을사주마. 라고 말하면 아이는 이렇게 대답한다. 아빠! 5점은 너무 하잖아요? 그렇게 되면 제 평균점수가 95점이나 되어야 한다는 말씀인데요 그건 너무 어려워요. 3점 오르면 사주시는 걸로 해요. 네? 그리고, 혹시 5점 이상 오르면 이번에 자전거도 하나 바꿔주세요. 네? 아빠! 그렇게 해서 결국 그 아이와는 4점이 오르면 핸드폰을사주고 6점이 오르면 원하는 자전거까지 사주기로 최종적인 협상을 마무리 짓게된다. 또, 휴가 때는 어떠한가? 바다로 가기를 좋아하는 아들과, 조용한 산으로 가기를 더 좋아하는 아내, 그리고 자기 자신은 골프장이 있는 콘도를 선호한다. 이럴 경우에는 물론 가족회의라는 수단을 빌려 협상을 하게 되지만, 올해는 바닷가, 내년에는 산, 그 다음해에는 골프장으로 가기로 협상이 끝날 수도 있고 아니면 조용한 산 속에 골프장을 끼고 있으면서 30분이면 바닷가에도 갈 수 있는 그런 지정학적인 위치를 찾을 수만 있으면 더 할 나위 없이 모두에게 최선이 될 수 있는 생산적인 협상으로 마무리할 수도 있다.

[도론과제]

최근 일상생활에서 자신이 경험한 협상의 과정과 결과를 설명하고 협상의 성과를 평가하여 보시오.

토론사례 12-3 팀 협상 연습 1 : 무장해제협상

〈자료원〉 Lewicki, R. J. et al. (1999), *Negotiation: Readings, Exercises, and Cases*, Irwin McGraw-Hill, Boston, pp.472~479에 수록된 The Disarmament Exercise를 수정하였음.

• **절 차**

1. Step 1

한 팀을 3명으로 하여 팀을 편성한다.

2. Step 2

아래 제시되어 있는 협상규칙을 주의 깊게 읽는다.
이 지시를 다 읽은 후에 의문사항을 질문한다.
팀 구성원들과 규칙을 토론할 시간을 갖고 사용할 전략을 계획한다.

협상규칙

1) 협상목표

귀하와 귀하의 팀은 돈을 벌거나 잃을 수 있는 무장해제협상에 참가할 것이다.
적어도 두 라운드 이상의 협상을 하게 되며 각 라운드는 일곱 번의 전략선택으로 구성된다.
이 협상에서 귀하의 목적은 될 수 있는 한 많은 돈을 획득하는 것이다.

2) 협상방법

가. 각 팀은 20장의 카드를 받는다.
- 카드는 당신의 무기이다.
- 한 면은 X가 표기되어 있고 다른 한 면은 비어있다.
- X가 표기된 면은 무장했다는 것을 의미하고 반대 면은 무장이 해제되었다는 것을 의미한다.
- 각 팀은 그 외 별도로 A(attack)카드를 받는다.

나. 협상을 시작할 때 각 팀은 10장을 X면으로 놓고, 나머지 10장은 빈 면으로 놓는다.
- 모든 무기들(카드)은 Exercise내내 당신이 소유할 것이다.
- 그것들은 심판이나 그룹 리더가 볼 수 있도록 놓여야 한다.
- 반면, 상대방이 볼 수 없도록 놓여야 한다.

다. 이협상은 적어도 7번의 전략선택을 지닌 라운드가 두 번은 있어야 한다.
- 결산은 각 라운드 후에 행해지고, 매 라운드 누적된다.
- 한 전략선택은 최대 2개까지 뒤집을 수 있다.
- 각 팀은 전략선택을 결정하기 위해 3분이 부여되고 각 전략선택 사이에 30초가 주어진다. 아무 결정도 내리지 못했다면 현재 무장상태를 변화시킬 수 없다.
- 3분은 고정되어 있고 변경시킬 수 없다.
- 심판은 전략선택이 있는 경우 각 팀에 대한 전략선택을 검증할 것이다.
- 각 라운드는 초반에 다시 10장의 X카드와 10장의 빈 카드로 시작한다.

3) 협상자금관리방법

각 팀구성원은 10,000원씩을 국고에 기부하고 그 돈의 60%는 과업에 사용되어지기 위해 다시 돌려받는다. 당신 팀은 협상결과에 따라 이 돈을 감소시킬 수도 있고 증가시킬 수도 있다. 협상 끝에 당신 팀의 국고는 구성원들에게 분배된다. 나머지 40%는 World Bank에 기부될 것이고 이것은 심판에 의해 관리되어진다. 이 돈은 협상 끝에 돌려받을 수 없고 따라서 더 이상 당신의 것이 아니다. 상대편 팀도 마찬가지 방법으로 한다.

4) 자금배분방법

가. 라운드 동안 공격이 있을 경우

a. 각 팀은 3분 동안 전략선택을 결정하고 그 다음 30초 동안 심판에게 통지함으로써 상대방에게 공격을 할 수 있다. 공격하기 위해 A 카드를 심판에게 보여야 한다. 공격 직전 양팀의 전략선택을 기록한다.

b. 공격이 있다면 라운드는 끝난다.

c. 무장된 카드가 많은 팀은 상대방의 무장된 카드수보다 많은 만큼 각 구성원당 500원을 획득한다. 이 돈은 진 팀의 국고로부터 이긴 팀의 국고로 즉시 지불되어진다. 무장된 카드수가 동일하다면 공격했던 팀은 무장된 카드수에 따라 구성원당 200원을 World Bank에 지불하고, 공격당한 팀은 100원을 지불한다. 양팀 모두 공격했다면 200원을 지불한다.

나. 라운드 끝까지 어떤 공격도 없을 경우

a. 라운드 끝까지 어떤 공격도 없었을때 ,각 팀의 국고는 무장되니 않은 카드에 따라 구성원당 200원을 World Bank로부터 받고, 각 팀의 국고는 World Bank에 무장되지 않은 카드에 따라 구성원당 200원을 지불한다.

b. 팀이 돈을 획득하면 World Bank에 의해 상이 주어지고, 돈을 잃는다면 World Bank에 지불해야 한다. 팀들은 World Bank에 결손(마이너스 통장)을 운영할 수 있다. 3라운드의 끝에 결손이 있다면, 그 결손의 상태는 감독자에 의해 결정되어진다.

5) 협상

가. 전략선택 사이에 각 팀은 팀에서 선발된 협상가를 통해 상대방과 의사소통할 기회를 갖는다. 첫 전략선택 전에는 의사소통할 수 없다.

나. 각 팀은 의사결정 사이의 30초 동안 심판에게 통지함으로써 협상을 요구할 수 있다.요구를 받은 팀은 수락하거나 거절할 수 있다.

다. 각 팀의 협상가들은 세 번째 그리고 여섯 번째 전략선택 후에는 반드시 만나야 한다.

라. 협상은 5분을 초과할 수 없다. 양쪽 협상가들이 팀으로 돌아가면 다음 전략선택이 시작된다.

마. 협상가들은 협사에 대한 제한시간 5분을 지킬 의무가 있고 세 번째와 여섯 번째 전략선택 후에 만날 의무가 있다. 그들은 협상 동안 어떤 말이라도 할 수 있고 양쪽 팀 또는 그들 팀에게 도움이 되는 동의를 만들 수 있다. 꼭 진실을 말할 필요는 없다. 각 팀은 협상가에 의해 만들어진 동의안(선의로 만들어졌을지라도)을 따를 의무가 없다.

6) 요점

가. 각 전략선택은 최대 2개까지 카드를 뒤집을 수 있다.

나. 전략선택을 결정하기 위해 3분의 시간을 갖는다.

다. 어떤 공격도 없다면 매 라운드 끝에 무장된 카드 수에 따라 구성원당 200원을 지불하고 무장되지 않은 카드 수에 따라 200원을 받는다.

라. 공격이 있다면, 무장된 카드가 많은 팀은 적은 팀에게 많은 수만큼 구성원당 500원을 받는다.

마. 공격이 있었을 때, 양팀이 동수의 X카드를 지녔다면 벌칙이 있다.

바. 팀은 각 전략선택 후에 협상을 요구할 수 있다. 협상가들의 필수협상은 세 번째와 여섯 번째 전략선택 후에 이루어진다.

3. Step 3

구성원들이 모두 규칙을 이해했다면, 각 팀은 팀을 구성하고 팀 전략을 세운다.

각 팀은 다음의 역할을 수행할 사람(그 사름은 팀의 결정에 따라 언제든지 바뀔 수 있다)을 선택해야 한다.

(1) 협상가

(2) 팀 전략선택, 공격, 협상의 요구나 수락 등을 심판에게 얘기할 대변인, 각 심판은 팀 대변인에게만 귀를 기울이고 대변인이 협상가가 될 수 없다.

(3) 각 팀의 이동을 기록하고 팀의 국고재정을 운영할 서기

팀이 구성되고 나면 팀 구성원들과 자기 팀의 전략과 예측되는 상대팀의 전략, 그것이 자기팀의 전략에 어떤 영향을 미치는가, 자기 팀이 첫 번째 라운드 동안 만들 처음 전략선택, 자기팀이 협상을 희망하는지 아닌지, 협상을 시작한다면 상대방에게 무엇이라 말할지를 자기 팀 구성원들과 토론해야 한다.

4. Step 4

1. 심판은 첫 번째 라운드가 시작하는 지시를 한다.
2. 당신 팀은 첫 번째 전략선택에 관한 결정을 하는 3분을 갖고 실제적으로 최대 2장까지 카드를 뒤집는다.
3. 심판이 왔을 때 자기 팀의 전략선택을 보인다. 이 시점에서 공격도 가능하고 협상도 요구할 수 있다.
4. 어떤 팀도 공격을 하지 않았거나 협상을 요구하지 않았다면, 심판은 두 번째 전략선택을 지시한다.
5. 세 번째와 여섯 번째 전략선택 후에는 필수적인 협상이 있고 공격이 없다면 일곱 번째 전략선택까지 진행된다.
6. 한 라운드가 끝나면, 심판은 각 팀이 무장된 카드를 얼마나 지녔는지, 공격을 했는지를 진술한다. 각 팀은 그 재정상태를 계산한다. 돈은 그 결과에 따라 이동된다.

결산이 끝난 후에 다시 10장의 X카드와 10장의 빈 카드로 그들의 카드를 되돌린다.

5. Step 5

1 라운드의 각 팀 전략과 결과를 평가한다. 이를 위해 아래 설문에 대해 귀하의 생각을 체크하고 그 후에 2라운드에 사용하고 싶은 전략을 토론한다.

6. Step 6

두 번째 라운드도 첫 라운드처럼 진행한다.

협상설문

1 라운드에 대해 당신의 감정을 가장 잘 표현해주는 적당한 숫자에 O 표 하시오.(다음 라운드에 대해서는, 구별될 수 있게 V 표 또는 X 표 등을 사용)

1. 당신 팀의 현재 전략에 얼마나 만족하는가?

   매우 만족 1 2 3 4 5 6 7 매우 불만족

2. 상대팀이 현재 어느 정도 신뢰할 수 있다고 생각하는가?

   매우 신뢰할 수 있는 1 2 3 4 5 6 7 매우 신뢰할 수 없는

3. 당신 협상가의 수행(성과)에 얼마나 만족하는가?

   매우 만족 1 2 3 4 5 6 7 매우 불만족

4. 전략선택에 관해 당신 팀 내에 어느 정도 일치(consensus)가 있었는가?

   높은 일치 1 2 3 4 5 6 7 매우 낮은 일치

5. 당신 팀 내에 다른 사람들을 현재 얼마나 신뢰하는가?

   이전 보다 더욱 신뢰 1 2 3 4 5 6 7 이전 보다 덜 신뢰

6. 당신 팀에 대해 어떻게 느끼는지 한 단어로 표현해 보라.

7. 상대 팀에 대해 어떻게 느끼는지 한 단어로 표현해 보라.

8. 상대 팀의 협상가를 어떻게 바라보았는가?(협상가만 응답)

   믿을만하고 싶어한다 1 2 3 4 5 6 7 신뢰할 수 없고 진실하지 않다

[토론과제 1]

당신 팀은 얼마나 효과적으로 함께 일했는가?

a. 당신 팀은 의사결정을 어떻게 행했는가?
b. 당신 팀은 이용가능한 정보를 최대한 사용했는가? 팀 구성원들은 서로에게 진실로 귀를 기울였는가? 팀은 다른 팀에 대한 직접적 정보원천이었던 협상가로부터 모든 정보를 획득하려고 노력했는가?

[토론과제 2]

당신 팀은 실현가능한 전략을 수립하였는가?

a. 당신 팀은 일관된 계획을 가졌는가? 또는 계획이 상대팀에 의해 약점이 파악되었는가?

b. 당신 팀의 계획은 너무 순진했는가? 그렇다면 왜 그런가?
c. 당신 팀이 어느 정도나 벌려고 했는가, 그러나 그렇게 하기 위해 어떤 위험도 감수하지 않았는가?

[토론과제 3]

당신 팀은 협력과 경쟁에 어떻게 반응했는가?
a. 왜 협력이 성취되기 어려운가?
b. 신뢰를 가로막는 장애는 무엇인가?
c. 당신 팀이 신뢰와 협동을 방해할 수 있는 상대방에 대해 어떤 가정을 했는가?
d. 지거나 이겼을 때 팀의 사기와 의사결정구조에 어떤 것이 발생했는가?

[토론과제 4]

협상가는 어떻게 선출되었는가? 위임했는가? 자원했는가? 자격에 대한 토론이 있었는가?
a. 당신은 당신 팀의 협상가를 변함없이 지지했는가 아니면 신뢰를 포기했는가?
b. 협상가들은 거짓말을 했는가? 만약 그들이 근본적으로 신뢰할 수 없는 사람이 아니었다면, 그들은 왜 그렇게 했는가? 그들이 거짓말을 했다면 ,이후에 이것에 대해 어떻게 느꼈는가?

토론사례 12-4 팀 협상 연습 2 : 펨버튼 딜레마

〈자료원〉 Lewicki, R, J, et al. (1999), *Negotiation: Readings, Exercises, and Cases*, Irwin McGraw-Hill, Boston, pp.480~483에 수록된 The Pemberton's Dilemma를 수정하였음.

• 절 차

1. Step 1

3명이 두 집단으로 나누어서 한 집단은 Country Market의 경영팀으로, 다른 집단은 Corner Store의 경영팀으로 활동할 것이다. 팀은 개별 미팅을 허락할 수 있도록 서로 충분히 멀리 앉아야 한다.

2. Step 2

다음 페이지의 Pemberton's Dilemma에 대한 배경정보를 읽는다. 의문이 있다면 질문한다. 본 연습에서, 각 팀은 다른 팀과의 토론에서 각 팀이 일요일에 문을 열어야 하는가에 대해 결정을 해야 할 것이다. 귀하의 팀과 상대팀은 의사결정을 동시에 내려야 하며, 귀하의 팀의 이익이 의사결정에 의해 직접적으로 영향을 받을 것이다. 귀하의 팀의 성과는 귀하의 팀의 목적, 상대팀의 목적, 그리고 커뮤니케이션에 달려 있을 것이다.

배경정보

Pemberton은 기묘한 작은 마을이다. 30분만 운전하면 거대한 대도시상점에 갈 수 있는데도 마을사람들은 마을에 있는 두 개의 상점 중 하나에서 쇼핑하는 것을 좋아한다. 이 상점에서는 식료품에서 하드웨어 장치까지 다양한 제품을 구매할 수 있다. 두 상점은 젊은 세대와 나이든 세대 모두에게 매우 인기가 있는 소다원액을 자랑하고 있다. 대부분의 작은 마을처럼, Pemberton은 1980년대까지 거슬러 올라가는 많은 전통을 보존해 왔다는 것을 자랑스러워한다. 시청이 1923년에 공인한 위대한 전통 중의 하나는 일요일에는 모든 상업적인 활동을 중단한다는 것이었다. 그러나 시대가 바뀌어 일요일 쇼핑자가 갈수록 증가하고 있으며, 사실 몇 년 전부터는 매주 일요일 쇼핑이 가능한 근처의 대도시 상점으로 많은 이동이 있다. 당신은 Pemberton의 두 상점 중 하나의 경영팀 구성원이다. Country Market과 Corner Store모두는 일요일 쇼핑이 갈수록 인기가 있음에 따라 지속적으로 잠재 이익을 잃어 왔다. 최근 들어 경쟁점포의 경영팀뿐만 아니라 당신의 경영팀도 일요일 개장을 금지하는 Pemberton시의 결정 대신에 일요일 개장을 심각하게 고려하고 있다. 일요일 개장활동의 수익성이 경쟁점포의 의사결정에 의존할 것이기 때문에 그러한 의사결정의 결과는 중요하다. 예를 들어, 일요일에 어떤 상점도 개장하지 않는다면, 여느 때처럼 사업이 이루어질 것이며, 양 상점이 한 주 동안 $20,000의 수익을 얻을 것이다. 한 상점만이 일요일에 개장한다면, 개장한 상점은 모든 일요일 쇼핑고객을 얻을 수 있으며, 한 주 동안 $40,000의 수익을 얻을 수 있을 것이다. 운 없게도, 일요일에 개장하지 않을 것을 결정한 상점은 실제로 그 주에 $40,000의 손해가 발생할 것이다. 다양한 이유가 있을 수 있는데, 특히 그 중에서도 일요일에 개장하는 상점에서 쇼핑한 고객은 그 주 내내 그 상점에서 쇼핑을 하려는 경향이 있을 것이기 때문이다. 양 상점 모두가 일요일에 개장한다면, 역의 결과가 발생할 수도 있다. 한 상점만이 시의 결정을 위반하는 것에 대해서는 시청이 눈감아 줄 수 있을지 몰라도, 두 상점 모두가 개장하는 것은 Pemberton의 전통주의에 대항하는 음모로 고려될 것이다. Pemberton의 시장이며 마을 설립자의 직계 후예인 Artemus Hampton은 법이 설정할 수 있는 가장 높은 벌금을 부과하도록 시청에 압력을 가할 것이다. 당신의 변호사가 Pemberton에서의 일요일 쇼핑을 금지하는 시의 결정이 법정판례 위반임을 건의할지라도 희생이 클 것이다. 각 사례에서, 양 상점이 일요일에 개장하면, 각각 매주 $20,000의 손실이 발생할 것이다. 위의 정보에 주의하여, 당신팀은 앞으로 12주 동안 일요일에 개장할 것인지를 매주 결정한다. 첫 주에 이루어지는 결정은 경쟁상점의 경영팀과 협상 없이 이루어져야 한다. 그 다음의 의사결정은 경쟁자와 협상한 후에 이루어져야 한다. 양 팀은 의사결정이 동시에 이루어짐을 알아야 할 것이다. 목표는 12주 후의 수익을 최대로 하는 것이다.

3. Step 3

자세한 상황을 다시 살펴보고, 당신이 어떻게 돈을 벌 것인지 혹은 잃을 것인지를 이해하라. 다음의 수익도표에 정통하라. 이제 각 경영팀의 구성원들은 자신의 전략을 계획해야 한다. 처음 라운드 이전에는 팀 사이의 커뮤니케이션이 있어서는 안 된다. 상점을 개장할 것인지 닫을 것인지에 대한 1분씩 12번의 라운드가 있을 것이다. 각 라운드는 일요일을 말하며 ,각 4번째 일요일은 긴 주말이다. 각 라운드의 계획시간은 3분이다. 계획 세션동안에는 상점 간의 커뮤니케이션이 없을 것이다.

4. Step 4

협상은 각 상점의 대표자가 만나서 처음 일요일에 상점을 개장할 것인지 닫을 것인지를 표시한 카드를 보임으로써 시작된다. 이 의사결정이 기록되기 전에 상점 간의 커뮤니케이션은 없을 것이다. 각 일요일 이후에 각 상점의 대표자들은 3분 간의 계획 세션 이전에 5분 동안 만나거나 협상할 수 있다. 4주 후와 8주 후에는 의무적으로 협상을 하여야 하고, 다른 경우에는 요청이 있더라도 선택적이다. 협상을 하고 나면, 3분 간의 계획기간이 주어질 것이다. 협상이 없다면 바로 수용된다. 수익과 손실은 각 일요일 후에 계산되고 12주 동안 누적된다. 각 팀은 각자의 수익도표에 매 일요일의 성과를 기록할 것이다. 매 일요일 사이의 시간은 고정되고 변경되지 않을 것이다. 각 팀은 총 12번의 움직임을 완료할 것이다.

5. Step 5

진행자는 각 협상집단에서 각 팀에 대한 총수익을 기록할 것이다. 성과의 차이가 계산되고 왜 그렇게 되었는지를 논의한다. 참가자들은 무슨 일이 일어났는지, 특히 상대방에 대한 인식과 반응 측면에서 묘사한다. 토론에 대한 몇 가지 제안된 질문과 이슈가 다음에 주어진다.

이익도표

	Corners Store의 선택	Country Market의 선택	이 익	
			Corners Store	Country Market
10분간의 계획				
1.				
2.				
3.				
4. 이익 · 손실의 2배계산				
필수 5분 협상				
5.				
6.				
7.				
8. 이익 · 손실의 2배계산				
필수 5분 협상				
9.				
10.				
11.				
12. 이익 · 손실의 4배계산				

[토론과제 1]

협상을 시작할 때 당신의 기본적인 목표와 전략은 무엇이었는가? 협상을 진행하는 동안 그것들은 어떻게 변화했는가? 이 계획의 결과로써 당신이 달성했던 성과는 무엇인가?

[토론과제 2]

협상의 첫 라운드가 끝난 후 무슨 이야기를 했는가?

[토론과제 3]

당신의 협상논의 내용이 변화했는가? 변했다면 왜 변화했는가?

[토론과제 4]

협상의 성과에 영향을 미치는 가장 중요한 것은 무엇이었는가?

[후주]

1) L. Festinger, 1957. *A Theory of Cognitive Dissonance*, Evanston, Ill: Row, Peterson.
2) M. Sherif, 1958. Superordinate Goals in the Reduction of Intergroup Conflict, *American Journal of Sociology*, LXIII.
3) R. J. Lewicki, D. M. Saounders & J. W. Minton, 2000. *Essentials of negotiation*, McGraw-Hill.

chapter 13

리더십과 신뢰

리더가 되려면 일단 많이 알아야 한다.
산에 올라가는 등반대 대장이 산을 모른다면, 대원들을 끌고 갈 수 없다.
대장의 자신감과 통찰력은 산에 대한 경험과 지식이 뒷받침되어야 가능하다.
산을 제대로 알지 못하면서 의욕만 가지고 덤비는 사람을 산은 가만히 두지 않는다.

－엄홍길(전문산악인)

경험 못지않은 든든한 원군은 그(엄홍길)의 리더십이다. 엄 대장은 "대원들이 나를 믿지 못해도 곤란하지만 자기 자신을 못 믿는 사람과는 산에 같이 오지도 않는다"는 대원 선발 원칙을 철저히 지킨다. 서로 자일로 연결돼 있기 때문에 믿지 못하면 죽기 십상이기 때문이다. 엄 대장은 해외등정에 오르면 동행자의 지휘고하를 막론하고 계급장을 떼는 것으로 유명하다. 국내에서도 유명세나 사회적 지위는 인정하지 않는다. 산에서는 산을 많이 아는 사람이 주축이 돼야 한다는 지론에서이다.
(장영철의 『스포츠도 경영이다』에서 인용)

리더십은 경영 자체와 동일시할 만큼 일반 실무에서 많이 사용되어온 개념이다. 한 조직이나 집단의 성패가 한 명의 리더에 의해 결정되는 예를 우리는 주위에서 흔히 볼 수 있다.

그러나 리더십에 대한 정의는 간단하지 않다. 리더십을 정의하려고 시도하는 학자의 수만큼 리더십에 대한 정의가 있다고도 말해진다. 그런데 모든 정의에서 리더십을 영향력을 미치는 과정으로 보고 있는 것은 공통적이다.

따라서 여기에서는 리더십(leadership)을 목표를 달성하는 방향으로 영향력을 행사하는 과정이라고 정의한다.

1 리더의 영향력의 원천

리더가 부하에게 행사할 수 있는 영향력은 어디에서 나오는 것일까? 그 원천이 공식적인 권한과 같이 공식적인 것일 수도 있고, 리더가 풍부한 지식과 덕망을 갖고 있는 경우와 같이 비공식적일 수도 있다. 그리고 전자의 경우를 공식적인 리더(formal leader)라고 하고, 후자의 경우를 비공식적인 리더(informal leader)라고 부르기도 한다.

이러한 영향력의 원천은 5가지로 요약할 수 있다. 어떤 리더든지 이 5가지 원천 중 몇 가지를 가지고 리더십을 행사할 것이다.

1.1 보상적 권력(compensatory power)

이는 리더가 부하들이 가치 있다고 생각하는 보상을 제공할 수 있는 능력이다. 리더는 보상을 소유하고 통제할 수 있는 정도에 따라서 리더의 권력은 결정된다. 그리고 리더가 사용할 수 있는 보상적 권력은 두 가지 범주로 구분할 수 있다.

첫째, 칭찬, 인정, 그리고 관심과 같은 보상은 리더가 개인으로서 가지고 있는 개인적 권력이다.

둘째, 리더는 또한 급여, 승진, 기타 특전과 같은 조직수준에서의 보상을 통제한다. 이것은 조직에서 리더의 직위에 따른 권력이다.

1.2 강압적 권력(coercive power)

이는 부하들을 강압하거나 처벌할 수 있는 능력을 말한다. 강압적 권력도 역시 개인적 및 직위적 부분으로 나누어 볼 수 있다. 리더는 부하들이 리더로부터 받는 비판이나 수준 이하의 인정을 불쾌하거나 벌받고 있다고 느끼는 정도만큼 강압적 권력을 개인적으로 가지는 것이다.

한편, 리더는 자신의 직위가 부하들에게 강등, 감봉, 해고 등과 같은 조직 수준에서의 처벌을 실시하도록 허용하는 정도만큼 공식적으로 강압적 권력을 갖는 것이다.

1.3 합법적 권력(legitimate power)

이는 리더가 조직 내에서 특정의 직위나 역할을 차지함으로써 소유하게 된다. 모든 조직에서 리더가 부하에게 행사하는 어떤 유형의 지시나 요구도 합법적이고 정당하다고 간주된다.

부하들은 모든 조직구성원들에 의해 합법적이라고 받아들이고 있는 규범, 절차 및 정책 때문에 그런 요구에 순응할 의무가 부과된다. 합법적 권력은 순전히 조직 내에서 리더의 직위 때문에 생긴 것이지 리더의 개인적 특성과는 별개이다.

1.4 전문적 권력(expert power)

이는 부하가 수행할 과업에 대한 리더의 지식과 전문성 때문에 생긴다. 부하들이 리더를 효과적인 직무수행과 관련하여 능력 있고 관련된 지식과 정보를 가지고 있다고 볼 때, 리더의 부하에 대한 영향력 행사는 성공할 가능성이 크다.

리더가 전문적 권력을 갖는 것은 분명히 리더의 개인적 특성에 의한 것이지 리더가 조직에서 차지한 공식적인 직위 때문은 아니다.

1.5 준거적 권력(referent power)

이는 부하들이 자신을 리더와 동일시하고 존경하며 모방하기를 원하는 정도에 따라 생긴다. 부하들이 리더를 존경하고 동일시하는 정도가 크면 클수록 부하에 대한 리더의 준거권력은 커진다. 전문적 권력처럼 준거권력은 완전히 리더의 개인적 특성에 의존하며 리더의 조직에서의 공식적 직위와는 직접적인 관계가 없다.

그림 13-1 리더의 영향력의 원천

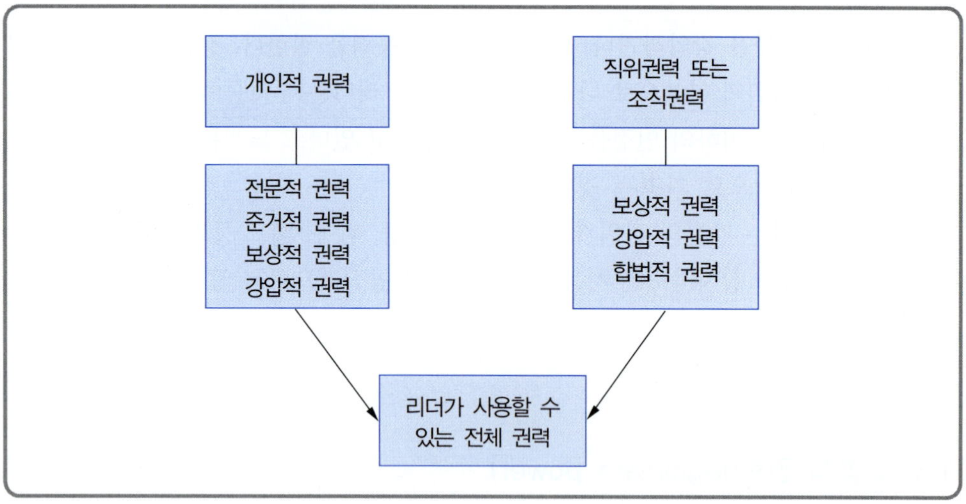

이상 서술한 5가지 권력구분을 요약하면 [그림 13-1]과 같다.

보상적 권력과 강압적 권력은 개인적 및 직위적 부분을 모두 가지고 있다. 합법적 권력은 완전히 리더의 직위에서 오는 것인 반면에, 전문적 권력 및 준거적 권력은 리더의 개인적 특성에서만 생긴다.

합법적 권력, 급여인상과 해고와 같은 조직수준에서의 결과와 관련되는 보상적 권력, 그리고 강압적 권력의 부분은 리더의 직위와 관련되기 때문에 리더의 직위권력 또는 조직권력의 원천이라고 불린다.

반면에 전문적 권력과 준거적 권력, 그리고 칭찬과 비판과 같은 개인적 결과와 관련되는 보상적 권력 및 강압적 권력의 부분은 리더의 개인적 특성에 의존하기 때문에 리더의 개인적 권력의 원천이라 불린다.

리더가 사용할 수 있는 권력의 원천이 많으면 많을수록 부하에 대한 영향력은 커지게 된다. 그러나 많은 권력을 소유하고 있다고 해서 반드시 그 리더가 효과적인 리더는 아니다.

리더십의 유효성은 리더의 권력뿐만 아니라 리더가 부하로 하여금 무슨 일을 하도록 영향력을 행사하고 있는가에 의해 결정되기 때문이다.

2 전통적 리더십 이론

전통적인 리더십 이론은 <표 13-1>에서와 같이 두 차원에 따라 분류될 수 있다.

첫 번째 차원은 이론에서 리더의 어떤 측면이 강조되고 있는가이다. 이에 따라 리더특성에 초점을 둔 이론과 리더행위에 초점을 둔 이론으로 분류된다.

두 번째 차원은 리더가 행사하는 영향력의 유형에 관한 것으로 모든 상황에 미칠 수 있다고 보는 보편적 접근법과 특정 상황에 특별히 효과적이라고 보는 상황적합 접근법으로 나눌 수 있다.

표 13-1 전통적 리더십 이론

초점 / 접근법	리더 특성	리더 행위
보편적 접근법	• 특성이론 (위인이론)	행위이론 • 고려 – 구조주도 • 종업원지향 – 생산지향 • 매니지리얼 그리드
상황적 접근법	• 피들러의 상황이론	• 경로 – 목표 이론 • 브롬 – 제이고 모형

2.1 리더십에 대한 보편적 접근법

리더십은 리더의 개인적 특성이나 행위에 의해 상황에 관계없이 보편적이고 일관되게 발휘된다고 보는 관점이다. 이러한 접근법은 특성이론과 행위이론으로 나누어진다.

(1) 특성이론

초기의 리더십 연구자들은 역사상 위대한 인물들이 어떠한 자질을 가지고 있었느냐에 초점을 맞추어 연구하였는데, 이들은 훌륭한 리더는 태어나는 것이지 만들어지는 것이 아니라고 주장하였다. 이를 위인이론(偉人理論)이라고도 부른다.

특성이론 추종자들은 성공적인 리더가 공통적으로 갖추고 있는 성격특성을 구명하려는데 많은 노력을 기울였다. 그러한 연구결과 성공적인 리더들이 일반적으로 갖고 있는 특성들을 요약하면 <표 13-2>와 같다.

표 13-2 효과적인 리더십과 관련된 특성

성격특성	능 력	사회적 기술
• 적응력 • 친화력 • 공격성·단호성 • 지배성 • 정서적 안정·통제 • 독립심(비동조성) • 개인적 인격(윤리적 행동) • 자신감 • 독창성 및 창조성	• 지능 • 판단력 및 결단력 • 지식 • 연설능력	• 협력을 구하는 능력 • 관리능력 • 협조심 • 대중성 및 긍지 • 대인관계기술(사교능력) • 사회적 참여 • 외교적 수완

그러나 이러한 특성이론에서는 예측력이 높은, 즉 효과적인 리더십과 관련성이 높은 특성을 밝히는 데 실패하였다. 특성이론은 실증적 연구결과가 혼란을 일으키고 있는데 그 이유를 제시하면 다음과 같다.

첫째, 특성이론은 상황을 고려하고 있지 않다. 즉, 군대에서 훌륭한 리더가 되는 데 필수적인 특성이 연구소에서도 똑같이 적용되는 것은 아니다. 상황이 다르면 리더의 특성도 달라져야 할 것이다. 이 점을 특성이론에서는 고려하지 않았다.

둘째, 특성이론은 개인의 특성에만 초점을 맞춤으로써 리더가 리더십 상황에서 실제로 어떻게 하는가를 설명해 주지 못하고 있다. 이 이론은 누가 효과적인 리더인가는 선별해 주지만, 효과적인 리더십이 이루어지는 과정은 설명해 주지 못한다. 그러므로 부하들이 리더십에 미치는 영향력은 무시되고 있는 것이다.

(2) 행위이론

1940년대 말에는 리더십의 연구가 리더의 특성이 아닌 리더의 행위에 초점이 맞추어지기 시작하였다. 특정 리더들이 나타내 보이는 리더의 행위에 관심을 두고 거기에 어떤 독특한 점이 있는가를 연구하는 것이다.

예를 들어 민주적인 행위를 하는 리더와 독재적인 행위를 하는 리더 중 어느 리더가 더 효과적인가를 연구하는 것이다. 리더십을 리더의 특성이 아닌 행위를 통하여 연구함으로써 첫째, 효과적인 리더의 행위가 밝혀진다면 훈련을 통하여 효과적인 리더를 만들 수 있다는 점과 둘째, 리더와 부하의 교환관계를 파악할 수 있다는 이점이 있다.

① **오하이오주립대학교의 연구** : 오하이오주립대학교 연구에서는 모든 효과적인 리더들이 사용하는 기본적인 행위유형을 확인하려고 시도하였다. 처음에는 대략 1천8백 개에 달하는 행위차원을 발견하고 그것들이 2개의 범주로 나누어짐을 주장하였다. 이 두 범주를 고려(consideration)와 구조주도(initiating structure)로 불렀다.[1)]

고려란 상호신뢰, 부하의 아이디어 존중, 부하의 감정에 대한 배려 등의 특징을 가지고 있는 직무수행상의 사회적 행위를 의미한다. 이러한 리더는 부하의 복지와 신분, 만족 등에 지대한 관심을 보인다. 그러므로 부하의 개인적 문제의 해결에도 도움을 주며 친절하고 접근하기 쉽고 모든 부하들을 공평하게 대한다.

구조주도란 리더가 집단의 목표를 달성하기 위하여 부하의 역할을 규정하고 구조화하는 정도를 가리킨다. 여기에는 작업을 조직하고 작업상의 관계를 설정하며 목표를 설정하는 행위가 포함된다. 그러므로 부하들을 특정 과업에 배치 할당하고, 부하들에게 일정한 업적목표를 달성하도록 독려하며 마감시간의 준수를 강조한다.

고려와 구조주도 양차원에서 높고 낮음에 따라 4가지 유형의 리더행위를 이끌어낼 수 있다. 위의 두 가지 차원에 대한 정의를 기반으로 광범위한 연구가 계속 실시되었다. 그 결과를 요약하면 다음과 같다.

- 고려와 구조주도 양쪽에서 높은 수준의 행위를 보이는 리더는 그렇지 못한 리더보다 더 자주 부하의 높은 업적과 높은 만족과 관련이 있었다.
- 두 차원에서 높은 수준을 나타내는 리더가 어떤 상황에서나 항상 긍정적인 결과를 나타낸 것만은 아니었다. 즉, 높은 구조주도의 행위를 보이는 리더 밑에서 일하는 집단에서는 결근율, 이직률, 고충발생률이 높았고 부하들의 직무만족도는 낮았다.
- 리더의 높은 수준의 고려행위는 집단의 성과와는 부적(負的) 상관관계를 나타냈다.

결국 오하이오주립대학교의 연구는 리더의 행위를 정의하고 설명하는 데 상당히 체계적인 노력을 기울인 점에서 공헌이 인정된다.

그러나 연구결과들은 두 가지 리더의 행위차원이 모두 높을 때 부하들의 성과와 만족이 높다는 것을 나타내고 있지만, 여기에도 많은 예외가 발견되었다는 점에서 이 이론에 상황적 요인이 가미되어야 함을 암시하고 있다.

② **미시간대학교의 연구** : 미시간대학교의 연구는 오하이오주립대학교의 연구와 시기나 연구방향이 거의 비슷하였다. 두 연구는 모두 리더십의 유효성을 위해 리더의 행위특성을 찾아내는 연구를 하였다.

미시간대학교의 연구팀도 리더십의 두 가지 행위차원을 찾아내었고 그것은 종업원지향적(employee-oriented) 및 생산지향적(production-oriented)인 행위이다.[2)]

종업원지향적인 행위를 하는 리더는 개인 간의 관계를 강조하는 리더로서 부하들의 욕구에 대한 개인적인 관심을 나타내 보이며, 부하들의 개인차를 인정한다. 반대로 생산지향적인 행위를 하는 리더는 직무의 기술적 측면과 과업적 측면을 강조하여 집단의 과업완성을 리더의 주된 관심사로 생각하고 부하들을 그 목적달성의 수단으로 생각한다.

미시간대학교의 초기 연구에서는 어느 특정 행위의 리더십 스타일과 유효성 간에 어떤 일관적인 관계를 발견하지 못하였다. 예를 들어 철도선로 작업반 같은 곳에서는 생산지향적인 리더십이 효과적이고 보험회사 모집인과 같이 세부적인 감독이 필요치 않은 직무에서는 오히려 생산지향적인 리더십이 효과적이지 못했다.

이후의 연구결과에 의하면 생산지향적인 리더십과 종업원지향적인 리더십 모두가 종업원의 생산성에 긍정적인 영향을 미치는 것으로 밝혀지고 있지만, 종업원의 만족은 생산지향적인 감독을 하는 집단보다는 종업원지향적인 감독을 하는 집단에서 더 높게 나타났다.

③ **매니지리얼 그리드** : 매니지리얼 그리드(managerial grid)는 블레이크(Robert R. Blake)와 무우튼(Jane S. Mouton)[3)]에 의해 개발된 것으로 리더의 행위를 생산에 대한 관심(concern for production)과 사람에 대한 관심(concern for people)의 두 차원으로 구분하여 격자를 구성하였다.

이 두 차원은 오하이오주립대학교 연구에서 사용한 고려와 구조주도 그리고 미시간대학교에서 사용한 종업원지향적 리더와 생산지향적 리더와 동일한 차원이다. [그림 13-2]에서와 같이 생산에 대한 관심과 사람에 대한 관심 각각의 차원을 9개의 눈금으로 나누어 이론상으로는 81(9×9=81)개의 리더십 유형이 있을 수 있으나 블레이크와 무우튼은 5가지의 리더십 유형을 제시하였다.

블레이크와 무우튼은 (9,9)형, 즉 팀형이 가장 이상적인 리더십유형이라고 주장하고 있다. 그리고 매니지리얼 그리드에서 제시하고 있는 5가지의 리더십 유형은 다음과 같다.

- (1,1)형 : 주어진 리더의 역할을 수행하는 데 최소한의 노력을 기울이는 무관심형으로서 과업달성 및 인간관계 유지에 모두 관심을 보이지 않는다.
- (9,1)형 : 과업형으로 인간관계 유지에는 낮은 관심을 보이지만 생산에 대해서는 높은 관심을 보이는 유형이다.
- (1,9)형 : 생산에 대한 관심은 낮으나 인간관계에 대해서는 높은 관심을 보이는

그림 13-2 매니지리얼 그리드

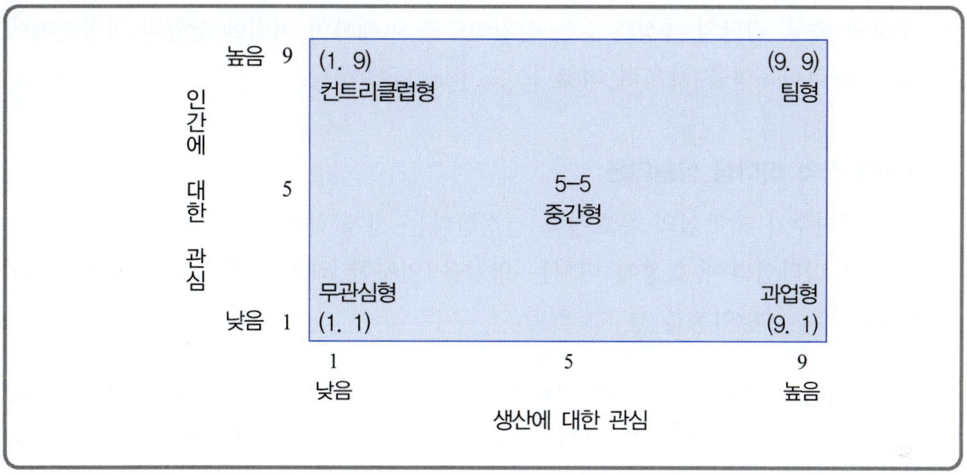

컨트리 클럽형으로서 인간관계를 만족스럽게 유지하는 노력만 한다면 과업도 잘 되어간다.

- (5,5)형 : 생산과 인간관계의 유지 모두에 적당한 정도의 관심을 보이는 중간형으로서 조직의 성과는 사기와 과업수행의 필요성 간의 상호 균형에 있다.
- (9,9)형 : 생산과 인간관계의 유지 모두에 높은 관심을 보이는 이상형 또는 팀형으로서 공통된 이해관계를 통하여 신뢰와 존경의 인간관계를 낳게 하고 더불어 과업달성을 강조한다.

이 이론을 실무에 적용할 때는 표준화된 설문지를 통하여 어느 리더의 리더십 유형을 매니지리얼 그리드상의 위치를 파악하고, 그 파악된 위치에서 여러 가지 훈련기법을 통하여 이상적인 (9,9)형 리더로 접근하게 하는 것이다.

그러나 매니지리얼 그리드는 리더십현상을 명확하게 해주는 새로운 정보를 제공하고 있다기보다는 리더십유형을 개념화하기 위한 보다 나은 틀을 제공하고 있는 것이다. 그리고 (9,9)형 리더가 모든 상황에서 효과적이라는 주장을 뒷받침하는 실증적 자료가 거의 없는 실정이다.

2.2 리더십에 대한 상황적합접근법

모든 상황에 적용되는 보편적인 리더의 특성과 리더의 행위를 찾으려는 시도가 성공적이지 못하자 연구자들은 리더십이 일어나는 상황에 관심을 갖게 되었다.

리더십의 유효성은 상황에 적합한 리더십에 의해 결정된다고 보고 과업의 유형, 부하의 속성, 집단의 특성과 같은 상황변수를 이해하여 이러한 상황과 적합관계에 있는 리더십유형을 찾으려 하였다.

(1) 피들러의 리더십 상황이론

상황변수가 리더십의 유효성을 결정한다는 전제 하에 상황변수를 파악하여서 그것이 리더십의 유효성에 미치는 영향을 연구한 최초의 것으로서 피들러(Fred Fiedler)[4)]의 상황이론을 들 수 있다.

① **리더의 분류** : 피들러는 리더의 유형을 결정하기 위하여 LPC(Least Preferred Coworker)척도를 개발하였다. LPC 점수는 리더에게 가장 같이 일하기 힘든 동료작업자 에 대해 평가하게 함으로써 얻는다.

LPC는 양극단의 형용사(예: 유쾌한(8) – 불쾌한(1), 능률적인(8) – 비능률적인(1))로 표현된 8점 척도의 18개 항목으로 구성되어 있다. LPC를 통하여 리더십 유형을 파악하기 위해서 리더는 그가 가장 같이 일하기 어려운 사람을 생각해낸다.

그가 현재 같이 일하는 사람이어도 좋고, 과거에 같이 일했던 사람도 좋다. 가장 감정적으로 싫은 사람일 필요는 없고 단지 같이 일을 하는 데 애로를 느끼는 사람을 말한다.

LPC척도는 18에서 144 사이의 점수를 얻게 될 것이다. 보통 64점 이하의 점수를 낮은 LPC점수, 80점 이상의 점수를 높은 LPC점수라고 보고 있다.

피들러에 따르면 LPC점수가 낮은(비호의적인 평가) 리더는 자기와 같이 일하기 거북한 사람의 부정적인 측면을 무시할 수 없는 사람으로서 과업지향적일 가능성이 높다. 반면에 높은 LPC점수(호의적인 평가)의 리더는 가장 싫어하는 동료작업자라도 어떤 긍정적인 속성을 지니고 있는 것으로 평가할 생각이 있음을 반영하므로 관계지향적일 가능성이 높다.

이렇듯 피들러는 이전의 리더십 연구와 마찬가지로 리더를 과업지향적(task-oriented) 리더와 관계지향적(relationship-oriented) 리더로 분류하였다.

② **상황의 분류** : 피들러는 과업지향적 리더 또는 관계지향적 리더의 유효성을 결정하여 주는 상황적 특성으로 다음의 3가지를 제시하였다.

- 리더 – 부하 관계 : 부하들이 리더에 대해 갖는 신뢰와 존경의 정도를 나타내는 집단분위기
- 과업구조 : 과업의 목표가 분명하게 명시되어 있고 그것을 달성하는 수단 또한 명확하게 설정되어 있는 정도

• 직위권력 : 리더의 직위에 의해 부하들에게 행사할 수 있는 영향력의 정도

이 세 가지의 조합이 리더에 대한 상황의 호의성을 결정하게 된다. 상황의 호의성이란 그 상황이 리더로 하여금 자기 집단에 대하여 리더의 영향력을 행사할 수 있는 정도를 말한다.

여기에서는 세 가지 요소의 결합방법에 따라서 상황이 리더에게 가장 호의적인 것에서부터 가장 비호의적인 것까지 8가지 조합이 가능하다. 즉, 집단분위기가 좋을 때와 나쁠 때의 두 가지, 과업구조가 높을 때와 낮을 때의 두 가지, 직위권력이 강할 때와 약할 때의 두 가지가 있을 수 있으므로 전체적으로 8가지의 경우가 가능하다.

예를 들어 가장 호의적인 상황이란 리더가 부하들로부터 신뢰와 존경을 받고 있으며, 부하들을 보상하고 처벌할 수 있는 권력을 가지고 있고 수행하는 활동이 명확한 경우이다. 반면에 비호의적인 상황은 인기 없는 불우이웃돕기 위원회 의장과 같은 경우이다.

③ **리더와 상황의 적합관계** : 피들러는 리더의 유형, 상황의 호의성, 그리고 과업수행의 성과 사이의 관계를 조사하여 <표 13-3>과 같은 모형을 제시하였다.

과업지향적인 리더는 고도로 호의적이거나 또는 고도로 비호의적인 상황에서 효과적이며, 상황의 호의성이 중간 정도인 상황에서는 관계지향적인 리더가 효과적임을 밝혔다.

피들러의 상황이론을 예를 들어서 설명해보면, 우선 대학이나 연구기관 등에서는 관계지향적 리더가 보다 효과적일 것이다. 왜냐하면 대학에서의 교육 및 연구기능은 대체로 구조화되어 있지 않고 교수들은 지극히 개성이 강하고 학문적 자유와 자율성을 보장받고 있기 때문이다.

표 13-3 피들러의 리더십 상황적합 관계

상 황	1	2	3	4	5	6	7	8
• 리더-부하관계	좋음	좋음	좋음	좋음	나쁨	나쁨	나쁨	나쁨
• 과업 구조	높음	높음	낮음	낮음	높음	높음	낮음	낮음
• 직위 권력	강함	약함	강함	약함	강함	약함	강함	약함
• 효과적 집단성과는 어느 리더에 의해 달성되는가?	*과업지향 리더* (낮은 LPC)			*관계지향 리더* (높은 LPC)				*과업지향 리더* (낮은 LPC)
• 리더의 상황 호의성	가장 호의적 상황(#1)	←					→	가장 비호의적 상황(#8)

이런 상황에서 대학의 행정을 맡는 리더는 교수들의 협조를 얻기 위해서는 그들의 요구에 민감하여 관계지향적 리더가 책임을 맡아야 유효성을 확보할 수 있다.

반면에 군대조직에서는 관계지향적 리더보다는 과업지향적 리더가 유리하다고 볼 수 있다. 왜냐하면 군대에서는 상황의 호의성이 항상 양극단을 달리기 때문이다.

평화시에는 군대는 극히 구조화되어 있고 일상적인 일을 하며 상관은 강력한 권한을 가지고 있고 하급자들은 그들에게 복종해야 하는 호의적인 상황인 반면, 전시(戰時)에는 과업이 잘 정의되지 못하고 있고 부하들은 명령에 불복종하는 비호의적인 상황이 되기 쉽다.

피들러의 상황이론은 우선 최초로 상황변수를 도입한 측면에서 리더십 연구의 새로운 방향을 제시하여 주었고, 다음으로는 리더와 상황의 적합관계를 개선하기 위하여 리더의 특성을 변화시키기는 현실적으로 어렵다고 보고 상황의 변경을 통하여 리더십 유효성을 높일 수 있다는 리더십 개발의 방향을 제시해주고 있다.

요약하면 피들러는 리더의 특성은 타고난다고 보고 있다. 따라서 리더의 특성을 변화시키는 것은 불가능하다. 그러므로 리더와 상황이 적합관계에 있게 하기 위해서는 상황에 맞는 리더를 임명하든지 아니면 상황을 리더에 알맞게 변화시키는 것이다.

그는 이렇게 상황을 리더에 부합하도록 변화시키는 데 이용할 기법을 가르치는 훈련프로그램인 리더 매치 프로그램(Leader Match Program)을 개발하여 그 성과를 인정받았다.

그러나 피들러는 왜 관계지향적 리더가 중간적인 호의성의 상황에서 효과적이고, 과업지향적인 리더가 고도로 호의적이거나 고도로 비호의적인 상황에서 효과적인가에 대해 명확한 해석을 내리지 못하였고, 최근에 적합하지 않은 상황에서 일하고 있는 리더는 스트레스와 불안을 경험하고 이로 인해 질 낮은 의사결정을 하여 낮은 성과를 초래할 수 있다는 추론만을 제시하고 있는 실정이다.

표준설문지 13-1 피들러의 리더십 상황이론-LPC 척도 및 상황분류 척도

A. 자신의 리더십 스타일 분석

조직관리자로서의 여러분의 업적은 여러분의 리더십 스타일과 여러분이 수행하는 직무와 관련된 상황에 대한 통제 사이에 어떤 적절한 통합이 이루어지는가에 달려 있습니다. [업적=f(리더십 스타일, 직무상황에 대한 통제)]. 여기에서는 여러분 자신의 리더십 스타일을 분석하고 어떤 조건하에서 가장 효과적인가를 알아봅니다. 그러면 다음의 지시에 따라 자신의 리더십을 파악하기 위한 척도에 답하시오.

〈지시〉

여러분들은 지금까지 현 직장의 업무에서나 사교적 모임에서, 또는 교회, 운동팀, 자원봉사단체 등에서 다양한 종류의 사람들과 함께 특정 집단에 소속되어 일해 왔습니다. 이러한 가운데 대부분의 사람들과는 함께 일하기가 매우 쉬웠으나, 어떤 사람들의 경우에는 함께 일하기가 매우 어려웠거나 거의 불가능했었을 것입니다.

지금은 여러분들이 함께 일해 본 경험이 있는 모든 사람들 중에서 여러분과 함께 일하기가 가장 힘들었던 한 사람을 생각해 보십시오. 이 사람은 여러분이 가장 싫어하는 사람일 수도 있고, 그렇지 않을 사람일 수도 있습니다. 이 사람은 여러분이 좋아하고 싫어함에 관계없이 단지 어떤 일을 수행하는 데 있어서 여러분과 함께 일하기가 가장 어려웠던 사람입니다. 다시 말하면 이 사람은 여러분이 같이 일하기를 전혀 원하지 않는 여러분의 상사, 부하 또는 동료이며, 여기에서는 "같이 일하기가 가장 힘든 동료"(Least Preferred Coworker, LPC)라 불립니다.

다음의 척도에서 적절한 숫자에 ○표를 함으로써 이 사람에 대하여 표현해 보십시오. 이 척도에서는 '매우 깔금함'과 '매우 깔끔하지 못함'에서처럼 한 단어가 반대의 의미로 쌍을 이루고 있습니다. 각 단어의 쌍에 8개의 공간이 있고 이것들이 다음과 같은 척도를 이루고 있습니다.

매우 깔끔하다	8	7	6	5	4	3	2	1	매우 깔끔하지 않다

'매우 깔끔하다'에서 '매우 깔금하지 않다'에 이르는 각 단계마다의 8개 공간을 고려하고, 만약 여러분이 "같이 일하기가 가장 힘든 동료"가 꽤 깔끔하다고 보통 생각한다면 아래에서처럼 7이라는 숫자에 ○표를 하면 됩니다.

매우 깔끔하다	8	⑦	6	5	4	3	2	1	매우 깔끔하지 않다
	매우 깔끔 하다	꽤 깔끔 하다	다소 깔끔 하다	조금 깔끔 하다	조금 깔끔치 않다	다소 깔끔치 않다	꽤 깔끔치 않다	매우 깔끔치 않다	

그러나 여러분이 이 사람을 보통 '조금 깔금하다'고 생각되면 5의 숫자에 ○표를 하고, 만약 '매우 깔금치 않다'고 생각되면 1의 숫자에 ○표를 하면 됩니다.

이 척도는 때때로 아래에서처럼 반대방향으로 되어 있음에 유의하여야 합니다.

죄책감을 주는	1	2	3	4	5	6	7	8	도움을 주는

여러분이 ○표를 하기 전에 반드시 선의 양쪽 끝에 있는 단어들의 의미를 생각해 보십시오. 여기에서 정답과 오답이란 있을 수 없습니다. 대답은 빨리 하는게 좋고 여러분이 처음 대답하는 것이 가장 잘된 답일 가능성이 많습니다. 어떤 항목도 빼놓지 말고 대답하여야 하며, 답을 얻기 위해 생각하는 사람은 가상적인 사람이 아니어야 하며, 여러분이 가장 경험한 실존 인물이어야 합니다.

다소 강조할 것은 여러분이 생각해야 할 사람은 반드시 여러분이 가장 좋아하지 않는 사람일 필요는 없으며, 다만 여러분이 같이 일하기가 가장 힘든 사람이어야 합니다. 이제 다음의 "같이 일하기가 힘든 동료"(LCP) 척도를 완성하십시오.

LPC 척도

명랑한	8	7	6	5	4	3	2	1	명랑하지 못한
우호적인	8	7	6	5	4	3	2	1	비우호적인
거부적인	1	2	3	4	5	6	7		수용적인
긴장하고 있는	1	2	3	4	5	6	7	8	여유있는
거리감을 두는	1	2	3	4	5	6	7	8	접근하지 쉬운
냉정한	1	2	3	4	5	6	7	8	온후한
후원적인	8	7	6	5	4	3	2	1	적대적인
지루한	1	2	3	4	5	6	7	8	재미있는
싸우기 좋아하는	1	2	3	4	5	6	7	8	화목을 좋아하는
우울한	1	2	3	4	5	6	7	8	유쾌한
개방적인	8	7	6	5	4	3	2	1	폐쇄적인
험담을 잘하는	1	2	3	4	5	6	7	8	충성스러운
신뢰할 만한	8	7	6	5	4	3	2	1	신뢰할 수 없는
신중한	8	7	6	5	4	3	2	1	경솔한
비열한	1	2	3	4	5	6	7	8	점잖은
마음에 드는	8	7	6	5	4	3	2	1	마음에 들지 않는
성실하지 못한	1	2	3	4	5	6	7	8	성실한
친절한	8	7	6	5	4	3	2	1	불친절한

B. 리더-부하관계 척도

※ 각 문항에 대해 당신의 반응를 가장 잘 나타내는 번호에 ○표 하시오.

	전적으로 동의한다	동의한다	동의하지도 반대하지도 않는다	반대한다	전적으로 반대한다
1. 내가 감독하는 사람들은 각자 간에 어울리는데 문제가 된다.	1	2	3	4	5
2. 나의 부하들은 확실하고 믿을 만하다.	5	4	3	2	1
3. 내가 감독하는 사람들 사이에는 우호적인 분위기가 있는 것 같다.	5	4	3	2	1
4. 나의 부하들은 일을 완성하는데 있어서 나에게 항상 협조적이다.	5	4	3	2	1
5. 나의 부하들과 나 사이에는 알력이 있다.	1	2	3	4	5
6. 나의 부하들은 일을 완성하는데 있어서 나에게 많은 도움과 후원을 준다.	5	4	3	2	1
7. 내가 감독하는 사람들은 일을 완성하는 데 있어서 함께 일을 잘한다.	5	4	3	2	1
8. 나는 내가 감독하는 사람들과 좋은 관계를 가지고 있다.	5	4	3	2	1

전체점수 : ______________

C. 과업구조 척도-제1부

(※ 적절한 번호에 ○표 하시오)

	보통 그렇다	가끔 그렇다	거의 그렇지 않다
1. 목표가 분명하게 서술되거나 알려져 있습니까?			
① 최종제품이나 용역에 대한 청사진이나 그림, 모형, 또는 자세한 기술서가 있습니까?	2	1	0
② 최종제품이나 용역에 대한 조언하고 기술서를 만들어 주는 사람이나, 당신이 일하는 방법에 대하여 알려 주는 사람이 있습니까?	2	1	0
2. 일을 완성하는데 단지 한 가지 방법만 있습니까?			
③ 따라야 할 과정을 자세하게 표시하는 표준적 작업절차나 단계적 절차가 있습니까?	2	1	0
④ 일을 몇 개의 부분이나 단계로 나눌 수 있는 구체적인 방법이 있습니까?	2	1	0
⑤ 이 일을 수행하는데 다른 것보다는 훨씬 낫다고 확실하게 인식되는 어떤 방법들이 있습니까?	2	1	0
3. 단지 하나의 정답이나 해답이 있습니까?			
⑥ 언제 일이 끝나는가 또는 언제 해답이 나오는가가 분명합니까?	2	1	0
⑦ 일에 대한 가장 좋은 해답이나 결과를 가르쳐 주는 책이나 해답집,	2	1	0

또는 직무기술서가 있습니까?			
4. 일이 잘 되었는지의 여부가 검사하기가 쉽습니까?			
⑧ 특정 제품이나 용역이 수락 가능하다고 간주되어지는 표준에 대하여 모든 사람들이 동의하는 이해가 있습니까?	2	1	0
⑨ 이 일에 대한 평가가 일반적으로 어떤 수량적 기초에서 이루어집니까?	2	1	0
⑩ 리더와 집단 구성원에게 미래의 업적을 향상시키는데 충분한 시간을 줄만큼 완성된 일에 대한 평가가 적절한 시기에 주어질 수 있습니까?	2	1	0

부분합계 : ________

D. 과업구조 척도－제1부

※ 훈련 및 경험 조정(주의 : 앞의 제1부의 점수가 6 이하인 경우는 조정이 필요 없습니다.)

a. 이 직위 또는 다른 유사한 직위에 있는 사람과 비교할 때, 리더는 얼마 만큼의 훈련을 받았습니까?

3	2	1	0
전혀 훈련을 받지 않음	아주 조금의 훈련을 받음	적절한 정도의 훈련을 받음	아주 많은 훈련을 받음

b. 이 직위 또는 다른 유사한 직위에 있는 사람과 비교할 때, 리더는 얼마 만큼의 경험을 받았습니까?

3	2	1	0
전혀 경험을 받지 않음	아주 조금의 경험을 받음	적절한 정도의 경험을 받음	아주 많은 경험을 받음

부분합계－(a＋b)＝총합계

E. 직위권략 척도

※ 당신의 대답을 가장 잘 나타내는 숫자에 ○표 하시오.

1. 리더는 부하들에게 보상이나 처벌을 직접적으로 관리할 수 있습니까? 또는 제안에 의해서 관리할 수 있습니까?

2	1	0
직접적으로 할 수 있거나, 제안하면 거의 그렇게 된다.	제안만을 하나, 그렇게 될 수도 있고 안 될 수도 있다.	관리할 수 없다.

2. 리더는 부하들의 승진, 강등, 고용, 또는 해고에 직접적으로 영향을 미칩니까 또는 제안에 의해서 미칩니까?

2	1	0
직접적으로 할 수 있거나, 제안하면 거의 그렇게 된다.	제안만을 하나, 그렇게 될 수도 있고 안 될 수도 있다.	영향을 미칠 수 없다.

3. 리더는 부하들에게 과업을 할당하고 과업의 완성을 지시하는데 필요한 지식을 가지고 있습니까?

2	1	0
있다	어떤 때 또는 어떤 면에서는 있다.	없다

4. 부하들의 업적을 평가하는 것이 리더의 직무입니까?

2	1	0
그렇다	어떤 때 또는 어떤 면에서는 있다.	아니다

5. 리더에게 조직에서의 권한에 대해 어떤 공식적 명칭이 주어져 있습니까?
(예 : 직공장, 부장, 팀장 등

2	1	
그렇다	아니다	합계 : ________

F. 상황통제 척도

1. 리더 – 부하관계 ____________________
1. 과업구조 ____________________
1. 직위권력 ____________________

종 계 ____________________

총 계	51~70	31~50	10~30
상 황 통 제	높 은 통 제	중 간 통 제	낮 은 통 제

(2) 경로-목표 이론

경로-목표 이론(Path-Goal Theory)은 기대이론을 리더십에 접목시킨 이론으로서 하우스(Robert House)[5)]에 의해 개발된 이론이다. 그리고 이는 피들러의 상황이론과는 다르게 리더가 자신의 리더십 스타일 상황에 부합되게 변화시킬 수 있고 또한 변화시켜야 한다고 보고 있다.

표 13-4 하우스의 경로-목표 모형 및 응용 예

리더십 유형	상황요인	부하의 기대	부하동기부여
• 지시적 • 후원적 • 참여적 • 성취지향적	• 부하의 특성 • 과업의 특성	• 리더는 과업전달성에 대한 장애물을 제거함으로써 부하를 도와 줄 것이다.	• 직무만족 및 성과의 증대
<예 1> • 지시적 유형	• 새로 생긴 과업 • 부하의 높은 자존 및 자아실현 욕구	• 노력하면 업적을 낼 수 있음을 분명히 하기 위하여 과업 수행방법에 대한 모호성을 감소시켜준다.	• 노력 증대 • 성과 증진 • 직무만족 증대
<예 2> • 후원적 유형	• 일상적 과업 • 부하의 높은 친교 욕구	• 부하의 도전의식을 박탈하는 과업의 지루함을 줄여준다.	• 직무만족 증대 • 결근율 및 이직률 감소 • 고충 감소

특히, 경로-목표 이론에서는 <표 13-4>에서 보는 것처럼 리더의 역할을 부하들에게 기대를 높여 주는 것으로 보고 있다. 즉, 효과적인 리더는 ① 부하들에게 리더가 통제권을 쥐고 있는 결과에 대한 바람을 높여주는 리더, ② 성과가 좋으면 그에 따른 보상은 확실히 주어진다는 것을 확신시켜주는 리더, ③ 부하를 성공적인 성과의 길로 이끄는 리더 등이라는 것이다.

① **리더십 유형** : 경로-목표 이론에서는 지시적 리더십, 후원적 리더십, 참여적 리더십, 성취지향 리더십 등 4가지의 유형의 리더십을 제시하고 있다.

- 지시적 리더십(directive leadership) : 지시적 리더행동이란 부하에게 과업수행을 위한 구체적으로 작업지시를 하고 규칙과 절차를 따르도록 요구하며, 업무에 대한 일정을 수립하고 조정하며, 부하들을 의사결정과정에 참여시키지는 않는 등의 리더행위를 말한다.
- 후원적 리더십(supportive leadership) : 후원적 리더행동은 부하들의 욕구를 배려하고 복지에 관심을 나타내며 인격적으로 존중하는 등 작업집단에 우호적인 풍토를 조성하는 행위를 말한다.
- 참여적 리더십(participative leadership) : 참여적 리더행위는 부하들에게 자문을 구하며 제안을 이끌어 내며 부하들의 제안을 진지하게 받아들이는 행위를 말한다.

• 성취지향적 리더십(achievement-oriented leadership) : 성취지향적 리더행동은 부하들에게 도전적인 목표를 설정하여 주며, 성과개선을 모색하고 탁월한 수행을 강조하며, 부하들이 높은 성과를 달성할 것이라는 자신감을 심어주는 행위를 말한다.

② **적합한 리더십 유형의 선택** : 경로-목표 이론에서는 적합한 리더십 유형을 선택하는 데 있어 부하와 상황적 특성이 중요하다고 제안하고 있다. 고려하여야 할 부하의 특성으로는 권위주의, 통제의 위치, 능력의 수준, 성취동기 수준 등이다. 과업에 비해 자신의 능력이 뛰어나다고 느끼고 있는 부하는 지시적 리더십은 받아들이려 하지 않는다. 부하가 권위주의적일수록 지시적 리더십을 받아들일 가능성이 높다.

한편 내적 통제위치의 부하는 외적 통제위치의 부하보다 참여적 리더십에 만족할 것이다. 또한 성취동기가 높은 부하들에게는 성취지향 리더십은 적합할지 모르지만 나머지 리더십은 적합하지 않다.

고려하여야 할 상황변수로는 과업의 특성을 들 수 있다. 과업이 구조화되어 있지 않고 모호하면 할수록 지시적 리더십이 적합하며, 과업이 구조화되어 있고 명확하면 할수록 후원적 리더십이 적합하다.

3 최근의 리더십 이론

3.1 수직쌍 연결이론

지금까지 설명한 모든 리더십이론에서는 리더의 행위가 모든 부하들에게 똑같다고 전제하고 있다. 그러나 수직쌍 연결모형(vertical dyad linkage model: VDL) 또는 리더-성원 교환모형(leader-member exchange model: LMX)에서는 리더와 부하관계가 모든 부하에 있어서 동일하지 않다는 것이다.

그리고 리더와 부하의 2인관계(dyadic relationship)가 부하들의 행동을 결정하게 된다. 따라서 리더십 현상을 리더와 부하의 1대1 관계에서 파악하여야 한다는 것이다.

리더와 부하의 연결관계를 내부집단(in-group)과 외부집단(out-group)으로 나누어 살펴볼 수 있다. 어떤 사람이 내부집단의 성원인가 외부집단의 성원인가는 그 개

그림 13-4 리더-성원 교환이론

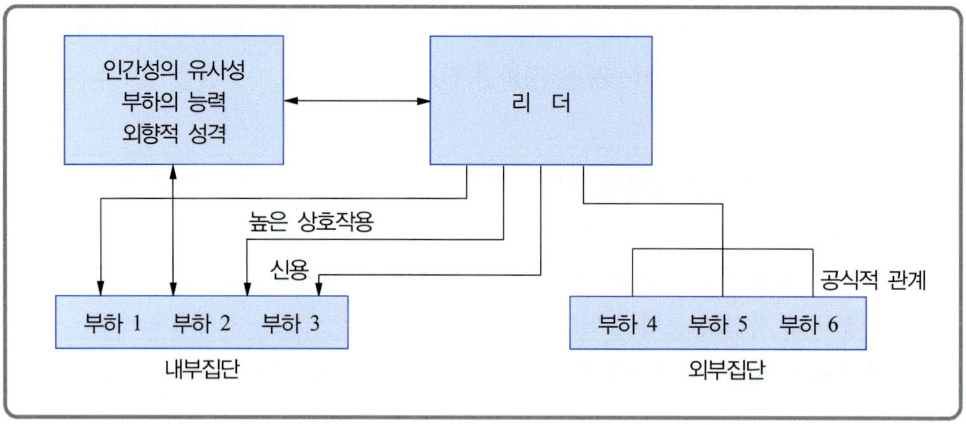

인과 리더의 결속관계에 의해 결정된다. 어떤 사람이 리더와 공통의 이해관계에 있고 리더와 의사소통하며 리더의 품안에 있다면 내부집단의 성원일 것이다.

반면에 리더와 공통의 이해관계에 있지 않고 리더로부터 후원을 얻지 못하며 특별한 연관관계가 없을 경우에는 외부집단의 성원이 될 것이다. 리더는 내부집단에 속한 구성원들에게는 주로 비공식적인 방법으로 권한을 행사하고 그들에게 많은 재량권을 부여하나 외부집단의 구성원들에게는 공식적인 권한을 통해 통제와 지시를 행하려는 경향을 보이며 이러한 관계는 한 번 형성되면 비교적 지속적으로 이루어지는 양상을 보인다.

리더가 이러한 연결관계를 형성하는 것은 리더의 과업수행과정에서 자연스럽게 이루어지는 것이며, 리더는 대체로 리더와 유사한 특성(나이, 성별, 태도 등)을 지니거나 능력이 뛰어나거나 성격이 외향적인 부하들을 내부집단의 구성원으로 선택하는 경향을 보인다. 물론 이것은 상대적으로 외부집단의 구성원들보다 높은 수준의 유사성을 의미한다.

이렇듯 부하가 내부집단 성원인가 외부집단 성원인가가 부하들의 지각과 행위에 영향을 미친다. 리더는 외부집단 성원보다는 내부집단 성원들의 강점과 약점을 더 잘 알고 있기 때문에 외부집단보다는 내부집단 성원들을 더 신뢰하게 된다.

따라서 주요한 일은 내부집단 성원에게 맡긴다. 그 결과 자기실현적 예언(self-fulfilling prophecy)이 적용되어 외부집단의 성과는 점차로 나빠지며 성원들은 불만이 쌓이게 된다.

이 이론에서 지적하고 있는 것은 내부집단의 구성원들은 외부집단의 구성원들보다 비교적 높은 업무성과수준과 직무만족수준을 형성하고 있다는 것이다. 따라서 이러한 연결관계를 통해서 부하의 행동과 성과, 만족 정도를 예측할 수 있다는 시사점을 제시해준다.

한편 최근에는 리더가 여러 부하들과의 교환관계가 얼마나 상이한가? 즉 LMX의 차별화 정도에 따라 어떤 결과가 나타나는가도 관심의 주제가 되고 있다. LMX의 차별화 정도가 낮을 경우, 이는 곧 리더가 팀 구성원들에게 자원과 정보를 공평하게 제공한다는 것을 의미하므로 구성원들도 자신이 리더로부터 인정을 받는다고 인식해서 심리적으로 안정적인 상태를 보이고, 조직에게 도움이 되는 행동을 더 적극적으로 하게 된다는 것이다.[6] 반대로 LMX의 차별화 정도가가 심해질수록 구성원은 조직공정성에 대해 문제가 있는 것으로 인식하고, 조직시민행동 등의 긍정적 행동에 대한 동기부여가 약화될 것이다.

3.2 카리스마적 리더십

조직이 매우 어려운 시기에 어떤 리더들은 구성원들(followers)의 신념, 지각, 가치관, 행동들의 심각한 변화를 만들어내는데 월등히 성공적이다. 이러한 리더들이 카리스마적 리더(charismatic leaders)라 불리운다. 카리스마적 리더를 그렇지 못한 리더와 구분하는 5가지의 요인은 다음과 같다.

① **자신감** : 카리스마적 리더는 그들의 능력과 판단에 고도의 확신감을 갖고, 다른 사람들이 곧 이를 알아차린다.

② **비전** : 카리스마적 리더는 기존 조건이 어떻게 개선될 것인가를 제안하는 비전을 가지며, 이 비전을 구성원들에게 분명하게 전달하고 이해시킨다. 또한 그 비전에 대한 강한 확신을 나타내며, 개인적인 자기희생을 통해서라도 그 비전의 실천에 힘쓴다.

③ **비범한 행동** : 카리스마적 리더는 관습에 얽매이지 않는다. 그들의 기이한 방법이 성공하는 경우에는 경탄을 자아낸다.

④ **변화담당자로서의 역할인식** : 현상유지는 카리스마적 리더들의 적이다. 그들은 끊임없이 현 상태를 변화시키려는 노력을 한다.

⑤ **환경적 감수성** : 카리스마적 리더는 그들에게 부과된 제약조건들이나 변화에 필요한 자원에 대하여 지극히 현실적이다. 즉 그들은 그들이 할 수 있는 일과 할 수 없는 일을 알고 있다.

얼핏 보면, 카리스마적 리더십은 위인이론으로 표현되는 리더십의 특성이론의 연장처럼 보이나, 리더와 구성원들 간의 특수관계가 관련되고 있다는 점에서 특성이론과는 구분된다. 이러한 테두리에서 보면, 카리스마적 리더는 리더에 의해 소유된 특성보다는 구성원들에 의한 반응유형에 더 많은 관심을 두고 있다. 즉 리더는 그들의 구성원들에 대한 영향력의 덕목에 의해 카리스마적이 된다.

3.3 변혁적 리더십

변혁적 리더십(transformational leadership)이란 조직을 재활성화시키고 변혁시키는 일을 성공적으로 해내는 리더의 특성을 말하며 이러한 리더는 다음과 같은 특성을 갖는다.

① **카리스마적 영향** : 변혁적 리더는 높은 신뢰와 윤리적 행동의 기반에서 조직비전과 공유가치에 대한 강한 감정적 몰입을 이끌어 내며, 구성원들을 리더와 동일시(identification)시키는 이상적 영향력을 발휘한다.

② **지적 자극** : 변혁적 리더는 조직에서 그동안 당연한 것으로 생각해왔던 가정에 도전하고 위험을 부담하면서, 새로운 관점에서 구성원들이 문제를 인식하고, 그 해결책을 만들어내는 것을 돕는다.

③ **개인적 고려** : 변혁적 리더는 멘토 또는 코치처럼 구성원들의 창의성과 혁신을 부추기는데 필요한 개인적 지원, 격려, 그리고 관심을 준다.

④ **영감적 동기부여** : 변혁적 리더는 구성원들에게 조직의 비전의 중요성을 분명히 전달하고, 이의 달성을 위하여 구성원들의 자부심, 자존심, 내재적 동기부여 요인 등에 호소한다.

변혁적 리더는 강한 감정과 리더와의 동일시를 일으킨다. 변혁적 리더는 후견인으로서 구성원들을 가르침으로써 그들이 변화되도록 돕는다. 반면에 카리스마적 리더는 구성원들을 약한 채로 두며, 리더에 고도로 의존하도록 만든다.

가수, 배우, 운동선수들 같은 많은 유명인들은 높은 카리스마적 특성은 가지나, 그들의 추종자들에게 반드시 변혁적 영향력을 가지고 있지는 않다. 그러므로 카리스마는 변혁적 리더십의 한 부분이다.

3.4 셀프리더십

셀프리더십(self leadership)이란 개인이 자신의 행동을 통제하는 일련의 과정으로 다시 말하면 각자가 자기자신을 리드하는 것이다. 사람이 자기자신을 리드하는 것이 정말 가능할까? 최근의 많은 연구에서 이것이 가능하다고 하는 연구들이 점점 늘어나고 있다. 유능한 리더(혹은 super leader)들은 부하들이 스스로를 리드할 수 있도록 도움을 준다고 한다. 그들은 구성원들의 리더십 능력을 키우고 부하들이 지시나 동기부여 등만을 위해 리더를 따르지 않아도 될 수 있게 한다.

셀프리더십의 기본 가정들은 구성원들은 책임감이 있고, 능력이 있는 사람들로서 상사, 규칙 또는 규정과 같은 외부적인 통제가 없어도 스스로 솔선수범한다는 것이다. 적절하게 지원만 주어진다면, 개인은 자신의 행동을 스스로 감시하고 통제하는 셀프리더십(self leadership)을 발휘하게 된다는 것이다.

셀프리더십은 최근에 팀의 인기가 높아지면서 그 중요성도 증가했다. 임파워된(권한을 부여받은) 자기관리팀(self-managed team)은 자발적인 행동을 하는 개인을 필요로 한다. 그렇지만 조직의 상황에서 보면 경영자들이 상사중심의 리더십에서 조직생활을 해온 개인들이 갑자기 자기관리팀에 적응할 수 있을 것이라고 기대하는 경우가 많다. 이러한 경우 셀프리더십 훈련을 통해 종업들을 상사-부하와의 의존관계에서 자율적인 관계로 전환할 수 있도록 해주며, 리더는 셀프리더를 만드는 하나의 수단이 되기도 한다.

효과적인 셀프리더십을 발휘하기 위해서 다음과 같은 사항이 제시되어 있다. 첫째, 조직을 수직적인 관점보다는 수평적인 관점으로 바라보고, 둘째, 동료와의 직무를 수행하는데 있어 통제가 아닌 영향력을 발휘하는데 초점을 두며, 셋째, 성공하기 위해서는 때를 기다리면 안 된다. 즉 동료나 상사 및 부하를 기다리기 보다는 스스로의 기회를 창조해야 한다.

3.5 서번트 리더십

서번트 리더십(servant leadership)은 종(servant)과 리더(leader)가 합쳐진 개념으로서 종의 신분으로 부하를 섬김다는 섬김의 리더십이고 자기희생적인 리더십이다. 이것은 타인을 위한 봉사에 초점을 두고 종업원, 고객 및 커뮤니티를 우선적으로 여기고 그들의 욕구를 만족시키기 위해 헌신하는 리더십으로 정의내릴 수 있다. 즉 부하를 존중하고 그들에게 창의성을 발휘할 기회를 제공하며, 성장을 돕고, 진정한 공동체를 이루도록 이끌어 가는 리더십이라는 것이다.[7)]

이러한 서번트 리더십의 주요 특징은 하위 행동특성으로 경청, 공감, 치유, 설득, 인지, 통찰, 비전의 제시, 보호자, 구성원의 성장, 공동체 형성 등으로 제시된다. 서번트 리더는 조직의 목적을 달성하는 데 있어서 가장 중요한 자원이 부하들이라고 생각한다. 과업을 추진하는 사람들은 부하들이지만, 이들의 성공적인 과업추진과 성장은 바로 리더 자신의 책임이라는 인식이 강하다.[8] 따라서 조직의 지속적인 변화와 구성원들의 크고 작은 섬김과 희생에 대해 강제적으로 이루어지는 것이 아닌 자발적이고 자기희생적인 역량이 끊임없이 요구되고 있다.

3.6 윤리적 리더십

다음은 어느 유명한 CEO에 대한 기술 내용이다.

"그는 1942년 생으로, 미국 휴스턴 대학에서 경제학 박사학위를 받고, 미국 행정부의 여러 요직에서 근무하다 1974년 플로리다 가스(Florida Gas)란 회사에 입사한다. 그는 타고난 리더십과 성실성으로 불과 7년이라는 짧은 시간에 CEO의 자리에 오른다. 하지만 그는 현실에 안주하지 않고 1982년 휴스턴으로 돌아가 여러 회사를 인수했다. 1985년 그가 창업한 회사는 2000년에 매출 1010억 달러를 기록하고 <포춘>에서 선정하는 500대 기업 중 7위에 오르게 된다. 마침 경제적 어려움 때문에 다른 도시로 근거지를 옮기려 했던 휴스턴의 프로야구단 애스트로에게 30년에 걸쳐 무려 1억 달러를 기부하겠다고 해서 그는 이 도시의 영웅이 되기도 했다

창립한 지 불과 15년 남짓한 기간에 미국에서 7번째로 큰 회사를 경영하게 된 그를, 많은 경영학 교과서에서 탁월한 리더십을 가진 대표적인 CEO의 하나로 소개하기 시작했다. 결단력과 카리스마로 대변되는 그의 리더십은 1980년대 중반부터 리더십 학계에서 불기 시작한 카리스마에 대한 리더십 연구의 붐을 조성하는 데 한 몫을 하기도 했다"[9]

이렇게 회사를 성공으로 이끈 주인공은 과연 누구일까? 그는 과연 어떤 리더십을 가진 CEO였을까? 그는 바로 2001년 전 세계를 충격에 몰아넣었던 엔론(Enron)사의 창업자이자 CEO였던 케네스 레이(Kenneth Lay)다. 주지하듯이, 레이는 온갖 회계부정과 사기 혐의로 기소되었고, 엔론의 주식가격은 폭락을 거듭해 주주들에게 무려 110억 달러의 손해를 끼쳤다. 그 결과, 엔론은 2001년 12월 파산을 맞이하게 되었다.

이러한 사례가 보여 주듯이, 한 때 성공을 거듭하며 각광을 받던 리더도 언제든 추락할 수 있다. 또 성공을 이끈 수단이 윤리적이고 정당하지 못하다면, 그러한 성공은 결코 지속될 수 없을 뿐만 아니라, 바람직하지도 못하다. 그래서 엔론 사태 이후, 많은 리더십 학자들은 지속가능한 성과를 창출해 갈 수 있는 리더십의 조건이 무엇인지에 대해 새삼 고민하게 되었고, 그 결과 장기적이고 지속가능한 성장

을 견인해 가기 위해서는 무엇보다 리더의 윤리성이 바탕에 전제된 윤리경영이 필요하다는 사실이 강조되었다.

이러한 배경에서 새삼 주목받게 된 개념이 바로 윤리적 리더십이다. 윤리경영의 확산과 성공에 있어서 가장 중요한 요인으로 최고경영자의 윤리적 리더십이 꼽힌다. 윤리적 리더십이란 규범적으로 적절한 행동양식을 자신의 행동과 다른 사람의 관계를 통해 일관성 있게 드러내고 의사소통, 보상 그리고 의사결정을 통해 그런 행동을 부하들이 행하도록 촉진시키는 것을 말한다. 이러한 윤리적 리더십의 원칙을 살펴보면 다음과 같다.

① **타인존중** : 리더로서 다른 사람들을 존중하는 것이 리더의 의무이며 부하들의 말에 주위를 기울이고 비판적 관용으로 받아들일 수 있어야 한다는 것이다.

② **타인섬김** : 리더는 부하중심적이 되어 그들의 이익을 최우선에 두며 그들에게 이익이 되는 방향으로 행동해야 한다는 것이다.

③ **공정성** : 리더가 부하들을 공평하게 대하는 것을 최우선과제로 해야 한다는 것으로, 즉 누구에게도 특별한 대우를 해주지 않으며 차별적인 대우가 이루어지는 경우에는 반드시 합리적 이유를 제시하는 것이다.

④ **정직성** : 리더는 모든 상황에서 항상 정직하게 행동해야 부하들은 그 리더를 신뢰하게 되고 리더십의 영향력이 커지게 된다.

⑤ **공동체 구축** : 리더는 자신과 부하들의 목표를 고려하여 공통에 목표에 적합한 방향으로 행동해야 하며 나아가 조직, 지역사회, 국가와 같이 더 큰 집합체에게 이익이 되는 것을 고려해야 한다.

토론사례 13-1 '성실한 성과'를 위한 GE의 리더십과 시스템

〈자료원〉 Heineman, Jr. Ben W.(2007), "Avoiding integrity land mines" ,Havard Business Review, April에서 발췌하여 요약

① 지속적이고 책있감있는 리더십의 발휘

220명의 GE경영진과 600명의 고위 간부가 참석하는 연례회의에서 제프리 이멜트(Jeffrey Em- melt)회장은 성실성(integrity)에대한 기업 원칙을 낭독하는 것으로 회의를 시작하고 또한 끝을 맺는다. 이 원칙의 핵심은 "한 번의 잘못이라도 용납될 수 없다(One strike and you're out)"는 것이다. 실례로 1980~90년대 미국 정부가 예산지원을 했던 중동지역 정부조달 계약 사기사건과 2000년대 초 아시아 지역에서 고객요구로 정부제출용 공급자 문서의 위조를 묵인한 사건이 발생했을 때 GE는 사실확인 후 업무절차 상의 취약점(부당한 압력에 대한 대체, 비윤리성 여부에 대한 점검체계)을 개선하고,

실무 담당직원을 재교육하였다. 또한 관련 사업부의 책임자들이 평소 좋은 평가를 받고 있었지만 원칙대로 해고하였다.

② 법규정 준수 이상의 도덕적 실천

다국적 기업은 노동착취, 환경오염 문제 등 중요한 이슈에 대해 해당 진출국가 규정 이상의 도덕성을 실천해야 한다. 이멜트 회장은 고위 경영진으로 구성된 '기업위험위원회(corporate risk committee)'를 분기별과 개최한다. 회의에서는 CFO(최고재무담당자)나 법률고문(general coun- sel)이 준비한 글로벌 스탠더드 관련 주제를 놓고 논의하고 이를 통해 GE의 글로벌 행동규범을 수립한다.

③ 법 규정보다도 한발 앞선 문화

기업의 규범을 업데이트하고 돌발적인 사태를 방지하기 위해 GE는 재무적, 법적, 윤리적 측면에서 최신 동향을 지속적으로 수집하고 분석하는 체제를 운영하고 있다. 첫째, 사업단위별로 전문가들이 정기적으로 언론기사, 입법안, 판례, 논문, 사례 등을 수집하여 이슈화될 사안이나 재무 및 법률 분야의 글로벌 트렌드를 점검한다. 둘째, GE는 체계적으로 이해관계자 및 NGO가 제기하는 윤리적 이슈들을 찾고 이를 우선순위(본질적 장점과 대중적인 호소력)에 따라 분류하고 있다. 셋째, 윤리적 이슈를 점검할 때 '상식에 의한 검토' (commonsense review)라는 별도의 절차를 보유하고 있다.

④ 규범(standard)을 업무절차에 내재화

성과책임에 대해 현업리더들이 재무나 법무팀에 책임을 전가하는 현상이 일어나는 것을 막기 위해 GE는 CEO의 지속적인 커뮤니케이션을 통해 현업리더의 성과에 대한 책임을 명확히 하고 있다. 예를 들어 공장관리자 제조부문 리더들은 해당사업부의 환경, 건강 및 안전에 대한 책임을 갖고 있다. 따라서 매 분기마다 전 사업장의 해당부문 성과지표를 측정하여 비교한 비교표가 CEO에게 전달된다. 따라서 성과가 떨어지는 사업장의 제조담당자들은 상당한 개선노력이 요구된다.

⑤ 재무-법률-인사 팀은 협력 및 견제자로서의 이중적 역할에 충실

재무, 법률, 인사팀은 윤리경영을 위한 제도와 절차를 만드는 주요 부서이다. 이들은 윤리경영과 관련하여 사내조직에 대한 지원 및 협력자인 동시에 감시인이기도 하다. 이러한 이중적 역할은 항상 긴장을 유발한다. CEO는 이러한 긴장관계를 이해하고, 해당분야 리더들이 이 역할을 수행하도록 격려해야 한다.

⑥ 직원들의 발언권(voice)보장

GE는 직원들이 윤리적 이슈를 제기할 수 있는 옴부즈맨(ombudsman) 제도를 운영하고 있다. 전 세계 약 500명의 운영인력이 전담 또는 파트타임으로 투입되어 직원들의 발언을 재무, 법률, 인사담당 스태프에게 보고한다. 또한 연간 단위로 준법(compliance)성과 평가한다. 각국의 직원들은 GE 시스템, 프로세스, 관행 등에 문제가 없는지를 평가하고 이는 국별 혹은 사업별로 집계되어 최종평가가 이루어진다. 그리고 내부기업감사부서(in- ternal corporate audit staff)등을 운영하고 있는데 이들은 80%의 시간을 글로벌 재무, 법률, 윤리 스탠더드 준수 여부를 검토한다.

⑦ 성실함(integrity)에대한 평가책임은 사업부 리더들에게

GE는 리더십 평가과정에서 성실함 또는 윤리적 측면을 고려하기 위한 평가도구를 구축하여 운영하고 있다. 첫째 리더들에 대한 개인별 평가다. 대상은 220명의 경영진뿐 아니라 약 4천 명의 간부 직원들이 포함된다. 평가기준을 살펴보면 "적절한 성과목표를 수립하고 올바른 시스템을 구축하였는가?", "효과적인 통제수단과 완전한 감사관행을 제도화했는가?", "모든 업무절차는 높은 윤리기준을 반영했는가?" 등이다. 평가의 방식은 연간단위이다. 둘째 사업부 간 혹은 경쟁기업과의 비교를 통한 사업부 단위 평가이다. 사업부간 평가기준은 예를 들어 해당 사업부가 검사과정에서 개방적으로 이슈를 제기하는지, 혹은 신흥시장에서 통제에 문제를 안고 있는지 등이다. 외부와의 비교는 고객불만, 소송 등이다. 셋째 직원 설문조사다. 설문내용은 "소속부서에서는 윤리적 방식으로 사업을 수행함에 있어 타협이란 통하지 않는다."는 문장에 동의하는지 여부였다.

[토론과제]

국내외 사례를 통해 윤리적 리더의 특징과 비윤리적 리더의 특징에 대해 토론하여 보시오.

3.7 진정성 리더십

윤리적 리더십 개념은 최근 진정성 리더십(authentic leadership) 개념으로 진화, 발전해 가고 있다. 진정성 리더십은 명확한 자기인식을 바탕으로, 확고한 가치와 원칙을 세우고, 내적인 자아(private self)와 외적인 자아(public self)의 격차를 최소화해 가는 방식으로 주변 사람들과 투명한 관계를 형성하면서 그들에게 긍정적인 영향력을 행사해 가는 능력을 말한다.[10)]

① **자기인식**(self-awareness) : 진정성 리더십에서 무엇보다 중요한 기본 요소는 명확한 자기인식이다. 의미있는 리더십은 화려한 카리스마로 자신을 연출하거나 대외적인 이미지 메이킹에 많은 시간과 노력을 기울이는 것이 아니라, 자신의 자아를 명확하게 성찰 및 판단하고, 이에 기반하여 솔직하고 소신껏 자기 의사를 표현하고 행동한다.

② **핵심가치**(core values)**와 목적의식**(sense of purpose) : 진정성 리더십의 두 번째 요소는 자기인식과 자아 성찰을 바탕으로 핵심가치와 목적의식을 설정, 추구해 가는 것이다. 핵심가치는 리더의 행동을 일관성 있게 만들어 주고, 중요한 선택의 순간에 용기 있는 결정을 하도록 만들어 준다. 또 목적의식은 리더에게 열정을 부여해 준다. 명확한 목적의식이 있는 리더는 목표를 추구해 가는 과정에서 어떠한 시련을 겪어도 결코 포기하거나 타협하지 않게 된다. 독특한 성격과 행동으로 널리 알려진 스티브 잡스(Steve Jobs)는 "누구나 자유롭게 가치를 창출할 수 있는 세상을 만들겠다"라는 명확한 꿈과 목적의식을 가진 사람이었다. 그래서 그는 Apple사의 CEO였음에도 불구하고, 자신을 포장하지 않고, 두려울 정도의 솔직함으로 자기 스스로를 자연스럽게 표현해 갔던 것이다.

③ **관계적 투명성**(relational transparency) : 이는 주변 사람들에게 자신의 진정한 자아를 가식 없이 나타내고, 이를 기반으로 신뢰로운 관계를 형성해 가는 것이다. 자신이 자연스럽게 느끼는 나, 즉 '내적인 자아'와, 이와 별도로 타인에게 공식적으로 보여주는 나, 즉 '외적인 자아'에 일정한 괴리가 없을 수는 없지만, 가능한 한 그 격차를 줄여 자신을 표현하고 행동해 줌으로써, 주변의 사람들이 그의 진면목을 대하고, 그와 핵심가치, 원칙, 그리고 목표 등을 진솔하게 공유해 가는 것을 의미한다.

이러한 진정성 리더십 개념이 기존 리더십 이론이나 개념들과 가지는 큰 차이는, 진정성 리더십의 경우 어느 특정한 리더십 스타일을 지향하거나 혹은 지지하는 것이 아니라는 점이다. 그보다, 진정성 리더십은 다른 리더십 스타일의 기본 바탕이 되는 개념(root construct)이라고 할 수 있다. 리더는 상황의 요구에 따라 다양한 리더십 스타일을 개발해 갈 수 있다. 즉 때로는 변혁적 리더십이나 혹은 카리스마 리더십이 필요할 때가 있다. 그렇지만 그러한 리더십이 진정성을 바탕으로 할 때만이 더욱 의미있고 영향력이 큰 리더십이 될 수 있다는 의미이다. 이런 점에서, 진정성 리더십과 다른 리더십 개념은 상호배타적이지 않다. 다만, 그러한 다양한 리더십 스타일이 대외적으로 '연출'된 것이 아니라, 리더의 가슴 속에서 우러나오는 진정한 자신의 표현으로 여겨질 때 한층 더 호소력과 영향력이 커질 수 있다는 뜻이다. 그러므로 진정성 리더십은 타인의 리더십을 단순히 모방하거나 추종할 것이 아니라, 자신의 자아를 보다 명확하게 파악하고, 이를 바탕으로 부하직원들과 긍정적이며 투명한 관계를 구축해 가는 것이 무엇보다 중요할 수 있음을 시사해 주고 있다.

3.8 팀 리더십

지금까지 대부분 리더십 이론들은 리더 한 사람에 의해 발휘되는 영향력 측면을 다루었다. 하지만 최근에는 '팀 리더십'(team leadership) 개념이 새로운 주목을 끌면서 리더십 연구의 한 축을 형성해 가고 있다. 사실 이러한 리더십 연구 추세는 아주 새로운 경향은 아니라 할 수 있는데, 왜냐하면 그간에도 팀 리더십과 유사한 '공유 리더십'(shared leadership), '분산적 리더십'(distributed leadership), '협력적 리더십'(collaborative leadership), '네트워크 리더십'(network leadership) 등 다양한 관련 개념들이 소개되어 왔었기 때문이다. 이들 개념은 모두 정보, 역량, 그리고 감정 등 여러 면에서 완벽하기 어려운 한 사람에게만 의존하는 기존의 'I-리더십'을,

팀 전체가 리더가 되어 서로 보완해 가는 'WE-리더십'을 추구한다는 점에서 서로 유사하다고 볼 수 있다.[11)]

팀 리더십은 팀 자체가 리더가 되어(team as a leader), 팀원들이 저마다 다른 팀원들에게 집단적으로 영향력을 미치는 측면을 의미한다. 이러한 팀 리더십의 핵심 특징은 다음과 같다. 우선, 팀 리더십은 팀원들에 의해 발휘되며, 팀 전체에 공유되는 리더십을 의미한다. 일반적으로 리더십은 리더 한 사람에 의해 발휘되는 영향력을 뜻하지만, 팀 리더십은 공식 리더 만이 아니라 팀원 모두가 일정한 역할을 주도적으로 나누어 가지면서, 리더를 포함한 팀원 모두가 상호 영향력(mutual influence)을 행사하고 또 그것을 수용해 가는 측면을 의미한다. 그래서 팀 리더십은 리더십의 주요 기능과 역할이 팀원들에게 나누어져 있다는 점에서, 분산된 리더십이라고도 할 수 있다. 각 팀원들은 저마다의 전문성과 역량에 기초하여 특정 리더십 기능을 분담하고, 이를 다른 팀원들이 존중하면서 적극적으로 수용해 가는 방식이다. 이를테면, 소프트웨어를 개발하는 프로젝트를 수행할 경우 이 프로젝트를 이끄는 책임자인 공식 리더가 물론 있겠지만, 각 개발 파트나 단계를 주도적으로 담당하는 전문가가 따로 있어서 해당 파트나 개발단계에서는 전체 팀을 이끄는 실질적인 리더 역할을 하는 경우를 예로 들 수 있다. 이런 경우, 전체 프로젝트의 공식 리더는 주로 코치나 지원역할을 담당하게 되고, 실제 해당 파트나 개발단계의 실제 업무를 이끄는 것은 직급에 상관없이 해당 분야의 전문성을 가진 팀원이 담당할 수 있는 것이다.

이러한 팀 리더십이 효과적으로 실행되려면 몇 가지 전제 조건이 필요하다. 우선, 팀원들 각자가 보유한 리더십 역량과 지식, 전문성 등이 가급적 서로 달라야 하고, 또 팀원들은 누가 어떤 전문성과 역량을 지녔는지를 잘 알고 공유해야 가야 할 필요성이 있다.[12)] 그래야만 팀원들이 각자 자신의 전문성에 기반한 주도 역할을 자임하고, 또 나머지 성원들은 이를 존중하고 적극적으로 수용해 갈 수 있게 된다. 또 팀 리더십을 강화해 가기 위해서 공식 리더는 팀원들이 같은 지식과 역량으로 경쟁하는 것이 아니라, 각자 특유의 지식과 전문성을 배양해 가도록 지원하고 고무해 갈 필요가 있다. 팀 내에 필요다양성(requisite variety)을 증진시킬 수 있는 다양한 전문성 기반을 확보해 갈수록, 집단지성이 발휘될 수 있는 가능성은 더 커질 것이기 때문이다.

다음으로, 공식 리더는 팀원들이 개인 중심적인 사고를 버리는 대신, 집단적 정체성(collective identity)을 가지고 팀 목표에 대해 몰입해 갈 수 있도록 팀 분위기를 조성해 갈 필요가 있다. 특히 이 과정에서 팀원들 모두가 수용할 수 있는 강력한 실행 목표를 제시하는 것이 주효할 수 있다. 이 때 그 실행목표는 팀원들이 각자의 이해관계에 따라 분파적인 행동을 하지 않도록 공통의 이해관계가 걸려 있어야 하고, 가급적 단순하고 구체적이며, 구성원들의 열정을 불러낼 수 있는 것일수록 바람직할 것이다.

또한 팀 리더십이 효과적으로 구현될 수 있기 위해서는, 공식리더가 팀원들에게 말 뿐이 아닌, 실질적인 임파워먼트(empowerment)를 보장해 줄 필요가 있다. 팀원들이 아무리 특유의 전문성과 역량을 보유하고 있다 하더라도, 공식 리더가 이들 팀원에게 실질적인 영향력 행사가 가능하도록 기회를 보장하지 않는다면 아무런 소용이 없다. 따라서 팀원들이 특유의 전문성과 역량을 구축해 갖출 수 있도록 전문가주의(professionalism)를 실효적인 가치로 팀 내에 확립해 가는 한편, 이들이 자신의 전문성과 역량에 기반해 다른 팀원들에게 의미있게 영향력을 행사해 갈 수 있도록 실질적인 권한 위양을 해 가는 것이 필요하다.

아울러 팀 리더십이 지속가능하게 실행되기 위해서는 평가를 할 때에도 개인 성과뿐만 아니라 다른 팀원들의 목표달성에 얼마나 의미있는 도움과 피드백을 해 주었는지를 평가에 포함시키는 것은 물론, 가급적 팀원들의 책임 공유를 강화할 수 있는 평가항목이나 제도를 설계, 운용하는 것이 바람직할 것이다.

팀 리더십이 효과적으로 실행될 수 있는 이러한 조건들을 살펴보면, 팀 리더십이 행사되는 경우에도 공식 리더의 역할은 여전히 중요하다는 사실을 알 수 있다. 즉 팀 리더십이 효과적으로 구현되는 경우라고 해서, 공식 리더는 더 이상 필요치 않다거나 혹은 공식 리더가 그저 모든 일에 손을 놓고 있는 '자유방임적인'(laissez-faire) 리더십을 보이면 충분하다는 뜻은 아닌 것이다. 오히려 공식 리더는 팀원들의 전문성에 기반한 역할 안배와 업무 조정을 주도해 가는 것은 물론, 팀원들의 목표 공유와 집단적 정체성이 잘 유지될 수 있도록 팀 내에서 발생되는 모든 상황에 대해 적절한 센스 메이킹(sense-making)과 그에 따른 지원적 개입을 해 갈 필요가 있다. 팀 리더십이 발휘되는 경우에도, 그 과정과 결과에 대한 궁극적인 책임은 공식 리더에게 있기 때문이다.

토론사례 13-2 칠레광산 매몰 사고: 어떤 리더십이 이들 33인을 살렸나?

2010년 발생했던 칠레 대지진의 여파로 인해, 같은 해 8월 5일 칠레 북부 산호세 지역에 위치한 구리광산 지하 700m 지점에 광부 33인이 한꺼번에 매몰되는 대형 사고가 발생하였다. 매몰된 광부 33인 중에는 보육비를 벌기 위해 첫 출근을 한 사람도 있었고, 은퇴를 눈앞에 둔 채 51년째 채광 일을 해온 늙은 광부도 있었다. 이들은 대부분 교육수준도 낮았고, 하루 하루 광부 일로 생계를 이어가는, 성공적인 인생과는 다소 거리가 먼 인생 역정을 걸어왔던 평범한 소시민들이었다.

매몰된 당사자들은 물론, 지상에서 이들을 구조하던 사람들까지 모두가 절망에 빠진 채 구조의 희망을 잃어가던 중, 기적의 드라마는 매몰사고가 발생한 지 17일째인 8월 22일에 일어났다. 지상 구조팀이 암반을 뚫고 내려 보낸 지름 10cm의 가느다란 탐색 파이프에, "여기 33명이 살아 있다"고 쓴 쪽지가 올라온 것이다. 이 때부터 생존 광부들과 지상 구조팀은 희망의 상징인 '비둘기'로 이름붙인 이 파이프를 통해 통신과 구호품을 서로 주고받으며, 세계가 지켜보는 감동의 구출 드라마를 함께 써내려갔다. 구조팀은 3개의 구조용 갱도를 동시에 파내려 갔고, 지하 갱도 대피소에서 생존 광부들은 각자 임무를 나눠 구조대의 손길이 미칠 때까지 필사적인 버티기 전략을 계속 이어갔다.

생존 가능성이 거의 없어 보였던 매몰 초기 몇 번의 위기도 있었지만, 이들은 작업반장 루이스 우르수아의 지휘 아래 초기 혼돈과 절망의 시간을 잘 극복해 갔다. 처음에는 이 극한적인 상황에서 광부들끼리 서로 다투고 주먹다짐까지 하는 상황도 벌어졌지만, 지상과 첫 교신이 이루어지기 전 17일 동안에도 이들은 매일 낮과 밤의 일과를 나누어 정상적인 일과 패턴을 유지해 나가려 애썼다. 또 48시간 마다 쿠키 반쪽, 참치 통조림 두 숟가락, 우유 반컵 등 식량을 공평하게 배급했다. 그래서 매몰된 지 69일만에 극적으로 구출된 이후, 많은 사람들이 작업반장 루이스 우르수아의 리더십이 이들 생존에 결정적인 역할을 한 것으로 칭송했고, 구조 당시 칠레 대통령은 그를 '캡틴'으로까지 치켜세웠지만, 사실 69일간 이루어진 이들의 생존을 위한 사투과정을 복기해 보면, 지하 700m 갱도에는 '33인의 캡틴'이 있었다고 볼 여지가 많다.

19-63세에 이르는 광부들이 표면상으로는 작업반장을 리더로 삼아 낮 시간대에는 옹벽보강, 산소 및 이산화탄소 등 대기와 온도 측정, 청소와 환경관리 등 정상적인 일과를 수행해 갔다. 그렇지만 이들의 역할 분담은 리더의 일방적이고 임의적인 지시에 의한 것이 아니라, 각자의 전문성에 기반해 이루어졌다. 간호 교육을 받았던 광부는 건강관리를 책임지고, 엘비스 프레슬리 흉내를 잘 내던 광부는 오락을 담당하고, 심지어 최고령자였던 마리오 고메스는 죽을 고비를 몇 번이나 넘겼던 자신의 생존 경험을 들려주면서 동료들에게 구조될 수 있다는 확신을 심어주는 역할을 담당하였다. 이런 식으로 각자가 나름 전문성을 갖고 있다고 여겨진 역할에 대해 모두는 자발적으로 역할을 수용함은 물론, 주도적인 역할 수행을 해 갔고, 또 다른 동료 광부들은 이를 기꺼이 존중하고 받아들였던 것이다. 또한 점심식사 이후 시간에는 전체 회합을 통해 각자가 가진 정보를 교환하고 공유하는 시간을 가졌다. 이는 현재 상황에 대한 파악과 공유, 공동의 목표와 운명공동체로서의 인식을 함께 해 가는데 중요한 기여를 하였다. 찬송과 기도시간도 일과의 중요한 한 부분이었다. 생존이 확인된 후 50여 일 동안 이어진 구조기간을 무사히 잘 버텨냄에 있어서, 지상에서 내려준 물과 샌드위치, 의약품, 편지도 큰 위안이었고, 다행히 광산용 발전기가 제 기능을 해 준 것도 큰 다행이었지만, 이 극한 상황을 견딜 수 있게 해 준 가장 든든한 버팀목은 바로 이들이 함께 공유한 '희망과 협동' 정신이었던 것이다.

매몰 69일째, 마침내 구조캡슐 '불사조'를 타고 가족 곁으로 생환한 이들을, 칠레 국민들은 "Chi Chi Chi, Le Le Le!"를 연호하면서 열열이 환영하였다. 이들의 기적같은 생환 스토리는 나중에 책으로도 출간되었지만, 끝까지 희망을 잃지 않고 33인 모두가 리더로서 함께 일구어낸 감동의 인간승리 드라마는 2015년 'The 33'이라는 영화로도 제작되었다. 그렇지만 생환 후 얼마 지나지 않아 들려오기 시작한 이들 간의 갈등이나 불화에 관련된 소식은 다시 세간의 주목과 의아심을 불러일으키기에 충분했다. 심지어 그 절망의 매몰 시기에는, 생환 이후 영화나 출판 제안을 받게 될 경우 경제적 이익을 동일하게 나누자는 합의까지 할 만큼 이들은 갈등요인을 효과적으로 잘 통제하고 관리해 왔었다고 알려졌었다. 그러나 막상 생환된 이후에는 얼마 되지 않아 곧 가정불화는 물론, 약속을 어긴 단독행동과 그로 말미암은 생존 광부들 간의 갈등과 반목 등이 불거지기 시작하였고, 자기통제성의 상실이나 약물중독 등 한 때 과도한 사회적 관심을 받았던 사람들이 흔히 겪을 수 있는 후유증에 빠진 사람도 다수 출현하였다.

2010년 칠레 구리광산 매몰광부 33인

칠레 구리광산을 소재로 한 영화 "The 33"의 한 장면

[토론과제]

영화 'The 33' 등 2010년 칠레 구리광산 매몰 사건을 다룬 관련 자료들을 조사 및 분석해 보고, 이들의 극적인 생환을 가능케 한 핵심성공요인을 특히 리더십 관점에서 토론해 보시오.

3.9 GLOBE 모형

The Global Leadership and Organizational Effectiveness(GLOBE)모형은 1990년대 초반 미국 펜실베니아대의 하우스(R. J. House) 교수와 그의 연구진에 의해 착안되어 조직문화 및 조직 리더십에 미치는 영향을 연구한 결과 도출된 것으로서 [그림 13-5]와 같은 이론적 모형에 기반하고 있다.[13)]

그림 13-5 GLOBAL의 이론모형

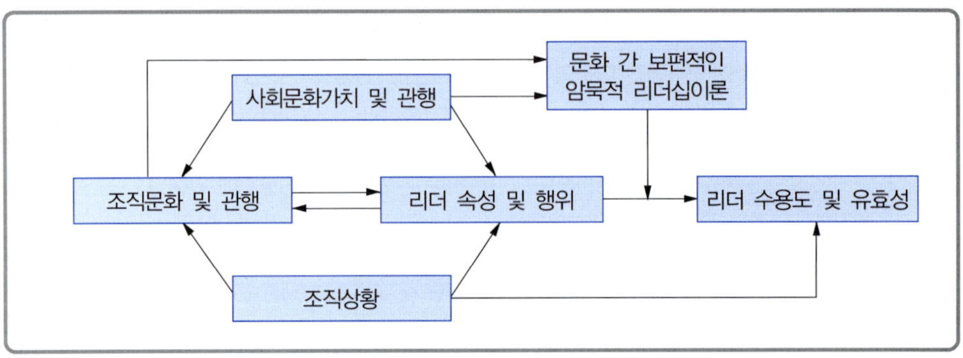

이 모형에서의 리더십은 일반적 리더십이 아닌 조직 리더십(organizational leadership)이며 “그들이 속한 조직의 유효성과 성공을 위하여 다른 사람들에게 영향력을 행사하고, 동기부여하며, 공헌할 수 있도록 하는 개인의 능력”으로 정의된다. 또한 문화는 이론적으로 “공유된 동기, 가치, 신념, 정체성과 세대를 초월한 공동체 구성원들의 일반적 경험에서 비롯된 중요 사건들에 대한 해석과 의미”로 정의되었다. 또한 이 모형에서는 모든 문화에 공통적으로 개인은 리더의 유효성을 구분하는 리더의 속성과 행위에 대한 암묵적 신념이나 가정을 가지고 있다고 본다.

GLOBE모형에서의 문화는 단호함, 집단수준 집단주의, 사회수준 집단주의, 미래지향, 남녀평등주의, 인간지향주의, 성과지향주의, 권력격차, 불확실성 회피의 9개 차원으로 파악되었다. 그리고 사회문화는 조직문화와 조직 리더십에 영향을 미치고, 또한 조직문화는 조직 리더십에 영향을 미치며, 리더십의 유효성은 사회문화, 조직문화, 조직 리더십의 상호작용에 의존한다는 연구가설들을 검증하였다.

GLOBE모형에서는 리더십 차원이 다음과 같이 카리스마·가치기반, 팀지향, 참여적, 인간지향, 자율적, 자기보호적 리더십의 6개로 분류되었으며, 이러한 6개 리더십 차원 중 카리스마 및 가치기반, 팀지향, 참여적, 인간지향 리더십의 4개 차원에서 문화 차원과의 관련이 검증되었다.[14)]

① **카리스마·가치 기반** : 개선지향, 영감적, 기대, 신뢰, 공정한, 격려, 지적자극
② **팀지향** : 외교적, 세상에 밝은, 상생, 통합, 충성, 협력, 상의함.
③ **참여적** : 경청, 민주적, 균형감각, 이타주의, 위양
④ **인간지향** : 조용한, 관대, 겸손, 동정심, 자기낮춤, 인내심
⑤ **자율적** : 독립적, 자립, 독특, 개인주의
⑥ **자기보호적** : 회피, 집단 내 경쟁, 자기중심적, 비밀스런, 배타적, 공식적, 고립

구체적으로 카리스마·가치기반 리더십의 중요성은 업적지향, 미래지향, 인간지향 문화에서 나타났으며, 팀지향 리더십은 집단수준 집단주의, 사회수준 집단주의, 인간지향, 단호함, 불확실성 회피문화에서 중요하다고 나타났다. 그리고 참여적 리더십은 덜 단호함, 낮은 권력격차, 인간지향 문화에서 유효하고, 인간지향 리더십은 인간지향과 남녀 평등주의 문화에서 유효하다고 나타났다.

또한 다음과 같은 4개의 서로 다른 문화지역에서 요구하는 바람직한 리더십의 유형도 검증되었다.

① 앵글로 집단(호주, 캐나다, 영국, 아일랜드, 뉴질랜드, 남아프리카(백인표본), 미국

- 카리스마·가치 리더십

② 아랍 집단(이집트, 모로코, 터키, 쿠웨이트, 카타르)
- 카리스마·가치, 인간지향 리더십

③ 게르만 집단(오스트리아, 독일, 네덜란드, 스위스)
- 카리스마·가치, 팀지향, 참여적 리더십

④ 남아세아 집단(인도, 인도네시아, 이란, 말레이시아, 필리핀, 타이랜드)
- 카리스마·가치, 인간지향, 참여적 리더십

GLOBE모형은 우리 나라를 포함한 세계 60개 국가의 62개 사회문화*에서 1천개가 넘는 조직의 1만7천 명의 관리자들로부터 응답을 받은 설문지 자료를 기반으로 만들어졌으며, 과거 Hofstede(1980)[15]의 50여개국의 사회문화 차원의 개발보다 진일보한 대규모 연구결과로서 기업의 글로벌화에 대응하려는 기업조직의 실무자들과 세계의 연구자들에게 큰 공헌을 한 연구로 인정받고 있다.

Leader Match 연습 문제 1

당신은 대기업의 인사담당과장입니다. 회계부서의 중간관리자인 회계과장의 자리가 비어있는데 이는 여러 업무의 감독업무를 포함하고 있습니다. 모든 부서는 비교적 일상적인 장부정리, 청구서정리, 기록보관 업무를 수행하고 있습니다. 당신은 이러한 과업이 매우 구조화되어있다고 생각하고 있으며, 이러한 평가는 과업구조를 다루는 여러 관리자들에 의해 확인이 되었습니다.

당신은 종업원의 사기와 만족이 높고 , 감독자와 종업원 사이에 대체로 좋은 관계를 유지하고 있다고 믿을 만한 충분한 이유가 있습니다.

더구나 회계과장에게 보고할 업무가 있는 대리들이 협조적이고, 경영층과 잘 지내려 하고 있습니다. 회계과장은 상당한 권한을 갖게 될 것이므로 직위권한은 분명히 높습니다. 이 직위에 있는 대부분의 관리자들은 5년 또는 6년 동안 근무하는 것이 상례입니다. 당신은 이 직무에 적합한 사람의 추천의뢰를 부탁받고 있습니다.

(1) 김일호 씨는 이 회사에 5년 동안 근무했습니다. 처음에 그는 여러 구조화되어 있지 않은 Staff 직무를 담당했으며, 이일을 그는 그런대로 보통수준으로 수행했습니다.

그리고 그 후 약 1년간 방계회사의 회계부서에 대리로 배치되었습니다. 그의 업적은 괜찮은 편이었으나, 두드러지지 못했습니다.

그리고 다시 외상매출금 회수담당부서 대리로 배치되었는데, 이부서의 일은 구조화되어있고 상당히 일상적인 일입니다. 거기서 그는 거의 3년 동안 근무했습니다. 그는 처음에는 별로 눈에 띄지 않았는데 나중에는 상당히 효과적인리더가 되었습니다. 부하들이 그를 위해

* '60개 국가에서의 62개 사회문화'의 의미는 독일의 경우 서독과 동독을 사회문화적으로 2개로 보았으며, 스위스의 경우도 독일어 사용 사회문화와 불어 사용 사회문화를 2개로 본 결과이다.

일하기는 좋아하지만 그와 친해지기는 어렵다고 그들의 부하들은 느끼고 있습니다. 그는 LPC점수로 보면 과업 지향적입니다.

(2) 최일룡 씨는 회사를 성공시키는데 중요한 공헌을 한 사람입니다. 그가 처음 맡았던 일은 자료처리부문 대리였습니다. 거기서 그는 현재에도 채택되고 있는 새로운 절차를 제안했습니다. 1년 후에 그는 새로운 외상매출금 청구업무 담당부문을 옮겼으며, 거기서도 역시 꽤 좋은 업적은 올렸습니다. 약 2년이 지난 후에 그의 업적은 떨어지는 것 같아 판매부문으로 옮겨줄 것을 요청했습니다.

그는 자신의 경험을 넓힐 새롭고 흥미로운 직무를 찾고 있는 것 같습니다. 그 밑에서 일하는 사람들은 그가 같이 지내기가 쉽고, 가까이 하기 쉬우며, 명랑하고 좋은 인상을 주는 사람이라고 생각하고 있습니다. 일상적인 일을 그녀는 싫어하는 경향이 있습니다. 그녀의 LPC 점수는 관계지향적입니다.

(3) 배기원씨는 회사에서 단지 하나의 직무만을 맡아왔습니다. 그가 처음 직무를 맡았을 때(그 일을 운송과 판매일정을 다루는 것을 포함하고 있었음) 그의 업적은 회사에서 기대하고 있는 것을 약간 밑도는 수준이었습니다.

그러나 그는 동료작업자와 상당히 좋은 관계를 유지하고, 큰 문제가 없었습니다. 그는 별진전 없이 지속해서 같은 직무를 담당해 왔으며 , 부서를 옮기는 것이나 승진을 요구하지도 않았습니다.

그가 맡은 직무는 특별한 창의성을 요구하지도 않았으며 , 어떻게 하면 직무를 잘 수행할 것인가에 흥미가 없었습니다. 그의 리더십 유형은 LPC점수에 따르면 관계지향적입니다.

Leader Match 연습 문제 2

당신은 대규모 제조회사의 부장입니다. 광고부서의 담당과장이 최근 중대한 사고를 당해, 그가 돌아와서 일을 할 수 있을지 의심스럽기 때문에 그를 교체하여야 합니다. 그래서 당신은 그를 대신할 누군가를 필요로 합니다.

상황은 설명하기가 다소 어렵습니다. 주요인물들은 신경질적이고 성격이 괴팍하고, 많은 암투와 갈등이 있어왔습니다. 전임과장이 부문을 이끌어 오는데 많은 어려움이 있었습니다. 더구나 다른 부서의 관리자로부터 보다 창의적인 마케팅활동에 대한 요청이 있었습니다. 당신은 즉시 이 부분을 맡아 생산적인 부문으로 만들 수 있는 인물을 필요로 하고 있습니다.

어떤 유형의 리더를 당신은 선발하겠습니까?

Leader Match 연습 문제 3

당신은 3개 도시에 공장이 있는 전자회사 부장입니다. 최근에 안전에 관한 절차위반을 시사하는 여러 사건이 3개 공장 모두의 특허품부문에서 일어났습니다. 당신은 문제를 조사하기 위해 파견할 Staff진과 두 명의 추가인원을 선발하여야 합니다.

당신이 고려하여야 할 사항은 다음과 같습니다.

지방소재 공장의 공장장과 안전담당직원은 외부로부터의 조사를 받게 되면 불쾌하게 생각할 것입니다. 사건의 일면을 보면 그들이 업무를 충실히 이행하지 않음으로 해서 문제가 발생했을 가능성이 있습니다.

대량생산계획하의 대규모 설비이므로, 조사가 상당히 광범위할 것이다. 물론 표준적인 조사절차를 따르겠지만, 많은 의사결정정이 조사가 진행됨에 따라 거기에 맞추어 이루어질 것이다. 당신이 파견한 조사팀의 장에게 특별한 직함이 주어질 것이며, 절차상의 변경 및 인사교체를 추천하는 책임을 맡을 것이다.

누가 조사팀의 장을 맡을 것인가?

Leader Match 연습 문제 4

당신은 시소방대 소대장입니다. 당신은 당신의 소방대대장이 지난 몇 달 동안 당신의 업무수행에 대해 매우 만족스럽게 생각하고 있지는 않다는 사실을 알고 있습니다.

당신의 직무를 분석함에 있어, 당신은 사람을 배치하고 징계하는데 상당한 권한을 가지고 있으며, 승진을 건의할 수 있고, 상사는 당신의 건의를 보통 받아들인다는 사실에 주목하고 있습니다. 당신은 모든 사람과 잘 지내고 있는 것 같고, 사실 모든 사람이 당신을 좋아하고 있다는 사실을 알고 있습니다. 또한 당신은 맡은 바 직무를 잘 수행하고 있습니다.

당신은 자신이 특히 갈등을 잘 해결한다고 할고 있으며, 새로운 편성단위가 생길 때는 집단의 복지에 매우 많은 관심을 갖곤 했습니다. 그로나 지난 몇 달 동안 그들과 소원했었습니다. 그러나 일이 잘 되지 않았던 지난 날에는 당신의 문제에 대해 이야기를 하고 , 당신의 작업집단에 속한 사람들 찾아 확인을 하곤 했습니다.

1. 당신의 리더십 유형은?
   a. 관계지향 b. 과업지향

2. 당신의 업적을 높이기 위하여 당신이 할 수 있는 것은?
   a. 당신의 직무상의 스트레스를 높이기 위하여 소방대대장에게 보다 어려운 업무를 요구한다.
   b. 몇몇 말썽꾸러기를 당신의 작업집단에 옮겨놓을 것을 요구한다.
   c. 소방대에 오랜 경험이 있는 사람으로부터 충고와 도움을 청한다.

Leader Match 연습 문제 5

당신은 탄광에서 상급직장입니다. 당신은 하급 감독자로서 단지 9개월간 일한 후에 이 직위로 승진되었습니다. 당신의 LPC 점수는 46입니다. 당신은 채광 엔지니어링 교육과정의 대학을 1년 전에 졸업했습니다. 당신의 회사는 이러한 종류의 라인경험을 하게끔 함으로써 미래의 관리자를 시험하는 것을 선호하고 있습니다. 일선직장으로서 처음에는 학교교육에서 관리기술에 대한 훈련을 거의 받지 못했기 때문에 다소의 어려움이 있었습니다. 그러나 직업은 매우 기술적이었고, 몇 달 후에는 일이 잘 풀렸으며, 성과도 꽤 좋았습니다.

불행하게도 당신의 현직무는 훨씬 더 복잡하고 당신을 힘들게 하고 있습니다. 당신에게 보고할 직무가 있는 직장들 사이에 약간의 눈에 보이지 않는 경쟁이 있었습니다.

그리고 어떤 직장은 당신 앞에서 항상 화난 것처럼 보였습니다. 또한 작업할당이 훨씬 더 복잡합니다. 공급품과 보수를 조정하는 것이 꽤 어려운 것 같고, 잘못된 경우가 여러 번 있었습니다.

아래 선택안 중 어느 것이 당신에게 가장 유리합니까?

a. 말썽꾸러기들을 당신의 부서로 옮기도록 상사에게 요구한다.
b. 의사소통 기술향상 교육과정에 참가하도록 한다.
c. 다른 부하들이 있는 동일수준의 다른 부서로 옮기도록 요구한다.
d. 당신에게 작업일정을 짜는 것과 자재관리에 관한 지침을 주도록 상사에게 요구한다.
e. 당신의 권한의 범위를 넓혀주도록 상사가 후원해 줄 것을 요구한다.
e. (즉, 일선직장을 정직 또는 감봉으로 징계하는 등)

Leader Match 연습 문제 6

당신은 많은 해외시설을 가지고 있는 석유 외사 경영자입니다. 당신 회사는 한 아랍국가의 벽지에 새로운 기지를 건설한다는 계약을 맺고 있습니다.

대부분의 프로젝트 수행작업자는 약간의 미국인 기술자들 빼고는 Arab사람들입니다. 당신은 현장을 감독할 사람을 뽑아야 합니다. 현장감독자는 석유탐사, 시공기지건설과 기지활용 절차 개발을 포함하는 모든 운영을 책임질 것입니다.

당신을 당신이 선발한 사람에게 어떤 문화적 패턴이 작업하는데 영향을 미치는지에 대한 약간의 지식을 제공할 문화적 훈련을 줄 수 있을 것입니다.

다음과 같은 사람들 중에서 당신은 누구를 선발(선택)하겠습니까?

a. 기지건설에 특별한 훈련을 받은 경험이 풍부한 관계지향적 기사
b. 거의 경험이 없는 총명한 젊은 과업지향적 엔지니어
c. 매우 총명한 관계지향 엔지니어, 거의 경험이 없다.
d. 경험이 풍부한 과업지향 엔지니어, 기지설계와 유지에 대한 훈련경험이 있음.

Leader Match 연습 문제 7

당신의 상사가 당신을 불러 상위 관리층의 직장에 대해 이야기를 했습니다. 그리고 당신이 그 자리에 추천되기를 원하는지 물어보았습니다. 관련사항은 다음과 같습니다.

당신은 과업지향적 리더입니다. 지난 4년 동안 공공회계법인의 법인세 담당부장이었습니다. 그리고 지난 2년 동안은 특히 성과가 좋았습니다. 일은 도전감이 있으나, 대부분의 작업에 대한 명확한 절차와 지침이 있습니다.

새로운 직무에서는 당신의 회사 지역사무소를 전반적으로 경영하도록 요구하고 있습니다. 이 직무에는 새로운 사업을 보증해 주고, PR을 다루는 등 공공목적을 수행하는 것뿐만 아니라, 여러 부문 부장(법인세, 보증, 일반조사 등), 본사 Staff을 감독하는 일이 포함되어 있습니다. 당신은 그 직무가 현재 맡고 있는 일보다 훨씬 덜 구조화되어 있다는 것을 알고 있습니다. 또한 이것이 회사에서 승진(발전)할 수 있는 유일한 길일지도 모른다는 것도 알고 있습니다.

당신은 그 직책을 맡아야 합니까? 물론 이

물음에 대한 정답도 오답도 없습니다. 실제도 어떤 것을 선택하느냐 하는 것은 위에서 언급하지 않은 많은 요인에 의해 결정될 것입니다. 예를 들어, 당신은 현재의 일에 머물러 있는 것에 만족합니까? 직장이 당신에게 그 일을 떠맡깁니까? 당신은 다른 대안적 직무가 있습니까? 실패할 경우는 어떤 결과가 초래합니까?

연습상, 당신이 그 직책을 원하는 것으로 결정했다고 합시다. 당신은 상사와 다른 대화를 하게 될 것입니다. 당신은 그 새로운 직책을 떠맡게 될 어떤 요구 조건을 요구할 수 있다고 생각할 것입니다. 그러나, 너무 많은 조건은 아닙니다. 그리고 요구할 것들의 리스트를 작성한 다음, 3가지만 요구하기로 결정했습니다. 당신의 리스트가 아래와 같다면, 3개의 가장 유용한 행동을 골라 보십시오.

a. 당신은 과거의 부하 중에서 한 명 또는 두 명을 선발하여 새로운 직무에서 일하기를 원한다.
b. 당신은 새로운 직책의 종업원들에게 업무 할당이 단지 시험기간 동안 만이고 영구적인 것이 아닐지도 모른다는 것을 원한다.
c. 당신은 새로운 직책에서 3개월 동안 현재의 관리자 밑에서 일하고 배우기를 원한다.
d. 당신은 회사의 내부와 외부에서의 정기적 훈련과정을 보장해 줄 것을 원한다.
e. 당신은 고용, 해고, 이동을 자유롭게 할 수 있기를 원한다.

Leader Match 연습 문제 8

당신은 출판사의 유통부 담당부장이며, 국내의 여타 유통센터들을 책임지고 있다. 인접한 도시지역에서 위치하고 있는 지점들 중 하나가 계속하여 사양길로 들어서고 있다.

도서주문들이 적시에 처리, 이행되지 않고, 대리청구에 자주 혼선을 빚고 있으며, 고객들은 화가 나서 주문들을 취소하고 있다. 그리고 두 배달원들이 일주일 내로 그만둔다.

분명히 새로운 현장주임이 가능한 한 빨리 채용되어야 한다. 당신은 당신이 좋아하는 누군가를 선발할 수 있고, 가능한 한 빨리 결과를 보고하라는 지시를 받고 있다.

이 상황을 검토함에 있어 당신은 이 상황은 경험있는 리더에게는 고도로 통제된 상황이라고 결론을 내렸다. 그 현장주임은 구조화된 직무, 강력한 직위권한을 소유하며 피고용자들은 항상 그와 좋은 관계를 유지해 옴으로써 최대의 통제력을 행사해 왔다.

그러나 새로운 리더의 경우에 그 상황은 처음에는 통제에 있어서 단지 보통 정도일 것이다. 그 새로운 리더는 피고용인들과의 관계를 형성하여야 하며, 전임 관리자로부터 남겨진 잔재들은 청산해야 할 것이다. 이러한 일은 1년 정도 걸릴지도 모른다.

당신은 그 직무를 위해 고려되는 모든 자격구비자들의 인적사항 서류 및 추천서들을 검토한 후에, 진정한 두 후보자를 발견한다.

A씨는 약 10년 동안 그 회사에 몸담아 왔으며 약 6년 동안은 생산라인 감독자로서 일하여 왔다. 그녀는 피고용인들과의 원만한 관계를 형성하는 유능한 여성이다. 그녀는 인정이 많으나 다소 냉담하다. 그녀가 처음 그 부서로 왔을 때는 너무 혹독하게 다룬다고 느낀 피고용자들과 불편한 관계를 가졌지만 그 여성은 우수하게 부서를 운영하고 있다. 물론 현재 고려되고 있는 부서는 그 여성의 현직무와는 아주 다르다.

B씨 또한 A씨와 같이 얼마 전에 그 회사에 입사하였다. 그는 몇 년 전에 두드러진 업적을 수행했던 훌륭한 일꾼으로서의 평판을 갖고 있다. 최근에 B씨는 이미 얻은 명예에 만족하고 있다는 말이 전하여지고 있다.

피고용인들과 그의 관계는 처음에는 매우 좋았지만, 그는 좀 뻐기는 스타일이며 부하직원보다는 그의 상사들과의 좋은 관계유지에 더 많은 관심을 쏟고 있기 때문에 피고용인들과의 관계가 다소 악화되었다.

당신은 누구를 선발할 것인가?

a. A씨, 당신은 그녀가 과업지향적이라고 생각하기 때문, 그리고 이것이 바로 그러한 잔재를 청산하기 위해 필요한 것이기 때문

b. A씨, 그녀는 인간관계 지향적이며, 그녀가 그 문제들을 시간 내에 청산할 수 있을 것이기 때문

c. B씨, 그는 과업지향적이며 어려운 상황에서 잘 수행하는 경향을 보이기 때문

d. B씨, 인간관계 지향적인 사람이 그러한 유형의 상황에 가장 잘 적합하기 때문

Leader Match 연습 문제 9

김길수 씨는 당신의 부서에 일선 감독자로서 최근에 고용된 젊은 토목기사입니다. 그는 아직 경험이 거의 없습니다. 그는 대환영을 받고 입사했으며, 매우 총명하고, 일하고자 하는 의욕이 매우 높습니다. 당신은 그를 황야에 전형적인 재목 반출길을 건설하는 건설팀의 책임자로 임명했습니다. 사람들은 그를 좋아하지만 그의 업적은 상당히 실망을 줄 만한 수준이며, 그들의 부하직원들은 늘 예정보다 늦게 일을 진행시키고 있습니다. 일이 신통치 않을 때 그는 자신의 사무실에 틀어박혀 새로운 계획과 배치에 대하여 골똘히 생각하고, 자신의 부하에게는 거의 시간을 할애하지 않았습니다.

그의 업적이 향상될 수 있는지 알아보기 위해 상황을 변화시킬 필요가 있습니다. 그는 과업지향적 리더입니다. 그는 그 직무를 약 4개월 동안 수행해 오고 있으며 일이 잘 되어가고 있는지에 매우 과민한 것 같습니다. 회사는 이러한 종류의 도로건설(그러나 꽤 반복적인 일이다)에 대한 특별한 훈련계획을 세워 놓고 있지 않습니다. 당신이 취할 수 있는 여러 가능한 행동대안은 아래와 같습니다.

가장 좋은 행동대안은?

a. 그에게 그의 업적이 형편없다고 말하고, 그에게 업적을 높이거나 그가 교체될 수 있는 적당한 시간(말하자면 3개월)을 준다.

b. 그를 나이도 더 많고, 경험도 많은 감독자에게 소개시켜, 그 사람으로 하여금 그를 지도해 줄 것을 요청한다.

c. 그와 같이 앉아, 몇 개의 단기목표를 세우고 재목반출 도로건설 지침을 짜 본다. 이렇게 함으로써 그의 과업구조는 다소 향상될 것이다.

d. 그가 얼마나 창조적으로 일을 수행할 수 있는지 알아보기 위해 새로운 임무를 부여한다.

e. 자신의 부하들에게 대하여 잘 알고 그럼으로서 그들의 도움과 신뢰를 얻는데 보다 많은 시간을 쓰도록 그에게 제안한다.

Leader Match 연습 문제 10

당신은 건설회사 부장입니다. 당신은 최근에 젊은 기사 한 사람을 배치받았습니다. 그는 당신 회사의 교량설계와 책임을 맡고 있습니다. 그는 당신 회사에 큰 보탬이 될 재능있고 젊은 사람입니다. 그는 과업지향적 리더입니다.

교량과의 책임자로서 그의 직무는 대형 프로젝트의 일부분을 설계하거나 도안을 하는 여러 기사와 도안가의 모든 일을 감독하는 것입

니다. 그들은 제한된 범위 내에서 비교적 표준화된 절차에 따라 일을 하고 있습니다. 이러한 사람들 중에 여러 명이 그들의 리더보다 더 재주가 많지는 않습니다. 그들은 그를 좋아했으나 그가 그들의 상사가 되어야 한다고는 확신하지 않습니다.

그의 부서의 업적이 비교적 낮고, 잔업과 벌금으로 회사의 자산을 축내고 있다는 것이 당신이 해결해야 할 문제입니다. 게다가 그의 강경한 규칙을 사용함으로써 부서를 이끌어 오고 있습니다. 그러나 특히 회사의 조직구조상 그에게는 사람을 채용하고 해고할 수 있는 권한이 부여되어 있지 않기 때문에 그 규칙이 잘 따라지고 있지 않습니다. 봉급과 승진뿐만 아니라 해고할 수 있는 권한은 인사부서와 상위 경영층에 있습니다.

교량부문의 업적을 높이기 위해 취할 수 있는 행동대안은 다음과 같습니다. 현재의 상황에서 가장 적합하다고 생각되는 것을 선택하십시오.

a. 자기부서 사람을 잘 알 수 없도록 그 부서의 사람을 교체한다.
b. 그의 권한과 지위를 높여줄 수 있는 행동을 취한다. 즉, 모든 정보가 그를 거치게 한다거나 고위층 회의에 그를 참석시킨다. 또한 그가 제안하는 것은 중요한 사항이라는 것을 분명히 한다.
c. 그에게 집중적인 훈련과 지도를 한다.
d. 그를 새로운 일자리로 옮긴다. 그리고 그의 직무가 계속 도전적이고 흥미롭게 하기 위하여 순환배치한다.
e. 그를 해고한다. 그의 업적을 보니 기대에 못 미친다.
f. 그를 그대로 내버려둔다. 아마 결국에는 일이 잘될 것이다.
g. 그의 부서에 몇 사람을 더 자신이 선발 배치하도록 한다.

4 신 뢰

4.1 신뢰의 의의와 특성

(1) 신뢰의 의의

신뢰(trust)란 다른 사람들의 의도나 행동을 긍정적으로 기대함으로써 기꺼이 그들을 믿고자 하는 태도를 의미한다.[16] 따라서 신뢰는 다른 개인, 집단, 조직의 행동이나 결과들이 충분히 받아들일 만한 것이며, 행위자를 이롭게 하는 방향으로 움직일 것이라는 가능성에 대한 믿음, 태도, 혹은 기대라고 이해할 수 있다. 다시 설명하면 우리가 의존하고 있는 사람들이 그들에 대한 우리의 기대를 저버리지 않을 것이라는 믿음을 의미하는 것이다.

오늘날의 변화무쌍한 경제환경에 적응하기 위한 조직의 노력의 과정에서 신뢰의 중요성은 점점 더 커질 것이다. 불확실한 미래에 대처하기 위해서 기업은 더 수평적이고 더 유연한 조직구조를 갖지 않으면 안 된다. 즉, 더 많은 자율성과 협력을 요구하는 조직구조와 새로운 팀의 형태가 나타나게 되는 것이다.

오래된 통제방식들이 구성원들에게 더 많은 권한을 주는 혁신적인 방법으로 대체되고 있는 것이다. 새로운 조직설계에서는 명령과 통제방식을 최소화하고 신뢰로써 모든 것을 대체해 나갈 수 있는 체계를 만들어 나갈 수 있어야 한다.

많은 상황에서 신뢰가 필요한 것은 사실이지만 신뢰 자체로 성공을 보증하기란 충분치 못하다. 목표와 지식, 기술과 적절한 역할, 효과적인 작업절차, 학습방법 등 여러 가지 요소들이 있고 신뢰가 뒷받침될 때 성공할 확률은 그만큼 더 높아진다. 하지만 신뢰란 높은 성과를 내게 하는 것이면서 모든 자원의 근본이며 기초가 되는 것이다.

최근에는 기업가정신과 창업이 중요해지면서 창업조직 또는 팀에서의 신뢰에 대한 관심도 커지고 있다. 창업조직은 일반적인 조직에서처럼 많은 교류와 정보교환을 통하여 점진적으로 신뢰가 형성될 수 있는 충분한 시간적 여유가 없음에도 불구하고 신뢰를 기본으로 운영될 때 성과를 낼 수 있다. 한정된 짧은 시간에 신속하고 효과적으로 신뢰관계를 형성하여야만 신뢰관계의 형성에서 오는 팀 유효성을 기대할 수 있다.

여기에서 우리는 이러한 신뢰의 정의를 바탕으로 신뢰의 특성과 조직 속에서 신뢰를 구축하기 위한 필수요소가 무엇이며 신뢰를 기반으로 하는 조직을 창출할 수 있는 방법, 신뢰의 한계점을 중심으로 살펴보고자 한다.

(2) 신뢰의 특성

신뢰는 다음과 같은 여러 가지 특성을 갖는다.

첫째, 신뢰는 위험을 수반한다. 위험을 감수하지 않는다면 신뢰를 키울수 없고, 신뢰를 키우면 위험이 커진다.

둘째, 신뢰는 형성되기는 어렵지만 상실하기는 매우 쉬운 특성을 갖는다. 신뢰의 경계(trust threshold)가 존재하여 불신(distrust)에서 신뢰로 발전하는 것을 제약하는 경향이 있다. 그러나 이 신뢰의 경계는 신뢰에서 불신으로 가는 것은 제약하지 않는다.[17)]

셋째, 신뢰는 크게 개인 간 신뢰와 조직 간 신뢰의 두 측면으로 나누어 볼 수 있다. 조직 내에서 상사와 부하 간, 동료 간, 부서 간의 신뢰는 조직의 경쟁력을 결정하는 중요한 요소이다. 구성원 간의 정보공유, 협력, 조직에 대한 몰입 등은 신뢰에 기반을 두고 있다. 조직 간 관계에 있어서도 네트워크 조직의 발전이라든가 전략적 제휴의 확산은 신뢰에 대한 이해의 필요성을 높이고 있다.

4.2 신뢰의 형성과정

신뢰가 형성되기 위해서는 개인 대 개인이든 개인 대 집단이든 상호 간의 관계가 있는 것으로 가정하여 발생하게 되는데 이들 서로 간의 관계는 거래 상대방과의 관계 정도에 따라서 5단계를 거치게 된다.

(1) 인식단계(awareness)

거래 상대방이 거래 파트너로서 가능한지에 대해 인지하는 단계로서 이러한 인지는 상황적 근접성, 즉 얼마나 가까운 곳에 있는가와 얼마나 알고있는 사이인가 등에 의해서 증가하게 된다. 이 단계에서는 거래당사자 간의 상호 접촉이 거의 이루어지지 않는다.

(2) 탐색단계(exploration)

관계상의 교환관계를 구축하는데 있어 기초단계에 해당한다. 잠재적인 파트너와의 의무, 파트너와의 잠재적인 의무와 이익정도, 그리고 교환 가능성 정도에 대해 보다 가까운 곳에서 관찰한 후, 최소한의 상호 의존성과 투자를 하게 된다. 이러한 탐색단계는 다음의 5가지 하위과정으로 이루어진다.

① **매력형성과정** : 잠재적 거래 상대방과의 이익-비용과 대체할 수 있는 다른 대안 간의 이익-비용의 비교를 통하여 매력도를 형성하게 된다.

② **의사소통과 협상과정** : 협상이란 상호의무, 잠재이익 등에 대한 재조정을 의미한다. 협상이 있다고 해서 교환관계가 확실하게 보장되는 것은 아니며, 계속해서 상호 정보교환이 필요하다. 그러나 이 단계에서의 정보교환은 완전하지 않다.

③ **힘과 정의를 행사하는 과정** : 불공정한 힘의 행사는 상호 목표달성을 위한 자발적인 협조 및 행동을 유발할 수 있다. 따라서 공정한 힘의 행사는 확장단계로의 이행을 가능하게 한다.

④ **규범형성과정** : 상호관계를 발전시켜 나가는데 있어서의 표준적인 행동이 형성되게 된다. 이러한 규범과 표준적인 행동을 마련함으로써 잠재적인 거래 파트너는 상호 교환에 대한 기본 규칙을 확립할 수 있다.

⑤ **기대개발과정** : 이해관계와 일체감 등에 의해 도움이 될 수 있다. 이 단계에서 신뢰가 크다면 긍정적인 태도를 가지게 되고, 더욱 많은 의사소통이 이루어지며, 협상행동을 야기할 수 있다.

이상의 5가지 하위과정은 탐색단계에서 거래당사자들로 하여금 상대방과의 목표양립 가능성, 상대방의 성과측정을 가능하도록 한다.

(3) 확장단계(expansion)

상대방과의 관계를 통한 이익과 상호 의존성이 지속적인 증가를 하며, 거래 상대방과의 역할성과에 대한 만족 및 보상에 대한 만족의 결과로서 확장이 이루어지며 상호 의존성의 정도가 보다 증가한다.

(4) 몰입단계(commitment)

당사자들 간의 지속적 관계에 대한 명시적이면서 암묵적인 약속이 이루어지게 된다. 상호 간의 상호 의존성이 가장 긴밀하며, 따라서 다른 대체가능한 교환 당사자와의 교환을 하지 않는다. 다른 대안에 대하여는 고려하지 않는 것이 아니고 행동을 하지 않는 것을 의미한다.

(5) 소멸단계(dissolution)

붕괴되거나 소멸될 가능성은 전술한 네 가지 단계에 내재되어 있다. 상호관계형성이 쌍방의 노력에 의해 달성되는데 비해 소멸은 한쪽에서 일방적으로 시작되는 경우가 많다. 소멸은 거래관계를 계속하는 경우의 비용과 이익을 비교하여 비용이 이익보다 크다고 생각될 때 발생한다.[18)]

4.3 신뢰구축의 필수적 요소

조직 내에서 신뢰는 크게 결과의 성취, 관심의 표현, 성실성 있는 행동이 있을 때 구축될 수 있다.[19)]

(1) 결과의 성취

일에 대한 동기를 믿는다 할지라도 거기에서 기대하는 믿을 만한 결과(results)가 나오지 않을 때 신뢰는 구축될 수가 없다.

① **분명하고도 야심 있는 목표설정** : 명확한 목표는 조직 안에서 성공에 직접적으로 기여할 수 있게 만들어 주고 신뢰감을 준다.

② **창의적이고도 뛰어난 실천기대** : 계획을 우수하게 실행할 수 있음을 보여주는 것은 좋은 결과를 기대하게 만들고 신뢰를 갖게 한다.

③ **성공과 실패에 대한 결과제시** : 개인, 팀, 조직 수준에서의 성공하거나 실패한 결과를 보여주고 정확히 평가함으로써 신뢰를 심어준다.

(2) 성실성 있는 행동

성실성(integrity)이라는 것은 정직하고 진실한 말, 언행의 일치 또는 어떤 사람의 일관된 행동을 의미한다. 대부분의 경우는 일관된 말과 행동을 보고 그 사람을 신뢰하게 되는 것이다. 불일치는 곧 불성실과 신뢰할 가치가 없는 것으로 이어진다.

① **성실함을 형성하게 하는 일관성** : 일관된 행동을 보여주는 것은 신뢰를 낳는다.

② **말과 행동 간의 일치성** : 약속을 행동으로 옮김으로 해서 신뢰를 낳는다.

③ **어떤 상황에도 일관성 유지** : 어떤 상황에서도 일관된 언행은 신뢰를 낳는다.

④ **시간이 흐름에도 일관성 유지** : 시간이 지나도 변함이 없는 언행은 신뢰를 낳는다.

(3) 관심의 표현

진실한 관심(concern)을 가져줄 때 신뢰가 형성됨을 알 수 있게 된다. 누군가에 대하여 관심을 가지고 이해하고 믿어주거나 행동할 때 신뢰를 구축할 수 있게 되는 것이다.

① **하나의 비전, 하나의 회사 구축** : 개인과 팀, 조직이 하나라는 일체성을 심어주어 단결심을 높이고 공동체로서의 신뢰를 구축한다.

② **구성원의 능력에 믿음 표출** : 모든 구성원들이 각자의 동기와 능력을 가지고 있다는 믿음을 갖고 구성원에 대한 지지를 함으로써 신뢰를 구축한다.

③ **친밀감과 대화형성** : 공식적 비공식적 채널을 통하여 충분한 접촉의 기회를 마련하여 서로의 견해를 듣고 이해할 수 있는 시간을 줌으로 해서 신뢰를 구축한다.

④ **공헌에 대한 인정** : 공헌한 것에 대한 인정과 보상을 해줌으로써 신뢰를 구축한다. 다만, 갈등과 의심, 경쟁을 유발시키는 결과가 되지 않도록 한다.

4.4 신뢰를 기반으로 하는 조직창출

조직이 신뢰를 기반으로 할 수만 있다면 성공적인 성과를 나타낼 수 있을 것이다. 그렇다면 신뢰를 기반으로 하는 조직은 어떻게 하면 만들 수 있는 것인가? 여기에서는 그 방법을 리더십과 조직구조, 조직문화를 통하여 구축하는 3가지 방법을 설명하고자 한다.

(1) 리더십을 통한 신뢰구축

조직신뢰의 시작은 경영층 리더들로부터 시작된다. 즉, 리더는 조직환경 속에서 조직의 장기비전과 전략을 책임지면서 기대하는 결과를 이끌어 낼 수 있어야 한다. 리더의 언행은 언제나 일관되어 성실함이 있어야 하고 수익성과 목표달성에만 관심이 있는 것이 아니라 구성원의 행복에 진정한 관심과 이해를 나타내 줌으로 해서 신뢰를 구축할 수 있다.

신뢰는 이렇게 리더로부터 시작되어 빠른 속도로 주요 팀들과 구성원들의 행동과도 상호관련성을 갖게 된다. 경영층 리더들 간의 불일치는 구성원들의 동요를 일으키고 불신의 씨앗이 되므로 경영층 리더들은 자신들의 언행을 신뢰할 수 있는 리더그룹을 구축하는데 많은 시간을 투자해야 한다.

(2) 조직구조를 통한 신뢰구축

조직이 추구하는 조직의 목적과 그 목적을 달성하고자 구축하고 있는 조직 구조 및 각종 프로세스들은 신뢰를 구축해 나가는 기반이 된다.

① 조직구성원이 목표에 동의하고 마음을 다해 일할 수 있는 공격적인 사업목표를 추진해 나간다.
② 명확하고 복잡하지 않은 성과책임을 갖게 한다.
③ 하위권한이 강화된 높은 주인의식을 갖는 조직구조를 구축한다.
④ 평가, 전략, 의사결정 등 모든 수준에서의 뛰어난 재능을 찾아내고 강화해 나간다.
⑤ 정보를 공유할 수 있는 시스템을 구축하고 유지한다.
⑥ 성과를 모니터링하는데 필요한 통제절차를 수립한다.

(3) 조직문화를 통한 신뢰구축

문화는 집단의 성과에 영향을 주는 조직생활에의 비공식적인 측면을 의미한다. 성공은 조직의 공식시스템으로부터 나오기도 하지만 주로 이들 시스템을 뒷받침해 주는 정신으로부터 나온다. 높은 신뢰가 있는 조직이나 팀에 적절한 문화를 개발하기 위한 결정적인 행동들이 있다.

① 공통의 비전을 가질 수 있도록 개발하고 외부적 도전과 경쟁상태의 인식은 공동운명체라는 인식을 주고 신뢰를 구축할 수 있게 해준다.
② 진정으로 느껴지는 가치에 따라 원칙을 준수하며 살아가며 기대를 저버리지 않을 때 신뢰를 구축할 수 있게 해준다.
③ 친밀한 관계 속에서 이해와 관심이 증진되면 신뢰를 형성할 수 있다.
④ 위험을 감수할 수 있고 실패로부터 배울 수 있는 문화를 구축하는 것은 신뢰를 구축할 수 있게 해준다.
⑤ 신뢰의 상징이 될 수 있는 상징(역사, 에피소드, 인물)을 갖는 것은 신뢰를 더욱 견고하게 해준다.

토론사례 13-3 어느 CEO의 리더십 노트 - Managing the manager

〈자료원〉 MagnaChip 박상호 회장의 사내 배포 [리더십 노트] 중에서

오랜 직장생활을 하다 보면 마음에 드는 상사 밑에서 일할 때도 있고, 혹은 존경할 수 없고 서로 맞지 않는 보스와 함께 일할 때도 있다. 대부분 내가 선택할 수 있는 여지가 없기에 이러한 상황을 고민하는 직장인이 매우 많을 것이다. 특히 중간관리자들은 경영진과 실무자들 사이에서 이 문제의 해결방법에 대한 답을 찾고 있을 것이다.

나는 30년 넘게 직장생활을 해왔지만 다행히도 나의 상사였던 분하고 사이가 벌어져 헤어진 적은 없었던 것 같다. 물론 그동안 모셨던 모든 분들을 내가 진심으로 존경했던 것은 아니다. 나는 자기주장이 강하고, 비논리적인 방법을 용납 못하는 성격이다. 이러한 성격은 예나 지금이나 마찬가지인지라, 상사와 긴장관계에 있었을 때도 있었다. 그러나 항상 결정이 내려지면, 그 결정을 내가 승복할 수 있든 없든 간에, 더 이상 반론을 제기하지 않았고 그 계획을 실행에 옮기는 데 전력을 다했다. 최소한 최초의 결과가 산출되기까지는....

상사와의 관계가 나빠지면 우선 손해 보는 것은 본인 자신이다. 성과급도 나빠지고, 진급 대상에도 제외될 수 있고, 손해 보는 것이 한두 가지가 아니다. 우선 상사와의 좋은 관계 유지를 위해 상사에게 하지 말아야 할 것을 몇 가지 생각해 보자.

- 내가 하는 것을 상사가 알고 있어야 한다. 즉 surprise가 없어야 한다.
- 결정전에는 반론을 제기하되 충분한 data와 fact를 제시해야 한다.
- 결정 후에는 일단 실행해보자. 결과가 예측 밖으로 나오면 그 결과를 긍정적은 자세로 상사에게 appeal하자.
- 태도가 중요하다. 불손한 태도는 전혀 도움이 안 된다.
- 물론 가장 중요한 것은 사업과 관리 performance가 기대치를 넘어야 한다는 것이다.

얼마 전 서점에서 재미있는 책을 하나 찾았다. 제목은 「상사를 코칭하자」이고 혼다의 사마토가 저자이다. 나도 돌이켜 볼 때 상사와 좋은 관계를 유지하기 위해 상사를 leading한 것이 큰 도움이 되었다. 즉 managing the manager의 비법은 상사보다 앞서 가는 것이다. 먼저

아이디어를 제안하고 회사가 필요한 사항을 예측해서 미리 준비하는 것이 비법이다. 상사보다는 조직 그리고 회사에 초점을 맞추는 것도 중요하다. 항상 상사와 건설적인 관계를 유지하되, 무조건적인 yes man이 되어서는 안 된다. 논리적인 제안이나 반론은 서로의 존경심을 유발하기 때문이다.

만일 상사와 자신과의 관계가 나쁘다고 하여 상사가 능력 없다고 단정하는 것은 옳지 않다고 생각한다. 그들이 그 자리에 있기까지는 회사가 인정해주는 공로가 있었기 때문이다. 따라서 상사가 능력이 없다기보다는, 다른 면에서 상사의 장점을 보지 못하고 있다고 생각하는 것이 타당하다. 만일 정말로 상사가 능력이 없다면 오히려 당신에게 좋은기회가 아닌가? 경쟁력 있는 조직은 능력 없는 관리자가 오래 버틸 수가 없기 때문이다.

[토론과제]

Managing the manager , 즉 상사를 코칭하고 이끌어 갈 수 있을 정도로 탁월한 리더십을 발휘해 가기 위해서는, 평소 어떠한 리더십 역량을 키워 갈 필요가 있는지 윗글을 참조하여 토론해보시오.

[후주]

1) R.M. Stogdill & A.E. Coons, (1957). *Leader Behavior: Its Description and Measurement*. Columbus, OH: Bureau of Business Research, The Ohio State University.
2) R. Likert, (1961). *New Patterns of Management*. New York: McGraw-Hill.
3) R.R. Blake & J.S. Mouton, (1964). *The Managerial Grid*. Houston: Gulf.
4) F.E. Fiedler, (1967). *A Theory of Leadership Effectiveness*. New York: McGraw-Hill.
5) R.J. House, (1974). Path-goal Theory of Leadership, *Journal of Contemporary Business*, 3, pp. 81-97.
6) Graen, G. B., & Uhl-Bien, M. (1995). Relationship-based approach to leadership: Development of leader-member exchange (LMX) theory of leadership over 25 years: Applying a multi-level multi-domain perspective, *The leadership quarterly*, 6(2), 219-247.
7) Greenleaf, (1970). *The servant as leader*, Indianapolis: The Robert K. Greenleaf Center.
8) Spears, (1995). *Insight of leadership: Service, stewardship, spirit and servant-leadership*, New York: John Wiley & Sons, Inc.
9) 정동일, (2011). '참된 나'를 찾아라. '진정성 리더십'이 온다. Dong-A Business Review, 75, p. 18.
10) 정동일, (2011). '참된 나'를 찾아라. '진정성 리더십'이 온다. Dong-A Business Review, 75, p. 18-24.
11) 정명호, (2019). 팀 전체가 리더가 되는 'WE-리더십': 역할과 함께 책임 공유도 강화해야. Dong-A Business Review, 286, pp.48-61.
12) Carson, J. B., Tesluk, P. E. & Marrone, J. A. (2007). Shared leadership in teams: An investigation of antecedent conditions and performance, *Academy of Management Journal*, 50(5), 1217-1234.
13) Jay S. Kim, 송계충, 양인숙, 김교훈, (1999). 리더십에 미치는 사회문화적 영향: GLOBE 연구, 인적자원개발연구, 1(1), 33-62.
14) R.J. House, et. al., (1999). Cultural Influences on Leadership and Organizations: Project GLOBE, *Advances in Global Leadership*, 1, JAI Press. pp. 171-233.
15) G., Hofstede, (1980). *Culture's consequences: International differences in work-related values*. London: Sage.
16) R. C. Mayer, J. H. Davis & F. D. Schoorman, (1995). An integrative model of organizational trust, *Academy of Management Review*, 20, pp. 709-704.
17) B. Shaw, (1997). *Trust in the balance*, Jossey-Bass.
18) Baxter & A. Leslie, (1983). Relationship disengagement: an examination of Reversal hypothesis, *Western Journal of Speech Communication*, 47, pp. 85-98.
19) R. B. Shaw, (1997). *Trust in the balance*, Jossey-Bass.

제4부

조직 전체의 수준

제14장 조직구조와 직무설계

제15장 조직문화

제16장 조직변화와 학습조직

조직의 성과는 조직의 목표를 달성하는 데 필요한 활동들을 적절히 조직화함으로써 달성될 수 있다. 즉 조직화는 개별 사원들이 수행해야 할 '직무'(job)를 설정하고, 그 직무들을 일련의 원칙과 기준에 의거하여 구조화해 가는 것을 의미한다. 이처럼 조직이 달성해야 전반적인 목표의 맥락에서 개인들이 수행하여야 할 과업들을 결정하여 직무를 형성하는 것을 직무설계(job design)라 한다. 그리고 기존의 직무를 일정한 기준에 의거하여 다시 형성하는 것을 직무재설계(job redesign)라 부른다. 이러한 직무설계 및 직무재설계는 조직의 구조화를 통하여 조직 내의 개인, 집단 그릭 조직 전체의 성과와 운영에 지대한 영향을 미치게 된다. 이러한 추치지에서, 제14장에서는 직무설계의 개념과 그 의의를 확인한 뒤, 직무설계의 한 방법인 직무충실화(job enrichment)를 지향하는 대표적인 이론인 직무특성모형에 대해 자세히 살펴본다. 또 조직구조를 설계할 때는 일반적으로 어떠한 점을 먼저 고려해야 하는지에 대해 학습한 후, 기능별 조직, 사업부제 조직, 혼합형 조직, 매트릭스 조직 등 조직의 성장과정에서 흔히 선택가능한 여러 가지 조직구조 형태와 그 특징들에 대해서도 함께 살펴본다. 제15장에서는 조직문화의 정의와 조직행위론에서의 관심, 조직문화의 구성요서로는 어떤 것들이 있으며, 어떤 과정을 거쳐 형성되는지에 대해 살펴보며, 구성원들에게는 어떠한 영향을 미치며, 조직성과와는 어떤 관계가 있는지, 과연 "좋은"조직문화라는 것은 존재하는지, 만약 있다면 어떤 모습이고, 그러한 문화를 자신의 조직에 용이하게 가져다 쓸 수는 있는 것일지, 조직의 혁신이나 사업합병의 성패가 조직문화에 달려 있다는 주장은 사실일지를 이 장에서는 이러한 다양한 질문들에 대한 모든 해답들을 모색해보고자 한다. 또한 현대 조직은 끊임없는 변화를 요청받고 있다. 이러한 변화의 요청에 적절히 부응하지 못하게 되면 ,조직은 발전은 고사하고 생존 자체를 위협받게 된다. 특히 정보화, 글로벌화를 부르짖는 요즈음에 조직변화의 필요성은 더욱 절실하다고 볼 수 있다. 이러한 맥락에서, 제16장에서는 조직 변화의 필요성과 그 저항요인, 그리고 대표적인 조직변화기법으로서 조직개발(OD)과 리엔지니어링(reengineering)에 대해 살펴본다. 또 전통적인 산업사회가 지식경제사회로 변모되어 감에 따라, 최근 조직의 경쟁력제고를 위해 더욱 그 중요성이 증대되고 있는 학습조직과 지식창조조직의 개념 및 요건에 대해서도 학습해 본다.

chapter 14

조직구조와 직무설계

창의성을 죽이는 법

❶ 주위의 누구보다도 자신이 제일 많이 아는 척한다.
❷ 최선의 절차법을 고안해내어서 그를 통해 종업원을 감독, 감시한다.
❸ 모든 사람들의 작업 진척도를 매일 체크한다.
❹ 전문적인 훈련을 받은 참모진들에게 장기간 기술적인 작업만 하도록 한다.
❺ 상업적 의사결정자와 기술적 참모들 사이에 장벽을 쌓아 놓는다.
❻ 봉급인상 건 이외에는 종업원들과 사적인 얘기를 하지 않는다.
❼ 자신의 책임하에 있는 모든 일에 대해 자신만이 대변인 역할을 하려고 한다.
❽ 새로운 아이디어에 '예스' 해놓고, 아무것도 하지 않는다.
❾ 많은 회의를 소집한다.
❿ 새로운 아이디어들 모두 정당한 절차를 밟도록 한다.
⓫ 의전에 집착한다.
⓬ 예산에 대해서 걱정한다.
⓭ NIH(Not Invented Here)증상을 배양한다.

-Mcahine Design사

1 직무설계의 개념과 의의

직무설계(job design)란 조직 내 각 개인이 담당해 가야 할 직무의 내용과 성격을 결정하는 일이다. 전통적인 직무설계는 테일러(Frederick Taylor)의 과학적 관리론과 포드(Ford) 자동차회사의 컨베이어 조립라인에서 보듯이, 무엇보다 능률적인 작업수행에 초점이 맞추어졌다. 즉 각 개인의 작업을 가급적 단순화, 표준화시킴으로써, 작업수행에 있어서 분업에 의한 효율성을 극대화시키는데 주요 목적이 있었던 것이다. 그 결과, 대부분의 생산현장에서 작업은 극도로 단순화되어졌다.

한 예로, 자동차 조립라인에서 근무하는 작업자는 불과 수십 초라는 짧은 작업주기를 가지고, 그 시간 내 십여 가지 정도의 조립작업을 하루 8시간 이상 반복하게 되었다. 또 직무내용이 이처럼 단순화, 표준화됨으로써, 작업자 간 근무교대나 그들 사이의 교체도 훨씬 더 용이하게 되었다.[1)]

이러한 직무설계원칙은 생산성의 놀라운 증가를 가져왔고, 생산영역에 있어서만이 아닌 현대 사회의 소비영역에도 깊숙이 침투하게 되었다. 즉 맥도날드 햄버거 체인에서 보듯이, 효율성과 계산가능성, 예측가능성과 통제성을 중요시하는 직무설계 및 운영원리는 우리가 사는 일상생활의 거의 모든 영역에 걸쳐 조직화의 일반적인 원칙으로 자리 잡게 된 것이다.[2)]

하지만 이러한 직무설계 원칙은 또한 상당한 대가를 요구했다. 직무수행의 주체인 사람이 직무의 단조로움과 반복성에 대해 불만족스럽게 느끼기 시작한 것이다. 이러한 사실은 이미 호손(Hawthorne)연구를 통해서도 잘 밝혀진 바 있다. 즉 작업자들은 기계의 부속품처럼 물리적 체계만 잘 짜여져 있으면 높은 능률을 가져오는 존재가 아니라, 과업의 단순화와 같은 물리적 조건 못지않게 작업자들이 느끼고 필요로 하는 것들도 작업수행의 능률을 높이는 데 마찬가지로 중요하다는 사실이 입증되었던 것이다.

단순화와 표준화에만 입각한 직무설계는 단지 효율적인 직무수행의 관점에서만 설계되었지, 그 직무수행의 주체인 작업자를 전혀 고려하지 않았기 때문에 여러 가지 부작용이 노출되었다. 직무가 너무 단순하고 반복적이기 때문에, 작업자는 일에 대한 관심이 줄어들고, 지루함과 소외감을 느끼게 되며, 그 결과 품질과 생산성은 하락하게 되었다. 또 단순화된 작업에서 따분함과 소외감을 느낀 작업자 중 일부는 다른 직장으로 옮겨가기도 하기 때문에, 조직의 입장에서는 숙련된 작업자를 잃는 등 큰 손실을 감수하지 않을 수 없었다.

따라서 전통적인 직무설계에서와 같이, 단순화시킨 직무에 사람을 어떻게 적응시키는가 하는 것뿐만 아니라, 직무수행의 효율성을 희생하지 않으면서도 직무의 여러 특성을 가급적 작업자의 능력이나 욕구에 부합하도록 어떻게 설계할 수 있을지가 현대적인 직무설계의 새로운 과제로 제기되었다. 즉 현대적인 직무설계의 원칙은 모든 계층의 조직구성원들에게 생산성과 효율성뿐만 아니라, 직무수행과정에서 직무만족과 의미를 함께 부여할 수 있어야만 하는 것으로 변화되기 시작하였다. 사실 사원들의 동기부여를 불러일으키지 못하는 직무설계는 장기적으로 생산성을 떨어뜨릴 수밖에 없을 것이기 때문에, 현대적인 직무설계는 조직구성원의 동기부여를 매우 중요하게 고려하게 되었다고 볼 수 있다.

2 직무설계의 대안적 방법

직무의 지나친 단순화에서 야기되는 문제점을 시정하기 위해서는 개별 직무의 특성을 변화시켜 직무담당자의 욕구와 흥미에 맞추는 관점이 대두되었다. 이러한 관점에서 등장한 직무설계방법들 중에 직무순환, 직무확대, 직무충실화 등이 있다.

2.1 직무순환

직무순환(job rotation)은 직무담당자를 사전에 정해진 방법으로 여러 직무에 순환시키는 것이다. 직무순환은 직무를 다시 결합하거나 재설계하지 않고 다양한 직무를 수행하게 함으로써 종업원을 단조로움과 따분함으로부터 해방시키려는 시도이다. 조직의 입장에서 보면, 직무순환의 결과로 다양한 기능을 갖는 종업원들이 많이 생기게 될 경우, 일정계획, 변화에 대한 적응 및 공석 보충 등에 있어서 조직에 보다 많은 유연성을 주게 된다.

그러나 이러한 시도가 결점이 없는 것은 아니다. 즉 훈련비용이 늘어난다거나 현재 최대의 능률을 내고 있는 사람을 새로운 자리로 바꾸어 버릴 때 일어나는 생산성 감소 등의 문제가 있다. 또한 직무순환은 전문가의 양성을 어렵게 만들 우려가 있다.

2.2 직무확대

직무확대(job enlargement)는 작업자가 수행하는 과업의 수와 담당범위를 증가시키는 것이다. 현재의 직무에 비슷한 과업을 추가함으로써 과업의 수와 기능의 다양성을 높이기 위한 것이다. 이러한 직무확대는 수평적으로 직무를 확대함으로써 너무 단순화된 직무가 갖는 다양성의 결여문제를 해결하려는 것이 주요 목적이라고 할 수 있다.

그러나 직무확대는 단순히 단순화된 직무내용이 양적으로만 확대될 뿐, 직무수행의 방법과 관련된 자율성이 함께 증대되는 것은 아니다. 따라서 직무확대가 실시될 경우, 결국 작업자가 수행하는 작업량만 증대되고마는 문제점이 자주 노출되었다. 그 결과, 직무확대를 경험한 한 작업자는, "나는 전에도 불결한 직무를 수행하였는데, 이제는 직무확대란 이름 아래 세 가지의 불결한 직무를 수행해야 한다"고 불평하고 있다. 이에 대한 개선책으로 나온 것이 다음의 직무충실화 개념이다.

2.3 직무충실화

직무충실화(job enrichment)는 지금까지 살펴본 직무설계방법과는 다르게, 직무를 보다 수직적으로 충실하게 변화시키는 방법이다. 직무순환과 직무확대는 직무의 질은 변하지 않고 작업자가 담당하는 직무의 범위가 이전보다 좀 더 수평적으로 확대된 것이라고 볼 수 있다. 이에 비해, 직무충실화는 직무의 수평적 확대뿐만 아니라, 직무수행의 재량권 확대 등 직무내용의 수직적, 질적 확대를 의미한다.

직무충실화를 통한 직무설계방법은 무엇보다 직무담당자에게 자신의 직무에 대해 보다 많은 재량권을 부여하는 것을 핵심내용으로 한다. 작업자가 스스로 구체적인 작업계획과 일정을 수립하고, 가급적 제3자의 감독과 통제를 줄이는 대신, 작업자가 상위감독자의 과업의 일부를 위양받아 수행하게 된다. 즉, 작업자는 직무의 계획, 실행 그리고 평가에 대해서 이전보다 큰 영향력을 행사하게 됨으로써, 보다 자율적이고 임파워먼트(empowerment)된 작업자가 되는 것이다. 그 결과, 이제 충실화된 직무는 보다 도전적이고, 보람있으며, 일을 통해 자신의 능력을 키워나갈 수 있는 직무가 된다.

직무충실화의 배경이 되는 이론으로는 앞에서 고찰한 허쯔버그(F. Herzberg)의 2요인 이론을 들 수 있다. 허쯔버그는 자신의 연구를 통하여 감독, 작업조건, 임금 등과 같은 직무외재적인 위생요인은 불만족에만 관련이 있지 적극적으로 작업자의 동기부여와 만족을 이끌어 내지 못한다고 보았다. 대신 성취감, 인정, 책임감,

성장 등과 같은 '직무 그 자체'와 관련된 요인, 즉 직무내재적인 요인들만이 적극적으로 직무만족과 동기부여를 불러일으킬 수 있는 동기요인이 될 수 있다고 주장한 바 있다. 허쯔버그에 따르면, 이러한 동기부여 요인이 직무에 많이 내포되게 만들어야 해당직무는 적극적으로 동기부여와 직무만족을 유도할 수 있다. 직무충실화는 바로 이러한 방식으로 직무를 재설계하고자 하는 방법이다.

3 직무특성모형

직무충실화의 개념은 그간의 단순한 직무설계방식을 넘어서, 직무수행자의 만족과 동기부여를 고려하는 직무설계의 새로운 원칙으로 간주되었다. 하지만 모든 사람들이 책임과 자율권이 증대된 직무를 좋아하는 것은 아니다. 어떤 사람들은 골치 아픈 결정이 수반되는 직무는 싫어하는 대신 단순하고 반복적인 직무를 선호할 수도 있다. 반면, 직무와 연관된 지식과 기능을 이미 많이 보유하고 있고 또 개인적인 성장욕구가 강한 사람이라면 당연히 충실화된 직무를 더 선호할 것이다.

이러한 점을 고려하여, 직무충실화를 시도할 때 특히 어떠한 직무특성들을 고려해야 하며, 또 그러한 직무특성은 구체적으로 작업자의 어떠한 심리상태를 거쳐 동기부여와 성과향상을 가져오는지를 설명하고자 한 이론이 바로 직무특성모형(job characteristics model: JCM)이다. 이 모형은 핵크만(J. R. Hackman)과 올드햄(G. R. Oldham)에 의해 개발되었으며[3], 직무충실화 개념에 기반하여 조직 내 현재의 직무특성상태를 진단하고, 그에 따라 적절한 충실화를 기해나가기 위한 직무설계 방향을 제시해 준다는 데에 의미가 있다.

구체적으로, 핵크만과 올드햄은 다음에서 보는 바와 같이 직무에는 5가지의 핵심적인 직무특성이 있는데 이것들이 작업자로 하여금 3가지의 중요한 심리적 상태를 경험하게 한다고 주장한다. 그리고 이러한 특성들이 궁극적으로는 동기부여, 성과, 직무만족, 이직률 및 결근율 등에 긍정적인 영향을 미치게 된다고 제안하고 있다.

그림 14-1 직무특성모형

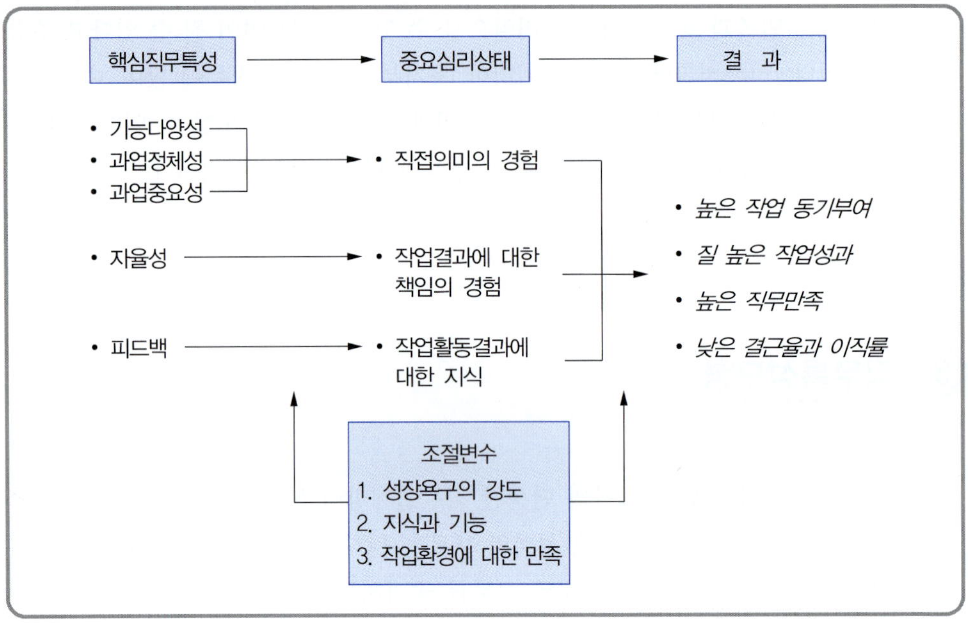

3.1 핵심직무특성

핵크만과 올드햄은 다음의 5가지 핵심적 직무특성을 들고 있다.

① **기능다양성**(skill variety) : 직무담당자가 직무를 수행하기 위해 얼마나 다양한 활동과 개인적 기능을 활용하여야 하는 정도이다.

② **과업정체성**(task identity) : 직무담당자에게 배정된 일의 단위가 전체 수준의 일에서 차지하는 비중. 전체 공정의 일부분에 해당되는 직무보다는 많은 공정에 관여하는 직무가 더 과업정체성이 높다.

③ **과업중요성**(task significance) : 직무가 다른 사람의 생활에 중요한 영향을 미치는 정도. 이때 다른 사람은 같은 회사의 동료 작업자일 수도 있고, 조직 밖의 다른 사람일 수도 있다.

④ **자율성**(autonomy) : 직무담당자가 직무의 수행에 필요한 작업일정계획과 작업방법 등을 결정하는 데 있어 소유하고 있는 자유, 독립성, 자유재량권의 정도이다.

⑤ **피드백**(feedback) : 직무담당자가 수행한 직무수행결과의 효과성에 대한 직접적이고 정확한 정보를 알 수 있는 정도이다.

이 핵심직무특성을 측정하기 위하여 핵크만과 올드햄은 직무진단조사(Job Diagnostic Survey: JDS)라고 하는 표준화된 설문지를 개발하였다. 이 측정도구를 이용하여 측정한 측정치를 아래와 같은 공식에 대입하여 어떤 직무에 대한 동기부여 잠재수치(motivating potential score: MPS)를 구할 수 있는데 이는 직무담당자가 자신의 직무가 동기부여를 줄 수 있다고 지각하고 있는 정도이다.

$$\text{MPS} = \frac{(\text{기능다양성} + \text{과업정체성} + \text{과업중요성})}{3} \times \text{자율성} \times \text{피드백}$$

위의 공식에서 보아 알 수 있듯이 동기부여 잠재수치를 구하기 위하여 기능다양성, 과업정체성, 과업중요성은 더하여 평균을 구하며, 자율성과 피드백은 곱하게 된다. 따라서 자율성과 피드백 중 어느 하나라도 0에 가까운 수치를 지니게 되면 MPS는 0에 가까운 값을 갖게 된다.

3.2 중요 심리상태

이와 같은 핵심직무특성은 직무담당자가 다음의 3가지 중요 심리상태를 경험하는 정도에 영향을 미치게 된다.

① **작업의 의미경험**(experienced meaningfulness of work) : 직무담당자가 자신의 직무를 자신, 회사에 유용하고 가치있는 것으로 경험하고 있는 정도를 말한다.

② **작업결과에 대한 책임경험**(experienced responsibility for work outcomes) : 직무담당자가 자신의 직무결과에 대해 개인적으로 느끼는 책임의 정도를 말한다.

③ **작업결과에 대한 지식**(knowledge of results) : 직무담당자가 자신의 작업의 효과성에 대해 알고 있는 정도를 말한다.

앞의 [그림 14-1]에 나타난 것처럼 특정한 직무특성이 중요 심리상태를 유발한다. 즉, 기능다양성, 과업정체성, 과업중요성은 작업의 의미를 경험하게 하고, 자율성은 작업결과에 대한 책임감을 경험하게 하며, 피드백은 결과에 대한 지식을 갖게 해준다.

3.3 작업 및 개인적 결과

핵크만과 올드햄에 따르면 직무담당자들이 4가지 중요 심리상태를 경험하게 되면 여러 작업 및 개인적 결과가 생기게 된다.

① 직무가 자극적이며 도전감이 넘치고 즐겁기 때문에 직무담당자들의 동기부여가 높아지게 된다.
② 중요 심리상태와 내재적 동기부여를 경험함으로써 작업의 질이 높아지게 된다.
③ 중요 심리상태를 경험함으로써 개인적인 성장과 발전의 가능성이 증가되어 직무만족을 촉진하게 된다.
④ 이러한 종류의 경험들은 또한 낮은 결근율 및 이직률과 관련되는 경향이 있다.

3.4 직무특성모형에서의 조절변수

이 모형에서 나타나고 있듯이, 핵심직무차원이 중요 심리상태를 일으켜 작업 및 개인적 결과를 가져오게 하는 데에는 여러 조절변수가 작용하고 있다.

① 직무특성모형에서 조절역할을 하고 있는 것은 성장욕구의 강도이다. 여기에서 성장욕구의 강도란 직무담당자의 자존욕구와 자아실현욕구에 대한 열망의 정도를 가리킨다. 모형에서 성장요구가 높은 사람은 낮은 사람보다 중요 심리상태를 더 많이 경험하게 될 가능성이 높고, 그 같은 중요 심리상태에 대하여 성장욕구가 높은 사람들은 낮은 사람들보다 결과에 더 많이 반응하게 된다.
② 작업자의 지식과 기능이 조절작용을 할 수 있다. 핵심직무특성을 많이 내포하고 있는 직무에서 성공적인 성과를 올리기 위해서는 그 직무를 효과적으로 수행하는 데 요구되는 지식과 기능은 필수적이다. 따라서 성공적인 직무수행에 필요한 지식과 기능이 부족한 직무담당자에게 동기부여 잠재력이 높은 충실화된 직무는 '그림에 떡' 신세밖에 되지 못한다.
③ 핵크만과 올드햄은 보수, 직무 안정, 동료작업자, 감독자에 대한 만족과 같은 작업환경에 대한 만족이 직무특성모형에서 조절변인으로 작용할 수 있다고 하였다. 낮은 보수를 받고 자신의 일자리에 대한 불안감을 느끼며 독선적인 동료작업자 또는 불공정한 감독자 밑에서 일하는 사람에게는, 직무특성모형에 의한 직무충실화를 일종의 착취수단으로 여길 수도 있다.

3.5 핵심직무특성을 증가시키는 방법

직무특성모형에서는 핵심직무특성을 증가시킬 수 있는 방안을 제시하고 있다.

① **과업을 결합하라**(combine tasks) : 지나치게 세분화된 과업을 결합하여 보다 큰 작업단위로 형성함으로써 기능다양성과 과업정체성이 높아진다.

② **자연스런 작업단위를 만들어라**(create natural work unit) : 유사한 과업은 논리적으로나 본질적으로 의미있는 작업단위에 묶음으로써 가능하다.

③ **고객과의 관계를 구축하고 관리하라**(establishing and managing client relationship) : 고객은 조직이 존속 발전하는 데 있어 매우 중요한 존재이다. 즉, 조직이 창출한 재화와 용역을 사용하는 사람이다. 이러한 고객들과 작업자가 가능한 모든 영역에서 직접적인 관계를 구축하고 유지하게 하도록 노력하여야 한다. 이렇게 함으로써 기능다양성, 자율성, 피드백이 증대될 것이다.

④ **직무를 수직적으로 확대하라**(expand jobs vertically) : 직무를 수직적으로 확대하는 것은 직무담당자에게 책임과 통제권을 부여하는 것이다. 이렇게 함으로써 직무의 수행 측면과 통제 측면과의 간격을 없앨 수 있고 직무담당자의 자율성이 증대된다.

⑤ **피드백 통로를 개방하라**(open feedback channel) : 품질보증 의무 및 전산화된 피드백 메커니즘과 같은 것을 직무에 포함시킴으로써 피드백 통로가 개방되고 직무에 피드백 특성이 증대된다.

4 조직구조설계를 위한 고려요인

조직구조(organizational structure)는 직무와 권한, 책임 등을 중심으로 조직구성원 및 과업집단을 구분하고, 이들이 서로 긴밀히 연결되어 상호작용하도록 만든 구성체(formal configuration)를 말한다. 즉 조직구성원들과 그들이 속한 각 부문들을 전문화시켜 잘 분화(differentiation)시키고, 또 이렇게 나누어진 각 부문들이 주어진 과업수행과 목표달성을 위해 잘 협력해 가도록 통합(integration)시킨 조합형태를 조직구조라 하는 것이다.

일반적으로 조직구조를 설계하기 위해서는 아래 3가지 요인을 고려할 필요가 있다.

4.1 복잡성

조직구조 상의 복잡성(complexity)이란 조직 내에 존재하는 분화(differentiation)의 정도를 가리킨다. 수평적 분화는 단위부서 간의 횡적 분리의 정도를 의미하고, 수직적 분화는 조직계층의 깊이를 의미한다. 공간적 분화는 조직의 시설 및 인력이 지역적으로 분산되어 있는 정도를 의미한다.

이 세 가지 분화 중 어느 하나가 증가되어도 조직의 구조상의 복잡성은 커지게 되는데, 복잡성이 큰 연구조직일수록 "관리자의 시간"(manager's time)이 전혀 새롭고 상이한 분야에 배정되어야 할 필요성이 커지게 된다. 다시 말해서, 조직구조의 복잡성이 높아질수록 부문관리자 또는 최고경영자는 의사소통, 조정 및 통제 상의 제 문제를 다루는데 그만큼 시간과 주의를 요하지 않으면 안 된다는 것이다.

(1) 수평적 분화

수평적 분화란 단위부서들이 구성원의 지향성, 과업의 성격 및 구성원들의 교육과 훈련의 특성을 기준으로 분화되어 있는 정도를 가리킨다. 그래서 조직 내에 전문적인 지식이나 기술을 필요로 하는 직무의 수가 많으면 많을수록, 그리고 그 직무에 요구되는 교육과 훈련의 기간이 길면 길수록 그 조직의 복합성은 더욱더 증대된다고 본다. 왜냐하면 상이한 과업의 성격과 교육훈련의 경험에 따른 구성원들의 다양한 지향성은 상호 간의 의사소통과 관리자의 조정활동을 더욱 어렵게 만들기 때문이다.

예를 들어 조직 내에 전문영역별로 집단이 형성되고 부서의 수가 많아지면, 그것 때문에 집단 간에 서로 분화가 생겨 그 집단들 간의 상호작용은 더욱 어려워진다. 즉 다양한 전문성의 배경을 가진 구성원들이 많은 연구조직은 각자의 목표에 대한 강조점이 다르고, 시간에 대한 지향성도 다르고 사용하는 용어까지도 달라질 것이다. 결국 이러한 수평적 분화는 직무의 전문화와 조직구조의 부문화로 설명된다.

직무의 전문화의 근거는 국부론의 저자인 애덤 스미스가 주장한 분업의 능률성에 있다. 분업에 따른 능률성은 구성원 한 사람의 신체적 한계, 기술과 지식의 한계, 반복업무에 따른 학습효과, 그리고 한 분야에 대한 집중적 혁신노력의 가능성에서 그 원인을 찾아 볼 수 있다.

(2) 수직적 분화

수직적 분화는 권한계층의 최상층부터 시작하여 최하층에 이르는 계층의 수를 말한다. 즉 권한계층의 수가 증가할수록 수직적 분화가 커져서 조직구조의 복잡성

그림 14-2 통제의 범위

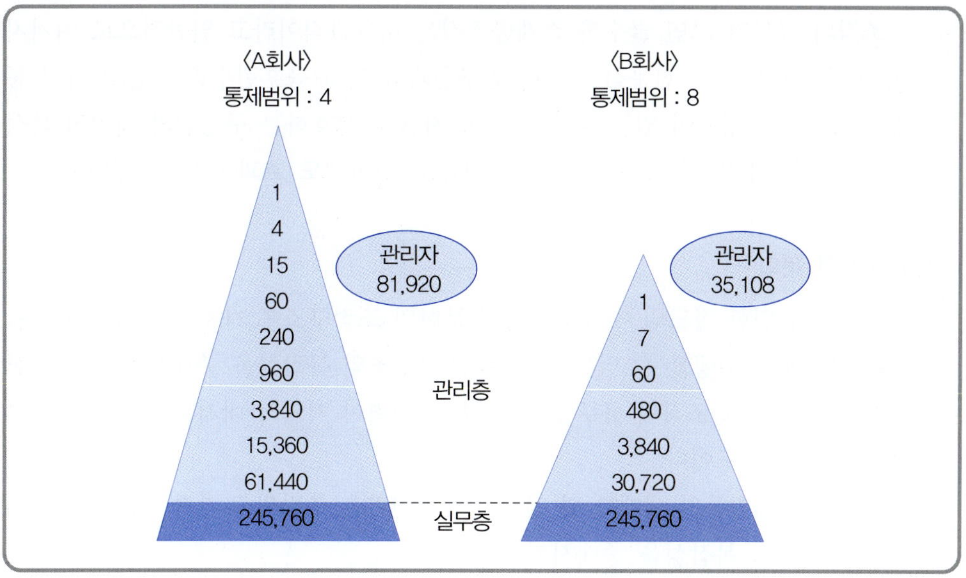

은 더해간다. 그런데 수직적 분화란 수평적 분화의 증대에 대한 반응, 즉 수평적 분화가 커지고 조정의 필요성이 증가됨에 따라 나타나는 결과로 생겨난다. 또한 수직적 분화가 커지면 커질수록 의사소통의 왜곡가능성이 그만큼 더 커지며, 관리자의 조정의 필요성은 더욱더 많아진다.

두 조직의 구성원의 수가 많다고 해서 수직적 분화의 정도가 같아야 할 필요는 없다. 조직은 나름대로 권한계층이 많은 다계층조직(tall organization)이 될 수도 있고, 권한 계층이 적은 소계층조직(flat organization)이 될 수도 있다. 다계층조직이냐, 소계층조직이냐를 결정짓는 요인은 "감독의 폭" 또는 "통제의 범위"(span of control)이다.

통제의 범위란 한 사람의 관리자가 효과적으로 지휘할 수 있는 구성원의 수이다. 모든 조건이 같다면 "통제의 범위"가 작으면 작을수록 고도의 수직적 분화가 일어나게 되어 다계층조직이 되고, 반대로 "통제의 범위"가 클수록 소계층조직이 만들어진다.

다계층 조직의 경우에는 보다 세밀한 감독이 가능하고 보다 치밀한 상사 지향적인 통제가 이루어지며, 지시나 명령이 많은 계층을 통과하기 때문에 조정과 의사소통이 복잡하게 된다.

그러나 소계층조직구조의 경우는 보다 짧고 단순한 의사소통체계를 갖게 되며, 한 사람의 관리자에게 보고하는 하위자의 수가 많기 때문에 세밀한 감독이 불가능하다. 그리고 계층의 수가 상대적으로 적기 때문에 승진의 기회도 그만큼 줄어든다.

조직의 규모가 크면 클수록 소계층조직은 비효과적이라고 일반적으로 여겨지나, 연구직무와 같은 전문적 직무나 연구원과 같은 교육훈련수준이 높고 자기 통제가 가능한 구성원이 있는 경우, 그리고 자율을 선호하는 구성원의 개인적 특성이 존재하는 경우에는 소계층조직이 대규모 조직에도 효과적일 수 있다.

(3) 공간적 분화

조직은 동일한 정도의 수직적·수평적 분화의 조직구조를 가지고 동일한 활동을 여러 지역에서 수행할 수 있는데, 이는 조직구조의 복잡성을 증대시킨다. 이러한 지역적 분산은 그 조직의 사무실, 연구실 및 인력이 지역적 내지는 지리적으로 분산되어 있는 정도이다.

최근의 기업활동의 세계화 및 전략적 제휴전략은 조직의 공간적 분화를 심화시켜 조직구조의 복잡성을 증대시켜주고 있다.

(4) 복잡성－수평적 분화, 수직적 분화, 지역적 분화의 함수

위 세 가지 요소 사이에는 어떤 관계가 있는가? 종교조직, 정부조직, 다각화된 재벌기업 등과 같이 조직규모가 극도로 대규모인 경우에는 모두 다 위의 세 요소의 수준이 높은 것으로 나타나고 있다. 그러나 동네의 슈퍼마켓처럼 소규모 조직에서는 위 세 요소가 모두 낮다.

그러나 위 세 요소는 반드시 다같이 동일한 방향으로 나타나지는 않는다. 연구조직의 경우에는 조직의 규모에 관계없이 일반적으로 수평적 분화는 매우 높고, 수직적 분화는 상대적으로 낮으며, 지역적 분산은 상대적으로 낮다. 반면에 군대의 포병부대 조직에서는 수평적 분화는 거의 없고, 수직적 분화와 지역적 분산의 정도가 높다.

조직의 관리자가 분화와 분산을 증대시키기로 한 의사결정은 복잡성의 증대에서 오는 경제성과 능률 때문이었다. 그러나 그 같은 의사결정의 결과로 나타난 것은 통제, 조정 및 갈등 감소 등을 촉진하기 위해 관리인력을 추가시켜 달라는 압력을 받게 된 것이다.

그리하여 복잡성이 가져다 준 경제성은 복잡성이 초래하는 조정·통제의 부담에 의하여 상쇄되어 버리고만다는 사실에 주목할 필요가 있다.

4.2 공식화

공식화(formalization)란 조직 내의 직무가 표준화되어 있는 정도를 의미한다. 공식화의 정도가 높은 조직에서는 명확한 직무기술서, 많은 조직규칙, 명확한 절차 등이 존재한다. 그러나 공식화의 정도가 낮은 조직에서는 직무수행에 있어서 구성원의 행동이 비교적 프로그램화되어 있지 않고 구성원은 자유재량권을 자유롭게 행사하게 된다.

공식화의 정도는 조직들 간에 매우 다양할 뿐만 아니라, 조직내부에서도 부서 간에 매우 상이하다. 일반적으로 직무 사이클이 가장 짧은 비숙련직무, 즉 단순하고 반복적인 직무의 경우가 공식화의 정도가 가장 높고, 직무의 전문직화(professionalization)가 크면 클수록 공식화의 수준은 낮아진다. 그러나 분명한 예외는 있을 수 있다. 예를 들어 연구원들이 연구에 투입한 시간을 기록하여 원가계산의 기초로 삼는다거나, 공인회계사나 경영컨설턴트의 활동을 매 시간마다 기록하여 그들의 서비스에 대한 수수료의 계산기초로 삼는 경우는 공식화가 높은 경우이다.

이와 같이 공식화의 정도는 그 직무가 비숙련인가 또는 전문직종인가에 따라 달라질 뿐만 아니라, 조직의 계층이나 기능부서에 의해서도 차이가 생긴다. 즉 관리자가 권한계층을 따라 위로 올라감에 따라 그들이 갖게 되는 자유재량권도 증대되어 공식화의 수준은 줄어든다. 또한 생산직종의 직무는 영업이나 연구직종의 직무보다 더 공식화되어 있다. 왜냐하면 생산부서의 직무는 표준화되어 있는 경향이 있고, 판매부서는 고객이나 소비자의 욕구의 변화에 대응하기 위해 그들의 활동에 융통성을 보여주어야 하며, 연구부서의 경우도 창조적이고 혁신적인 과업의 특성 때문에 유연성을 갖지 않으면 안 된다.

그러나 연구부서라 하더라도 연구과학자는 아주 낮은 공식화 속에서 활동하게 되지만, 그들의 감독자나 관리자들은 조직의 정책을 따르고, 일상적이고 반복적인 작업을 하는 부서처럼 똑같은 보고서를 계속하여 작성해야 하므로 상대적으로 높은 공식화 속에서 업무를 보며, 연구부서의 사무직원들의 업무도 상대적으로 프로그램화되어 있다는 사실을 인식할 필요가 있다.

4.3 집권화

집권화(centralization)란 의사결정권이 조직 내의 어떤 단일위치에 집중되고 있는 정도를 의미한다. 조직의 상층부에 의사결정권이 집중되고 있으면 집권화의 정도가 높은 것이고, 반면에 하층부에 의사결정권이 집중되어 있으면 집권화의 정도가 낮다고 보는데 이를 분권화라고 한다.

집권화의 장점으로는 의사결정에 있어서 포괄적이고 조직 전체적인 관점을 가질 수 있고 또한 중대한 능률을 가져다준다는 점이다.

반면에 분권화의 장점은 다음과 같다.

① 정보의 과중현상을 감소시켜주고,
② 새로운 환경변화 및 정보에 대한 신속한 대응을 촉진시키며,
③ 현안문제에 대한 의사결정에 보다 정밀한 정보투입을 가능하게 하고,
④ 구성원을 의사결정과정에 참여하게 함으로써 동기유발시키고,
⑤ 관리자에게 필요한 판단능력을 개발하기 위한 훈련기회를 제공한다.

조직의 구성원들이 전문직 훈련을 더 많이 받으면 받을수록, 의사결정에 참여할 가능성은 그만큼 높아짐으로써, 조직구조의 복잡성이 높을수록 분권화될 가능성이 많다. 그리고 조직에 전문직 구성원들이 많을 경우에는 낮은 공식화와 분권화는 동시에 존재하게 된다.

그러나 의사결정의 유형이 이 같은 관계를 조절해 주고 있다. 즉 전문직 구성원들은 그들의 활동에 직접적으로 영향을 미치게 될 의사결정의 분권화를 기대하게 되나, 이 같은 일은 인사관리상의 문제나 또는 조직의 전략적 의사결정에 반드시 적용되는 것은 아니다. 즉 전문직 구성원들이 조직목표와 관련된 전략적 의사결정이나 인사문제에 대하여는 집권화된 의사결정을 후원하여, 낮은 공식화와 집권화가 동시에 존재하는 분야가 생기게 된다.

5 조직구조설계의 전통적 관점과 상황적합적 관점

집을 지을 때도 콘크리트나 목재 등 어떠한 건축자재를 사용하는가에 따라 다른 구조를 갖는 집이 지어지듯이, 조직을 설계할 때도 그 구성요소들을 어떻게 조합하여 고려하는가에 따라 다른 구조가 만들어진다. 또 집을 건축할 때 지진이나 기후여건 등 주변의 여건을 고려하여 그에 적합한 구조와 자재를 사용하게 되듯이, 조직을 설계할 때도 해당조직의 내외여건을 고려하여 그에 적합한 구조를 설계할 필요가 있다.

앞에서 살펴본 복잡성, 공식화, 집권화 등 조직구조설계의 일반적인 고려 요인들을 어느 정도로 반영하여 조직을 설계하는 것이 좋은 지를 주로 고민한 것이 바로 전통적인 관점이라면, 조직이 당면한 내외여건, 즉 조직의 규모, 생산활동을 위해 활용하고 있는 기술의 성격, 전략, 시장과 환경 등 상황적 차원을 더 많이 고려하여 조직설계를 해야 성과가 좋을 수 있다고 보는 것이 상황적합적 관점(contingency perspective)의 조직설계이다.

5.1 조직구조설계의 전통적 관점

초기의 학자들은 모든 조직에 전부 통용될 수 있는 가장 이상적인 조직구조설계 방안을 강구하려고 시도하였다. 비록 학자들마다 활동한 시기와 배경은 조금씩 달랐지만, 이들은 조직화의 유일한 최선의 방안(one best way)을 제시해 보려 한 점이 공통적이라 할 수 있다. 이처럼 조직구조설계에 있어서 보편적인 최선의 방안을 강구해보려 했던 대표적인 이론으로는, 이미 제1장에서 소개한 바 있는 베버(M. Weber)의 관료제론과, 페이욜(H. Fayol) 등을 고전적 경영관리이론을 들 수 있다.

(1) 베버의 관료제론

독일의 사회학자 막스 베버(Max Weber)는 조직설계의 전통이론인 관료제(Bureaucracy)를 주창하면서, 조직설계 시 고려할 다음과 같은 원칙을 제시한 바 있다.[4)]

① 분업의 원칙
② 명령일원화의 원칙
③ 권한과 책임의 원칙(권한, 책임, 달성의무 3면 등가)
④ 감독폭 적정의 원칙(소계층 대 다계층 조직)
⑤ 계층단축의 원칙
⑥ 라인과 스탭의 구별
⑦ 규칙의 사용
⑧ 개인관계의 배제
⑨ 기술적 능력중심(technocracy)
⑩ 문서적 의사소통
⑪ 계속 고용

그러나 관료제에 기반한 조직설계는 제품품질의 균일성과 예측성은 높으나 다음과 같은 한계점을 갖는다.

① 한정된 숫자의 재화나 서비스의 생산에 적합하다.
② 관료적 규칙은 구성원과 고객들에게 민감한 대우를 못한다.
③ 신기술의 도입이나 자체의 혁신을 이룰 수 없다.
④ 예측하지 못한 문제나 새로운 이슈에 대해 잘 처리할 수 없다. 즉 변화하는 환경에 적응하지 못한다.

(2) 페이욜의 고전적 경영관리이론

헨리 페이욜(Henry Fayol)을 위시한 고전적 경영이론가들은 그들 자신이 오랜 기간 동안 직접 기업을 경영해 본 경험을 바탕으로, 어떤 조직이든 마땅히 의거해야 할 보편적인 경영관리원칙을 정립하고 이를 제시해 보려 노력하였다. 이들은 경영관리의 과정을 계획, 조직, 지휘, 통제의 과정으로 일반화시켜 설명하였을 뿐만 아니라, 조직구조의 설계와 운영 역시 매우 보편적인 원칙하에 이루어져야 한다고 생각하였다. 이들이 제시했던 고전적인 경영관리원칙은 <표 14-1>과 같다.

표 14-1 고전적 경영관리이론의 일반경영관리원칙

• 명령의 통일 (Unity of command)	한 구성원은 단지 한 사람의 상관으로부터 명령을 받아야 한다.
• 스칼라 체인 (Scalar chain)	조직의 상부로부터 하부로 흘러내려가는, 상급자로부터 하급자로의 권한 및 명령계통: '명령의 통일' 원칙으로부터 도출되는 이 명령계통은 또한 의사소통과 의사결정의 통로로 사용되어져야만 한다.
• 통제의 범위 (Span of control)	한 상급자로부터 지휘를 받고 또 그에게 보고해야 하는 부하직원의 수는, 의사소통과 조정의 문제를 야기시킬 만큼 그렇게 많지 않아야 한다.
• 라인과 스태프 (Line & staff)	스태프요원들은 가치있는 자문적 서비스를 라인에게 제공해야 하지만, 라인의 권한을 침범하지 않도록 유의해야만 한다.
• 적극적인 업무 주도 (Initiative)	조직의 모든 위계수준에서 격려 및 고무되어져야만 한다.
• 업무의 분업화 (Division of work)	경영관리자는 조직의 목적을 효율적으로 달성할 수 있도록 일정수준 이상의 전문화된 업무능력을 항상 보유해야 한다.
• 권한과 책임 (Authority and responsibility)	명령을 내릴 수 있고 복종을 이끌어 낼 수 있는 권한에 대해 적절한 관심이 두어져야 하며, 또 권한과 책임의 적절한 균형이 항상 이루어져야만 한다. 어떤 사람에게 과업에 대한 책임만 주고, 그 책임을 수행할 수 있는 적절한 권한을 부여하지 않는 것은 의미가 없다.
• (권한의) 집중화 (Centralization (of authority))	(권한의) 집중화(Centralization (of authority)) : 항상 어느 정도의 권한 집중화는 유지하되, 그 집중화의 정도는 행정요원들의 능력수준에 따라 변동될 수 있어야 한다.

• 훈련과 규율 (Discipline)	훈련과 규율(Discioline) : 일반적으로 인정된 규칙이나 관례를 존중할 수 있도록 복종, 적응력, 박력, 행동의 강화와 유지할 수 있어야 한다.
• 일반 이해로의 개인적 이해의 종속(Subordination of Individual interest to general interest)	강건함(firmness), 본보기, 공정한 동의, 그리고 끊임없는 감독을 통한 일반 이해의 중시
• 형평성 (Equity)	관리자로 하여금 자신의 직분을 다하도록 만들기 위해, 형평성에 입각하여 사기를 북돋을 수 있는 적절한 보상을 제공한다.
• 관리자의 재직권의 인정 (Stability of tenure of personnel)	능력개발의 촉진을 위한 재직권의 안정적 보장
• 단결심 (Esprit de corps)	강력한 원동력으로서의 조화의 촉진을 위한 단체정신의 함양

자료 : G. Morgan, *Images of Organization*, 『조직의 8가지 이미지』, 2004, 지샘. p. 42.

5.2 조직구조설계의 상황적합적 관점

고전적인 관점은 어떤 상황에서든 잘 작동될 수 있는 조직의 보편적인 설계원리를 규명해 보려 시도했었지만, 실제로 조직은 그 생존 및 성장 여건에 따라 다양한 모습을 보일 수 있다. 비로 이웃나라이긴 하지만, 지진이 많은 일본의 집구조와 그렇지 않은 우리나라의 가옥구조가 서로 다르듯이, 조직은 그 생태적 조건에 따라 상당히 다양한 구조를 가질 수 있는 것이다.

이처럼 조직이 당면한 내외 여건에 따라 그에 적합한 조직구조의 모습은 얼마든지 다를 수 있고, 또 실제로 달라야만 해당여건에서 조직성과를 잘 이루어낼 수 있다고 보는 관점이 바로 상황적합적 관점(contingency perspective)이다. 보다 현대적인 조직설계관점이라 할 수 있는 이러한 상황적합적 관점을 구축해 가는데 일조를 했던 몇몇 연구들을 살펴보기로 한다.

(1) 생산기술에 기반한 상황적합이론

우드워드(J. Woodward)는 조직에서 생산활동을 위해 활용하는 기술의 성격에 따른 조직구조와의 적합성 모형을 주창하였는데, 먼저 조직에서 사용하는 기술을 다음의 3가지로 분류하였다.[5)]

① 단위생산기술(예 : R&D 활동)
② 대량생산기술(예 : 자동차 조립)
③ 연속공정기술(예 : 화학제품 생산)

우드워드에 의하면, 조직이 성공적으로 운영되기 위해서는 조직이 사용하는 기술에 적합한 조직설계가 따라야 하는데, 그 사용기술과 조직구조의 적합관계 모형은 다음과 같다.

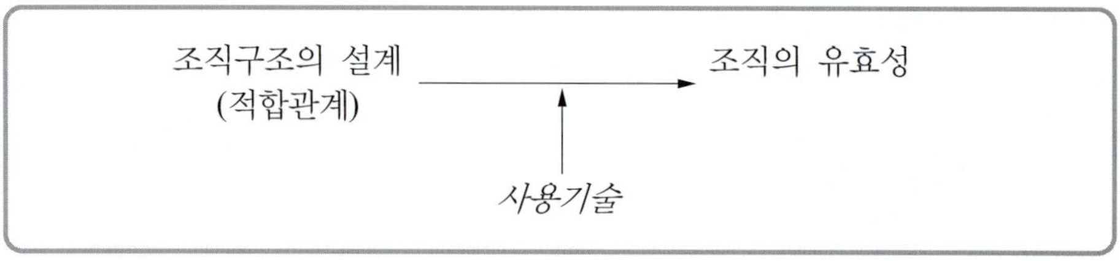

우드워드의 연구에 의하면, 조직에서 사용하는 기술의 종류에 따른 효과적 조직구조의 특징은 <표 14-2>와 같다.

표 14-2 사용기술과 조직구조의 관계

사용기술 / 조직구조	단위생산기술	대량생산기술	연속공정기술
일선감독자의 통제의 폭	23	48	15
문서적 의사소통의 수	낮음	높음	낮음
구두의사소통의 수	높음	낮음	높음
라인과 스태프의 전문화	낮음	높음	낮음
공식적 통제와 보상절차	낮음	높음	낮음
일선감독자와 경영층의 분리	낮음	높음	낮음
숙련근로자의 수	높음	낮음	높음

〈요약〉 ◎ 단위생산 기술 → 낮은 공식화
(연구조직 등) 낮은 집권화(높은 분권화)
중간정도의 복잡성(높은 전문화, 낮은 계층화)
〈요약〉 ◎ 대량생산기술 → 높은 공식화
(자동차 조립조직 등) 높은 집권화
낮은 복잡성(낮은 전문화)

(2) 외부환경에 기반한 상황적합이론

번스와 스토커(Burns와 Stalker)는 조직이 활동하는 외부경영환경의 특성에 따른 조직구조와의 적합성 모형을 주창하였는데, 먼저 조직을 둘러싼 외부환경의 분류는 <표 14-3>과 같다.[6)]

표 14-3 환경의 3가지 차원 : 안정성, 복잡성, 불확실성

	호의적 환경		적대적 환경
① 안정성	정태적인	←——→	동태적인
② 복잡성	단순한	←——→	복잡한
③ 불확실성	확실한	←——→	불확실한

번스와 스토커에 의하면, 조직이 성공적으로 운영되기 위해서는 조직을 둘러싼 외부환경에 적합한 조직설계가 따라야 하는데, 그 환경과 조직구조의 적합관계모형은 아래와 같다.

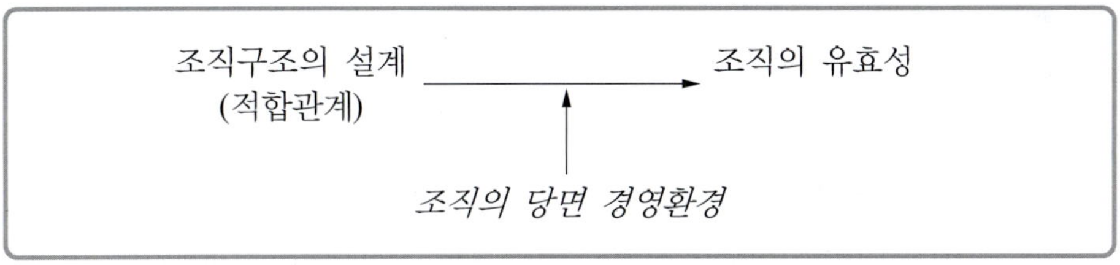

번스와 스토커의 연구에 의하면, 조직이 당면한 환경의 성격에 따른 효과적 조직구조의 특징은 <표 14-4>와 같다.

표 14-4 조직환경과 조직구조의 관계

조직환경 / 조직구조	정태적 환경(자동차조립 공장)	동태적 환경(연구조직)
기계적 구조	높은 조직유효성	낮은 조직유효성
유기적 구조	낮은 조직유효성	높은 조직유효성

〈요약〉 ◎ 기계적 조직구조(Mechanistic forms)
- 기능적 분화에 따른 엄격한 역할구분
- 업무, 책임 및 권력의 정확한 정의
- 정보의 흐름과 결정과 지시의 경로가 정확한 명령체계

〈요약〉 ◎ 유기적 조직구조(Organic forms)
- 보다 유연하고 적응적임
- 직무는 공식적 거의 정의되지 않는다.
- 계층상하 간의 의사소통은 정보를 올리고 지시를 듣기보다는 협의의 성격이 더 많다.

6 조직구조의 일반적 형태

이렇듯 조직구조는 그 성격상 가장 관료제적이고 기계적인 성격을 가지는 조직으로부터 상당히 유기적이고 유연한 조직에 이르기까지 다양한 형태의 조직이 있을 수 있다. 또 조직의 성장과정에서 본다면, 대부분의 조직은 초기의 소규모 기능조직에서 시작하여, 조직이 점점 커질 경우 여러 사업분야에 동시에 뛰어 들고 있는 다각화된 대규모의 사업부제 조직으로 성장해 갈 수 있다. 따라서 현실 경영세계에서는 기업조직이 매우 다양한 모습을 보이면서 운영될 수 있는데, 여기서는 그 중 일반적으로 관찰될 수 있는 전형적인 조직구조의 형태와 그 특징을 살펴보기로 한다.

6.1 기능별 조직구조

기능별 조직구조(functional structure)는 조직 내 각 부문이 기능(function)을 기준으로 나누어지는 조직이다. 즉 [그림 14-3]에서 보듯이, 조직의 각 부문은 총무, 생산, 영업, 기술개발 등 수행하는 기능별로 분화되고, 각 기능부문을 책임지는 관리자는 해당부문의 업무활동에 대한 제반 사항을 최고경영자인 사장에게 보고하도록 설계된다. 이러한 기능별 조직은 조직구조형태 중 가장 기본적인 형태로서, 대개는 조직규모가 아직 작거나 중간 정도일 때 흔히 사용된다.

기능별 조직은 조직이 목표를 추구할 때 각 기능부문의 효율적 운영이 가장 우선시 될 때 적합한 조직형태이다. 또 당면한 경영환경이 비교적 안정적이고, 각 부서 간의 기술적 상호 의존성이 낮아서 부서 간의 수평적인 조정이 그리 많지 않으며, 비교적 일상적인 기술이 활용되는 조직일 경우 적합할 수 있다.

기능별 조직구조의 가장 중요한 장점은, 유사한 기능을 결합시켜 한 부문 또는

그림 14-3 기능별 조직구조

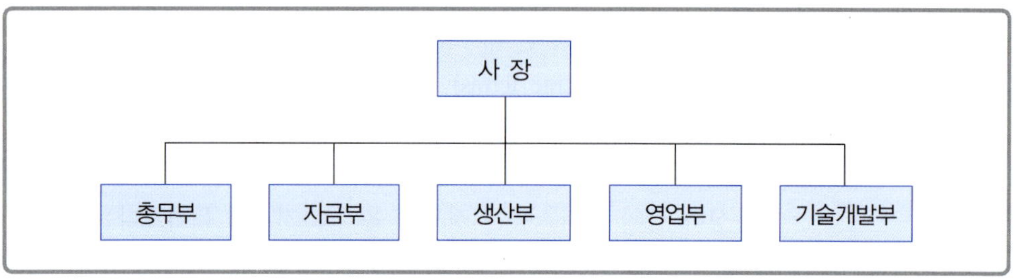

부서로 결합함으로써 얻을 수 있는 전문화의 이점을 들 수 있다. 같은 기능을 수행하는 사람들이 동일한 장소에서 업무를 수행할 경우, 업무수행에 필요한 자원과 노력의 절감을 기할 수 있어 규모의 경제를 얻을 수도 있다. 또 조직구성원들은 자신이 속한 기능부서 내에서 짧은 기간 내 각 기능부서에서 소요되는 업무기술을 신속히 익히는데도 유용하다.

하지만 기능별 조직구조는 부서 내 업무협조는 잘 이루어질 수 있지만, 부서 간의 조정이 곤란할 수 있다는 점이 최대 약점이다. 조직구성원은 대개 자신이 속한 부서의 목표달성에만 치중하게 되기 쉬워서, 조직 전체의 목표달성에는 제한된 시각을 가질 수 있다. 또 기능별 조직은 급속히 변화하는 환경에 대한 적응력이 비교적 떨어질 수 있다. 기능별 조직구조는 각 기능부서 간의 수평적인 조정보다는 수직적인 지시 및 조정 메커니즘에만 의존하는 조직이기 때문에, 환경이 급변하고 그에 따라 여러 부서 간 협력이 요구되는 새로운 의사결정 상황이 많아질 경우 이에 대한 신속한 대응이 어려운 단점이 있다.

끝으로, 기능별 조직에서는 유능한 최고경영자를 양성하기가 어려운 점도 있다. 일반적으로 최고경영층은 통합적인 업무를 주로 수행하는데, 기능별 조직구조 하에서는 이러한 최고경영층으로서의 기능수행에 필요한 통합적 업무역량을 축적하고 경험할 수 있는 직책이 극히 제한되어 있다. 따라서 기능별 조직구조를 운영할 경우, 유능한 최고경영층을 양성하기 위해서는 별도의 교육과 훈련계획이 필요할 수 있다.

6.2 사업부제 조직구조

기능별 조직구조가 대개 조직의 성장 초기에 단일제품을 생산하여 비교적 동질적인 시장에 판매할 경우 운영되는 조직이라면, 이러한 조직이 점차 성장하여 2개 이상의 이질적인 제품을 서로 다른 시장에 공략해야 할 경우 채택하기 쉬운 조직구조가 바로 사업부제 조직구조(divisional structure)이다. 즉 기업이 성장하여 다각화전략을 구사해 나갈 필요성이 있을 경우 채택하는 조직이 사업부제 조직이다.

이러한 사업부제 조직구조는 1920년대 이래 본격적인 사업다각화전략을 추진해간 미국 GM사와 DuPont사에 의해 처음 운용되었다. 다음 [그림 14-4]에서 보듯이, 사업부제 조직은 일반적으로 제품이나 시장의 다양성을 기준으로 각 사업부를 편성한다. 다각화를 추구하는 해당기업이 제품다양성에 더 많이 직면해 있다면, 제품별 사업부제를 선택하는 것이 유리할 수 있다. 다양하고 이질적인 제품들을 동일한 하나의 기능조직이 생산 및 판매할 경우, 내부적인 관리부담과 수반되는

그림 14-4 사업부제 조직구조

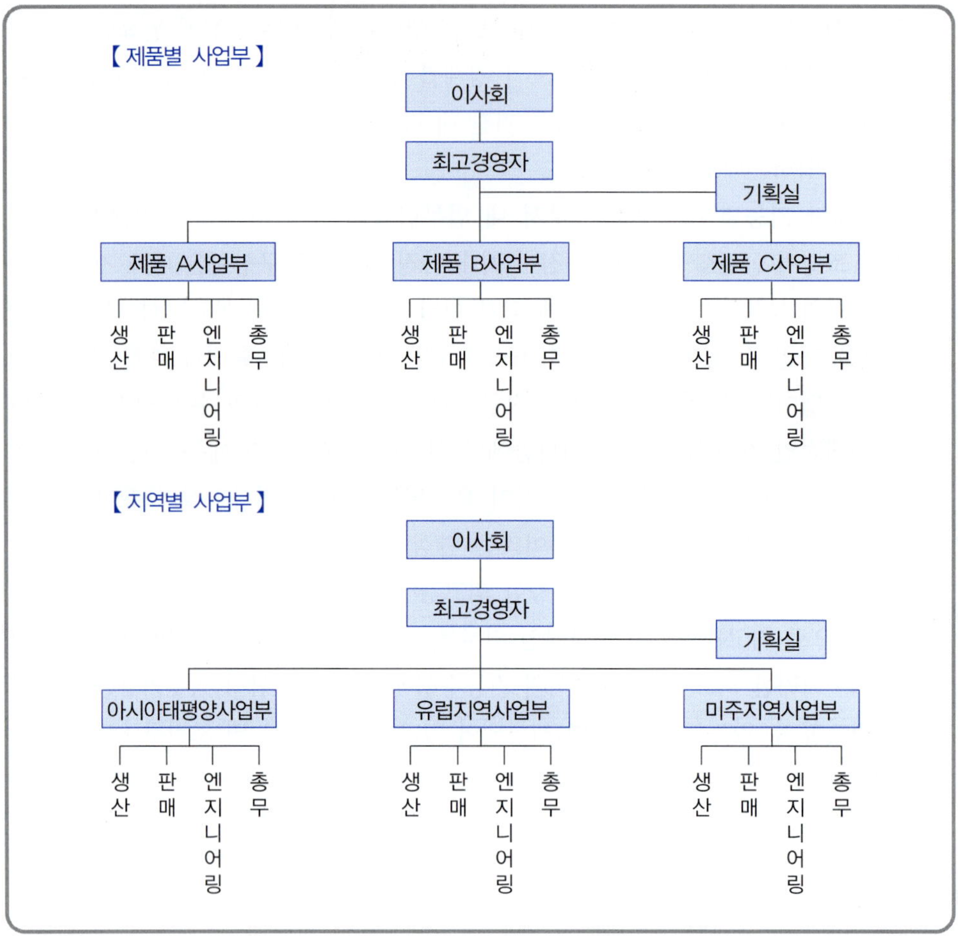

거래비용이 더 클 수 있다. 이러한 경우, 비슷한 제품끼리 묶어서 한 사업부를 편성하게 되면 해당제품을 더 효과적으로 생산, 판매할 수 있게 된다.

반면, 다각화를 추구하는 기업의 제품다양성은 별로 크지 않은데 비해, 당면한 시장의 다양성이 더 크다면 지역별 사업부제가 더 효과적일 수 있다. 생산제품은 비교적 동질적인데 비해, 지역별로 고객니즈(needs)가 다르고, 따라서 시장에 따라 상이한 마케팅이 필요하다면, 사업부를 지역을 기준으로 나누어 각 지역이나 시장별로 별도의 전략을 구사하고 관리해 나가는 것이 더 효과적일 수 있다.

사업부제 조직구조 하에서의 각 사업부는 일반적으로 자체완결적 단위(self-contained unit)로서, 각 사업부의 책임관리자(사업본부장)는 해당 사업영역의 업적에 대한 전적인 책임을 지게 되며, 해당 사업영역의 전략 및 운영에 대한 독립된 의사결정권을 보유하는 것이 일반적이다. 즉 각 사업부별로 책임경영제를 실시하면서, 각 사업부가 독립된 이윤센터(profit center)로서 기능하도록 운영하는 것이 보통이다.

이를 위해, 사업부제 조직구조 하에서의 각 사업부는 전형적으로 그 내부에 기능별 조직구조를 포함하는 자율적인 "작은 회사"로 구성된다. 즉 이들 사업부에는 또 하나의 조직형태가 존재하게 되고, 거기에는 다양한 기능부서가 편재된다. 그래서 각 기능부서의 관리자들은 해당기능과 관련된 모든 사항에 대해서 사업본부장에게 보고하게 된다.

한편, 사업부제 조직구조를 운영할 경우, 개별 사업부수준의 이해관계를 넘어서 전사적인 차원의 전략을 수립하고, 또 각 사업부의 전략계획을 전사적 입장에서 조정하는 업무가 필요해진다. 이러한 조정기능은 대개 전사적 차원의 스탭 부서로서 기획실이 별도로 설치되어 시행되는 것이 일반적이다. 이러한 전사적 기획부서는 그 밖에도 각 사업부의 자원공유와 기술이전을 도모하고, 각 사업부의 성과에 대한 평가와 함께, 그러한 평가에 따른 인센티브를 결정하는 역할을 담당한다. 또 각 사업부는 그 외에도 본사의 중앙본부(central headquarters)로부터 재무, 법률 및 세무 등의 전사적 차원의 지원서비스를 제공받게 된다. 이러한 사업부제 조직구조는 여러 가지 독자적인 장단점을 가진다. 먼저, 사업부제의 장점은 다음과 같다.

① 각 사업부마다 서로 다른 제품을 생산, 판매하고, 각각의 시장특성에 적절히 대응할 수 있게 됨으로써, 소비자들의 만족을 증대시키고 시장세분화에 따른 제품차별화가 용이할 수 있다.

② 각 사업부들이 자율적인 책임경영 단위가 됨으로써, 본사의 최고경영층이 일상적인 잡무로부터 벗어나, 조직 전체의 장기적인 전략계획의 수립 등 전사적인 차원의 총괄업무에 매진할 수 있게 된다.

③ 각 사업부의 자율성 및 자체 완결적 특성은 전반관리자(general manager)를 훈련·개발하기 위한 유용한 기회가 된다. 즉 각 사업부 책임자 개인에게 주어진 관리책임과 독립성 때문에 좌절과 성공을 경험하면서 전체 조직의 관점에서 운영해보는 기회를 갖게 된다.

④ 자율적인 어느 한 사업단위를 잘라내도 전체 조직에는 최소한의 영향만을 미치게 된다. 어느 한 사업부의 비효과적 업적이 다른 사업부들에 대해 영향을 미칠 위험성이 적다.

⑤ 각 사업부는 "조직 내의 또 하나의 소조직"을 이룸으로써 마치 하나의 독립된 사업체처럼 환경에 대응하고 사업성패에 대한 책임을 지며, 전문화에서

오는 편익을 영유하고 정보를 처리할 수 있다.

그러나 사업부제 조직도 단점이 없는 것은 아니다.

① 활동과 자원의 중복 투자가능성이 있다. 예를 들어 연구기획이나 일반관리 등의 부서가 각 사업부에 별도로 설치됨으로써, 각 사업부 간에 기능이 중복되어 조직의 비용증대와 이에 따른 능률감소를 가져온다.

② 본사의 중앙본부로부터의 지원서비스를 나누는데 대한 사업부들 간의 갈등이 유발되기 쉽고, 이러한 이유 때문에 지원서비스를 각 사업부에 따로 배치하게 되면 중앙본부의 통제권이 그만큼 줄어들게 된다.

③ 사업부 책임자는 어떤 제약범위 내에서 자율적으로 각 사업부의 업적달성에 전적인 책임을 지게 되나, 그의 사업부 업적에 결정적인 영향을 미칠 중요한 의사결정(예: 연구 프로젝트의 선정, 연구비의 규모결정 등)이 본사 중앙본부의 정책위원회에서 주도되는 경우에 좌절감과 분노를 느끼게 된다.

④ 각 사업부의 이해관계를 더 우선시 하는 사업부 이기주의의 발생으로 인하여 여러 가지 문제가 발생될 수 있다. 사업부 간 인력의 이동이 빈번하지 못하고, 사업부 상호 간의 경쟁으로 인한 조정의 문제가 일어난다. 한 사업부에서 성공한 기술혁신의 결과가 본사 중앙본부의 주선으로 다른 사업부에 시도되어도 별다른 성공을 거두지 못하는 NDH(not developed here) 또는 NIH(not invented here) 증후군이 일어날 수 있고, 또 이에 대한 본사 중앙본부 차원의 조정이 극히 어려울 수 있다.

6.3 혼합형 조직구조

조직설계에 있어서 기능별 조직과 사업부제 조직이 가장 기본이 되는 조직형태이기는 하지만, 경영 실제에서는 이러한 두 형태의 조직이 서로 혼합되어 운영되는 경우도 흔하다. 이러한 조직을 혼합형 조직구조(hybrid structure)라고 한다. 다음 [그림 14-5]에서 보듯이, 혼합형 조직은 기능별 구조와 사업부제 하에서의 제품별 구조가 혼합되어 사용된다.

앞서 설명한 것처럼, 기업이 성장하여 생산하는 제품의 종류가 많아지고 또 시장이 다양해지면 기능별 조직구조로부터 사업주제 조직구조로의 변화압력이 높아진다. 하지만 혼합형 조직구조처럼, 몇몇 기능만큼은 집중화하여 각 (제품)사업부와 별도로 본사의 기구로 남기게 되면, 이 기능들은 전문화의 이점이나 규모의 경

그림 14-5 혼합형 조직구조

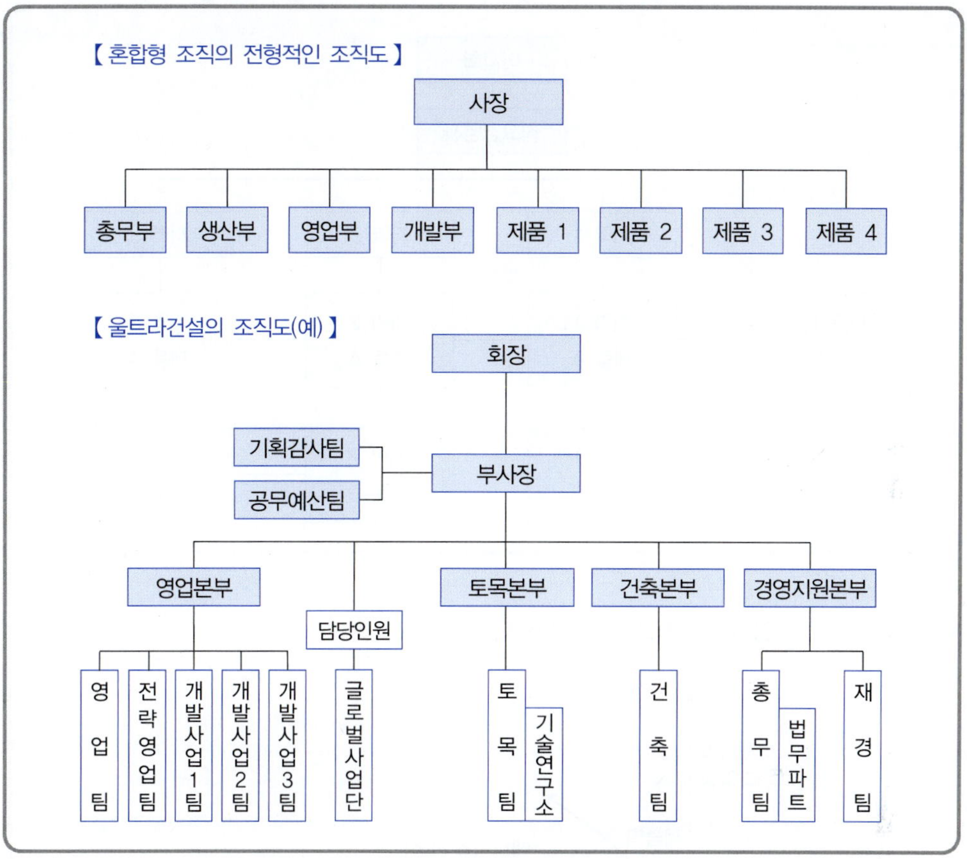

제효과를 기대할 수 있다. 결국, 혼합형 조직은 기능별 조직구조와 사업부제 하에서의 제품별 조직구조를 결합하여, 두 조직에서 얻을 수 있는 장점을 극대화하고자 응용되는 조직형태로 볼 수 있다. 즉, 기능별 조직의 전문화의 이점과 사업부제 조직의 시장적응성을 동시에 확보하고자 시도되는 조직인 것이다. 하지만 혼합형 조직구조의 경우, 전사적 스탭이 늘어나 관리부담이 증가할 수 있고, 본사의 전사적 관리스탭부문과 제품사업부 간의 갈등이 증폭될 위험도 내재하고 있다.

6.4 매트릭스 조직구조

매트릭스 조직구조(matrix organization)란 조직 내 한 구성원이 제품관리자와 기능관리자, 혹은 제품관리자와 지역관리자에게 동시에 소속되어, 이 두 관리자들에

그림 14-6 매트릭스 조직구조

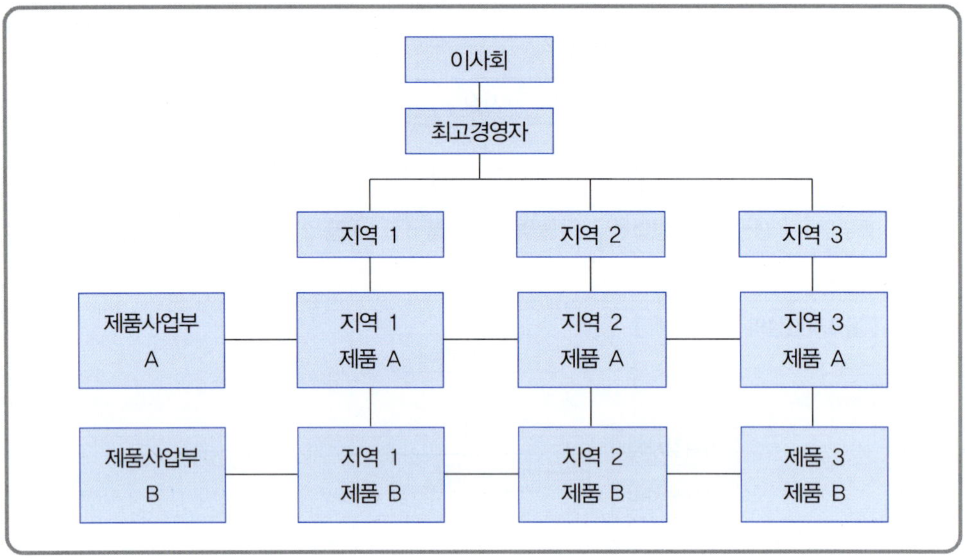

그림 14-7 사업부제 조직으로부터 매트릭스 조직으로의 변화

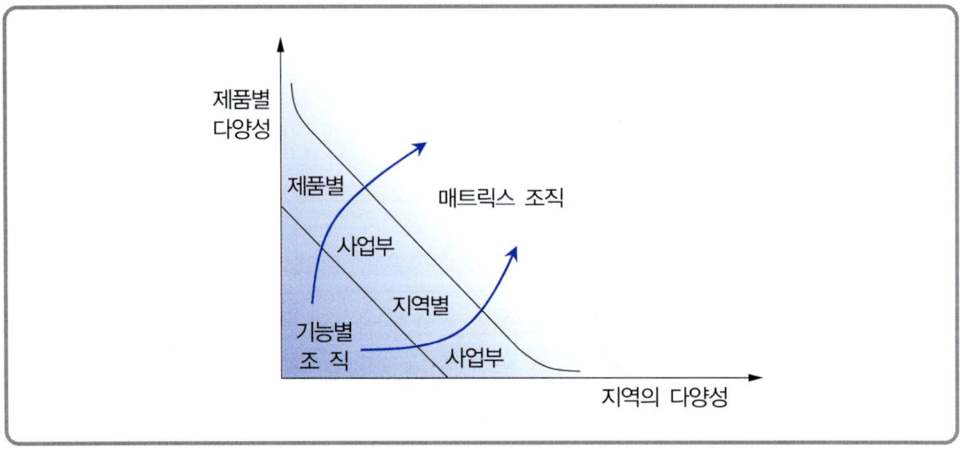

자료: 장세진, 『글로벌 경쟁시대의 경영전략』, 5판, 2007, p. 189.

게 동시에 보고하고 통제를 받도록 설계된 조직구조를 말한다. [그림 14-6]에서 보듯이, 한 조직구성원이 두 관리자에게 이중적으로 소속 및 통제되도록 설계된다는 점에서, 고전적 경영관리론에서 강조하는 '명령의 통일'(unity of command)의 원칙을 의도적으로 깨뜨린 조직구조라고 할 수 있다.

이러한 매트릭스 조직은 대개 사업부제 조직이 더욱 성장하여 제품과 시장(지역)의 두 차원 모두에서 다양성이 극도로 증대될 경우 선택할 수 있는 조직형태이다. [그림 14-7]에서 보듯이, 제품별 사업부제를 채택하고 있던 조직에서, 시장이나 지역의 다양성마저 커지면 그때는 기존의 사업부제 조직으로부터 이러한 매트릭스 조직으로의 변화를 고려해 볼 수 있다.

매트릭스 조직은 비교적 전문적인 역량이 필요한 사업부문에서, 해당조직이 확보한 한정된 전문인력의 활용을 극대화하고자 할 때 유용할 수 있다. 하지만 매트릭스 조직은 전통적인 명령통일 혹은 명령일원화의 원칙을 의도적으로 깨뜨린 조직설계방안이기 때문에, 효과적인 조직관리를 위해서는 많은 관리기술과 주의가 필요하다. 이러한 관리기술은 조직의 최고경영자, 매트릭스 관리자, 그리고 일반 조직구성원 모두에게 요구되는데, 그 내용은 다음과 같다.[7]

첫째, 매트릭스 조직에서 어느 한 부문의 권한이 지나치게 커질 경우, 기존의 매트릭스 조직은 이중권한구조(dual authority structure)로서의 균형을 잃고 종래의 사업부제 조직이나 기능별 조직으로 퇴화할 수 있다. 그러므로 최고경영자는 매트릭스 조직을 구성하는 두 부문 사이의 균형적 권한배분 및 조정을 위한 노력을 해야 한다. 또 두 부문의 관리자가 필요한 정보를 공유할 수 있도록 이들과 자주 접촉하여 원활한 의사소통과 효과적인 조정을 위해 노력을 기울여야 한다.

둘째, 매트릭스 관리자의 가장 근본적인 문제는 하급자들의 업무영역 중 자신의 책임과 권한에 해당되는 부문만을 통제할 뿐, 하급자들을 완전하게 통제할 수 없다는 것이다. 즉, 특정 제품의 관리자는 자신이 책임지고 있는 제품의 생산만을 통제하고, 특정 지역의 관리자는 자신이 관리하고 있는 시장만 챙기게 된다. 그래서 때로는 상대방 관리자의 업무분야에 대한 의견불일치와 갈등이 야기될 수도 있는 것이다. 따라서 매트릭스 조직구조 하에서 효율적인 업무수행을 위해서는 매트릭스 관리자가 효과적인 의사소통과 갈등관리 기술을 습득하는데 많은 노력을 기울일 필요가 있다.

셋째, 매트릭스 조직 하에서는 일반 조직구성원들도 그에 적합한 적절한 역량과 기술을 보유할 필요가 있다. 두 명의 상사로부터 동시적인 통제를 받는 일반사원들은 때로 두 사람의 매트릭스 관리자로부터 상충되는 요구를 받는 갈등을 경험할 수 있다. 이와 같이 서로 상충되는 지시에 직면했을 때는 즉시 두 상급자에게 이를 알려서 적절히 조정된 의사결정을 해나갈 수 있도록 조치해야 한다. 또한 두 부문의 관리자들과 항상 긴밀하고 협조적인 관계를 유지하여 업무의 능률을 향상시키는 한편, 업무영역과 관련해서도 그 자신이 복수전문화된 멀티플레이어(multi-player)로서의 역량을 보유할 수 있도록 노력해 가야 한다.

매트릭스 조직도 나름의 장단점을 가지고 있다. 매트릭스 조직은 무엇보다 당면한 경영환경의 불확실성이 매우 높고, 조직 내 한정된 전문인력의 활용도를 극대화하는 데는 효과적일 수 있다. 매트릭스 조직은 환경변화에 신속히 대처해 가기 위한 부문 간의 원활한 의사소통을 가능하게 해주며, 각 부문 간의 조정을 효과적으로 촉진시키고, 두 부문관리자 사이에 권한의 균형을 확보할 수 있도록 해준다.

또 조직에서 적용해 가는 기술이 비일상적이고, 각 기능 간 또는 사업부문 간 상호의존성이 긴밀할 경우에도 매우 적합한 조직형태이다. 한 마디로, 제품 및 시장, 그리고 기능영역 등에서 변화가 심한 경영여건 하에, 적은 인력으로, 보다 기민하고 유연한 대응능력을 확보해 가려할 때 효과적일 수 있는 유기적 조직형태라고 할 수 있다.

그러나 앞서도 지적한 바 있듯이, 매트릭스 조직은 전통적인 명령일원화의 원칙을 벗어나 있는 조직설계안이기 때문에, 이로 인한 단점이 제기될 수도 있다. 특히 서로 상충되는 명령과 지시가 두 사람의 상사로부터 내려올 경우, 이들을 모시고 일하는 해당사원은 역할갈등을 느끼고 혼란을 겪을 수 있다. 따라서 이러한 갈등을 감내하고 또 이를 적절히 해소해 갈 수 있는 대인관계 기술과 의사소통 및 조정기술을 습득하고 있지 못할 경우, 매트릭스 조직은 자칫 득보다 실이 더 클 수도 있는 조직이다.

7 민쯔버그의 조직유형론

지금까지 현실의 기업조직 세계에서 흔히 관찰될 수 있는 일반적인 조직형태 몇 가지에 대해 살펴보았다. 하지만 실제 세상에 존재하는 조직형태는 이보다 훨씬 더 다양할 수 있다. 기업세계를 넘어, 이를테면 병원과 학교 등 다양한 기능과 목적을 수행하는 여러 가지 특수한 조직들까지 포함하게 되면 조직의 모습은 훨씬 더 다양해진다. 그래서 앞서 언급한 상황적합적 관점 하에서, 현실 조직세계에 존재하는 다양한 조직의 모습을 효과적으로 분류해 보기 위해, 조직이론가 헨리 민쯔버그(H. Mintzberg)는 조직의 유형을 다음과 같은 5가지로 분류하였다.[8)] 그에 따르면, 다소간 차이는 있을지 모르지만, 세상에 존재하는 다양한 모습의 조직은 다음의 5가지 유형 중 하나에 가깝게 분류될 수 있다.

먼저, 그의 조직유형론을 효과적으로 이해하기 위해서는, 조직을 구성하는 5가지 부문에 대해 알아볼 필요가 있다. 다음 [그림 14-8]은 이러한 5가지 구성부문에 대해 소개하고 있다.

그림 14-8 조직의 5가지 구성부문

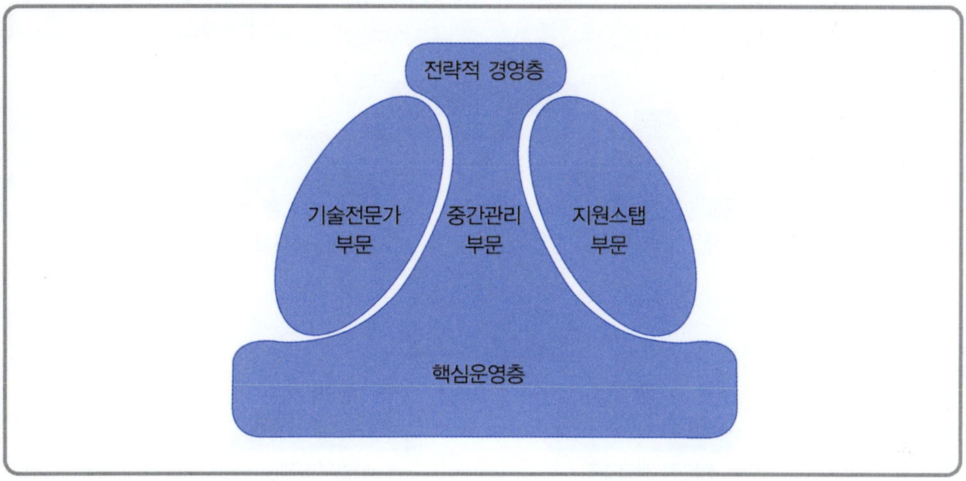

① **핵심운영층**(operating core) : 해당조직의 본질적인 사명이나 부가가치 생산기능을 전담하고 있는 부문으로서 제조업에 속한 조직이라면 생산부문, 보험 등 판매영업 조직이라면 판매영업 사원이 이에 해당한다. 대학교의 경우 교수, 병원은 의사나 간호사가 핵심운영층이다.

② **전략적 경영층**(strategic apex) : 사장과 경영진 등 조직 전체의 운영을 책임지고 있으며, 주로 전략적 의사결정에 치중하는 부문이다.

③ **중간관리부문**(middle line) : 최고경영층과 핵심운영층을 매개하면서, 조직의 부문관리를 책임지고 있는 중간관리층이다.

④ **기술전문가부문**(technostructure) : 기획, 전산, 생산운영, 기술지원 등 조직 내 기술적인 지원을 담당하는 전문가부문이다.

⑤ **지원스탭부문**(support staff) : 행정지원 등 조직 내 일반적인 관리를 지원해주는 간접부문이다.

민쯔버그에 따르면, 조직을 구성하는 이들 5가지 부문 가운데 어떠한 부문이 지배적인 역할을 담당하는가에 따라 조직의 성격과 유형이 달라지며, 또 각각의 조직유형이 가장 효과적으로 기능할 수 있는 조건 역시 서로 다르다.

■ 그림 14-9 민쯔버그의 5가지 조직유형

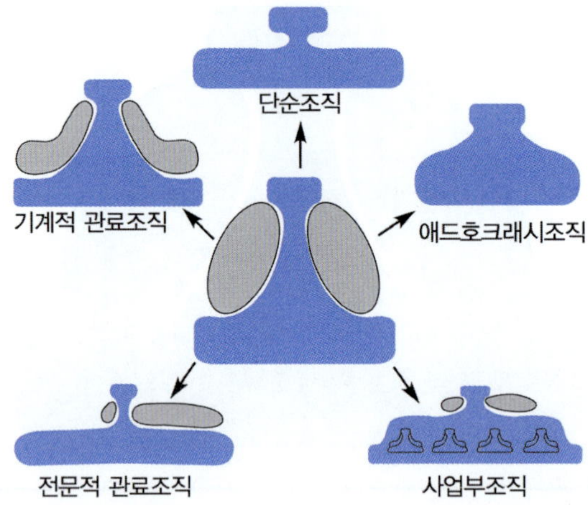

7.1 단순구조

단순구조(simple structure)는 가장 간단한 조직구성을 갖고 있다. 다음 [그림 14-9]에서 보듯이, 단순구조는 소수의 전략경영층이 핵심운영층을 직접적으로 조정, 감독하는 기능을 수행한다. 따라서 단순구조에는 중간관리부문이나 기술전문가 및 지원스탭부문이 최소화되어 있다.

따라서 단순구조는 소규모의 조직으로서, 매우 공식화 정도가 낮고 신축적인 조직운영을 특징으로 한다. 그래서 급속한 환경변화와 적응을 이루어내는데 있어서는 상당히 탁월한 조직유형일 수 있다. 단순구조는 조직 내에서 수행되는 과업이 지나치게 복잡하지만 않다면, 신속한 의사결정이 극히 중요한 신생 사업분야의 혁신적 벤처기업으로서 적합하다.

7.2 기계적 관료제

[그림 14-9]에서 확인할 수 있듯이, 기계적 관료제(machine bureaucracy)는 앞서 소개한 조직의 5가지 구성부문이 고루 갖추어져 있는 모습과 유사하다. 이 조직유형은 표준화된 과업수행 규칙과 업무절차를 갖추고, 매우 공식적으로 운영되는 통상적인 관료제에 가장 가깝다. 제조업분야에 종사하는 생산조직을 가정할 경우, 표준화된 제품을 대량생산하는 조직이 이에 해당한다.

기계적 관료제는 라인과 스탭 부문이 명확히 구분되어 있고, 공식적이고 수직적인 의사소통과 조정기능에 의해 조직이 운영된다. 따라서 공식화 정도도 높지만, 집권화의 정도도 높은 조직이라 할 수 있다. 각 부서는 수행되는 기능에 따라 분화되어진다.

7.3 전문적 관료제

전문적 관료제(professional bureaucracy)는 기계적 관료제와 마찬가지로 조직의 규모가 크고, 전형적인 관료제의 모습을 취하고 있기도 하지만, 기계적 관료제와는 다르게 상당히 분권적으로 운영되는 특징이 있다. 무엇보다 전문적 관료제는 조직 내 핵심운영층이 수행하는 과업이 상당히 전문성을 요하는 것들이어서, 이러한 과업을 수행하는 핵심운영층이 해당분야의 전문가들이라는 점이 특징적이다.

병원조직이나 대학조직이 한 예가 될 수 있다. 이러한 조직에서 핵심운영층인 의사나 교수가 수행하는 업무는 상당히 전문성을 요구하기 때문에, 비록 조직의 전략경영층이라 할지라도 해당분야의 세부적인 업무수행절차나 방법에 대해 일일이 간섭하거나 통제하기 힘들다. 따라서 전문적 관료제 하에서 이들 핵심운영층은 해당과업수행과 관련하여 상당한 자율성과 재량권을 가지고 일을 하게 된다. 하지만 이 핵심운영층이 수행하는 과업분야 역시 기능을 중심으로 세세하게 분화되어 있다는 점에서는 기계적 관료제와 유사하다.

전문적 관료제 하에서는 이러한 핵심운영층의 전문적인 과업수행을 행정적으로 지원하기 위한 지원스탭부문은 발달되어 있으나, 중간관리부문이나 기술전문가부문은 미약하다. 조직이 상당히 분권적으로 운영되어지고 또 핵심운영층 자신이 해당과업분야의 전문가이기 때문에, 일부 기술분야를 제외하고는 기술적 차원의 지원필요성이 그리 크지 않기 때문이다.

7.4 사업부제

민쯔버그의 사업부제(divisional structure) 조직유형은 앞서 소개한 사업부제 조직구조를 의미한다. 다각화된 사업분야를 갖고 있는 조직의 경우, 각 사업분야를 개별 사업부가 책임지고 전담관리해 나가도록 유도하는데 있어서 효과적인 조직이라 할 수 있다. 대개 기계적 관료제를 취하고 있는 기업이 사업다각화를 추구할 경우, 이러한 사업부제를 취할 확률이 높다.

7.5 애드호크라시

애드호크라시(adhocracy)란 조직학자 웨렌 베니스(Warren Bennis)가 처음 만들고, 미래학자 앨빈 토플러(Alvin Toffler)가 널리 확산시킨 조직유형 이름이다. 대개 다양한 전문적 기술을 가진 사람들로 구성된 임시집단으로서, 조직의 신속한 변화와 적응을 위해 프로젝트 기반으로 업무를 수행하는 임시적인 조직을 지칭하는 용어로 쓰인다. 매트릭스 조직을 애드호크라시의 하나로 간주하는 경우와 같이, 애드호크라시는 그 자체가 가장 유기적인 특징을 가진 조직을 지칭하는 용어로 쓰이기도 한다. 하지만 통상적인 관료제 조직에서 특정한 과제나 프로젝트를 수행하기 위해 임시로 구성, 운영하는 태스크 포스(task force), 위원회(committee), 공동관리(collegial structure) 조직구조 등을 일컫는데도 이 애드호크라시라는 용어를 활용한다.

애드호크라시는 공식화와 집권화가 매우 낮은 구조형태이다. 애드호크라시는 공식적 훈련에 기초한 고도의 수평적 분화의 특성을 가지고 있지만, 수직적 분화의 정도는 매우 낮은 것이 보편적이다. 수직적 분화의 정도가 낮은 것은 관료적 조직구조에서 볼 수 있는 다계층 관리구조를 애드호크라시에서는 찾아볼 수 없기 때문이다. 그 이유는 첫째, 애드호크라시는 유연성이 필요하기 때문에 조직의 적응능력을 제한하는 관리상의 다계층이 부적절하다. 둘째, 전문직 구성원들은 관리자들이 원하는 행동규범을 내면화하고 있어 관리 및 감독의 필요성이 최소화되고 있다. 또한 애드호크라시에는 업무수행과 관련한 규칙과 규정이 거의 없어 공식화의 정도가 매우 낮다. 혹시 규칙이나 규정이 존재한다고 해도 그 성격이 엄격하지 않고 명문화되어 있지 않은 경우가 많다.

전문적 관료제 조직구조와 애드호크라시 조직구조는 모두 다 전문직 구성원이 주류를 이룬다는 데는 공통점이 있으나, 그 중요한 차이점은 다음과 같다. 즉 전문적 관료제 조직구조의 경우에는 문제점에 당면하게 될 때는 즉시 문제해결 업무활동을 표준화된 프로그램으로 세분하여 전문직 구성원들이 단일한 방법으로 문제를 처리하도록 한다. 그러나 애드호크라시의 경우는 새로운 해결책이 필요하기 때문에 표준화 및 공식화가 부적절하게 된다.

이러한 애드호크라시에서는 의사결정이 고도로 분권화되어 있다. 이는 신속한 결정과 유연성을 위해 분권화가 필요하기 때문이다. 그리하여 애드호크라시에서는 대개 의사결정에 있어서 전문직 구성원들이 참여하는 분권화된 팀(team)에 의존하게 된다. 또 애드호크라시 내에서의 의사결정은 관료제 조직구조의 계층적 의사결정과는 대조적으로 민주적 의사결정을 따르는 것이 일반적이다. 즉 애드호크라시에서의 영향력은 계층적 지위에 따른 권한보다는 전문적 권력에 근거하게 된다.

어떤 특수목적을 추구하기 위하여 조직 내에 프로젝트 팀이나 태스크 포스 팀과 같은 애드호크라시 조직이 정규적으로 만들어지고, 동시에 이미 형성된 팀들은 그들의 목표가 달성됨에 따라 계속해서 해체되기도 한다. 그리하여 애드호크라시 안의 구성원들은 그들의 책임이 계속적으로 유동적이며, 이 과업에서 저 과업으로 배치되면서 거기에서 요구되는 책임을 수행하게 된다. 더욱이 그들의 책임은 명확하게 기술되어 있지 않고, 교육·훈련과 경험, 그리고 전문가로서의 책임의식에 의존하는 경우가 많다.

이 애드호크라시 조직의 강점으로는 무엇보다 ① 변화에 대한 신속한 대응능력, ② 혁신, ③ 다양한 전문요원들의 조정촉진 등을 들 수 있다. 따라서 애드호크라시는 변화를 위한 전략, 위험률이 높은 전략을 구사할 때 흔히 자주 활용되는 조직구조이며, 기술이 극히 비일상적이고, 환경이 동태적이며 복잡한 경우에 애드호크라시의 활용이 흔히 선호된다.

반면에, 애드호크라시 조직을 운영함에 따르는 문제점으로는 갈등과 스트레스를 들 수 있다. 즉 상사와 부하 간의 관계에 분명한 선이 그어져 있지 않아 책임과 권한에 모호성이 존재할 수 있다. 또한 구성원들에게 사회적 스트레스와 심리적 긴장을 만들어 줄 수 있다. 업무활동관계를 계속해서 새롭게 설정하고, 일이 끝나면 곧바로 해체하는 것이 쉬운 일만은 아니기 때문이다. 따라서 어떤 구성원들은 급속한 변화에 대처하는데 곤란을 겪을 것이고, 또 임시적인 작업시스템에서 일해야 하고, 다른 팀 구성원들과 책임을 분담해야 하는 일에도 적응해 가기가 어렵다고 생각하는 구성원도 있을 수 있다.

[후주]

1) G. Morgan, *Images of Organization*, 박상언·김주엽 옮김, 『조직의 8가지 이미지』, 2004, 지샘, p. 50.
2) G. Ritzer, *The McDonaldization of Society*, 『맥도날드 그리고 맥도날드화』, 2003, 시유시
3) J.R. Hackman & G.R. Oldham, 1976. "Motivation through the design of work: Test of a theory". *Organizational Behavior & Human Performance*, 16, pp. 250-279.
4) M. Weber, 1947. *The Theory of Social & Economic Organization*. New York: Free Press.
5) J. Woodward, 1965. *Industrial Organization: Theory and Practice*. London: Oxford University Press.
6) T. Burns & G. Stalker, 1961. *The Management of Innovation*. London: Social Science Paperbacks.
7) 김인수, 『거시조직이론』 개정4판, 2008, pp. 226-227.
8) H. Mintzberg, *Structure in Fives: Designing Effective Organizations*, Englewood Cliffs, NJ: Prentice Hall, 1983.

chapter 15

조직문화

몇 년 전에 뉴욕에서 영어 한마디 못하고, 분명히 겉으로 보기에도 미국인 방식에 혼란스러워 하는 청년을 만났다. 그의 부모가 인디애나에서 중국으로 파견되었던 선교사였기 때문에, “핏줄”로 봐서는 그 또한 나나 당신처럼 미국인이었다. 그러나 그는 갓난아이일 때 부모를 잃고 한적한 시골의 중국인 가정에 입양되어 자랐다. 그를 만나본 사람들은 누구나 그가 미국인이라기보다는 중국인에 더 가깝다고들 했다. 그의 파란 눈이나 옅은 머리 색깔보다 그가 보인 중국식의 걸음걸이, 중국식의 손동작, 중국인의 표정, 그리고 중국식의 사고방식이 더 인상적이었던 까닭이었다. 생물학적으로 미국인이었지만, 그가 받은 문화적 훈련은 중국적인 것이었다. 그는 결국 중국으로 돌아갔다.

(Kluckhohn, 1964:25)[1)]

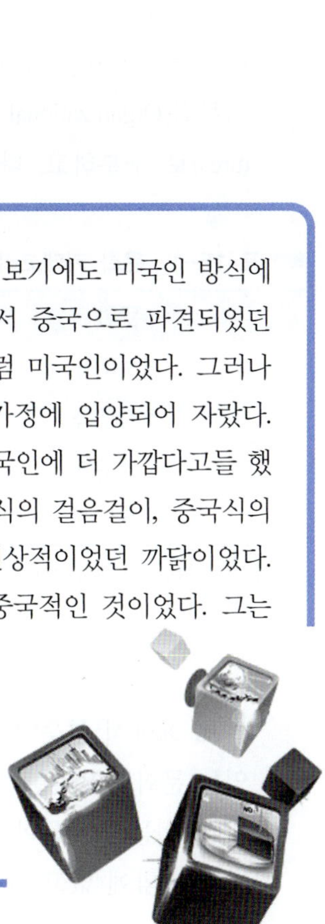

사람들이 상호관련을 맺으면서 사회생활을 영위하는 집단은 모두가 나름의 문화를 발달시키고 있다. 즉, 문화가 없는 집단은 존재하지 않는다. 기술과 통신의 발달로 한껏 좁아진 세계는 지구촌 문화를 발달시키고 있는가 하면, 그러면서도 동·서양은 가치관이나 태도, 관습, 생활양식 등에서 엄연히 서로 차이가 나는 문화의 모습을 보여주고 있음을 발견하게 된다.

시야를 좀 더 좁혀 들어가다 보면 같은 동양이라고 하더라도, 중동과 동남아, 동북아 지역들이 나름대로 그 지역에 차별화된 문화들을 발달시키면서 살아가고 있음를 보게 되고, 그런가 하면 한국, 중국, 일본 등으로 구성된 동북아 지역은 각 나라마다 나름의 문화를 표출하고 있다. 이렇게 자꾸 시야을 좁혀 들어가다 보면, 한 나라의 문화, 그 나라의 지역 문화를 거쳐 마침내는 집안마다 발달시키고 있는 가정 문화가 있겠다는 생각에까지 이르게 된다.

한 사회는 여러 형태의 사회집단들로 구성이 되어 있다. 당연히 조직도 하나의 사회집단인 터이고, 따라서 앞의 논리에 따른다면, 조직마다 그 조직 나름의 문화가 발달하고 있으리라는 추론은 지극히 타당한 것이다. 이렇게 조직수준에서 보여주는 문화를 조직문화라고 부른다. 이러한 생각을 대변하여 대표적인 조직문화 연구자 중 한 명인 샤인(E. Schein)은 규모에 따라 문화를 거시문화(Macrocultures), 조직문화(Organizational cultures), 하부 문화(subcultures), 그리고 미소문화(Microcultures)로 구분하고, 다음과 같이 정리하고 있다.[2)]

표 15-1 문화 카테고리

문화	카테고리
거시문화	국가, 민족·종교 집단, 범세계적으로 존재하는 직업들
조직문화	사적, 공적, 비영리, 정부 조직들
하부문화	조직내 직업 집단
미소문화	조직 내, 외부에 존재하는 미소시스템

자료: E. Schein (2010), *Organizational Culture and Leadership*, 4th Ed., San Francisco, CA; John Wiley and Sons, Inc., p.2

위 표에서 보듯이 조직문화는 사적, 공적, 비영리 및 정부조직들에서 발달하고 있는 문화를 일컫는 용어로, 특히 사적 조직의 조직문화를 기업문화라고 부르기도 한다. 이들 조직문화들은 당연히 조직을 둘러싸고 있는 사회의 문화로부터 영향을 받을 수밖에 없고, 조직 내에서도 부서나 직업군에 따라 다양한 하부문화들이 발달할 수 있다. 뿐더러, 동일한 부서 내에서도 팀에 따라, 또는 역할 수행과정에서 구성되는 공식뿐만 아니라, 비공식 소집단에 따라 다양한 미소문화가 발달할 수 있을 것이다. 따라서 조직문화의 연구 대상은 이들 모두를 포함할 수밖에 없다.

여기서 우리는 한 묶음의 질문들을 물어볼 필요가 있다. 도대체 조직문화란 것이 무엇이관데, 조직행위론을 공부하는 우리들이 관심을 기울여야 하는 것일까? 조직문화가 개인의 태도나 행동에 어떤 작용을 하나? 조직문화가 조직의 성과에 영향을 미치긴 하는 건가? 성과에 긍정적으로 작용하는 '좋은' 조직문화라는 것이 존재하는가? 만약 존재한다면 그것은 어떤 모습이고, 그러한 문화를 자신의 조직에 용이하게 이식할 수는 있는 것일까? 용이하지는 않더라도, 기존의 조직문화는 변화가 가능하기는 한 것일까? 최근에 이슈가 되고 있는 조직의 혁신이나 기업합병의 성패가 조직문화에 달려 있다는 일부의 주장은 얼마나 근거가 있는 것인가?

이러한 질문들이 유의미한 것으로 생각된다면, 우리는 또 다음과 같은 질문들에 대한 대답이 궁금해질 것이다. 조직문화의 구성요소로는 어떤 것들이 있으며, 어떤 과정을 거쳐 형성되는 것일까? 조직문화 형성과정에서 영향을 미치거나 제한을 가하는 요인들로는 어떤 것들이 있을 수 있을까? 조직문화는 어떻게 그 정체를 식별해낼 수 있을까? 기존의 조직문화를 밝혀내어서 그 중의 좋지 않은 일부를 "보다 나은" 것으로 바꿀 수는 있는 것일까? 서로 상이한 조직문화를 보이는 조직이나 부서는 어떻게 조화로운 상호관계를 가져갈 수 있을까? 이 장에서는 이러한 질문들에 대한 답들을 찾아가보는 과정이 될 것이다.

1 조직문화란 무엇인가?

조직문화가 무엇인지에 대해 논하기 전에, 우선 조직문화가 조직행위론의 중심적인 주제로 등장한 배경을 살펴보는 것이 조직문화의 정체를 이해해가는 데 도움이 될 수 있을 것이다.

1.1 조직문화의 연구배경

지금은 조직문화라는 개념이 조직행위론의 핵심적인 연구주제의 하나로 탄탄한 자리를 꿰차고 앉아 있지만, 1970년대만 하더라도 학계로부터 거의 관심을 받지 못했다. 1970년대 후반에 일부 연구자들이 조직행위에 대한 질적 연구방법론에 대한 필요성을 제기하는 과정에서, 참여자 관찰이나 심층면접과 같은 질적 연구방법을 채택한 조직문화 연구가 발표되기는 했다. 그러나 조직행위론의 발상지라고 할 수 있는 미국에서는 그때까지도 주로 언제, 어느 곳에서나 동일하게 통할 수 있는 일반 관리이론이나 경영기법의 개발에 관심의 초점이 모아지고 있었다. 그렇지만 그러한 노력들이 기업들의 생산성제고에 대한 획기적인 해답을 제공하는 데까지 이어지지는 못하는 애매한 상황에 처하여 있었다.

그러다가 1970년대 말부터 일본이 국제시장에서 미국의 강력한 경쟁상대로 떠오르면서, 연구자들은 일본기업에 대한 연구로부터 생산성 문제에 대한 해답을 얻을 수 있을지도 모른다는 기대를 하게 되었다. 당시 폭발적으로 이루어진 일본기업에 대한 연구는 마침내 경영관련 서적 최초의 밀리언셀러가 된 오우치(William Ouchi)의 Z이론[3]으로 이어졌다. 오우치는 기업의 관리방식(management style)에 미국식만 있는 것이 아니라 일본식도 있으며, 이 둘은 내용 면에서 상당한 차이점들을 보이고 있음에도 불구하고 일본식이 오히려 미국식을 뛰어넘는 생산성 향상을 보이고 있다고 주장하였다. 언제, 어디서나 적용될 수 있는 보편타당한 경영이론이나 기법(technique)의 차원이 아닌, 기업의 관리스타일이 성과에 영향을 미칠 수 있다는 생각은 그 당시로서는 대단히 파격적인 주장이었다.

그 뒤를 이어 딜과 케네디(Terrence Deal & Allan Kennedy), 파스칼과 에이토스(Richard Pascale & Anthony Athos), 피터스와 워터맨(Thomas Peters & Robert Waterman)의 저술들[4]도 생산성이나 성과증진에 대한 해답을 보편타당한 일반관리이론이나 최신경영기법에서 찾기보다는 경영이념이나, 핵심가치관, 또는 일에 대한 규범이나 태도 같은 관리방식에서 찾을 것을 역설하였다. 생산성 증진에 대한 해답을 이리저리 찾고 있던 학자나 경영자들에게 이 저서들은 조직문화가 그 해답이 될 수 있음을 주장했고, 이를 계기로 조직문화는 드디어 조직행위론의 중심영역으로 뛰어들게 되었다.

여기에 더하여 또 하나 조직문화에 대한 관심을 부채질한 사건이 발생하였다. 1974년과 1979년에 두 차례에 걸쳐서 중동 국가들이 원정을 국유화함에 따라 발생했던 오일쇼크로 미국의 정유회사들은 원유의 안정적인 공급이 불안해지면서 다른 사업 분야로의 진출을 서두르게 되었는데, 그러한 경영다각화 노력의 상당한 부분이 참담한 실패를 경험하였다. 실패의 원인을 따져본 결과, 그 실패의 주된 원인이 잘못된 전략이나 관리기법에서 비롯되었다기보다는 모든 사업을 정유업을 관리하듯이 하려는 경영방식에서 비롯되었다는 주장이 설득력을 얻게 되었다. 이러한 인식이 당시에 일기 시작한 조직문화라는 개념과 만나게 되면서, 조직문화에 대한 연구는 황금기를 맞이하게 되었다.

표 15-2 미국식 관리방식과 일본식 경영방식의 비교

관리방식	A형(American Style)	B형(Japanese Stylr)
고용정책	단기고용	장기고용
목표	단기적인 목표추구	장기적인 목표추구
평가	즉각적인 평가	장기적인 평가
경력	전문적인 경력관리	일반(비전문화) 경력관리
통제방법	규칙과 절차 등 명시적 통제	자기규제, 집단규범 등 암묵적 통제
의사결정	개인결정 · 개인책임	집단결정 · 집단책임
개인과 조직	조직과 개인의 계약	조직이 개인 전체를 받아들임

자료: Ouchi, G. W. (1981). *Theory Z: How American Business can met the Japanese Challenge. Reading Mass*: Addison-Wesley Publishing

그런데 효과적인 조직문화를 찾고자 하는 연구가 진행되면서 학자들 사이에 주된 논쟁거리로 떠오른 것은 조직문화 이전의 용이성과 관리가능성에 관한 것이었다. 초기의 연구자들은 당연히 고성과를 내는 조직문화는 연구를 통해서 발견해낼 수 있고, 그 문화를 쉽사리 자신의 조직에 이전해 활용이 가능하리라는 생각을 가지고 있었다. 그러나 일부의 학자들은 초기 조직문화 연구자들이 주장하는 조직문화의 이전 및 관리의 용이성에 의문을 표시하기 시작했고, 그에 따라 조직문화의 연구는 조직문화와 생산성의 관계에 관한 연구에서 보다 더 근본적인 주제인 조직문화의 개념에 관한 연구로 전개되기 시작했다.

1.2 문화의 개념

조직문화가 어떤 것인지를 이해하기 위해서는 먼저 문화라는 것이 의미하는 바가 무엇인지에 대해 이해할 필요가 있다. 하지만 문화를 연구대상으로 삼고 있는 문화인류학자들마저도 문화가 애매모호함과 역설들, 서로 반대되는 생각들이 한데 묶어져 있는 대단히 복잡한 개념임을 인정하고 있다.[5)] 그렇지만 문화가 한 인간 사회시스템의 구성원들이 공통적으로 가지고 있는 가치관, 신념, 그리고 지식과 기술 등을 총칭하는 개념이며, 구성원들이 공유하고 있는 의미시스템(sense-making system)을 가리킨다는 데에는 의견의 일치를 보이고 있다. 즉, 어느 인간집단이든지 그 구성원들은 문화라는 의미시스템을 공유함으로써 자신들이 처한 주위환경이나 상황에 대해서 구성원들 서로에게 의미가 통하는 해석을 내릴 수 있고, 그 해석을 바탕으로 그 상황에 적합한 행동을 취할 수 있게 된다는 것이다.[6)]

문화를 이해하기 위해서 문화가 인간사회의 생존과 밀접하게 연계되어 있다는 사실을 인식할 필요가 있다. 문화란 생존하는 과정에서 직면하게 되는 외적 환경과 다른 사람들 양쪽 모두에게 적응해가는 기법인 것이다.[7] 어떤 유기체든 어떤 식으로든 자신의 환경을 바꾸지 않으면 생존할 수가 없다. 그것이 단지 가까운 환경의 화학적 구성을 재조직하는 것에 그칠지라도 말이다.[8] 마찬가지로 어떤 인간 사회든지 성공적으로 생존해나가기 위해서는 그 사회가 살아가는 과정에서 직면하게 되는 환경에 적응하거나 환경을 통제할 수 있어야 한다. 인간을 제외한 유기체 거의 모두는 이러한 환경에의 적응이나 통제가 본능에 의해서 이루어진다. 그러나 인간은 본능을 통해 충분히 생존을 도모할 수 있는 다른 동물과 달리, 문화를 통하여 자신의 모자라는 점을 보완해야 생존이 가능한, 불완전하고 미완성된 동물인 것이다.[9]

문화를 구성하는 핵심들 중 하나가 선택(choice)이다.[10] 예컨대 인간 집단이 살아가면서 생존과 직접 관련되는 문제들, 즉 먹고, 입고, 자는 문제 등에는 다양한 대안들이 존재한다. 예를 들어 먹는 문제만 하더라도 배고픔을 달래주고 영양분을 보충해주는 것으로 쌀이나 밀가루, 고감자, 옥수수 등 곡식만 해도 여러 가지가 있고, 고기나 채소 종류만 해도 셀 수가 없을 정도로 다양하다. 주택 형태도 나무집, 벽돌집, 기와집, 초가집, 거푸집, 이글루, 아파트 등 다양하기 짝이 없다. 인간 집단은 이러한 다양한 선택항목 중에서 집단의 합의를 통해 그 중 몇 가지를 선택하여 생존을 도모하게 되고, 그 선택이 생존에 적합한 것으로 판정이 나면, 그 선택항목들이 문화의 한 부분을 구성하면서 후세에게 올바른 생존방식으로 가르쳐지는 것이다.

이렇게 문화란 인간 집단이 살아가면서 겪게 되는 불확실성과 생존을 위협하는 문제들에 대한 해결수단들을 선택하는 과정에서 구성원들의 사회적인 합의에 의해서 구축되는 것으로, 이렇게 구축된 문화는 다시 그 집단의 구성원들의 생각과 가치, 느낌이나 행동을 제약하게 된다. 이렇게 집단에 의해서 구축된 문화가 되돌아서 그 문화를 구축한 구성원들을 제약하게 되는 상황을 거미가 자신이 짜놓은 거미줄에서 벗어나지 못하는 상황으로 빗대어 묘사되기도 한다.[11] 저명한 인류학자이자 정신분석학자인 홀(E. Hall)은 문화가 개인을 그 자신의 욕구와 자유의지로부터 분리시키는 인간소외를 야기하는 제도로까지 기술하고 있다.[12]

인류학자들 사이에는 문화와 관련하여 상세한 부분에서 많은 차이점을 보이긴 하지만, 다음의 세 가지에 대해서는 동의하고 있다. 첫째, 문화란 타고나는 것이 아니라 학습되어지는 것이며, 둘째, 문화를 구성하는 요소들은 서로 밀접하게 얽혀있어서 한 부분을 건드리면 다른 모든 것이 영향을 받는다는 점, 마지막으로 문화는 집단 사이에 공유되어 있어서 결과적으로 다른 집단들과의 경계를 짓는 것으로 기능한다는 것이다.[13)] 바로 이러한 점들 때문에, 문화는 근본적으로 자기중심적이면서 편향적일 수밖에 없으며, 기존의 문화를 바꿀 수는 있겠지만, 한 부분의 변화가 필연적으로 다른 부분들의 저항을 야기할 것이기 때문에 매우 힘든 일이 되리라는 점을 미루어 짐작할 수 있다.

1.3 조직문화

문화에 대한 이러한 생각을 조직에 적용하여 조직문화를 정의하고자 한 사람이 현재 조직문화의 대표적 학자로서 활동하고 있는 샤인(E. Schein) 교수이다. 그는 다음과 같이 조직문화를 정의하고 있다.

> 어떤 특정집단이 외부환경에 적응하고 조직내부를 통합하는 문제를 해결하는 과정에서 고안, 발견, 개발하는 기본적인 믿음들로, 이런 믿음들은 오랜 기간 조직 구성원들에게 타당한 것으로 여겨져 왔기 때문에, 그들 사이에 아무런 의심없이 당연한 것을 받아들여지고, 새로운 구성원들에게는 조직의 대내·외저인 문제들을 해결하는 올바른 방식으로 가르쳐지는 것이다.[14)]

샤인에 의하면, 한 인간집단이 생존해가려면 두 가지 궁극적인 문제를 성공적으로 해결할 수 있어야만 한다. 그 하나가 외부에 대한 적응(external adaptation)과 관련된 문제이고, 다른 하나는 내부통합(internal integration)과 관련된 문제이다. 예를 들어 한 마을이 생존해나가기 위해서는 홍수나 가뭄과 같은 기후변화에 잘 적응할 수 있어야 하고, 마을 안에서 일어나는 이견이나 분쟁을 잘 처리하고 조정할 수 있어야 한다는 것이다.

이 두 가지 궁극적인 문제는 생존과정에서 반복해서 나타난다. 마을이 겪는 홍수는 정도의 차이는 있을지언정 거의 매년 반복해서 일어나는 사건일 터이고, 마을 사람끼리의 오해나 다툼도 마을을 이루고 살면서 종종 겪어야 하는 사건일 것이다. 홍수를 반복해서 겪다보면, 마을 사람들은 그러한 재난을 어떻게 예측할 수 있는지, 어떻게 그 재난의 피해를 줄일 수 있는지, 또는 어떻게 하면 그 재난의 피해를 신속하게 복구할 수 있는지 등에 대해서 '올바른' 해답을 찾아내게 될 것이고, 그 해답은 다음 세대에 당연한 홍수대책으로서 가르쳐지게 될 것이다. 이때 이 해답이 바로 문화의 내용을 구성한다. 즉, 문화란 한 인간사회시스템이 생존과정에서 반복적으로 부딪히게 되는 두 가지 궁극적인 문제에 대한 해법들의 묶음인 것이다.

그림 15-1 조직문화의 세 수준

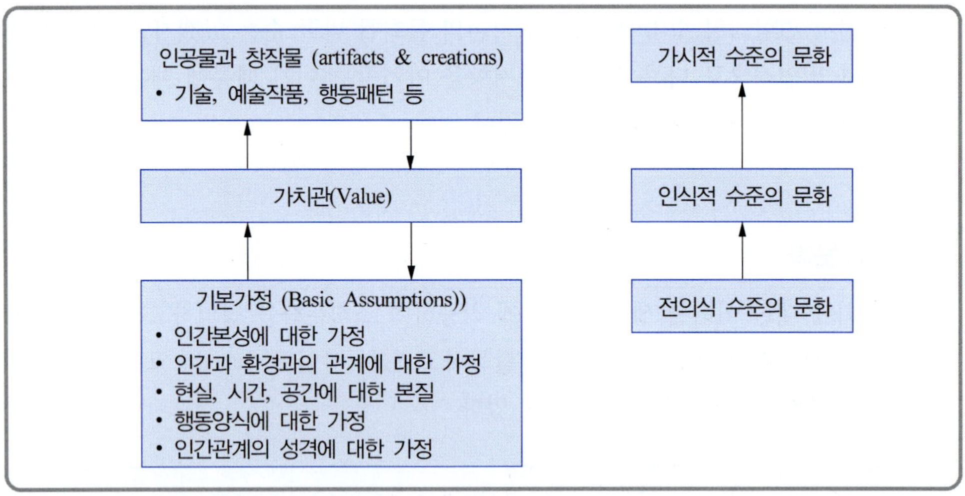

자료: Schein, E. H.(1984), "Coming to a New Awareness of organizational Culture," *Sloan Management Review*, Winter, p. 4.

샤인은 이렇게 정의한 조직문화를 보다 더 구체적으로 설명하기 위해서 다음과 같이 조직문화를 세 가지 수준에서 고찰하고 있다.

첫째, 인공물과 창작물은 눈에 보이는 가시적인 수준의 조직문화로, 학자에 따라서 조직문화형태(cultural form)[15)]라고도 부른다. 여기에는 투입물을 산출물로 바꾸는 기술의 형태, 예술품, 구성원들에게서 반복되어 목격되는 행동유형, 그리고 조직구조나 전략, 임금제도, 또는 사무실 배치와 같이 조직문화의 이념이나 본질을 구체적으로 표현하고 있을 것들을 포함한다.

둘째, 이러한 가시적 수준의 문화는 인식적 수준의 문화인 가치관을 그 바탕으로 하고 있으면서 서로 영향을 주고받는다. 예를 들어, 연공서열제의 임금제도는 '먼저 들어온 사람을 대접하는 것이 바람직하다'는 장유유서의 가치관을 반영하고 있는 것이고, 그렇게 만들어진 연공서열 인금제도는 다시 장유유서라는 가치관을 바람직한 것으로 확인해준다.

셋째, 샤인에 의하면, 조직문화의 근본바탕을 이루고 있는 것은 그런 생태로 존재하는 것이 당연한 것으로 받아들여지는 기본가정들이다. 가정하고 있는 상황이 따질 필요가 없는 너무나 당연하기 때문에 평상시에는 의식하지 않고 생활하고 있지만, 그 내용의 타당성이나 옳고 그름에 대한 도전이 심각한 수준에 이르게 되면 그때에 비로소 그 존재가 의식의 영역 안으로 들어오는, 전의식수준의 문화이다. 조직문화를 빙산에 비유한다면, 물 밑에 잠겨있지만 가끔씩 수면 밖으로 모습을 드러내는 부분이 이에 해당한다.

샤인은 전의식적 수준의 문화를 구성하는 기본가정들을 문화인류학에서 비교문화 분석틀의 하나로 쓰이고 있는 가치지향성(Value orientation)[16)]의 개념을 빌어 정의하고 있다. 샤인이 제시한 기본가정들의 예가 <표 15-3>에 제시되어 있다.

기본가정은 너무나 당연한 삶의 방식으로 녹아있어서, 이것이 깨지는 경험을 한 사람은 일순간 상황판단을 하지 못하고 왜 그러한 상황이 벌어졌는지 당혹감에 사로잡히게 된다. 그러한 경험을 전혀 의미없는 것으로 무시하거나, 혹은 그런 경험에 대해 격한 감정적 반응을 표출하기도 한다. 예컨대 연장자에게는 마땅히 존댓말을 사용해야 한다는 사실을 평상시에는 거의 의식하지 않고 지내다가도, 자기보다 나이가 어린 상사가 자기에게 반말을 하는 순간, 이게 무슨 해괴한 일인가 싶으면서 화가 치밀어 오르는 것은 바로 여러분들이 한국인이라는 명백한 증거인 것이다.

샤인은 이러한 문화모형을 제시하면서, 조직이 자신에게 적합하다고 생각되는 조직문화를 외부로부터 용이하게 들여와 관리할 수 있다고 주장하는 조직문화 연구자들의 의견에 정면으로 반대했다. 그에 의하면, 조직문화란 조직이 생존해가는 과정에서 효과적인 문제해결방식으로 개발하고 고안해낸 역사적 산물로, 그 속에

표 15-3 샤인이 제시한 기본가정의 예

기본가정	근본적인 질문들
인간의 본성	• 인간은 본래 착한 존재인가, 악한 존재인가? • 인간의 본성은 변화가 가능한가? • 인간답다는 것은 무엇을 의미하는가, 완벽해질 수 있는가?
인간과 환경의 관계	• 인간과 환경 중 누가 주인인가?
행동양식	• 과정이 우선인가, 결과가 우선인가, 속성이 우선인가? • 누가 했느냐가 중요한가, 무엇을 성취했느냐가 중요한가? • 일과 놀이를 가르는 기준은 무엇인가?
시간에 대한 가정	• 시간은 흘러가버리는 것인가, 윤회하는 것인가? • 과거, 현재, 미래에서 어느 것이 가장 소중한가? • 일을 하나씩 처리하는가, 아니면 동시다발로 처리하는가?
인간관계에 대한 가정	• 개인과 집단의 이익이 상충할 때 어느 쪽이 우선인가? • 세상의 기본 구성단위는 개인인가, 인간관계인가? • 삶은 경쟁적인가, 협조적인가?
공간에 대한 가정	• 공간은 소유될 수 있는가? • 공간은 유한한가, 무한한가?

자료: Schein, E. H.(1983), "The Role of the Founder in Coming Organizational Culture," *Organizational Dynamics*, Summer, pp. 13-28에서 수정 게재

는 구성원들에 의해서 상당한 기간 당연한 것으로 여겨져 왔던 기본가정들을 담고 있기 때문에, 그러한 기본가정을 그대로 둔 채 기존의 조직문화의 변경을 시도하는 것은 어리석은 일이 되리라는 것이다. 이러한 이유로 그는 미국인의 기본가정인 개인주의에 기반하고 있지 않은 일본식 경영이 미국기업에 용이하게 전이될 수 있으리라는 생각은 문화의 본질을 이해하지 못한 단순한 사고방식이라고 비판했다.[17)]

1.4 조직문화의 기능

조직문화는 조직과 조직원들을 위해서 여러 가지 기능을 수행한다. 앞에서 논한 바에 따른다면, 조직문화는 적어도 다음과 같은 몇 가지 기본적인 기능을 수행할 것으로 생각된다.

첫째, 조직문화가 수행하는 기능 중에서 무엇보다도 중요한 것은 그것이 조직의 생존에 기여한다는 점이다. 조직은 주위상황에 대한 의미를 부여하지 않고서는 합의에 기반한 의사결정을 하지 못해 상황에 올바로 대처하지 못하는 혼란에 빠지게 된다.[18)] 조직문화는 조직원들에 의해서 공유되어 있는 의미체계로서, 조직원들은 조직문화를 통해서 주위상황에 대한 의미를 부여한 다음에야 문제해결을 위한 행위를 시작할 수 있는 것이다.

둘째, 조직문화는 조직원들에게 소속감과 조직정체성(organizational identity)을 제공해줄 수 있다. 조직문화라는 것이 조직원이 공유하는 의미체계이기 때문에 많은 상황에 대해서 동일한 시각과 동일한 해석을 내리게 된다. 이러한 동질감은 상호 간에 친근감과 신뢰를 일으키고, 소속감을 증대시킬 것이다. 뿐만 아니라, 한 조직의 조직문화는 그 조직을 다른 조직과 구별하게 하는 자신만의 독특한 것이기 때문에 조직원들에게 조직정체성을 제공한다.

셋째, 조직문화는 조직원들의 조직몰입도를 높일 수 있다. 연구에 따르면, 사람들에게 타집단의 존재를 의식하는 것만으로도 그들이 속한 집단에 대한 신뢰도와 호감도를 높일 수 있다.[19)] 조직문화는 조직원들에게 조직정체성을 제공하고, 그를 통해 타집단과의 비교를 통하여 조직원들의 조직몰입도를 끌어올릴 수 있다.

넷째, 조직문화는 구성원의 태도와 행동에 대한 통제메커니즘으로 작용함으로써 조직의 효율성과 안정성에 공헌한다. 조직문화가 구성원들에게 잘 스며들어 있으면 구성원들이 정상적으로 수행할 과업과 절차에 대해서 일일이 지시를 하지 않아도 조직문화가 그것을 알려주고 조정·통제하는 역할을 수행한다.

반면에 조직문화가 조직의 효과성에 부정적인 영향을 미칠 수도 있다.

첫째, 조직문화가 구성원들의 사고와 관점을 좁힐 수 있다. 조직문화는 구성원들에 의해서 공유되고 있는 의미체계라는 점에서 구성원들의 시야를 제한할 가능성이 높다. 우리는 아는 것만큼 보고, 보는 것만큼 알 뿐이다. 환경은 날로 그 다양성을 높여가고 있는데, 조직이 그러한 다양성을 내부에 갖추지 못하고 있다면 치명적이다. 예를 들어, 안정적인 환경에서 안정적인 성장을 해온 기업은 환경의 변화가 제공하는 기회를 보지 못함으로써, 결국 환경적응에 실패할 수 있는 것이다.

또한 조직문화가 환경에 변화에 맞추어 혁신하고자 하는 조직의 노력에 저항하는 쪽으로 기능할 수 있다. 조직문화는 상당한 시간을 거쳐서 옳은 것으로 증명된 역사적 산물이다. 사람들은 불확실한 것보다 확실한 것을 더 선호하는데[20], 변화는 필연적으로 불확실성을 초래한다. 환경의 변화가 새로운 조직의 모습을 요구하고 있음을 알고는 있지만, 그것의 성공 여부는 불확실하다. 조직문화는 구성원들에게 그러한 불확실성에 눈을 감도록 하면서, 과거의 안전한 방식에 집착하도록 몰아간다. 와이크와 서트클리프는 영국의 국립 로얄 병원소아심장병 병원에서 발생한 사례를 들어 이러한 현상을 '문화 함정(cultures of entrapment)'이라는 용어로 기술하고 있다.[21]

읽을거리 15-1 문화함정

와이크(E. Weick)와 서트클리프(K. Sutcliff)는 영국의 브리스톨 지역의 거점 병원인 브리스톨 국립병원에서 수술한 소아심장병 환자의 사망률이 다른 지역 거점 병원에 비해서 훨씬 높았음에도 불구하고, 그러한 원인을 찾아내고 개선하려는 노력이 전혀 이루어지지 않았던 상황에 대해서 사례 연구를 진행하였다. 연구 결과, 이러한 현상이 과거부터 이 병원을 지배하고 있었던 관료주의, 권위적인 주임의사, 그리고 의사들 사이에 팽배한 개인주의 등이 복합적으로 작용하면서, 높은 사망률의 원인을 타 병원에 비해 수술에 대한 경험이 일천하고, 적은 환자로 인한 경험습득의 어렵다는 점, 수술 환자의 질환이 심각했기 때문이라고 해석했음이 밝혀졌다. 그러나 그 후에도 계속해서 타지역 거점 병원에 비해 높은 사망률이 이어짐에도 불구하고, 그러한 해석을 합리화하는 관행이 지속적으로 이루어지고 있음을 발견하였다. 그 결과, 당연히 이루어졌어야 마땅할 병실의 재배치(수술실과 치료실이 다른 병동으로 나뉘어 있었음)나 환자 수송 문제 (수술 환자들이 다른 환자나 방문객들과 같은 엘리베이터 사용), 새로운 수술법의 도입, 의사의 충원, 수술 결과에 대한 의견 모음 등이 전혀 이루어지지 않았던 것이다. 즉, 앞에서 언급한 합리화가 함정으로 작용하면서 1984년에 유아 심장병 수술을 시작한 이래 1995년에 문을 닫을 때까지 11년 동안이나 아무런 개선 조치가 이루어지지 않았고, 결국 1996년에 청문회까지 열리게 되었던 것이다.

이러한 불행한 사태는 병원 관리책임자나 의사 개개인의 잘못으로 보기보다는 의사들이 기존의 문화가 지정하는 일련의 행동절차들에게 갇히게 되면서 그러한 행동 절차들을 합당한 것으로 지지하는 합리화 과정의 결과라는 것이다. 다시 말하면, 문화는 종종 이렇게 사람들을 인식의 함정 속에 빠뜨림으로써 당연히 바라봐야할 것에 눈을 감게 만들어버리는 작용을 하기도 하는 것이다.

자료원: Weick, K. E., and Sutcliff, K. M. (2003). Hospitals as Cultures of Entrapment: A Re-analysis of the Bristol Royal Infirmary. *California Management Review*. 45, Winter. 71-84

하나 더 언급할 것은 조직문화와 조직의 윤리성의 관련성이다. 요즈음 들어서 조직의 윤리성에 대한 관심이 높아지고 있는데, 조직문화가 조직의 윤리성과 높은 상관관계를 가진다는 주장들이 있다. 조직문화라는 것이 '올바른' 방식을 내용으로 하고 있는데, 그 올바른 방식이 바로 그 조직의 윤리성의 근간을 이루게 되리라는 것이다. '모로 가도 서울만 가면 된다'를 신봉하는 문화와 '결과보다는 과정이 중요하다'는 문화는 그것이 반영하고 있는 윤리도 다를 수밖에 없을 것이다.

1.5 조직문화의 종류

(1) 강한 조직문화와 약한 조직문화

강한 조직문화는 조직의 핵심가치가 구성원들 사이에 강하게 널리 공유되어 있음을 의미한다. 더 많은 구성원들이 조직의 핵심가치를 공유하고 있고 그것에 강하게 몰입되어 있으면 있을수록, 그만큼 그 조직문화가 구성원들의 가치관이나 태도에 미치는 영향력이 클 것이고, 행동일치에 대한 압력도 클 것이다. 강한 조직문화가 이끌어내는 조직정체성과 높은 조직몰입감, 집단규범에 대한 순응압력 등이 조직에서 강력한 통제메커니즘으로 작동할 것이기 때문이다. 이러한 근거를 바탕으로, 초기의 조직문화 연구들은 강한 조직문화가 높은 성과를 이끌어낸다고 주장했다.

그러나 강한 조직문화는 조직변화에 대한 커다란 장애가 될 수 있음을 배제할 수 없다. 환경변화에 대한 조직의 적응노력이 기존의 조직문화에 반하는 경우, 조직문화의 강도가 셀수록 조직의 혁신노력은 커다란 저항에 직면하게 될 것이다. 또한 강한 조직문화는 조직의 전략적 관점을 단기적이고 미시적인 것으로 만들고, 조직의 다양성과 창의성을 떨어뜨릴 수 있다는 문제점도 가진다.

이러한 생각들을 반영하듯이, 최근에 이루어진 기업문화에 대한 연구는 성과를 높이는 데 있어서 강한 조직문화보다는 환경적응문화, 즉 구성원들이 환경변화에 따라 이루어지는 조직변화를 당연한 것으로 받아들이는 것을 핵심가치로 공유하고 있는 조직문화가 재무적 성과에 더 효과적임을 보고하고 있다.[22)]

(2) 상위문화(dominant culture)와 하위문화(subculture)

한 조직에는 하나의 문화만 존재하기는 힘들다. 조직은 대개 여러 부서로 나뉘어져 있고, 각각의 부서가 업무를 수행하는 과정에서 직면하는 문제들도 다르고, 유효성에 대한 기준도 다르다. 예를 들어, 마케팅부서는 주로 외부환경에 대한 적응이나 고객만족과 관련한 문제에 직면하지만, 생산부서는 오히려 생산일정의 차질이나 공정라인의 고장, 또는 비용절감과 같은 효율성과 관련된 내부문제에 더 노출될 가능성이 크다. 마케팅부서는 상대적으로 인간관계가 중요하지만, 생산부서는 기술의 전문성이나 안전성이 더 중요할 수 있다. 따라서 마케팅부서와 생산부서는 서로 다른 조직문화를 발달시킬 가능성이 크다.

그러나 한 조직의 조직문화가 여러 개의 하부문화로서만 구성되어서 제각각 존재한다면, 그 조직은 부서 상호 간의 이해부족과 조정의 어려움으로 심각한 생존문제에 직면하게 될 것이다. 조직문화가 다르다는 것은 주위환경에 부여하는 의미도 다르다는 것을 뜻하고, 그것은 '서로 말이 통하지 않는 현상'을 초래할 것이기 때문이다. 따라서 조직이 생존하기 위해서는 각각의 하위문화를 다시 하나로 엮는 조직 전체수준의 의미체계가 필요해지게 되는데, 이러한 조직전체의 조직문화를 하위문화에 대하여 상위문화, 또는 지배문화라고 부른다. 대개의 하위문화들은 상위문화의 중요한 특성을 공유한 채, 다시 추가로 자신들만의 특수한 상황을 고려한 문화적 특성을 담게 된다.

읽을거리 15-2 하위문화 연구

하위문화를 주제를 한 연구들은 많지만, 그 중에 두 가지가 특히 주목해볼 만한 가치가 있다고 생각되어 소개한다.

그 하나는 샤인의 기업 하위문화와 조직혁신의 관련성에 관한 연구[23)]로, 그에 의하면 기업에는 중역들을 중심으로 하는 경영관리자문화(효율성과 성과를 강조하는 문화), 기술자들을 중심으로 하는 기술자문화(완벽함과 안정성을 추구하는 문화), 그리고 실무 운영자들을 중심으로 하는 운영자문화(협조와 상호 신뢰를 중요시하는 문화) 등 세 하위문화가 발달하게 되는데, 이 세 하위문화는 제각각 자신만의 독특한 가치와 의미체계를 지니고 있어서, 상호 간의 몰이해를 조직혁신의 가장 큰 걸림돌이 되고 있음을 사례를 들어 보여주고 있다.

두 번째 연구는 데이비스가 행한 근로자의 하위문화에 대한 연구[24)]로, 데이비스는 근로자는 자신들이 관리자에 비해서 부당하게 낮은 대우를 받고 있다는 생각을 공유하고 있으며, 그로 인해 근로자와 관리자 사이에는 불편한 긴장이 내재될 수밖에 없다고 주장한다. 또한, 관리자는 상대적으로 근로자들에 비해 높은 교육수준과 함께 높은 성취욕구를 가지고 있고, 승진을 통한 사회적 지위의 상승에도 관심이 높지만, 근로자들은 상대적으로 빈곤한 가정환경과 낮은 교육수준을 보이는 한편, 성취욕구도 낮고, 승진이나 사회적 지위의 향상에도 관심을 보이지 않으며, 직장생활보다는 안락한 가정생활을 삶의 중심으로 삼고 있는 등 두 집단은 많은 부분에서 문화적 차이를 보이고 있음을 보고하고 있다. 따라서 바람직한 노사관계를 위해서는 관리자들이 근로자들의 문화부터 이해하려는 노력이 필요하다는 점을 강조한다.

2 조직문화는 어떻게 형성되고 유지되는가?

2.1 조직문화의 형성

조직문화는 앞에서 논의한 바와 같이 생존과정에서 반복적으로 직면하게 되는 외적 적응및 내부통합문제들을 계속하여 성공적으로 해결해가면서 구축되고 강화된다. 이러한 문제해결과정을 거치면서 조직문화가 구축되고 나면, 그 후로 부딪히는 많은 문제들은 조직문화를 통하여 해석되고 그로부터 '올바른' 해법도 마련할 수 있게 된다.

그러나 조직문화가 구축되어 있지 않은 조직의 창업초기에는 어떻게 이들 문제들에 대한 해법을 마련하고 실행에 옮길 수 있을까? 창업초기에는 경영에 관련된 문제들을 해결함에 있어서 당연히 창업자의 판단과 행동에 의존할 수밖에 없다. 동종업계의 관행이나 주위의 조언 등도 물론 영향을 미치겠지만, 무엇보다도 창업자의 평소 가치관이나 철학, 성격, 신념 등이 가장 크게 영향력을 행사할 것이다.

창업자는 자신과 같은 방식으로 생각하고 느끼고 행동하는 사람을 선발하고, 그들에게 자신의 사고방식과 경영에 대한 "자신의 이론"을 주입하고, 그들의 역할모형을 수행하면서 창업초기의 문화를 만들어간다. 조직의 생존과 관련된 문제에 직면하게 되면, 창업자에 의해 해법이 결정될 수밖에 없을 것이다. 다행히 그 해법의 실행결과가 성공적인 것으로 판명이 나고, 그 후에도 유사한 문제들에 직면할 때마다 그 해법의 적용이 성공적인 것으로 확인되면, 그 해법은 창업멤버들에 의해서 그 문제에 대한 당연한 문제해결방식으로 자리매김을 하게 될 것이고, 새로운 구성원들에게 올바른 경영방식으로 학습되기 시작한다.

조직문화의 형성에 창업자가 핵심적인 역할을 하지만[25)], 그 외에도 동종 산업문화와 국가문화도 조직문화의 형성에 상당한 영향을 미칠 수 있다. 동일한 산업에

그림 15-2 조직문화의 형성

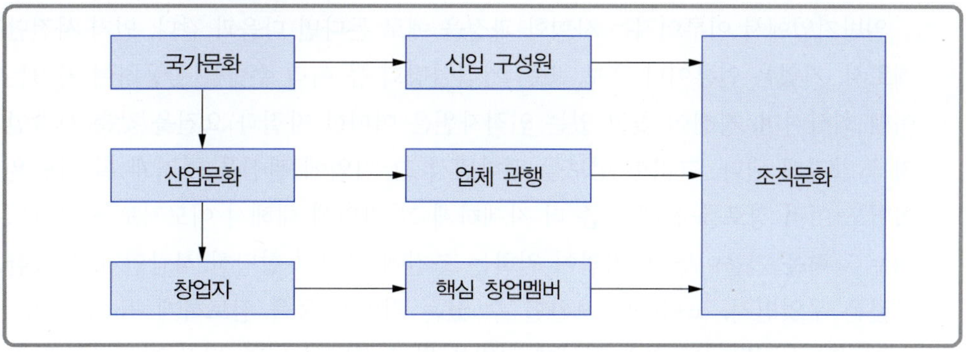

속해있는 기업들은 유사한 대외적 환경에 적응문제를 공유하게 되고, 비슷한 직업훈련과 업무경험을 가진 구성원들로 인해 동일한 직업문화를 발달시키고 있기 때문에, 산업문화와 조직문화 사이에 연관성을 발견할 수 있다. 국가문화도 조직문화의 형성에 영향을 미친다.[26] 구성원들 대부분이 조직에 들어오기 전 상당히 오랜 기간을 한 나라의 문화의 영향을 받으면서 성장하였기 때문에 국가문화가 조직문화의 상위문화라고 할 수 있다. 한국기업의 대부분이 보여주는 혈연관계의 중시와 권위적 계층문화의 특징은 그러한 연계성을 반영한다.

2.2 조직문화의 학습과 유지

(1) 조직사회화

조직은 조직의 안과 밖에서 발생하는 불확실성을 줄이는 관리행위를 통해서 유효성과 효율성을 추구한다.[27] 조직이 효과적으로 불확실성을 줄여주지 못하면 조직은 의사결정을 하지 못하여 혼란에 빠지게 되고, 생존이 어려워진다. 조직은 인적자원의 다양성으로 인해 발생하는 불확실성을 줄이기 위해서 자기 조직에 걸맞은 인적자원을 추려서 선발하고, 선발된 인적자원을 지속적으로 자신의 조직에 합당한 사람으로 만들어간다. 이렇게 구성원을 조직이 원하는 자원으로 만들어가는 일련의 과정을 조직사회화 과정이라고 하는데, 조직문화는 이러한 사회화 과정을 통하여 구성원들에게 주입된다.

조직사회화는 조직에 선발되기 이전에 이루어지는 사전단계(pre-arrival), 선발되어 조직에 첫발을 딛으면서 이루어지는 대면단계(encounter), 그리고 구성원들이 대면단계에서 경험했던 생경함과 충격을 자연스럽게 받아들일 수 있도록 구성원을

변화시키는 변형단계(metamorphosis)의 세 단계로 이루어진다.[28)]

일반기업에서 이루어지는 사회화 과정을 예로 든다면 다음과 같다. 먼저 사전단계로서, 기업은 언론이나 홍보, 또는 기업설명회 등 여러 수단을 활용하여 자기는 어떤 회사이며, 자신이 찾고 있는 인적자원은 어떠한 자질과 요건을 갖춘 사람인지를 알리게 된다. 그러한 정보를 접하면서 그 기업에 관심을 가지게 된 사람은 아마도 여러 경로를 통해서 좀 더 자세하게 그 기업에 대해서 이모저모를 알아보려는 노력을 기울이면서, 기업이 원하는 조건에 자신이 합당한 사람인지, 부족한 부분은 무엇인지, 노력하면 보완할 수 있는 점인지 등을 검토하게 될 것이다.

이러한 사전단계를 거쳐 회사에 지원을 하고 선발이 되면, 다음으로 현실과 기대의 차이를 경험하는 대면단계를 거치게 된다. 입사 전에 구했던 많은 사전정보에도 불구하고, 자기가 입사하면서 가졌던 회사이미지, 상사와의 관계에 대한 생각, 근로환경에 대한 기대 등이 현실과 차이가 나는 괴리현상을 경험하게 된다. 이때, 개인은 이전의 사회생활에서 가지고 있던 기본가정이 깨어지는 경험을 하기도 한다. 말도 되지 않는 많은 일들이 주위에서 벌어지고, 종종 어떻게 행동하는 것이 잘하는 것인지를 판단할 수가 없게 된다. 크게 실망스럽거나 화가 치미는 일도 벌어진다. 이 대면단계를 제대로 극복하지 못하면 조직의 주변인이 되거나, 결국 회사를 떠나는 일이 벌어진다.

이렇게 기대와 현실 사이의 괴리를 겪어낸 신입자들이 회사를 떠나지 않고 유능한 인적자원으로 성장하기 위해서는 제3단계의 사회화 과정, 즉 이들을 조직의 기대와 현실에 맞는 인재로 변화시키는 일이 성공적으로 진행되어야 한다. 조직은 이러한 신입자들의 변화노력을 돕기 위해서 여러 가지 공식적·비공식적인 사회화 장치를 마련하고 있는데, 예를 들어 신입사원 연수, 오리엔테이션, 교육 및 훈련 프로그램, 멘토링 시스템, 환영회식 등이다. 조직문화는 이러한 다양한 통로를 통해서신입사원들에게 전달되면서 이들에 대한 문화이전(cultural transference), 또는 문화적 동화(acculturation)가 이루어진다.

(2) 조직문화의 형태(Cultrual Forms)

조직문화는 그 내용을 구체적으로 표현하고 있는 문화 형태를 통하여 전달된다. 조직문화의 형태는 상징물(symbols), 언어(language), 이야기들(narratives), 그리고 관습(practices)의 네 가지로 구분되는데, 각각의 카테고리에 속하는 것들을 예를 들어 보면 <표 15-4>와 같다.

표 15-4 조직문화의 형태

분류	예
상징(symbols)	대상물(objecta), 주위환경(settings), 연기자(performers), 기능원(functionaries)
언어(language)	전문속어(jargon), 은어(slang) 제스처(gestures), 수신호(sinals), 사인(signs) 노래(songs) 유모어(humor), 농담(jokes), 가십(gossips), 소문(rumors) 비유(metaphors) 격언(proverbs), 슬로건(slogans)
이야기(narratives)	스토리(stories), 전설(legends) 영웅담(sagas) 신화(myths)
관행(practices)	예식(rituals), 금기사항(taboos) 의례(rites), 의식(ceremonies)

자료: Trice, H. M. & Beyer, J. M.(1993), *The Culture of Work Organizations*, Englewood Cliffs, N. J.: Simon & Schuster, p. 78.

1) 상 징

조직문화형태 중에서 가장 기본적이고 최소한의 것이다. 상징은 다른 조직형태 속에 자주 포함되어 나타나기도 한다. 상징은 '사물을 전달하는 매개적 역할을 하는 것을 통틀어 이르는 말(네이버 국어사전)'이며, '(사회집단의 약속으로서) 말로는 설명하기 힘든 개념 따위를 나타내는 구체적인 것 또는 그 대상물'[29)]을 의미하기도 한다. LG의 로고는 행복하게 웃는 사람의 얼굴을 상징하고 있으며, 삼성의 심벌마크는 파랑색을 통해 하늘과 바다를 상징하고 있다. 봉황무늬는 대통령을 상징하며, 펜은 언론을 상징한다.

주위환경도 무엇인가를 상징한다. 상사일수록 더 크고 비싼 카펫이 깔린 사무실을 따로 배정받는 회사는 권위적인 문화를 상징하고 있고, 회의탁자가 원형인 경우에는 직사각형인 경우보다 더 평등한 문화를 지향한다는 것을 상징하고 있다. 유니폼을 입는 사무실과 자유로운 복장으로 일하는 사무실이 전하는 상징성이 다르고, 회사건물의 모양이나 주위의 조경을 보고 그것이 상징하는 의미를 통해서 그 조직의 문화를 짐작할 수도 있을 것이다.

조직은 종종 어떤 특정 인물이나 연기자를 통해서 자신을 상징하기도 한다. 맥도널드사는 광대를 이용해서 어린이에 대한 친근함을 상징하며, 현대는 회사의 이미지 광고에 창업주 고 정주영 회장을 등장시킴으로써 불굴의 투지와 인내력을 상징하고 있다.

2) 언 어

언어는 한 문화권의 구성원들에게 공유되어 있는 목소리, 문자, 제스처의 시스템으로서, 이를 이용하여 구성원들은 정해진 의미를 주고받게 된다. 언어는 문법 또는 어법이라고 하는 사람들이 세상에 대하여 지각한 것과 이해한 것들에게 틀을 만들어주는 카테고리와 규칙을 가지고 있어서 상징보다는 훨씬 정교하고 다양한 의미를 전달할 수 있다.

언어는 정보를 전달하는 수단에 그치는 것이 아니다. 언어를 통해서 자신의 집단과 타집단을 구분하기도 한다. 의사들은 환자들과 자신들을 분리하고 자신들만의 의사소통을 가능하게 하기 위해서 많은 전문용어와 영어를 섞어서 사용하며, 경찰이나 법관, 기술자들도 일반인이 이해하기 힘든 자신들 집단만의 전문용어들을 만들어 사용한다. 대개 이런 집단은 그런 전문속어를 배워서 알아듣고 말할 수 있을 때 비로소 자신의 집단원으로 받아들인다. 집단은 자신 만의 언어체계가 가진 선별적인 의미부여과정을 통하여 공통의 문화를 구축하는 데 핵심적인 역할을 담당한다.[30)]

팀에서 사용하는 언어를 분석하여 팀문화를 연구한 학자들이 있다.[31)] 이들은 여러 나라에 흩어져 있는 다국적기업의 팀들을 방문하고 팀원들이 서로를 호칭하거나 팀원들의 활동에 대한 설명에서 사용되는 언어의 차이에 주목하였다. 아시아에 위치한 팀은 팀원들을 형제나 자매로 부르면서 가족같은 팀문화를 형성하고 있었다. 반면에, 미국인으로 구성된 팀은 팀활동이나 팀원들의 일에 대해서 스포츠 용어를 많이 사용하였는데, 그만큼 평등하고 자기 일의 내용이 정해져 있음을 의미한다고 볼 수 있다는 것이다.

상사를 부르는 용어와 사용언어에서도 조직마다 차이점을 보일 수 있다. 일부 벤처회사들은 회사 내에 평등문화를 고취할 목적으로 일부러 영어이름을 지어부름으로써 상사와 부하직원의 거리감을 줄이려는 노력을 한다. 자신의 조직을 빗대어 부르는 용어 속에도 조직문화가 함축되어 있을 수 있다. 모기업에서 근무했던 어떤 중역출신은 그 기업을 한 마디로 여우라고 표현했는데, 이 말 속에서 그 사람이 생각하는 그 기업의 이미지, 또는 조직문화의 일부를 짐작할 수 있는 것이다.

3) 이야기와 영웅담

아마도 조직문화의 형태와 관련하여 가장 많이 언급되고, 연구의 대상이 되는 것이 이야기일 것이다. <표 15-4>에서 이야기의 여러 종류가 나와 있지만, 그 중에서도 스토리와 영웅담이 주로 많이 인용된다. 이야기는 비교적 단순하고 일상적으로 벌어지는 일들을 좀 더 극적인 것으로 만들어서 전달된다. 사우스웨스트 항공사의 조직문화를 언급할 때 빠지지 않고 등장하는 스토리가 지방 항공업자와 회사 슬로건 사용문제로 분쟁이 났을 때 켈러허 회장이 상대편 사장에게 제안했던 팔씨름 이야기이다. 이러한 이야기를 통하여 사우스웨스트 항공사가 보여주는 유쾌한 조직문화의 한 단면을 목격할 수 있는 것이다.

읽을거리 15-3

이 이야기는 "Malice in Dallas"로 널리 알려져 있다. 사우스웨스트사가 지방 항공사와 "Just Plane Smart"라는 광고문구로 분쟁이 났을 때, 켈러허는 변호사 비용을 무느니, 팔씨름을 해서 이긴 사람이 광고 문구를 사용하자는 제안을 했다. 상대방도 그 제안을 받아들이면서 이 사건은 켈러허회장의 체력단련 장면이 TV에도 소개되는 등, 커다란 흥미를 끌게 되었다. 시합은 텍사스주 달라스시에 있는 실내체육관을 빌려 양 회사직원들의 열렬한 응원을 받으면서 진행되었다. 가운을 걸친 채 담배를 물고 치어리더의 응원 속에 입장한 켈러허는 결국 시합에 졌지만, 광고 문구는 두 회사가 공동으로 사용하기로 합의했으며, 경기수익금은 자선단체에 기부되었다. 엄청난 광고효과는 부수적인 수입이었다.

국내의 사례를 예로 들면, 삼성의 이건희 회장이 제2의 창업을 선언하는 현장에서 TV 리모콘을 벽에 던져 박살을 내는 연기를 통해 양보다 질을 주장한 일도 삼성에 대한 일화로 자주 등장한다. 현대의 고 정주영 회장이 선박을 건조한 조선소도 없이 500백원 짜리 동전의 거북선을 보여주며 거의 빈손으로 선박을 수주받은 일이나, ㈜안철수연구소를 창업한 안철수 교수가 창업한지 얼마 되지 않아 맥아피사로부터 1천만 달러에 회사를 팔라는 제의를 받았을 때, 그 자리에서 단숨에 거절한 영웅담을 통해서 우리는 현대와 ㈜안철수연구소의 조직문화의 단면을 볼 수 있는 것이다.

4) 관 행

조직관리를 위해 수행되고 있는 많은 관행들이 조직구성원이나 외부인에게 조직의 문화를 전달하는 수단이 되기도 한다. 관행 중에 가장 간단한 형태가 예식

(Ritual)인데, '불안을 관리하고 공통된 정체성을 표현할 목적으로 문화가 지정하고 있는 세세한 기법과 행동 묶음'[32)]으로 정의된다. 예를 들어, 군대에서 상관을 만나면 정해진 식대로 경례를 한다든지, 상사가 사무실에 들어오면 전부 자리에서 일어난다든지, 또는 별다른 실익이 없음에도 불구하고 외과의사가 수술하기 전에 대단히 오랜 시간 손을 씻는다든지 하는 것이 다 예식에 해당한다.

어느 인간사회나 마찬가지로, 조직에서 수많은 금기사항들이 존재한다. 사업의 실패의 가능성에 대해서 공개적으로 이야기해서는 절대로 안 되며, 회의 중에는 어떤 농담도 해서는 안 되고, 회장 앞에서는 절대로 불가능하다는 말을 해서는 안 된다는 등의 관행들이 금기사항의 예가 될 것이다. 즉, 조직에서 금기하고 있는 것이 무엇인지를 아는 것만으로 우리는 조직문화에의 접근이 가능해지는 것이다.

관행의 가장 대표적인 것이 의례(rite)일 것이다. 대부분의 조직들이 신임자를 구성원으로 받아들이면서 정도의 차이는 있지만 그들이 거쳐야 할 통과의례를 마련하고 있다. GM은 아주 정교하게 짜여진 임원의 은퇴의례를 마련하고 있다. 은퇴를 하는 임원은 공식식장에서 정해진 정확한 순서와 절차에 따라 은퇴식을 진행하는데, GM에서 보낸 즐거운 추억과 회사에 대한 감사한 마음을 전하고, 회사를 떠나서도 회사와의 관계를 지속할 것이며, 서로 연락처를 주고받는 내용으로 마련되어 있다. 이때, GM에 대한 부정적인 말이나 서운한 언급은 절대로 해서는 안 되는 금기사항이다.[33)]

이러한 조직문화의 형태는 공식적 또는 사회화 과정들을 통하여 수시로, 그리고 지속적으로 구성원들에게 이전되면서 조직문화의 학습이 이루어진다.

조직문화의 형태는 구성원들에게는 조직문화의 이전이 이루어지는 수단이 되지만, 연구자에게는 조직문화를 파악하는 퍼즐조각들이 될 수 있다. 조직문화를 연구하는 방법으로 설문지를 이용한 조사방법이 많이 쓰이고 있지만, 인식되지 않는 부분, 모순되는 부분, 금기시되는 부분, 서로 엇갈리는 부분들이 섞여있는 문화를 연구자가 자신이 만든 용어로 구성된 설문지만으로 파악하는 것은 불완전할 뿐만 아니라, 심각한 오해를 낳을 수도 있다. 조직문화의 형태에 대해 면밀히 살펴보는 것만으로도 연구자는 조직문화에 대한 설문지나 면접을 통해서 얻을 수 없는 윤택한 정보를 얻을 수 있을 것이다.

(3) 조직문화의 유지

대개의 경우, 창업초기에 형성된 조직문화는 창업 초창기에 맞게 되는 생존위기를 성공적으로 겪어내면서 그 세기가 강해지고 보다 세련되어진다. 창업주는 시간이 흐르면서 조직의 운영에 대한 자신의 판단과 방식에 확신을 가지게 되고, 처음

■ **그림 15-3 조직문화 유지모형**

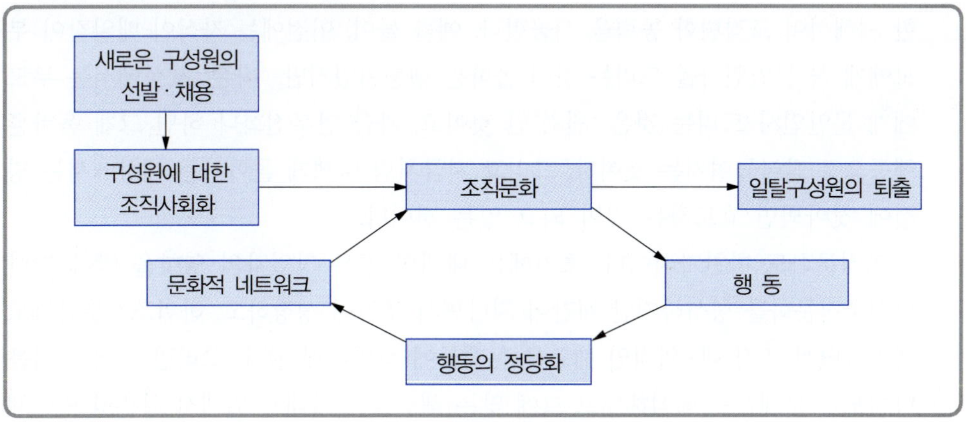

에 의심을 품었던 창업 핵심멤버들도 창업주가 제시한 해법과 방식을 신뢰하게 되기 때문이다.

이렇게 자리를 잡은 조직문화는 창업주와 핵심창업멤버들의 역할모형, 조직문화에 합당한 인적자원을 선발, 조직문화를 지원하는 보상시스템의 설계, 다양한 사회화 프로그램의 실행, 회식이나 연찬회, 동호회와 같은 문화 네트워크의 활용 등을 통하여 유지·강화된다.

2.3 조직문화의 변화

조직문화는 변하는가? 조직문화를 변하게 할 수 있는가? 이들 질문에 대한 대답은 둘 다 긍정적이다. 그러나 단서가 붙는다. 조직문화는 끊임없이 변화하는 역동적인 것이지만, 일반적으로 변화의 속도는 느리다. 조직문화를 변화시킬 수는 있지만, 그야말로 최고경영자의 목숨을 걸어야 할 만큼 대단히 힘든 일이다.

문화는 변한다. 앞에서도 계속 언급되었듯이, 문화란 한 집단이 공유하고 있는 의미체계이고, 그 의미체계가 일러준 효과적인 삶의 방식으로 이루어져 있다. 즉, 문화가 일러주는 삶의 방식은 외부환경에 대한 적응과 내부통합을 이루어내는 데 성공적으로 적용되어 온 역사적 산물인 것이다. 그런데 외부환경이 변하면, 그것이 던지는 새로운 문제들이 발생한다. 그리고 종종 이 새로운 문제들 중에는 기존의 의미체계로는 해석이 쉽지 않은 것들이 끼어있게 된다.

그런 경우가 발생하면 그 문제를 어떻게 해석하는 것이 마땅한지를 놓고 구성원들끼리의 담론(discourse)이 일어나고, 그러한 담론과정을 통해서 새로운 문제에 대한 의미부여가 가능하도록 기존의 의미체계에 대한 재해석이 이루어진다. 이러한 재해석이 조직변화 동력을 제공한다. 예를 들어, 이전에는 자식이 매일같이 부모에게 꼭 문안인사를 드리는 것이 올바른 행동이었지만, '바쁜' 세상에서는 부모에게 문안인사 드리는 것은 '원칙'인 것이고, 가끔 안부전화나 하면 그게 올바른 행동으로 받아들여지는 것이다. 그리고 지금처럼 바쁘게 돌아가는 세상에서는 명절에 찾아뵈면 효도하는 것이 되고 있는 것이다.

조직문화도 마찬가지이다. 초기에는 대개의 경우 창업자의 영향을 받아 강한 단일조직문화를 형성하지만 시간이 지나면서 조직이 성장하고, 하위조직문화들도 생겨나면서 조직 내·외적인 새로운 문제들에 직면하게 된다. 그러면 그러한 처음 닥쳐보는 문제들을 해석해내고 그에 맞는 해법을 찾아내기 위해서 기존의 의미체계를 융통성 있게 적용하는 작업이 필요해진다. 그러한 융통성은 구성원들의 담론을 통해 얻을 수 있고, 바로 이것이 조직문화 변화에 동기를 제공한다. 초기에는 모든 문제를 정면돌파를 통해 해법을 찾을 수 있었지만, 도저히 정면돌파만으로 해결할 수 없는 새로운 문제에 직면하게 되면서 지금까지의 정면돌파 전략은 원칙이 되고, 가끔은 돌아가는 것이 현명하다는 예외가 기존의 조직문화에서 한 자리를 차지하게 되는 것이다.

그렇다고 하더라도 조직문화는 그 자체적으로 작동하고 있는 사회화 과정 때문에, 생존을 위협하는 별다른 사정이 생기지 않는 한 급격한 변화는 기대하기 어렵다. 그러나 조직이 직면하는 중요한 문제들에 대해서 조직문화가 제시하는 해법들이 계속적으로 문제해결에 실패를 하고, 결과적으로 조직의 생존이 심각한 위기를 맞게 되면, 구성원들은 그때까지 당연하게 받아들였던 문제해법에 대해서 의문을 품기 시작하면서, 새로운 조직문화를 받아들일 전기를 맞게 된다.

이때, 핵심적인 역할을 담당하는 것이 최고경영자이다. 조직문화의 변화를 시도하는 최고경영자는 기존문화로부터 엄청난 의식적·무의식적인 저항에 직면하게 된다. 기존의 조직문화는 적어도 그때까지 그 효과를 계속적으로 증명해온 당연한 문제해결방식이기 때문이다. 따라서 조직문화를 바꾸고자 하는 최고경영자는 우선 기존의 문제해결방식으로는 조직의 생존을 보장받을 수 없다는 분명한 선언이 필요하다. 그와 함께 조직의 새 비전을 제시하고 그 비전에 이르는 새로운 '옳은' 방식을 선포하고 솔선수범하면서 전파하여야 한다. 이 일의 어려움을 LG그룹 구자경 명예회장의 자서전 『오직 이 길밖에 없다』에서 생생하게 접할 수 있다.[34] 변혁적 리더십이란 바로 조직문화를 바꾸는 리더십이다.[35]

조직문화의 변화 시도는 새 옳은 방식을 구현해주는 보상시스템과 조직구조의 설계를 동반하여야 한다. 예를 들어 기존의 조직문화를 창의적인 조직문화로 변경

그림 15-4 조직문화 변화모형

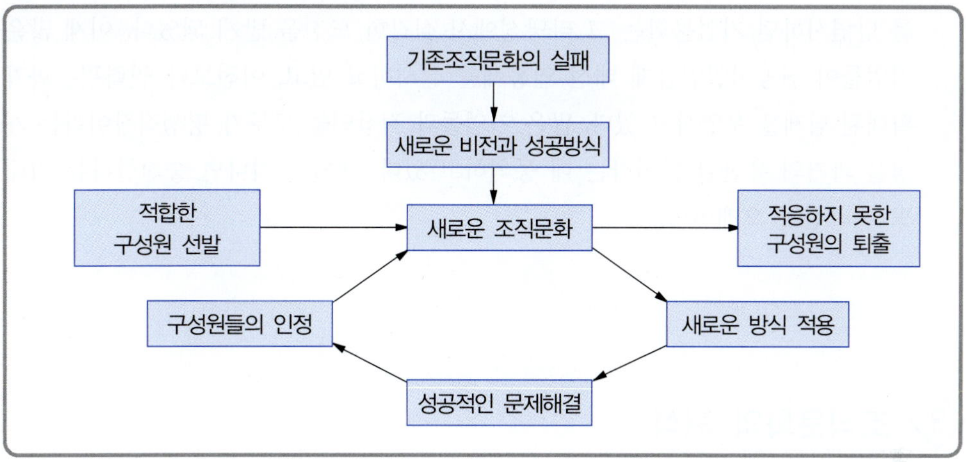

시키고자 하면, 보상시스템도 창의성을 주된 평가기준으로 하는 시스템으로 바꾸어야 하고, 조직구조도 소규모의 팀조직으로 바꾸어주고 팀에게 많은 자율권을 부여하도록 하여야 할 것이다. 그런데 이러한 변화는 기존의 보상시스템이 갖는 공정성을 깨뜨리고 기존 조직의 권력구조를 무너뜨릴 가능성이 크다. 불공정성에 대한 저항은 특히 거세다는 점에서 조직문화의 변화가 지니는 어려움을 넉넉히 짐작할 수 있을 것이다.

그러나 단지 이들만으로 새로운 조직문화로의 변화가 이루어진 것은 전혀 아니다. 조직문화의 변화는 단지 겉에 보이는 문화형태만 바뀌는 것이 아니고, 지금까지 당연한 것으로 여겨져 왔던 일처리방식을 바꾸는 일이다. 기본의 가치관이나 일처리방식에 대한 기본가정은 그대로 둔 채, 겉으로 보이는 조직문화의 형태만 바꾸는 조직문화 시도가 조직의 혼란만 가중시키면서 참담한 결과를 초래하고 마는 사례를 스머칙(L. Smircich)은 한 보험회사의 연구를 통해 생생히 보여주고 있다. 기존 조직문화에 겉으로만 덧씌워진 새 조직문화가 기존의 조직문화로 실질적인 변경이 이루어지려면, 새로운 조직문화가 기존의 조직문화가 제대로 해결하지 못하는 문제들을 성공적으로 해결할 수 있다는 증명을 지속적으로 보여줄 때에야 비로소 가능해진다. 새로운 일처리방식의 문제해결에 지속적으로 성공하면, 구성원들이 새로운 방식을 옳은 방식으로 인식하기 시작하고, 조직문화는 서서히 변화의 길로 들어설 수 있게 된다.

1990년대 말에 우리나라가 겪었던 IMF사태는 우리나라 기업의 조직문화의 기본틀을 바꾸는 계기를 마련해주었다. 많은 기업들이 실로 생존이 걸린 절대 절명의 위기를 겪었으며, 이를 계기로 평생고용과 엄격한 위계질서, 연공서열 임금제를 당연시하던 기업문화는 그 타당성에서 심각한 도전을 받게 되었다. 이제 많은 기업들이 연공서열임금제 대신 연봉제를 실시하고 있고, 이전보다 권력평준화가 확대된 팀제를 운영하고 있다. 많은 기업들과 직장인들 모두가 평생직장이라는 개념은 과거의 유산일 뿐이라는 데 동의하고 있다. 세월이 지나면 승진한다는 기대도 사라진지 오래이다.

3 조직문화의 해석

저명한 인류학자인 홀(E. Hall)은 다른 문화를 연구하는 것은 그 문화를 이해하자는 것이 아니라, 우리 자신을 이해하자는 것이라고 주장한다.[36] 클러크혼(C. Kluchhohn)은 다른 동물을 통하지 않고서는 어떻게 인류를 이해할 수 있겠느냐고 말하고 있다.[37] 이 말을 확대해보면, 다른 조직의 문화를 이해한다는 것이 곧 자기 조직의 문화를 이해하는 것이 된다.

그런데 이 말들이 함축하고 있는 것은 그만큼 우리는 우리 자신의 문화를 거의 인식하지 못하고 생활하고 있다는 것이다. 왜냐하면, 한 집단의 이념이나 가치관, 신념 등으로 구성되어 있는 문화의 내용은 지극히 당연하게 여겨져서 거의 대부분의 시간 전의식 수준에 머무르고 있기 때문에, 쉽사리 인식되고 파악될 수 있는 것이 아니기 때문이다. 홀(E. Hall)은 "문화란 내보이는 것보다 더 많은 것을 숨기고 있는데, 정말 이상한 것은 문화는 그것이 숨기고 있는 것들을 그 문화의 참여자들에게 더 효과적으로 숨기고 있다는 점이다."[38]라고 언급하고 있다.

1980년 이후로 이루어진 조직문화 연구 대부분은 그 당시에 조직행위론 연구의 지배적 '과학적 연구방법'이었던 설문지를 통하여 이루어졌다. 이는 그 이전에 이루어졌던 조직문화 연구들이 설문지 조사연구들이 치우쳐 있던 연구 흐름에 대한 반성으로 질적 연구를 주장하면서 이루어졌던 것에 비추어볼 때 상당히 역설적인 현상이겠다.[39] 물론, 이러한 계량적 설문조사를 통하여 조직문화에 대한 연구가 폭발적으로 이루어졌고, 그를 통하여 얻어진 학술적 결과물에 대해서도 충분히 가치있는 것으로 평가를 내릴 수 있겠지만, 앞에서 언급한 대로 문화란 인식의 아래에 숨겨진 부분이 많은 것이어서 그러한 부분이 인식의 수준에서나 운용가능한 설문지로 파악될 수 있냐는 의문이 생긴다.

이와 관련하여서는 일찍이 1960년대부터 설문지를 통해서 이루어져왔던 조직분위기, 또는 조직풍토(organizational climate) 연구와 차별화 논쟁이 있다. 조직분위기, 또는 조직풍토 연구는 설문 응답자들의 개인적인 지각을 조사하고 이를 합산하여 자료를 얻는 데 반하여, 조직문화는 상징이나 이야기, 언어, 관행 등, 문화형태를 형상화하는 이념이나, 가치관, 특히 기본가정을 얻는 데 목적이 있다는 점에서 개념상으로 구별이 된다.

그렇지만, 조직분위기나 조직문화 연구가 모든 조직에 적용가능한 보편타당한 관리 원칙이나 관리기법이 아닌, 조직의 '소프트'한 현상을 연구한다는 점에서는 쌍방간에 유사한 측면이 있다. 이에 따라 일부 조직분위기 연구자들은 조직분위기 연구와 조직문화 연구가 실제적으로 같은 연구 줄기로 통합될 수 있다고 주장하기도 한다.[40] 그러나 일부 조직문화 연구자들은 그러한 주장에 명백하게 반대의 의견을 제시하면서, '조직문화는 조직분위기가 아닌 것이다'라는 주장까지 펼치고 있다.[41] 그러면서 이들은 조직문화 연구는 설문지를 통해서가 아니라, 조직문화의 내용이 구현하고 있는 조직형태를 질문, 참여적 관찰, 판독, 느낌 등, 질적 방법을 통해 해석해냄으로써 유추해낼 수 있다고 주장한다.[42] [그림 15-5]가 이러한 유추 과정을 보여주고 있다.

그림 15-5 문화진단 틀

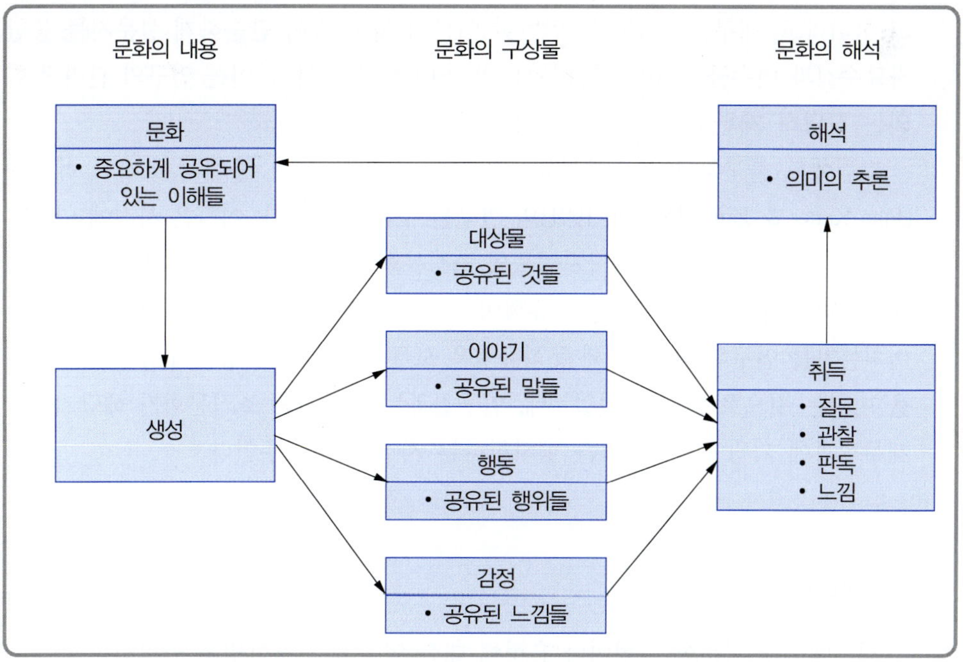

자료: Sathe, V. (1983). Implications of Corporate Culture: A Manager's Guide to Action. *Organizational Dynamics*. Autumn. 5-23.

4 조직문화와 관련된 기타 이슈들

4.1 조직문화의 유형과 조직성과

초기의 조직문화 연구자들은 조직의 성과에 긍정적으로 작용하는 우수한 조직문화 특성이나 유형을 찾는 데 집중하였다. 조직문화가 생산성제고의 대안으로 등장한 사회적 맥락 속에서 생각해볼 때 당연한 귀결이었다. 미국식과 일본식으로 나눈 오우치나 탁월한 조직의 특성들을 제시한 피터스와 워터맨의 안내에 따라, 그 뒤에 많은 연구자들이 조직문화를 유형별로 나누고 그 유형 중에서 어떤 유형이 조직의 유효성과 상관관계가 있는지에 대해서 연구하기 시작했다. 국내도 이러한 흐름을 좇아서 여러 연구들이 우수한 조직문화의 유형을 찾는 노력을 기울였다.[43)]

그러나 이들 대부분의 연구들은 만족스러운 결과를 얻지 못했다. 여러 이유가 있겠지만, 조직문화 자체가 정해진 유형대로 깔끔하게 분류되기 어려울 만큼 여러 차원이 복잡하게 얽혀있는 복합적인 개념인데다가, 조직문화와 성과 사이에 영향을 미치는 매개변수나 상황에 대한 고려가 제대로 이루어지지 않은 까닭이다. 게다가 설사 특정한 조직문화와 조직유효성 사이에 의미 있는 상관관계가 얻어졌다고 하더라도, 대부분의 연구가 탄탄한 이론적 틀도 없이 단순하게 설문지를 통한 자료수집과 변수들 사이의 통계분석에만 의존하고 있어서, 이들 연구의 관리적 함의는 상당히 제한적일 수밖에 없다.

그럼에도 불구하고 조직문화유형과 성과에 관한 연구 중에서 코터와 헤스켓(John Kotter & James Heskett, 1991)의 연구는 주목할 만하다. 이들은 사전에 마련된 엄격한 기준을 적용하여 미국기업들의 조직문화를 강한 문화, 고객지향문화, 환경적응문화로 구분하고, 이들 문화유형이 기업들의 장기 재무성과에 어떠한 영향을 미치는가를 연구하였다. 이 세 문화유형은 모두 기업의 재무성과에 긍정적인 영향을 미치는 것으로 알려져 있었는데, 연구결과는 환경적응 조직문화가 해당기업의 재무성과에 가장 큰 영향력을 행사한다는 사실을 보여주었다.

4.2 조직문화와 합병

최근에는 조직문화 특성이나 유형에 대한 연구가 조직합병과 관련되어 관심을 모으고 있다. 기업합병은 전략적 측면에서 합병으로 얻게 되는 시너지효과의 크기가 합병의 성공 여부를 가늠하는 핵심기준치로 고려되었으나, 최근의 연구는 그보다는 합병한 조직들이 지닌 조직문화 조화 여부가 합병의 성패에 더 큰 요인으로 작용하고 있음을 보고하고 있다.

그에 따라 조직문화유형에 대한 연구도 과거에 주로 사용하던 2×2모형보다는 조직문화의 특징인 다양성을 고려한 측정모형을 개발하고 활용하려는 방향을 보이고 있다. 다음은 조직문화의 다면성을 고려하여 최근의 연구가 제시하고 있는 조직문화의 7가지 특성이다.

① **혁신과 위험감수** : 조직원들에게 혁신적이며, 그에 따르는 위험을 감수하도록 격려하는 정도
② **세부항목에 대한 주목** : 조직원들에게 정확성, 분석, 세부사항에 대한 주의 등을 보이도록 기대하는 정도
③ **결과지향** : 관리가 결과를 달성하기 위해서 적용한 기법이나 절차보다 결과물 자체에 주목하는 정도
④ **사람지향** : 의사결정이 조직원들에게 미치는 영향을 고려하여 내려지는 정도.
⑤ **팀지향성** : 작업활동이 개인보다 팀 위주로 조직화하는 정도
⑥ **적극성** : 조직원들이 편안하게 지내기보다는 보다 더 적극적이고 경쟁적으로 활동하는 정도
⑦ **안정성** : 조직활동이 성장에 비해서 현상유지를 더 강조하는 정도

이 특성들 제각각은 낮은 정도에서 높은 정도까지 연속선 상에서 일정한 값을 가지며, 조직문화는 각 특성들이 연속선 상에서 얻은 정도 값으로 표현된다. 위의 [그림 15-6]는 가상적인 A조직과 B조직은 조직문화를 표현한 것이다. 이와 같이 조직문화 특성의 여러 차원에서 상당한 차이를 보이고 있는 두 조직이 합병을 하게 되면, 이 두 조직은 공유된 의미체계를 발달시키기에 상당한 어려움이 따를 수 있다. 뿐만 아니라, 대부분 합병 직후에 나타나는 높은 기대수준이 합병 초기에 의미체계의 공유 부족으로 초래되는 의사소통의 문제와 생산성 저하를 심각한 위기로 받아들이면서 합병에 대한 불만이 증폭될 수 있다.

그림에 나와있는 A조직과 B조직은 논리적인 의미에서 시너지효과가 기대될지는 모르지만, 두 조직이 합병을 했을 때에는 두 조직문화의 충돌로 기대하는 만큼의 시너지효과를 거둘 수 있을 것인지 의문스럽다.

■ **그림 15-6 조직문화특성의 예**

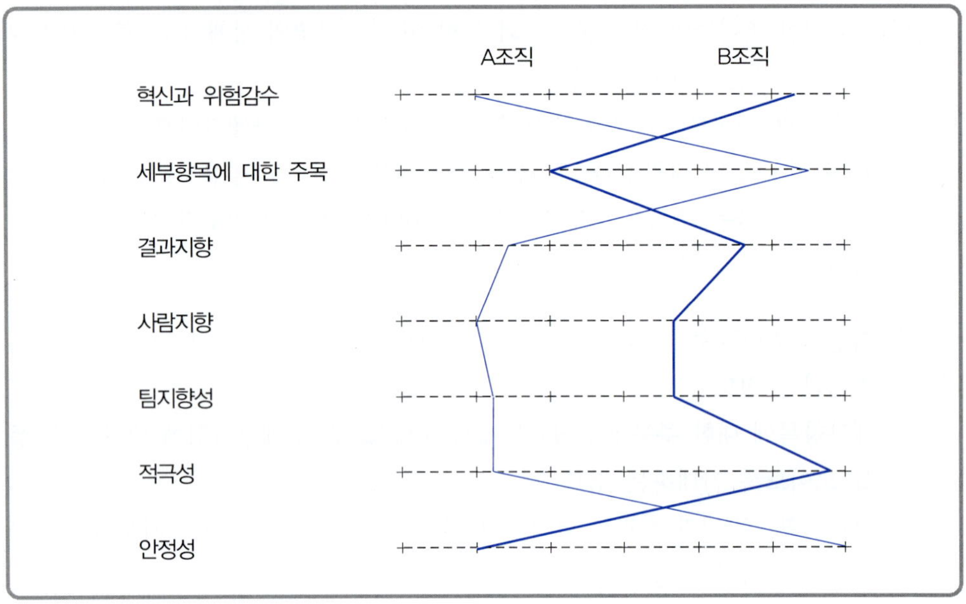

4.3 조직문화와 국가문화

(1) 조직문화와 국가문화

앞에서도 언급했듯이, 초기의 조직문화 연구는 조직단위만을 따로 떼어서 조직이 문화를 가진다는 사고에 기반하고 있었다. 따라서, 일본기업의 좋은 기업문화는 미국기업에도 얼마든지 이식할 수 있다는 생각이 지배적이었다. 초기의 연구들이 집중했던 기업문화유형과 성과와의 관계도 이러한 기본적인 믿음이 바탕에 깔려 있었다.

그러나 연구가 진행되면서 조직이 문화를 가지는 것이 아니라, 조직이 바로 문화라는 사고들이 나타나기 시작했고, 그와 함께 조직문화는 조직을 하부시스템으로 가지고 있는 더 큰 집단인 국가의 문화의 테두리 안에서 형성된다는 주장도 제기되었다.[44] 대한민국이란 나라가 한국문화를 가지고 있는 것이 아니라, 한국문화가 바로 한국이라는 생각은 문화에는 역사성을 담고 있다는 생각을 반영한다. 그러한 역사성은 한 국가의 국민들에게 사회화를 통해서 주입이 되고, 이러한 사람들이 구성한 조직문화가 국가문화로부터 자유스러울 수는 없다는 것이다.

국가문화와 조직문화의 연관성에 대한 연구는 다양하게 이루어지고 있지만, 여기서는 그러한 연구들 중에서 가장 잘 알려진 홉스테드(Geert Hofstede)의 연구를 소개하기로 한다.

그림 15-7 문화의 구성요소

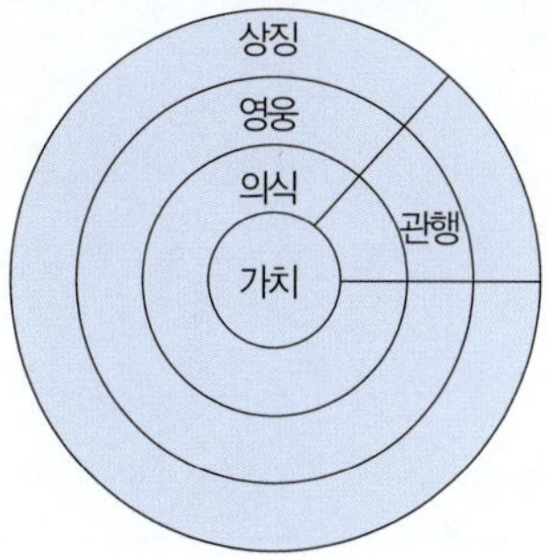

홉스테드는 [그림 15-7]에서처럼 문화의 구성요소를 양파껍질모양으로 표현해 주고 있다. 양파껍질의 외피로 나갈수록 문화의 피상적 수준이 된다. 즉 외피에 위치한 상징은 끊임없이 변하며 다른 문화집단으로 확산되는 성향이 있다. 홉스테드는 이러한 문화를 일반적으로 한 집단을 구성하는 사람들을 다른 집단의 구성원들과 다르게 만드는 집합적 정신프로그램(mental program)으로 정의하고 있다. 여기에서의 정신프로그램이란 컴퓨터에 프로그램을 입력하는 것에 비유된 것으로 어떤 형태의 생각, 느낌, 행동을 가리킨다.

그런데 홉스테드는 조직문화는 국가문화(national culture)와 그 성격이 다르다고 보고 있다.[45] 즉 국가수준에서의 문화차이는 주로 가치수준에서 나타나고, 관행에서는 그다지 나타나지 않고 있으며, 반면에 조직수준에서의 문화차이는 주로 관행에서 나타나고 가치에서는 크지 않다고 본다. 홉스테드는 조직문화와 국가문화의 또 다른 차이는 사회화의 장소라고 본다. 즉 국가문화의 주요 요소인 가치는 주로 어린 나이에 가정과 학교에서 사회화되지만, 조직문화의 주요 요소인 관행은 성인이 되어 가치관이 튼튼하게 자리 잡은 뒤에 직장에서의 사회화로 학습된다는 것이다(그림 15-8 참조).

(2) 홉스테드의 국가문화 연구

네델란드 출신의 사회심리학자인 홉스테드는 1980년에 발표한 논문에서 국가문화를 어느 인간사회에서나 아주 기본이 되는 문화적 선택을 나타낸다고 여겨지는 권력거리(평등과 불평등), 개인주의(개인주의-집합주의), 남성성(남성성-여성성), 불확실성 회피(불확실성 회피-수용)의 4개의 차원으로 구분하였다. 이는 IBM이라는 하나의 거대 다국적기업의 40여개국 현지회사에 근무하는 116,000명의 종

그림 15-8 조직문화와 국가문화의 차이

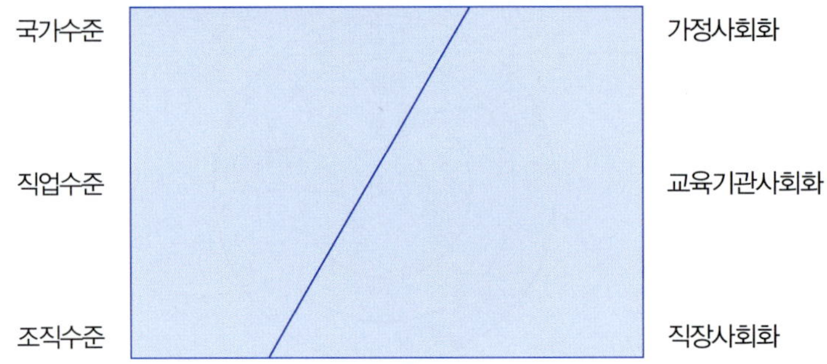

업원을 대상으로 파악한 것이었다.[46] 홉스테드는 1983년에 발표한 논문에서 연구 대상 국가를 50개국과 3개 지역으로 확장하였으며,[47] 나중에는 유교적 역동성 또는 장기지향(장기-단기 지향)이라는 국가문화의 제5차원을 추가하였다.[48] 이러한 5가지 차원의 정의는 다음과 같다.

① **권력거리**(power distance) 차원은 한 나라의 제도나 조직의 힘없는 구성원들이 권력의 불평등한 분포를 어느 정도까지 용인하는지를 알려주는 준거치이다. 짧은 권력거리는 사람들이 제도나 사회 내에 권력이 평등하게 배분되어 있는 상태를 선호하는 것을 의미하고, 반면에 긴 권력거리는 제도나 사회 내에 배분되어 있는 권력의 불평등을 상당한 정도까지 용인하는 것을 의미한다. 권력거리가 긴 문화권인 인도네시아의 경우 부하직원인 상사를 만나려면 약속시간에서 30분 정도를 기다리는 것이 보통이라고 한다. 그곳에서는 이러한 정도는 용인이 되는 것이다.

② **불확실성 회피도**(uncertainty avoidance) 차원은 사람들이 불확실하거나 애매한 상황에 두려움을 느끼고 생활 속에 내재되어 있는 불확실성이 극복되어야 할 지속적 위협으로 느끼는 정도를 지칭한다. 불확실성 회피도가 높은 문화권은 일반적으로 공식법률과 비공식규칙을 많이 제정해 놓으며, 일탈행동에 대해서는 엄정한 제재조치를 취하고, 다양한 가치관을 수용하기보다는 절대적 진리나 전문성을 강조하는 경향을 보인다. 또한 미래가 주는 불안감 때문에 미래에 대비해 열심히 일해서 저축하는 경향이 높다고 한다.

③ **개인주의**(individualism)**-집단주의**(collectivism) 차원은 사회의 기본단위가 개인인지, 아니면 개인들 사이의 관계인지에 대한 물음과 관련되어 있는 차원이다. 개인주의 사회는 개인 간의 구속력이 느슨하고, 모든 사람은 자기자신과 가족

표 15-5 13개국의 국가문화 차원 등급과 국가경쟁력

문화차원 / 국가	권력거리	개인주의	남성성	불확실성 회피	유조적 역동성 (장기지향)	국가경쟁력 순위(IMD)	
						2009년	2013년
미국	낮음	높음	높음	낮음	낮음	1	1
싱가포르	높음	낮음	중간	낮음	중간	5	5
홍콩	높음	낮음	높음	낮음	높음	2	3
독일	낮음	높음	높음	중간	중간	13	9
영국	낮음	높음	높음	낮음	낮음	21	18
프랑스	높음	높음	중간	높음	(낮음)	28	28
일본	중간	중간	높음	높음	높음	17	24
한국	**중간**	**낮음**	**낮음**	**높음**	**높음**	**27**	**22**
브라질	높음	중간	중간	중간	높음	40	51
중국	(높음)	(낮음)	(중간)	(중간)	높음	20	21
인도	높음	중간	중간	낮음	높음	30	40
러시아	(높음)	(중간)	(낮음)	(중간)	(낮음)	49	42
인도네시아	높음	낮음	중간	낮음	(낮음)	42	39

을 돌보면 되는 것으로 생각하는 사회로 정의되며, 집합주의 사회는 개인보다는 집단 내 개인 사이의 관계에 더 관심을 가지는 문화권으로, 자신이 속한 집단과 타집단을 엄격히 구분한 다음, 자기 집단이 자신을 돌보아줄 것으로 기대하며, 그 대신 집단이 집단의 이익을 위해서 기꺼이 자신을 희생할 마음의 준비가 되어 있는 사회를 의미한다.

④ **남성성**(masculinity)**–여성성**(femininity) 차원은 사회적인 지배가치가 얼마나 남성다움을 강조하는지의 정도를 의미한다. 남성성이 높은 사회는 남녀역할을 명확하게 구분하고, 경쟁과 적극적이고 모험적인 행동이 부러움의 대상이 되며, 물질적인 부가 찬양의 대상이 된다. 그에 비해 여성성이 높은 사회는 타인에 대한 애정과 겸손과 부드러움, 삶의 질 등에 관심을 두는 사회로 정의된다. 남녀의 역할에 대한 구별이 크지 않아서 여성들의 사회적 진출이 활발하게 이루어지는 특징을 보인다.

⑤ **유교적 역동성**(Confucian dynamics) 차원은 한 사회에서 현재나 과거보다 미래에 가치를 두는지, 아니면 그와 반대로 미래보다 과거와 현재에 더 가치를 두는

지에 대해서 그 정도를 묻는 차원이다. 미래에 가치를 두고 있는 유교적 가치들로는 끈기, 지위에 의한 서열의 확립과 존중, 절약, 염치를 아는 것 등이 포함되며, 과거나 현재에 가치가 주어지는 것으로는 꾸준함과 안전주의, 체면 유지, 전통 존중, 예의차리기 등이 포함된다. 원래, 이 차원은 뛰어난 경제성장을 보이고 있는 아시아의 다섯 나라(일본, 타이완, 싱가포르, 홍콩, 한국)가 공통으로 가지고 있는 가치가 어떤 것인지를 찾고자 하는 데에서 출발했다. 연구결과 이 다섯 나라는 유교가치 중에서 미래에 가치를 둔 유교적 행동을 더 중요하게 생각하고 있다는 공통점을 얻고, 이를 유교적 역동성이라는 이름을 붙였다. 홉스테드 등은 이 차원이 유교권 국가에만 한정되는 것이 아니고, 전 세계의 문화권을 설명하는 또 하나의 차원임을 강조하고, 연구결과, 유교적 역동성이 높은 국가들은 경제성장률이 높다고 주장하였다.

그림 15-9 홉스테드의 연구결과: 개인-집단 중심성과 권력격차

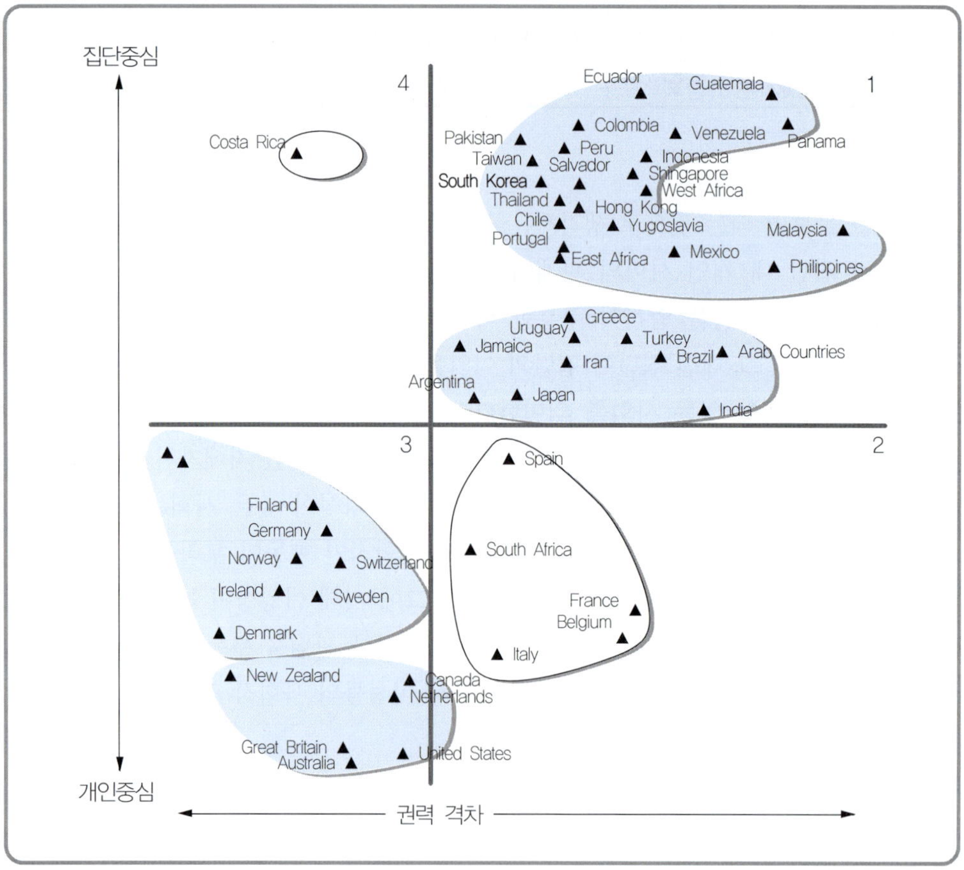

<그림 15-9>와 <그림 15-10>은 이러한 홉스테드의 연구 결과를 요약해주고 있다. 먼저, <그림 15-9>에 따르면, 우리나라 국가문화의 상대적 위치는 권력거리 차원의 순위는 평등과 불평등 사이의 중간등급이고, 개인주의와 남성성 차원의 순위는 비교적 낮아서 집단주의적이다. 또한 <그림 15-10>에 의하면, 우리나라 국가문화는 다소 여성적인 반면, 불확실성 회피 성향은 비교적 높은 편이다. 또 유교적 역동성 차원의 순위 역시 비교적 높아서, 우리나라의 경우 전반적으로 불확실성을 회피하려 하고 장기지향적인 경향이 있다고 볼 수 있다. 그런데 미국의 국가문화 차원 등급은 우리나라와는 크게 달리 나타나고 있는데, 즉 미국의 경우 권력거리는 낮고, 개인주의적이며 남성적이고, 불확실성을 수용하고 단기지향을 꾀한다.

이와 같은 국가문화의 다양성과 변화는 조직행동이론을 어느 한 나라, 특히 연구결과물의 80% 이상을 차지하는 미국의 시각만이 아닌, 각 나라의 입장에서 시대적 배경을 고려하여 정립할 것을 요구한다고 볼 수 있다. 예를 들어, 스위스에 소

그림 15-10 스테드의 연구결과 2: 불확실성 회피성과 남성-여성 중심성

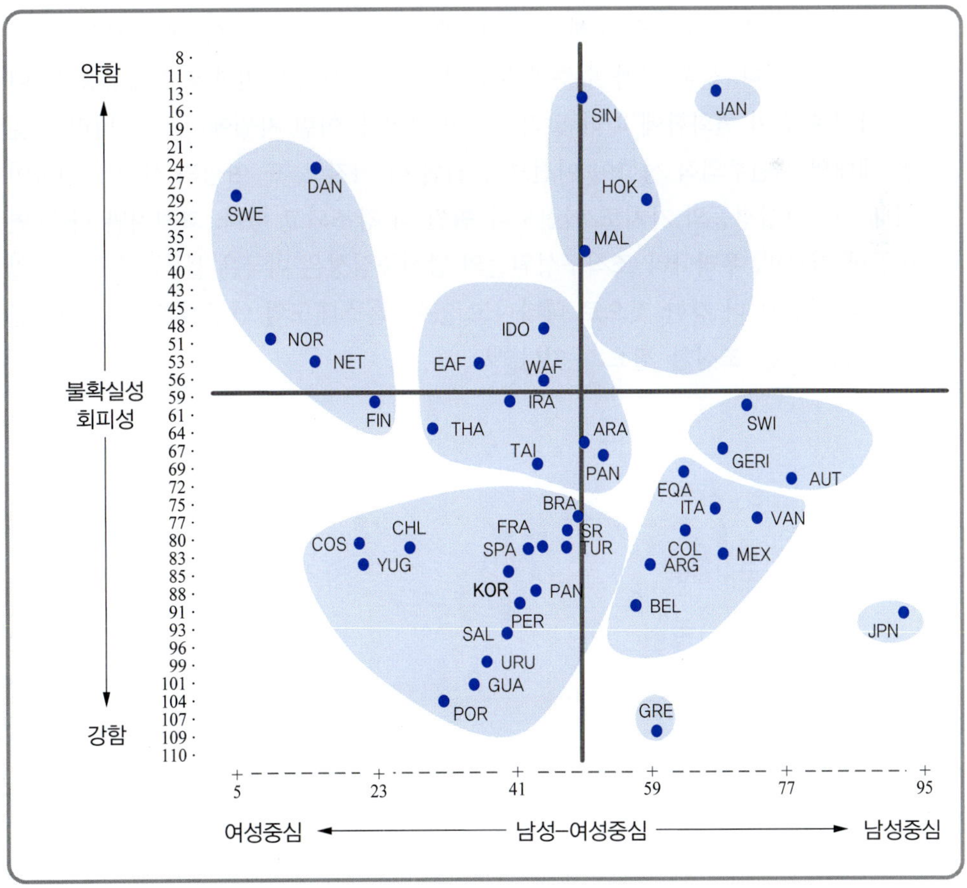

재한 국제경영개발원(IMD: International Institute for Management Development)에서는 국가경쟁력의 원천을 한국, 싱가포르, 일본의 경우 모두 집단주의에 근거하고 있다고 보고 있다. 즉 구체적으로, 한국은 근면성, 싱가포르는 부(富)의 증대 욕구, 그리고 일본은 사회적 참여가 그 주요 동인이 되고 있다고 보고 있고, 이에 비해 미국과 유럽연합(EC)은 국가경쟁력의 원천으로서의 개인주의가 자기성취를 자극하는 것으로 보는 분석을 내놓고 있다.[49)]

이처럼, 홉스테드의 연구는 국가수준의 문화적 차이에 대한 큰 관심을 제기하고 또 그에 입각한 비교경영 연구에 상당한 영향과 자극을 미치는 등 의미있는 연구로 평가받아 왔다. 그렇지만 홉스테드의 연구 역시 기본적으로 서구인의 시각 하에서, 국가 수준의 문화적 특성을 측정하는 소수의 기준과 분석틀에 의존한 연구이기 때문에 다양한 한계점이 지적될 수 있다.

먼저, 홉스테드의 연구는 세계 각국에 진출한 IBM사의 직원들을 대상으로 한 연구여서, 각 국가 성원들을 제대로 대표할 수 있는 표본에 기초하지 않았다는 점을 유의할 필요가 있다. 뿐만 아니라, <그림 15-10>의 분석결과에서 보듯이, 우리나라의 남성중심성이 평균 이하로 상대적으로 낮게 나타난 점에 대해서도 의문을 가져 볼 수 있다. 물론 국가 수준의 문화적 특성도 시대의 변화와 경제성장 등 여러 가지 여건이 변화함에 따라 달라지기 마련이다. 이런 차원에서, 우리나라도 젊은 세대의 개인주의적 성향이 이전보다 훨씬 더 커지고, 또 여성의 사회적 진출이 확대되어 양성평등의 가치도 이전보다 훨씬 더 강조되고 있다. 그렇지만 다른 연구들에 따르면, 우리나라 조직구성원들의 남성중심성은 미국은 물론, 이웃나라 일본보다 여전히 더 강한 것으로 나타나고 있어, 홉스테드의 연구결과를 무조건 일반화하는 것은 조심할 필요가 있다.[50)]

토론사례 15-1 ○○전자를 떠나며

〈자료원〉 자신이 오랫동안 재직했던 회사를 떠나며, 한 연구원이 회사 CEO에게 보낸 서신(등장인물과 회사의 실제 이름은 익명 처리함)

안녕하세요, △△△ CEO님.

저는 CTO 소속의 □□□ 선임연구원입니다.

CEO님께서는 다른 분들의 의견을 경청한다는 이야기를 들은 적이 있습니다.

이제 곧 퇴사를 앞두고, 제가 사랑하는 우리 회사의 발전을 위해서, 지난 5년 동안 ○○전자에서 느낀 점들을 용기를 내어 적어봅니다. 아마 CEO님께서 여러 채널을 통해 들으신 내용일 수도 있을 것 같지만, 혹시나 하는 마음에 면식도 없지만 결례를 무릅쓰고 메일을 보냅니다.

제가 느낀 점 중에 우리 ○○전자가 바뀌었으면 하는 2가지 관점에서 말씀드리겠습니다. 물론, 우리 회사에서 잘하고 있는 것들도 많지만 이 부분은 생략하도록 하겠습니다.

- **Innovation**

저는 우리 회사가 진정으로 Innovation을 하는 회사가 되었으면 합니다. 그렇지 않으면 살아남을 수 없다고 생각합니다. 하지만 연구원으로서 제가 느낀 바로는, Innovation을 하는 회사가 아니라, Innovation을 하겠다고 '주장'만 하는 회사처럼 보입니다. Innovation은 risk-taking이 가능한 문화 속에서 가능하다고 생각합니다. 그런데 지금 우리 회사의 연구환경은 우리 연구원들이 risk-taking할 수 있는 연구환경이 아닌 것 같습니다. 아이디어가 구현될지도 확실치 않은데, 프로젝트 초기부터 ROI를 계산하는 것은 뭔가 맞지 않은 것 같은 생각이 듭니다.

그리고 또 큰 문제 중의 하나가 지나친 '보안(security)' 강조입니다. 보안이 중요하지 않다는 것이 아닙니다. 문제는 지나치게 강조하면서 생기는 엄청난 '기회비용'입니다. 이런 기회비용은 계산하기 힘들어서 그렇지, 분명이 엄청 크다고 생각합니다. 몇 가지 예를 들어 보겠습니다.

저는 아이디어를 얻는 데에 인터넷만큼 좋은 곳이 없다고 생각합니다. 그런데 보안이라는 이유로 접근이 막힌 사이트들이 의외로 많습니다. 오늘도 KT의 클라우드(cloud) 서비스를 알아보기 위해 http://ucloud.com을 접근하려 하니 막혀 있었습니다. 어떤 사이트들을 막았고, 어떤 이유로 막았는지 연구원에게 전혀 공지가 없습니다. 연구원들은 그저 받아들일 뿐입니다. 아이디어 조사 차원으로, 그리고 기술에 대한 궁금증으로 인터넷에서 검색하다가 이렇게 접근조차 막히면, 대부분 포기할 수밖에 없습니다. ○○전자가 앞으로 크게 수익을 낼 수 있는 제품을 만들 기회를, 그동안 이런 이유로 놓치지 않았다고 장담하기는 어려울 것 같습니다.

또, HE본부의 경우 소프트웨어 개발자들이 보안상의 이유로, 개인 컴퓨터가 아닌 중앙서버에 접속 후 작업을 합니다. 문제는 중앙서버로 데이터를 넣고 빼는 것이 매우 불편하기 때문에 개발자들이 보고자료라도 만들려고 하면, 중앙서버에 접속해서 내용을 화면으로 보면서 로컬컴퓨터에서 다시 타이핑해서 만들어야 합니다. 또 개발자들이 필요한 프로그램이 중앙서버에 없으면, 담당자에게 신청해서 설치해야 합니다. 며칠이 걸리는 일이고, 설치된다는 보장도 없습니다. 개발자들은 불편한 환경에서 제한된 사고의 자유를 가지고 개발해야 합니다. 정확히 그 비용을 계산하기는 힘들지만 개발자들의 생산성을 엄청나게 갉아먹고 있는 것은 분명합니다. 이 얼마나 우스운 광경입니까. 저는 DTV 기술의 경우 아부 일부를 제외하고는 이제 일반화되었다고 생각하는데, 굳이 모든 정보를 지금처럼 중앙서버에서 해야 하는지에 대해서 의문이 갑니다.

- **조직문화**

저는 이전에 벤처회사를 다녔는데, 지금 우리 회사에서 제일 안타까운 것 중에 하나가 자유로운 토론문화의 부재입니다. 자유롭게 의견을 개진하고 합리적인 의사결정이 이루어져야 할텐데 그렇지 않은 경우가 많습니다. 특히 "Top management (CEO/CTO)나 연구소장의 코멘트가 있었다"라고 이야기되면, 그 진위 여부나 이유에 대해서는 논의가 없고 바로 그 코멘트에 맞게 의사결정이 납니다 또 경쟁사, 특히 삼성이 어떻게 한다더라 하면, 이 역시 비판적인 토론 없이 의사결정이 많이 나버립니다. 비록 Top에서 코멘트가 있는 경우라도, 또 경쟁사가 그렇게 하더라도, 의사결정 시에 관련자들이 반드시 이유를 이해하고, 필요하면 이를 반박할 수 있는 조직문화가 되어야, 진정으로 고객이 원하는 제품을 만들 수 있을 거라고 생각합니다.

회사에서 많이 듣는 이야기 중에 하나가 "주인의식을 가져라"입니다. 저는 주인의식은 주인이 되어야 갖는 의식이라고 생각합니다. 회사에서 연구원들을 주인이라고 생각하고 대해주지 않는데 주인의식이 생길 리가 만무합니다. 최근에 서초 R&D 캠퍼스에서는 본부/연구소를 불문하고, 지각을 체크해서 각 조직 별로 통계를 매일 보고하겠다는 이야기를 들었습니다. 또, "화장실에는 기본을 지키자"며 "슬리퍼를 신지 말라", "복장을 단정히 해라", "식사시간을 준수해라" 등의 문구가 붙어 있습니다. 분명 이런 것들이 중요하기는 하겠지만, 이렇게 전면적으로 연구원들에게 이야기 하는 건, 연구원들을 주인으로 대하는 것이 아니라 철부지 중고생으로 대하는 것이 아닌가 생각됩니다. 최근에 『Rework』란 책을 보니, "직원을 13살짜리 아이처럼 대하지 말라"라는 내용이 있었는데 참으로 뜨끔한 내용이었습니다.

저는 ○○전자를 사랑합니다. 저는 우리 회사에서 참 많은 것을 배웠습니다. 그리고 총각으로 입사해서, 이제는 돌이 지난 아이 아버지가 되었습니다. 젊은 시절 제가 열심히 일한 회사가 앞으로도 계속 성장해나가기를 진심으로 바라고 있습니다. 새로 부임하신, 그리고 저의 학과 선배이시기도 한 △△△ CEO님께서 분명히 그렇게 해주시리라 믿고, 저는 또 새로운 도전을 향해 떠나도록 하겠습니다.

○○전자와 모든 구성원의 건승을 항상 기원하고 응원하겠습니다. 감사합니다.

2011년 4월 12일

[토론과제 1]

위 글에 담겨 있는 내용을 바탕으로 하여, ○○전자 조직문화의 문제점에 대해 토론해 보시오.

[토론과제 2]

조직이 표방하는 조직문화와 실제 조직문화 사이에 차이가 생기도록 만드는 요인은 무엇인지에 대해 토론해 보시오. 또 이처럼 표방문화와 실제문화 간에 괴리가 있을 경우, 그것이 조직구성원에게 미칠 수 있는 영향에 대해서도 토론해 보시오.

[후주]

1) Kluckhohn, C. (1964) *Mirror for man*, New York: McGraw Hill Book Company, Inc.
2) Schein, E. H.(2010). *Organizational culture and leadership*. 4th Ed., CA: John Wiley and Sons, Inc.
3) Ouchi, W.(1981). *Theory Z: How American Business Can Meet the Japanese Challenge*. Reading, Mass: Addison-Wesley
4) Deal, T. E. & Kennedy, A. A.(1982). *Corporate Cultures: The Rites and Rituals of Corporate Life*. Reading, Mass: Addison-Wesley; Pascale, R. T. & Athos, A. G.(1981). *The Art of Japanese Management*. New York: Simon & Schuster; Peters, T. J. & Waterman, R. H. (1982). *In Search of Excellence: Lessons from America's Best Run Companies*. New York: Harper & Row
5) Trice, H. M. & Beyer, J. M.(1993). *The Culture of Work Organizations*. Englewood Cliffs, N.J.: Simon & Schuster
6) Hofstede, G. (1980). Motivation, Leadership, and Organization: Do American Theories Apply Abroad? *Organizational Dynamics*, Summer, 42-63
7) Kluckhohn, C. (1964). *op.cit.*
8) Hall, E.T. (1976), *Beyond Culture*, Garden City, NY: Anchor Press.
9) Trice, H. M. & Beyer, J. M. (1993). *op.cit.*
10) Kluckhohn, C. (1964). *op.cit.*
11) Geertz, C. (1973). *The Interpretation of Cultures*. New York: Basic Books
12) Hall, E.T. (1976), *op.cit.*
13) *ibid.*
14) Schein, E. H.(1984). Coming to a New Awareness of Organizational Culture, *Sloan Management Review*, Winter. pp. 3-7
15) Trice, H. M. & Beyer, J. M. (1993). *op.cit.*
16) Kluckhohn, F. & Strodbeck, F. L. (1961). *Variations in Value orientations*. Evanston, Ill: Row Peterson, and Company.
17) Schein, E. H. (1984). *op.cit.*
18) Weick, K. E.(1979). *The Social Psychology of Organizing*, 2nd Ed., Reading, Mass: Addison-Wesley
19) Tajfel, H. (1982). Social Psychology of intergroup relations, *Annual Review of Psychology*, 33, 1-39
20) Kahneman, D. & Tversky, A. (1973). On the Psychology of Prediction. *Psychological Review*, 80, pp. 237-251
21) Weick, K. E., and Sutcliff, K. M. (2003). Hospitals as Cultures of Entrapment: A Re-analysis of the Bristol Royal Infirmary. *California Management Review*. 45, Winter. 71-84
22) Kotter, J. P. & Heskett J. L. (1992). *Corporate Culture and performance*. New York: The Free press
23) Schein, E. H. (1996). Three Cultures of Management: The Key to Organizational Learning, *Sloan Management Review*, Fall: pp. 9-19.
24) Davis, T. R. (1985). Managing Culture at the Bottom, In R. Kilmann, M. Saxon, R. Serpa, and Associates (eds). *Gaining Control of the Corporate Culture*. San Francisco, Jossey-Bass: pp. 163-183.
25) Schein, E. H. (1983). The Role of the Founder in Creating Organizational Culture, *Organizational Dynamics*, Summer, pp. 13-28.
26) Hofstede, G. (1980). Motivation, Leadership, and Organization: Do American Theories Apply Abroad? *Organizational Dynamics*, Summer, 42-63; Adler, N. J., & Jelinek, M. (1986). Is Organizational Culture Culture Bound? *Human Resource Management*, 25, pp. 73-90.
27) Thompson, J. D. (1967). *Organizations in Action*, New York: McGraw-Hill
28) Van Maanen, J. (1975). Police Socialization: A Longitudinal Examination of Job Attitudes in an Urban Police Department, *Administrative Science Quarterly*, 20, pp. 207-28
29) 민중 엣센스 국어사전 수정판, 1993
30) Hall, T. Hall (1959), *The Silent Language*. Greenwich, CN: A Fawsett Premier Book.
31) Gibson, C. B. & Zellmer-Bruin, M. E. (2002). Applying the Concept of Teamwork Metaphors to

the Management of Teams in Multicultural Contexts, *Organizational Dynamics*, 31. pp. 101-116.
32) Trice, H. M. & Beyer, J. M. (1993). *op.cit.*
33) Martin, J., and Siehl, C.(1983). Organizational Culture and Counterculture: An Uneasy Symbiosis. *Organizational Dynamics*. Autumn. 52-64
34) 구자경 (1992). 오직 이 길밖에 없다. 행림출판사.
35) Schein, E. H. (1985). *Organizational Leadership and Culture*. San Francisco: Jossey-Bass
36) Hall(1959), *op.cit.*
37) Kluckhohn, *op.cit.*
38) Hall(1959). *op.cit.* p.39
39) 예를 들어, Pettigrew, A. M. (1979). On Studying Organizational Culture, *Administrative Science Quarterly*, 24. 570-581
40) Reichers, A. E., and Schneider, B. (1990). Climate and Culture: An Evolution of Constructs. In B. Schnerder (Ed.), *Orgnizational Climate and Culture*. pp 5-39
41) Trice, H. M. & Beyer, J. M. (1993). *op.cit.*
42) Wilkins, A. L.(1983). The Cultural Audit: A Tool for Understanding Organizations. Organizational Dynamics. Autumn. 24-38; Sathe, V. (1983). Implications of Corporate Culture: A Manager"s Guide to Action. *Organizational Dynamics*. Autumn. 5-23
43) 김주엽 (2004). 조직문화 연구에 대한 비판적 검토. 『인적자원개발연구』 6권 123-143쪽을 참조할 것.
44) Hofstede, G. (1980). *op.cit.*
45) Hofstede, G (1991). *Culture and Organizations: Software of the Mind*. London: McGraw Hills
46) Hofstede, G.(1980). *Culture's Consequences: International Differences in Work Related Values*. Beverly Hills, CA: Sage
47) Hofstede, G. (1983). Dimensions of National Cultures in Fifty Countries and Three Regions. In J. B. Deregowski, S. Dziurawiec & R. C. Annis(Eds.), *Explications in Cross-cultural Psychology*, Lisse, Netherlands: Swets & Zietlinger, pp. 335-355.
48) Hofstede, G., & Bond, M. H. (1988). The Confucius Connection: from Cultural Roots to Economic Growth, *Organizational Dynamics*, 16, pp. 4-21.
49) IMD. 2009 & 2013, World Competitiveness Year Book. (http://www.imd.ch/wcy)
50) 김영조. (2014). 조직행동의 이해와 관리, 도서출판 오래. p. 101.

chapter 16

조직변화와 학습조직

'삶아지는 개구리 증상'(The Boiling Frog Syndrome)이라는 것이 있다. 뜨거운 물이 들어있는 비커 안에 개구리를 넣으면 바로 튀어 나오지만, 찬 물이 들어있는 비커 안에 넣고 밑에서 서서히 가열하면, 개구리는 온도 상승을 지각하지 못해서 움직이지 않고 있다가 그대로 삶아져버린다는 증상을 일컫는다. 최근 들어서 이 일화가 사실과 다르다는 과학적인 진술과 증거들이 나타나고 있지만, 사람들이 천천히 변하는 변화를 지각하지 못하여 혁신의 때를 놓치고 만다는 것을 비유할 때 자주 인용된다. 이 증상은 타조가 급하면 머리만 감춘다는 일화처럼 사실이 아니기 때문에 사용하지 말자는 주장도 있었으나, 이 증상이 널리 퍼져있고, 또 그것이 가지는 상징적인 비유력이 크기 때문에, 이 증상이 사실이 아니라는 것을 알고서 사용할 것을 권하는 것으로 타협이 이루어지고 있다.

(Wikipedia에서 인용)

1 조직성장과 조직변화: 조직수명주기모형

조직도 흥망성쇠의 변화를 겪는다. 하루에도 수백 개의 조직이 새로 태어나고, 많은 기업 조직들이 이런 저런 이유로 문을 닫기도 한다. 새롭게 탄생한 조직은 대부분 일정한 경로와 단계를 밟아가면서 성장해 가며, 그에 따라 조직 내부적으로도 일정한 변화를 겪게 된다. 이렇듯 조직은 자연스럽게 변화해 가기도 하지만, 격증하는 경쟁상황에서 기업은 보다 효율적인 조직운용과 강한 경쟁력 확보를 위해 인위적으로 조직변화를 시도하기도 한다. 이런 점에서 조직변화는 대부분의 기업 조직에게 있어서 불가피한 현상이라고 할 수 있다. 따라서 조직변화(organizational change)란, 별다른 사전적 계획 없이 자연스럽게(unplanned) 일어나기도 하고 또는 인위적이고 의도적으로 계획되어(planned) 추진되어지는, 조직의 구조와 기술, 그리고 사람을 대상으로 한 변화를 의미한다고 볼 수 있다.

먼저, 여기서는 조직의 성장에 따른 일반적인 변화과정을 확인해 보기로 한다. 지금까지 많은 학자들이 조직의 성장에 따른 조직특성의 일반적 변화과정을 설명하기 위해 나름의 설명과 모형을 제시해 왔다. 이들 모형은 대부분의 조직들이 성장과정에 따라 일반적으로 겪을 수 있는 보편적인 변화과정을 설명하려고 시도하고 있다는 점에서 조직수명주기(organizational life cycle)모형이라 일컫는다.

조직이론가 퀸과 카메론(R. Quinn & K. Cameron)은 기존의 여러 학자들이 제시한 서로 다른 조직수명주기모형을 종합적으로 검토하고, 이를 바탕으로 조직수명주기론의 여러 설명을 통합한 모형을 제시한 바 있다.[1] 이들에 따르면, [그림 16-1]에서 보듯이, 조직은 그 성장과정에서 일반적으로 창업단계, 집단공동체단계, 공식화 단계, 정교화 단계 등의 단계를 거치면서 변화해 간다. 각 단계는 나름의 특징을 가지며, 고유한 위기를 내재하게 되고, 이를 극복해 가는 과정에서 다음 성장단계로 변화해 간다.

1.1 창업단계(entrepreneurial stage)

조직이 처음 창업되어 독자적인 단일제품 또는 서비스의 생산을 통해 성장해 가는 단계가 바로 창업단계이다. 이 단계에서는 창업주인 경영자가 소수의 구성원들과 함께 창의적인 제품개발 및 서비스의 개발에 전력함으로써 기업 생존의 발판을 구축해 가게 된다. 따라서 조직은 창업주 한 사람을 중심으로 매우 비공식적으로 운영된다. 즉 사원들에 대한 보상이나 통제는 창업주인 경영자 개인의 직접적

그림 16-1 조직수명주기모형

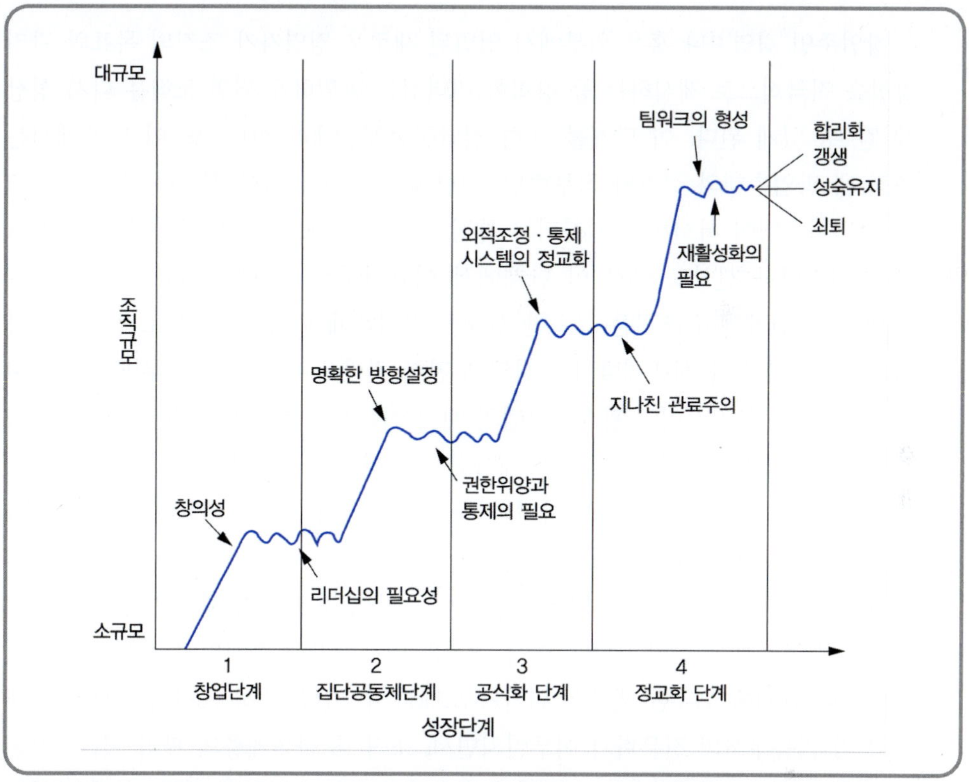

자료: Richard L. Daft, *Organization Theory and Design*, Minnesota: West Publishing Company, 1995.

인 감독과 지시에 주로 의존하여 시행되며, 계획, 조직, 공식화를 위한 체계적인 시스템이 아직 갖추어져 있지 않은 경우가 많다.

그렇지만 창업단계를 잘 통과하여 조직이 조금씩 성장해감에 따라 사원의 수도 점차 많아지게 되고, 그에 따라 전에 없던 새로운 관리문제가 발생하기 시작한다. 창업주인 경영자는 창의성을 발휘하여 제품개발과 판매망개척에는 성공할 수 있을지 모르지만, 점차 증가하는 사원들에 대한 일반적인 관리문제를 함께 감당해 가야 하기 때문에, 조직은 리더십의 결여에 따른 위기상황에 직면할 수 있다. 사원들도 이전에 행해져 왔던 비공식적이고 집권화된 통제방식과 임의적이고 독단적일 수 있는 관리방식에 대해 큰 불만을 품게 될 수 있다. 이제 창업단계의 조직은 이러한 문제들을 해결하지 않고서는 조직성장의 한계에 봉착할 수밖에 없다. 따라서 조직이 지속적인 성장을 원할 경우, 이제 비체계적인 관리활동과 리더십의 결여에 따른 위기를 극복해 나갈 필요가 있다.

1.2 집단공동체단계(collectivity stage)

창업주인 경영자나 혹은 외부에서 영입된 새로운 경영자가 조직의 목표와 관리 방향을 적극적으로 제시하는 등 강력한 리더십을 발휘하게 되면 조직은 다시 성장해 갈 수 있게 된다. 이 단계를 흔히 집단공동체단계라 한다. 또 이 단계에서는 조직 내 과업수행의 절차와 직무할당, 권한체계 등이 공식화되는 등 조직의 구조와 관리시스템이 서서히 체계화되는 특징을 갖는다. 또 조직의 양적인 성장에 따른 부서정비와 신설도 주로 이 단계에서 이루어지는 경향이 있다.

대개 이 단계에서 조직은 급속한 성장을 경험하게 되며, 이러한 조직성장은 창업주였던 경영자가 제품개발이나 사업에 관한 전략을 주도하고, 외부에서 영입된 전문관리자가 조직정비와 관리시스템의 체계화를 주로 책임지는 방식으로 이루어질 수도 있다. 또 사원들의 사기와 애사심을 고취시켜 공동체 지향적인 조직분위기를 조성하고, 이들을 조직의 사명과 목표에 전념하도록 유도하기 위해 다양한 동기부여 기법이 적용되기도 한다.

이처럼 조직이 강력한 리더십에 의해 어느 정도 정비되고, 새로운 경영관리 기법들이 성공적으로 도입, 적용되면서 조직은 일정기간 지속적인 성장을 추구하지만, 곧 이 단계에 고유한 새로운 위기가 도래할 수 있다. 특히 조직의 규모가 증대하고 각 기능부서의 전문화가 이루어지면서, 조직 내 하위계층의 관리자들은 자신의 전문성에 기초하여 보다 많은 자율성과 재량권을 요구하게 된다. 이때 강력한 리더십과 판단으로 그간 조직의 성장과 변화를 이끌어 왔던 조직의 최고경영자는 자신의 직접적인 감독과 지시 권한을 쉽게 포기하지 않으려 하지만, 이제 구성원과 부서의 수도 많아지고 생산제품도 다양해지는 등 조직도 상당히 성장해 있기 때문에 조직의 모든 활동에 대해서 자신이 예전처럼 직접적인 통제와 관장을 해나가기 어렵다는 인식을 하게 된다. 조직은 이제 이러한 새로운 위기를 해결해야 다음 단계의 성장을 계속해 갈 수 있다.

1.3 공식화단계(formalization stage)

결국, 최고경영자는 자신의 직접 통제에 기반한 조직성장의 한계를 느끼고 의사결정 권한의 상당부분을 하위계층으로 위양하게 되지만, 대신 보다 밀도있는 통제를 바탕으로 한 안정적인 성장과 조직내부 운영의 효율성을 도모하기 위하여 공식적인 규칙과 절차를 새롭게 정비, 확대하고, 관리회계시스템 등 내부통제시스템을 도입하게 된다. 이 단계가 바로 공식화 단계이며, 이러한 공식화와 체계화가 성공할 경우, 조직은 다시 한 번 재도약을 하게 된다.

이제 최고경영자는 회사 전반에 관련된 전략계획 등 전사적인 의사결정만을 주로 다루게 되고, 기업의 일상적인 운영활동과 관련한 권한과 책임은 하위관리층에게 과감히 위양된다. 하지만 이들의 활동은 이제 회사의 공식적인 내부통제시스템에 의해 평가되고 보상되기 때문에, 조직구성원들 간의 업무추진 및 의사소통 방식은 이전의 친밀한 공동체적 성격이 약해지는 대신, 상당히 공식화되고 딱딱하게 변화하는 경향이 있다. 또 각 기능부서나 사업부의 전문화가 심화되면서 부서이기주의적 경향도 대두되기 시작하면서, 회사는 이의 조정과 통제를 위한 목적에서 전사적인 스탭과 지원 프로그램을 확충해 가기도 한다.

이러한 조직변화는 상당기간 조직의 성장을 견인하기도 하지만, 시간이 흐름에 따라 조직 내에서는 지나친 관료화에 따른 우려와 부작용이 나타나기 시작할 수 있다. 주요 사업부와 기능부서의 관리자들이 획일적인 내부통제시스템과 절차운용에 대해 그 폐해를 지적하면서 불만을 가질 수도 있고, 또 이들은 회사의 전사적 스탭의 간섭에 대해 잦은 의견충돌을 보일 수도 있다. 이 같은 상황에서, 경영자는 조직 전반에 걸쳐 조직의 새로운 혁신과 재활력화의 필요성을 절감할 수 있다.

1.4 정교화단계(elaboration stage)

거대해진 조직의 지나친 관료화 위기에 봉착하여, 이제 조직은 팀제와 위원회, 태스크포스 조직의 활용 등 기존 조직에 애드호크라시(adhocracy)적인 성격을 가미하기 시작하면서 조직은 다시 활력을 찾기 시작한다. 이 단계가 바로 정교화단계이다.

또 팀제의 활용과 수평적 조정관계, 분권화를 강조하기 시작하면서, 조직의 구조와 관리시스템뿐만 아니라, 조직의 문화가 이제 새로운 관리수단으로 부각되기 시작한다. 고도의 관리시스템과 함께, 조직구성원의 매너리즘을 극복하고 관료주의적인 여러 병폐를 넘어서기 위해 구성원들이 함께 공유하는 조직의 핵심가치와 문화의 강조가 새롭게 중요한 관리요소가 되기 시작하는 것이다.

하지만 이처럼 새롭게 활력을 회복한 조직이라 하더라도, 지속적인 조직혁신을 추구하지 못하면 조직은 다시 쇠퇴를 경험할 수 있다. 팀조직이 일상화되면서 예전의 팀워크가 점차 퇴화할 수 있고, 회사의 조직문화도 새로운 경영환경의 변화에 따라 더 이상 시의성과 적합성을 잃어버릴 수도 있다. 이 과정에서 종종 새로운 관리자가 고용되고, 심지어 최고경영자가 교체되기도 한다. 결국, 이 시기의 조직은 지속적인 혁신과 내부합리화를 이루어가지 못할 경우, 조직은 언제든 쇠퇴기에

표 16-1 조직의 성장단계와 주요 조직변화 내용

	창업단계	집단공동단계	공식화 단계	정교화 단계
	비관료적	준관료적	관료적	초관료적
특징적 구조	비공식적, 1인 체제	전반적으로 비공식적, 부분적 절차	공식적 절차, 명확한 과업분화, 전문가 영입	관료제 내의 팀 운영, 문화의 중요성
제품 · 서비스	단일의 제품 및 서비스	관련 주요 제품	제품라인 및 서비스	복수의 라인
보상과 통제시스템	개인적, 온정적	개인적, 성공에 대한 공헌	비인적, 공식화된 시스템	제품과 부서에 따라 포괄적
혁신의 주체	창업주	종업원과 창업주	명성, 안정, 시장확대	독특성, 완전한 조직
목표	생존	성장	명성, 안정, 시장확대	독특성, 완전한 조직
최고경영자 관리스타일	개인주의적, 기업가치	카리스마적, 방향 제시	통제를 바탕으로 한 위임	참여적, 팀 접근적

자료 : Daft, Richard L., *Organization Theory and Design,* 2nd ed.(Minnesota: West Publishing Co. 1995), 부분 수정.

접어들 수 있는 것이다.

물론 모든 조직이 이러한 조직성장단계를 동일하게 겪는 것은 아니지만, 이 조직수명주기모형은 조직의 성장단계에 따른 보편적인 변화과정을 매우 일반화해 주고 있다는 점에서 가치가 있다. 따라서 경영자가 조직의 수명주기에 관한 일반화된 지식을 가지게 되면, 현재 자신의 조직이 어떠한 성장단계에 와 있는 지를 자체 진단하고, 그에 따라 조만간 어떠한 위기가 대두될 수 있으며, 또 그에 적절한 위기극복 방안으로는 어떠한 조치가 강구될 필요가 있는 지를 사전에 예측해 볼 수 있게 만들어 준다. 앞의 <표 16-1>은 지금까지 설명한 조직수명주기의 각 성장단계에 따른 조직특성의 변화내용을 다시 한 번 정리해 주고 있다.

2 조직변화의 압력요인과 저항요인

일반적으로 조직변화의 필요성은 조직 내외의 다양한 요인들로부터 비롯된다. 여기서는 먼저 조직의 변화를 추동하는 대내외적인 압력요인에 대해 간단히 살펴보고, 또 그러한 조직변화에 저항하여 변화를 어렵게 만드는 여러 원천들에 대해서도 간단히 고찰해 보기로 한다.

2.1 조직변화의 압력요인

조직변화의 압력은 조직 내외부의 다양한 요인들로부터 가중될 수 있다. 이를 조직의 외부압력요인과 내부압력요인으로 구분해 보면 다음과 같은 요인들을 열거해 볼 수 있다.

(1) 외부압력요인

- 기술발전과 제품기술의 변화
- 글로벌화된 기업 경영여건과 각국의 경제 및 무역정책
- 시장규제와 고객 취향의 변화 등 시장여건의 변화
- 경쟁자의 추가진입 등 치열한 경쟁여건의 변화
- 경쟁우위요건의 일반적 변화(예: 원가 → 품질, 시간 등)
- 환경보호경영 및 윤리경영의 실행을 위한 제반 압력
- IT 기술의 발전과 그로인한 업무환경의 변화
- IT 기술의 발전과 산업 간 융합으로 인한 새로운 비즈니스 모델의 개발 필요성 증대 등

(2) 내부압력요인

- 여성인력의 증대와 신세대 사원의 증가 등 조직 내 인력구성의 변화
- 고용불안정성의 증대와 고용형태의 다양화
- 전통적인 유교적 가치관의 붕괴와 개인주의적 성향 증대
- 일과 생활의 균형을 추구하는 등 사람들의 일반적인 가치관의 변화 등

2.2 조직변화의 저항요인

이렇듯 대내외적으로 조직변화의 필요성이 증가되고 있지만, 조직변화에 따라 조직 내 사람들과 집단들이 그동안 당연시 해오던 많은 업무관행과 상호작용양식을 바꾸어야 하기 때문에, 조직변화의 시도과정에서 일반적으로 많은 저항에 부딪히게 된다. 조직변화에 대한 저항은 여러 형태를 취할 수 있으며, 여러 원천으로부터 발생한다.

① **이기주의** : 변화는 이기주의에 위협을 줄 수 있다. 사람들은 변화가 일어남으로써 개인적인 욕구와 바람을 충족시키는 것이 어렵게 되거나 불가능해지지 않을까 두려워하여 변화를 거부한다.

② **미지의 것에 대한 두려움** : 미지의 것에 대한 두려움은 걱정거리가 생기게 되어 저항을 일으킨다. 특히 혁신적이고 급진적인 것이 사전예고 없이 도입된다면, 그것에 영향을 받게 될 사람들은 변화가 몰고 올 결과에 대해 불안을 느낄 것이다.

③ **전반적인 불신** : 사람들은 다른 사람의 의도와 행위를 불신할 때, 곧 다가올 변화에 대해 회의를 품기 쉽다. 전반적인 불신은 비밀 또는 기만을 낳게 하여, 변화의 의도에 대해 의심을 품게 한다.

④ **실패에 대한 두려움** : 변화에 의해 제기되는 새로운 도전감은 어떤 조직성원에게는 자신의 능력에 대해 걱정을 하게 만들고, 이것이 현재 익숙해져 있는 관행을 변화시키려는 것에 저항하게 된다.

⑤ **상이한 지각과 목표** : 사람들은 동일한 사물도 서로 다르게 지각하며 추구하는 목표도 서로 다르기 때문에, 어떤 사람이나 집단에게 좋은 것도 다른 사람이나 집단에게는 좋은 것이 아닐 수도 있어 변화의 필요성이나 변화가 자신들에게 미칠 영향에 대해서 서로 상이한 견해를 갖게 될 것이다.

⑥ **예상되는 지위신분의 상실** : 변화가 일어남으로써 현재의 권력분포에 위협이 되고 일자리를 잃게 된다면 변화에 강력하게 저항할 것이다.

⑦ **사회적 분열** : 변화는 종종 그동안 형성된 집단 내 및 집단 간 전통과 관계를 깨뜨리기 때문에 사람들은 변화에 저항을 일으킨다.

⑧ **시의 부적절** : 변화가 적절하지 못한 때에 도입되면 사람들은 변화에 저항하게 된다.

⑨ **관료주의의 무기력** : 변화에 대한 저항은 관료주의의 무기력형태로 조직구조 속에 굳어지기도 한다.

⑩ **자원의 한계** : 어떤 경우에는 변화에 엄청난 비용이 수반되기 때문에 변화에 대해 저항을 하기도 한다.

3 조직변화의 접근방법과 대상

3.1 조직변화의 접근방법: 점진적 변화와 급진적 변화

조직변화의 여러 저항요인을 극복하면서, 조직의 내외 변화압력에 대응해 가는 접근법으로는, 점진적인 변화와 급진적인 변화 등 두 가지 유형을 들 수 있다.[2] 조직변화를 시도할 때는 해당조직에 필요한 변화의 속도나 변화의 적용 대상 및 범위 등을 종합적으로 고려하여, 조직의 여건과 특성에 맞는 적절한 변화전략 선택이 필요할 수 있다.

(1) 점진적 변화

점진적 변화(evolutionary change)란 전략이나 구조 등 조직의 기본적인 골격과 체제는 그대로 둔 채, 일하는 방식이나 사람의 태도, 행동양식 등 내부조직의 구성요소들을 부분적으로 개선해 가는 방법이다. 제안제도를 통해 조직 내 업무수행방식을 개선할 수 있는 참신한 아이디어를 수집, 발굴하거나, 품질관리분임조(Quality Circle: QC)활동을 통해 생산현장의 문제를 드러내고 숙련향상을 시도하는 활동 등이 이에 해당한다고 볼 수 있다.

점진적 변화는 여러 가지 장점이 있다. 무엇보다 점진적인 변화방식은 조직내 급격한 변화가 가져올 충격을 최대한 줄이면서도, 조직 내 업무 프로세스와 생산의 효율성을 제고시킬 수 있는 방법과 역량을 조직의 일상적 활동 속에서 키워갈 수 있도록 만들어 준다. 또 변화의 필요성과 그 개선방안 등 조직변화와 관련된 여러 정보들을 조직구성원들이 충분히 내재화하고 학습해 갈 수 있는 시간적 여유를 제공해 줄 수도 있다. 아울러 대부분의 점진적 조직변화는 조직구성원 스스로의 참여와 제안을 통해 이루어지므로, 변화에 관한 외부 의존을 최대한 줄이고, 구성원들 스스로에 의한 변화추구와 그에 따른 자신감과 신뢰를 향상시켜 줄 수 있다는 장점도 있다.

그림 16-2 조직변화의 2가지 접근방법

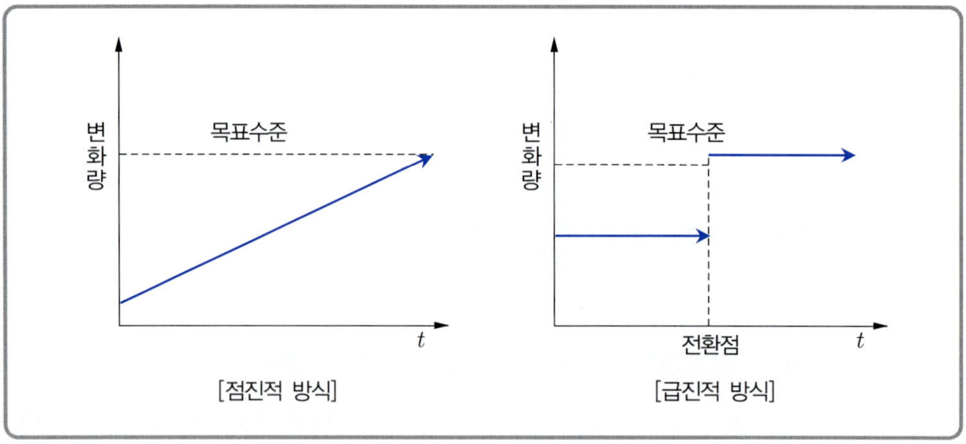

(2) 급진적 변화

급진적 변화(revolutionary change)란 조직의 구조와 전략 전반을 혁신하고 또 이러한 변화를 가급적 신속하고 일거에 이루어내고자 시도되는 변화방식이다. 인수·합병이나 매각을 통해 사업분야에 대한 구조조정(restructuring)을 일시에 이루어 내거나, 혹은 조직 내 기존의 업무 프로세스를 완전히 무시하고 새로운 업무 프로세스를 구축하려고 시도하는 리엔지니어링(reengineering) 등이 이에 해당한다. 또 삼성그룹이 1993년 신경영원년을 선포하면서 "마누라와 자식들을 제외하곤 다 바꿔야 한다"고 주장하며 당면한 경영환경의 변화에 발맞추어 신경영을 적극 추진해 간 것도 조직문화 차원에서 급진적이고 전면적인 변화를 시도한 한 예라고 볼 수 있다.

이러한 급진적(혹은 전략적) 조직변화는 기본 사업영역의 변경, 조직구조의 전면 개편, 새로운 경영이념이나 핵심가치의 변화 등을 그 내용으로 하면서, 기존의 경영전략과 조직구조, 조직문화에 큰 변화를 가져오고, 그에 따라 조직 내부적으로도 많은 변화를 일으키게 된다. 따라서 조직변화의 충격은 점진적 변화에 비교할 수 없을 정도로 클 수 있고, 조직변화의 필요성이 절박하거나 혹은 조직구성원이 변화에 충분히 동의하지 못할 경우에는 변화의 추진과정에서 훨씬 더 큰 조직저항에 직면할 수 있으므로 조심할 필요가 있다.

하지만 기존 시장을 송두리째 파괴할 수 있는 새로운 제품기술의 발전, 급격한 산업구조의 변화, 예측할 수 없는 정치경제적 여건의 변화, 갑작스런 인수합병의 추진 등 최근의 기업환경은 그 변화가 불연속적이고 급격하게 발생하는 경우가 많아 급진적이고 전면적인 조직변화를 필요로 할 경우가 많다. 이러한 경우에는 안정적인 환경과 성장단계에 적합할 수 있는 점진적 변화만으로는 충분치 않을 수 있으므로, 급진적인 변화전략이 병행될 필요가 있다.

3.2 조직변화의 주요 내용과 대상

조직변화는 여러 가지 내용과 대상을 갖는다. 작업장의 설비나 사무실 책상과 기기의 배치를 바꾸는 비교적 단순한 변화도 조직변화의 하나일 수 있는 반면, 조직의 경쟁력제고를 위해 선제적인 성격의 감량경영 혹은 다운사이징(downsizing) 전략을 실시하는 것도 또 다른 차원의 조직변화라 할 수 있다. 또 경쟁회사와의 합병을 통해 사업영역을 조정하고, 그에 따라 조직 내 인원의 삭감과 담당업무의 재배치가 이루어지는 것도 중요한 조직변화의 한 양상이다. 뿐만 아니라, 그러한 변화들은 대개 조직 내 기존 업무 프로세스나 활용기술의 변화를 초래하게 되고, 그에 따라 사람들의 일하는 방식과 갖추어야 할 능력 및 태도의 변화를 함께 요구하게 될 수도 있다.

이처럼 조직변화란 사업영역이나 조직구조의 개편만을 의미하는 것은 아니다. 그처럼 거시적인 변화가 주요 내용이 될 수도 있지만, 조직 내 새로운 기술의 도입 등으로 인해 기존의 업무수행방식이나 업무흐름, 직무내용이 변화되는 것도 중요한 조직변화의 한 내용으로 볼 수 있다. 또 새로운 과업환경에 적합하도록 조직구성원의 직무태도나 가치관을 전향적으로 바꾸어 나가고, 교육과 훈련을 통해 직무수행 능력과 창의력을 개발해 가는 등 구성원의 능력과 태도를 바꾸는 것도 조직변화의 핵심내용이 될 수 있다.

다음 절에서는 이러한 여러 조직변화 가운데, 조직 내 사람을 대상으로 한 변화기법인 조직개발과 조직 내 업무 프로세스의 혁신을 핵심목적으로 한 변화기법인 리엔지니어링에 대해 차례로 알아본다. 앞서 살펴보았던 조직변화의 접근방법 면에서 본다면, 조직개발은 상대적으로 점진적인 변화를 추구하는 기법인 반면, 리엔지니어링은 일거에 변화를 추구하는 급진적인 변화기법으로 간주해 볼 수 있다.

4 조직구성원에 대한 변화기법: 조직개발

4.1 조직개발의 개념

조직개발(organizational development: OD)이란 조직의 유효성을 높이기 위해서 변화담당자의 지도 하에 개인, 집단 및 조직수준에서 수행되는 포괄적이고 장기적이며 계획적인 차원의 조직변화기법이다. 이와 같은 정의에 내포된 조직개발의 주요 특징을 열거하면 다음과 같다.

① **계획된 변화를 강조** : 조직개발은 조직에서의 변화를 관리하는 데 체계적이고 계획적인 접근법에 대한 필요성에서 개발된 것이다. 따라서 자발적이고 체계적이지 못한 다른 조직변화기법과는 구별된다.

② **사회-심리적 초점** : 조직개발은 전적으로 단지 심리적(개인에게만 초점이 맞추어짐)이지도 않고, 전적으로 사회적(단지 조직에만 초점이 맞추어짐)이지도 않다. 대신에 두 가지 모두에 초점이 맞추어져 있다.

③ **포괄적인 변화에의 관심** : 조직개발은 조직 전체의 변화를 지향하고 있다. 즉 시스템적 접근방법을 사용한다.

④ **장기적인 관점** : 조직개발은 문제에 대한 미봉책이 아닌, 상당한 시간을 요하는 계속적인 변화과정이다.

⑤ **변화담당자에 의한 지도** : 조직개발은 변화를 위한 촉매와 조직개발과정에 관한 정보원의 역할을 수행하는 변화담당자(change agent)의 도움을 받아 설계되고 실시되며 평가된다. 그런데 이러한 변화담당자는 대학 교수와 전임 컨설턴트와 같은 전문가인 외부변화담당자와 조직개발을 실시하는 조직의 구성원인 내부변화담당자로 나눌 수 있다.

4.2 조직개발의 과정

조직개발을 통한 변화는 보통 여러 단계를 거쳐 일어나며, 이러한 변화과정을 개념화하는 데는 여러 가지 방법이 제안되어 왔다. 여기서는 그 가운데, 심리학자인 레윈(Kurt Lewin)이 제시한 바 있는 3단계모형을 기초로 설명하고자 한다. 레윈은 조직개발로 인한 변화의 과정을 해빙(unfreezing), 변화(changing), 재동결(refreezing)의 3단계로 구분하여 설명하고 있다.[3)] 그 후 많은 학자들이 진단(diagnosis)이란 단계를 포함시켜 레윈의 모형을 수정하였다. 따라서 여기서는 조직개발의 과정을 진단, 해빙, 변화, 재동결의 단계로 설명하고자 한다.

(1) 진 단

효과적인 조직변화를 위해서는 무엇을 변화시켜야 하는지를 먼저 확인하는 것이 필요하다. 이처럼 변화가 필요한 문제를 먼저 확인하는 것은 모든 변화 노력의 출발이라 할 수 있다. 그런 다음, 그러한 문제의 성격과 해결에 적합한 해결책을 강구해 갈 필요가 있다.

이러한 취지에서 일반적으로 진단은 다음과 같은 세 가지 과업으로 구성된다고 볼 수 있다.

첫째, 문제를 확인한다. 문제란 현 상태와 바람직한 상태의 간격을 말한다. 즉, 이상적인 상태와 현재의 상태 사이에 아무런 차이가 존재하지 않으면 문제는 없는 것이다. 반대로 양자 사이에 차이가 있으면 문제가 존재하는 것이다.

둘째, 문제의 주요 원인을 찾아낸다. 이러한 원인을 찾는 데는 지금까지 살펴본 조직행위론의 여러 지식들이 활용될 수 있다.

셋째, 적절하고 효과적인 해결책을 생각해 낸다.

(2) 해 빙

해빙은 변화를 위한 준비단계이다. 변화를 위해서 기존의 것이 먼저 해체되는 것이 필요하다. 기존의 단단하게 굳어져 있는 지각(perception)과 신념에 의문을 갖게 만들 수 있는 새로운 경험과 정보의 제공이 해빙과정을 촉진시킬 수 있다.

이를 테면, 한 기업에서 새로운 자동화 기계를 도입하여 생산성을 제고시키려는 변화를 꾀하고 있다고 가정해 보자. 주지하듯이, 이러한 자동화의 확대는 비록 생산의 효율성은 향상시켜 줄 수 있을지 모르지만, 필요 인력의 감소로 인해 사원들의 고용안정성을 해칠 가능성이 충분히 있다. 이때, 조직변화를 추구하는 기업으로서는 변화를 정당화하는 힘과 이에 대항하는 저항력의 균형을 깨고, 변화를 적극 설득해갈 필요가 있다. 즉 새로운 자동화 기계의 도입과 관련하여 생산성 향상으로 인한 기업경쟁력 향상과 매출증대, 그리고 그에 따른 임금인상 가능성은 변화의 추동력으로 작용될 수 있다. 따라서 이러한 논리를 적극 홍보하고, 자동화로 인해 발생될 수 있는 잉여인력은 해고가 아니라 재배치될 것이라는 약속을 사원들에게 해줄 경우, 해고의 두려움으로 인해 변화에 소극적일 수 있는 사원들의 저항과 기존 태도를 효과적으로 '해빙'시켜 갈 수가 있는 것이다. 또한 조직의 변화담당자는 해빙을 촉진시키기 위해 상담, 팀 구축법과 같은 조직개발 개입 기법을 적용할 수도 있다.

(3) 변 화

이 단계는 변화가 실제로 일어나는 단계이다. 변화는 조직구성원이 변화담당자와 동일시함으로써 시작되게 되며, 조직개발의 가치를 내면화함으로써 변화는 효과적으로 일어나게 된다. 이와 같은 변화과정에서 변화담당자는 구성원들에게 왜 변화가 필요한지를 이해시키는데 있어서 도움을 주게 되며, 자신들의 변화에 의해 어떠한 영향을 받고 또 변화가 일어난 후에는 자신들에게 무엇이 기대되는지를 알도록 훈련시킬 필요가 있다.

(4) 재동결

일단 변화된 것은 재동결과정을 거쳐 안정시키고 지속성을 갖도록 만드는 것이 필요하다. 즉, 변화된 것을 제도화하는 단계가 재동결이다. 사람은 한 번 변화했다가도 다시 원래의 위치로 회귀하려는 속성이 있다. 따라서 새로운 변화가 가급적 조속한 기간 내에 긍정적인 결과를 산출함으로써 변화에 대한 강화기능을 수행할 수 있도록 신경을 쓰는 것이 필요하다. 회사가 추진하는 변화를 잘 수용하고, 이를 활용하여 실제 성과를 내는 부서나 개인에게 응분의 보상을 주는 것은 변화된 상태를 '재동결'시키고 안정화시키는데 매우 효과적인 수단이 될 수 있다.

4.3 조직개발의 기법

조직개발은 변화과정에 자연스럽게 개입하는 방법을 통하여 이루어진다. 따라서 조직개발기법을 조직개발개입이라고도 부르며, 지금까지 제안된 구체적인 조직개발개입방법은 100여 가지가 넘을 정도로 상당히 많다.

이러한 기법들은 개입의 깊이와 목표수준에 따라 <표 16-2>에서와 같이 분류할 수 있다. 여기서 개입의 깊이란, 개입기법이 의도하는 변화의 정도 또는 강도를 가리킨다. 또한 목표수준이란, 조직개발개입을 통하여 변화를 일으키기를 원하는 관계수준을 나타내고 있다. 여기에는 개인 간 관계수준, 집단관계수준, 집단 간 관계수준, 그리고 조직관계수준이 있다. 이러한 여러 조직개발개입 기법들 가운데, 그 중요성이 큰 몇 가지 기법들을 소개하면 다음과 같다.

표 16-2 조직개발 개입의 종류

목표 수준	개 입 깊 이		
	저	중	고
• 개인 간 관계	카운슬링	역할분석법	감수성훈련
• 집단관계	과정자문	탐구축법	팀개발
• 집단 간 관계	제3자 중재	집단 간 투영	집단 간 팀구축
• 조직관계	조사연구 피드백	조직적 대면	개방시스템 구축

(1) 개인 간 관계개입

개인 간 관계개입(interpersonal intervention)은 직무상 다른 사람과 조화를 이루는 데 있어서의 문제를 해결하는 데 초점을 맞추고 있다.

① **카운슬링** : 카운셀링(counseling)은 변화담당자가 다른 사람과의 관계에 있어 문제가 있는 사람을 한 사람씩 혹은 소집단으로 만나서, 어떤 사람이나 현상을 여러 관점에서 볼 수도 있다는 사실과 함께, 피상담자가 고려하지 못하고 있는 여러 정보를 제공하는 개입기법을 의미한다. 이 과정에서 변화담당자는 피상담자가 다른 사람들이 자신의 행위를 어떻게 보고 있으며, 또 다른 사람들이 자신이 어떻게 행동하기를 기대하고 있는지를 발견하도록 도움을 주는 코치로서의 역할을 수행한다.

변화담당자는 코치로서의 역할을 충실히 하기 위해서 가능한 지시적이지 않아야 한다. 변화는 카운셀링이 끝난 후에 결정되어 실행에 옮겨지며, 변화담당자는 특정한 변화형태를 주문하거나 지시해서는 안 된다.

② **역할분석법** : 역할분석법(role analysis technique: RAT)은 역할기대를 명확히 함으로써 사람들이 효과적인 작업관계를 형성하고 유지하도록 도와주는 것이다. 사람들은 조직으로부터 자신에게 기대되는 구체적인 역할을 인지하고 수행하게 된다.

그런데 때때로 사람들은 자신의 역할이 무엇인지 정확하게 모르고 있거나, 지나치게 많은 역할을 요구받게 된다. 역할분석법은 이러한 역할모호성과 역할갈등을 해소함으로써 문제를 해결하려는 시도이다. 역할분석법은 대개 다음과 같은 단계를 거쳐 실시된다.

첫째, 문제가 있는 역할담당자가 변화담당자와 만나 자신의 문제에 대해 말하고, 변화담당자로부터 역할분석법의 절차에 대해 지시를 받는다.

둘째, 역할담당자가 혼자서 개인 간 관계의 조직적 네트워크 상에서 자신의 역할이 차지하는 위치는 물론, 자신의 역할에 대한 합리적 근거를 분석한다. 이 과정에서 역할담당자는 개인, 집단, 조직의 목표를 달성하기 위해 자신의 역할을 어떻게 활용하고 있는지 이해하도록 노력하여야 한다. 그런 다음 자신의 역할에 의해 직접 영향을 받는 사람들이 모두 참석한 모임에서 자신의 분석결과에 대해 토론한다.

셋째, 토론 중에 변화담당자는 역할담당자에 의해 확인된 역할의 구체적인 의무와 행위를 기록한다.

넷째, 모임에 참석한 사람들은 이러한 목록의 수정을 제안한다. 역할담당자가 자신의 수행역할이 정확하고 완전하게 정의되었다고 만족할 때까지 목록의 첨가와 삭제를 계속한다.

다섯째, 다음에는 변화담당자가 관심을 역할담당자의 다른 사람에 대한 기대 쪽으로 돌린다. 이 단계에서 역할담당자는 자신의 역할과 접촉이 있는 역할들에 대한 자신의 기대를 나열한다. 그런 다음 모임에 참석한 사람들은 모두가 동의할 때까지 이러한 기대들에 대해 토론하고 수정한다. 이렇게 하여 모든 참가자들은 자신의 역할에 대한 역할담당자의 기대에 따라 그 사람의 역할에 대한 자신들의 기대를 수정할 수 있는 기회를 갖게 되는 것이다.

여섯째, 확인된 역할을 요약한다. 이 요약이 역할담당자에 의해 수행되는 역할 관련 활동의 완전한 목록이 된다. 이 모임은 모든 관련 개인 간 관계가 분명하게 될 때까지 다른 역할분석법 참가자의 역할에 대해서도 계속된다.

③ **감수성훈련** : 감수성훈련(sensitivity training)은 자신에 대한 의식과 타인에 대한 민감성을 증대시키는 데 중점이 두어지는 기법이다. 이는 T그룹훈련이라고도 불리어지고 있다. 감수성훈련은 보통 작업현장과 떨어진 곳에서 하루 반나절에 끝나기도 하고, 며칠 동안 계속되기도 한다. 감수성훈련은 서로 잘 모르는 사람들이나 서로 잘 알고 있는 사람들, 또는 서로 잘 모르는 사람과 잘 아는 사람들로 구성된 소집단으로 실시된다.

감수성훈련은 변화담당자가 자신은 훈련을 주도하는 것이 아니라 참가자들이 무엇이나 하고 싶은 말을 하도록 적극 권장하는 역할만 수행한다고 자신의 역할을 소개함으로써 시작된다. 처음에는 대개 참가자들 사이에 침묵이 흐른다. 왜냐하면 훈련진행자가 리더와 무엇을 해야 하는지 말하지 않았기 때문이다.

이러한 모호한 상황은 그들 사이의 관계를 구조화하도록 유도한다. 그러한 과정에서 참가자들은 자신, 타인, 대인 간 관계에 대해 오랫동안 간직해 왔던 기본 전제에 대해 의문을 갖게 된다. 훈련참가자들은 개인 간 관계를 구조화하는 과정에서 생각, 의견, 신념, 개인의 철학 등을 교환하게 된다.

감수성훈련은 집단토의 과정을 통해서 이루어지고 있는데, 처음에는 가벼운 화제로 시작하다가 점점 서로 첨예하게 대립하는 화제로 옮겨져 관심사에 대한 감정적 표현까지 하게 된다.

그리고 다른 사람에 대한 자신의 감정을 직접적이고 솔직하게 표현하게 된다. 또한 토론이 진행됨에 따라 훈련참가자들은 화를 내지 않고 자신에 대한 비판을 쉽게 받아넘기게 된다.

이것이 더 발전하게 되면 사람들은 오랫동안 억눌러 왔던 적개심과 두려움을 토로하게 되고, 이 때 비로소 이전의 태도, 가치관, 습관 등이 해체되게 된다. 그리고 이전에는 감히 생각도 못했던 이의를 제기하기도 한다. 이러한 과정을 마침으로써 사람들은 자신의 개인적 감정, 성향, 편견과 함께, 다른 사람들이 자신을 어떻게 생각하는지에 대해서도 알게 된다.

(2) 집단수준에서의 개입

집단수준에서의 개입(group intervention)은 집단의 성과와 리더십에 관한 여러 문제점을 해결하기 위해 고안되었으며, 집단성원들이 집단의 과업을 수행하는 데 협력하는 방법을 터득하게 하는 데 중점이 주어져 있다.

① **과정자문법** : 과정자문법(process consultation)에서는 변화담당자가 해당집단과 만나 집단성원들이 의사소통, 리더십, 문제해결, 협력 등과 같은 집단과정을 점검하는 것을 도와준다. 과정자문법은 집단성원들로 하여금 중요한 과정문제(process events)에 보다 많은 관심을 집중하도록 함으로써, 집단을 보다 효과적으로 변모하도록 만드는 데 초점이 맞추어져 있다.

다시 말하면, 과정자문법의 궁극적인 목적은 집단성원들의 잘못된 집단과정 상의 문제점을 확인하고 수정하는 능력을 배양함으로써, 집단의 문제를 해결할 수 있는 능력을 향상시키는 데 있다.

② **팀구축법** : 팀구축법(team building)의 주요 목적은 조직 내 각종 팀의 유효성을 개선하고 증대시키는 데 있다. 즉 팀구축법은 보다 강력한 팀파워(team power)를 갖춘 효과적인 팀으로 거듭날 수 있도록, 팀원들이 다양한 토론과 함께, 시뮬레이션 게임(simulation game)이나 기타 공동의 과제수행과 훈련을 통해 팀원 상호간의 이해증진과 문제해결 능력을 키워가는 과정을 의미한다.

이러한 팀 구축한 개입은 조직 내 통상적인 작업팀을 주대상으로 하지만, 또 어떤 개입은 신생팀, 특수 프로젝트팀, 기능횡단(cross-functional) 프로젝트팀, 위원회와 같은 특수팀의 효과적인 활동을 위해 이루어지기도 한다.

통상적인 작업팀을 대상으로 하든 아니면 특수팀을 대상으로 하든 간에, 팀 구축법은 팀내 역할 및 목표 명료화와 팀의 문제해결 능력 향상, 동료 간 관계의 효과적인 구축과 유지, 의사소통 등 집단과정의 이해와 관리 능력향상 등을 핵심목표로 한다.

(3) 집단 간 개입

① **제3자 중재** : 제3자 중재(third-party peacemaking)는 변화담당자가 집단 간 또는 집단 내 의사소통을 촉진함으로써, 집단 간 오해를 해결하려고 시도하는 개입법이다. 집단의 구성원이 아닌 제3자로서의 변화담당자는 집단 간의 모임을 이끈다. 그리고 변화담당자는 직·간접적으로 집단 간 의사소통을 촉진시킨다.

② **집단 간 팀구축** : 앞에서 살펴본 팀구축법은 집단수준에서의 개입법이고, 집단 간 팀구축법(intergroup team building)은 집단 간 수준에서 시도되는 조직개발개입법이다. 이 기법은 3가지의 중요한 목표가 있다. 첫째, 집단 간의 의사소통과 상호작용을 향상시킨다. 둘째, 집단 간의 비생산적인 경쟁을 줄인다. 셋째, 집단중심관점을 여러 집단이 함께 일할 필요성을 인식하는 관점으로 대체한다.

또한 이 기법은 여러 단계를 거쳐 실시되는데 그 단계는 다음과 같다.

첫째, 두 집단이 변화담당자와 만나 집단 사이의 관계가 개선될 수 있는지 토의한다.

둘째, 두 집단이 개선이 가능하다고 동의하면, 변화담당자는 두 집단에게 그들의 관계를 개선할 수 있는 방법을 탐색하도록 요청한다.

셋째, 두 집단은 서로 다른 방에서 만나 각각 두 개의 목록을 작성한다. 하나의 목록에는 다른 집단에 대한 자기 집단의 지각, 생각, 태도를 기입한다. 그리고 다른 또 하나의 목록에는 다른 집단이 자신들에 대해 어떻게 말할 것인가에 대한 생각을 기입한다.

넷째, 두 집단이 다시 모여 목록을 대조한다.

다섯째, 대조과정에서 발견된 차이를 각 집단이 따로 모여 토론한다. 그리고 각 집단은 자신 및 다른 집단에 대해 안 것을 토대로 두 집단 사이에서 해결이 필요한 중요한 이슈의 목록을 작성한다.

여섯째, 두 집단은 다시 함께 모여 이슈의 목록을 비교하여 우선순위를 정한다. 그런 다음 이 우선순위에 따라 이슈를 해결하기 위한 행동계획을 함께 세운다. 그리고 책임을 분담하고 목표일정을 정한다.

일곱째, 진척상황을 평가하기 위해 후속 모임을 갖는다.

(4) 조직수준에서의 개입

① **조사연구 피드백** : 조사연구 피드백(survey feedback)의 주요 목표는 전 조직에 걸쳐 정보의 공유를 촉진하는 것이다. 오늘날 조사연구 피드백 방법은 360° 피드백 기법의 기초가 되고 있다. 360° 피드백이란 조직구성원 개인에게 그들의 상사, 동료, 그리고 부하들로부터의 정보를 제공하는 것이다. 이러한 피드백 반응은 그 개인이 어디에서 일을 잘하고 있으며, 또한 어디에서 개선이 필요한 것인가를 파악하게 해준다. 이러한 조사연구 피드백은 보통 네 단계로 진행된다.

첫째, 훈련된 변화담당자의 지도 하에 최고경영자는 사전계획을 세우고, 누구를 조사하여야 하는가와 무슨 질문을 할 것인가를 결정한다.

둘째, 변화담당자는 조사연구 설문지를 조직구성원 모두에게 배포한다.

셋째, 변화담당자는 자료를 범주화하고 요약한다. 그것을 최고경영층에 제시한 후 집단모임을 개최하여 설문지에 응답한 모든 사람들이 결과를 알도록 한다.

넷째, 피드백 정보를 입수한 집단은 조사연구를 토의하기 위해 모임을 개최한다.

② **조직적 대면** : 조직적 대면(organizational confrontation)의 목적은 한 기업의 경영자가 그 기업의 내적 상태를 평가하여 필요한 수정조치를 할 수 있는 상황을 만들어 주는 것이다. 조직적 대면은 대개 다음의 여섯 단계의 과정을 거친다.

첫째, 분위기 형성단계에서는 경영자가 조직적 대면의 목표를 밝힌다. 이 과정에서 경영자는 이슈와 문제의 자유롭고 공개적인 토론의 필요성을 강조하고 참가자들이 자신의 의견을 토로한 것에 대해 처벌을 하지 않을 것을 약속한다.

둘째, 모임은 여러 상이한 기능부서와 계층에서 온 소규모의 이질적인 경영자집단으로 나눈다. 이러한 정보수집단계에서 상사는 직속 부하와 같은 집단에 속하지 않도록 한다.

셋째, 정보공유단계에서는 집단이 보다 큰 집단으로 다시 합쳐져 대표가 각 집단에서 찾아낸 것을 모임에 보고한다. 그리고 그 내용은 칠판에 적는다. 모든 보고가 끝난 후에 항목들은 몇 개의 주요 주제별로 범주화한다. 이러한 주제는 여러 상이한 형태의 문제, 관계, 기능적인 것 등을 반영한다.

넷째, 우선순위 설정과 행동계획 수립단계에서는 모임 조정자가 범주와 목록을 검토한다. 그런 다음 참가자들은 예를 들어 회계사는 한 팀에 판매원은 또 다른 한 팀에 배정하는 것처럼 그들이 원래 조직되었던 대로 기능작업팀을 만든다. 그리고 이 작업팀은 다음과 같은 것을 하도록 요청된다.

- 그 집단의 기능영역에서의 작업과 관련되어 있는 것처럼 보이는 문제점을 확인하고 우선순위를 매긴다.

- 이러한 문제들을 해결하기 위해 사전의 행동을 계획한다.
- 최고경영층의 관심을 필요로 하는 여타 문제와 우선순위 이슈를 확인한다.
- 모임의 결과를 종업원들에게 어떻게 의사소통할 것인가를 결정한다.

다섯째, 경영층 후속조치단계에서는 최고경영자집단이 기능집단에서 개발한 행동계획을 검토하고 어떠한 추가적인 행동을 취해야 하는지를 결정하기 위해 모인다.

여섯째, 진행상태 검토단계에서는 진행상태를 검토하고 필요한 곳에는 보충적인 행동을 취하기 위해 4 내지 6주 후에 모든 조직적 대면기법 참가자들이 만나는 평가회의를 갖는다.

5 업무프로세스에 대한 혁신기법: 리엔지니어링

조직개발이 구성원들을 대상으로 이들의 의식이나 역량, 태도의 변화를 꾀하는 개발기법이라면, 리엔지니어링(reengineering)은 사람이 아닌, 조직 내 업무흐름 혹은 프로세스를 혁신하고자 하는 변화기법이다. 또한 리엔지니어링은 조직개발과는 달리, 경영층이 주도가 되는 하향식(top-down) 접근을 통하여, 가능한 한 급진적이고 신속하게 변화를 추구하는 기법이라 할 수 있다.

리엔지니어링 기법을 처음 제안한 해머와 챔피(M. Hammer & J. Champy)에 따르면, 비즈니스는 고객에게 의미있는 가치를 전달하기 위한 업무 프로세스들의 결합으로 구성된다. 이때, 리엔지니어링은 '비용, 품질, 서비스, 속도(speed) 등 조직의 핵심적인 성과 면에서 획기적인(dramatic) 향상을 이루기 위해, 조직 내 업무 프로세스를 원천적(fundamental)으로 재검토하고 근본적(radical)으로 재설계하는 혁신기법'을 의미한다.[4] 이 경우, '원천적임'과 '근본적임'의 의미는, 리엔지니어링을 통해 업무프로세스 혁신을 시도할 때 기존의 업무흐름과 수행방식에 얽매이지 말고, 마치 백지에 그림을 그리듯 완전히 새로운 구상과 아이디어를 통해 혁신적인 프로세스 설계를 기도해야 한다는 것을 뜻한다. 그래야만 5~10% 정도의 점진적인 성과향상이 아닌, 2배 내지는 5배 등 그야말로 파격적이고 획기적인 성과향상이 가능하다고 보는 것이다. 또한 리엔지니어링을 통한 성과향상이 가능하려면, 반드시 고객위주의 업무흐름 구축이 이루어져야 한다.

그림 16-3 IBM 크레데트 회사의 신용대부 업무프로세스

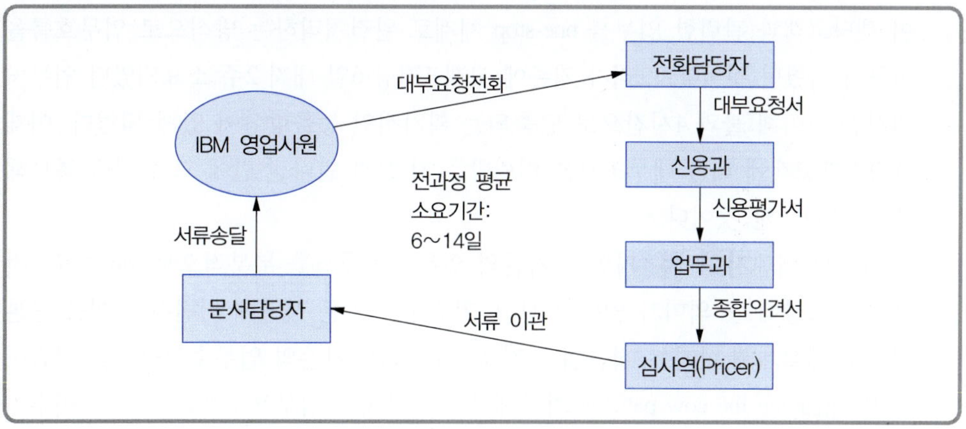

리엔지니어링을 통한 조직혁신을 어떻게 수행하며 또 이를 통해 실제로 성과가 어느 정도로 향상될 수 있는 지를 보여주는 실례가 많이 있지만, 여기서는 미국의 IBM 크레디트(IBM Credit) 회사에 적용된 업무프로세스 혁신 사례를 잠깐 살펴보기로 하자. 이 회사는 IBM회사의 자회사로서, 대형컴퓨터 시스템 등 IBM사의 제품을 구입하는 고객들에게 할부금융을 원활하게 제공하기 위해 세워진 회사이다. 이 회사에서 할부금융을 원하는 고객에게 신용대부를 위해 수행되던 기존의 업무프로세스는 [그림 16-3]과 같았다.

IBM 영업사원으로부터 이 회사의 제품구입을 희망하는 잠재고객에 대한 대부조건을 의뢰받은 IBM 크레디트 사원들은, 그림에서 보는 것처럼 전화담당자로부터 문서발송자에 이르기까지 철저히 분업화된 업무흐름 하에서 일을 하고 있었다. 그래서 이 업무가 전부 완료되어 잠재고객에 대한 융자조건을 확인하고 이를 IBM 영업사원에게 최종 통보해 주기 위해서는 평균 6일에서 2주까지의 시간이 소요되었다. 그런데 잠재고객의 대부조건을 확인, 통보해 주기 위해 소요되는 이 기간이 지나치게 길었기 때문에, 그 기간 동안 잠재고객은 흔히 IBM의 경쟁사에게 설득을 당해 경쟁사의 제품을 구매해 버리는 폐단이 속출하였다. 따라서 잠재고객을 경쟁사에게 빼앗기지 않기 위해서는 이 업무소요기간을 어떻게 단축시키는가가 관건이었던 것이다.

이러한 업무프로세스에 대해 리엔지니어링을 의뢰한 IBM 크레디트 회사는 결국 최종적으로 다음과 같이 기존 업무프로세스를 혁신하였다. 즉 신용과, 업무과, 심사역 등으로 나누어져 있던 기존 업무분담체계를 부분적으로 뜯어 고치는 대신이를 완전히 일소해 버리고, 잠재고객에 대한 대부조건 의뢰를 받은 회사의 사원이 해당고객과 관련한 업무를 one-stop 체계로 완결처리하는 방식으로 업무흐름을 바꾸어 버렸던 것이다. 그러자 기존에 고객 1건당 6일 내지 2주 소요되었던 업무처리시간은 이제 불과 4시간으로 단축되는 획기적인 능률향상이 있게 되었다. 이제 해당잠재고객에 대한 대부조건을 의뢰받은 지 불과 반나절 만에 그 결과를 통보해 줄 수 있게 된 것이다.

이처럼 리엔지니어링 기법은 기존의 업무프로세스를 부분적으로 개선하는 것은 성과향상에 큰 의미가 없다고 보고, 완전히 새로운 사고에 기반하여 이를 근본적으로 재설계해 나가는 접근법을 강조하고 있다. 기존의 업무수행방식을 답습하는 방식(paving the cow path)에 기반해서는 근본적인 업무프로세스 혁신을 이루기 어렵고, 그에 따라 확실한 경쟁력을 획득하기 어렵다고 보는 것이다.

또한 리엔지니어링은 기존 업무프로세스를 단순히 자동화, 전산화하고자 하는 시도와도 개념적으로 구분된다. 리엔지니어링 기법의 혁신 취지에 따르자면, 근본적인 진단과 재설계를 통해 굳이 하지 않아도 될 일이라고 판단된다면, 그 일을 자동화나 전산화해서 수행하는 것도 단지 낭비일 뿐이다. 한 마디로, 그러한 일을 전산화, 자동화시켜 수행할 것이 아니라, 완전히 폐기될 수 있도록 기존의 업무프로세스를 원천적으로 재설계하는 것이 중요한 것이다.

실제로 리엔지니어링 기법이 등장한 1990년대 이후, 조직 내 업무프로세스의 혁신을 위해 많은 성공사례가 축적되기도 하였다. 하지만 리엔지니어링기법의 적용은 기업 현장에서 많은 반발과 저항도 함께 받게 되어, 소기의 성과를 거두지 못하고 실패로 끝나는 경우도 흔하였다. 그 이유는 조직변화의 대상을 지나치게 업무프로세스에만 두고, 그 업무를 담당하는 '사람'이라는 요소를 충분히 고려하지 못했기 때문이라는 지적이 많았다.[5)] 즉 리엔지니어링기법의 적용으로 인해 발생될 수 있는 조직 내 잉여인력의 활용에 대한 충분한 고려를 하지 못했을 뿐만 아니라, 업무프로세스를 담당하고 있는 실제 직무담당자의 의견을 충분히 수렴하지 않은 채, 지나치게 하향적인(top-down) 조직변화접근법을 강조해 왔기 때문이다.

6 학습조직과 지식창조 조직으로의 변화

6.1 지식창조와 조직변화

불확실성이 지배적인 오늘날의 경영환경에서, 기업이 경쟁우위를 지속할 수 있는 단 한 가지 확실한 원천이 바로 '지식'이라고 할 수 있다.[6] 시장이 변화하고, 신기술이 엄청나게 쏟아져 나올 뿐만 아니라, 새로운 경쟁자들이 급증하며, 기존의 제품들이 불과 하룻밤 사이에 진부화되어 버릴 수도 있는 불확실한 상황에서, 성공적인 기업이란 새로운 지식을 끊임없이 창조하고 또한 그것을 조직 전체에 널리 파급시켜 새로운 기술과 제품으로 구현시킬 수 있는 기업인 것이다.

기업에서 '지식이 창조된다'는 것은 구체적으로 무엇을 의미할까? 우선 '조직의 지식'이란 개념을 '특정한 조직행동을 결정하는 인지적 차원(cognitive dimension)과 방법적 혹은 기술적 차원(technical dimension)의 능력'으로 정의할 수 있다. 여기서 조직의 '인지적 능력'은 사업 및 제품에 대해 그 조직이 갖고 있는 특정한 관점과 패러다임을 의미하고, 조직의 '방법적 혹은 기술적 능력'이란 조직이 확보하고 있는 기술과 노하우(know-how) 등을 가리킨다. 특히 기업 조직의 경우, 인지적 능력에는 그 기업의 경영관리이념이나 기업 비전, 공유하고 있는 기업문화 등이 포함될 수 있고, 방법적 능력은 그 기업이 가진 핵심기술이나 제도, 시스템을 의미하며, 여기에 조직이 개발한 특허 및 기업정보가 저장되어 있는 데이터베이스 등을 포함할 수 있다.

이러한 기업의 지식창조과정은 한 번에 완결되는 것이 아니라 끊임없이 순환하는 것이다. 즉 일단 한 번 축적된 조직의 지식은 시장과 고객으로부터의 반응과 의미부여 과정을 거쳐 새로운 지식창조의 원천이 된다. 또한 조직의 지식은 조직 구성원 개인의 지식을 통해 축적되지만, 그러한 조직의 지식창조를 통해서 개인적 지식이 보다 풍부해지고, 그 결과 또다시 새로운 지식창조로 연결될 수 있다.

아울러 새로운 지식의 창출이란 단지 객관적인 정보를 '처리'하는 일만을 가리키는 것은 아니다. 오히려 지식창조과정의 본질은 조직구성원들이 암묵적으로 터득하고 있으며, 때때로 매우 주관적일 수도 있는 통찰력과 직관력 그리고 육감 등을 이끌어 내어, 그러한 통찰력을 전사적(全社的)으로 공유하고 활용할 수 있는 능력을 의미한다. 그렇기 때문에 지식창조의 능력이 탁월한 기업에서는 새로운 지식을 창출해 내는 일이 연구개발부서나 전략기획부서 등과 같이 특정 부서, 특정 개인들에게만 국한된 활동이 아니다. 이러한 기업에서 새로운 지식을 창출하는 일은 하나의 존재양식, 행동양식 그 자체이며, 그 기업에 소속된 모든 구성원들의 자연스런 책무가 된다.

이와 같이 조직의 지식창조과정은 끊임없이 새로운 지식을 만들어 가면서 낡고 불필요해진 지식은 버리는 과정이기 때문에, 조직 내에서 '지식이 창조된다'는 뜻은 결국 시간이 흘러가면서 조직도 변화하고 구성원 개인도 변화한다는 것을 의미한다. 지식창조과정을 통하여 기업은 새로운 사업, 제품·서비스에 대한 인지적 개념과 이를 구현해 나가는 방법적·기술적 능력을 획득해 가지만, 동시에 그 과정에 참여하는 구성원 개인의 인지적, 기술적 능력의 범위 또한 넓혀져 간다. 이런 점에서 기업의 지식창조과정은 바로 기업의 '혁신과 변화과정' 그 자체로 볼 수 있다.

6.2 지식의 두 가지 유형: 명시적 지식과 암묵적 지식

조직 내 새로운 지식의 창출은 항시 개인으로부터 시작된다. 예를 들어, 한 연구원의 뛰어난 통찰력에 의해 새로운 발명과 특허가 이루어지고, 시장의 변화추세에 대한 관리자의 직관적인 감각이 때때로 회사가 신제품개념을 포착하고 이를 선점하는데 중요한 촉매가 될 수 있다. 또 공장에서는 숙련된 근로자의 다년간의 경험으로부터 새로운 공정혁신과 작업개선에 관한 훌륭한 아이디어를 얻을 수 있다.

이러한 각각의 경우에 있어서 조직구성원 한 사람이 지니고 있는 '개인적 지식'(personal knowledge)은 기업 전체에 대해 중요한 가치를 갖는 '조직의 지식'(organizational knowledge)으로 변형되어진다. 이처럼 구성원 개개인이 체화하고 있는 지식을 조직 내 다른 사람들이 공유하고 활용할 수 있게 해주는 것이야말로 이른바 '학습조직'(learning organization)과 '지식창조 기업'의 본질적 활동이다. 학습조직에서 이러한 지식창조활동은 끊임없이, 그리고 조직의 모든 계층에서 이루어진다. 이제 다음의 사례를 통해 지식창조의 개념에 대해 한걸음 더 다가가 보기로 하자.

[토론사례 16-1]에서 이쿠코 다나카가 이룩한 혁신은 매우 상이한 두 가지 유형의 지식 사이에서 일어나는 지식의 변환과정을 잘 보여주고 있다. 먼저 명시적 지식(明示的 知識, explicit knowledge)이란 부호화되어 있어서, 공식적이고 체계적인 언어로 전달가능한 지식을 의미한다.

마쓰시타 사례의 경우, 개발 팀이 각고의 노력 끝에 탄생시킨 새로운 제빵기의 제품설계명세서가 바로 그것이다. 설계명세서가 그렇듯이 명시적 지식이란 대개 공식적인 언어나 논리체계로 표현되어 있다. 따라서 이러한 지식은 쉽게 조직내외의 다른 사람들에게 전파, 공유되기가 용이하다. 각종의 공식적이고 체계화된 보고서, 도면, 컴퓨터 프로그램 등도 바로 이러한 명시적 지식의 또 다른 전형이라고 볼 수 있다.

토론사례 16-1 마쓰시타 전기회사의 가정용 제빵기 개발

〈자료원〉 I. Nonaka, "Knowledge Creating Company", *Harvard Business Review*, 1991, November-December, pp. 96-104.

1985년 일본 오사카에 있는 마쓰시타 전기회사(Matsushita Electric Company)의 제품 개발 요원들은 새로운 가정용 제빵기를 개발 하는데 온 심혈을 기울이고 있었다. 그러나 새로 개발된 제빵기는 밀가루 반죽을 제대로 해내지 못해 개발요원들을 실망시키고 있었다. 그들의 열성적인 노력에도 불구하고 제빵기에서 나온 빵은 대개 겉부분은 지나치게 타버리는 반면, 속은 설익은 채로 구워져 나오기 일쑤였다. 제품 개발 요원들은 그러한 문제점을 철저하게 분석했다. 그들은 심지어 그 제빵기로 만들어낸 밀가루 반죽과 전문적인 제빵사가 만든 밀가루 반죽을 X레이로 비교, 분석 해보기까지 하였다. 하지만 큰 소득은 없었고, 많은 개발비용의 투입과 함께 안타까운 시간만 흘러가고 있었다.

이런 과정 속에서 마침내 이 회사의 소프트웨어 개발요원 중 한 사람이었던 다나카 이쿠코(Tananka Ikuko)는 기발한 아이디어 하나를 제시하였다. 당시 오사카 인터내셔널 호텔(Osa- ka International Hotel)은 오사카에서 가장 맛있는 빵을 만드는 곳으로 명성이 자자했다. 다나카 이쿠코는 바로 그곳의 빵을 하나의 모델로 삼아보자고 제안했던 것이다.

이렇게 해서, 다나카 이쿠코는 그 호텔 수석 제빵사의 밀가루 반죽 만드는 기술을 연구하기 위해, 직접 호텔로 가서 제빵사와 함께 숙식을 하면서 수련을 쌓기로 했다. 수주간의 수련과 관찰 끝에 마침내 그녀는 그 제빵사가 가진 맛있는 빵의 비결을 알아내게 되었다. 그 비결은 밀가루 반죽을 잡아 늘리는 그 제빵사의 독특한 방법에 있었던 것이다.

그림 16-4 마쓰시타 전기회사의 제빵기 개발

Training with a chef brought tacit knowledge to a Matsushita product.

이 후, 제빵기 개발 프로젝트를 담당하고 있던 엔지니어들과의 긴밀한 협조 하에, 약 1년간에 걸친 시행착오 끝에 드디어 다나카는 그 수석 제빵사의 '손끝' 기술을 재현시킬수 있는 제품설계명세서를 개발하는데 성공하였다. 설계의 요체는 제빵기 내부에 추가로 서리된 몇 개의 특수한 '살대'(ribs)에 이었다. 이것이 바로 '밀가루 반죽을 꼬면서 잡아 늘리는' 제빵사의 독특한 반죽기술을 재현해 주었던 것이다. 이렇게 해서 마쓰시타 회사의 독특한 '꼬인 반죽'(Twist Dough)공법이 탄생되었으며, 이 제품은 시판 첫 해에 전자주방기기 판매의 신기록을 세우게 되었다.

[토론과제]

이쿠코 다나카가 이룩한 혁신이 무엇인지 토론해 보시오.

그러나 앞서 사례에서 보았듯이, 이쿠코가 이룩한 혁신의 출발점은 결코 수월하게 표현하거나 이전시킬 수 없는 또 다른 유형의 지식이었다. 그것은 바로 오사카 인터내셔널 호텔의 수석 제빵사가 보유하고 있었던 것과 같은 암묵적 지식(暗默的 知識, implicit knowledge)이다. 암묵적 지식은 인간의 정신과 신체 속에 체화되어 있어서 부호화나 전달이 어렵고, 특정 상황 하에서 오직 행동과 노력을 통해서만 표출되고 이전될 수 있는 지식을 말한다. 이를테면 자동차를 운전하는 기술이나 자전거를 탈 수 있는 기술이 이것에 해당한다. 따라서 암묵적 지식은 대개 개인성이 대단히 높다. 따라서 우연히 혹은 다년간의 경험 속에서 터득하여 개인의 머릿속과 손끝에 체화되어 있는 이러한 유형의 암묵적인 지식은, 본인은 잘 알고 있지만 때때로 다른 사람들에게 전달하기가 결코 쉽지 않을 수 있다. 이처럼 암묵적 지식은 일반적으로 특정한 개인이나 전문적인 직업집단의 사고와 행동 속에 깊숙이 자리잡고 있는 경우가 많다.

암묵적 지식의 일부는 기술적인 숙련(technical skills)으로 이루어지는데, 이는 우리가 흔히 '노하우'(know-how)라고 일컫는 비공식적이고 정확히 말로 표현하기가 어려운 유형의 지식을 말한다. 예를 들어, 뛰어난 장인(匠人)은 다년간의 경험으로 그의 손끝에 그 누구도 쉽게 흉내낼 수 없는 자신만의 독특한 기능을 체화하지만, 그가 자신이 터득하여 알고 있는 기술적인 원리를 명료하게 말로 표현하기란 결코 쉽지 않은 경우가 얼마든지 있을 수 있다.

6.3 지식변환의 4가지 경로

앞서 논의했던 바와 같이, 지식의 근본 유형을 '명시적 지식'과 '암묵적 지식'으로 나누어 볼 때, 지식이 창출·변환되는 일반적인 경로는 [그림 16-5]의 4가지로 구분해 볼 수 있다.[7)]

그림 16-5 지식변환의 4가지 경로

원천지식 (Form) \ 창출된 지식(To)	암묵적 지식	명시적 지식
암묵적 지식	사회화 (Socialization)	외재화 (Externalization)
명시적 지식	내재화 (Internalization)	결 합 (Combination)

자료 : I. Nonaka & H. Takeuchi, *The Knowledge-creating Company*, New York: Oxford Univ. Press, 1995. p. 62.

(1) 사회화 : 암묵적 지식 → 암묵적 지식

때때로 한 사람이 다른 사람과 암묵적 지식을 직접적으로 공유할 수 있다. 예컨대, 앞 사례에서의 이쿠코가 오사카 인터내셔널 호텔의 수석 제빵사 밑에서 실습생활을 할 때, 그녀는 관찰과 모방, 그리고 무수한 실습을 통하여 그 제빵사가 보유하고 있던 암묵적 기능을 습득하였다. 그렇게 해서 습득된 기능은 이제 그녀 자신이 갖고 있는 암묵적 지식의 한 기반이 된다. 다른 말로 바꾸어 표현하면, 그녀는 제빵사라는 장인적 숙련 세계에 '사회화'(socialization)되어 갔던 것이다.

(2) 결합 : 명시적 지식 → 명시적 지식

기존에 존재하던 객관적인 정보와 지식을 '결합'(combination)시켜서 새로운 지식을 형성해 내는 이 과정은 지식창조의 가장 보편적인 경로 중의 하나이다. 예를 들어 기업의 회계담당자가 한 해 동안의 경영실적에 관한 여러 회계자료를 수집하여 이를 체계적인 재무제표로 완성하는 과정도 바로 이러한 경로의 지식창조의 과정으로 볼 수 있다. 산재해 있던 기존의 회사 내 명시적 자료와 정보들을 결합시켜서 의미있는 새로운 명시적 지식을 산출시킨 것이기 때문이다.

경우에 따라서는 서로 관련이 없을 것 같은 다른 지식과 이론을 창조적으로 결합시켜서 전혀 뜻밖의 새로운 지식이 창출되기도 하지만, 대개의 경우 이러한 경로를 거쳐서 생성된 지식은 조직 내 기존 지식기반을 획기적으로 확장·전환시키지는 못한다. 왜냐하면 위의 회계담당자의 경우처럼, 이는 조직 내 기존의 자료와 정보들을 재구성하는 과정일 뿐, 조직 내에 존재하지 않던 지식을 새로이 더해주는 것은 아니기 때문이다.

그러나 마쓰시타의 사례에서와 같이 암묵적 지식과 명시적 지식이 상호작용을 일으키는 경우에는 보다 강력한 지식창조가 이루어질 수 있다. 마쓰시타와 NEC 등 일본의 초우량기업들이 특히 강점을 보이고 있고, 그래서 그들의 핵심 역량의 한 기반이 되고 있는 지식창조의 유형이 바로 이것이라 할 수 있다.

(3) 외재화 : 암묵적 지식 → 명시적 지식

마쓰시다 사례에서 이쿠코는 자신이 수석 제빵사로부터 전수받은 암묵적 지식을 가능한 한 명료하게 표현함으로써 그 지식을 외재화, 객관화시키려고 노력하였다. 즉, 그녀는 자신의 암묵적 지식을 '외재화'(externalization, 혹은 명료화, articulation)함으로써 그것을 명시적 지식으로 전환시켜 그녀의 제품개발팀이 그 지식을 공유, 활용할 수 있게 만들었던 것이다. 이렇게 해서 조직 내에 추가된 새로운 명시적 지식은 조직의 지식기반을 예전보다 훨씬 폭넓게 만들어 줄 수 있다. 즉, 암묵적 지식을 단순히 암묵적 지식으로 체화하는 개인적 수준의 학습만이 아니라, 그 암묵적 지식을 명시적 지식으로 변환시킴으로써 집단 및 조직 수준의 학습이 일어날 수 있는 조건을 구비한 것이다. 이에 따라 그 조직은 이전에는 가지지 못했던 새로운 지식역량을 조직 내에 축적할 수 있게 된다.

(4) 내재화 : 명시적 지식 → 암묵적 지식

새로운 명시적 지식이 조직 내에 추가됨에 따라 이제 다른 구성원들도 이 지식을 학습, 공유하게 되고, 또 그것을 완전히 자기 것으로 체화하게 됨으로써 지식의 '내재화'(혹은 내면화)(internalization)가 일어나게 된다. 제빵기의 개발과정에서 얻어진 명시적 지식은 이제 해당 제품개발팀에서 뿐만 아니라, 조직 내 다른 제품의 개발과정에서도 활용가능한 '노하우'로 공유되게 되고, 또 그 활용과정에서 조직 내 다른 구성원들은 자신의 기존 암묵적 지식을 확장시키고 재구성하는데 이 지식을 사용할 수 있다. 이렇게 해서 체득된 새로운 지식은 이제 자신의 직무수행과정에서 언제라도 활용가능한 자연스러운 하나의 지적자원이 되는 것이다.

조직 내 지식창조는 개념적으로 이와 같은 4가지 경로를 통해 이루어지지만, 실제 지식창조의 경영을 실행하는 회사에서는 이 4가지 유형의 지식창조가 각기 분절적으로 발생하는 것이 아니라, 다음 [그림 16-6]에서처럼 나선형적인 순환과정을 거치게 된다. 이를 마쓰시타 사례에 적용하여 이해해 보도록 하자.

그림 16-6 조직 내 지식창출의 나선형적 순환 · 확대 과정

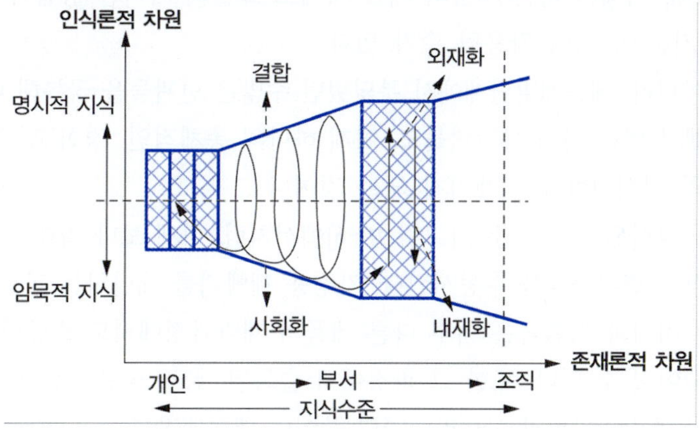

자료 : I. Nonaka & H. Takeuchi, *The Knowledge-creating Company*, New York: Oxford Univ. Press, 1995. p. 73.

① 다나카 이쿠코는 오사카 인터내셔널 호텔의 제빵사가 체득하고 있던 암묵적인 비법을 습득한다(사회화).

② 다음으로 그녀는 이러한 비법을 그녀의 개발팀 구성원들과 다른 엔지니어들에게 전달할 수 있도록 명시적인 지식으로 변형시킨다(외재화 혹은 명료화).

③ 이러한 과정을 바탕으로, 제품개발팀은 관련지식을 재구성함으로써 하나의 표준적인 제품개발명세서를 완성시키고, 또 그것을 실제 제품으로 구현시킨다(결합화).

④ 끝으로 새로운 제품을 개발한 경험을 통하여 이쿠코와 그녀의 팀구성원들은 자신들이 갖고 있던 암묵적 지식기반을 강화시킨다(내재화).

마쓰시타의 사례는, 한 개인이 터득하는데 성공했던 암묵적 지식이 명시적 지식으로 변환되어 외재화됨으로써, 개인수준의 지식이 점차 부서, 조직 전체 수준의 지식으로 전환될 수 있음을 잘 보여준다. 바야흐로 개인학습이 조직학습으로 전환되는 것이다. 또한 이 과정에서 나선이 점차 확대되듯이, 한 지식은 다른 개발을 위한 밑거름 지식이 되어 조직 내 축적, 공유되는 지식이 점차 확대되어질 수 있다.

마쓰시타 사례에서도 개발팀의 암묵적 지식기반에 보태지는 새로운 지식에는 단순히 제빵기의 설계와 관련된 정보만이 추가되는 것은 아니다. 제품개발과정에서 획득된 총체적인 경험이 새로운 지식기반으로 추가되어질 수 있다. 예를 들어, 가정용 제빵기를 개발할 때 최고급 호텔수준의 빵맛을 실현시킬 수 있는 뛰어난

'품질'을 구현할 수 있었다는 개발팀의 경험 그 자체가 그들의 암묵적 지식기반에 축적되어서, 이제는 다른 제품의 개발 시에도 그들의 이러한 경험이 하나의 새로운 '품질기준'이 되어 작용될 수가 있다.

뿐만 아니라, 제품개발단계에서 부딪혔던 수많은 난관들을 극복해 나갈 때 그들이 활용했던 여러 가지 통찰력들도, 이제 하나의 총체적인 '경험'과 '노하우'로 남아 그들의 지식기반에 더해지게 되는 것이다.

이렇게 강화된 지식기반은 [그림 16-6]에서처럼, 이제 보다 확대된 수준에서 지식의 순환적 변환과정을 추동시킨다. 가정용 제빵기를 개발하는 과정에서 체득된 총체적인 지식과 경험들은 이후 다른 제품의 개발과정에서도 소중한 지적자산으로 활용되어질 수 있다. 또한 그 과정에서 습득된 '품질의 중요성'에 대한 각성이 이제 비단 주방기기뿐만 아니라 음향제품이나 대형냉장고 등 다른 가전제품의 개발에 있어서도 하나의 새로운 사내 품질기준으로 적용되어간다. 이런 방식으로 해당조직은 확대·순환적인 지식창조와 조직학습과정을 통하여 더욱 탄탄한 지식역량과 기반을 축적해 나갈 수 있게 되며, 그 결과 소비자들에게 있어서 보다 우수한 품질의 제품을 생산하는 뛰어난 기업 이미지로 차별화되어지게 되는 것이다.

6.4 지식창조기업의 조직관리

지금까지 설명한 것처럼, 구성원들이 갖고 있는 암묵적 지식을 명시적 지식으로 변환시키는 과정이 조직 내 지식창조의 과정인 것으로 이해하게 되면, 우리는 기업이 지식창출을 도모하기 위해서 조직을 어떻게 설계하고 운용해야 하는 지에 관해서도 좋은 지침을 얻을 수 있다.

계량적인 차원의 효율성만을 강조하는 서구의 기업들과는 달리, 조직 내 인적자원의 창의성과 그들의 상징적인 여러 활동이 가지는 잠재력을 십분 이해하고 있는 일본 기업들은 기업 내 조직설계와 그 운용에 있어서도 서구와는 다른 원칙을 강조하고 있다. 일본의 초우량기업들은 대개 '중첩성' 또는 '여유성'(redundancy)의 확보를 조직설계 및 인적자원관리의 기본 원칙으로 삼고 있는데, 이는 기업의 모든 정보와 사업활동 그리고 경영관리자의 책임 등을 의식적으로 서로 겹치게끔 만드는 것이다.

서구의 경영관리자들에게 있어서 '여유성'이나 '중첩성'은 곧 불필요한 자원의 중복(duplication)과 낭비를 의미하기 때문에 이러한 이야기는 크게 설득력 없이 들릴 수도 있다. 그럼에도 불구하고 중첩되고 여유성을 확보할 수 있게끔 조직을 구축하고 운용하는 일은 성공적인 일본 기업들에게 있어서는 그들의 장기적인 경쟁력을 확보하기 위한 기본 전제가 되고 있다. 이제 이에 대해서 좀 더 자세히 논해 보기로 하자.

조직 내 여유성의 확보는 무엇보다 구성원들 간의 빈번한 대화와 의사소통을 촉진해 주기 때문에 중요하다. 즉, 조직 내 기능의 중첩성이 확보됨으로써 구성원들 사이에 공통된 인지기반(common cognitive ground)이 창출될 수 있고, 그에 따라 그들 사이의 암묵적 지식의 전달, 즉 사회화(socialization)가 촉진될 수가 있다. 또한 조직구성원들이 관련된 문제나 과제들에 대해서 서로 정보를 공유하고 있기 때문에, 그들은 자신의 암묵적 지식을 효과적으로 외재화(externalization) 혹은 명료화시킬 수 있을 뿐만 아니라, 다른 사람들이 쉽게 그것을 간파하고 이해할 수 있게 만들 수 있다. 또 기능의 중첩은 새로운 명시적 지식을 조직 내에 신속하게 확산시키고, 조직구성원들이 그러한 지식을 쉽게 내재화(internalization)할 수 있게 해 준다.

조직을 중첩되게 만드는 또 다른 방법으로 전략적인 직무순환(strategic job rotation)이 있다. 전략적인 직무순환이란 서로 다른 기술영역 간에 순환보직을 시키거나, 연구개발부서와 마케팅부서 등과 같이 상이한 기능부서 간에 의도적으로 순환보직을 시키는 것이다. 이러한 순환보직은 조직구성원들이 해당사업을 다각도에서 이해하고 또 다양한 직무관련 지식과 기술을 습득하는데 큰 도움을 줄 수 있다. 바야흐로 '복수전문화'되고 '다기능화'된 인적자원을 개발·확보할 수 있게 해주는 것이다. 그럼으로써 전략적인 직무순환은 조직이 보유하고 있는 지식을 단순히 화석화된 서류철 속이 아닌, 구성원들의 머리와 손끝에 머물게 하고, 또 언제라도 활용 가능하게끔 보다 '유동적'이고 '살아있는' 지식으로 만들어 준다.

일본의 선도적인 소비재 제조업체인 가오 회사(Kao Corporation)에서는 연구개발 요원들이 40세만 되면 마케팅부서나 판매부서 또는 생산부서 등으로 옮겨가기 위하여 연구개발부서에서 일단 '은퇴'할 것을 요구받는다. 또한 모든 종업원들은 10년의 근속기간 동안에 최소한 세 가지 이상의 완전히 다른 직무를 담당해 보도록 의무화되어 있다. 이처럼 다양한 직무경험과 다기능화를 통해 가오사에서는 새로운 제품개발의 아이디어가 끊임없이 산출되고 있다.

중첩된 조직을 구축하고 조직이 기능의 여유성을 확보하기 위하여 전제되어야 할 또 다른 방법은 모든 조직구성원들에게 기업 내의 정보에 대한 자유로운 접근을 허용하는 것이다. 구성원들 간에 정보격차(information differentials)가 생기면 그들은 더 이상 동등한 조건에서 서로 교류할 수 없게 되며, 보이지 않는 심리적 거리감과 함께, 위계와 부서의 장벽이 그들을 더욱 폐쇄적으로 만들어갈 수 있다. 이러한 상황에서는 조직구성원에 내재되어 있는 개개인의 지식을 조직 전체의 지식으로 유도·전환시키기 위한 조직학습이 일어날 수가 없다. 극단적인 경우에는

표 16-3 관료제 조직과 학습조직의 주요 특징 비교

	관료제조직의 특징	학습조직의 특징
계층	많음	적음
구조	기능에 의한 분리, 수직적	기능횡단팀, 수평적
전문성	단일분야의 집중	다양한 분야의 전문성 필요
경계선	고정적	자유로운 이동 및 참여 가능
공동체 의식	통제와 지시에 의해	신뢰와 목표 공유에 의해
상하관계	명령과 복종의 관계	대등한 관계
권한의 소재	최고경영진에 집중	구성원에 분산
책인의 소재	책임의 전가	자발적 책임
정보활용	정보의 독점	정보의 공유 및 이전
정보의 활용	공식적 의사소통채널	공식적·비공식적 의사소통채널
변화에 대한 대응	경직, 지연	유연, 신속
지식창출 담당자	최곡경영진	모든 구성원

자료: 김인수, 『거시조직이론』, 4판, 2008, p. 575.

똑똑하고 현명한 개인들이 많이 모여 있으면서도, 조직 전체적으로는 허약하기 짝이 없는 조직이 될 수도 있는 것이다.

따라서 가능한 한 많은 정보를 구성원들이 공유하도록 하여 조직 내 정보 공유의 여유를 확보하는 것은, 조직구성원들에게 주인의식과 모티베이션을 제고시키고 조직을 항상 신뢰감과 생동감이 넘치는 곳으로 만드는 기본적인 조건이 된다. 또한 그러한 정보공유를 바탕으로 조직은 직위의 고하와 부서의 상이함을 막론하고 모든 구성원들의 잠재적인 역량을 십분 활용할 수 있게 되는 것이다. 결국 '지식창조의 경영'이란 관점에서 볼 때, 정보공유의 정도가 미약한 조직은 필요한 정보로부터 소외되어 있는 구성원의 수만큼 조직의 잠재적 역량을 사장시키고 있는 셈이 된다.

앞서 언급한 가오 회사의 경우에도 최고경영층은 회사 내 정보의 접근에 있어서 구성원들 간에 어떠한 차별도 허용하지 않고 있다. 가오 회사의 경우, 기밀유지가 필요한 극소수의 정보와 인사관계 자료만을 제외하고는 기업 내의 모든 정보들이 단일의 통합 데이터베이스에 저장되어 있으며, 이는 직위에 상관없이 어떤 구성원들에게나 개방되고 있다.

지금까지의 논의가 시사해 주듯이, 효과적으로 지식을 창출하는 기업에서는 조직 내 특정한 한 부서나 위계집단이 새로운 지식창조의 책임과 역할을 전부 독점하고 있는 것이 아니다. 회사 내 중역과 중간관리자 그리고 일선종업원들에 이르기까지 모두가 일익을 담당하는 것이다. 그렇기 때문에 지식창조의 경영에서는 한 사람이 기여한 가치가 그 사람이 조직 내 어떤 지위계층에 있는가보다는, 개개인의 지식을 조직 전체의 지식역량으로 전환시킴에 있어 그가 제공하는 정보가 얼마나 중요한 것인가에 의해 결정된다.

이상의 논의를 정리하는 의미로, 이제 전통적인 관료제 조직과 지식창조경영이 원활한 학습조직의 주요 특징을 비교해 보기로 하자.

먼저, 전통적인 관료제 조직은 많은 계층수와 수직적인 조직구조, 단일 분야에 대한 전문성을 핵심 특징으로 한다. 또 부서 간의 경계는 대개 고정적이다. 조직은 통제와 지시에 의해 움직이며, 상사와 부하의 관계는 명령과 복종으로 특징지워진다. 조직 내 중요한 권한은 대개 최고경영진에 집중되어 있어 집권화의 특징이 두드러진다. 구성원들은 협소한 책임영역을 갖고, 정보는 주로 공식적인 의사소통 채널을 통해서만 흐른다. 따라서 관료제 조직에서는 대개 특정 계층에 의해 정보가 독점되고 있어서, 조직변화를 시도하더라도 그에 대한 반응이 느릴 수밖에 없다. 이러한 관료제 조직에서 지식창출의 주체는 대부분 최고경영진인 경우가 많다.

이에 비해, 조직학습과 지식창조가 일상적으로 이루어지는 학습조직에서는 조직 내 계층수가 적고, 기능횡단팀(cross-functional team)의 활용이 빈번한 수평적인 조직구조가 주요 특징이다. 또한 조직구성원들은 여러 분야에 걸쳐 다기능화 및 복수전문화되어 있어서, 다양한 분야의 전문성을 가지고 자유롭고 유연한 직무이동과 참여가 이루어질 수 있다.

또 상사와 부하와의 관계는 상호 신뢰와 목표 공유를 통해 수평적이고 공동체적인 의식을 기반으로 하고 있으며, 조직 내 중요한 권한 역시 다양한 구성원들에게 분산되어 있는 분권화된 조직의 특징을 보인다. 조직 내 정보는 공식적인 의사소통 채널은 물론, 비공식적인 의사소통 채널을 통해서도 자유롭게 공유되고, 따라서 조직변화의 시도에 대해서도 보다 유연하고 신속한 반응을 보일 수 있다. 이러한 학습조직에서는 비단 최고경영층뿐만이 아니라, 조직 내 모든 구성원들이 지식창출의 주체가 되는 특징이 있다.

토론사례 16-2 어느 CEO의 리더십 노트 – 주도성(Initiative)

〈자료원〉 MagnaChip 박상호 회장의 사내배포 [리더십 노트]중에서

오래 전 한국에서 식사 중에 말을 하면 어른들에게 혼이 나곤 했던 생각이 난다. 복이 달아난다고 하는 것이 어른들의 얘기지만 ,복종과 순종의 미덕을 키우기 위한 조상들의 지혜였던 것 같다. 이러한 환경에서 자라고, 주입식 교육을 받고, 직장에 들어와서 수직적인 조직문화에 익숙한 사람들은 주어진 업무에 대해서는 곧잘 성과를 내곤 한다. 그러나 지시 받은 일 외에 새로운 아이디어나 제안을 하는 것은 무척이나 어려워한다. 주워진 일을 완벽하게 하는 것도 하나의 경쟁력이 될 수 있지만, 가치 있는 아이디어를 내고 이를 주도하는 것이야말로 자신을 다른 사람과 차별할 수 있는 가장 좋은 전략이 아닐까 한다.

돌이켜보니 나 역시 부모님께 큰 걱정 끼치지 않고, 학교생활도 선생님과 학교 규칙에 순응하며 책 읽기만 좋아하던 조용한 학생이었다. 그러나 미국에서 직장생활 하면서 새로운 아이디어나 해결책을 제안하는 것이 상관과 동료에게 인정을 받는 가장 적극적인 방법이란 것을 깨닫기 시작하면서 차츰 사고방식이 바뀌었고, 그 후로는 새로운 것을 만들기 위해 열심히 생각하고, 그에 대한 해결책을 실행하기 위해 주도적으로 일을 하기 시작했다.

HP에서 근무할 때의 일이다. 회사에서는 "why not?"이라는 campaign을 한 적이 있는데, 직원들의 창의성을 높이고자 하는 것으로, 무슨 일이든지 그대로 받아들이지 말고 조금 더 새롭고 나은 방법을 찾아보자 하는 목적을 가지고 있었다. 우리는 어떤 업무라도 새로 시작할 때 "why not?"이란 질문을 나누며 논리적으로 승복될 때까지 토론을 하곤 했다. 나에게는 이런 경험들이 그 후 직장생활에 큰 도움이 되었다.

최근 Tony Hsieh가 쓴 『딜리버링 해피니스』라는 책을 보았다. Tony는 온라인 쇼핑몰 Zappos.com을 10년만에 매출 1조 2천억의 회사로 키운 젊은 CEO로, 그는 끊임없이 새로운 일을 시도했고, "생각실험"을 추구했으며 "why?"와 "why not?"이란 질문을 해서 새로운 기업문화를 만들었고, 엄청난 개인적인 부를 축적했다.

Initiative를 다음 두 가지, 즉 리더의 입장과 상사와 관계를 맺는 부하직원의 입장으로 나누어 생각해보자. 리더는 조직의 구성원에게 새로운 아이디어를 제시하고 그 실행을 주도해야 한다. 나는 미국에서 일할 때 가끔 학교나 외부 기관에서 주관하는 교육을 받으러 갔는데, 강의를 들으면서 내가 하는 일과 연결시켜 조직에 대한 새로운 아이디어를 얻곤 했다. 그리고 회사에 돌아와 아이디어를 제시하고 이를 실행할 수 있도록 부서원을 독려했다. 물론 부서원들은 많은 과제를 부여하는 나에게 불평을 하곤 했지만, 결국에는 새로운 변화를 추구하는 리더와 함께 생동감 있고 경쟁력있는 조직을 만들었다는 자부심을 갖게 되었다.

다른 한편으로 부하직원은 상사와의 관계에서 지시사항이 이해되지 않거나, 더 좋은 해결책이 있다고 생각되면 "why?"와 "why not?"을 물어 논리적으로 접근할 수 있도록 해야한다. 무조건 "잘 알았습니다. 그대로 실행하겠습니다."라고 하는 것은 모든 새로운 가능성을 포기하는 것이고, 그만큼 업무수행 프로세스나 생각하는 사고는 항상 제자리에 머물게된다. 사안에 대한 실행이 결정되기 전에 이루어지는 상사와의 질문과 토론은 상사가 더욱 완전하고 합리적인 결정을 내릴 수 있도록 해주며, 결국 부서와 회사의 경쟁력으로 이어진다. 물론 긍

정적이고 공손한 태도로 감정적으로 격앙되지 않도록 이런 토의가 행해져야 한다. 그리고 모든 반론과 이의 제기는 결정 전에 끝내고, 일단 결정된 후에는 결론이 날 때까지 지시를 수행해야 한다.

새로운 아이디어를 찾아내고 그러한 자세를 장려하는 동시에, 그가 상사이건 부하건 간에 본인의 생각을 자유롭게 발의하고 수용하는 모습, 나는 이런 모습들이 매그나칩의 문화가 되길 바란다.

[토론과제]

성공적인 조직변화를 이루어내기 위해서는 개인과 조직 차원에서 어떠한 선행조건이 필요한지에 대해 윗글의 내용을 참조하여 토론해 보시오.

[후주]

1) Robert Quinn & Kim Cameron, "Organizational Life Cycle and Shifting Criteria of Effectiveness: Some Preliminary Evidence", *Management Science*, vol. 29, 1983, pp.33-51.
2) A. D. Meyer, J. B. Goes & G. R. Brooks, "Organizations in Disequilibrium: Environmental Jolts and Industry Revolutions", in G. Huber & W. H. Glick (eds.), *Organizational Change and Redesign*, New York: Oxford Univ. Press, 1992, pp. 66-111.
3) K. Lewin, "Frontiers in Group Dynamics: Concepts, Method and Reality in Social Science", *Human Relations*, 1(1), 1947, pp. 5-41.
4) M. Hammer & J. Champy, *Reengineering the Corporation*, New York: Harper, 1993.
5) G. Morgan, *Images of Organization*, 박상언·김주엽 옮김, 『조직의 8가지 이미지』, 2004, 지샘, p. 46.
6) P. F. Drucker, *Post-Capitalist Society*, New York: Harper Collins, 1993.
7) I. Nonaka & H. Takeuchi, *The Knowledge-creating Company*, New York: Oxford Univ. Press, 1995.

찾아보기

ㄱ

가상복합기능팀 39
가상팀 296
가설 56
가용성 347
가치관 연구척도 74
가치관 72
가치지향성 503
갈등 370
갈등의 여파 376
감성지능 115
감수성훈련 550
감정감염 118
감정노동 112
감정부조화 114
감정적 부조화 113
감정적 안정성 147
감정표출 306
감지된 갈등 375
강압적 권력 413
강제 385
강한 조직문화 506
강화 230
강화요인 230
강화일정계획 236
개념 48
개념적 기술 153
개방성 147
개방시스템 27
개인 간 갈등 380
개인 간 관계개입 549
개인적 숙련 34
개인적 지식 558
개인주의-집단주의 524
경로-목표 이론 427
경영관리이론 476
경쟁 382
경제적 인간 74
계획적 학습 38
고전적 조건화 223
고정간격법 237
고정비율법 238
공간적 분화 472
공개경영 300
공식적인 리더 412
공식집단 270
공식화 473
공식화단계 538
공유가치창출 14
공유비전 35
과업정체성 466
과업중요성 466
과정갈등 374
과정이론 181
과정자문법 551
과학적 방식 46
관계갈등 374
관계욕구 186
관료제론 22, 475
관리자의 시간 470
관리적 의사결정모형 341
교차기능팀 295
교호적 상호의존성 373
구성개념 48
국가문화 522
국제경영개발원 528
권력거리 524

권력욕구 188
귀인과정 158, 170
규범기 274
규범적 몰입 97
규범적 사회영향력 281
균형모형 295
근로자지원프로그램 259
급진적 변화 544
긍정적 강화 231
긍정적 조직행동 110
긍정적 협상범위 393
기계적 관료제 490
기계적 조직구조 479
기능다양성 466
기능별 조직구조 480
기능팀 293
기대이론 196
기본적 귀인오류 172
기술적 차원 557
기술적인 숙련 560
기업의 사회적 책임 14
기초비율 오류 348
남성성-여성성 525

ㄴ

내부통합 501
내용이론 180
내재론자 130
내재적인 요인 192
내재화 565
내적귀인 171
내향성-외향성 129
네트워크 분석 321
노출 319
누진적 징계 235

ㄷ

다중지능 151
단속강화 237
단순구조 490
단순평가법 91
닻 내리기 효과 348
대결 384
대리학습 228
대면단계 509
대안창출 339
대인 지각 64
대조효과 168
델파이법 362
독립변수 51
동기부여 잠재수치 467
동기부여 180, 306
동조압력 355
동화효과 168

ㄹ

리더 매치 프로그램 422
리더-성원 교환모형 429
리더십 412
리더십이론 353
리엔지니어링 554
링겔만 효과 351

ㅁ

마이크로키친 328
마키아벨리주의 성격 134
만족요인 192
매개변수 52
매니지리얼 그리드 418
매트릭스 조직구조 485
명령의 통일 486
명목집단법 362

명시적 지식 558
목적지향성 37
목표갈등 377
목표설정이론 203
목표에 의한 관리 204
몰입단계 453
무드 106
무마 384
무임승차 현상 351
문제해결팀 294
문화 함정 505
문화이전 510
문화적 동화 510
민쯔버그 489

ㅂ

반생산적인 작업행위 20
발현적 학습 38
배분적 리더십 298
변동간격법 237
변동비율법 238
변수 49
변혁적 리더십 116, 432
변형단계 510
변화 548
보상적 권력 412
보수쏠림 현상 351
복잡성 470
복잡성이론 36
부정적 강화 231
부정적 협상범위 393
분과학 33
분류변수 49
분배공정성 206
분배적 관계차원 371
분배적 협상 390
불만족요인 191
불패의 환상 355
불확실성 회피도 524
브레인스토밍 361
비공식적인 리더 412
비공식집단 270
비언어적 커뮤니케이션 311
빅 데이터 분석 359
빅파이브 모형 146

ㅅ

사업부제 조직구조 481
사업부제 491
사전단계 509
사회도식 346
사회비교이론 272
사회시민 14
사회적 감수성 357
사회적 욕구 181
사회적 인간 74
사회적 지원 254
사회적 촉진 290
사회적 태만 291, 351
사회적 학습 228
사회화 565
상동적 태도 164, 355
상위문화 507
상호의존성 373
상황이론 420
상황적합이론 28
상황적합적 관점 11, 475, 477
상황적합적 12
생리적 욕구 181
서번트 리더십 433
선택쏠림 현상 351
선택적 지각 316
선호 아이디어 340
성과기 274

성실성 147
성장욕구 186
성취욕구 187
성취지향적 리더십 429
셀프리더십 432
소거 233
소멸단계 453
소시오그램 분석 321
손실회피 346
수단가치 75
수직쌍 연결모형 429
수직적 분화 470
수평적 분화 470
순응 383
순차적 상호의존성 373
스키너 상자 224
스키마 162, 346
스테레오타이프 164
스트레스 244
스트레스원 248
시스템 사고 35
신뢰 네트워크 316
신뢰의 경계 451
신성법 340
실험실실험 59
심리적 분위기 357
심리적 안녕 11
심리적 안전감 357
심리적 철수행위 18
심미적 인간 74
쌍방접근적 갈등 378
쌍방회피적 갈등 378
쓰레기통모형 343

ㅇ

악마의 변호인 제도 358
안전욕구 181
암묵적 지식 560
애드호크라시 492
약한 조직문화 506
언어적 커뮤니케이션 309
업무갈등 374
여과 316
역사적 의사결정모형 340
역할갈등 277, 379
역할과다 277
역할모호성 278
역할분석법 549
연구방법 46
연구방법론 55
연구설계 57
연속강화 237
영화 게임 371
외부에 대한 적응 501
외생변수 58
외재론자 130
외재화 565
외적 타당성 58
외적귀인 171
외주식 의사결정모형 340
외향성 146
욕구단계이론 181
위인이론 415
위험선호도 140
위험쏠림 현상 351
유교적 역동성 525
유기적 조직구조 479
윤리 61
윤리적 리더십 434
의사결정 338
이론적 인간 74
이산적 감정 106
이중권한구조 487
인간관계 기술 153
인간관계론 26

인과관계 51
인사관리 12
인상관리 175
인식단계 452
인적자원관리 12
인지기반 565
인지부조화 87
인지부조화이론 378
인지적 차원 557
인지적 학습 226
인지평가이론 205
일관성 171
일반적응 증후군 247
일치성 171
임파워먼트 294, 298, 464

ㅈ

자기감정인식 116
자기감정조절 116
자기감정활용 116
자기감찰 140
자기검열 355
자기관리팀 294
자기실현적 예언 165, 381, 430
자기조직화 36
자기초월 37
자기효능감 138
자아실현욕구 182
자아지각이론 84
자율성 466
자존감 137
자존의 욕구 272
자존적 귀인오류 173
자체완결적 단위 482
작동적 조건화 224
잠재적 갈등 375
재동결과정 548
전문가 324
전문적 관료제 491
전문적 권력 413
전자 커뮤니케이션 310
전통적 리더십 이론 415
절차공정성 206
점진적 변화 543
접근-회피적 갈등 378
정교화단계 539
정보소통 306
정보원 307
정보적 사회영향력 281
정보탐색 339
정서 106
정서사건 이론 105
정서성 107
정서적 몰입 97
정신모형 34
정치적 인간 74
제3자 중재 552
제한된 합리성 342
조건일반화 224
조사연구 피드백 553
조언 네트워크 316
조작변수 49
조작적 정의 49, 56
조절변수 53
조직 6
조직개발 12, 546
조직공정성 이론 207
조직구조 469
조직론 12
조직몰입 97
조직몰입도 19
조직문화 497, 522
조직문화의 형태 510
조직문화형태 502
조직변화 536

조직사회화 509
조직수명주기 모형 536
조직시민행동 18, 95
조직유효성 16
조직의 지식 558
조직적 대면 553
조직풍토 519
조직학습 33
조직행동 6
조직행위 수정 239
조직행위론 6
조직화 과정 160
조직화된 무질서 345
조직효과성 16
존경욕구 181
존재욕구 186
종교적 인간 74
종속변수 51
좌절갈등 376
죠하리 창 319
주변인 325
주의집중 159
주입과정 169
준거적 권력 413
중개자 324
지각과정 158
지각된 갈등 375
지명반론자 제도 358
지속적 몰입 97
지시 306
지시적 리더십 428
지식창조과정 557
지위 283
지위불일치 284
직무만족 19, 91
직무몰입 98
직무설계 2, 462
직무성과 17
직무순환 463, 565
직무스트레스 244, 249
직무재설계 2
직무진단조사 467
직무충실화 193, 464
직무특성모형 465
직무확대 193, 464
진단 547
진정성 리더십 437
집권화 473
집단 간 갈등 386
집단 간 팀구축 552
집단공동체단계 538
집단규범 281
집단극화 351
집단사고 353
집단역학 13
집단응집력 285
집단지성 356
집단형성 271
집합적 상호의존성 373
집합적 정신프로그램 523

ㅊ

차이분할 384
참여적 리더십 428
창업단계 536
창의성 19
책임분산 289
책임분산이론 353
처벌 232
철수행위 18
초협력성 37
최종가치 75
충실화모형 340
측정변수 49
친교욕구 187

친숙화이론 353
친화성 146

ㅋ

카리스마적 리더십 431
카운슬링 549
커뮤니케이션 네트워크 313, 316
커뮤니케이션 306
키니식스 311

ㅌ

타인감정인식 116
타협 383
탐색단계 452
태도 81
테일러의 과학적 관리운동 21
통제의 범위 471
통합적 관계차원 371
통합적 협상 390, 395
투사 167
특성이론 415
특이성 171
팀 리더십 438
팀구축법 551
팀학습 35

ㅍ

파욜의 관리론적 경영이론 22
편협적 모형 340
폐쇄시스템 30
폭풍기 273
표면연기 113
표출된 갈등 375
피그말리온 165
피드백 319
피드백 466

ㅎ

하위문화 507
학습의 전이 229
학습조직 33, 558
학제적 10
합리적 경제인 339
합리적 의사결정모형 339
합리화 355
합법적 권력 413
합산평가법 92
해빙 547
해산기 274
핵심역량 152
행동과학 11
행위이론 416
행위형성 230
현장운영 기술 153
협력 383
협상 믹스 394
협상 390
형성기 273
형평이론 201
호손공장실험 24
혼합형 조직구조 484
확장단계 453
회피 383, 384
효과의 법칙 225
후광효과 166
후원적 리더십 428
휴리스틱 347

• 저자소개 •

• 박상언

연세대학교 상경대학 경영학과를 졸업하고, 동 대학원에서 경영학석사 및 박사 학위를 취득하였다. 미국 Michigan State University와 University of Hawaii(at Manoa)에서 방문 연구교수를 지낸 바 있다. 한국인사관리학회장과 한국인적자원개발학회의 편집위원장 및 학회장을 역임하였고, 국무총리실 산하 경제·인문사회연구회 정부출연 연구기관 평가위원을 수행한 바 있다. 현재는 충북대학교 경영대학 경영학부 교수로 재임 중이며, 사회복지시설 대우꿈동산의 운영위원과 중앙노동위원회 공익위원으로 봉사 중이다.

• 정범구

서울대학교 경영대학 경영학과를 졸업하고, 동대학원 경영학 석사 및 박사학위를 취득하였다. 미국 Duke University와 Colorado State University에서 방문교수로 연구하였으며, 한국인적자원개발학회 회장, 한국인사관리학회 회장을 역임하였다. 충남대학교에서는 경상대학 학장, 교무처장, 교학부총장을 역임하였다. 과학기술부 경영평가위원, 신협중앙회 경영평가위원 등으로 활동하였으며 현재는 충남지방노동위원회 공익위원을 맡고 있으며 충남대학교 경영학부 교수로 재임 중이다.

• 김주엽

연세대학교 상경대학 경영학과와 동 대학원을 졸업하고, 미국 University of Oregon 경영대학원에서 조직학 전공으로 박사학위를 취득하였다. 충북대학교 경영대학 경영학부 교수로 재직하면서 동 대학학장과 경영대학원장, 한국인사관리학회와 한국인적자원개발학회 회장 등을 역임하였다. 한국경영교육인증원 인증사업단장, 중앙노동위원회 공익위원으로 일하기도 했다. 국내외 학술지에 여러 편의 조직관련 논문을 게재하고 있으며, 특히 일과 삶의 균형문제와 직장생활을 통한 행복추구에 대해서 관심이 많다. 최근에는 특히 조직문화와 조직행동의 정서 분야 연구에 흥미를 느끼고 있다.

• 송계충

서울대학교 상과대학 경영학과와 동 대학원을 졸업하고 국비유학으로 미국 University of Louisiana at Monroe에서 MBA, 그리고 The Ohio State University에서 경영학 박사를 취득하였다. 인도네시아 과학기술청 인력관리 프로젝트 코디네이터와 미 교육성 지원 GLOBE 프로젝트 한국 대표로 활동했으며 한국인적자원개발학회와 한국인사관리학회의 회장을 지냈다. 충남대학교 경상대학장 및 경영대학원장을 역임하였고, 2016년 2월 충남대 정년퇴직 후 (사)한국국공립대학평생교육원협의회 사무총장과 중앙노동위원회 공익위원으로 활동 중이다.

제5판 조직행위론

저 자 박상언 · 정범구 · 김주엽 · 송계충
발행자 한헌주
발행처 도서출판 **경문사**
서울특별시 서대문구 독립문로 21-9
전화 738-7035 FAX. 722-4678
E-mail : kmsp@korea.com
홈페이지 : http://www.kmsp.co.kr
등 록 1995년 11월 9일 제300-1995-138호

2003년 2월 28일 초 판 발행
2010년 3월 5일 개정판 발행
2012년 3월 5일 제 3 판 발행
2017년 9월 1일 제 4 판 발행
2020년 3월 5일 제 5 판 발행
2023년 2월 15일 제 5 판 4쇄 발행

정가 32,000원
ISBN 978-89-420-0918-3 93320